Risiko · Versicherung · Markt

Risiko
Versicherung
Markt

Festschrift für Walter Karten
zur Vollendung
des 60. Lebensjahres

herausgegeben von
Dieter Hesberg
Martin Nell
Winfried Schott

Die Deutsche Bibliothek – CIP-Einheitsaufnahme

Risiko, Versicherung, Markt :
Festschrift für Walter Karten zur Vollendung des
60. Lebensjahres / hrsg. von Dieter Hesberg ... –
Karlsruhe : VVW, 1994
ISBN 3-88487-443-8
NE: Hesberg, Dieter [Hrsg.]; Karten, Walter: Festschrift

© Verlag Versicherungswirtschaft e.V., Karlsruhe 1994
Satz: Satz-Schmiede Bachmann, Bietigheim
Druck: Konkordia Druck GmbH, Bühl
ISBN 3-88487-443-8

Zu Anlaß und Inhalt dieses Buches

Wenn es nicht ordnungsgemäß dokumentiert wäre, bliebe die Aussage für viele, die ihn kennen, unglaubwürdig: Am 18. November 1994 vollendet Walter Karten, Professor für Allgemeine Betriebswirtschaftslehre und Versicherungsbetriebslehre an der Universität Hamburg, sein 60. Lebensjahr. Ihn aus diesem Anlaß zu ehren, ist der Zweck des vorliegenden Buches.

Autoren und Herausgeber würdigen mit dieser Gratulation den Hochschullehrer, den kritischen Ratgeber, Freund und Lehrer. Gerade diese Funktionen hat Walter Karten stets mit besonderem Nachdruck und mit großer Freude wahrgenommen. Die Auseinandersetzung mit dem Sachproblem, einerlei ob risiko- bzw. entscheidungstheoretische, versicherungstechnische oder versicherungsökonomische Fragen, das Offenlegen unschlüssiger oder verdeckter Argumentation und die Lust am Diskutieren wurden dabei von ihm nie hinter die Kulissen verbannt.

Mit ihren herzlichen Glückwünschen verbinden Autoren und Herausgeber den Dank für die Anregungen und Gespräche, die für Walter Karten im Geben wie im Nehmen stets einen hohen Stellenwert hatten und haben – auch wenn er darum wie um seine Person kein Aufheben macht.

Der Band enthält eine begrenzte Sammlung von Aufsätzen, die Professoren-Kollegen des Faches im engeren Sinne, einige Unternehmensleiter, Freunde und Schüler beigesteuert haben. Die Begrenzung erklärt sich aus dem Umstand, daß nur handliche Bücher die Botschaft wirklich weitertragen, es aber noch viele mögliche Autoren gegeben hätte – was zu erwähnen unbedingt zur Charakterisierung von Walter Karten gehört.

Inhaltlich spiegeln die Beiträge nicht nur die wichtigsten Betätigungsfelder wider, auf denen Walter Karten gearbeitet hat und arbeitet. In der (Häufigkeits-)Verteilung der behandelten Themen werden zugleich auch die Schwerpunkte im Wirken des Jubilars erkennbar. Das ist kein Zufall. Eher ist es vielleicht die Erwartung und Hoffnung, auch weiterhin auf diesen oder künftigen Problemfeldern zu ungelösten Fragen oder fragwürdigen Scheinlösungen Äußerungen von Walter Karten zu hören oder zu lesen. Aus dem Blickwinkel, daß dieses Buch also eine Aufforderung zu weiterer Aktivität enthält, kommt es für den zu ehrenden Hochschullehrer auch persönlich wohl doch nicht fünf Jahre zu früh.

Ein Buch lebt vom Geist der Schreibenden und der Mühe des Verlags. Für die Bereitschaft der Autoren, das Entgegenkommen der Verlagsleitung und die außergewöhnliche Sorgfalt der Verlagsmitarbeiter haben die Herausgeber nachdrücklich zu danken.

Hamburg, im August 1994

Dieter Hesberg
Martin Nell
Winfried Schott

Inhaltsverzeichnis

I. Grundsatzfragen: Risiko, Versicherung, Entscheidung   1

Reimer Schmidt
Weitere Gedanken zum Versicherungsbegriff   3

Elmar Helten
Ist Risiko ein Konstrukt? – Zur Quantifizierung des Risikobegriffes   19

Günter Schmidt
Über die Schwierigkeiten, vernünftig mit Risiken umzugehen   27

J.-Matthias Graf v. d. Schulenburg
Wie wahr ist der Schein? – Die Wahrscheinlichkeit   39

Henri Loubergé und Jean-François Outreville
Experimental Investigations on Risk-Taking in the Domain of Losses   53

Bernhard Kromschröder
Zum Stand und zur Entwicklung der Versicherungsentscheidungstheorie   69

II. Existenzsicherung und Daseinsvorsorge   95

Kazuya Mizushima
Versicherungswesen im System der Daseinsvorsorge – eine Skizze   97

Matthias Haller und Jochen Petin
Zwischen Deregulierung und Re-Regulierung: Die Versicherung
und der Vorsorgestaat   105

Wolf-Rüdiger Heilmann
Pflegeversicherung   119

*III. Entwicklungen und Anforderungen von
      Versicherungsmärkten*   131

G. Willem de Wit
Zur Entwicklung der Versicherungsmärkte aus ökonomischer Sicht   133

Robert L. Carter
The UK Insurance Industry and the European Community   149

Éva Ébli
Gedanken über die betriebswirtschaftlichen Herausforderungen
an die ungarische Versicherungswirtschaft   163

IV. Nachfragerverhalten auf Versicherungsmärkten   175

Neil A. Doherty und Harris Schlesinger
Insurance Markets with Noisy Loss Distributions   177

Andreas Richter
Gleichgewichte bei adverser Selektion auf Versicherungsmärkten   197

Roland Eisen und Martin Nell
Die Wirkung von Versicherungsschutz auf Drittmärkte:
Das externe moralische Risiko   221

V. Unternehmensstrategien auf Versicherungsmärkten   243

Dieter Farny
Über mögliche Unternehmensstrategien deutscher Erstversicherer
im deregulierten Versicherungsmarkt   245

Werner G. Seifert
Segmentierung oder Diskrimierung: Hat eine konsequente
Spezialisierung am Markt ein Janusgesicht?   263

Georg Büchner
Zur Identität des Versicherers und seiner Produkte   283

Winfried Schott
Spieltheorie und Versicherung   293

VI. Versicherungstechnik und Produktpolitik von Versicherungsunternehmen   323

Peter Albrecht
Dimensionen des versicherungstechnischen Risikos   325

Nicola Rautmann
Die Behandlung von Großschäden in der Credibilitytheorie   341

Knud Hansen
Gedanken zur Produktentwicklung in der Rückversicherung 369

Heinrich Stremitzer und Karl C. Ennsfellner
Gedanken zur kundenorientierten Qualität von Versicherungsdienstleistungen 381

VII. Versicherung und Finanzmärkte 401

Robert Schwebler
Staatsfinanzen und Versicherungswirtschaft 403

Christian Hipp
Hedging: Simultane Kontrolle von Versicherungsrisiko und Kapitalanlagerisiko 415

Frank Stenner
Prozeßorientiertes Risikomanagement in einem Finanzdienstleistungsunternehmen 435

Lutgart A. A. Van den Berghe
Financial Conglomerates: Opportunity or Threat? 445

VIII. Solvabilität und Rechnungslegung der Versicherungsunternehmen 463

Eberhard Müller und Michael Reischel
Vom theoretischen Konzept des Risikoreserveprozesses zur praktischen Messung und Steuerung des Risikokapitals (Risk-Based Capital) 465

Hans-Joachim Welzel
Das Vorsichtsmotiv im EG-Versicherungsbilanzrecht 501

Dieter Hesberg
Ist die Externe Rechnungslegung der Versicherungsunternehmen überflüssig? – Zur Gestaltung der Rechnungslegung von Versicherungsunternehmen auf deregulierten Versicherungsmärkten aus der Sicht der Versicherungsnehmer 523

Autorenverzeichnis 543

I. Grundsatzfragen:
Risiko, Versicherung, Entscheidung

Weitere Gedanken zum Versicherungsbegriff

Reimer Schmidt

1. Dieser Beitrag schließt an den Aufsatz über „Einige Gedanken über die Bedeutung von Ergebnissen der Betriebswirtschaftslehre für das Versicherungsrecht"[1] an, in dem bereits wesentliche Beiträge genannt worden sind, die Walter Karten von der wirtschaftswissenschaftlichen zur juristischen Seite der Versicherungstheorie und damit auch zur Einordnung von Rechtsnormen und -begriffen geleistet hat. Die Überlegungen Kartens beleuchten von seinen den Standorten der Volkswirtschaftslehre relativ näheren Ausgangspunkten aus das Phänomen in besonderer Weise[2]. Es ist von wissenschaftlichem und praktischem Interesse, welche Bedeutung die Arbeiten Kartens und anderer heutiger Wirtschaftswissenschaftler für den juristischen Tatbestand der Versicherung haben oder haben können.

Der vorliegende Beitrag geht natürlich von dem Sockel der Grundsatzdiskussion über das Verhältnis der Wirtschaftswissenschaft zur Rechtswissenschaft[3] und der vor allem von Coase und Posner in den USA begründeten ökonomischen Analyse des Rechts aus[4], die als solche – zitiert oder nicht genannt – heute große Bedeutung vor allem für die Rechtspraxis des Alltags hat[5]. Die vorliegende kleine Studie stellt eine Detailuntersuchung dar, betrifft also einen einzigen Gedanken des Wirtschaftsrechts, analysiert und kritisiert allerdings nicht die Normen des geltenden Gesetzes und Richterrechts, sondern versucht, methodisch sozusagen „von der anderen Seite" den vom Recht zugrunde zu legenden Sachverhalt, die rechtlich relevanten Tatsachen, von denen die juristische Beurteilung auszugehen hat, mit den Mitteln der Wirtschaftswissenschaften in ihren Funktionen zu verstehen und dies für die Rechtsanwendung nutzbar zu machen. Der Schwerpunkt liegt bei der Gewinnung von Erkenntnis auf diesem induktiven Wege.

---

1 Dieter Farny und die Versicherungswissenschaft (abgek. FS Farny), Karlsruhe 1994, S. 425 ff.
2 An dieser Stelle darf zunächst allgemein auf die Beiträge von Karten im Handwörterbuch der Versicherung (HdV) hingewiesen werden.
3 So der Titel des von Ludwig Raiser mit H. Sauermann und Erich Schneider 1964 als Bd. 33 der Neuen Folge der Schriften des Vereins für Socialpolitik herausgegebenen Sammelbandes.
4 Zur Konzeption und Methode inbes. P. Behrens, Die ökonomischen Grundlagen des Rechts, Politische Ökonomie als rationale Jurisprudenz, 1986.
5 Vgl. hier nur R. Posner, Economic Analysis of Law, 1973, 3. Aufl. 1986 oder z. B. S. Schavel, Economic Analysis of Accident Law, 1987 und die Arbeiten vor allem von M. Adams, z. B. Ökonomische Analyse der Gefährdungs- und Verschuldenshaftung, 1985.

Der Verfasser vertritt weiterhin[6] mit der wohl herrschenden Meinung[7] die Auffassung, daß es einer Legaldefinition des Rechtsbegriffs Versicherung auch künftig kaum bedürfen wird, weil die bisherige Entwicklung der Praxis und der Wissenschaft seit Schaffung des VAG genügend wesentliche Aspekte ergibt und hinreichend beweglich war[8], so daß erwartet werden kann, daß das Recht auf diesem Gebiet auch künftig dynamischer Entwicklung[9] elastisch folgen wird. Die Umreißung von Versicherungstatbeständen auf den einzelnen Teilgebieten des Rechts muß notwendig in Anbetracht der unterschiedlichen Normenzwecke differieren: Der versicherungsaufsichtsrechtliche Versicherungstatbestand knüpft an die Notwendigkeit an, durch Staatsüberwachung die Belange der „auf der anderen Seite" des Versicherungsvertrages an derartigen Geschäften Beteiligten zu schützen; im Vertragsrecht geht es um einen (allerdings durch zwingende und halbzwingende Vorschriften angereicherten) gerechten und billigen Interessenausgleich auf der Ebene des Privatrechts. Entsprechend differenzierende Überlegungen sind z. B. auch für das Versicherungsunternehmens-, das Wettbewerbs- und das Kartellrecht anzustellen. Überall wird der ökonomische Vorgang unter Berücksichtigung der Natur der besonderen Sache vom Recht durch den Normtatbestand oder die Rechtsfolgen in die Regelung eingepaßt, um die betreffenden Normenzwecke zu erreichen[10]. Das weite Feld der versicherungsähnlichen Erscheinungen[11], also der Sachverhalte, die den Versicherungstatbestand nicht vollständig erfüllen, ist übrigens bisher insgesamt weder rechtswissenschaftlich erfaßt noch systematisiert worden.

Gerade weil man weder im VAG noch später im VVG den Weg von Legaldefinitionen beschritten hat und, wie erwähnt, auch heute diese Richtung kaum einschlagen kann – zumal in der Europäischen Union die Differenziertheit der nationalen Regelungen einen gemeinsamen Nenner auch hier kaum ermöglicht –, waren und sind Wissenschaft und Rechtsprechung herausgefordert, den Gegenstand der Versicherung, die in den letzten 150 Jahren zu einem wesentlichen sozialpolitischen, gesamt- und betriebswirtschaftlichen Gestaltungsmittel geworden ist, so genau wie möglich zu bestimmen, ohne die weitere Entwicklung zu behindern.

2. Die Wissenschaft vom Versicherungsrecht hat sich seit Ehrenberg immer wieder mit dem Begriff (Gegenstand) der Versicherung im Rechts-

---

6   R. Schmidt in R. Schmidt, P. Frey, Prölss VAG, 10. Aufl., 1989, § 1 Rdnr. 5 ff.
7   Vgl. dazu zuletzt M. Dreher, Die Versicherung als Rechtsprodukt, Tübingen 1991, S. 1 ff., 31 ff. (abgek. Dreher, Rechtsprodukt).
8   Hier mag ein allgemeiner Hinweis auf die Kommentare zu VAG und VVG genügen.
9   Dazu vor allem D. Farny in mehreren Vorträgen und Aufsätzen; J. Friedemann, Finanzdienstleistungen im Jahre 2000, in Geburtstags-Schrift für Georg Büchner, Karlsruhe 1991, S. 725 ff.
10 Zur ökonomischen und juristischen Normativität R. Schmidt, FS Farny, Ziff. 2. (s. o. Fn. 1).
11 Wesentliche Gedanken bei Katharina Johannsen, Begriff und zivilrechtliche Einordnung der versicherungsähnlichen Einrichtungen nach § 2 Abs. 1 Nr. 1 VersStG, insbes. der gewerkschaftlichen Unterstützungseinrichtungen, ungedr. Diss. Hamburg 1958.

sinne beschäftigt[12] und sich heute für das Versicherungsaufsichtsrecht der Definition des Bundesverwaltungsgerichts[13] dahingehend angeschlossen, daß ein Versicherungsgeschäft betreibt, „wer gegen Entgelt für den Fall des Eintritts eines ungewissen Ereignisses bestimmte Leistungen übernimmt, wobei das übernommene Risiko auf eine Vielzahl durch die gleiche Gefahr bedrohter Personen verteilt wird und der Risikoübernahme eine auf dem Gesetz der großen Zahl beruhende Kalkulation zugrundeliegt"[14].

Zum versicherungsaufsichtsrechtlichen Versicherungsbegriff verdient festgehalten zu werden, daß bezüglich der Ausnahmen von der Aufsicht (§ 1 Abs. 3 VAG) seit dem 1. DurchführungsG/EWG zum VAG v. 18. 12. 1975 (BGBl. I S. 3139) die legislatorischen Methoden dahin geändert worden sind, daß der „Begriff" Versicherung unberührt bleibt und nur gesagt wird, daß gewisse Einrichtungen der Aufsicht nicht unterliegen[15]. Damit ist ein (im Sinne rationaler Rechtsanwendung liegender) positivistischer Weg eingeschlagen worden, der mit der Liste in der „Anlage zum VAG" fortgesetzt wird. Die Frage der unmittelbaren oder entsprechenden, auch teilweisen, Anwendung versicherungsvertragsrechtlicher Vorschriften bleibt insbes. für die die aufsichtsrechtlichen Rechtsfolgen betreffenden Ausnahmebereiche ganz unberührt. Sie ist für die einzelnen Ausnahmetatbestände getrennt zu stellen. Hierher gehören auch die Lösungen durch legislatorische Rechtsfolgenverweisungen und durch teilweise Inhaltsübernahme von Versicherungsvertragsrecht in Gesetzestexte anderer Rechtsgebiete.

Weil eine Koordinierung des Begriffs (Tatbestands) der Versicherungsgeschäfte im Aufsichtsrecht der Gemeinschaft offenbar unmöglich war, bringt das Sekundärrecht eine Aufzählung der in den Mitgliedstaaten als Versicherung beaufsichtigten Unternehmensformen[16]. Die ihrem Unternehmenszweck entsprechenden Geschäfte werden in der Gemeinschaft als Versicherungsgeschäfte behandelt. Andererseits wird eine „Einteilung der Risiken nach Versicherungssparten" vorgenommen (als Anlage zum VAG, konkret zu § 9 Versicherungszweige und § 13 Abs. 2 Versicherungssparten, aufgenommen[17]), in die (ohne wissenschaftliche Systematik) die Versicherungszweige und -arten aufgenommen sind, auf die sich das koordinierte EWG-Aufsichtsrecht bezieht.

---

12 Vgl. z. B. die zusammenfassende Darstellung von W. Asmus, Begriff und Bestimmung des Versicherungswesens, ZVersWiss 1964, 369 ff.; Dreher, Rechtsprodukt, z. B. S. 37 ff., 41 ff., 50 ff.
13 Z. B. VerBAV 87, 215, 287; 80, 252.
14 Auf dieses letzte in der Literatur nicht unumstrittene Tatbestandsmerkmal ist später genauer einzugehen.
15 Vgl. Begr. zum 1. DurchführungsG, BR-Drucks. 130/75, S. 17; dazu R. Schmidt, Prölss VAG, a.a.O., § 1 Rdnr. 1, Nachtrag 1992, Zu § 1 Rdnr. 5 Abs. 1.
16 Art. 8 1. Schadenversicherungsrichtl. i. d. Fass. des Art. 6 3. Schadenversicherungsrichtl.; entspr. Regelung auch für den EWR.
17 Änderungen vgl. Prölss VAG, Nachtrag 1991, S. 240, Fn. 1.

Dadurch, daß die Versicherungssparten aufgezählt werden, für welche „die Erlaubnis durch die Sitzlandsbehörde" gesondert erteilt wird (§ 6 Abs. 2 VAG), wird insgesamt das umrissen, was Versicherung im Sinne des Aufsichtsrechts sein kann[18]. Die in allen, mehreren oder einzelnen Mitgliedsländern tatsächlich erlaubten und betriebenen Versicherungszweige und -arten werden sehr vollständig erfaßt, wobei das herkömmliche System der Versicherungszweige auch förmlich durch um die erlaubten „zusätzlichen Risiken" (§ 6 IV VAG) abgerundet werden kann[19]. Der Grundtatbestand des § 1, so wie er zum aufsichtsrechtlichen Versicherungsbegriff durch die Rechtsprechung ausgeformt ist, bleibt sozusagen als „Profil" bestehen, z. B. bezüglich des Selbständigkeitsmerkmals. Immerhin bleibt hier ein Raum unsicherer Zuordnung von durchaus wesentlichem wirtschaftlichen Gewicht, wie sich bereits im Zusammenhang mit den Beistandsleistungen, den Tontinen, den Kapitalisierungsgeschäften und den Geschäften der Verwaltung von Pensionsfonds[20] gezeigt hat. Es ist hier daran zu denken, in dem höherrangigen Gemeinschaftsrecht teilweise nur eine Rechtsfolgenverweisung auf das Versicherungsaufsichtsrecht zu sehen. Jedenfalls ergeben sich u. U. Divergenzen zwischen der ökonomischen und der normativ verbindlichen juristischen Lösung.

Schwierigkeiten der Zuordnung zum Grundtatbestand der Versicherung können sich auch zu den folgenden Tatbeständen der Anlage zum VAG ergeben: Einbeziehung der Kreditversicherung (speziell Sparte 14 c) – e) und der „verschiedenen finanziellen Verluste" (speziell b) – ungenügende Einkommen (allgemein) –, d) – Gewinnausfall –, e) laufende Unkosten allgemeiner Art –, g) – Wertverluste –, i) – indirekte kommerzielle Verluste außer den bereits erwähnten –, j) – nichtkommerzielle Geldverluste – und k) – sonstige finanzielle Verluste. Dies läßt klar erkennen, daß jeweils die in § 1 geforderte (grundsätzliche) Versicherereigenschaft zunächst zu prüfen ist. Diesem Gedanken wird vielleicht künftig Bedeutung zukommen, wenn auf dem Weg über die Erteilung der Erlaubnis zum Geschäftsbetrieb durch die Sitzlandsbehörde EG-ausländische Unternehmen, die nicht vom § 1 erfaßte Geschäfte betreiben, in der Bundesrepublik Deutschland tätig werden.

Auch das Verbot versicherungsfremder Geschäfte ist im Zusammenhang mit dem juristischen Tatbestand Versicherung von Interesse. Zwar wird durch § 7 Abs. 2 VAG ein Unterschied gemacht zwischen den Versicherungsgeschäften des § 1 Abs. 1 und den „hiermit in unmittelbarem Zusammenhang stehenden" Geschäften; in der Natur wirtschaftlicher Wettbewerbstätigkeit liegt jedoch der dauernde Druck zur Erweiterung des Gegenstandes der Versicherung selbst und des unmittelbaren Zusammen-

---

18 Man wird an „eiusdem generis" als letztes Glied einer Aufzählungskette im angelsächsischen Recht erinnert.
19 R. Schmidt in Prölss VAG, Nachtrag 1991, Zu § 6 Rdnr. 5.
20 Anl. z. VAG Nr. A. 18., vorgesehene Nummern A. 22. – 24. (Begr. z. Referentenentw. [BFinMin] zum 3. DurchfG/EWG zum VAG, zu Art. 1 Nr. 1).

hangs mit diesem, eine Situation, die außergewöhnliche wirtschafts- und sozialpolitische Kreativität aufweist (man denke hier nur an die Entwicklung der Krankenversicherung, der Haftpflicht-, Kraftfahrzeug-, Kranken-, Rechtsschutzversicherung bis hin zu den sog. Service-Versicherungen, und an die bedeutsamen Entwicklungen um die Schaffung von kombiniertem und gebündeltem Versicherungsschutz für Wohngebäude, Geschäftsgebäude, Geschäfte, Fahrzeuge, Hausrat usw.). Es wird wahrscheinlich auch Bestrebungen geben, die im „Halbschatten" des § 7 Abs. 2 VAG stehenden Geschäfte ausdrücklich in Deckungen hineinzunehmen. Weil sich schöpferische kaufmännische Phantasie und auch Listenreichtum nach der bisherigen Erfahrung zugleich mit dem Erdenken neuer Versicherungsmodelle auch häufiger der Frage zuwendet, ob und auf welchem Wege die Begründung der Versicherungsaufsicht für ein neues Modell vermieden werden kann, werden der Tatbestand Versicherung und die Frage, ob die Versicherungsaufsicht begründet ist, häufig nicht genau genug unterschieden.

Die Anknüpfung der Versicherungsaufsicht an den Betrieb von Versicherungsgeschäften weicht von der versicherungsvertragsrechtlichen Anknüpfung an den dem Besonderen Schuldrecht zuzuordnenden Versicherungsvertrag ab. Der unterschiedlichen Zuordnung entsprechen verschiedenartige Rechtsfolgen. Prüft man die einzelnen Ausnahmen von der Aufsicht auf die vertragsrechtlichen Regelungen hin durch, ergeben sich interessante Feststellungen. Auch das Vertragsrecht selbst weist die unterschiedlichen Steuerungsintensitäten[21] durch zwingende, halbzwingende und abdingliche Vorschriften auf, von denen einige in der folgenden Untersuchung eine Rolle spielen.

Die Fragen aufsichtsrechtlicher und vertragsrechtlicher Zuordnung spielen bekanntlich in neuerer Zeit auch im Raume des Gesetzgebers eine Rolle, wenn man es unternimmt, durch ökonomisch der Versicherung zuzurechnende Lösungen, einen neu auftretenden oder verstärkt wirksamen Risikobereich nach Möglichkeit ohne Gewährträgerschaft oder Haftung öffentlich-rechtlicher Körperschaften und ohne (sichtbare) Belastung der Steuerzahler durch Schaffung von Versicherungskollektiven oder an solche angenäherten Modelle zum Ausgleich zu bringen oder auch nur einzelne Strukturelemente der Versicherung in gemischt strukturierte Modelle einzubringen[22].

3. Werner Mahr[23] hat zu Recht von dem (ökonomischen) Begriff der Versicherung als einem Kontinuum gesprochen. Die unterschiedlichen An-

---

21 Eingehend Dreher, Rechtsprodukt, S. 145 ff., 152 ff., 184 ff.
22 Vgl. z. B. R. Schmidt, Einige systematische Bemerkungen über technologische Entwicklung und Haftpflichtversicherung, in UTR Band 12, Jahrbuch des Umwelt- und Technikrechts, 1990, S. 301 ff.
23 Mahr, Einführung in die Versicherungswirtschaft, hier zit. nach der 1. Aufl. 1951, S. 56 ff., 66.

satzpunkte der ökonomischen Risikoanalysen, die jeweils auf durchaus verschiedenen Ausgangspositionen der Wissenschaften aufbauen, können die Erkenntnis von der Versicherung stärker bereichern als die mit zeitlichem Abstand sozusagen subsumierend, wertend und normierend folgende Rechtswissenschaft. Ohne, daß an dieser Stelle eine Analyse der Grundkonzeptionen versucht werden kann[24], soll wegen der Ausstrahlungen auf das Versicherungsrecht auf einzelne dem Verfasser als besonders wesentlich erscheinende Erkenntnisse und Erklärungen der ökonomischen Wissenschaften zum Gegenstand der Versicherung hingewiesen werden.

Im Zusammenhang mit der Erörterung der Bedeutung der ökonomischen Versicherungstheorien für die juristische Erfassung des Gegenstands der Versicherung wird auf drei Einordnungs- und Erklärungsprinzipien etwas näher eingegangen.

Zunächst ist von den volks- und betriebswirtschaftlichen Überlegungen die Rede, die von der Einordnung der Versicherung als Dienstleistung ausgehen, weiterhin wird etwas zur juristischen Relevanz der informationstheoretischen Einordnung gesagt, um sodann die Bedeutung der Einordnung als Risikogeschäft i. S. der ökonomischen Theorien für den juristischen Versicherungstatbestand zu prüfen. In Anbetracht der teilweise langjährigen Diskussionen und des damit angefallenen umfangreichen Materials strebt diese Darstellung nach straffer Zusammenfassung.

In der volks- und betriebswissenschaftlichen Literatur wird weitgehend die Gewährung von Versicherungsschutz als Dienstleistung gekennzeichnet, eine allgemein eingängige und zudem im Ansatz positiv wertende Einordnung. Die Dienstleistungskonzeption der Versicherung ist zunächst einbezogen in die allgemein wohlfahrts-ökonomische Schau der Entwicklung und Einordnung der unterschiedlichsten Erscheinungsformen des „Service", wie sie u. a. von Orio Giarini[25] als (zeitlich) letzte Stufe der industriellen Revolution entwickelt wird[26].

---

24 Farny, a.a.O., S. 2 ff. hat die Forschungskonzeptionen der Versicherungsbetriebslehre kurz dargestellt.
25 O. Giarini, The Limits of Certainly, 2nd ed. (mit W. Stahel), (Kluwer) 1993 (m. zahlr. Nachw.). In der theoretischen Volkswirtschaftslehre (vgl. N. Neumann, Bd. 3, 1982, S. 131 ff.) wird zunächst allgemein von einem „Konglomerat" verschiedenartiger Sektoren gesprochen, zu dem Neumann eine Übersicht gibt und die wesentlichsten wirtschaftlichen und technischen Gründe für den Entwicklungsprozeß darstellt.
26 Mit Folgerungen für die Risikoträger und die Leistungsseite in einer Situation der Unsicherheit. Für Giarinis Überlegungen war K. Arrow, Risk, Allocation and Information, The Geneva Papers on Risk and Insurance, No 8, 1978, S. 519 ff. von Bedeutung. Dazu die Sonderausgabe „Special issue on the Allocation of Risks in an incomplete Market", Vol. 15 No 1 (1990). Zur allgemeinen volkswirtschaftstheoretischen Einordnung vgl. R. Askew, Trade in Sercices and the World Economy, a.a.O., No 27, S. 142 ff.

Roland Eisen geht in der Festschrift für Lukarsch[27] von Gedanken Albachs, Gerschnys and Scharofs über eine „Betriebswirtschaftslehre der Dienstleistungsbetriebe" aus, beschreibt die Ansätze einer „Ökonomik der Dienstleistungen in der Unsicherheits- und Informationsökonomik" und weist dabei besonders auf die Immaterialität und auf die Qualitätsprobleme hin. Es komme auf Lösungselemente an, mit deren Hilfe die mit der asymmetrischen Information verbundenen Probleme beseitigt oder gemildert werden könnten. An gleicher Stelle bejaht der leider früh verstorbene Wolfgang Müller[28] auf der Grundlage seiner informationellen Theorie der Versicherung, auf die hier später eingegangen wird, zwar den Dienstleistungscharakter der Versicherung, tritt aber den insbesondere von Farny vertretenen produktions- und marketingtheoretischen Besonderheiten entgegen. So allgemein gebräuchlich der Dienstleistungsbegriff der Umgangssprache auch geworden ist, so wenig geschlossen ist der entsprechende wirtschaftswissenschaftliche Terminus.

Es war wohl vor allem der Rechtsgedanke der Dienstleistungsfreiheit, der – von den an der Schaffung des EWG-Vertrages beteiligten Ökonomen bereits vor tiefgründigerer wissenschaftlicher Absicherung avantgardistisch verwendet – den Rechtsgedanken der Dienstleistungen schnell in der Rechts- und Wirtschaftssprache durchsetzte, vielleicht auch deshalb, weil zunächst in diesem Zusammenhang Kompliziertheit geringere Verständnisschranken zu errichten schien[29]. Der Umstand der Weiträumigkeit der von dem Begriff Dienstleistung erfaßten rechtlich relevanten Sachverhalte ist aber zugleich ein Hindernis für die Verwendung in der Rechtssprache i. e. S., reichen doch Dienstleistungen z. B. von Verpflichtungen in Ehe und Familie über die Dienst- und Werkverträge und die bürgerlich-rechtliche Gesellschaft, die Pflichten der Vormünder oder Testamentsvollstrecker und die handelsrechtlichen „Dienstleistungen" bis weit in das öffentliche Recht bis hinein zu den besonderen Gewaltverhältnissen. In diesem Zusammenhang ist es von Interesse – Peter Koch hat diese Konzeption wieder belebt[30] –, daß Eichler und andere[31] den Versicherungsvertrag als einen besonders ausgestalteten Geschäftsbesorgungsvertrag (mit werkvertragsähnlicher Schwerpunktsetzung) gekennzeichnet haben. Man hat jedoch – dargestellt am Beispiel eines nicht kurzfristigen Schadenversicherungsvertrages – zu unterscheiden zwischen den „Ruhephasen" des Vertrages (Erhaltung der finanziellen und organisatorischen Leistungsbereit-

---

27 R. Eisen, Versicherungsschutz und Dienstleistungen in der ökonomischen Theorie, Festschrift Lukarsch, 1991, S. 3 ff.; R. Schmidt, FS Farny, (s. o. Fn. 1), Ziff. 6.
28 Festschrift Lukarsch, a.a.O. (Fn. 27), S. 35 ff.
29 Vgl. R. Schmidt, Die Dienstleistungsfreiheit von Versicherungsunternehmen, in Festschrift für Walter Hallstein, Frankfurt 1966, S. 453 ff.; ders., Rechtliche und betriebswirtschaftliche Zugänge zu Sachverhalten der Versicherungswirtschaft, Festschrift für F. Hauß, Karlsruhe 1978, S. 321 ff.
30 P. Koch in Festschrift Lukarsch (Fn. 27), S. 24.
31 Eichler, Versicherung als Geschäftsbesorgung, Festschrift für Nipperdey 1965, S. 237; vgl. R. Schmidt, Art. Versicherungsvertrag, Handwörterbuch des Versicherungswesens, Bd. 2, 1958, S. 2365 f.

schaft der Versicherung, Erhaltung von Prämienzahlung und Befolgung der Obliegenheiten des Versicherungsnehmers) und den jeweiligen speziellen „Phasen der Inanspruchnahme" (beginnend mit der Anzeige eines Versicherungsfalls bis zum Ende der Schadenabwicklung). In der ersten Phase ist die Leistung des Versicherers stärker zeitbestimmt, in der zweitgenannten erfolgsbestimmt. (Juristisch gesehen, besorgt der Versicherer nicht ein fremdes, sondern sein eigenes Geschäft, zu dem er verpflichtet ist, doch liegt dies im Interesse des Versicherten, der dafür bezahlt.) Insgesamt erhält das weite Feld des ökonomischen Dienstleistungsgedankens neben zahlreichen anderen Sachverhalten auch das juristische Bild des Versicherungstatbestandes. Dieses ist zwar in Unterscheidung von zahlreichen anderen Dienstleistungsgeschäften vor allem gekennzeichnet durch Unsicherheit (uncertainty, die in dem Bedingungscharakter des Leistungsversprechens zum Ausdruck kommt), durch die „Unsichtbarkeit" des Leistungsversprechens und durch mancherlei rechtliche Pflichten und Lasten des Versicherungsnehmers (Versicherten zur Mitwirkung an der Leistungsvorbereitung und -abwicklung). Doch ist es notwendig, seinen Charakter spezieller zu bestimmen, wie auch im Hinblick auf die informationstheoretische und risikotheoretische Begründung weiter zu überlegen ist.

4. Die unter Gesichtspunkten der wissenschaftlichen Ökonomie und der juristischen Analyse interessanten und zudem wirtschaftlich recht bedeutsamen Entwicklungen, welche die sog. Service- und Schutzbrief-Versicherungen in den letzten Jahren vollzogen haben, müssen aber vorher noch induktiv in die vorliegende Untersuchung eingebracht werden.

Einführend wird dazu folgendes ausgeführt: Im Rahmen der klassischen Versicherungszweige spielen Dienstleistungen auch abgesehen von der Frage eine Rolle, ob die Hauptleistung des Versicherers zu den Dienstleistungen im hier erörterten Sinne gehört. In der Schadenversicherung erbringt der Versicherer u. U. Nebenleistungen zur Abwendung und Minderung von Versicherungsschäden, von denen der Gesetzgeber in § 63 Abs. 1 S. 2 und 3 VVG regelnde Kenntnis genommen hat. Die Mitwirkung des Versicherers an der Erfüllung von Schadenverhütungsobliegenheiten ist in AVB spezieller geregelt. Die Allgemeine Mitwirkung des Versicherers an der Schadenverhütung, die vor allem in der Feuer- und der Einbruchdiebstahlversicherung und den technischen Versicherungszweigen sowie der Transportversicherung wesentlich ist und in der Personenversicherung Ansätze zeigt, liegt im Interesse beider Parteien und der Volkswirtschaft[32].

In der Wettbewerbswirtschaft tritt dieser Komplex sekundärer Dienstleistungen des Versicherers allerdings relativ stärker zurück.

---

32 Ein Überblick über dieses ebenso bedeutende der Pflichten der Versicherungsparteien und der darüber hinaus gehenden Leistungen bei C. Rohlfs, Handwörterbuch der Versicherung (HdV), Karlsruhe 1988, Art. Schadenverhütung, insbes. IV, S. 739 ff.

In der Haftpflichtversicherung und ihren Nebenzweigen besteht ebenso wie in der Kraftfahrzeug-Haftpflichtversicherung eine der Versicherungsleistungen in der Rechtsschutzgewährung[33]. Der Rechtsschutzanspruch[34] der Haftpflichtversicherten ist im Normalfall zu einem Anspruch auf Aufwendungsersatz für den Rechtsschutz, d. h. auf Finanzierung der notwendigen Rechtsschutzdienstleistungen der Organe der Rechtspflege, reduziert, während der Direktanspruch des geschädigten Dritten in der Kraftfahrzeug-Haftpflichtversicherung[35] den Zwischenschritt der Entscheidung über den Haftpflichtversicherungsanspruch in die Entscheidung einbezieht. Auf die juristische Konstruktion von Fällen der Störung im Haftpflicht- und im Versicherungsverhältnis kommt es für den hier vorgetragenen Gedankengang nicht an[36].

Bei der Rechtsschutzversicherung und der über diese hinaus entwickelten Verkehrs-Service- und der Schutzbrief-Versicherung ist der Dienstleistungsanspruch über den bei den Haftpflichtversicherungen ausgeformten Anspruch auf Rechtsschutzgewährung hinaus spezieller ausgestaltet worden[37]. Die ursprünglichen Zweifel an der Versicherungseigenschaft sind auch im Aufsichtsrecht bei weiterer Ausgestaltung des Produkts ausgeräumt worden[38]. Zunächst wird hier ebenso wie in der Haftpflicht- und der privaten Krankenversicherung dem Versicherer nicht nur eine eigene Serviceleistung abverlangt, sondern er hat auch Serviceleistungen durch Dritte (u. a. Ärzte und Rechtsanwälte) zu erbringen. Im Zuge der Ausgestaltung der Service-Versicherung wurde in den AVSB[39] und anderen im Markt verwendeten Sparten-AVB das Risiko derart aufgegliedert, daß eine Grundlage für die versicherungstechnische Kalkulation gegeben war[40]. Dabei tritt gleichrangig neben die Versicherung von Kosten (Passivversicherung i. S. von H. Möller) die direkte und indirekte Dienstleistungsgarantie[41].

Die dabei gewählte Unterscheidung von Geld- und Naturalleistungen erscheint heute nicht mehr als überzeugend. Naturalleistungen bedeuten

---

33 Die Rechtsschutzfunktionen der Haftpflichtversicherungen sind nach heutiger Auffassung Gegenstand einer Hauptpflicht des Versicherers (Bruck/Möller/Johannsen, a.a.O., Anm. B. 35 – 36). Der Rechtsschutzanspruch ist mit dem Befreiungsanspruch zu einem einheitlichen Versicherungsanspruch zusammengefaßt.
34 Vgl. z. B. Prölss/Martin/Voit, 25. Aufl., 1992, § 149 Anm. 1 b und § 150 Anm. 1.
35 Bruck/Möller/Sieg/Johannsen, a.a.O., Bd. V, Lfg. 1 a, Rdnr. B 4 – 11. Zur Entwicklung insbes. K. Sieg, Ausstrahlungen der Haftpflichtversicherung, Hamburg 1952.
36 Zu den besonderen Dienstleistungen z. B. W. Eichhorn, VW 1975, S. 31 ff.; P. Koch ZfV 1993, S. 554 ff.
37 Zur Geschichte M. Koll, Die Verkehrs-Service-Versicherung, Karlsruhe 1988; in diesem Zusammenhang darf auch auf die die Rechtsschutzversicherung betreffenden Schriften von H. Möller, E. R. Prölss und G. Winter hingewiesen werden. Dieser Versicherungszweig hat Fachleute des Versicherungsrechts besonders angelockt.
38 Koll, a.a.O., S. 9 f. m. w. N.
39 VerBAV 1987, S. 235 ff.
40 Koll, a.a.O., S. 1 – 3.
41 Vgl. die bei Koll, a.a.O., S. 12 Genannten und K. Sieg in Bruck/Möller/Sieg, a.a.O., § 49 Anm. 6 und 19.

hier nichts anderes, als daß ein anderer Leistungsgegenstand bestimmt ist als Geld. In diesem Zusammenhang gehört auch der Rechtsgedanke des § 249 Satz 1 BGB (Herstellung des ursprünglichen Zustands – gleichviel mit welchen Mitteln; denn die Geldleistung ist in der Regelung über die Ersetzungsbefugnis des Satzes 2 behandelt). Inzwischen ist die Service-Versicherung für bestimmte Risikogruppen untergliedert, z. B. in fahrzeugbezogene und personenbezogene „geschäftlichen Reise-Notfallrisiken"[42]. Zu nennen sind unterschiedlich umschriebene Schutzbrief- und Kreditbriefrisiken[43] und neueres Material. Die Dynamik dieser Entwicklung wird hier zur weiteren Ausformung von Leistungstatbeständen und zur sorgfältigen Unterscheidung von geschuldeten und aus Kulanz gewährten Service-Leistungen führen müssen[44].

In der Ebene des Rechts stellen sich die Dienstleistungsgeschäfte nach allem weiterhin als eine sehr große Sammelgruppe von im einzelnen grundsätzlich unterschiedlich gestalteten Rechtsverhältnissen dar. Rechtliche Gemeinsamkeit ist diesen Typen von Leistungsversprechen zunächst negativ, daß sie nicht auf Geldleistung gerichtet sind und auch nicht, das muß hinzugefügt werden, auf echten Natural-(Güter-)Transfer. Den auf Dienstleistungen gerichteten Rechtsverhältnissen wird außerdem als Eigentümlichkeit zugeschrieben, daß sie eine gewisse zusätzliche Mitwirkung des Berechtigten an der Erfüllung voraussetzen. Ob sich daraus indessen für diese Rechtsverhältnisse wirklich gegenüber den generell aus § 242 BGB oder spezielleren Normen begründeten Bindungen eine Typik herleiten läßt, sei hier dahingestellt. Die an dieser Stelle nicht erneut darzustellende Mitwirkungspflicht des Versicherungsnehmers/Versicherten an der Erfüllung ist zwar wesentlich, genügt aber zur Begründung des Tatbestandes der Versicherung nicht.

5. Bei der Prüfung der Bedeutung der informationstheoretischen Konzeption für den juristischen Versicherungsbegriff ist zunächst zu bedenken, daß die ökonomisch durchaus wesentliche durch das Versicherungsprodukt verkörperte Garantieinformation[45] rechtlich allenfalls eine Nebenwirkung bezeichnen, gewiß aber nicht Gegenstand der Hauptpflicht des Versicherers sein kann, auf deren ordnungsmäßige Erfüllung der Versicherungsnehmer zu klagen in der Lage sein müßte. Aber auch dann, wenn man Wolfgang Müller in dieser „großen" informationellen Begründung

---

42 AVB sind teilweise abgedruckt bei Koll, a.a.O., S. 157 ff., 160 ff.
43 Koll, a.a.O., S. 163 ff., 167 ff.; L. Jansen, Vollkasko plus Schutzbrief, VersKaufm 11/1993, S. 31 ff.
44 Vgl. den breiten Fächer der im Werbematerial der europe assistance (1993) angebotenen Serviceleistungen (z. B. dort auch tabellarische Übersichten).
45 W. Müller, Das Produkt der Versicherung, in Festschrift Seuß, Karlsruhe 1981, S. 155 ff., 163 ff.; ders., in Lukarsch, a.a.O., S. 35 ff., 41; ders., Finanztheoretische Analyse von Versicherungsunternehmen und Versicherungsmärkte, ZVersWiss 1983, S. 535 ff.; R. Eisen, W. Müller, P. Zweifel, Unternehmerische Versicherungswirtschaft, Wiesbaden 1990, S. 26 ff., 31 ff., 36 ff., 62 ff.; W. Bachmann, Leistung und Leistungserstellung der Versicherungsunternehmen, Karlsruhe 1988.

der Versicherung nicht folgt, waren die Diskussionen der Ökonomen über die Bedeutung der Informationen für das Funktionieren des Versicherungsgeschäfts einerseits und über die Märkte mit inkongruenter Information andererseits für die Erkenntnis von der Funktion der Versicherung wesentlich. Auch auf der rechtlichen Seite hat das Gefüge der informationellen Nebenpflichten des Versicherers (zur Information, Belehrung oder Warnung), das sogar in Einzelheiten in die 3. Lebensversicherungsdirektive[46] (allerdings überspitzt und mit kaum praktikablen Einzelvorschriften) aufgenommen worden ist und in der Rechtsprechung des BGH in den Vordergrund gerückt wird, erhebliche Bedeutung. Ein solches System unterstützt das zwingende Aufsichts- und Vertragsrecht, ersetzt aber nicht, wie teilweise gemeint wird, die Aufsicht[47]. Es ist ein Gleichgewicht zu erstreben mit den Jahrzehnte vorher herausgearbeiteten Nebenpflichten des Versicherungsnehmers (zur Beschreibung und „Erhaltung" des Risikos und zur Ermöglichung der Vertragserfüllung).

Weil Kern des Versicherungsgeschäfts nach weitaus überwiegender Meinung das Risikogeschäft ist[48], sind dessen Merkmale wesentliche Tatbestandsteile des Versicherungsbegriffs. In der wissenschaftlichen Erfassung und Beschreibung des Tatbestands des Risikogeschäfts wird bereits entsprechendes für den Versicherungsbegriff vorgegeben. In diesem Zusammenhang haben die Arbeiten Walter Kartens die Erkenntnis gefördert, nicht nur, wenn er den Problemen der Versicherbarkeit nachgegangen ist[49], sondern weiterhin durch die Arbeiten zu den Grundlagen einer versicherungstechnischen Risikopolitik[50], die vom Gegenstand her in die Studien zum Einzelrisiko und seiner Kalkulation[51] einmündeten. Der Sprung vom Kollektiv zum Einzelrisiko ist sozusagen die Nagelprobe, bedeutet naturgemäß für die Versicherungswissenschaft und vor allem Versicherungspraxis jeweils das Überschreiten eines tiefen Grabens. Ganz folgerichtig hat sich Karten wiederholt – fundiert und praktikabel – mit Studien zur Schwankungsrückstellung beschäftigt[52] und auch hier die von Paul Braeß gelehrte Verbindung zur Anwendung gepflegt. Wenn damit das wissenschaftliche Feld des Risikogeschäfts[53] besonders gedankenreich und gewissenhaft bestellt worden ist, so wird die Brücke zum Versicherungsrecht

---

46 Anhang II (übrigens ein Muster unangemessener Detail-„Richtlinien"-Setzung).
47 In dieser Richtung bei Eisen, Müller, Zweifel, oben Fn. 44; dazu krit. Karsch, Bespr. in VersRdsch (Wien) 1991, S. 135 ff.
48 Vgl. Farny, a.a.O., S. 14 ff.
49 W. Karten, ZVersWiss 1972, S. 279 ff.
50 Ders. in Festgabe für Wilhelm Seuß, Karlsruhe 1981, S. 213 ff., Grundlagen wurden dazu bereits in W. Karten, zum Problem der Versicherbarkeit und zur Risikopolitik der Versicherungsunternehmen, ZVersWiss 1972, S. 179 ff. gelegt, fortgesetzt in Art. Risikopolitik der Versicherungsunternehmen, im HdV, a.a.O., S. 659 ff.
51 W. Karten, Das Einzelrisiko und seine Kalkulation, in W. Große, H. L. Müller-Lutz, R. Schmidt (Hrsg.), Versicherungsenzyklopädie, 1984, Bd. 2, S. 199 ff.
52 Zusammengefaßt in W. Karten, Art. Schwankungsrückstellung, HdV, a.a.O., S. 763 ff.
53 Auch z. B. durch Arbeiten seines Schülers M. Nell (versicherungsinduzierte Verhaltensänderungen von Versicherungsunternehmen, Karlsruhe 1993).

deutlich, wenn hier die Bedeutung der Beachtung der gesicherten Regeln verständiger Versicherungstechnik als eine der Natur der Sache entstammende rechtlich relevante normative Position erneut betont wird[54].

Diese dritte hier betrachtete betriebswirtschaftliche Konzeption, die das Risikogeschäft als solches in den Mittelpunkt stellt und ihren Schwerpunkt bei dem Risikotransfer[55] hat, ist für die juristische Inhaltsbestimmung der Versicherung wesentlich. Zwar verkörpert der im Recht verwendete Gefahrenbegriff noch weniger als der „unsichere" Risikobegriff[56] gesicherte Ausgangspositionen. Doch ist damit der ganze Vorgang der Gefahrtragung (von der vorvertraglichen Anzeigepflicht über den Beginn der materiellen Deckung, die Gefahrerhöhungsregelungen, die Rechtsfolgen der Herbeiführung des Versicherungsfalls bis zu dessen Definition und zur Versicherungsleistung als der Realisierung des Kapitaltransfers) in größeren Einklang mit einem von der Wirtschaftswissenschaft präzisierten Sachverhalt gebracht. Die volkswirtschaftlich wesentliche Risikoallokation[57] durch den Versicherungsvertrag erhält sozusagen ihre Verkörperung durch das rechtliche Instrumentarium. Die zum Risikotransfer entwickelte betriebswirtschaftliche Produktionstheorie[58] steht im größeren Einklang mit der rechtlichen Regelung des Betriebsablaufs. Auch erhält die von der juristischen Geldleistungstheorie weit in den Vordergrund gerückte und häufig allein als Versicherungsleistung bezeichnete Erfüllungsleistung des Versicherers ihren Rang als spätere Rechtfertigung des Risikotransfers sowie vollständige oder teilweise Freistellung des Versicherten vom Risiko. Die Überlegungen zum moralischen Risiko[59] und zu den Grenzen der Versicherbarkeit können eher auf rechtliche Folgerungen hin geprüft werden.

Im Zusammenhang mit der risikotheoretischen Begründung des Versicherungsgeschäfts erhält das vom Bundesverwaltungsgericht wiederaufgenommene[60] Tatbestandsmerkmal des Erfordernisses einer versicherungs-

---

54 Dazu Erich R. Prölss in den von ihm verfaßten Kommentaren zu VAG und VVG; Wolfgang Sachs, Erfahrung und Erwartung, Karlsruhe 1967 und Johannes Mehring, Art. Versicherungstechnik, HdV, a.a.O., S. 1127.
55 E. Helten, W. Karten, Das Risiko und seine Kalkulation, in Versicherungswirtsch. Studienwerk, 3. Aufl., 1981–83, VBl. V, S. 82 ff.; D. Farny, Lehrb., a.a.O., S. 25 ff.
56 W. Karten, Die Unsicherheit des Risikobegriffs, in Festgabe für Müller-Lutz, Karlsruhe 1972, S. 147 ff.
57 H.-W. Sinn, Die Allokationswirkungen der Versicherung, ZVersWiss 1977, S. 507 ff.; D. Meyer, Die volkswirtschaftliche Bedeutung des Versicherungswesens mit besonderem Bezug zur Risikoallokation, ZVersWiss 1989, S. 191 ff.
58 M. Nell, Die Bedeutung des Risikos als Produktionsfaktor, ZVersWiss 1990, S. 275 ff.; D. Farny, Lehrb., a.a.O., S. 424 ff.
59 Dazu zuletzt die eingehende Analyse des internen und externen moralischen Risikos bei M. Nell, Versicherungsinduzierte Verhaltensänderungen von Versicherungsnehmern, Karlsruhe 1993, insbes. S. 102 ff.
60 BVerwG a.a.O. (oben Fn. 9); Die von E. R. Prölss in den ersten vier Auflagen seines VAG-Kommentars vertretene Definition weist dieses Merkmal auf (vgl. R. Schmidt, P. Frey, a.a.O., § 1 Rdnr. 7 a. E.).

technischen Kalkulation neue Bedeutung, wobei es auf Methode und Qualifikation der konkreten Kalkulation nicht ankommt. Auch die Versicherung im Umlageverfahren beruht auf einer Kalkulation im Sinne dieses Definitionstatbestandes. Einen wirtschaftlichen Vorgang oder eine wirtschaftliche Einrichtung, die ohne Kalkulation arbeitet, kann man sich aufsichtsrechtlich nicht als Versicherung vorstellen. Mit diesem Tatbestandsmerkmal wird übrigens mittelbar das System der Rechtsfolgen in die Beurteilung einbezogen, mit denen das Aufsichtsrecht die Belange der Versicherten schützt, wie andererseits das Aufsichtsgesetz selbst kleine, kleinste und minderbedeutende Versicherungseinrichtungen kasuistisch entweder freistellt oder für sie die Aufsicht mildert[61] und das BAG sogar die Aufsichtszuständigkeit nach §§ 2 – 5 und in den Ländergesetzen zwar nach formalen Kategorien doch nicht ohne Berücksichtigung der wirtschaftlichen Bedeutung der Unternehmen vorgenommen wird[62]. Das Tatbestandsmerkmal der Kalkulation gehört daher auch nicht in die versicherungsvertragsrechtliche Versicherungsdefinition, an die ein weniger geschlossenes System von Rechtsfolgen, als das aufsichtsrechtliche anknüpft.

Gegen eine rechtliche „Anwendung" die Risikotransfertheorie könnte sprechen, daß es generell den Typ eines Risikotransfervertrages nicht gibt. Hinter wirtschaftlichem Risikotransfer können sich bekanntlich sehr unterschiedlich zuzuordnende Vertragstypen verbergen, nicht nur z. B. Bürgschaft und Schuldübernahme, Vermögensübernahme und Gesellschaftsverträge, sondern auch Kauf und Darlehen. Andere spezielle Vertragstypen können wirtschaftlich ähnlich dem wie Versicherungsvertrag Risikotransfers bewirken.

Für die Konzeption der Risikotransferfunktion des Versicherungsvertrages spricht, daß sie den zentralen Vorgang des Versicherungsgeschäfts erklärt: Die – versicherungsjuristisch ausgedrückt – Gefahrenlage, wie sie im Zeitpunkt des Vertragsbeginns gegeben und auch durch Erfüllung der vorvertraglichen Anzeigepflicht präzisiert war, wird aufgrund der Risikoklassifikationssysteme von AVB und Tarifen mit dem materiellen Versicherungsbeginn vom Versicherer „übernommen". Interessanterweise hat Lötsch[63] die objektiven und subjektiven kausalen Gefahrumstandsausschlußklauseln[64] Risikobeschränkungen genannt. Im „Scherenschnitt" des transferierten Risikos sind sie ausgenommen. Sie sind Vorschriften versicherungstechnischen Charakters, setzen also bei dem transportierten Risiko an, während ergänzend die Obliegenheiten, die rechtstechnisch ins allge-

---

61 Vgl. § 1 Abs. 2 Satz 2, 3, Abs. 3, § 53, §§ 156 a, 157, 157 a VAG.
62 Damit wird der interessante Gedanke eines zu fordernden Schutzbedürfnisses (so K. Sieg, VersR 1972, S. 13) nicht wiederbelebt (vgl. R. Schmidt, P. Frey, a.a.O., § 1 Rdnr. 5 Abs. 1 a. E.).
63 In der bei Bruck geschriebenen juristischen Dissertation, Die Risikobeschränkungen, Hamburg 1935.
64 Definition bei H. Möller in Bruck/Möller/Sieg, VVG, 1980, § 61 Anm. 17; Möller verwendet selbst auch den Begriff Risikobegrenzung (a.a.O., Vor §§ 49 – 80, Anm. 11).

meine Schuldrecht gehören[65], mit ihrer vollen oder relativen Verwirkungsfolge die Leistungspflicht im Versicherungsfall betreffen. Der Grundsachverhalt der Versicherung wird durch das Risikotransfermodell genauer und überzeugender dargestellt, als durch die versicherungsrechtliche Gefahrtragungstheorie. Jedenfalls gilt das für den „Hintransfer" zum Versicherer; die Versicherungsleistung, sofern sie zu erbringen ist, steht für den Rücktransfer, so daß die juristische Geldleistungstheorie hier noch sozusagen reduziert Platz hat. Der alte gegen die Gefahrtragstheorie erhobene Einwand, daß man auf Erfüllung nicht klagen könne, dürfte bezüglich des Transfers zum Versicherer bestehen bleiben. Gleichwohl bietet dieses Denkmodell für Tatbestände wie Über-, Doppel- und Unterversicherung ebensowenig Schwierigkeiten wie für die Versicherung für fremde Rechnung (unter Einschluß derjenigen für Rechnung, wen es angeht) sowie für den Direktanspruch in der Kraftfahrzeug-Haftpflichtversicherung. Für die Summenversicherung steht neben der hier geprüften risikotheoretischen Begründung der Vertrag zugunsten Dritter bereit.

Mit Recht hat Ulrich Fahr[66] in jüngerer Zeit geschaffene Vorsorgeeinrichtungen kritisch im Hinblick darauf untersucht, warum sie teilweise als Versicherung angesehen[67] und dem VAG unterworfen wurden, für sie teilweise aber die Aufsichtspflicht verneint[68] worden ist. Weil diese Frage unter das in dieser Studie aufgeworfene Thema fällt, wird sie hier behandelt, obwohl sie von Fahr nicht vom Versicherungstatbestand her, sondern unter Gesichtspunkten des Unternehmensbegriffs des § 1 VAG behandelt wird. Die Probleme der rechtlichen Einordnung der Träger derartiger Garantieleistungen und der Rechtsverhältnisse zu den die Mittel aufbringenden Unternehmen und den „Destinatären", die auch zukünftig große Bedeutung besitzen dürften, z. B. bei weiterer Einführung von Konkurssicherungs- bzw. Garantiefonds, sind in der Wissenschaft[69] wohl unbefriedigend gelöst und von den Gerichten noch nicht entschieden.

Fahr knüpft hier an das mit dem Unternehmensbegriff verbundene Merkmal der Gewinnerzielungsabsicht an, die dann fehle (fehlen könne), wenn die Einrichtung einen gemeinsamen Zweck ihrer Mitglieder (der kein öffentlicher oder gemeinnütziger zu sein brauche[70] verfolge. In diesen Fällen biete sich die Rechtsform des eingetragenen Vereins an. Zu dem Beispiel

---

65 Dazu z. B. Reimer Schmidt, Die Obliegenheiten, 1953, S. 52 ff., 90 ff.
66 U. Fahr, Alte und neue Grenzfälle der Versicherungsaufsicht, in Geburtstags-Schrift für Georg Büchner, a.a.O., S. 367 ff.
67 Z. B. der Pensions-Sicherungs-Verein VVaG.
68 Z. B. die Solidarhilfe und Einlagensicherungsfonds.
69 R. Schmidt in R. Schmidt, P. Frey, VVG, a.a.O., § 1 Rdnr. 10; K. Sieg, ZVersWiss 69, S. 504.
70 Für die verhältnismäßig zahlreichen öffentlich-rechtlichen Versicherungsunternehmen ist bekanntlich die Versichereigenschaft bejaht worden, obwohl sie nach ihren Gründungsgesetzen oder Satzungen eine gemeinnützige Tätigkeit entfalten. Sogar für die Pflicht- und Monopolanstalten der Gebäudefeuerversicherung wurde überwiegend die Versichereigenschaft bejaht; sie wurden deshalb zunächst ausdrücklich von der Anwendung des EWG-Aufsichtsrechts ausgenommen.

einer Einlagensicherung heißt es dann: „Sowohl Versicherung als auch Nicht-Versicherung sind möglich. Ist der Zweck des Vereins, das Vertrauen in die Kreditwirtschaft zu stärken, verfolgen die Mitglieder einen gemeinsamen Zweck mit gemeinsamen Mitteln." (Typus e.V. möglich). „Denkbar ist es – je nach konkreter Ausgestaltung – aber auch, daß jedes Kreditinstitut nur gerade seinen Kunden eine zusätzliche Sicherung gewähren will, etwa um gegenüber anderen Instituten, die dies nicht bieten, im Vorteil zu sein." (Typus Versicherungsunternehmen). Es ist nach Ansicht des Verfassers unsicher[71], ob diese Abgrenzung zwischen tatsächlichem Mitgliederinteresse und satzungsmäßigem Zweck den entscheidenden Punkt betrifft und zudem eine sichere Grenzziehung ermöglicht, um eine Entscheidung zu treffen, die große Auswirkungen auf die Bereitstellung von Eigenmitteln, die Bildung versicherungstechnischen Rückstellungen, für die Rechnungslegung und Verwaltung, also im Ergebnis für die Funktionssicherheit der Einrichtung und damit den Schutz der „Destinatäre" hat. Für die rechtliche Möglichkeit, die Zwecke der genannten Vorsorgeeinrichtungen überhaupt auf der Grundlage der Rechtsfigur des eingetragenen Vereins zu verwirklichen, kommt es nämlich darauf an, ob der Verein sich für die Erfüllung des Vereinszwecks eines wirtschaftlichen Geschäftsbetriebs bedient, was den Weg über § 21 BGB ausschließt, sofern nicht von dem sog. Nebenzweckprivileg Gebrauch gemacht werden kann[72], was man sich bei Sicherungseinrichtungen vorstellen kann, die nach dem Muster des Einlagensicherungsfonds im Bundesverband deutscher Banken e. V. konstruiert sind[73]. Falls derartige Einrichtungen indessen den aufsichtsrechtlichen Tatbestand der Versicherung verwirklichen, ergibt sich eine diesbezügliche Entscheidungsnotwendigkeit aus § 2 VAG.

---

71 In der die bisherigen Garantiefonds i. w. S. analysierenden Arbeit von R. H. Oehmke, Gläubigerschutz durch Insolvenzsicherungsfonds in einem deregulierten Versicherungsmarkt, 1990, die auch ausländische Einrichtungen einbezieht und die bestehenden deutschen eingehend untersucht, werden Lösungen auf der Grundlage sowohl des § 21 BGB als auch des § 15 VAG aber (ohne materielle) Begründung für möglich gehalten, weil „die Schaffung von Garantiefonds ohnehin im Zuge einer Novelle des VAG stattfinden würde" (S. 170).
72 Zur neueren Rspr. vgl. z. B. Palandt/Heinrichs, Anm. 1 b.
73 Im einzelnen dargestellt bei Oehmke, S. 117 ff.

Ist Risiko ein Konstrukt?

Zur Quantifizierung des Risikobegriffes

Elmar Helten

Walter Karten hat 1972 beklagt, daß dem Wort „Risiko" in der Betriebswirtschaftslehre im allgemeinen und in der Versicherungsbetriebslehre im besonderen „eine schillernde Vielfalt der Begriffsinhalte"[1] beigemessen werde.

20 Jahre später stellen Holzheu und Wiedemann fest, daß Risiko „gegenwärtig ein Leitbegriff ist, der die öffentlichen Diskussionen über die Grundbedingungen unserer individuellen und gesellschaftlichen Existenz prägt". Sie stellen weiter fest, daß der Begriff „Risiko" offenbar inflationär gebraucht wird und daß nicht selten Konfusion entsteht, „wenn Vertreter verschiedener Disziplinen versuchen, sich untereinander oder mit Laien über die Risiken zu verständigen". Sie meinen, die Verständigungsschwierigkeiten seien nicht nur eine Sache der präzisen sprachlichen Bezeichnung, sondern daß die unterschiedlichen Definitionen des Risikobegriffes in verschiedenen Wissenschaften konzeptionell bedingt seien. „Banker, Versicherungskaufleute und Ökonomen haben anderes als Risiken im Blick als Psychologen, Philosophen oder Techniker[2]."

Daraus folgern Holzheu und Wiedemann, daß Risiko ein „Konstrukt" ist, „d. h., Risiko ist (auch) ein Beobachtungskonzept, nicht nur ein Beobachtungsgegenstand. Als Beobachtungskonzept ist es eine Art Brille, durch die man die Welt betrachtet. Was dabei als Risiko gesehen wird, ist nicht unmittelbare Wirklichkeit, sondern hängt auch von der Art der Brille ab und der Weise, wie durch sie geschaut wird. Verschiedene wissenschaftliche Disziplinen tragen jeweils andere Risikobrillen, und sie sehen daher Verschiedenes, selbst dann, wenn sie auf den gleichen Gegenstand blicken. So betrachtet der Verkehrspsychologe beim Straßenverkehr das Unfallrisiko, der Ökologe die Umweltrisiken, der Arzt das Risiko von Atemwegserkrankungen usw."[3].

---

1 Karten, W., Die Unsicherheit des Risikobegriffes. Zur Terminologie der Versicherungsbetriebslehre, in: Praxis und Theorie der Versicherungsbetriebslehre. Festgabe für H. L. Müller-Lutz zum 60. Geburtstag, hrsg. von P. Braeß, D. Farny, R. Schmidt, Karlsruhe 1972, S. 147.
2 Holzheu, F., P. M. Wiedemann, Perspektiven der Risikowahrnehmung, in: Risiko ist ein Konstrukt. Wahrnehmungen zur Risikowahrnehmung, hrsg. von Bayerische Rück, München 1993, S. 9.
3 Ebenda, S. 9 f.

Dieses von Holzheu und Wiedemann geschilderte Phänomen ist aber nicht neu und bezieht sich nicht allein auf den Risikobegriff. Wissenschaften und Wissenschaftler unterscheiden sich ja gerade dadurch, daß sie dasselbe Beobachtungsobjekt unter verschiedenen Aspekten (Zielen), mit verschiedenen Beobachtungsinstrumenten und mit unterschiedlichen Versuchsanordnungen (Experimenten) betrachten.

Die Leser dieser Festschrift seien an das Phänomen „Versicherung" und die vielfältigen Versuche erinnert, dieses Phänomen abzugrenzen und zu definieren[4]. Das Ziel der interdisziplinären Versicherungswissenschaft ist es u. a., diese verschiedenen Ansichten zu sammeln, zu ordnen, auf Redundanzen hin zu untersuchen und – soweit möglich – zusammenzufassen.

In diesem Zusammenhang muß an die Aufgabe von Normungsinstitutionen (DIN, ISO) erinnert werden, die versuchen, die Begriffe von empirischen Phänomenen und von theoretischen Konstrukten, d. h. von Modellen der Realität zu vereinheitlichen und für einen bestimmten Geltungsbereich und einen bestimmten Zeitraum zu normieren. Die aktuelle Diskussion um das Phänomen und den Begriff „Qualität"[5], der ja auch für die Dienstleistung Versicherung von entscheidender Bedeutung sein wird, ist ein instruktives Beispiel für die Probleme, die mit einer zu vereinheitlichenden Begriffsbildung verbunden sind.

Nicht nur die einzelnen Kunden, sondern auch die einzelnen Versicherungsunternehmen und die zwischen Angebot und Nachfrage stehenden Versicherungsvermittler haben vermutlich jeweils andere Vorstellungen von dem, was sie mit Qualität der Versicherung bezeichnen. Die ISO-Normen 9000 – 9004 schlagen vor, den Begriff „Qualität" als eine Summe von Eigenschaften aufzufassen, die vom Kunden in Abstimmung mit den Produzenten von Sachgütern oder Dienstleistungen festgelegt werden soll. Dieser Vorschlag zeigt sehr deutlich, daß die Festlegung von Begriffsdefinitionen grundsätzlich an Personen, Beobachtungsinstrumente oder Versuchsanordnungen gebunden ist und daß Begriffsdefinitionen möglichst auf schon bekannte und schon normierte Begriffe zurückgeführt werden sollen. Zwar ist der Forscher grundsätzlich frei, Begriffe zu definieren. Der Wert einer Definition erweist sich jedoch an seiner Zweckmäßigkeit für die Beschreibung des untersuchten empirischen Phänomens und später an der allgemein erreichten Akzeptanz.

Ein gutes Vorbild für die Begriffsbildung empirischer Phänomene ist die Physik. Sie verfügt über jahrhundertelange Erfahrung, wenn man z. B. an

---

4 Wälder, J., Über das Wesen der Versicherung. Ein methodologischer Beitrag zur Diskussion um den Versicherungsbegriff, Berlin 1971.
5 Helten, E., Zur Qualitätsbestimmung von Sachgütern und Dienstleistungen, insbesondere von Versicherungsschutz, in: Recht und Ökonomie der Versicherung. Festschrift für Egon Lorenz, hrsg. von U. Hübner, E. Helten, P. Albrecht, Karlsruhe 1994, S. 281 ff.

die Messung des Phänomens „Zeit" denkt. Die Längenmessung ist dagegen erst im vorigen Jahrhundert durch die Normierung des Urmeters vereinheitlicht worden. Abgeleitete Begriffe, wie z. B. „Geschwindigkeit" als Charakterisierung des Raum-/Zeit-Phänomens „in einer bestimmten Zeit zurückgelegte Strecke", lassen sich auf die zuvor normierten Begriffe „Meter" und „Sekunde" zurückführen und z. B. als Relation m/sec definieren. Ein anderes Phänomen, die Beschleunigung, ist als m/sec^2 definiert.

Der im folgenden vorgeschlagene, auf eine Quantifizierung ausgerichtete Risikobegriff setzt sich aus zwei Komponenten zusammen, die selbst jeweils kontrovers diskutiert werden, so daß die Begriffs- und Meinungsvielfalt, mit der der Begriff „Risiko" verbunden ist, nicht weiter verwundern muß.

Sowohl der Begriff „Information" bzw. „Informationsdefizit" als auch der Begriff „Ziel" sind immer personen- bzw. gruppenabhängig, also subjektiv. Sie sind auch situationsabhängig. Beide Begriffe können mit der Zeit variieren, sind also evolutionär, was eine Begriffsbildung zusätzlich erschwert[6].

Risiko wird hier als das Informationsdefizit über die finale Bestimmtheit, d. h. die Ungewißheit über das Erreichen der gesteckten (geplanten) Ziele, definiert. Diese Definition ist sicher ein Konstrukt. Dieses Konstrukt ist jedoch in vielen Wissenschaftsbereichen anwendbar, da sowohl die Finalität (Ziel) als auch das Informationsdefizit für jedes konkret zu beschreibende Risiko noch festzulegen sind. Insofern ist diese Definition offen.

Beim Umweltrisiko z. B., das durch den Autoverkehr entsteht, müssen also auch noch die Zielgröße und der Zielwert bestimmt werden, d. h. will man die mögliche Luftverschmutzung oder die mögliche Bodenverseuchung oder die mögliche Lärmbelastung zur Charakterisierung des Umweltrisikos benutzen? Welche Sollwerte (Zielwerte) oder Toleranzintervalle (Zielintervalle) sind noch akzeptabel? Wie groß ist die Wahrscheinlichkeit der Abweichungen vom Sollwert, bzw. wie groß ist die Wahrscheinlichkeit, daß ein Ereignis noch in das Zielintervall fällt?

Ein anderes Beispiel: Bei der Beschreibung und Quantifizierung des versicherungstechnischen Risikos ist immer noch offen, durch welche Gesamtschadenverteilung das Informationsdefizit über den potentiellen Gesamtschaden quantifiziert wird und ob die Differenz zwischen dem potentiellen Gesamtschaden und den vereinnahmten Prämien oder ob die Differenz zwischen dem potentiellen Gesamtschaden und den vereinbarten Prämien plus Sicherheitsreserven als Zielwert definiert wird.

---

6 Helten, E., Karten, W., Das Risiko und seine Kalkulation, in: Versicherungswissenschaftliches Studienwerk, hrsg. von H. L. Müller-Lutz, R. Schmidt, Wiesbaden 1984, Studienheft 21, S. 5 ff.

Abbildung 1: Wahrscheinlichkeitsverteilungen der Zielabweichungen

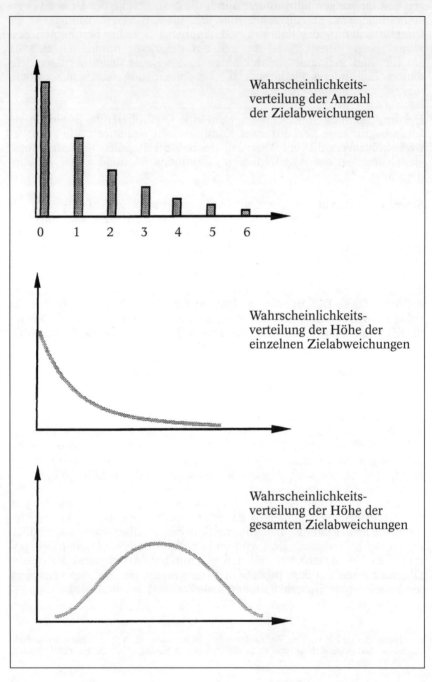

Die quantitative Definition des Risikos geht also von dem Tatbestand aus, daß bei den meisten Entscheidungen nicht deterministisch bestimmbar ist, ob ein Zielpunkt genau erreicht wird. In den meisten Fällen kann nur gesagt werden, daß mit bestimmten Wahrscheinlichkeiten Werte eines Zielintervalls realisiert werden können[7].

Ähnlich wie in der versicherungsbetrieblichen Risikotheorie werden zur Quantifizierung des Risikos drei verschiedene Zielverteilungen vorgeschlagen:

1. Die Wahrscheinlichkeitsverteilung der möglichen Anzahlen der Zielabweichungen in einem Planungszeitraum, die als *Zielabweichungszahlverteilung* bezeichnet wird,

2. die Wahrscheinlichkeitsverteilung der möglichen Höhen der einzelnen Zielabweichungen, die als *Zielabweichungssummenverteilung* bezeichnet wird, und

3. die Wahrscheinlichkeitsverteilung der möglichen Höhen der gesamten Zielabweichungen in einem Planungszeitraum, die als *Gesamtzielabweichungsverteilung* bezeichnet wird (vgl. Abb. 1).

Wie die Zielverteilungen und der Zielwert definiert werden, hängt von der jeweiligen empirischen Fragestellung ab. Es sei ausdrücklich betont, daß der Zielwert vom Planer, also subjektiv festgelegt wird. Haben Planer unterschiedliche Zielwerte, so führen dieselben möglichen Umweltzustände zu unterschiedlichen Zielabweichungsverteilungen. Der Zielwert („Nullpunkt") beeinflußt also wesentlich die Höhe des Risikos. Das Umweltrisiko z. B. erhöht bzw. erniedrigt sich, je nachdem wie der Gesetzgeber die „Grenzwerte" festlegt. Oder ein anderes Beispiel: Eine Anspruchsniveausenkung des Prüfers reduziert das Examensrisiko des Prüflings.

Vier mögliche Situationen müssen unterschieden werden:

1. Im deterministischen Fall wird der Sollwert (Zielpunkt, Planwert) exakt erreicht, d. h. Ist = Soll. Dieser risikolose Fall wird selten eintreten, weil die meisten zukünftigen empirischen Ereignisse nicht mit Sicherheit bestimmt werden können. In diesem Fall ist die Zielverteilung in dem Sollwert konzentriert.

2. Der Sollwert wird mit einer gewissen Wahrscheinlichkeit überschritten, d. h. Ist $\geq$ Soll. Die Zielverteilung gibt das Informationsdefizit über die möglichen Zielwerte an.

---

7 Helten, E., Betriebswirtschaftliche Risikoforschung und Allgemeine Betriebswirtschaftslehre, in: Die Betriebswirtschaftslehre im Spannungsfeld zwischen Generalisierung und Spezialisierung, hrsg. von W. Kirsch, A. Picot, Wiesbaden 1989, S. 437.

Abbildung 2: Arten von Zielverteilungen

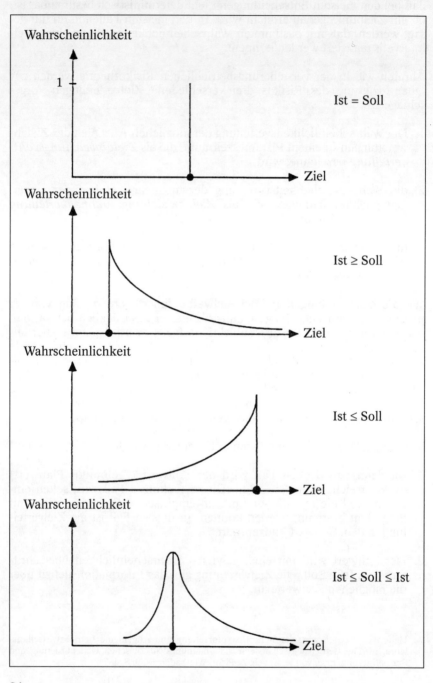

3. Der Sollwert wird mit einer gewissen Wahrscheinlichkeit unterschritten, d. h. Ist ≤ Soll. Die Zielverteilung gibt das Informationsdefizit über die möglichen Werte der Zielvariablen an.

4. Der vorgegebene Sollwert kann sowohl unter- als auch überschritten werden, d. h. Ist ≤ Soll ≤ Ist. Die Zielverteilung gibt die Wahrscheinlichkeit für die einzelnen Werte der Zielvariablen an (vgl. Abb. 2).

Welche dieser Zielverteilungen zur Beschreibung des Risikos benutzt wird, hängt von der jeweiligen empirischen Fragestellung ab[8].

Mögliche Überschreitungen eines Ziels werden als „Risiko" bezeichnet, wenn die Zielvariable eine „negative" Größe (z. B. Kosten) darstellt. Ist dagegen das Ziel ein zu erstrebender Gewinn, werden eine Überschreitung als „Chance" und dagegen eine Unterschreitung als „Risiko" bezeichnet. Aber auch zweiseitige Abweichungen von einem Sollwert können als „Risiko" in der Empirie vorkommen. Man denke an den Durchmesser einer Schraube. Ist er zu klein, fällt die Schraube durch die Mutter. Ist der Durchmesser zu dick, paßt die Schraube nicht in die Mutter.

Da die Bewertung von Wahrscheinlichkeitsverteilungen als Ganzes in der Praxis Schwierigkeiten bereitet, haben sich im wesentlichen die folgenden drei Kennzahlen von Wahrscheinlichkeitsverteilungen zur Charakterisierung von Zielabweichungsverteilungen durchgesetzt. Für symmetrische Zielverteilungen wird das Risiko durch die Standardabweichung gemessen, für linksseitige Zielabweichungen benutzt man die mittlere untere Abweichung und für rechtsseitige Zielabweichung die mittlere obere Abweichung.

Der oben vorgestellte quantifizierte Risikobegriff versucht die von Karten zitierte Idee Euckens „Risiko ist die Distanz von Plandaten und faktischen Daten"[9] zu nutzen und die Kritik von Karten an dieser Definition von Eucken[10] zu überwinden. Somit kann die Aussage von Karten, daß „allein eine Definition des Risikos auf der Basis von Wahrscheinlichkeitsverteilungen zufälliger Variabler bzw. von stochastischen Prozessen sowohl für versicherungstechnische Teilaspekte als auch für das gesamte Unternehmensrisiko eines Versicherers zu fruchtbaren und operationalen Risikobegriffen führt"[11], bestätigt werden.

---

8 Helten, E., Bewertung von Versicherung und anderen risikopolitischen Maßnahmen zur Meidung, Minderung, Überwälzung und Finanzierung betrieblicher Umweltschäden, in: Ökonomische Risiken und Umweltschutz, hrsg. von R. Wagner, München 1992, S. 85 ff.
9 Karten, W., Die Unsicherheit des Risikobegriffs, a.a.O., S. 164.
10 Karten, W., ebenda: „Diese Definition leidet vor allem unter ihrer Unschärfe. Es bleibt offen, wie das Risiko zu messen wäre. Wenn ausgehend von dem Wort Distanz versucht wird, es durch die Größe der Datenabweichungen in absoluten (Geld-)Beträgen zu erfassen, so muß das unvollkommen bleiben, wenn nicht zugleich etwas über die Wahrscheinlichkeit ihres Eintretens ausgesagt wird."
11 Karten, W., Die Unsicherheit des Risikobegriffs, a.a.O., S. 169.

Über die Schwierigkeiten,
vernünftig mit Risiken umzugehen

Günter Schmidt

Die Risikotheorie steht im Mittelpunkt der wissenschaftlichen Arbeit von Walter Karten. Dabei geht es um den rationalen Umgang mit Risiken. Die Risikotheorie ist von großer praktischer Bedeutung, aber es ist schwierig, selbst fundamentalen und völlig unstrittigen Erkenntnissen dieser Theorie zur Akzeptanz zu verhelfen. Einige Beispiele sollen illustrieren, wie schwer es die Ratio hat, sich bei praktischen Risikoproblemen durchzusetzen. Eine kurze Erläuterung des Bernoulli-Prinzips soll zeigen, wo die Grenzen der Theorie liegen. Schließlich soll über die Gründe irrationalen Verhaltens in Risikosituationen spekuliert werden.

Ein Patentrezept für Risk Management

Risiken sind unbequem. Sicherheit ist gefragt, hat aber einen entscheidenden Nachteil – sie kostet Geld. Mit diesem Problem befaßt sich Risk Management, das in den 70er Jahren einen Siegeszug durch die Wirtschaft antrat.

Einer der ersten und eloquentesten Vertreter der neuen Lehre war Matthias Haller[1]. Er entwickelte ein Patentrezept für Risk Management, von dem er zwar bald wieder abrückte, das sich inzwischen aber wegen seiner verblüffenden Plausibilität verselbständigt hatte. Es gab hunderte, wenn nicht tausende von Seminaren und Kongressen, auf denen dieses Patentrezept nachgebetet worden ist, aber alle Verheißungen endeten in einer Sackgasse.

Haller teilte die Risiken ein in kleine, große und ganz große. Die kleinen Risiken kann man, wie leicht einzusehen ist, in Kauf nehmen, die großen hingegen muß man mit den Instrumenten des Risk Management therapieren[2]. Diese Instrumente sind: Risikovermeidung, Risikominderung, Über-

---

1 Vgl. Haller, M. (1975), Sicherheit durch Versicherung? – Gedanken zur künftigen Rolle der Versicherung, Bern, Frankfurt a. M.
2 An dieser Stelle sei erwähnt, daß die genannten risikopolitischen Instrumente keine Erfindung der „Risk Manager" sind. Bereits in der älteren versicherungswissenschaftlichen Literatur werden diese Instrumente im Rahmen der Risikobekämpfung diskutiert. Vgl. Mahr, W. (1970), Einführung in die Versicherungswirtschaft, 3. Auflage, Berlin.

wälzung von Risiken auf Versicherer und schließlich das Selbsttragen des Restrisikos. Leider handelt es sich bei diesem Rezept ausnahmslos um Leerformeln, um Placebos, um bei der medizinischen Terminologie zu bleiben.

Das zeigt sich schon bei der scheinbar einfachen Einteilung der Risiken in große und kleine. Eine solche Einteilung ist nicht sinnvoll, weil Risiken mindestens zwei Dimensionen haben, nämlich die Höhe des Schadens und die Wahrscheinlichkeit seines Eintritts. So ist selbst eine schlichte Anordnung der Risiken ihrer vermeintlichen Größe nach nicht möglich, weil sich große Schäden mit geringer Wahrscheinlichkeit und kleine Schäden mit hoher Wahrscheinlichkeit gegenüberstehen.

Nun könnte man bei der Bewertung der Risiken die Wahrscheinlichkeit außer acht lassen und nur die Höhe des denkbaren Schadens als Entscheidungskriterium heranziehen. Das aber wäre eine weltfremde Annahme, denn es steht außer Frage, daß die Menschen beide Aspekte des Risikos bei ihren Entscheidungen berücksichtigen. Ein Flugzeug kann abstürzen, man besteigt es dennoch, weil man die Wahrscheinlichkeit äußerst gering einschätzt. Auch der Erwartungswert, also das Produkt aus Schadenhöhe und Wahrscheinlichkeit, ist als Risikomaß ungeeignet. Hinter gleichen Erwartungswerten können sich völlig unterschiedliche Risikosituationen verbergen.

Trotz dieser Einwände sei irgendein konkretes Risiko herausgegriffen, um es nach den Methoden des Risk Management zu behandeln. Der erste Therapieschritt wäre also die Risikovermeidung. Da aber jede wirtschaftliche Tätigkeit mit Risiken verbunden ist, kann man diese nur vermeiden, wenn man die Tätigkeit selbst aufgibt. Also bleibt nur der zweite Therapieschritt, die Risiken zu vermindern, was im allgemeinen ohne zusätzliche Kosten nicht möglich ist, weder beim Brandschutz noch beim Umweltschutz. Wir sind wieder am Anfang, bei der trivialen Erkenntnis nämlich, daß Sicherheit Geld kostet. Das zeigt sich noch deutlicher beim nächsten Therapieschritt, der Versicherung. Natürlich kann man Risiken auf einen Versicherer abwälzen und damit die Sicherheit erhöhen, aber gerade das kostet Geld.

Wie auch immer man das Problem dreht und wendet: Risiken sind lästig, und Sicherheit ist teuer. Mehr Sicherheit bedeutet höhere Kosten, höhere Kosten bedeuten weniger Gewinn. Damit ist jede risikopolitische Entscheidung eine Entscheidung zwischen mehr Sicherheit und weniger Gewinn oder mehr Gewinn und weniger Sicherheit. Das ist die Entscheidung, die der Unternehmer treffen muß, hierbei hätte er gerne eine Hilfe, und genau an dieser Stelle wird er im Stich gelassen.

Das alles bedeutet natürlich nicht, daß Risk Management samt und sonders sinnlos wäre. Soweit sich Risk Management mit einer seriösen Risikoanalyse beschäftigt, ist es eine wichtige und notwendige Entscheidungsvorbereitung und trägt dazu bei, Risikoentscheidungen auf eine rationale Grundlage zu stellen. Nur die Entscheidung selbst kann dem Unternehmer niemand abnehmen. Diesen Eindruck hatte das Patentrezept Hallers erweckt, daran ist es gescheitert.

Das Schwangerschaftsrisiko der Männer

In der privaten Krankenversicherung ist das Schwangerschaftsrisiko mitversichert. Schon deshalb ist die Prämie für Frauen höher als die für Männer. Dieser Umstand hat in den letzten Jahren zu heftigen Attacken der Frauen auf die Ratio geführt, denen diese (obwohl ebenfalls weiblichen Geschlechts) letztendlich erlegen ist.

Der Widerstand gegen die Frauenprämie formierte sich in den 70er Jahren, wurde lange Zeit nicht recht beachtet, um dann in den letzten Jahren um so lauter artikuliert zu werden. Wie die Frankfurter Rundschau am 4. 7. 1992 berichtete, habe sich die erste Konferenz der Frauenministerinnen auf Bundesebene im November 1991 einstimmig gegen die frauendiskriminierenden Tarife der privaten Krankenversicherung ausgesprochen. Männer verursachen, so heißt es, genauso viele Schwangerschaften und Geburten wie Frauen, also sei es logisch (!) und folgerichtig, daß Männer genausoviel dafür bezahlen wie Frauen[3]. Vorher war schon in Saarbrücken eine Dissertation vorgelegt worden, in der Claudia Schmidt der Frauenprämie mit dem Grundgesetz zu Leibe gerückt ist[4].

Stein des Anstoßes ist das sogenannte individuelle Äquivalenzprinzip. Dabei handelt es sich um eine gänzlich unideologische Handlungsanweisung zur Kalkulation von Versicherungsprämien. Es wird gefordert, die Prämie für eine einzelne Versicherung so zu kalkulieren, daß sie mindestens die Kosten und den Erwartungsschaden eben dieser Versicherung deckt.

Dieses Postulat folgt dem Verursachungsprinzip, das ganz allgemein die vernünftige Handlungsmaxime für die Preiskalkulation in freien Märkten ist. Der Preis eines konkreten Produktes soll eben mindestens die Kosten decken, die seine Herstellung verursacht. Bei der Versicherung setzen sich die Herstellungskosten zusammen aus dem Erwartungsschaden und den Betriebskosten (Verwaltung und Vertrieb). Bei Anwendung des Verursachungsprinzips ergibt sich die sogenannte risikogerechte Prämie.

---

3 Vgl. Ehrhorn, E. (1992), Wer macht denn eigentlich schwanger?, Frankfurter Rundschau vom 4. 7. 92, S. 22.
4 Vgl. Schmidt, C. (1989), Die Frauenprämie in der privaten Krankenversicherung im Lichte des Gleichberechtigungsgrundsatzes, Diss. Saarbrücken.

In einem freien Markt hat jede planmäßige Abweichung vom Äquivalenzprinzip negative Folgen. Die einen Versicherungen werden zu teuer, die anderen zu billig verkauft. Zu teure Versicherungen wandern zur Konkurrenz ab, zu billige Versicherungen bleiben oder wandern zu, es stellen sich Verluste ein.

Dieses harmlose Kalkulationsprinzip ist zum Gegenstand heftiger Kritik geworden, weil es als Verursachungsprinzip und sein Ergebnis als „risikogerecht" bezeichnet wird. Unter Ursache verstehen die Kostenrechner aber etwas gänzlich anderes als die Kritiker(innen). Die einen reden von den Kosten, die ein konkretes Produkt bei seiner Herstellung verursacht, die anderen reden von Schuld und Sühne. Unter „risikogerechter" Prämie verstehen die einen eine Prämie, die dem versicherten Risiko entspricht, die anderen meinen die himmlische Gerechtigkeit. Deshalb wurde schon in der Vergangenheit von Braeß vorgeschlagen, im Zusammenhang mit der Prämie von Gerechtheit und nicht von Gerechtigkeit zu sprechen[5]. Er sah das gefährliche Mißverständnis voraus.

Wenn die Krankenversicherung von Frauen das Schwangerschaftsrisiko einschließt, verspricht der Versicherer eine bestimmte zusätzliche Leistung, nämlich die im Falle einer Schwangerschaft anfallenden Kosten zu übernehmen. Diese Leistung wird der versicherten Frau versprochen, und deshalb muß sie in die Prämie für die Versicherung eben dieser Frau einkalkuliert werden.

Wenn darauf hingewiesen wird, daß die Männer nach der Lebenserfahrung an Schwangerschaften nicht gänzlich unschuldig sind, sie also mindestens mitverursachen, so ist das unzweifelhaft richtig. Der Einwand geht aber völlig an der Sache vorbei, weil eine gänzlich andere Art der Verursachung gemeint ist. Es handelt sich um ein besonders schönes Beispiel für einen Dissens: Man redet zwar über denselben Begriff, aber über zwei gänzlich unterschiedliche Tatbestände.

Für die Kalkulation einer Versicherungsprämie ist es belanglos, wer den Versicherungsfall verursacht, von Interesse ist nur, unter welcher Police er versichert ist. In diese Police muß das entsprechende Äquivalent einkalkuliert sein. Es geht darum, die Herstellungskosten für ein Versicherungsprodukt zu kalkulieren, die sich am Umfang des Leistungsversprechens orientieren und nicht daran, wer das Leistungsversprechen auslöst.

Man kann natürlich eine Krankenversicherung entwickeln, die den Männern Versicherungsschutz bietet für die von ihnen verursachten Schwangerschaften. Dann müßte dort eine entsprechende Zuschlagsprämie ein-

---

5 Vgl. Braeß zitiert nach Karten, W. (1977), Solidaritätsprinzip und versicherungstechnischer Risikoausgleich – einige ökonomische Grundtatbestände. Zeitschrift für die gesamte Versicherungswissenschaft, Seite 186.

kalkuliert werden. Die Forderung, Versicherungsschutz wie bisher über die Frauenpolice zu gewähren, die Prämie aber teilweise den Männern anzulasten, ist jedoch absurd. Man könnte dann auch von den Herstellern von Umstandskleidern verlangen, die Hälfte der Herstellungskosten auf die Herrenkonfektion umzubuchen.

Die Trauer über das Schicksal der Vernunft vertieft sich, wenn man in den Anordnungen und Verwaltungsgrundsätzen des Bundesaufsichtsamts für das Versicherungswesen liest, daß neuerdings ein Krankenversicherer beantragt hat, die Kosten für die Schwangerschaft auf Frauen- und Männertarife zu verteilen. Das Aufsichtsamt stellt dazu fest, daß Schwangerschaften zwar nur bei Frauen anfallen können, dennoch aber von beiden Geschlechtern „verursacht" werden[6]. Deshalb dürfen die Geburtskosten künftig auch bei der Berechnung der Prämien für Männer berücksichtigt werden. Tröstlich an dieser Verlautbarung ist nur, daß die Aufsichtsbehörde selbst das Wort „verursacht" in Anführungszeichen gesetzt hat. Das läßt hoffen, daß man wußte, was man tat, und dabei wenigstens ein schlechtes Gewissen hatte.

Risiken vor Gericht

Angenommen ein Medikament müsse vom Markt genommen werden, weil es erhebliche Nebenwirkungen hat. Von 1000 Personen, die das betreffende Medikament eingenommen haben, erkranken zwanzig an einem schweren Leiden, an dem normalerweise von 1000 Personen nur zehn erkranken. Die zwanzig erkrankten Personen, die das Medikament eingenommen haben, machen Schadenersatzansprüche geltend. Das Problem, vor dem das Gericht steht, liegt darin, daß von den zwanzig Anspruchstellern zehn ohnehin erkrankt wären, ihre Erkrankung also nicht auf die Nebenwirkungen des Medikaments zurückzuführen sein kann.

Offenbar meinen die Juristen, das Problem liege im Unterschied zwischen naturwissenschaftlicher und juristischer Kausalität. Ein naturwissenschaftlicher Nachweis der Kausalität setze eine mathematische Gewißheit, ein absolut sicheres Wissen voraus, die Juristen kämen dagegen mit deutlich niedrigeren Nachweisforderungen aus[7]. Diese Auffassung geht jedoch zweifach am Problem vorbei: Die Naturwissenschaften werden falsch interpretiert, zudem liegt die wahre Problematik an anderer Stelle.

Die modernen Naturwissenschaftler behaupten keineswegs, daß ihre Gesetze von absoluter Gültigkeit sind. Man weiß längst, daß eine solche In-

---

6 Vgl. Bundesaufsichtsamt für das Versicherungswesen (1992), Anmerkungen und Verwaltungsgrundsätze, VerBAV, S. 298.
7 Vgl. Schmidt-Salzer, J. (1992), Kommentar zum Umwelthaftungsrecht, S. 549 ff., Heidelberg.

terpretation zu unüberwindlichen logischen Widersprüchen führt. Naturwissenschaftliche Gesetze ergeben sich aus Axiomen. Man kann mit diesen Gesetzen arbeiten ohne Rücksicht darauf, ob sie in einem philosophischen Sinn wahr sind. Die Übertragbarkeit dieser Gesetze auf die Realität ist zwar wünschenswert, aber keineswegs immer vollständig erreichbar.

Was nun einen Fall wie den geschilderten angeht, so weiß der Naturwissenschaftler, daß man hierüber nur eine Wahrscheinlichkeitsaussage treffen kann. Man kann zeigen, daß von 1000 Personen zehn, also 1 %, an dem bestimmten Leiden erkranken und daß sich diese Rate auf 2 % erhöht, wenn die betreffenden Personen das fragliche Medikament eingenommen haben. Mit der Einnahme des Medikaments verdoppelt sich also die Wahrscheinlichkeit zu erkranken von 1 % auf 2 %. Nur das kann die Naturwissenschaft nachweisen, weiter reichen weder Ehrgeiz noch Möglichkeiten. Im allgemeinen kann nicht nachgewiesen werden, ob eine konkrete Person ohnehin erkrankt wäre oder ob die Erkrankung auf die Nebenwirkungen des betreffenden Medikaments zurückzuführen ist.

Offensichtlich meinen die Juristen, das liege nur am noch unzureichenden Stand naturwissenschaftlicher Forschung[8]. Wenn die Untersuchungsmethoden besser wären, müßte ein solcher Nachweis in jedem Einzelfall möglich sein. Das ist nicht richtig. Sicherheit und Unmöglichkeit, also die Fälle der strikten Kausalität, sind vielmehr nur Grenzfälle, die im täglichen Leben selten vorkommen. Im allgemeinen kann man einem Ereignis im vorhinein nur eine mehr oder weniger große Wahrscheinlichkeit zuordnen.

Merkwürdigerweise entsteht ein vertracktes logisches Problem aber gerade dann, wenn man einmal unterstellt, es gäbe irgendeine höhere Einsicht in die kausalen Zusammenhänge, sie sei nur den Irdischen (noch) verschlossen. Aus dieser Sicht hätte ein Gericht die Wahl zwischen drei Fehlurteilen:

1. Alle zwanzig Anspruchsteller erhalten eine Entschädigung zugesprochen. Dann fällt das Gericht im Sinne der höheren Einsicht zehn Fehlurteile, denn zehn Personen wären ohnehin erkrankt.

2. Das Gericht lehnt alle Ansprüche ab. Das wären wiederum zehn Fehlurteile, denn zehn Personen sind nachweislich durch die Nebenwirkungen des Medikaments erkrankt.

3. Das Gericht repartiert und entscheidet, daß jeder der zwanzig Anspruchsteller zur Hälfte entschädigt wird. Dann sind es zwanzig Fehl-

---

8 Vgl. Schmidt-Salzer, J. (1990), Entscheidungssammlung Produkthaftung: Strafrecht, 3. Ergänzung Dezember, S. IV.1.17, Neuwied.

urteile, denn zehn Personen hätten Anspruch auf die volle Entschädigung, und zehn Personen hätten überhaupt keine Ansprüche.

Fälle der geschilderten Art gehören heute zum Alltag des Haftpflichtrechtes. Wie das aufgezeigte Dilemma aufgelöst werden könnte, weiß der Verfasser nicht. Möglicherweise gibt es keine logisch befriedigende generelle Lösung. Dann bliebe den Gerichten in der Tat nur, sich wie bisher pragmatisch mit den konkreten Einzelfällen auseinanderzusetzen.

Das Scheinproblem der Versicherbarkeit

Über Fragen der Versicherbarkeit ist viel geschrieben worden. Standardbeispiele für nicht oder doch nur sehr schwer versicherbare Risiken sind Überschwemmung und Erdbeben. Diese Risiken galten als nicht versicherbar, weil sie sich in flächendeckenden Kumulschäden realisieren[9]. Es fehle der Risikoausgleich, der Grundlage der Versicherung schlechthin sei.

Wer dieses verinnerlicht hatte, mußte sich erstaunt die Augen reiben, als er im Jahresbericht des Gesamtverbandes der Versicherungswirtschaft lesen konnte, daß Erdbeben und Überschwemmung neuerdings in Deutschland versichert werden können[10]. Der Gesamtverband feiert das als Innovation, allerdings ohne zu erklären, warum Risiken, die bisher als unversicherbar galten, auf einmal versichert werden können.

Bei der Frage der Versicherbarkeit handelt es sich um ein Scheinproblem, das auf mindestens zwei Denkfehler zurückzuführen ist. Ein Denkfehler besteht darin, von einem bestimmten definierten Versicherungsbegriff auszugehen und zu konstatieren, daß mit einer solchen Versicherung Kumulschäden der geschilderten Art nicht gedeckt werden können. Mit einem Kran, der nur auf 10 Tonnen ausgelegt ist, kann man keine Last von 100 Tonnen heben. So wie ein Kran Menschenwerk ist und eben auch andere leistungsfähigere Kräne konstruiert werden können, so ist auch die Versicherung Menschenwerk und damit gestaltbar. Die Versicherung schlechthin gibt es nicht, dem Wesen der Versicherung nachzuspüren, führt zu nichts, an diesem Nagel kann man kein Argument aufhängen[11].

Ein weiterer Denkfehler besteht darin zu übersehen, daß ein einzelnes Risiko niemals ein Kumulrisiko sein kann. Wer nur ein einziges Objekt gegen Erdbeben versichert, braucht sich um das Kumulrisiko nicht zu

---

9   Vgl. Manes, A. (1930), Versicherungslexikon, 3. Auflage, S. 472–475, Berlin.
10 Gesamtverband der Deutschen Versicherungswirtschaft e.V. (1991), Lösungen und Grenzen für die Versicherbarkeit von Elementarschäden, Jahrbuch 1991, S. 125, Karlsruhe.
11 Vgl. Wälder, J. (1971), Über das Wesen der Versicherung – Ein methodologischer Beitrag zur Diskussion um den Versicherungsbegriff, Berlin.

kümmern. Wie bei jedem anderen Risiko auch, kommt es hier nur auf die Höhe der Haftung und die Prämie an. Insofern stellt sich auch nicht die Frage der Versicherbarkeit.

Es gibt allerdings Kriterien wie Zufälligkeit, Eindeutigkeit, Schätzbarkeit, Unabhängigkeit und Größe, die eine Versicherung einfacher oder komplizierter machen. Ob aber ein Risiko versicherbar ist oder nicht, läßt sich generell nicht sagen, es kommt darauf an, mit welchen versicherungstechnischen Instrumenten man dem Problem im konkreten Fall begegnet[12].

In besonders amüsanter Weise hat Karl Borch das Problem der Versicherbarkeit als ein Scheinproblem entlarvt[13]. Er schildert den Fall eines Whiskyherstellers, der aus Reklamegründen eine hohe Belohnung für den Fang des Monsters von Loch Ness auslobt. Als vorsichtiger Kaufmann schließt er eine Versicherung ab für den Fall, daß doch jemand wider Erwarten das Monster fangen sollte. Borch verweist auf einen internationalen Kongreß der Versicherungsmathematiker, der sich mit dem Problem der Versicherbarkeit befaßt und Papiere von insgesamt 400 Seiten produziert hat. Nach den von den Mathematikern aufgestellten Kriterien wäre das beschriebene Risiko unversicherbar gewesen, und doch wurde es – wie Borch lakonisch feststellt – versichert.

Vom Nutzen des Nutzens

Besonders unbequem sind einige Erkenntnisse der Entscheidungstheorie. Die Entscheidungstheorie befaßt sich mit rationalen Entscheidungen in Risikosituationen. Die Theorie gibt wichtige Hinweise, gegen die in der Praxis tagtäglich massiv verstoßen wird. Beispielsweise ist es nicht rational, einen Industriebetrieb nur gegen Feuerschäden zu versichern, nicht aber auch gegen dadurch ausgelöste Unterbrechungsschäden. Das kann die Entscheidungstheorie beweisen. Trotzdem entscheiden sich viele tausend Unternehmer anders. Auf der anderen Seite gibt die Entscheidungstheorie keine Antwort auf die Frage, ob man eine Selbstbeteiligung von 100 000 DM oder von 1 Mio. DM vereinbaren soll. Die Theorie kann dem Unternehmer nur helfen, sich rational zu verhalten, also widersprüchliche Entscheidungen zu vermeiden. Sie kann ihm aber nicht sagen, ob er mutig oder weniger mutig sein soll. Das ist und bleibt seinem subjektiven Ermessen vorbehalten.

---

12 Vgl. Karten, W. (1972), Zum Problem der Versicherbarkeit und der Risikopolitik des Versicherungsunternehmens – betriebswirtschaftliche Aspekte, Zeitschrift für die gesamte Versicherungswissenschaft, S. 279–299.
13 Vgl. Borch, K. (1976), The Monster of Loch Ness, The Journal of Risk and Insurance, Vol. 43, S. 521–525.

Daran ändert auch die Nutzentheorie nichts, die ein Kern der Entscheidungstheorie ist. Das Nutzenkonzept, eine wohl geniale Lösung von Entscheidungsproblemen in Risikosituationen, geht auf Daniel Bernoulli zurück. Von Neumann und Morgenstern haben es axiomatisch abgeleitet, womit es als Bernoulli-Prinzip eine glänzende Bestätigung gefunden hat. Der Nutzen einer Risikosituation mit der Verteilung F(x) ist nach dem Bernoulli-Prinzip das gewogene Mittel der Nutzen der einzelnen Beträge x mit den dazugehörenden Wahrscheinlichkeiten als Gewichten. Das aber ist nichts anderes als der Erwartungswert des Nutzens. Damit wird jeder beliebigen Verteilungsfunktion F(x) eine Zahl zugeordnet, die einmal von der Verteilung selbst, zum anderen aber von der subjektiven Nutzenfunktion abhängig ist. Da man für jede Risikosituation eine und nur eine Maßgröße erhält, wird es möglich, Risikosituationen miteinander zu vergleichen, also Risikoprobleme als Maximumproblem zu formulieren. Damit läßt sich auch das Problem der kleinen, mittleren und großen Risiken lösen, an dem die frühen Vertreter des Risk Management gescheitert sind.

Doch man darf sich nicht täuschen. Die elegante Lösung ist letztlich doch nur eine Scheinlösung. Man muß mit dem Nutzen, mit der subjektiven Präferenzstruktur, eine Größe einführen, die von Mensch zu Mensch verschieden ist. Die Nutzentheorie kann zwar die individuelle subjektive Risikobereitschaft des jeweiligen Unternehmers formalisieren, um auf diese Weise auch komplizierte Entscheidungsprobleme operational zu machen. Auf diese Weise kann man auch eine widerspruchsfreie Unternehmenspolitik definieren. Das aber ist viel weniger, als sich die Menschen wünschen. Die Nutzentheorie kann dem Unternehmer nur helfen, widerspruchsfrei zu entscheiden. Sie kann ihm aber nicht sagen, wie er seine Entscheidungen treffen soll: ängstlich, vorsichtig, mutig oder waghalsig.

Rationalität und Plausibilität

Warum fällt es den Menschen so schwer, rational mit Risiken umzugehen? Einige Spekulationen sollen die Richtung anzeigen, wo Antworten auf diese Frage zu finden sein könnten.

Der Mensch erfährt Ereignisse immer nur als Einzelfall. Es ist dem Menschen nicht einprogrammiert, Ereignisse als Teil eines Kollektivs zu begreifen. Diese Sicht der Dinge braucht man aber, um Risikosituationen rational zu begegnen. Eine Versicherungsprämie von 1‰ bedeutet, daß in einem Kollektiv von 1000 Risiken durchschnittlich einmal im Jahr ein Schaden eintritt. Auf ein einzelnes Risiko bezogen, bedeutet eine Versicherungsprämie von 1‰, daß sich durchschnittlich einmal in 1000 Jahren ein Schaden ereignet. Das hindert die Versicherten nicht daran, sich schon nach wenigen Jahren darüber zu beklagen, immer nur in die Versicherung einzuzahlen und nie etwas zurückzuerhalten. Das hindert nicht daran zu verlangen, man müsse bei der Sanierung einer verlustreichen

Versicherungssparte die vom Schaden betroffenen Versicherten zur Kasse bitten. Dieser Vorschlag ist ebenso populär wie wirkungslos. Bei Schadenhäufigkeiten von nur wenigen Promille muß man die Beiträge für alle erhöhen, wenn man etwas erreichen will.

Risikoprobleme sind schlechterdings nicht plausibel. Das gilt im besonderen Maße für die Entscheidungstheorie. Die Erkenntnis, daß unternehmerische Entscheidungen immer Risikoentscheidungen sind und daß man das Risiko durch Information und Erfahrung mindern, aber nicht beseitigen kann, wird von vielen als unakzeptabel empfunden. Im Computerzeitalter muß es doch möglich sein, die Zukunft berechenbar zu machen. Es muß doch Planungsmodelle geben, bei deren Anwendung „richtige" Entscheidungen herauskommen. Das ist aber gerade nicht möglich. Entscheidungen müssen in der Gegenwart getroffen werden, sie realisieren sich aber erst in der Zukunft, und ob eine Entscheidung letztendlich richtig war oder nicht, weiß man immer erst hinterher.

Die Zukunft berechenbar zu machen heißt, die Zukunft vorauszusagen. Der Wunsch nach einer berechenbaren Zukunft ist ein fundamentales menschliches Grundbedürfnis. Ihm entsprechen Hellseher, Sterndeuter, Horoskope und auch Managementtheorien, die sich mit Zukunftsstrategien befassen. Wenn man sich klarmacht, daß solche Managementtheorien nichts anderes sind als Anleitungen zur Erstellung von Wirtschaftshoroskopen, werden auch andere Parallelen deutlich.

Strategietheorien und Horoskope sind gezielt unpräzise. Ihre Aussagen sind bewußt mehrdeutig. Diese Mehrdeutigkeit soll die Nachprüfbarkeit verhindern. Zugleich ist sie eine Einladung, eigenes Wunschdenken in die Aussagen hineinzuprojizieren und dadurch diffusen subjektiven Erfolgserwartungen den Rang rationaler Plandaten zu verleihen. Zweifler an diesen Thesen mögen nachlesen, was Malik zum Management komplexer Systeme vorschlägt[14].

Alle Zukunftsdeuter umgeben sich mit der Aura der Wissenschaftlichkeit. Wer ein Horoskop erstellt, beruft sich auf die Astrologie. Wer eine Strategietheorie verkaufen will, muß ihr eine wissenschaftliche Fassade geben. Doch es ist eben nur eine Fassade. Sobald man den Bohrer ansetzt, stößt man schnell durch den dünnen Putz und entdeckt dahinter nichts als Hohlräume.

Wenn das aber denn so wäre, warum merkt es eigentlich niemand?

Die Antwort ist: Weil es niemand wahrhaben will. Wer sich ein Horoskop stellen läßt, will eben gerade nicht wissen, daß Astrologie Unsinn ist. Wer

---

14 Vgl. Malik, F. (1989), Strategie des Managements komplexer Systeme, 3. Auflage, Stuttgart.

sich ein neues Planungsmodell verkaufen läßt, will eben gerade nicht wissen, daß es auf Sand gebaut ist. Darum hat sich Risk Management so gut verkauft, und darum wird sich auch das nächste und das übernächste Strategiekonzept verkaufen lassen. Ihre Konjunktur ist dauerhaft, denn ihre Geschäftsgrundlage ist die offenbar unauflösliche Diskrepanz zwischen Plausibilität und Rationalität beim Umgang mit Risiken.

Wie wahr ist der Schein?
Die Wahrscheinlichkeit

J.-M. Graf v. d. Schulenburg

1. Prolog: Sind Wahrscheinlichkeiten ein brauchbares Vehikel zur Operationalisierung der Ungewißheit?

Spätestens seit Leibniz[1] und der Wiederentdeckung von Daniel Bernoullis[2] Werk durch Neumann und Morgenstern spielen Wahrscheinlichkeiten in der Versicherungswissenschaft eine herausragende Rolle: Sie werden herangezogen, um Schadenbedarf, Prämien[3], risikogerechte Schwankungsfonds[4] und Solvabilitäten[5] zu berechnen und das Verhalten von Anbietern und Nachfragern auf Versicherungsmärkten[6] abzubilden.

Aber die Versicherungstheorie stellt keinen Sonderfall dar. Die Welt ist voller Ungewißheit und Unsicherheiten. Die Unsicherheit betrifft sowohl das Verhalten der Marktpartner als auch zukünftige Ereignisse[7]. Der Weg, diese Unsicherheit handhabbar, kommunizierbar und für Entscheidungsanalysen operationalisierbar zu machen, ist die Erfassung der Unsicherheiten in Wahrscheinlichkeitsverteilungen[8].

Wahrscheinlichkeiten sind also ein gebräuchliches Instrument mit dem gearbeitet wird – häufig doch ein wenig gedankenlos, ohne zu erklären, woher eigentlich die Wahrscheinlichkeiten kommen. Gerade in der wirtschaftswissenschaftlichen Analyse ist dies festzustellen. „Gegeben sei die Wahrscheinlichkeitsverteilung p(x) einer Zufallsvariablen x...". So oder ähnlich beginnen Analysen und das p(x) dient dann fortan zur Erreichung von Erwartungswerten, zur Maximierung des Erwartungsnutzens und zur Modellierung strategischen Verhaltens.

Dies muß aus drei Gründen unbefriedigend bleiben. Erstens fällt es vielen Menschen ungemein schwer, mit Wahrscheinlichkeiten umzugehen. Man

---

1 Leibniz (1986).
2 Bernoulli (1954).
3 Borch (1974).
4 Karten (1966).
5 Karten (1984).
6 Schulenburg (1992).
7 Erstere wird auch Markt-, letztere technische Unsicherheit genannt. Vgl. Hirshleifer/Riley (1979).
8 Karten (1972), (1981).

hat sich daran gewöhnt, physikalische oder chemische Größen in exakten Meßzahlen zu messen und zu kommunizieren (z. B. km/h, kg). Aber es ist durchaus nicht üblich, mit Wahrscheinlichkeiten zu argumentieren.

Zweitens umschreiben Menschen die Ungewißheit von Ereignissen nicht mit Wahrscheinlichkeiten, sondern verbalen Formulierungen, wie „es ist nicht zu erwarten", „es ist selten" oder „häufig". Hinter diesen Formulierungen verbergen sich – wie Untersuchungen zeigen[9] – durchaus sehr unterschiedliche Sicherheitsniveaus. „Sometimes frequently means seldom", „Manchmal ist häufig selten" ist das Ergebnis einer bekannten Studie[10], je nachdem wer das Wort „häufig" in den Mund nimmt. Hierauf werden wir im 2. Teil nochmals zurückkommen.

Drittens spielen für Entscheidungen nur subjektive Wahrscheinlichkeitsvorstellungen eine Rolle. Es ist zweifelhaft, ob es überhaupt objektive Wahrscheinlichkeiten gibt und ob sie nicht zumindest bedeutungslos sind. Versuchen wir nicht, mit der Formulierung von Wahrscheinlichkeiten etwas zu objektivieren, was subjektiver Natur ist, was einem Selbstbetrug gleichkommt?

Dieser Beitrag geht deshalb der Frage nach, was Wahrscheinlichkeiten sind und wie sie sich bilden. In diesem Beitrag wird aber auch davor gewarnt, sich zu sehr auf die „bewährten" Mechanismen zu verlassen, mit denen Vorstellungen über unsichere Ereignisse gebildet und kommuniziert werden. Die Analyse ist wie folgt aufgebaut: Zunächst wird der Begriff Wahrscheinlichkeit definiert. Dann werden fünf heuristische Prinzipien genannt, die zur Abschätzung von Wahrscheinlichkeiten von Menschen herangezogen werden. Die Prinzipien werden an Beispielen erläutert. Die Schwächenanalyse führt schließlich zum Begriff der „Trugscheinlichkeit", der zum Schluß dieses Beitrages geprägt wird.

2. *Was sind Wahrscheinlichkeiten?*

Nach dem Brockhaus sind Wahrscheinlichkeiten: „der Grad der Leichtigkeit der Verwirklichung von zufälligen Ereignissen". Folgendes Beispiel diene der Erläuterung dieser Definition: Eine 0,1-Wahrscheinlichkeit, daß es im August hagelt, bedeutet, daß man in 10 % der Auguste bzw. in 10 von 100 Jahren im August mit Hagel rechnen muß.

In der ökonomischen Theorie, die die Analyse von Entscheidungen ist, unterscheidet man zwischen objektiven und subjektiven Wahrscheinlichkeiten[11]. Wie oben bereits erwähnt, sind natürlich für Entscheidungspro-

---

9 Vgl. z. B. Pepper/Prytalate (1974), Lichtenstein/Newman (1967), Hackel (1968).
10 Hackel (1968).
11 Vgl. Eisen (1979), Sinn (1980).

zesse nur subjektive Wahrscheinlichkeiten relevant. Nur der Grad der Sicherheit oder der „Leichtigkeit", die ein Individuum annimmt, ist für seine Entscheidungen relevant, selbst dann, wenn objektive Kriterien eine andere Prognose als zutreffend erscheinen lassen.

Es ist ohnehin in der ökonomischen Literatur umstritten, ob es objektive Wahrscheinlichkeiten überhaupt gibt[12].

Diese Frage soll uns hier jedoch weniger beschäftigen als das Problem der Kommunikation der Unsicherheitsvorstellungen. Im täglichen Leben wird wohl kaum einer mit Wahrscheinlichkeiten argumentieren („mit 35%iger Wahrscheinlichkeit regnet es morgen"), sondern man benutzt umgangssprachliche Formulierungen. In einer Reihe von Untersuchungen wurde empirisch analysiert, welcher Sicherheitsgrad derartigen Formulierungen zuzuordnen ist.

Besonders interessant und relevant – weil folgenreich – sind dabei Aussagen innerhalb der Profession der Ärzte. So liest man in Arztbriefen als Ergebnis einer Diagnose: „es ist praktisch auszuschließen..." oder „normalerweise ist anzunehmen..." oder „mit an Sicherheit grenzender Wahrscheinlichkeit handelt es sich nicht...". Welche Wahrscheinlichkeiten verbindet ein Arzt mit diesen Formulierungen, wenn er sie benutzt oder im Brief eines Kollegen liest? In den letzten Jahren sind einige Untersuchungen[13] dieser Frage nachgegangen, da es auch im Interesse der Profession und der Patienten ist, hier Standards zu entwickeln.

In der Abbildung 1 sind die Ergebnisse der Studie von Bryant und Norman[14] wiedergegeben. Dabei werden 16 Ärzte gefragt, welche numerische Wahrscheinlichkeit sie z. B. der Aussage „sometimes" zuordnen. Die Werte lagen zwischen 2 % und 76 % mit einem Mittelwert von 21 %. Das Ergebnis ist erschreckend, denn eine derart große Streuung impliziert Kommunikationsprobleme, die letztlich zu Lasten des Patienten führen. Wir haben das gleiche Experiment mit deutschen Ärzten während eines Angiologenkongresses in Malta durchgeführt[15]. Das Ergebnis ist in Abbildung 2 wiedergegeben. Auch hier zeigt sich ein ähnliches Bild. Wenn ein Arzt z. B. davon spricht, daß dies oder jenes beim Patienten „nicht ausgeschlossen" werden kann, so meint er, daß in nur wenigen Fällen hiermit wirklich zu rechnen ist und folglich entsprechende aufwendige diagnostische Maßnahmen möglicherweise nicht indiziert sind. Ein anderer Arzt meint hingegen damit eine Wahrscheinlichkeit von 70 %.

---

12 Vgl. Ramsey (1931), Savage (1954).
13 Vgl. z. B. Bryant/Norman (1980), Kong/Burnett/Mosteller/Youtz (1986), Axelrod/Nakao (1987).
14 Bryant/Norman (1980).
15 Die Befragung wurde von der Firma Schwarz Pharma AG ermöglicht und von Priv.-Doz. Dr. U. Mueller ausgewertet.

Abbildung 1: Numerische Werte umgangssprachlicher Wahrscheinlichkeiten

(Ärzte n = 16; eigene grafische Darstellung nach Bryant & Norman, New England Journal of Medicine 302, 411 (1980))

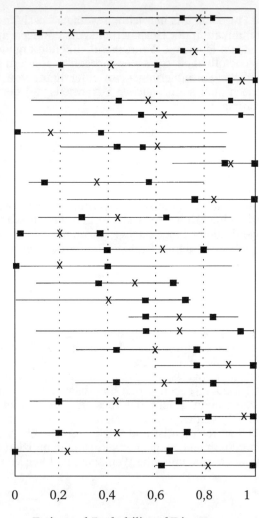

Abbildung 2: Numerische Werte umgangssprachlicher Wahrscheinlichkeiten
Ärzte (n = 34)

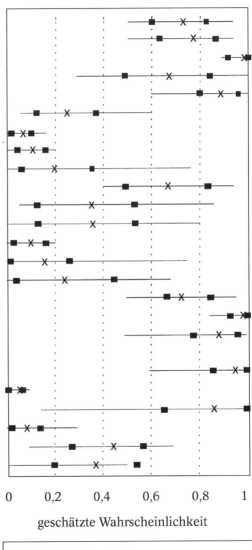

Vorstellungen über die Wahrscheinlichkeit des Eintritts unsicherer Ereignisse lassen sich somit schwer kommunizieren, und dies ist in der Realität ein erhebliches Problem, das die Theorie einfach ignoriert. Dieser Frage wenden wir uns nun zu.

3. Wie bilden sich Wahrscheinlichkeiten?

Zur Abschätzung von relativen Häufigkeiten bzw. Wahrscheinlichkeiten von Ereignissen und Eigenschaften werden ex-post Statistiken, ex-ante Prognosemodelle und wissenschaftliche Methoden verwendet. Im täglichen Leben bedienen sich Menschen hingegen heuristischen Prinzipien. Einige dieser Prinzipien sind in einer Synopsis in Abbildung 3 benannt worden und sollen im nachfolgenden anhand von Beispielen erläutert werden. Dabei wird deutlich, daß in vielen Fällen die heuristischen Prinzipien in die Irre führen[16], d. h. zum oben dargestellten Kommunikationsproblem ein Schätzproblem hinzukommt. Während das in Abbildung 3 aufgeführte Repräsentationsprinzip, d. h. die Extrapolation der Häufigkeit aus der Vergangenheit in die Zukunft, Datenänderungen nicht berücksichtigt, führt die kognitive Verfügbarkeit von Beispielen zu einer Überschätzung seltener Ereignisse. Der allzu menschliche Simulationseffekt („ich wollte, daß es geschehen wird") verhindert das Lernen aus Erfahrung. Zwei weitere Effekte treten hinzu. Der Ankereffekt beschreibt den Umstand, daß Menschen nach einem Aufhänger für ihre Wahrscheinlichkeitsabschätzungen suchen; und das Framing zeigt, daß auch die Formu-

Abbildung 3

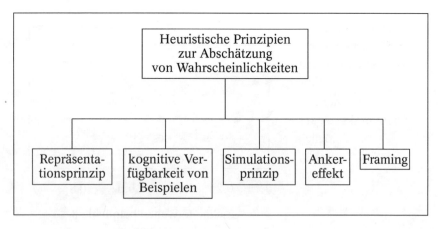

16 Vgl. Kahnemann/Slovic/Tversky (1982), Winterfeldt/Edwards (1986). Einen Überblick vermitteln Jungmann/Slovic (1993).

lierung der Frage über die zu treffende Aussage Einfluß auf die subjektive Wahrscheinlichkeitsabschätzung hat[17]. Kurzum, subjektive Wahrscheinlichkeitsvorstellungen streuen, und dies müßte eigentlich in der Modellierung mit berücksichtigt werden. Ein Modell, das die von den Entscheidern angenommenen Wahrscheinlichkeitsverteilungen nicht endogen erklärt, besitzt eine große Schwachstelle.

4. Wie leistungsfähig sind die heuristischen Prinzipien zur Abschätzung von Wahrscheinlichkeiten?

4.1 Das Repräsentationsprinzip

Hierzu sei gleich eine Aufgabe gestellt:

In einer Großstadt werden alle Familien mit sechs Kindern aufgesucht und befragt.

In 72 Fällen war die exakte Anordnung der Töchter T und der Söhne S nach der Reihenfolge der Geburt

T S T S S T.

Was ist die grobe Schätzung der Anzahl der Familien mit der Reihenfolge

S T S S S S?

- Ist sie größer als im ersten Fall?
- Kommt sie gleich häufig vor?
- Oder kommt sie weniger häufig vor?

In Experimenten sagten über 80 % aller Befragten: weniger, obwohl beide Sequenzen natürlich gleich häufig sind. Die erste Sequenz ist aber repräsentativ für den Populationsdurchschnitt von 50 : 50 Jungen und Mädchen und wird deshalb als wahrscheinlicher wahrgenommen.

Eine weitere experimentelle Aufgabe diene der Erläuterung des Repräsentationsprinzips.

In einer nebligen Nacht überfährt ein Taxifahrer einen Fußgänger und begeht Fahrerflucht. Einige Zeugen haben aus der Ferne zweifelsfrei einen hellen Wagen mit einem beleuchteten Taxischild gesehen.

Ein Zeuge war näher am Ort und behauptet, das Taxi sei ein Opel gewesen.

---

17 Vgl. Frey (1990), 165 ff.

Unter den Taxis der Stadt sind 85 % Mercedes und 15 % Opel. Andere Taxis gibt es in der Stadt nicht.

Mehrere Versuche mit dem Zeugen ergaben, daß dieser unter den Sichtverhältnissen der Unfallnacht in 80 % aller Fälle den Wagentyp eines Taxis richtig erkannte.

Wie groß ist die Wahrscheinlichkeit, daß der Unfallwagen tatsächlich ein Opel war?

Wenn die Schätzung ungefähr 80 % lautet, so liegt das im Rahmen dessen, was die Mehrheit der Befragten antworten würde.

Sehen wir uns die Sache näher an:

Der Unfallwagen ist tatsächlich ...	Der Zeuge behauptet zu erkennen ...	
ein Opel (15 %)		
	einen Mercedes	(0,15 × 0,2) = 3 %
	einen Opel	(0,15 × 0,8) = 12 %
ein Mercedes (85 %)		
	einen Mercedes	(0,85 × 0,8) = 68 %
	einen Opel	(0,85 × 0,2) = 17 %

Dies bedeutet, daß wenn der Zeuge unter den gegebenen Bedingungen meint, einen Opel erkannt zu haben, so ist es tatsächlich nur in 12 von 29 Fällen (41 %) ein Opel und in 17 von 29 Fällen (59 %) ein Mercedes gewesen.

Der Zeuge, der uns am wenigsten weiterhilft, ist der, der in 50 % der Fälle die Wahrheit sagt und in 50 % der Fälle „lügt"! Bei ihm müssen und sollten wir von der Grundwahrscheinlichkeitsverteilung 85 : 15 ausgehen.

Eine weitere wichtige Information, die bei Anwendung des Repräsentationsprinzips systematisch ausgeblendet wird, ist – neben der oben diskutierten Grundgesamtheitsproblematik – die Stichprobengröße.

Hierzu wieder ein kleines Experiment:

In einer Stadt gibt es zwei geburtshilfliche Abteilungen, die größere im städtischen Krankenhaus – mit einem Durchschnitt von 45 Geburten pro Woche – und eine kleinere in einer Privatklinik – mit einem Durchschnitt von 9 Geburten pro Woche.

In einer statistischen Erhebung wird das Verhältnis von Jungen- zu Mädchengeburten über einen Fünfjahreszeitraum verfolgt. Es werden insbesondere alle Wochen markiert, in denen in den Abteilungen 60 % und mehr aller Geburten Knaben waren.

In welcher Abteilung waren solche Wochen mit mehr als 60 % Knabengeburten häufiger:

- in der größeren Abteilung?
- in der kleineren Abteilung?
- in beiden ungefähr gleich?

Geantwortet wurde in einer Experimentalserie so:

- in der größeren Abteilung 21 %
- in der kleineren Abteilung 21 %
- in beiden ungefähr gleich 58 %.

Tatsächlich ist die Wahrscheinlichkeit einer solchen Abweichung vom Durchschnitt von etwa 50:50 in der kleineren Abteilung wahrscheinlicher. Wenn nur eine einzige Geburt pro Woche stattgefunden hätte, dann wären die Schwankungen am größten.

Ein weiterer systematischer Fehler beim Anwenden des Repräsentationsprinzips ist der Glücksspielfehlerschluß: Der Glücksspieler verspielt sein Geld, indem er verbissen auf Schwarz setzt: nach soviel Rot muß doch eine Serie Schwarz kommen. Wer hat diesen Fehler nicht schon einmal selbst begangen?

Noch ein kleines weiteres experimentelles Beispiel:

In einer Zufallsstichprobe von 50 Kindern im Alter von 6 Jahren wird ein Intelligenztest durchgeführt. Dieses Instrument ist sehr gut getestet und ist speziell für dieses Alter auf einen Mittelwert von 100 Punkten geeicht. Das erste Kind, welches getestet wird, kommt auf eine IQ-Gesamtpunktzahl von 150.

Welchen Durchschnitt muß man für die gesamte Stichprobe erwarten?

Die Mehrzahl der Befragten meint: 100 Punkte, obwohl der Erwartungswert 5050:50 = 101 Punkte ist.

Um dieses noch zu verdeutlichen, wird im folgenden eine fiktive Persönlichkeitsbeschreibung vorgestellt:

„Hans Hartmann ist ein hagerer, starkknochiger Mann von etwa 50 Jahren, mit bedächtigen Bewegungen, mit hellen Augen und einem tief gekerbten Gesicht. Manuell ist er außerordentlich geschickt. Kein Mann vieler Worte, meist in sich gekehrt, ist er dennoch nicht unbeliebt. Er ist verheiratet, ohne Kinder. Er ist selbständig und arbeitet im Beruf seiner

Väter. Nebenbei ist er ein ausgezeichneter Kenner der heimischen Vogelwelt und wird sogar von Ornithologen gelegentlich befragt. Er ist religiös; trotz seiner im ganzen konservativen Auffassungen könnte man sich aber gut vorstellen, daß er bei der letzten Wahl die Grünen gewählt hat."

Ist Hans Hartmann eher ein Fischer oder ein Bauer?

In einer vom Statistischen Bundesamt 1985 gezogenen 1%-Stichprobe der westdeutschen Erwerbsbevölkerung fanden sich 4 843 selbständige Landwirte und 16 selbständige Fischer. Falls man auf einen Fischer getippt hat – ist einem dabei klar gewesen, daß auf einen zufällig herausgegriffenen Fischer mit einer 300mal so großen Wahrscheinlichkeit diese Persönlichkeitsbeschreibung passen muß wie auf einen zufällig herausgegriffenen Bauern?

Kein Mensch verlangt, daß man die genauen Zahlen kennt, aber man kann ungefähr abschätzen, wieviele der Speisen, die man im Laufe einer Woche zu sich nimmt, durch die Hände eines Bauern und wieviele durch die Hände eines Fischers gingen.

4.2 Das Prinzip der kognitiven Verfügbarkeit von Beispielen

Zur Illustration gleich wieder ein Experimentalbeispiel. In Abbildung 4 sind 30 Personen aufgelistet, deren Namen man einer Versuchsperson schnell vorlesen sollte.

Anschließend stelle man die Frage: Wie sieht die Geschlechtsverteilung aus?

Die meisten tippen auf mehr Frauen als Männer, obwohl es genau umgekehrt ist. Dies liegt daran, daß einige bekannte Filmschauspielerinnen

Abbildung 4

Joachim Knust	Ernst Sührig	Hans Hauska
Senta Berger	Kurt Petzold	Elisabeth Taylor
Thomas Köhler	Gina Lollobridgida	Klaus Larsen
Dirk Appel	Ingrid Bergmann	Mia Farrow
Egon Müller	Frank Marion	Maria Schell
Horst Bohlert	Greta Garbo	Albert Simonin
Shirley Temple	Werner Nest	Inge Meysel
Paula Kinski	Emil Harder	Michael Freidel
Max Glas	Sophia Loren	Klaus Lippmann
Marlene Dietrich	Elke Sommer	Sharon Tate

und einige weniger bekannte Filmschauspieler in die Liste aufgenommen wurden. Die restlichen Namen stammen aus dem Telefonbuch.

Was bekannt ist, wird besser im Gedächtnis aufbewahrt, wird leichter wieder aufgerufen und gewinnt größeres Gewicht bei der Abschätzung von Häufigkeiten. Grundsätzlich wird Auffälliges und Farbiges besser im Gedächtnis behalten als Unauffälliges und Blasses.

4.3 Das Simulationsprinzip

Das Simulationsprinzip besagt, daß ich will, daß etwas geschehen wird („der Wunsch ist der Vater des Gedankens"). So meinen 66 % aller Autofahrer, daß sie besser fahren als der Durchschnitt – was sicherlich nicht sein kann.

Ein weiterer Effekt des Simulationsprinzips ist, daß verbundene Wahrscheinlichkeiten (konjunkte Ereignisse) überschätzt und disjunkte Wahrscheinlichkeiten unterschätzt werden. Zum letztgenannten ein Beispiel: Geht eine Sache mit einer Wahrscheinlichkeit von 3 : 1 gut, so erscheint einem dies als eine verläßlichere Chance, als wenn man hört, daß die Sache auf fünferlei Weise gutgehen kann, aber je nur mit 1 : 3 Chance. Auch hier lehrt die Wahrscheinlichkeitstheorie das Gegenteil: 781 von 1 024 ist mehr als 3 von 4.

4.4 Der Ankereffekt

Der Ankereffekt besagt, daß man zur Abschätzung der Wahrscheinlichkeit nach einem Anker, d. h. Aufhänger sucht. Dieser Anker ist eine Vorinformation. Wenn z. B. gefragt wird, ob man glaubt, daß die Wahrscheinlichkeit, an einem Blitzschlag zu sterben, eher 1 : 10 000 000 oder 1 : 5 000 000 sei, so wird man wohl kaum darauf kommen, daß diese unter 1 : 1 000 000 liegt. Der Ankereffekt führt uns leicht in die Irre, wenn es der falsche Anker ist.

4.5 Das Framing

Es gibt ein offenbar für alles menschliche Erscheinungsverhalten zentrales Phänomen, welches als „Framing" oder „Rahmung" bekannt ist.

Zur Verdeutlichung sei wieder ein Experiment herangezogen:

● Erste Variante:

900 Menschen in einer entlegenen Dschungelregion sind von einer seltenen, unbehandelt tödlich verlaufenden Parasitenerkrankung bedroht. Aus

verschiedenen Vorschlägen, wie man die Menschen retten könnte, haben sich als einzig durchführbar zwei Therapien A und B herausgestellt:

– Wenn Therapie A angewandt wird, wird die Rettung von 300 Menschen erwartet;

– Wenn Therapie B angewandt wird, gibt es eine $1/3$ Chance, daß alle gerettet werden und eine $2/3$ Chance, daß niemand überlebt.

Welche der beiden Therapien ist vorzuziehen?

● Zweite Variante:

900 Menschen in einer entlegenen Dschungelregion sind von einer seltenen, unbehandelt tödlich verlaufenden Parasitenerkrankung bedroht. Aus verschiedenen Vorschlägen, wie man die Menschen retten könnte, haben sich als einzig durchführbar zwei Therapien C und D herausgestellt:

– Wenn Therapie C angewandt wird, wird der Tod von 600 Menschen erwartet;

– Wenn Therapie D angewandt wird, gibt es eine $1/3$ Chance, daß niemand stirbt und eine $2/3$ Chance, daß alle 900 sterben.

Welche der beiden Therapien ist vorzuziehen?

Es handelt sich bei A und C bzw. B und D um genau dieselben Alternativen, nur wird der Erwartungsnutzen das eine Mal in Überlebens-, das andere Mal in Sterbewahrscheinlichkeiten ausgedrückt. In verschiedenen Probandengruppen entschieden sich eine große Mehrheit in der ersten Variante des Experiments für die Risikovermeidungsstrategie A und in der zweiten Variante für die risikobereite Strategie D.

5. Wie trügt der Schein: Die Trugscheinlichkeit

Die Experimente zur Erläuterung der heuristischen Prinzipien zur Bildung von Wahrscheinlichkeiten wurden hier nicht vorgetragen, um die allgemeine Dummheit der Menschen bei der Abschätzung von Wahrscheinlichkeiten zu demonstrieren. Denn meistens sind die Intuition bzw. die auf Erfahrung aufbauenden heuristischen Prinzipien recht nützlich. Aber man muß sich auch immer wieder der Fallstricke in diesen Prinzipien bewußt sein, damit man bei seinen Entscheidungen die Frage richtig beantwortet, wie wahr ist der Schein und wie trügt der Schein. Denn neben Wahrscheinlichkeiten gibt es offenbar „Trugscheinlichkeiten", die zudem – wegen der Unvollkommenheit der Sprache und der Sender-Empfänger-Problematik – fehlerhaft kommuniziert werden. In der ökonomischen Theorie im allgemeinen und in der Versicherungsökonomik im speziellen sollte man manchmal hieran denken, wenn man mit Wahrscheinlichkeitsverteilungen argumentiert.

Literatur

Axelrod, S., Nakao, M. A. (1987), How medical professionals evaluate expressions of probability, New England Journal of Medicine 316/9, 549 – 550.

Bernoulli, D. (1954), Exposition of a new Theory on the Measurement of Risk (Übersetzung von 1738), Econometrica 22, 24 – 36.

Borch, K. H. (1974), The Mathematical Theory of Insurance, Lexington (Mass.).

Bryant, G. D., Norman, G. R. (1980), Expressions of probability: words and numbers, New England Journal of Medicine 302/7, 411.

Eisen, R. (1979), Theorie des Versicherungsgleichgewichts, Berlin: Duncker & Humblot.

Frey, B. (1990), Ökonomie ist Sozialwissenschaft, München: Vahlen.

Hackel, M. D. (1968), How often is often?, American Psychologist 23, 533 – 534.

Hirshleifer, J., Riley, J. G. (1979), The Analytics of Uncertainty and Information – An Expository Survey, Journal of Economic Literature XVIII, 1375 – 1421.

Jungmann, H., Slovic, P. (1993), Charakteristika individueller Risikowahrnehmung, in: Bayerische Rück (Hrsg.), Risiko ist ein Konstrukt, Wahrnehmungen zur Risikowahrnehmung, München: Knesebeck, 89 – 107.

Kahnemann, D., Slovic, P., Tversky, A. (1982), Jugdement under Uncertainty: Heuristic and Biases, Cambridge (MA): Cambridge University Press.

Karten, W. (1966), Grundlagen eines risikogerechten Schwankungsfonds für Versicherungsunternehmen, Berlin.

Karten, W. (1972), Die Unsicherheit des Risikobegriffs – Zur Terminologie der Versicherungsbetriebslehre, in: P. Braeß, D. Farny, R. Schmidt (Hrsg.), Praxis und Theorie der Versicherungsbetriebslehre, Festgabe für H. L. Müller-Lutz, Karlsruhe, 147 – 169.

Karten, W. (1981), Grundlagen einer versicherungstechnischen Risikopolitik, in: M. Jung, R. R. Lucius, W. G. Seifert (Hrsg.), Geld und Versicherung, Festgabe für W. Seuß, Karlsruhe, 135 – 153.

Karten, W. (1984), Marginalien zur EG-Solvabilitätskontrolle, in: M. Haller, W. Ackermann (Hrsg.), Internationalität der Versicherung, Festschrift zum 80. Geburtstag von M. Grossmann, St. Gallen, 337 – 360.

Kong, A., Barnett, O., Mosteller, F., Youtz, C. (1986), How medical professionals evaluate expressions of probability, New England Journal of Medicine 315/12, 740 – 744.

Leibniz, G. W. (1986), Sämtliche Schriften und Briefe. Herausgegeben von der Akademie der Wissenschaften der DDR, 4. Reihe, 3. Band (1677 – 1689), Berlin: Akademie-Verlag.

Lichtenstein, S., Newman J. R. (1967), Emirical scaling of common verbal phrases associated with numerical prohabilities, Psychonomic Science 9, 563 – 564.

Mueller, U. (1992), Die Schätzung von Wahrscheinlichkeiten bei Entscheidungen unter Unsicherheit, Zentrum für Umfragen, Methoden, Analysen in Mannheim (mimeo).

Pepper, S., Prytalate, L. S. (1974), Sometimes frequently means seldom: context effects in the interpretation of quantitative expressions, Journal of Research in Personality 8, 95 – 101.

Ramsey, F. P. (1931), Truth and prohability, in: The foundations of mathematics and other logical essays, London, 151 – 198.

Savage, L. J. (1954), The foundations of statistics, New York, London.

Schulenburg, J.-M. Graf v. d. (1992), Versicherungsökonomik. Ein Überblick über neuere Ansätze und Entwicklungen, Wirtschaftswissenschaftliches Studium, Heft 8, 399 – 406.

Sinn, H.-W. (1980), Ökonomische Entscheidungen bei Ungewißheit, Tübingen: J. C. B. Mohr.

Winterfeldt, D., Edwards, W. (1986), Decision Analysis and Behavioral Research, Cambridge (MA): Cambridge University Press.

Experimental Investigations on Risk-Taking in the Domain of Losses

Henri Loubergé and J.-François Outreville

1. Introduction

Some previous studies have presented experimental evidence on decisions under risk when losses are involved: see Slovic et al. (1977), Hershey and Schoemaker (1980), and more recently Reilly (1987). The experiments reported by Hershey and Schoemaker (thereafter H. S.) revealed serious inconsistencies when individual preference patterns were analyzed with two different kinds of questionnaire. In one case, subjects preferred to insure against small probable losses, e.g. losing $ 10 with probability p = .10. In the other case, they preferred to take insurance when the losses were large and the probability very small, e.g. $ 2 000 with p = .005. More recent research by the same authors has emphasized the role of context effects in behaviour towards risk. The same risky prospects experienced in different contexts are valued differently. [See Hershey, Kunreuther and Schoemaker (1982), Hershey and Schoemaker (1985), Schoemaker (1988), and Schoemaker and Hershey (1988).]

For public policy considerations, it is important to determine how individuals really behave when they decide whether to insure or not. Reluctance to insure against rare catastrophic events would legitimate public intervention, through compulsory insurance or packaged insurance contracts [see Kunreuther et al. (1978)]. More research on this theme is thus needed.

This paper reports on a series of experiments conducted in undergraduate courses at Laval University in Quebec, and at the University of Geneva in Switzerland. The purpose of these experiments was to replicate Slovic et al.'s and H. S.'s studies in order to shed more light on individuals' attitudes with respect to insurable losses. Our results give support to H. S.'s hypothesis that differences in questionnaires, rather than subject differences, explain the discrepancies in results. Moreover, they tend to reject Slovic's hypothesis that individuals are reluctant to insure against large unlikely losses.

The two following sections present the experiments and the subjects of these experiments. Our results are reported in section 4. Section 5 concludes by summarizing the main findings.

2. The experiments

To assess the problem, two questionnaires were used. The first is designed in the same format as the one used by Schoemaker (1977). The second replicates the experiment by Slovic et al. (1977). Both questionnaires are presented in an insurance format. Subjects are required to indicate whether they accept to insure against the risk of losing L dollars with probability P. The insurance premium is held constant and is always equal to the expected value of the loss. In successive questions both P and L are varied to keep the expected value constant at $ 1. The risky prospect is suggested by an urn containing red and blue balls in known amounts. Drawing a blue ball from the urn means that the loss occurs.

The questionnaires differ only in their design. Whereas the first questionnaire singles out every question and mixes the (P, L) pairs, the second questionnaire asks subjects to fill with "yes" or "no" the last column of a table where the lotteries are ordered by increasing probability (decreasing magnitude) of loss.

There is no context effect at this stage since both questionnaires use an urn game to generate the risky prospects, and insurance as a device to transform random losses into sure payments of limited amount. It is expected that the subjects will provide the same answers to the same questions. Any discrepancies could only result from the design of questions.

Both questionnaires also propose four questions used to assess subjects' risk attitudes with respect to losses and their consistency in successive gambles. As these questions are not presented in an insurance format, a possible context effect could arise here.

Expected utility (EU) theory predicts that risk-averse individuals will accept to pay the fair insurance premium in all cases. However, as pointed out by Slovic et al., it is reasonable to suppose that some of them will not bother to take out insurance in two instances. Firstly, according to EU theory, the utility cost of not purchasing insurance is higher for large unlikely losses than for small probable losses. Hence, insurance-proneness should decrease as the possible loss becomes smaller. Secondly, according to the threshold theory of probability perception, subjects neglect very small probabilities. In this case they would refrain from insuring when the occurence of loss seems remote.

Moreover, individuals are not necessarily risk-averse. Several experimental studies, e.g. Kahneman and Tversky (1979), have found that many individuals who are risk-averse in the gain domain display a preference for risk in the domain of losses. Risk-taking for losses is not inconsistent with EU theory provided the utility function possesses a convex segment in the relevant range[1]. In this case we would expect subjects in our experiment to abstain from taking out insurance, especially if the loss probability is very weak.

3. *The subjects*

For this study, four different groups of undergraduate students in two different French-speaking universities on both sides of the Atlantic were used. The two first groups were formed as follows:

Group 1: 192 business students taking the introductory course in finance at Laval University.

Group 2: 135 social sciences students taking the introductory course in economics at the University of Geneva.

The questionnaires were distributed to these students at the beginning of the course, prior to any discussion on risk and probability. In Quebec the second questionnaire was administered one week after the first. In Geneva, both questionnaires were distributed at the same time, the first questionnaire to a group of 63 students (group 2 a), the second to a group of 72 students (group 2 b). The groups corresponded to the right and left wings of the auditorium.

For comparison purposes, the same questionnaires were applied to two groups of students who were familiar with probabilities, insurance and the notion of an actuarially fair premium:

Group 3: 69 students registered in an actuarial course at Laval University. This group received only the first questionnaire.

Group 4: 18 students in economics completing a course on the economics of risk and uncertainty at the University of Geneva. This group received the two questionnaires at a one week interval.

All subjects were informed that there were no right or wrong answers and it was emphasized that, even though the questions were hypothetical, they should be considered as if it were for real.

---

[1] Note that this results in a utility function with a convex segment followed by a concave segment, the inverse of the Friedman/Savage (1948) utility function, proposed to reconcile simultaneous insurance and lottery tickets purchasing by the same individuals.

4. Results

4.1 Risk attitude and consistency

There are important differences in the way people experience the uncertainty inherent in a risky situation. The first issue raised by the questionnaire concerned the general attitude toward risk and the consistency in the answers referred usually as systematic violation of linearity in the probabilities [see for example Machina (1987) and Tversky and Kahneman (1986)].

In the first question the student was asked if he/she preferred situation A or B or if he/she was indifferent:

Situation A: You stand 6 out of 10 chance of losing $ 100
Situation B: You stand 1 out of 100 chance of losing $ 6 000

Although the expected outcome is the same 70.6 % of students in the second group prefer situation B. It is, however, noteworthy that this percentage falls to 44.4 % in the fourth group and that the percentage of students being indifferent never exceeds 24 %. This result is very similar to empirical results presented in previous research.

Group No.	% preferring situation B	% being indifferent	N
1	46.9 %	23.9 %	192
2	70.6	4.5	133
3	57.9	14.5	69
4	44.4	22.2	18

Another set of three questions were aimed at verifying the degree of consistency in the answers over successive gambles (see appendix). The students being consistent in their answers are referred later in the paper as the "No-P" group. (for No-paradox). The percentage of subjects being consistent are the following:

Group No.	Percent of consistent subjects	N
1	34.9 %	192
2	31.8	132
3	50.7	69
4	38.8	18

Interestingly, the students in actuarial science seem to be more consistent on average although no test for statistical significance of differences in percentage is performed.

4.2 Insurance preferences

Figures 1 and 2 present the results obtained with the first questionnaire applied to groups 1, 2 and 3. "No – P" students are those students who remained consistent in their choices over successive games. "Risk-averse" students are those students who did not exhibit risk preference in their choice among two lotteries involving losses.

Figure 1 presents the results obtained at Laval University with groups 1 and 3; the results obtained at the University of Geneva with group 2 a are displayed in Figure 2. Detailed results are provided in Tables 1 and 2. Globally, our findings corroborate those of H. S. More specifically:

1) There is significant risk-taking in the domain of losses. Except when risk-averse students are singled out (Figure 2), the percentage of subjects choosing the safe alternative never exceeds 75 %. In many cases, less than 50 % of subjects choose to purchase insurance.

2) In spite of this general tendency to assume risk, insurance-proneness increases sharply as the amount subject to loss grows. Typically, only around 20 % of subjects purchase insurance against a loss of $ 2, but more than 70 % decide to take out insurance when the loss amounts to $ 200.

3) Most curves drawn in Figures 1 and 2 exhibit "single-peakedness": the percentage of subjects purchasing insurance first increases, then decreases as the loss and probability pair is varied. As shown by H. S. this result is expected if the utility function has an inflection point in the range of losses.

4) "No-P" students do not present a specific pattern of behaviour compared with other subjects.

It may come as a surprise to observe that subjects are predominantly risk-taking for losses, and that they simultaneously prefer to insure against unlikely events involving large potential losses. Risk-taking in the loss domain occurs if the utility function is convex for losses. But the general shape of the curves in Figures 1 and 2 points to a concave utility function, possibly with an inflection point at some loss level. To explain these seemingly contradictory observations, it is convenient to invoke context effects. It has been observed that subjects in experimental studies exhibit more risk aversion when they are situated in an insurance context, rather than in a gamble context. In our case, the content is unambiguously insur-

Figure 1: Percent of subjects preferring insurance
First questionnaire, Laval University

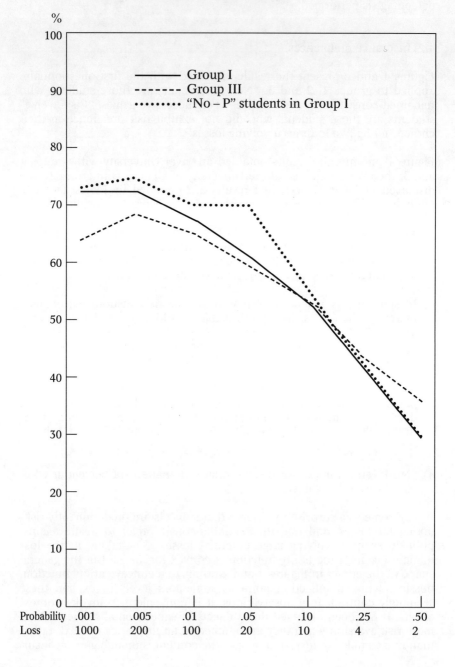

Figure 2: Percent of subjects preferring insurance
First questionnaire, University of Geneva

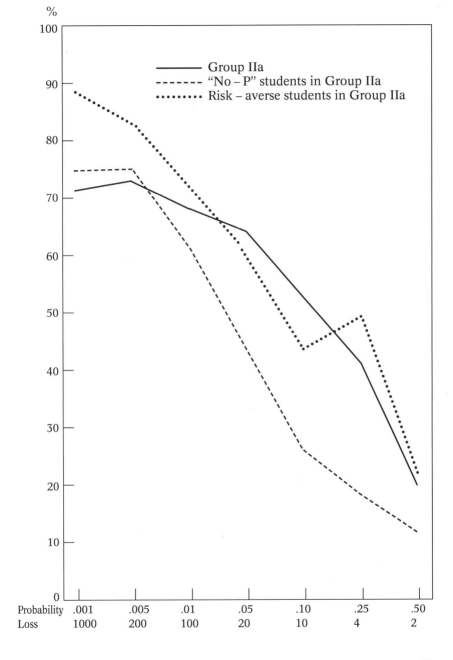

Table 1: Experiment with the first questionnaire at Laval University. Percent of subjects choosing the safe (insurance) alternative with insurance premium held constant

Loss amount $	Group 1 Finance students (N = 192)	Group 3 Actuariat (N = 69)	No – P group (N = 67)
1000	72.4	63.8	73.1
200	72.4	68.1	74.6
100	67.7	65.2	70.1
20	60.9	59.4	70.1
10	53.6	53.6	55.2
4	41.6	43.5	43.0
2	29.7	36.2	29.8

Table 2: Experiment with the first questionnaire at the University of Geneva. Percent of subjects choosing the safe (insurance) alternative with insurance premium held constant

Loss amount $	Group 2 a Social Sciences (N = 63)	Risk averse Group (N = 18)	No – P group (N = 16)
1000	71.4	88.9	75.0
200	73.0	83.3	75.0
100	68.2	72.2	62.0
20	64.5	61.1	43.7
10	53.2	44.4	26.6
4	41.3	50.0	18.7
2	20.6	22.2	12.5

ance-oriented, except for the question used to determine subjects' risk attitudes. Moreover, the situation "rare event/large loss" is more reminiscent of real insurance situations than the situation where a modest loss is highly probable. This might explain the decreasing shape of our curves.

In fact, staying within the EU framework, the above results are consistent with different hypotheses:

1) Individuals are predominantly risk-taking for losses, but they become risk-averse if the decision is made in an insurance context. Social rules take precedence of basic risk attitudes.

2) Utility functions in the loss domain present an inflection point.

3) Individuals exhibit risk aversion when losses are presented in an insurance context, but very low probabilities (less than .01 in our case) tend to be neglected.

4.3 Effect of the questionnaire

The second questionnaire, involving exactly the same questions, but presented in a different format, was distributed to groups 1 and 2 b. The results are presented in Figure 3 and Table 3. It is obvious that the curves of Figure 3 differ a lot from those of Figures 1 and 2. They are more similar to the ones obtained by Slovic et al., but no clear tendency to prefer insurance for small probable losses may be deducted from them. In fact, for students of group 2 b, and to a lesser extent for those of group 1, the preference for insurance does not vary significantly when the "probability/ loss" pair is changed, keeping the expected loss constant. The percent of subjects preferring insurance seems to fluctuate around 50 %.

It became apparent in the experiment with group 2 that the second questionnaire is somewhat confusing for the subjects. In this experiment, both questionnaires were distributed simultaneously on each side of the auditorium. The students who had received the first questionnaire required much less explanations and remitted their answer much earlier than their fellows on the other side of the classroom. For this reason, we tend to consider that the answers provided to the second questionnaire are not very reliable.

This hypothesis was reinforced in the experiment with group 4. As indicated in the preceding section, this small group of students was already familiar with various aspects of the economics of risk and uncertainty. The group received the two questionnaires at one week interval and it got all the time needed to answer to the second questionnaire. The latter was distributed during a break in the morning and most questionnaires were returned at the end of the course, some of them in the afternoon or even the day after. The results appear in Figure 4. The heavy line reflects the answers to the first questionnaire, and the dotted line the answers to the second questionnaire.

The two curves are very similar and confirm the results presented in Figures 1 and 2, except for single-peakedness which is not observed here. Of course, the size of this group is limited, but the results are nonetheless clear. Even with the second questionnaire, originally used by Slovic et al. (1977), the hypothesis that subjects prefer to insure when they are exposed to small probable losses should be rejected.

Another interesting result was also found by analyzing each individual answer when it was possible to attribute the two questionnaires to the

Figure 3: Percent of subjects preferring insurance
Second questionnaire

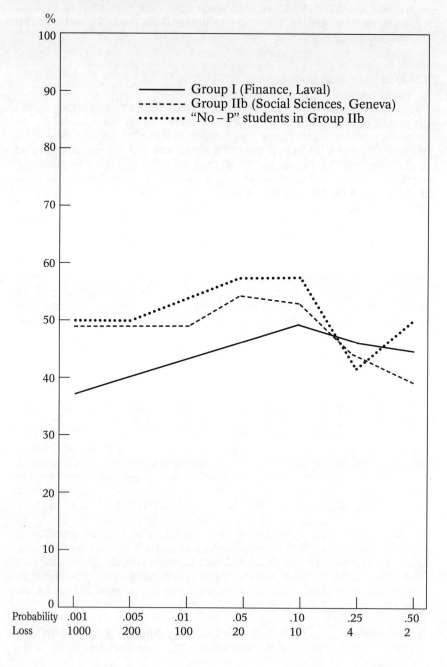

Figure 4: Percent of subjects preferring insurance
Group IV

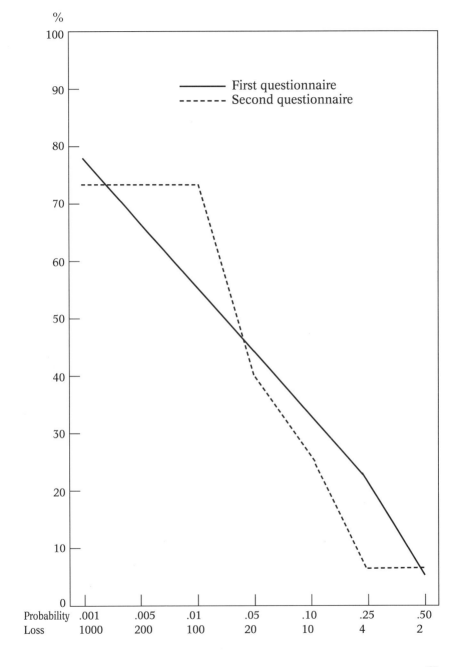

Table 3: Experiment with the second questionnaire. Percent of subjects choosing the safe (insurance) alternative with insurance premium held constant

Loss amount $	Group 1 Finance (N = 192)	Group 2 b Social Sciences (N = 72)	No – P Students in Group 2 b (N = 26)
1000	37.3	49.3	50.0
200	39.9	49.3	50.0
100	43.0	49.3	53.8
20	46.1	54.8	57.7
10	49.7	53.4	57.7
4	46.6	43.8	42.3
2	45.1	39.7	50.0

Table 4: Experiment with group 4. Percent of subjects choosing the safe (insurance) alternative with insurance premium held constant

Loss amount $	First Questionnaire (N = 18)	Second Questionnaire (N = 15)	% of subjects changing decision (N = 13)
1000	77.7	73.3	15.4
200	66.6	73.3	30.7
100	55.5	73.3	38.5
20	44.4	40.0	38.5
10	33.3	26.6	46.1
4	22.2	6.6	23.0
2	5.5	6.6	15.4

same person. In the last column of Table 4 we indicate the percentage of subjects which do individually change their risk attitude from one questionnaire to the other. It appears that only 15 percent of the subjects change their decision for the extreme values of the loss amount, i.e. the largest and the lowest. The frequency of reversal of the preferences is over 30 percent only for the average values of the loss amount. This tends to contradict previous results on preference reversal but our sample is too small to conclude[2].

---

2 See Kahneman and Tversky (1979) and Hershey and Schoemaker (1980 b).

5. Conclusion

The experiments reported in this paper provide some additional evidence on risk-taking in the domain of losses. Our findings suggest that previous results reported by Slovic et al. (1977) are misleading. The design of their questionnaire appears to be a source of biases in the results. Clearly, individuals do not prefer to take out insurance for small probable losses. On the contrary, they typically choose to insure when they are exposed to losses which are both sizeable and unlikely to occur.

We also found some evidence of single-peakedness in the curves for insurance preference. Although this feature is non-systematic, it remains that Hershey and Schoemaker's (1980) hypothesis of an inflection point in the utility function for losses cannot be ruled out.

Finally, this study also confirms the influence of context effects in decisions under risk. A large majority of subjects in our experiment exhibited a preference for risk in the domain of losses. But most of them were also ready to insure when the loss prospect was presented in an insurance context. Future work should focus on individual answers to analyse preference reversal and interpret the results in light of Machina's triangle to verify whether or not the behavior of the subjects is consistent with some non-EU theory of choices under risks.

Appendix

Consistency test

Consistency is tested using three successive games, where game C is simply obtained by compounding games A and B. In the presentation of the games we use the notation (G, P), where G represents a gain in dollars, and P the probability with which G is obtained.

Game A: Choose A_1 or A_2.
A_1 : (500,1/2; 0,1/2)
A_2 : (100,1)

Game B: Choose B_1 or B_2.
B_1 : (1000,1/2; 0,1/2)
B_2 : (300,1)

Game C: Choose C_1 or C_2 or C_3 or C_4.
C_1 : (1500,1/4; 1000,1/4; 500,1/4; 0,1/4)
C_2 : (800,1/2; 300,1/2)
C_3 : (1100,1/2; 100,1/2)
C_4 : (400,1)

Using a tree representation, it is clear that game C is obtained by compounding games A and B:

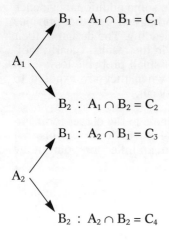

References

Friedman, M. and Savage, L. J., "The Utility Analysis of Choices Involving Risk", Journal of Political Economy, 56 (1948), 279–304.

Hershey, J. C., Kunreuther, H. C. and Schoemaker, P. J. H., "Sources of Bias in Assessment Procedures for Utility Functions", Management Science, 28 (1982), 936–954.

Hershey, J. C. and Schoemaker, P. J. H., "Risk Taking and Problem Context in the Domain of Losses: An expected Utility Analysis", Journal of Risk and Insurance, 47 (1980), 111–132.

Hershey, J. C. and Schoemaker, P. J. H., "Prospect Theory's Reflection Hypothesis: A Critical Examination", Journal of Organizational Behaviour and Human Performance, 25 (1980), 395–418.

Hershey, J. C. and Schoemaker, P. J. H., "Probability versus Certainty Equivalence Methods in Utility Measurement: Are They Equivalent?", Management Science, 31 (1985), 1213–1231.

Kahneman, D. and Tversky, A., "Prospect Theory: An Analysis of Decision Under Risk", Econometrica, 47 (1979), 263–291.

Kunreuther, H. C., Ginsberg, R., Miller, L., Sagi, P., Slovic, P., Borkin, B. and Katz N., Disaster Insurance Protection: Public Policy Lessons, New York, Wiley, 1978.

Machina, M. J. "Choice under Uncertainty: Problems Solved and Unsolved", Journal of Economic Perspectives, 1 (1987), 121–154.

Reilly, R. J., "The Markowitz Utility Function and some Experimental Evidence for Small Speculative Risks", Journal of Risk and Insurance, 54 (1987), 724–733.

Schoemaker, P. J. H., Experimental Studies on Individual Decision Making Under Risk: An Information Process Approach, Ph. D. Dissertation, the Wharton School, University of Pennsylvania, Philadelphia, 1977.

Schoemaker, P. J. H., "Response Mode Effects and Risky Choice: Toward a Context Theory of Value", working paper, Center for Decision Research, Graduate Business School, University of Chicago, 1988.

Schoemaker, P. J. H. and Hershey, J. C., "A Domain-Shift Theory of Response Mode Biases in Utility Measurement", working paper, Center for Decision Research, Graduate Business School, University of Chicago, 1988.

Slovic, P., Fischhoff, B., Lichtenstein, S., Corrigan, B. and Combs, B., "Preference for Insuring Against Small Losses: Insurance Implications", Journal of Risk and Insurance, 44 (1977), 237–258.

Tversky, A. and Kahneman, D., "Rational Choice and the Framing of Decisions", Journal of Business, 59 (1986), 251–279.

Zum Stand und zur Entwicklung der Versicherungsentscheidungstheorie

Bernhard Kromschröder

I. Problemstellung und Untersuchungsabgrenzung

Die Entwicklung der modernen Entscheidungstheorie hat die ökonomische Theorie nachhaltig beeinflußt. Als der wohl wichtigste Beitrag kann die Bereitstellung eines Instrumentariums zur Bewertung und Analyse von Risikosituationen gelten, das die ökonomischen Modelle von der traditionellen Sicherheitsprämisse befreite und die explizite Erfassung des für fast alle wirtschaftlichen Fragestellungen essentiellen Risikoaspekts ermöglichte. Zugleich wurde damit auch der Weg für die spezifische Anwendung auf Versicherungsvorgänge und das Entstehen einer entsprechenden ökonomischen Versicherungstheorie bereitet. Deren Ausgangspunkt ist die Versicherungsentscheidung der einzelnen Wirtschaftseinheit, ein Teilbereich, der sich als Versicherungsentscheidungstheorie abgrenzen läßt. Sie beinhaltet die Bewertung, Beurteilung und Gestaltung von Versicherungsarrangements aus der Sicht des potentiellen Nachfragers nach oder/und Anbieters von Versicherungsschutz einschließlich der optimalen Risikoteilung zwischen Wirtschaftssubjekten.

Während im Schrifttum die Nachfrageseite deutlich im Vordergrund steht, hat in der deutschen Betriebswirtschaftslehre Walter Karten besonders und wohl auch als erster die versicherungsbetriebliche Bedeutung der Entscheidungstheorie hervorgehoben und Anwendungsmöglichkeiten aufgezeigt[1].

Um ihn und seine Leistungen zu ehren, soll im folgenden der Versuch unternommen werden, einen wenigstens groben Überblick über Stand und Entwicklung der mittlerweile durch eine Vielfalt von Modellerweiterungen und eine noch ständig wachsende Zahl von Beiträgen gekennzeichneten Versicherungsentscheidungstheorie zu geben[2].

---

1 Vgl. Karten (1972), (1973), (1976), (1978), (1988 a), (1988 b).
2 Hierbei kann auf einige vorangehende Arbeiten zurückgegriffen werden: mit ähnlicher Ausrichtung z. B. Wieland (1981), vom Untersuchungsgegenstand her um die Berücksichtigung gesamtwirtschaftlicher (markttheoretischer) Zusammenhänge weiter gefaßt Männer (1984), v. d. Schulenburg (1984) und (1989). Eine problembezogene Literaturübersicht gibt auch Heinlin (1993), S. 1 – 10.

Mit der Beschränkung auf den Bereich der individuellen Versicherungsentscheidungen betrachten wir naturgemäß nur einen Ausschnitt aus dem Gesamtgebäude der ökonomischen Versicherungstheorie. Ausgeklammert bleibt vor allem die mehr gesamtwirtschaftliche Betrachtungsebene der Versicherungsmarkttheorie[3], also Probleme der Preis- und Gleichgewichtsbildung auf Versicherungsmärkten unter besonderer Berücksichtigung auch von Marktunvollkommenheiten[4]. Eine weitere Einschränkung, die wir sowohl mit Blick auf den Arbeitsumfang als auch aus sachlichen Gründen vornehmen wollen, besteht in der Ausgrenzung der sog. kapitaltheoretischen Entwicklungslinie der Versicherungstheorie, die Versicherungsarrangements anhand investitions-, portefeuille- und/oder kapitalmarkttheoretischer Ansätze bewertet. Auf diesen Theoriezweig bin ich zudem an anderen Stellen bereits ausführlicher eingegangen[5].

II. Das Grundmodell

A. Konzeption und Problembereiche[6]

Ausgangspunkt ist die Situation eines potentiellen Versicherungsnehmers, dessen ansonsten sicheres Vermögen W durch einen möglichen Schaden $\tilde{S}$ mit gegebener Wahrscheinlichkeitsverteilung F(S) bedroht ist. Die typischerweise risikoaverse Einstellung des betrachteten Wirtschaftssubjekts kommt im konkaven Verlauf seiner Risikonutzenfunktion u(w) zum Ausdruck[7].

Unter der (präskriptiven) Rationalitätsprämisse der Erwartungsnutzenmaximierung als individueller Zielsetzung (Bernoulli-Prinzip) lassen sich anhand dieser einfachen Modellierung die ökonomischen Grundfragen nach dem Wert und der Vorteilhaftigkeit eines Versicherungsabschlusses sowie nach der optimalen Versicherungsnachfrage analysieren.

---

[3] Zur Versicherungsmarkttheorie vgl. z. B. Rothschild/Stiglitz (1976), Eisen (1979) sowie Eichhorn/Hellwig (1988) und die dort angegebene Literatur. Als wichtige Marktunvollkommenheit wird insbesondere die Informationsasymmetrie zwischen den Marktteilnehmern herausgestellt, wobei die sich daraus ergebenden Probleme des moralischen Risikos und der adversen Selektion diskutiert werden; vgl. dazu Hellwig (1988) und Eisen (1990) mit ausführlichen Literaturhinweisen.
[4] Die Übergänge zwischen Versicherungsentscheidungs- und Versicherungsmarkttheorie sind natürlich durchaus fließend. Einen Überschneidungsbereich bilden etwa die hier dem ersteren Theoriebereich zugeordneten Arbeiten zur (pareto-)optimalen Risikoallokation zwischen zwei oder mehreren Wirtschaftssubjekten – vgl. z. B. Borch (1962), (1969); Bühlmann/Jewell (1979).
[5] Vgl. Kromschröder (1987), (1991), (1993).
[6] Die zu skizzierende Modellierung basiert auf den grundlegenden Arbeiten von Borch (1960 b), (1960 c), (1960 d), (1961) und Arrow (1963).
[7] Hierbei bezeichnet w eine beliebige Vermögensvariable und bei Risikoaversion gilt: $\partial u/\partial w > 0$, $\partial^2 u/\partial w^2 < 0$.

1. Vorteilhaftigkeit und (subjektiver) Wert der Vollversicherung

Besteht die Möglichkeit, das (reine) Risiko $\tilde{S}$ gegen Zahlung einer Prämie P zu versichern, so ist dies vorteilhaft, wenn der Nutzen der individuellen Vermögensposition nach Versicherungsabschluß und Zahlung der Prämie P größer ist als der Erwartungsnutzen des unversicherten, also schadenbedrohten Vermögens, d. h. wenn gilt

(1) $u(W-P) > E[u(W - \tilde{S})]$.

Wert ist in der ökonomischen Theorie gekennzeichnet als individueller Grenzpreis, hier also als der Betrag, den das Wirtschaftssubjekt für die Versicherung äußerstenfalls zahlen kann, ohne sich schlechter zu stellen als bei Verzicht auf den Versicherungsabschluß. Der (subjektive) Wert P* einer Vollversicherung der Schadengefahr $\tilde{S}$ ergibt sich daher aus

(2 a) $u(W-P^*) = E[u(W - \tilde{S})]$

zu

(2 b) $P^* = W - u^{-1}[E(u(W - \tilde{S}))] = W - Ä(W - \tilde{S})$,

wenn $Ä(W - \tilde{S})$ das Sicherheitsäquivalent der unversicherten Vermögensposition $(W - \tilde{S})$ bezeichnet.

Vorteilhaft ist ein Versicherungsabschluß immer dann, wenn der vom Versicherer geforderte Preis P kleiner als der subjektive Grenzpreis P* des potentiellen Versicherungsnehmers ist. Auch in diesem Fall gilt allerdings nicht notwendig, daß die Wahl einer Vollversicherung optimal ist. Vielmehr läßt sich der Erwartungsnutzen der versicherten Vermögensposition im Rahmen vorliegender Modellierung durch einen teilweisen Selbstbehalt des Risikos $\tilde{S}$ erhöhen, wenn die geforderte Versicherungsprämie unter Einbeziehung eines Kosten- und/oder Risikozuschlags zum Erwartungsschaden kalkuliert wurde, wenn also $P > E(\tilde{S})$ gilt.

Nur im unrealistischen Sonderfall, daß die zu zahlende Prämie der Summe aus nicht zu großem Fixum und Nettorisikoprämie entspricht $(P = E(\tilde{S}))$, erweist sich die volle Versicherung des Risikos $\tilde{S}$ notwendig als optimal. Eine solche Prämie wird auch als „faire" Prämie und die Versicherung zur fairen Prämie auch als kostenlose Versicherung bezeichnet.

2. Optimale Versicherungsnachfrage bei gegebener Versicherungsform

Wenn also die Vollversicherung realiter i. a. nicht optimal ist, so erhebt sich die Frage nach der optimalen Versicherungsentscheidung im Normalfall, daß der Versicherer einen Prämienzuschlag zum Erwartungsschaden kalkuliert.

Zum einen ist zu entscheiden, in welcher Weise das zu versichernde Risiko zwischen Versicherungsnehmer und Versicherer aufgeteilt werden soll: die Wahl der optimalen Versicherungsform. Zum anderen ist der optimale Versicherungsumfang (bei gegebener Versicherungsform) zu bestimmen.

Im vorliegenden Abschnitt 2 soll zunächst der letzteren Problemstellung nachgegangen werden, wobei wir uns auf die beiden Grundformen konzentrieren, die auch die Literaturdarstellungen vorrangig beherrschen: die Quotenversicherung (Coinsurance) und den Selbstbehalt der Schäden bis zu einem vorgegebenen Höchstbetrag seitens des Versicherungsnehmers (Abzugsfranchise, Deductible, im Rückversicherungsgeschäft: Stop Loss).

2.1 Optimale Versicherungsquote und Versicherungsnachfragefunktion

Risiko und Prämie werden quotal zwischen Versicherungsnehmer und Versicherer aufgeteilt. Sei $q\tilde{S}$ die versicherte Quote von $\tilde{S}$ (mit $0 \leq q \leq 1$) und qP die dafür zu zahlende Prämie, so bestimmt sich der aus der Sicht des potentiellen Nachfragers optimale Versicherungsumfang q^* aus

(3) $\quad \underset{q}{\text{Max}} \left\{ Eu(q) = E[u(W - qP - \tilde{S} + q\tilde{S})] \right\}.$

(3) determiniert – Lösbarkeit vorausgesetzt – die optimale Quote q^* und damit die optimale Nachfragemenge, die typischerweise mit steigendem Preis fällt und nur für den Fall der „fairen" Prämie die Vollversicherung ($q^* = 1$) als optimal ausweist[8].

---

[8] Bei gegebener, hier als stetig angenommener Schadenverteilung $F(S)$ folgt aus

(3 a) $Eu(q) = \int_0^\infty u(W-qP-S+qS)dF(S)$

die Optimalitätsbedingung (1. Ordnung)

(3 b) $Eu'(q) = \int_0^\infty (S-P)u'(W-qP-S+qS)dF(S) = 0.$

Dazu ein Demonstrationsbeispiel: Sei $u(w) = 1-e^{-w}$ und die Dichtefunktion $f(S) = e^{-S}$, so folgt aus (3 b)

$Eu'(q) = e^{-W+qP} \int_0^\infty (S-P) \, e^{-qS} \, dS = 0$ und als Lösung $q^* = \dfrac{1}{P}$.

Zugleich bestätigt sich das Ergebnis, daß Vollversicherung nur bei „fairer" Prämie $P = E(\tilde{S})$ gewählt wird, da im vorliegenden Beispielfall $E(\tilde{S}) = 1$ gilt.

2.2 Optimaler Selbstbehalt

Sei D der Selbstbehalt des Versicherungsnehmers in Form einer Abzugsfranchise und P_D die zugehörige Prämie für die Versicherung des Risikos ($\tilde{S} - D$), so ergibt sich der Erwartungsnutzen der bis auf den Selbstbehalt versicherten Vermögensposition des Versicherungsnachfragers, wenn wir wieder eine stetige Schadenverteilung unterstellen, aus

(4) $\quad \underset{D}{\text{Max}} \left\{ Eu(D) = \int_0^D u(W - P_D - S)\, dF(S) + u(W - P_D - D) \int_D^\infty dF(S) \right\}.$

Zur Bestimmung des optimalen Selbstbehalts aus der Maximierung von (4) muß allerdings die Prämienfunktion $P_D = f(\tilde{S}, D)$ bekannt sein. Realiter kann P_D sehr unterschiedlich aussehen und liegt auch i. d. R. nicht als stetige Funktion vor. Die Lösung ist damit stark einzelfall- bzw. prämissenabhängig.

3. Optimale Versicherungsform

Die Versicherungsform determiniert den Zusammenhang zwischen der seitens des Versicherers im Schadenfall zu zahlenden Entschädigung, also der Versicherungsleistung L, und dem eingetretenen Schaden S:

(5) $\quad L = f_L(S).$

Sehr allgemein formuliert besteht das Problem, die für den Versicherungsnehmer günstigste Versicherungsform zu bestimmen, also darin, diejenige Funktion $f_L(S)$ zu finden, die die Erwartungsnutzenbeziehung

(6) $\quad Eu(f_L) = E[u(W - P_L(S) + f_L(S) - S)]$

maximiert[9].

Die Versicherungsprämie hängt hierbei primär von der Versicherungsleistung L und nur sekundär, über die Entschädigungsfunktion, vom Schaden ab:

(7) $\quad P_L(S) = g(L) = g(f_L(S)).$

Bei der Frage nach der optimalen Versicherungsform ist grundsätzlich zwischen individueller und kollektiver Sichtweise zu unterscheiden. Denn präferiert z. B. der Versicherungsnehmer einen Selbstbehalt der kleinen Schäden (Franchise), so wird angesichts der Tatsache, daß sich die Situa-

---

[9] Natürlich unter der Nebenbedingung, daß $Eu(f_L) > E[u(W - \tilde{S})]$.

tion für den Versicherer im Prinzip spiegelbildlich darstellt[10], dieser die Übernahme nur der hohen Schäden gerade nicht präferieren, wenn er ebenfalls risikoavers ist. Die kollektive Problemstellung zielt daher auf die Bestimmung einer paretooptimalen Risikoaufteilung bzw. Versicherungsform. Über die verschiedenen, modellmäßig abgeleiteten Ergebnisse dazu wird in Abschnitt III zu berichten sein.

B. Der Zustands-Präferenz-Ansatz

Eine die Modellanalyse und -auswertung vereinfachende Version des beschriebenen Ansatzes entsteht, wenn an die Stelle der allgemeinen Schadenverteilung F(S) eine einfache Zweipunktverteilung tritt[11]. Daß nur ein Totalschaden (mit Wahrscheinlichkeit p) oder kein Schaden (mit Wahrscheinlichkeit 1–p) eintreten kann, entspricht in manchen Fällen auch weitgehend der Realität – z. B. bei einer einperiodigen Risikolebensversicherung oder der Diebstahlversicherung eines konkreten Vermögensgegenstands. In anderen Fällen bedeutet diese Annahme allerdings eine mehr oder weniger weitgehende Abstraktion von der Wirklichkeit.

Der Erwartungsnutzen der unversicherten Vermögensposition des Versicherungsnehmers ist dann

(8) $E[u(W-\tilde{S})] = pu(W-s) + (1-p)u(W)$

mit s – (Total-)schaden,
    p – Eintrittswahrscheinlichkeit von s.

Dementsprechend modifizieren sich die Beziehungen (2), (3), (4) und (6) aus Abschnitt A[12]. Als besondere Attraktivität des Zweizustandsmodells erweist sich seine Eignung zur grafischen Analyse unter Anwendung des Standardinstrumentariums der mikroökonomischen Theorie.

Teilschäden und weiteren Einflußgrößen läßt sich durch Modellerweiterung Rechnung tragen, indem zusätzliche Umweltzustände eingeführt werden[13]. Mit dem Übergang zu Mehrzustandsmodellen gehen allerdings die Vorteile der Einfachheit und der grafischen Darstellbarkeit verloren.

---

10 Für den Versicherer lautet das Optimierungsproblem

$E\hat{u}(f_L) = E\left[\hat{u}\left(V + P_L(\tilde{S}) - f_L(S)\right)\right] \to Max$

wenn û dessen Risikonutzenfunktion und V sein Ausgangsvermögen vor Abschluß der in Rede stehenden Versicherung bezeichnet. Vgl. dazu auch Karten (1976), S. 247–249.

11 Vgl. Eisner/Strotz (1961), Mossin (1968).

12 Z. B. ergibt sich der subjektive Wert (Grenzpreis) der Versicherung aus der Sicht des Versicherungsnehmers analog zu (2) aus u(W–P) = pu(W–s) + (1–p)u(W).

13 Vgl. z. B. Karten (1976).

Als Vorzug bleibt die Möglichkeit der Einführung zustandsabhängiger Risikonutzenfunktionen[14]. Damit kann z. B. berücksichtigt werden, daß der Nutzen, den ein bestimmtes Vermögen dem Entscheider stiftet, von dessen Gesundheitszustand oder davon abhängt, ob es im Todesfall der Hinterbliebenenversorgung, im Erlebensfall dagegen der eigenen Altersversorgung zu dienen bestimmt ist.

C. Kritik des Grundmodells

Wesensgemäß reduziert das Grundmodell den Versicherungsvorgang und die Entscheidungssituation auf die unabdingbaren Basistatbestände. Es abstrahiert von spartenspezifischen Besonderheiten ebenso wie von der Vielfalt möglicher individuell entscheiderbezogener oder exogener Einflußgrößen. Die einschneidendsten Modellgrenzen, die Weiterentwicklungen und/oder Modifikationen nahelegen, seien kurz skizziert, da sie für die nachfolgende Darstellung bedeutsam sind[15].

1. Das Grundmodell ist statisch: es berücksichtigt weder den (zudem i. a. stochastischen) Zeitunterschied zwischen Prämien- und Schadenzahlung noch intertemporale Interdependenzen der realiter oft mehrjährigen Versicherungsverträge. Ersterem Aspekt kann zwar formal Rechnung getragen werden, indem die Schadenzahlung als auf den Periodenbeginn bezogener Barwert interpretiert wird. Hierbei bleibt allerdings die Wahl des adäquaten Kalkulationszinsfußes ungeklärt.

2. Das Versicherungsproblem wird isoliert und losgelöst von allen übrigen Entscheidungen der Wirtschaftseinheit betrachtet. Damit werden insbesondere die Interdependenzen zwischen Konsum, Investition und Versicherung ausgeklammert. Des weiteren fehlt die Berücksichtigung anderer risikopolitischer Handlungsmöglichkeiten und deren Einfluß auf die Versicherungsentscheidung.

3. Das Modell konzentriert sich auf eine einzige versicherbare Schadengefahr. Realiter wird das Vermögen einer Wirtschaftseinheit jedoch durch eine Vielzahl unterschiedlicher Einzelrisiken bedroht, die jeweils spezifische Anforderungen an ein adäquates Versicherungsarrangement stellen und untereinander um die Partizipation am i. d. R. beschränkten Versicherungsbudget konkurrieren. Schon durch diese Modellgrenze wird z. B. die Praxisrelevanz des vielbeachteten und häufig zitierten theoretischen Ergebnisses von der Inoptimalität der Vollversicherung (bei realistischer-

---

14 Vgl. z. B. Arrow (1974).
15 Zu betrachten sind hier nur versicherungswirtschaftliche Aspekte. Generelle Kritikpunkte, z. B. zum Erwartungsnutzenkonzept oder als Ausfluß gesellschaftlicher, politischer usw. Problemsichtweise, gehören nicht zu unserem Untersuchungsgegenstand.

weise unfairer Prämie) nachhaltig relativiert: besagt das Ergebnis doch lediglich, daß es nicht vorteilhaft ist, alle vorhandenen Schadengefahren insgesamt voll zu versichern. Unter Berücksichtigung der folgenden Grenze 4. läßt sich aber auch diese Folgerung nicht mehr halten, womit dann mit dem ganzen Ergebnis nicht mehr sehr viel gewonnen ist.

4. Das Ausgangsvermögen des Entscheiders wird als sicher angenommen. Das ist zweifellos eine sehr restriktive Annahme, da sowohl das Human-, als auch das Sach- und Finanzvermögen der Wirtschaftssubjekte realiter vielfältigen Risiken ausgesetzt sind.

5. Die Präferenzstruktur des Entscheiders ist zunächst nur sehr allgemein erfaßt. Zu untersuchen bleibt der Einfluß der Risikoaversion bzw. des spezifischen Verlaufs der Risikonutzenfunktion usw.

6. Weiterhin von Interesse kann die ergänzende Untersuchung des Einflusses exogener Gegebenheiten wie Steuern, Pflichtversicherung, aufsichtsrechtlicher Normen usw. sein.

7. Die Betrachtung der Versicherungsentscheidung schlechthin abstrahiert von der Unterschiedlichkeit des Deckungsbedarfs in Abhängigkeit von der konkreten Schadengefahr ebenso wie von den ebenfalls davon abhängigen speziellen versicherungstechnischen und -betrieblichen Anforderungen, Tatbeständen also, die realiter zur Ausformung einer Vielzahl von Versicherungszweigen geführt haben.

III. Entwicklungslinien der Versicherungsentscheidungstheorie

Mit Blick auf die Vielfalt der verfolgten Fragestellungen, die unterschiedlichen dabei gesetzten Prämissen und die im einzelnen divergierenden Modellanalysen scheint mir eine vollständige und perfekte Systematisierung des umfangreichen Schrifttums aussichtslos. Ziel der folgenden Bemühung ist daher lediglich eine nach wenigen Aspekten grob geordnete Übersicht. Als Hauptgliederungskriterien können dabei dienen: die behandelten Problemkreise, die Zielrichtung, der Prämissenrahmen und/ oder die Art und Weise der Modellierung. Davon abgesehen darf der historische Aspekt, im wesentlichen also der Veröffentlichungszeitpunkt der Beiträge, nicht übersehen werden.

A. Grundlegung

Nachdem bereits Bernoulli (1738) die Versicherungsentscheidung (neben der ihn zunächst interessierenden Bewertung von Glücksspielen) als naheliegenden Anwendungsfall für sein Erwartungsnutzenkonzept erkannte und einen entsprechenden Ansatz entwarf, dauerte es bekanntlich weit über 200 Jahre bis zur Renaissance des Bernoulli-Prinzips und seiner nachhaltigen Adaption in der Ökonomie[16]. Trotz Bernoullis Vorlage spielten Versicherungsprobleme in der nach 1949 einsetzenden entscheidungstheoretischen Entwicklung aber zunächst offenbar keine Rolle, bis vor allem Borch[17] und Arrow[18] mit ihren grundlegenden Arbeiten in den frühen sechziger Jahren die ökonomische Versicherungstheorie fundierten. Gleichzeitig und unabhängig davon entwickelten Eisner/Strotz (1961) ein Zweizustandsmodell zur Ermittlung des subjektiven Versicherungswertes, anhand dessen sie in einer bemerkenswerten Analyse der Vorteilhaftigkeit und Sinnhaftigkeit des Abschlusses einer Fluggastversicherung statt oder zusätzlich zu einer normalen Lebensversicherung (in Form einer einperiodigen Risikolebensversicherung) nachgehen. Sie vervollständigen damit die Ausarbeitungen von Borch und Arrow, die sich auf die Problemkreise 2. und 3. unseres Abschnittes II beziehen, um den Wertaspekt gemäß II..1.

Als Vorläufer dieser Entwicklung lassen sich die bereits in den fünfziger Jahren erschienenen Beiträge Nolfis einstufen, der das Erwartungsnutzenkonzept zunächst für die Bewertung von Leibrenten und dann zur Bestimmung risikoentsprechender Prämienzuschläge in der Rentenversicherung heranzieht[19].

Ob Nolfi damit Borchs Arbeiten beeinflußt hat, läßt sich nicht genau nachvollziehen. Zwar wird in Borch (1960 c) im Literaturverzeichnis auf Nolfi verwiesen, nicht jedoch im wohl zeitlich zuvor konzipierten thematisch gleichgerichteten Beitrag Borch (1960 b). Beide Ausarbeitungen Borchs gehen im übrigen unter Verwendung des Erwartungsnutzenkonzepts[20] dem Problem der paretooptimalen Aufteilung gegebener Versicherungsportefeuilles zwischen zwei (Rück-)Versicherern nach. In Abhängigkeit von der Form der betrachteten Risikonutzenfunktion ergeben sich dabei jeweils unterschiedliche Folgerungen, die vermuten lassen, daß die Quotenversicherung vielfach den Interessenkonflikt zwischen den Kontrahenten am besten (als Kompromißlösung) ausgleicht. Entsprechend untersucht Borch (1961) die optimale Versicherungsnachfrage im Fall der Quotenversicherung, wobei er eine nach dem Erwartungswertprinzip kalkulierte Prämie unterstellt.

---

16 Zwischenzeitlich griff zwar Barrois (1834) die Idee, den subjektiven Wert einer Versicherung anhand des Erwartungsnutzenkonzepts zu bestimmen, noch einmal auf, ohne jedoch eine erkennbare Resonanz im ökonomischen oder versicherungswissenschaftlichen Schrifttum zu finden.
17 Vgl. Borch (1960 a, b, c, d), (1961), (1962), (1963).
18 Vgl. Arrow (1963), (1965).
19 Vgl. Nolfi (1955), (1959).
20 In der vorangehenden Arbeit (1960 a) verwendet Borch noch eine „naive" (d. h. nicht notwendig mit dem Bernoulli-Prinzip vereinbare) Risikonutzenfunktion, die vom Ausgangsvermögen und der Varianz der Schadenvariablen abhängt, eine Vorgehensweise, die er später selbst kritisiert – vgl. z. B. Borch (1969).

Arrow (1963) nimmt die Frage nach der optimalen Versicherungsform auf und legt die vielbeachtete Beweisführung vor, daß[21]

1. die Abzugsfranchise (Deductible) die für einen risikoscheuen Versicherungsnehmer individuell optimale Form darstellt, wenn die Prämie nur vom Erwartungswert abhängt (Erwartungswertprinzip), der Versicherer sich also risikoneutral verhält;

2. bei beiderseitiger Risikoaversion es paretooptimal ist, wenn der Versicherungsnehmer an jeder marginalen Schadenveränderung mit einem jeweils in Abhängigkeit von Schadenhöhe und Risikoaversion zu bestimmenden Prozentsatz beteiligt wird.

Mit Bezug auf Arrow (1963) versuchen Pashigian/Schkade/Menefee (1966) anhand einer empirischen Untersuchung nachzuweisen, daß die realiter gewählten Selbstbehalte den modelltheoretischen Ergebnissen nicht entsprechen. Wiewohl dieses Ergebnis angesichts der Realitätsferne des Modells sowie des präskriptiven Charakters der Theorie kaum überrascht, zeigt Gould (1969), daß der Widerlegungsversuch nicht gelingt, da sich eine plausible Risikonutzenfunktion finden läßt, die die empirischen Selbstbehalte theoretisch rechtfertigt.

Mit dem ihm eigenen Blick für erfolgversprechende Entwicklungen wendet sich Mossin (1968) dem Versicherungsentscheidungsproblem zu und analysiert Wert, Nachfrage und individuell optimale Versicherungsform. Die wichtigsten Ergebnisse seiner Untersuchung sind:

1. der subjektive Wert einer Versicherung steigt c. p. mit der Schadenwahrscheinlichkeit und der Schadenhöhe;

2. er ist bei abnehmender absoluter Risikoaversion (i. S. von Arrow/Pratt) um so kleiner, je größer das Vermögen des potentiellen Versicherungsnehmers ist.

3. Volle Deckung eines Vermögensrisikos ist nur bei fairer Prämie optimal.

4. Die optimale Deckung hängt im einzelnen von der Schadenverteilung und der individuellen Risikonutzenfunktion ab.

5. Bei abnehmender absoluter Risikoaversion sinkt der optimale Deckungsumfang mit steigendem Vermögen des Wirtschaftssubjektes.

6. Bei unfairer Prämie ist es stets optimal, einen positiven Selbstbehalt zu wählen.

---

21 Im einzelnen vgl. Arrow (1963), S. 960 i. V. m. dem Appendix, S. 969–973. Zur Kritik dazu vgl. Abschnitt III. C. 2.

7. Bei abnehmender absoluter Risikoaversion steigt der optimale Selbstbehalt mit dem Vermögen des Wirtschaftssubjektes.

B. Ergänzungen[22]

1. Versicherungswert, Versicherungsnachfrage und Versicherungsangebot

In Ergänzung zu den unter A. genannten Basisartikeln untersucht Smith (1968) die praktisch bedeutsame Form der Erstrisikoversicherung und trennt sinnvoll zwischen dem Fall des begrenzten Höchstschadens in der Sachversicherung und dem grundsätzlich unbegrenzten Schadenpotential in der Haftpflichtversicherung (wobei allerdings auch in letzterem Fall der Versicherungsnehmer nicht mehr verlieren kann als er hat[23], neben seinem Sachvermögen naturgemäß aber auch sein Humanvermögen bedroht ist). Abgesehen von der Standardfeststellung, daß die Nachfrage preisabhängig und Vollversicherung bei unfairer Prämie i. a. inoptimal ist, hängt die optimale Nachfrage in diesem Modell im einzelnen von den Modellparametern ab[24].

Arrow (1974) analysiert unter den gleichen Prämissen wie oben unter 1. zu Arrow (1963) angegeben die optimale Versicherungsnachfrage bei zustandsabhängiger Risikonutzenfunktion. Statt durch eine kritische Einkommens- bzw. Vermögenshöhe wird der optimale Selbstbehalt dann durch einen kritischen Grenznutzenwert determiniert. Bereits zwei Jahre zuvor propagierten Parkin/Wu (1972) die Verwendung zustandsabhängiger Nutzenfunktionen[25] in der Versicherungstheorie und analysierten die Versicherungsnachfrage anhand eines entsprechenden Zweizustandsmodells. Ergebnis ist auch hier die Inoptimalität der Vollversicherung bei unfairer Prämie und die Abhängigkeit der Versicherungsnachfrage vom Grad der Risikoaversion in den einzelnen Zuständen. Ergänzend wird der sicher nicht unrealistische Fall betrachtet, daß der Versicherungsnehmer die Schadenwahrscheinlichkeit anders einschätzt als der Versicherer, was bei zu pessimistischer Schätzung eine Überversicherung bedingt und umgekehrt.

---

22 Auf einige vom gezeichneten generellen Betrachtungsrahmen abweichende Untersuchungen sei hier nur am Rande verwiesen. Hamburg/Matlack (1968) und Neter/Williams/Whitmore (1968) verwenden negative Nutzenfunktionen (Mißnutzenfunktionen) zur Schadenbewertung. Andere Autoren greifen auf traditionelle Entscheidungskriterien zurück. Z. B. ermittelt Haehling v. Lanzenauer (1971) die den Kostenerwartungswert minimierende Selbstbeteiligung. Haehling v. Lanzenauer/Wright (1974) vergleichen diesen Kostenminimierungsansatz mit dem üblichen Erwartungsnutzenkonzept. Razin (1976) verwendet das Minimax Regret-Kriterium, Lee/Pinches (1988) das Hurwicz-Prinzip, Hofflander/Renshaw/Renshaw (1971) und Michel (1980) verfolgen spezifische Modellierungen.
23 Sinn (1980) nennt das die „Maehkminn-Regel" (mehr als er hat, kann man ihm nicht nehmen).
24 Vgl. dazu auch die einordnende Darstellung bei Wieland (1981).
25 Zum Problem zustandsabhängiger Nutzenfunktionen im Versicherungszusammenhang vgl. auch Viscusi/Evans (1990).

Karten (1976) modelliert und vergleicht die Entscheidungssituation des Versicherungsnehmers und des Versicherers in sehr allgemeiner Form unter Berücksichtigung mehrfacher Versicherungsverhältnisse, unterschiedlicher Schadensituationen und von Betriebs- und Verwaltungskosten. Im Gegensatz zu fast allen übrigen Arbeiten bezieht er eine Vielzahl realer Aspekte versicherungsbetrieblicher und spartenspezifischer Art sowie die Zeitproblematik in die Diskussion ein.

Adar/Neumann (1978) erweitern die Basisanalyse zwecks Bestimmung der optimalen Angebotspolitik des Versicherers. Zunächst ermitteln sie den individuell optimalen Selbstbehalt, aggregieren die individuelle zur Gesamtnachfrage nach Versicherungsschutz und untersuchen die resultierende Nachfragekurve und deren Elastizität für die Fälle, daß die individuellen Risikonutzenfunktionen logarithmisch oder exponentiell verlaufen. Bezüglich dieser Nachfragesituation bestimmen sie sodann die gewinnmaximale Angebotspolitik eines Monopolversicherers bei homogener und bei heterogener Nachfragesituation. Anschließend werden Konsequenzen diskutiert, die sich bei anderen Marktstrukturen und anderen Versicherungsformen ergeben können.

Die übrige Literatur konzentriert sich dagegen – von wenigen Ausnahmen abgesehen[26] – weitgehend auf die Analyse der Nachfrageseite bei gegebenem Versicherungspreis[27]. Eine Vielzahl von Beiträgen geht dabei insbesondere dem Einfluß der individuellen Risikoaversion nach[28]. Kahane/Schlesinger/Yanai (1988) demonstrieren grafisch anhand einer Zweizustandsanalyse die Abhängigkeit des Deckungsumfangs von der Prämienkalkulation, der Risikoaversion und einer zustandsabhängigen Nutzenbewertung.

Kroll (1983) berücksichtigt neben der Versicherung die Möglichkeit des Versicherungsnehmers, das Risiko seiner Vermögensposition durch Variation des in einer risikolosen Anlage investierten Anteils zu variieren. Betrachtet wird die Selbstbeteiligungsform, für die anhand des stochastischen Dominanzkriteriums Prämienober- und -untergrenzen abgeleitet werden. Während Dimmer (1986)[29] die optimale Deckung bei Total- und

---

[26] Auf die Beiträge Kartens wurde bereits verwiesen. Die Verwendung des Erwartungsnutzenkonzepts für Zwecke der Prämienkalkulation analysiert insbesondere Freifelder (1976) und (1979). Venezian/Cho (1987) untersuchen die Angebotsfunktion eines Versicherers mit konstanter absoluter Risikoaversion für den Fall, daß die zu versichernden Risiken voneinander abhängig sind. Borch (1990) skizziert drei versicherungsbetriebliche Aspekte: die optimale Dividendenpolitik in Chapter 2.10; die risikoklassendifferenzierte Prämienkalkulation in Chapter 5.4; die Erfahrungstarifierung in Chapter 6.2.

[27] Zum Teil bestimmt sich dieser Angebotspreis implizit oder explizit aus Marktgleichgewichtsbedingungen – vgl. z. B. Borch (1983 b), (1985).

[28] Vgl. z. B. Schlesinger (1981), Ross (1981), Imai/Geanakoplos/Ito (1981); Turnbull (1983), Chesney/Loubergé (1986), Schlesinger/Schulenburg (1987), Szpiro (1987), Cleeton/Zellner (1993).

[29] Vgl. dort Kap. II. 3 und II. 4.1, S. 79 – 169.

Teilschäden in Abhängigkeit der wichtigsten Einflußfaktoren und unter Beachtung unterschiedlicher Versicherungsformen analysiert, beschränkt sich Heinlin (1993)[30] auf die Bestimmung des subjektiven Versicherungswertes, den er analog Sinn (1980) und anderen als maximale Zahlungsbereitschaft bezeichnet; neben dem Einfluß der Risikoaversion wird hierbei auch den Auswirkungen von Merkmalen der Schadenverteilung, der Existenz mehrfacher Schadenereignisse und von Steuern nachgegangen.

2. Versicherungsform

Bei näherem Hinsehen erweisen sich die unter A. genannten Untersuchungen zur optimalen Versicherungsform als zu eng. So kritisiert Raviv (1979), daß bei dem oben in Abschnitt III. A. zitierten Ergebnis Arrows (1963) offen bleibt, ob die individuelle Präferenz für einen Selbstbehalt Folge der angenommenen Risikoneutralität des Versicherers bzw. der unterstellten Prämienkalkulation nach dem Erwartungswertprinzip oder aber Folge der Nichtnegativitätsprämisse bezüglich der Versicherungsdeckung ist. Diese Frage regt, beginnend Mitte der siebziger Jahre, eine ganze Reihe von Untersuchungen an. Doherty (1975) geht dem Einfluß des verwendeten Prämienprinzips nach und zeigt, daß bei konstantem (statt proportionalem) Zuschlag zum Erwartungsschaden der Versicherungsnehmer sich entweder voll oder nicht versichert[31]. Weiterhin begründet er eine Präferenzordnung über verschiedene Versicherungsformalternativen mit einheitlicher Risikoprämie. Raviv (1979) beleuchtet Anbieter- und Nachfragerseite und fragt nach der paretooptimalen Vertragsform, wobei er nur das versicherbare Risiko unabhängig von der jeweiligen Vermögenssituation der Wirtschaftseinheiten betrachtet (also sozusagen von einer Vermögensgrenznutzenfunktion ausgeht). In dieser Sicht beinhaltet die paretooptimale Versicherung einen Selbstbehalt (Deductible) kombiniert mit einer quotalen Risikoteilung (Coinsurance) oberhalb der Abzugsfranchise. Doherty (1980)[32] stellt dieses Ergebnis in Frage. Anhand des wesentlich allgemeineren stochastischen Dominanzkriteriums, das Annahmen über die spezifische Form der Risikonutzenfunktion erübrigt, leitet er eine Präferenzordnung über unterschiedliche Versicherungsformen (Integral- und Abzugsfranchise, Quotenversicherung und Erstrisikoversicherung) aus der Sicht des Versicherungsnachfragers einerseits, des Anbieters andererseits ab. Ergebnis ist, daß keine Versicherungsform aus beiderseitiger Sicht gleichzeitig optimal ist und daß sich Ravivs Ergebnis nicht halten läßt.

Wohl mehr der Vollständigkeit halber untersucht Gollier (1987), ob die von Arrow (1963) nachgewiesene (individuelle) Optimalität der Abzugs-

---

30 Vgl. dort Kap. 2, S. 16–111.
31 Das gleiche Ergebnis leitet Borch (1983) ab und gibt die Optimalitätsbedingung für eine allgemeinere Prämienfunktion an.
32 Ergänzend vgl. auch Doherty (1977).

franchise nicht Konsequenz der Unterstellung nichtnegativer Versicherungsleistungen ist. Das führt zur Betrachtung einer Versicherung mit Nachschußpflicht. Das Ergebnis entspricht dem, was man verständigerweise erwarten konnte, nämlich daß eine solche Nachschußvereinbarung unter realistischen Bedingungen nicht im Interesse des Versicherungsnehmers liegt. Die von Arrow gezeigte Optimalität der Abzugsfranchise ist also Konsequenz des erwartungsschadenproportionalen Prämienzuschlags, was mit Dohertys (1975) Lösung in Einklang steht, die Gollier aber offenbar nicht bekannt war! Hofmann (1983) analysiert zunächst ohne Berücksichtigung von Betriebskosten grafisch die paretooptimale Aufteilung eines gegebenen Risikos zwischen zwei risikoneutralen oder risikoaversen Wirtschaftssubjekten und verallgemeinert dann seine Betrachtung zum Mehrzustandsmodell, um der Frage nach der optimalen Versicherungsform unter Berücksichtigung auch von Verwaltungskosten nachgehen zu können. Ergänzend wird untersucht, durch welche Prämiengestaltung die optimale Versicherungsform realisiert werden kann. Die prämissen- bzw. parameterabhängigen Ergebnisse werden am Ende übersichtlich in drei Tabellen zusammengefaßt[33].

Huberman/Mayers/Smith (1983) fragen nach den Gründen, die die praktisch gängigen Formen der Erstrisikoversicherung und von Selbstbehaltsvereinbarungen begründen können. Für erstere führen sie ins Feld, daß sich das Vermögensrisiko realiter stets auf den Totalverlust (Konkursfall) beschränkt, letztere hingegen ließen sich durch ihre den Moral Hazard begrenzende Wirkung rechtfertigen.

Dimmer (1986) analysiert anhand eines unterschiedliche Schadenhöhen berücksichtigenden Mehrzustandsmodells die aus Versicherungsnehmersicht optimale Versicherungsgestaltung. Bei von der Selbstbeteiligungsform unabhängiger Prämienkalkulation bestätigen sich die Ergebnisse von Arrow (1963) und Doherty (1975), nämlich Optimalität der Abzugsfranchise bei erwartungsschadenproportionalem Prämienzuschlag und volle oder keine Deckung bei fixem Zuschlag[34]. Unter Berücksichtigung der von der Art der Selbstbeteiligung abhängigen Risiko- und Betriebskosten ergibt sich hingegen ein wesentlich differenzierteres Bild, das von voller Deckung bis zu parameterabhängiger Optimalität der verschiedenen Versicherungsformen reicht[35].

Bühlmann/Jewell (1979) führen Borchs Untersuchungen zum paretooptimalen Risksharing zwischen mehreren Rückversicherern einer einheitlichen Lösung zu. Danach poolen alle Teilnehmer ihre Risikoportefeuilles und teilen den Pool layerweise quotal zwischen sich auf („quota-sharing-

---

33 Vgl. Hofmann (1983), S. 125.
34 Vgl. Dimmer (1986), S. 219–222.
35 Vgl. Dimmer (1986), S. 223–231 mit einer tabellarischen Übersicht der gefundenen Lösungen auf S. 229.

by-layers"). Im Fall (einheitlich) exponentieller Risikonutzenfunktionen entsteht eine lineare Quotierung.

C. Erweiterungen

1. Risikopolitik

Als essentielle Erweiterung der Versicherungsentscheidungstheorie kann die Arbeit von Ehrlich/Becker (1972) eingestuft werden, die Versicherung in den Kontext der risikopolitischen Handlungsmöglichkeiten eines Wirtschaftssubjektes einordnet. Bemerkenswert ist bereits die Modifikation des Zweizustandsmodells in der Weise, daß sich Versicherung als Einkommenstransfer zwischen „guter" Vermögenslage (Schaden tritt nicht ein) und „schlechter" Vermögenslage (nach Schadenrealisation) darstellen und in instruktiver Weise auch grafisch veranschaulichen läßt. Die zunächst isoliert betrachtete Versicherungsentscheidung gehorcht dann der Bedingung, daß im Optimum der Versicherungspreis (hier netto bzw. als Vermögenstransferrate interpretiert) dem Verhältnis der Erwartungsgrenznutzen in den beiden Umweltzuständen entspricht. Analog wird im Anschluß die individuelle Nachfrage nach Schutz- (Self-Protection) und Sicherungsmaßnahmen (Self-Insurance) je für sich und im Zusammenhang mit der Versicherungsentscheidung analysiert[36]. Dabei erweisen sich Sicherung und Versicherung als substitutive Maßnahmen (steigende Versicherungspreise bedingen cet. par. erhöhte Sicherungsausgaben). Bezüglich der Schutzalternative gilt das nicht notwendig. Z. B. vermindert Versicherung den Schutzumfang als Folge induzierten Moral Hazards, wenn der Versicherer die schutzbedingte Risikoreduktion (verminderte Schadenwahrscheinlichkeit) nicht im Versicherungspreis honoriert. Desgleichen gehen Sicherungsmaßnahmen zu Lasten der Schutzbereitschaft.

Während Cook/Graham (1977) die Analyse um die Berücksichtigung unersetzlicher Güter erweitern, konzentrieren sich Dionne/Eeckhoudt (1985) nur auf Schutz und Sicherung und weisen nach, daß Individuen nicht notwendig mit wachsender Risikoaversion (im Sinne von Arrow/Pratt) danach streben, eine weniger riskante Vermögensposition zu erreichen. Das gegenteilige, von Mossin (1968) für die Versicherungsnachfrage abgeleitete Ergebnis bestätigt sich zwar für die Sicherungs-, nicht jedoch für die Schutzmaßnahmen.

Chang/Ehrlich (1985) ergänzen die Untersuchung von Ehrlich/Becker (1972), indem sie dem Zusammenwirken von Sicherungs- und Schutzmaßnahmen untereinander und bei simultaner Berücksichtigung einer Versicherungsmöglichkeit genauer nachgehen. Insbesondere berücksichti-

---

[36] Im einzelnen vgl. dazu auch die um nachfolgende Entwicklungen ergänzte Darstellung bei Dimmer (1986) mit weiteren Literaturhinweisen.

gen sie, daß der schutzbedingten Risikominderung im Versicherungspreis Rechnung getragen wird. In diesem Fall werden die Schutz- im Verhältnis zu den Sicherungsaktivitäten forciert, u. z. um so mehr, je billiger die Versicherungsmöglichkeit ist. Zugleich revidieren Chang/Ehrlich die Einschätzung von Ehrlich/Becker (1972), indem sie feststellen, daß es sich bei der Auswirkung der Versicherung auf die Schutzbereitschaft nicht um einen Moral Hazard-Effekt handelt[37].

Brockett/Cox/Witt (1986) behandeln die Risk Managemententscheidung zwischen Sicherung (Self-Insurance) und Versicherung für den Fall, daß nur beschränkte Informationen über die Gesamtschadenverteilung vorliegen (nur die ersten drei Momente der Verteilung sind bekannt). Ausgehend vom oben beschriebenen subjektiven Bewertungskonzept bestimmen die Autoren Ober- und Untergrenzen für die Vorteilhaftigkeit von Sicherungsmaßnahmen. Eine bedeutsame Klärung zum Verhältnis von Schutzmaßnahmen einerseits, Sicherung und Versicherung andererseits steuern Briys/Schlesinger (1990) bei, indem sie zeigen, daß Selbstschutz gar keine Risikominderung (des Endvermögens) bewirkt, wenn Risiko i. S. von Rothschild/Stiglitz[38] anhand der stochastischen Dominanz zweiter Ordnung gemessen wird[39]. Damit erklärt sich sowohl die bereits von Ehrlich/Becker (1972) erkannte Divergenz zwischen Sicherung und Schutz sowie die Feststellung von Dionne/Eeckhoudt (1985), daß wachsende Risikoaversion nicht notwendig höhere Schutzbereitschaft nach sich zieht.

Briys/Schlesinger/v. d. Schulenburg (1991) untersuchen schließlich den Fall, daß die Auswirkung der risikopolitischen Maßnahmen selbst unsicher ist, z. B. weil die Schutz- oder Sicherungsmaßnahmen möglicherweise versagen oder die Versicherungsleistung als Folge geänderter Rechtsprechung oder des Versichererkonkurses ausbleiben kann.

2. Unsicheres Ausgangsvermögen

Die wohl gravierendste Einschränkung der bisher angesprochenen Modellierungen ist die realitätsferne Prämisse eines sicheren Ausgangsvermögens der Wirtschaftssubjekte. Das Gesamtvermögen von Haushalten ebenso wie von Betrieben ist aber i. a. einer Vielzahl von z. T. versicherbaren und z. T. nicht versicherbaren Risiken ausgesetzt, die in ihrer Gesamtheit den Sicherungs- und Versicherungsbedarf der Wirtschaftseinheit bedingen. Damit wird die Versicherungsneigung bezüglich eines bestimmten (reinen) Einzelrisikos naturgemäß nicht nur von der Variabilität der dieses

---

37 Eine ausführliche Analyse des Moral Hazard-Einflusses im Rahmen vorliegender Modellierung findet sich bei Dionne (1982).
38 Vgl. Rothschild/Stiglitz (1970).
39 Darüber hinaus reduziert Selbstschutz auch nicht generell die Varianz des Endvermögens der Wirtschaftseinheit.

Einzelrisiko charakterisierenden Schadengröße, sondern auch von dessen Einbettung in die Gesamtvermögens- bzw. -risikosituation abhängen.

Doherty/Schlesinger (1983 a, b, c)[40] und Mayers/Smith (1983) gehen diesem Zusammenhang ausführlicher nach[41]. Es zeigt sich, daß eine Vollversicherung auch bei fairer Prämie nur dann optimal ist, wenn das Gesamtvermögen (bzw. das darin enthaltene Basisrisiko) und die zu versichernde Schadengefahr voneinander stochastisch unabhängig sind. Bei unfairer Prämie kann ein Selbstbehalt dagegen nur im Falle einer nicht positiven Korrelation zwischen beiden Risikokomponenten optimal sein[42]. Insgesamt hängt die optimale Versicherungspolitik vorrangig von der Größe und vom Vorzeichen der Korrelation zwischen Basisrisiko und Einzelrisiko bzw. allgemein von den Korrelationen innerhalb des gesamten Portefeuilles aus Einzelrisiken ab. Gründl (1994) zeigt auf, daß bei stochastischem Basisrisiko die Sicherungsmaßnahmen mit zunehmendem Versicherungsumfang ebenfalls zunehmen können[43].

Materielle und mit den traditionellen vergleichbare Ergebnisse lassen sich, wie einige nachfolgende Arbeiten erweisen, im wesentlichen nur für den Fall der stochastischen Unabhängigkeit zwischen Ausgangsvermögen und zu versicherndem Einzelrisiko ableiten. So zeigt Kischka (1988), daß eine zusätzliche nicht versicherbare Risikokomponente die Versicherungsneigung bezüglich des versicherbaren Einzelrisikos erhöht, wenn eine nichtsteigende absolute Risikoaversion vorliegt. Eeckhoudt/Kimball (1992) folgern bei unfairer Prämie einen im Vergleich zum traditionellen Fall sicheren Basisvermögens steigenden Selbstbehalt. Heinlin (1993) arbeitet heraus, daß auch bei unsicherem, aber stochastisch unabhängigem Basisvermögen nur ein risikoaverser Entscheider mit konkaver Risikonutzenfunktion bereit ist, mehr als den Erwartungsschaden für die Versicherung aufzuwenden.

Der Fall stochastischer Abhängigkeiten zwischen den einzelnen Komponenten des Gesamtvermögensrisikos einer Wirtschaftseinheit veranlaßt Kischka (1988) mit Verweis auf die Problematik, Risiko und Risikoneigung in diesem Fall adäquat zu erfassen, vom Erwartungsnutzenkonzept abzurücken und auf das allgemeinere Konzept der lokalen Risikonutzenfunktion zurückzugreifen[44]. Heinlin (1993) zeigt dagegen anhand einer al-

---

40 Als zusammenfassenden Überblick vgl. auch Schlesinger/Doherty (1992).
41 Auch Turnbull (1983) trennt grundsätzlich zwischen versicherbarem Schadenrisiko und unversicherbarem Marktrisiko, beide Komponenten beziehen sich aber auf ein bestimmtes Vermögensobjekt, nämlich einen Kunstgegenstand (mit unsicherem Marktwert), der gegen Diebstahl versichert werden soll. Problem ist dabei der Einfluß der Risikoneigung und von Informationsaspekten auf die Versicherungsentscheidung.
42 Genaue Aussagen sind hier allerdings wegen der Problematik einer adäquaten Messung der Riskanz verbundener, stochastisch abhängiger Zufallsgrößen problematisch. Vgl. Doherty/Schlesinger (1983 c).
43 Vgl. Gründl (1994), S. 145–152.
44 Vgl. dazu auch Karni (1992).

lerdings diffizilen Modellanalyse, daß die Abhängigkeit des subjektiven Wertes einer Versicherung von der Risikoeinstellung des Entscheiders, den Risikomerkmalen seiner Vermögensposition sowie der zu versichernden Schadengefahr auch im Rahmen des Erwartungsnutzenkonzepts untersucht werden kann.

V. d. Schulenburg (1986) schließlich führt die Betrachtung noch einen Schritt näher an die Realität heran, indem er neben dem unversicherbaren Basisrisiko noch berücksichtigt, daß die meisten Versicherungsnachfrager in gewissem Umfang bereits gesetzlichen Versicherungspflichten unterliegen (Sozialversicherung, Pflichtversicherung, Zwangsversicherung). Anhand einer vereinfachten, auf Erwartungswert und Varianz der unsicheren Vermögensgrößen reduzierten Analyse zeigt er, daß in der erweiterten Betrachtung die traditionellen Ergebnisse der Versicherungsentscheidungstheorie, selbst das von der optimalen Vollversicherung bei fairer Prämie, keine generelle Gültigkeit mehr beanspruchen können.

3. Sach- und Zeitinterdependenzen

Beim privaten Haushalt konkurriert die Entscheidung, Geld für Versicherungsschutz auszugeben, i. a. mit der alternativen Verwendung der Beträge für Konsum- und Investitionsgüter. Diesem Zusammenhang geht Moffet (1977) nach und bestimmt den optimalen Selbstbehalt eines Versicherungsnehmers, der sein Gesamtbudget zunächst in ein Konsum- und ein Risikovorsorgebudget („risk-bearing budget") und letzteres zwischen Versicherungskauf und Ersparnisbildung („contingency reserves") aufzuteilen hat. Die Konkurrenz zwischen Konsum, Versicherung und Investition ist natürlich besonders evident im Falle der Lebensversicherung, die daher ein bevorzugtes Anwendungsbeispiel in der Literatur abgibt[45]. Ohne hier auf spartenspezifische Besonderheiten näher eingehen zu können, sei lediglich darauf verwiesen, daß damit naturgemäß dem Zeitaspekt und intertemporalen Interdependenzen Bedeutung zukommt, die eine Mehrperiodenanalyse nahelegen.

Sinn (1980) trägt dem zwar erst in rudimentärer Weise Rechnung, indem er eine „Einbettung des Optimierungsproblems des Versicherungnehmers in die Mehrperiodenanalyse"[46] durch Setzung von Prämissen bewerkstelligt, die gewährleisten, daß die Optimierung der üblichen einperiodigen Zielfunktion auch in langfristiger (mehrperiodiger) Sicht optimal ist. Seine Untersuchung ist aber auch aus anderen Gründen bemerkenswert. So arbeitet er mit verhaltenspsychologisch begründeten Risikonutzenfunktionen (sog. Weber-Funktionen) und bestimmt auf der Grundlage

---

45 Vgl. z. B. Yaari (1965), Hakansson (1969), Borch (1977), Campbell (1980), Economides (1982).
46 Sinn (1980), S. 312.

daraus abgeleiteter µ-σ-Präferenzfunktionen den subjektiven Versicherungswert, den optimalen Deckungsgrad und die Versicherungsnachfrage für unterschiedliche Grade der Risikofurcht.

Briys (1986) versucht demgegenüber, den sachlichen und zeitlichen Interdependenzen im Rahmen einer zeitstetigen Modellierung Rechnung zu tragen mit dem Ziel, Bedingungen (Separationstheoreme) abzuleiten, die eine isolierte Betrachtung der Versicherungsentscheidung rechtfertigen.

Eine interessante Weiterentwicklung dazu hat Schlesinger in Vertretung des Autorenteams[47] auf der letzten Karlsruher Tagung[48] vorgestellt. Zeitinterdependente Präferenzen werden hier in der Weise modelliert, daß das Lebensgefühl („taste for good life") des Entscheiders von dessen Vergangenheitskonsum abhängt. Dadurch ergibt sich ein intertemporaler präferenzbedingter Einfluß, der die Versicherungsneigung zu Lasten der Konsumneigung erhöht.

Bei betrieblichen Versicherungsnehmern sind demgegenüber naturgemäß die Interdependenzen zwischen Versicherung und Investition von vorrangiger Bedeutung. Das legt die Anwendung investitions-, portefeuille- und kapitalmarkttheoretischer Ansätze nahe, eine Entwicklungslinie, die wir aus vorliegender Betrachtung ausgeschlossen haben.

IV. Schluß

Unsere Darstellung skizziert ein offenbar mittlerweile recht stattliches Theoriegebäude zum Versicherungsentscheidungsproblem. Mit Blick auf die in Abschnitt II. C. vorgetragene Kritik zum Grundmodell läßt sich feststellen, daß alle dort genannten Beschränkungen inzwischen intensivere Forschungsbemühungen ausgelöst haben. Schwerpunkte der Weiterentwicklungen betreffen vor allem die differenziertere Erfassung der i. a. komplexen Risikosituation von Wirtschaftssubjekten, die Einbeziehung von Interdependenzen und die Erfassung der Risikoneigung. Für die Berücksichtigung dynamischer Zusammenhänge ist der rein entscheidungstheoretische Ansatz dagegen weniger geeignet. Das gilt analog für die den Betriebswirt besonders interessierenden betrieblichen Aspekte sowohl auf der Versicherungsnachfrager- als auch auf der Anbieterseite. Hinsichtlich beider Problembereiche liegt der Übergang zu investitions- und finanzierungstheoretischen Modellierungen und zum Einsatz von Konzepten der betrieblichen, insbesondere der strategischen Planung nahe, eine Entwicklung die auch seit längerem Platz greift, aus vorliegender Betrachtung aber ausgegrenzt wurde. Um allerdings den von Karten (1976) bereits her-

---

47 Vgl. Ben-Arab/Briys/Schlesinger (1993).
48 Tagung Geld, Finanzwirtschaft, Banken und Versicherungen, Universität Karlsruhe, 8.–10. Dezember 1993.

vorgehobenen Problemfeldern mehr und angemessener als bisher Rechnung tragen zu können, werden vor allem spartenspezifisch differenzierende Entwicklungen notwendig sein: von der allgemeinen Versicherungsentscheidungstheorie hin zu versicherungszweigbezogenen Versicherungsangebots- und -nachfragetheorien.

Literatur

Adar, Z./Neumann, S. (1978): On Optimal Property Insurance Policies, JRI 45 (1978), S. 95–108.

Arrow, K. J. (1963): Uncertainty and the Welfare Economics of Medical Care, in: AER 53 (1963), S. 941–973.

Arrow, K. J. (1965): Aspects of the Theory of Risk Bearing, Helsinki 1965.

Arrow, K. J. (1970): Essays in the Theory of Risk Bearing, Chicago – London 1970, 3rd printing, Amsterdam – Oxford – New York 1974.

Arrow, K. J. (1974): Optimal Insurance and Generalized Deductibles, in: Scand. Actuarial J. (1974), S. 1–42.

Barrois, M. T. (1834): Essay sur l'application du calcul des probabilités. Aux assurance contre l'indendie, in: Mémoires de la société royale des sciences de l'agriculture et des arts, Lille 1834, S. 85–282.

Ben-Arab, M./Briys, E./Schlesinger, H. (1993): The Demand for Insurance with Intertemporally-Dependent Preferences, Paper präsentiert auf der Tagung Geld, Finanzwirtschaft, Banken und Versicherungen, Universität Karlsruhe, 8.–10. Dezember 1993.

Bernoulli, D. (1738): Specimen Theoriae Novae de Mensura Sortis, Übersetzung aus dem Lateinischen in das Englische von Sommer, L.: Exposition of a New Theory on the Measurement of Risk, in: Econometrica 22 (1954), S. 23.

Borch, K. (1960 a): An Attempt to Determine the Optimum Amount of Stop Loss Reinsurance, in: Transactions of the XVI International Congress of Actuaries, Vol. 1 (1960), S. 597–610; abgedruckt in Borch (1974), S. 5–17.

Borch, K. (1960 b): Reciprocal Reinsurance Treaties Seen as a Two-Person Cooperative Game, in: Skandinavisk Aktuarietidskrift 43 (1960), S. 29–58, abgedruckt in Borch (1974), S. 29–52.

Borch, K. (1960 c): Reciprocal Reinsurance Treaties, in: AB 1 (1960), S. 170–191, abgedruckt in Borch (1974), S. 53–71.

Borch, K. (1960 d): The Safety Loading of Reinsurance Premiums, in: Skandinavisk Aktuarietidskrift 43 (1960), S. 163–184, abgedruckt in Borch (1974), S. 121–140.

Borch, K. (1961): The Utility Concept Applied to the Theory of Insurance, in: AB 1 (1961), S. 245–255, abgedruckt in Borch (1974), S. 87–96.

Borch, K. (1962): Equilibrium in a Reinsurance Market, in: Econometrica 30 (1962), S. 242–444, abgedruckt in Borch (1974), S. 141–164.

Borch, K. (1963): Recent Developments in Economic Theory and their Application to Insurance, in: AB 2 (1963), S. 322 – 341, abgedruckt in Borch (1974), S. 179 – 195.

Borch, K. (1969): The Optimal Reinsurance Treaty, AB 5 (1969), S. 293 – 297.

Borch, K. (1974): The Mathematical Theory of Insurance, Lexington/Mass. – Toronto – London 1974.

Borch, K. (1975): Optimal Insurance Arrangements, in: AB 8 (1975), S. 284 – 290.

Borch, K. (1977): Optimal Life Insurance, in: Geneva Papers on Risk and Insurance 6 (1977), S. 3 – 16.

Borch, K. (1983 a): The Optimal Insurance Contract in a Competitive Market, in: Economic Letters 11 (1983), S. 327 – 330.

Borch, K. (1983 b): Insurance Premiums in Competitive Markets, in: Geld, Banken und Versicherungen 1982/Band II, hrsg. von H. Göppl u. R. Henn, Karlsruhe 1983, S. 827 – 841.

Borch, K. (1985): A Theory of Insurance Premiums, in: The Geneva Papers on Risk and Insurance 10 (1985), S. 192 – 208.

Borch, K. (1990): Economics of Insurance, Amsterdam u. a. 1990.

Briys, E. (1986): Insurance and Consumption: The Continuous Time Case, in: JRI 53 (1986), S. 718 – 723.

Briys, E./Loubergé, H. (1985): On the Theory of Rational Insurance Purchasing: A Note, in: JoF 40 (1985), S. 577 – 581.

Briys, E./Schlesinger, H. (1990): Risk Aversion and the Propensities for Self-Insurance and Self-Protection, in: Southern Economic Journal 57 (1990), S. 458 – 467.

Briys, E./Schlesinger, H./Schulenburg, J.-M. Graf v. d. (1991): Reliability of Risk Management: Market Insurance, Self-Insurance, and Self-Protection Reconsidered, in: The Geneva Papers on Risk and Insurance 16 (1991), S. 45 – 58.

Brockett, P. L./Cox, S. H./Witt, R. C. (1986): Insurance Versus Self-Insurance: A Risk Management Perspective, in: JRI 53 (1986), S. 242 – 257.

Bühlmann, H./Jewell, W. S.: Optimal Risk Exchanges, in: AB 10 (1979), S. 243 – 262.

Campbell, R. A. (1980): The Demand for Life Insurance: An Application of the Economics of Uncertainty, in: JoF 35 (1980), S. 1155 – 1172.

Chang, Y.-M./Ehrlich, I. (1985): Insurance, Protection from Risk, and Risk-Bearing, in: Canadian Journal of Economics 18 (1985), S. 574 – 586.

Chesney, M./Loubergé, H. (1986): Risk Aversion and the Composition of Wealth in the Demand for Full Insurance Coverage, in: Schweiz. Zeitschrift für Volkswirtschaft und Statistik 122 (1986), S. 359 – 369.

Cook, P. J./Graham, D. A. (1977): The Demand for Insurance and Protection: The Case of Irreplaceable Commodities, in: Quarterly Journal of Economics 91 (1977), S. 143 – 156.

Cleeton, D. L./Zellner, B. B. (1993): Income, Risk Aversion, and the Demand for Insurance, in: Southern Economic Journal 60 (1993), S. 146 – 156.

Dimmer, K. (1986): Die optimale Versicherungsentscheidung als risikopolitisches Problem, Karlsruhe 1986.

Dionne, G. (1982): Moral Hazard and State-Dependent Utility Function, in: JRI 49 (1982), S. 405–422.

Dionne, G. (1992): Contributions to Insurance Economics, ed. by Georges Dionne, Boston–Dordrecht–London 1992.

Dionne, G./Eeckhoudt, L. (1985): Self-Insurance, Self-Protection and Increased Risk Aversion, in: Economic Letters 17 (1985), S. 39–42.

Dionne, G./Harrington, S. E. (1992): Foundations of Insurance Economics, Readings in Economics and Finance, ed. by Georges Dionne, Scott E. Harrington, Boston–Dordrecht–London 1992.

Doherty, N. A. (1975): Some Fundamental Theorems of Risk Management, in: JRI 42 (1975), S. 447–460.

Doherty, N. A. (1977): Stochastic Choice in Insurance and Risk Sharing, in: JoF 32 (1977), S. 921–926.

Doherty, N. A. (1980): Stochastic Ordering of Risk/Insurance Exchanges, in: Scand. Actuarial J. (1980), S. 203–208.

Doherty, N. A. (1984): Portfolio Efficient Insurance Buying Strategies, in: JRI 51 (1984), S. 205–224.

Doherty, N. A./Schlesinger, H. (1983 a): Optimal Insurance in Incomplete Markets, in: JPE 91 (1983), S. 1045–1054.

Doherty, N. A./Schlesinger, H. (1983 b): Optimal Insurance in Incomplete Markets, in: Geld, Banken und Versicherungen 1982/Band II, hrsg. von H. Göppl u. R. Henn, Karlsruhe 1983, S. 867–879.

Doherty, N. A./Schlesinger, H. (1983 c): The Optimal Deductible for an Insurance Policy When Initial Wealth is Random, in: JoB 56 (1983), S. 555–565.

Drèze, J. H. (1981): Inferring Risk Tolerance from Deductibles in Insurance Contracts, in: Geneva Papers on Risk and Insurance 20 (1981), S. 48–52.

Economides, N. (1982): The Demand for Life Insurance: An Application of the Economics of Uncertainty: A Comment, in: JoF 37 (1982), S. 1305–1309.

Eeckhoudt, L./Kimball, M. (1992): Background Risk, Prudence, and the Demand for Insurance, in: Dionne (1992), S. 239–254.

Ehrlich, I./Becker, G. S. (1972): Market Insurance, Self-Insurance, and Self-Protection, in: JPE 80 (1972), S. 623–648.

Eichhorn, W./Hellwig M. (1988): Versicherungsmärkte: Theorie – A. Versicherungsmärkte mit vollständiger Information, in: HdV (1988), S. 1055–1064.

Eisner, R./Strotz, R. H. (1961): Flight Insurance and the Theory of Choice, in: JPE 69 (1961), S. 355–368.

Eisen, R. (1979): Theorie des Versicherungsgleichgewichts: Unsicherheit und Versicherung in der Theorie des generellen ökonomischen Gleichgewichts, Berlin 1979.

Eisen, R. (1990): Problems of Equilibria in Insurance Markets with Asymmetric Information, in: H. Loubergé (Hrsg.), Risk, Information and Insurance, Boston–Dordrecht–London (1990), S. 123–137.

Freifelder, L. (1976): A Decision Theoretic Approach to Insurance Ratemaking, Homewood/Ill. 1976.

Freifelder, L. (1979): Exponential Utility Ratemarking: An Alternative Approach, in: JRI 46 (1979), S. 515 – 530.

Friedman, B. (1974): Risk Aversion and the Consumer Choice of Health Insurance Option, in: Review of Economics and Statistics 56 (1974), S. 209 – 214.

Gollier, C. (1987): The Design of Optimal Insurance Contracts Without the Non-negativity Constraint on Claims, in: JRI 54 (1987), S. 314 – 324.

Gould, J. P. (1969): The Expected Utility Hypothesis and the Selection of Optimal Deductibles for a Given Insurance Policy, in: JoB 42 (1969), S. 143 – 151.

Gründl, H. (1994): Versicherungsumfang, Versicherungspreis und Moralisches Risiko im Kapitalmarktzusammenhang, Karlsruhe 1994.

Haehling von Lanzenauer, C. (1971): The Expected Cost Hypothesis and the Selection of an Optimal Deductible for a Given Insurance Policy, in: JoB 44 (1971), S. 306 – 315.

Haehling von Lanzenauer, C./Wright, D. (1975): Selecting Rational Insurance Coverage, in: Z.f.OR 19 (1975), S. 49 – 62.

Hamburg, M./Matlack, W. R. (1968): Maximizing Insurance Buyers' Utility, in: MS 14 (1968), S. 295 – 301.

Hakansson, N. H. (1969): Optimal Investment and Consumption Strategies under Risk, an Uncertain Lifetime, and Insurance, in: Intern. Ec. Rev. 10 (1969), S. 443 – 466.

Heinlin, I. (1993): Individuelle Zahlungsbereitschaft für Versicherungsschutz und Messung der Risikoeinstellung bei der Versicherungsentscheidung, Frankfurt a. M. u. a. 1993.

Hellwig, M. (1988): Versicherungsmärkte: Theorie – B. Versicherungsmärkte mit unvollständiger Information, in: HdV (1988), S. 1065 – 1076.

Hofmann, J. (1983): Die optimale Versicherungsform, Göttingen 1983.

Hofflander, A. F./Renshaw, E./Renshaw, V. (1971): Optimal Insurance, in: JRI 38 (1971), S. 207 – 214.

Huberman, G./Mayers, D./Smith, C. W., Jr. (1983): Optimal Insurance Policy Indemnity Schedules, in: Bell Journal of Economics 14 (1983), S. 415 – 426.

Imai, H./Geanakoplos, J./Ito, T. (1981): Incomplete Insurance and Absolute Risk Aversion, in: Economic Letters 8 (1981), S. 107 – 112.

Kahane, Y./Schlesinger, H./Yanai, N. (1988): Rudiments of Insurance Purchasing: A Graphical State-Claim Analysis, Insurance: Mathematics and Economics 7 (1988), S. 211 – 217.

Karni, E. (1992): Optimal Insurance: A Nonexpected Utility Analysis, in: Dionne (1992), S. 217 – 238.

Karten, W. (1972): Zum Problem der Versicherbarkeit und zur Risikopolitik des Versicherungsunternehmens – betriebswirtschaftliche Aspekte, in: ZVersWiss (1972), S. 279 – 299.

Karten, W. (1973): Vom Nutzen der Entscheidungstheorie für das Versicherungsmanagement, in: IBM-Druckstück, o. O. 1973.

Karten, W. (1976): Bewertung von Versicherungsfällen – Aspekte von Versicherungswert und Schaden als Grundlage von Versicherungsentscheidungen, in: H. Baumann; H. Schirmer; R. Schmidt (Hrsg.): Festschrift für Karl Sieg (ohne Titel), Karlsruhe 1976, S. 241 – 263.

Karten, W. (1978): Aspekte des Risk Managements, in: BfuP (1978), S. 308 – 323.

Karten, W. (1988 a): Schadenbewertung und Schadenversicherung, dargestellt am Beispiel der Sach- und BU-Versicherungen, in: Mannheimer Vorträge zur Versicherungswissenschaft, hrsg. im Institut für Versicherungswissenschaft der Universität Mannheim von E. Helten und E. Lorenz, Heft 41, Karlsruhe 1988.

Karten, W. (1988 b): Schaden – B. Betriebswirtschaftliche Bewertung, in: HdV, hrsg. von D. Farny; E. Helten; P. Koch; R. Schmidt, Karlsruhe 1988, S. 735 – 738.

Kischka, P. (1988): Aspects of Optimal Insurance Demand when there are Uninsurable Risks, Insurance: Mathematics and Economics 7 (1988), S. 9 – 14.

Kroll, Y. (1983): Efficiency Analysis of Deductible Insurance Policies, Insurance: Mathematics and Economics 2 (1983), S. 119 – 137.

Kromschröder, B. (1987): Versicherung aus kapitalmarkttheoretischer Sicht, in: W.-R. Heilmann; G. Hammer; R. Schwebler (Hrsg.), Versicherungsmärkte im Wandel – Herausforderungen für Theorie und Praxis, Karlsruhe 1987, S. 87 – 99.

Kromschröder, B. (1991): Versicherungspreis und Versicherungskalkulation in kapitaltheoretischer Sicht, in: D. Rückle (Hrsg.), Aktuelle Fragen der Finanzwirtschaft und der Unternehmensbesteuerung, Wien 1991, S. 321 – 339.

Kromschröder, B. (1993): Finanzierung und Versicherungen, in: W. Wittmann; W. Kern; R. Köhler; H.-U. Küpper; K. v. Wysocki (Hrsg.), Handwörterbuch der Betriebswirtschaft, Teilbd. 1. A – H, 5. Aufl., Stuttgart 1993, S. 1051 – 1062.

Kunreuther, H. (1976): Limited Knowledge and Insurance Protection, Public Policy 24 (1976), S. 227.

Lee, H. J./Pinches, G. E.: On Optimal Insurance Purchasing, in: JRI 55 (1988), S. 145 – 149.

Lees, D. S./Rice, R. G. (1965): Uncertainty and the Medical Care: Comment, in: AER 55 (1965), S. 140 – 154.

Männer, L. (1984): Versicherungsnachfrage – Theorie und Realität, in: ZVersWiss 73 (1984), S. 271 – 293.

Mayers, D./Smith, C. W. Jr. (1983): The Interdependence of Individual Portfolio Decisions and the Demand for Insurance, in: JPE 91 (1983), S. 304 – 311.

Michel, W. (1979): Die Anwendung des erweiterten Bernoulli-Prinzips zur Bewertung von Entscheidungen unter Risiko auf einfache Versicherungsverträge, in: Blätter der Deutschen Gesellschaft für Versicherungsmathematik 14 (1979), S. 651 – 666.

Mossin, J. (1968): Aspects of Rational Insurance Purchasing, in: JPE 76 (1968), S. 553 – 568.

Moffet, D. (1977): Optimal Deductible and Consumption Theory, in: JRI 44 (1977), S. 669 – 682.

Neter, J./Williams, C. A. Jr./Whitmore, G. A. (1968): Comparison of Independent and Joint Decision-Making for two Insurance Decisions, in: JRI 35 (1968), S. 87–105.

Nolfi, P. (1955): Zur mathematischen Darstellung des Nutzens in der Versicherung, in: Mitteilungen der Vereinigung Schweizerischer Versicherungsmathematiker 55 (1955), S. 395–407.

Nolfi, P. (1959): Die Berücksichtigung der Sterblichkeitsverbesserung in der Rentenversicherung nach der Optimalmethode der Spieltheorie, in: Mitteilungen der Vereinigung Schweizerischer Versicherungsmathematiker 59 (1959), S. 29–48.

Parkin, J. M./Wu, S. Y. (1972): Choice Involving Unwanted Risky Events and Optimal Insurance, in: AER 62 (1972), S. 982–987.

Parry, M. E. /Parry, A. E.: The Purchase of Insurance by a Risk-Neutral Firm for a Risk-Averse Agent, in: JRI 58 (1991), S. 30 ff.

Pashigian, P./Schkade, L. L./Menefee, G. H. (1966): The Selection of an Optimal Deductible for a Given Insurance Policy, in: JoB 39 (1966), S. 35–44.

Raviv, A. (1979): The Design of an Optimal Insurance Policy, in: AER 69 (1979), S. 84–96.

Razin, A. (1976): Rational Insurance Purchasing, in: JoF 31 (1976), S. 133–137.

Ross, S. A. (1981): Some Stronger Measures of Risk Aversion in the Small and the Large with Applications, in: Econometrica 49 (1981), S. 621–638.

Rothschild, M./Stiglitz, J. E. (1970): Increasing Risk I: A Definition, in: J. o. Ec. Theory 2 (1970), S. 225–243.

Rothschild, M./Stiglitz, J. E. (1976): Equilibrium in Competitive Insurance Markets, in: QJE 90 (1976), S. 629–649.

Schlesinger, H. (1981): The Optimal Level of Deductibility in Insurance Contracts, in: JRI 48 (1981), S. 465–481.

Schlesinger, H./Doherty, N. A. (1992): Incomplete Markets for Insurance: An Overview, in: Dionne/ Harrington (1992), S. 134–155.

Schlesinger, H./Schulenburg, J.-M. Graf v. d. (1987): Risk Aversion and the Purchase of Risky Insurance, in: Journal of Economics (Zeitschr. f. Nationalökonomie) 47 (1987), S. 309–314.

Schulenburg, J.-M. Graf v. d. (1984): Zum Verhalten von Versicherungsnachfragern in der Sozialen Marktwirtschaft, in: ZVersWiss (1984), S. 295–320.

Schulenburg, J.-M. Graf v. d. (1986): Optimal Insurance Purchasing in the Presence of Compulsory Insurance and Uninsurable Risks, in: The Geneva Papers on Risk and Insurance 11 (1986), S. 5–16.

Schulenburg, J.-M. Graf v. d. (1987): Selbstbeteiligung, Theoretische und empirische Konzepte für die Analyse ihrer Allokations- und Verteilungswirkungen, Tübingen 1987.

Schulenburg, J.-M. Graf v. d. (1989): Die Versicherungsnachfrage als Gegenstand der ökonomischen Forschung, in: ZVersWiss 1989, S. 317–333.

Shavell, S. (1970): On Moral Hazard and Insurance, in: Quarterly Journal of Economics 93 (1979), S. 541–562.

Sinn, H. W. (1980): Ökonomische Entscheidungen bei Ungewißheit, Tübingen 1980.

Sinn, H. W. (1982): Kinked Utility and the Demand for Human Wealth and Liability Insurance, in: European Economic Review 17 (1982), S. 149 – 162.

Smith, V. L. (1968): Optimal Insurance Coverage, in: JPE 76 (1968), S. 68 – 77.

Szpiro, G. G. (1987): The Decision to Buy or Sell Insurance under Constant Relative Risk Aversion, in: The Geneva Papers on Risk and Insurance 42 (1987), S. 34 – 36.

Turnbull, S. M. (1983): Additional Aspects of Rational Insurance Purchasing, in: JoB 56 (1983), S. 217 – 229.

Venezian, E. C./Cho, D. (1987): The Pricing of Non-Independent Risks Under Constant Absolute Risk Aversion, in: The Geneva Papers on Risk and Insurance 12 (1987), S. 21 – 33.

Viscusi, W. K./Evans, W. N. (1990): Utility Functions That Depend on Health Status: Estimates and Economic Implications, in: AER 80 (1990), S. 353 – 374.

Wieland, K. (1981): Theorie des einzelwirtschaftlichen Versicherungsoptimums, in: ZVersWiss 70 (1981), S. 579 – 598.

Yaari, M. (1965): Uncertain Lifetime, Life Insurance, and the Theory of the Consumer, in: Review of Economic Studies (1965), S. 137 – 150.

Zeckhauser, R. (1970): Medical Insurance: A Case Study of the Tradeoff between Risk Spreading and Appropriate Incentives, in: Journal of Economic Theory 2 (1970), S. 10 – 26.

II. Existenzsicherung und Daseinsvorsorge

Versicherungswesen im System der Daseinsvorsorge – eine Skizze

Kazuya Mizushima

I. System der Daseinsvorsorge

Heutzutage interessieren sich viele Leute immer mehr für *Lebensqualität* (quality of life). Nachdem man sich die materiellen Wünsche in zunehmendem Maße erfüllen konnte, zeigt sich die Neigung, sowohl die Annehmlichkeiten des Lebens als auch ein reichhaltiges Geistesleben zu genießen. Aber man fühlt auch oft die Angst davor, daß sich die gegenwärtigen Lebensumstände durch unerwartete Gefahrenereignisse verschlechtern könnten. Wenn man auch auf verschiedene Art und Weise nach Erhöhung der Lebensqualität strebt, kann dennoch die Grundlage ins Wanken geraten, wenn der richtige Plan zur Daseinsvorsorge fehlt. In diesem Sinne kann man sagen, die Daseinsvorsorge stelle im Leben einen unentbehrlichen Faktor dar.

Trotz dieses erhöhten Interesses an der Absicherung der die Lebensumstände bedrohenden Risiken bleibt die Theoriebildung aus Sicht der Systemtheorie noch unzulänglich. Nach diesem Ansatz sind die wechselseitigen Zusammenhänge zwischen den einzelnen Faktoren zu fokussieren, die in ihrer Gesamtheit das *System der Daseinsvorsorge* bilden. Mit anderen Worten, man strebt danach, alle Tätigkeiten der Menschen als Elemente eines Systems bzw. als Beziehungen zwischen diesen Elementen aufzufassen. Da jede Person in der Regel mehrere – und nicht nur eine – Ressourcen bzw. Möglichkeiten zur Absicherung gegen *Risiken der Lebensführung* hat, erscheint die systemtheoretische Sichtweise angemessen: Unter den gegebenen Umständen erwirbt der einzelne Mensch die notwendigen Mittel, um im Laufe des Lebens in verschiedenartige Beziehungen zu anderen Personen zu treten. Wie der bekannte Satz „Der Mensch ist ein soziales Lebewesen" andeutet, formt sich das Leben in den Beziehungen aus, die man zu anderen Individuen, Gruppen und Organisationen knüpft. Wir nennen diese Verhältnisse *Lebensbeziehungen*, die je nach der Situation der einzelnen Personen in großer Mannigfaltigkeit vorkommen.

Ein Bündel an Lebensbeziehungen, die jeder einzelne besitzt, bildet ein *Spektrum*. An seinen Enden lassen sich die wirtschaftlichen und die gemeinschaftlichen Lebensbeziehungen gegenüberstellen – erstere lassen sich zum Beispiel kennzeichnen als Einkauf von Sicherungsmitteln, etwa den Abschluß von Versicherungsverträgen, letztere bezeichnen zum Beispiel die Familie oder Blutsverwandte. Zwischen diesen beiden Polen sind verschiedene andere Hilfsquellen *gegen die Gefährdung der Lebensführung* angesiedelt, zum Beispiel enge Freundschaft, Nachbarschaft, Religionsgemeinschaften, Vereine usw. Zu diesem Spektrum von Beziehungen zur Daseinsvorsorge zählen im übrigen auch Versorgungsmöglichkeiten auf Gemeindeebene ebenso wie die gewerkschaftliche Absicherung am Arbeitsplatz.

Es ist unbedingt notwendig anzumerken, daß der einzelne die Sicherungsbeziehungen in einem Spektrum seinen Wertvorstellungen entsprechend gestaltet. Der Komplex der von ihm ausgewählten und für ihn verfügbaren Hilfsmittel stellt für ihn ein individuelles System der Daseinsvorsorge dar. Man darf dabei nicht vernachlässigen, daß die externen Rahmenbedingungen für die individuelle Bildung von Lebensvorsorgesystemen durch die soziale Sicherheit auf öffentlicher Ebene und betriebliche Versorgungseinrichtungen gesetzt werden. In diesem Rahmen konstruiert jedes einzelne Individuum seinen Komplex von Mitteln zur Daseinsvorsorge; die Inhalte dieser Systeme sind nicht identisch. Deshalb weisen die Hilfsquellen für die Sicherung der Lebensführung eine große Vielfalt auf.

Die Hilfsquellen teilen wir in zwei Rubriken ein, öffentliche und private Hilfsmittel. Bei den privaten Hilfsquellen lassen sich zwei Arten unterscheiden: einen über Märkte zu erwerbenden Sicherheitsservice auf der einen Seite und Sicherungsmöglichkeiten auf der anderen Seite, die nicht via Markt zu bekommen sind. Beispiele dafür sind Unterstützungskassen auf Gegenseitigkeitsbasis oder freiwillige, unentgeltliche Dienste, die aus Freundschaft oder Nächstenliebe gewährt werden.

II. Historische Entwicklung des Systems der Daseinsvorsorge

Wie schon erklärt, treten die Personen – die *Lebenssubjekte* – in die verschiedenartigsten *Lebensbeziehungen* ein, um Hilfsquellen für die Absicherung gegen Risiken der Lebensführung zu gewinnen. Historisch betrachtet ist die Urform dieser Verhaltensweise die Familie. In der vorindustriellen Zeit fand das Leben in enger Verbindung zur Familie statt. Diese war mit der Lebensgestaltung untrennbar verbunden. Mit den Zeitläuften wandelte sich jedoch das Verhältnis zwischen Individuum und Familie.

Die Erklärung dieses Wandlungsprozesses der Familie ist nichts anderes als ein Rückblick auf das Sicherheitsstreben in der Geschichte der Menschheit. Vor diesem Hintergrund wollen wir im folgenden die veränderte Rolle der Familie unter besonderer Berücksichtigung der Erfahrungen in Japan untersuchen.

Das allgemeine Fundament für das Wirtschaftsleben im vorindustriellen sozialökonomischen System war ein Gemeinwesen, das als Typus der

Dorfgemeinschaft beschrieben werden kann. In Japan ergab sich das Dorf im allgemeinen aus dem Zusammengehen mehrerer Familien. Die Familie stellte also den Kern des Gemeinwesens dar. Es gab zweierlei Verbindungen von Familien, zum einen den auf Verwandtschaft beruhenden Zusammenhalt, das heißt das Netz von Stamm- und Zweigfamilien, zum anderen Gruppierungen von voneinander unabhängigen Familien, die etwa aufgrund örtlicher Nähe verbunden waren.

In einer solchen Dorfgemeinschaft ist auf verschiedene Art und Weise ein Zusammenwirken festzustellen, zum Beispiel die gegenseitige Unterstützung in Form von Mitarbeit beim Hausbau oder beim Bestellen der Felder, aber auch bei Anlässen wie Begräbnisfeiern oder religiösen Festen. Als Gemeinschaftsmitglied verpflichtete sich jede Familie zum Zweck der für alle leichteren Lebensführung im Dorf zur Mitarbeit.

Wenn man die Wandlungen in den Formen der Daseinsvorsorge betrachtet, ist also unbedingt hervorzuheben, daß vor den Zeiten der modernen Marktwirtschaft das Individuum in der Regel durch den Familienverband abgesichert war. Die Individualität war durch dieses Familiensystem im gewissen Sinne verschüttet: Die Normen der einzelnen Hausgemeinschaft regelten die Handlungen aller Familienmitglieder in starkem Maße, so daß diese in fast allen Dingen nur sehr begrenzte Ermessensspielräume ausnutzen konnten.

Diese Situation steht zweifellos im Gegensatz zu den Gegebenheiten in modernen Familien, die auch bezeichnet werden könnten als auf gefühlsmäßigen Verbindungen beruhende, primäre Wohlfahrtseinrichtung.

In früheren Familien geschahen sowohl Produktion als auch Konsum eng verknüpft innerhalb dieses geschlossenen Mikrokosmos. In diesem Mikrokosmos spielte sich auch alles sonstige Leben ab, zum Beispiel Religion, Feiern, Kindererziehung usw. Dasselbe galt auch für die Risikoabsicherung. Alle Familienmitglieder konnten Mithilfe bei etwaigen Gefahrenereignissen von den anderen Mitgliedern des Verbandes erwarten, wenn sie die Regeln des Familiensystems befolgten. Man hielt die gegenseitige Unterstützung im Notfalle für selbstverständlich.

Ein allgemeiner Satz in der Familiensoziologie lautet, daß die Industrialisierung mit der Entwicklung zum Kapitalismus die Verkleinerung der Gemeinwesen mit sich gebracht hat, was nicht nur die Zerlegung der Dorfgemeinschaft, sondern auch die Veränderung der Familie zur Folge gehabt hat: Die Familie wurde von den Produktionsmitteln abgeschnitten und wandelte sich zu einer Wirtschaftseinheit, in der die Mitglieder nur noch gemeinsam den Konsum teilen. Die Bande der Blutsverwandtschaft lockern sich, was naturgemäß die Funktion der Familie in bezug auf die Daseinsvorsorge schwächt. Mit anderen Worten: Man kann sich nicht mehr auf die Widerstandskraft der Großfamilie gegen die die Lebensführung bedrohenden Risiken verlassen.

In Japan lief dieser Prozeß jedoch nicht so ab, wie es die beschriebene Theorie darstellt. Die Modernisierung in Japan nahm ihren Ausgang mit der Erneuerung von 1868. Wegen der nur langsamen Auflösung des feudalen Systems überdauerten die gemeinschaftlichen Verhältnisse insbesondere auf dem Lande noch ziemlich lange. Man schätzte sie mehr, als daß man sie wegen ihrer Altertümlichkeit abgelehnt hätte. Ihre vollständige Auflösung begann erst um 1960, das heißt mit dem Beginn des hohen Wirtschaftswachstums. Die damit einhergehende rasche Verstädterung zersetzte das traditionelle japanische Versorgungssystem ganz erheblich.

Die Stadtbewohner traf diese Situation noch schlimmer, da die gemeinschaftliche Unterstützung für sie schon im Zuge der Industrialisierung schwächer geworden war. Seit Anfang der sechziger Jahre entwickelt sich in Japan ein System der sozialen Sicherheit, das das ganze Volk erfaßt. Die Leistungen daraus sind jedoch noch nicht so hoch, als daß nicht weitere Maßnahmen zur Vorsorge benötigt würden. Für die Gehaltsempfänger sind die betrieblichen Versorgungs- und Unterstützungseinrichtungen von erheblicher Bedeutung. Der von ihnen gewährte Schutz kann jedoch niemals höher sein als der Schutz aus sozialer Sicherung.

Zwar verlangen die Leute immer mehr *Lebensqualität*. Ohne zuverlässige Absicherung für Notfälle kann jedoch von Lebensqualität in einem höheren Sinne des Wortes nicht die Rede sein.

In dem oben gesagten könnte man zugleich die Hauptursache für das außerordentliche Wachstum der japanischen Versicherungswirtschaft vermuten. So einfach ist die Sachlage jedoch nicht. Die Schwäche der sonstigen Vorsorgeeinrichtungen führt nicht ohne weiteres zu einer solch großartigen Zunahme des Versicherungsbedarfs.

Will man diese Frage lösen, muß zuvor die Stellung des Versicherungswesens im System der Daseinsvorsorge genau erfaßt werden. Das ist nichts anderes als eine Untersuchung der Gründe für die Nachfrage nach Versicherungsschutz. Also muß man sich fragen, welche Stellung die Leute der Versicherung im System der Vorsorge üblicherweise zuerkennen.

III. Der Versicherungsgedanke in Japan

Die Bedeutung des Versicherungsgedankens ist bisher noch nicht eingehend untersucht worden. Deshalb können wir hier kein allgemein gültiges Urteil präsentieren, sondern nur einige Aspekte der Verhältnisse in Japan aufzeigen.

Zunächst müssen wir auf den vergleichsweise niedrigeren Stellenwert des Versicherungsgedankens bei uns hinweisen. Man mag über diese Tatsache erstaunt sein, weil sie im Widerspruch steht zum Geschäftsvolumen der in der Welt als „Großmacht" angesehenen Versicherungswirtschaft.

Um diese Erkenntnis zu belegen, wollen wir zuerst einige Ziffern zur Versicherungsdichte aufzeigen. Nach einer Marktanalyse des Verbandes der Schadenversicherer aus dem Jahre 1992 beträgt sie für die Feuerversicherung nur 63 %. Der Anteil der Haushalte, die eine Wohnungs- und Mobiliarversicherung abgeschlossen haben, beschränkt sich auf 55 %. In der Autoversicherung beträgt die Dichte bei der freiwilligen Haftpflichtversicherung 65 % und für die Kaskoversicherung – außergewöhnlich niedrig – nur 27 %. Bezüglich der Intensität des Versicherungsschutzes, das heißt des Verhältnisses der Versicherungssumme zum geschätzten Versicherungsbedarf, ist die Situation ähnlich.

Auf der anderen Seite ist die Versicherungsdichte in der Lebensversicherung sehr hoch. Nach einer Untersuchung des Japan Institute of Life Insurance halten 94 % aller Haushaltungen irgendwelche Lebensversicherungsverträge. Über die Intensität des Versicherungsschutzes sagt dies jedoch wenig aus, da die Versicherungssumme im Durchschnitt nur 60 % des für erforderlich gehaltenen Bedarfs im Todesfall des Familienernährers beträgt.

Es gibt einen wichtigen Sachverhalt, der die gegenwärtige Ausprägung des Versicherungsgedankens in Japan symbolisch ausdrückt. Es ist die Vorliebe für die Versicherungsarten, in denen der Versicherungsnehmer seine Kosten vollständig abdecken kann. Theoretisch muß die Prämie ein Äquivalent für den Versicherungsschutz sein, den der Versicherungsnehmer erwirbt. Mit anderen Worten, er kauft mit der Einlösung der Prämie das Sicherheitsversprechen des Versicherers ein.

Selbst wenn ein Versicherungsfall während der Versicherungsperiode nicht eintritt, also der Versicherungsnehmer keinen Schadenersatz in Form von Geldleistung empfängt, erhält er gleichwohl den versprochenen Schutz gegen die definierten Gefahren während der Versicherungsdauer. Nicht wenige Leute denken jedoch in einem solchen Fall, daß sie die Prämien umsonst bezahlt haben. In dieser Denkweise würde das Prinzip der Gleichheit von Leistung und Gegenleistung (P = wZ) von Wilhelm Lexis nicht als realisiert gelten können. Demgemäß ziehen die Leute öfter eine Versicherungsform mit einem dominierenden Sparprozeß einer „Versicherung mit verlorener Prämie" vor. Das erklärt die für Japan typische Erscheinung, daß die Schadenversicherung mit signifikanten Sparbeiträgen sich großer Beliebtheit beim Volke erfreut. Von einer Verbreitung des richtigen Versicherungsgedankens kann man jedoch nur dann reden, wenn die Prämienzahlung als ausschließliches Entgelt für die Gefahrtragung bei der Nachfrage auf volle Akzeptanz trifft.

Wenn man die wahre Sachlage der japanischen Versicherungsmärkte sorgfältig betrachtet, wird die eher ärmliche Ausprägung der Versicherungsidee erkennbar.

Die heutige Zeit ist als eine „Zeit der Unsicherheit" zu bezeichnen. Da unser Leben von zahlreichen Gefahren bedroht ist, erscheint es konsequent, irgendwelche Maßnahmen zu ergreifen. Die Tatsache, daß die Leute auch während einer langen Rezession immer noch erhebliche Teile ihres Einkommens sparen, spiegelt die wachsende Besorgnis über die zukünftige Entwicklung wider. Es ist aber nicht zu übersehen, daß trotz der ausgeprägten Spareigung die Denkhaltung einer Risikopolitik (Risk Management) als gezielte Maßregeln gegen Ungewißheit in den meisten Haushaltungen fehlt. Dabei sollte das Risk Management eigentlich von der Identifikation der Risiken ausgehen, wobei Art und Gewicht der betreffenden Risiken abzuwägen sind. Die konsequente Folgerung sollte sein, daß für alle versicherbaren Risiken der angemessene Versicherungsschutz bereitgestellt bzw. gekauft wird und die sogenannten *dynamischen Risiken*, die mit der Wahrscheinlichkeitsrechnung nicht quantifiziert werden können, durch allgemeines, vorsorgendes Sparen abgedeckt werden. In der Realität fühlt man hingegen die Ungewißheit nur sehr undeutlich und flüchtet sich in ein Sparen ohne eine vorherige Analyse. Dieses Verhalten schließt jedoch Versicherungen nicht von vornherein aus und bildet eher einen Anknüpfungspunkt für das Marketing der Versicherungsunternehmen.

Dies erklärt auch recht gut das rasche Wachstum der japanischen Versicherungswirtschaft nach dem Kriege, die die unbestimmte Lebensangst der Bevölkerung geschickt in kolossale Geschäftsvolumina umsetzen konnte. Das großartige Wachstum war in der Hauptsache auf die verfeinerte Geschäftspolitik der Versicherungsunternehmen zurückzuführen, die das Gefühl der zunehmenden Unsicherheit bei den Massen ausnutzte. Die Nachfrage nach Versicherungen war deswegen jedoch noch nicht auf ein fundiertes Bewußtsein *einer richtigen Risikopolitik* seitens der Kunden zurückzuführen.

IV. Schlußbemerkung

Es gibt den wohlbekannten Spruch „Ohne Gefahr keine Versicherung". Die Umkehrung gilt jedoch nicht mehr: Auch wenn die Gefahr existiert, ist es nicht sicher, daß von der Versicherung automatisch Gebrauch gemacht wird. Als Voraussetzung für die praktische Anwendung des Instruments Versicherung muß man natürlich die Verbreitung des Versicherungsgedankens im weitesten Sinne nennen. Es kommt darauf an, welchen Stellenwert die Versicherung im System der Daseinsvorsorge bei demjenigen erhält, der sich einem Risiko gegenübersieht. Wo die Idee einer Risikoabsicherung durch Versicherung nicht so ausgeprägt ist, hängt die Größe der Versicherungsnachfrage stark davon ab, in welchem Ausmaß der Betreffende sich anderen risikopolitischen Hilfsmitteln als dem Versicherungsschutz zuwenden kann.

Damit die Denkhaltung der Risikoabsicherung durch Versicherungsschutz in breiten Volksschichten verinnerlicht werden kann, müssen mehrere Voraussetzungen erfüllt sein. Vor allem darf man die beiden folgenden

Gesichtspunkte nicht vernachlässigen: Erstens sind die sozialökonomischen Bedingungen ins Bewußtsein zu rücken. Mit der Schwächung der gegenseitigen Hilfe sowohl durch irgendwelche Gemeinschaftssysteme als auch durch öffentliche Versorgungseinrichtungen steigt die Notwendigkeit zur individuellen Selbsthilfe. Der zweite Aspekt betrifft die Methode, mit der das Ziel der Selbsthilfe erreicht werden soll. Damit die Versicherung dabei Vorrang gewinnen kann, erscheint es unbedingt erforderlich, daß die meisten Leute das Denken in Wahrscheinlichkeiten verstehen und akzeptieren. Der Risikoausgleich innerhalb eines Bestandes von Risiken *(Gefahrengemeinschaft)*, der dem Versicherungswesen eigen ist, ist nur unter der Voraussetzung zu realisieren, daß die Zufälligkeit des Geldbedarfs in der Zukunft mit Hilfe der Wahrscheinlichkeitsrechnung geschätzt werden kann. Es bedarf eines gewissen Grundverständnisses bei den Kunden für diesen Vorgang, bei dem man mit der Vorauszahlung eines verhältnismäßig kleinen Geldbetrages, der Prämie, Sicherheit für den Fall etwaiger größerer Schäden gewinnen kann.

Genauso wichtig ist es aber auch zu erkennen, daß kolossale Geschäfte nicht immer gleichbedeutend sind mit einer höheren Entwicklungsstufe des Versicherungsgedankens, wie wir das bereits gezeigt haben. Die Blüte der japanischen Versicherungswirtschaft in den letzten Jahrzehnten ist zwar begründet in der tüchtigen Geschäftspolitik. Im Hinblick auf den Zustand des Marktergebnisses (Market Performance) gibt es jedoch nicht wenige Probleme, weil häufig das Verständnis für die Logik des Produkts Versicherung fehlt und die Ware Versicherungsschutz mehr durch Überredung der Agenten als durch Überzeugung der Kunden eingekauft wird. Dieser Umstand drückt sich öfter in den Klagen von Kunden aus, die ihre Ursache in Mißverständnissen über den Vertragsinhalt haben.

Diese Erkenntnisse weisen uns auf die Notwendigkeit einer mehrschichtigen und strukturierenden Analyse hin. Und sie machen uns auch die Bedeutung von Forschungsmethode und Betrachtungsweise klar, mit der das *Instrument Versicherung im Kontext des Systems der Daseinsvorsorge* erfaßt wird.

Zwischen Deregulierung und Re-Regulierung: Die Versicherung und der Vorsorgestaat

Matthias Haller und Jochen Petin

Einführung

Über Sinn und Problematik einer Deregulierung im Bereich der Assekuranz ist in den vergangenen Jahren intensiv diskutiert worden. Von den einen wurde uns erklärt, warum Versicherung niemals Objekt der Deregulierung sein könne, von den anderen, warum Versicherung sich in nichts von anderen – bereits deregulierten – Branchen unterscheide. Wir wissen um das Resultat, und wenn ab 1995 in der europäischen Assekuranz die Deregulierung praktisch greift, können die theoretisch formulierten Argumente in der Praxis geprüft werden. Sicherlich werden sich die Vielfalt der Versicherungsprodukte und die Qualität der Dienstleistungen erhöhen, andererseits muß das Publikum mit den berühmt-berüchtigten Versicherungskonkursen rechnen, welche die einen vermeiden möchten, andere jedoch bewußt in Kauf nehmen.

Eines ist gewiß: Konsumentinnen und Konsumenten werden auf diese Veränderungen reagieren, zunächst auf individueller Basis durch ihre Kaufentscheidungen, dann aber auch – als Bürgerinnen und Bürger – im gesellschaftlichen Kontext. Dort steht nicht allein das Preis-Leistungsverhältnis eines einzelnen Produkts auf dem Prüfstand. Es geht dann auch um die grundsätzlichere Frage, welche Formen der Risikovorsorge und Schadenbewältigung am besten geeignet sind, wenn durch das Ausmaß oder die Vielzahl der möglichen Folgen breite Bevölkerungskreise betroffen werden. Und hier – zwischen der Deregulierung im Markt der Finanzdienstleistungen und den gesellschaftlich manifestierten Sicherheitsbedürfnissen – sind gewaltige Brüche angesagt:

Wie geht „Gesellschaft" mit der Tendenz um, daß die *Versicherer* in den kommenden Jahren zum Teil an eigener *Sicherheit und an Substanz verlieren*, während gleichzeitig verschiedenste Gruppierungen in der Gesellschaft „*gesicherte Sicherheit*" anmahnen, welche vielleicht nur auf der Basis einer irgendwie gearteten Re-Regulierung zu haben ist?

Weil Sicherheit und Risiko als Existenzfragen der Gesellschaft und als Grundsatzfragen der Risikowissenschaft Walter Karten stets besonders beschäftigt haben[1], möchten wir ihm zu Ehren einen kleinen Ausschnitt dieses Problemkreises vertieft diskutieren: die Frage nämlich, wie die *Institution „Versicherung"* zwischen dem *deregulierten Markt* und dem Bedürfnis nach *„mehr Sicherheit" in der Gesellschaft* laviert und welche Widersprüche und Paradoxien sich für die kommenden Jahre andeuten. Als Angelpunkt wählen wir dabei die Studie von François Ewald über den „Etat Providence", in der deutschen Edition mit „Vorsorgestaat" übersetzt. In Anlehnung an und in Auseinandersetzung mit diesem Werk werden einige Thesen diskutiert. Sie lauten:

- In der industriegesellschaftlichen Risikoentwicklung liegt ein großes, aber problematisches Marktpotential für die Versicherung. Aus der Perspektive des Vorsorgestaats besteht ein manifestes Interesse an einer streng nach politischen Kriterien orientierten Gestaltung des Sicherungssystems.

- Die Funktionsprinzipien des Vorsorgestaates führen zu einer schwerwiegenden Einschränkung der unternehmerischen Freiheit und Effizienz der Versicherung.

- Größter wirtschaftlicher und letztlich sozialer Nutzen entsteht, wenn die Versicherung in einem wirtschaftlich freien Umfeld arbeiten kann. Dies sollte sie deutlich artikulieren.

1. Ausweitung von Risiken: ein gesellschaftliches Problem als Marktpotential

Unsere industriegesellschaftlichen Lebensverhältnisse werden als zunehmend riskant wahrgenommen. Risiko – im Gegensatz zu Gefahr – bedeutet, daß diese Entwicklung nicht zufällig und unbeabsichtigt abläuft, sondern daß konkrete Entscheidungen von Personen oder z. B. Wirtschaftsorganisationen dahinter stehen. Die damit verbundenen Gefährdungen werden also bewußt in Kauf genommen[2]. Für die Assekuranz, selber Teil der Wirtschaft, bedeutet die Ausweitung von Risiken wiederum ein interessantes Marktpotential.

Gleichzeitig nehmen die Versuche im öffentlichen und politischen Raum zu, auf den Umgang mit Risiken stärker Einfluß zu nehmen und auch die

---

1 Siehe vor allem: W. Karten, Die Unsicherheit des Risikobegriffs. Zur Terminologie der Versicherungsbetriebslehre. In: P. Braeß, D. Farny, R. Schmidt (Hrsg.), Praxis und Theorie der Versicherungsbetriebslehre. Festgabe für H. L. Müller-Lutz zum 60. Geburtstag. Karlsruhe 1972, S. 147–169. Ders., Versicherung – Gefahrengemeinschaft oder Marktleistung? In: Versicherungswirtschaft 1981, S. 1604–1615. Ders., Existenzrisiken der Gesellschaft – Herausforderung für die Assekuranz. In: ZVersWiss 1988, S. 343–362.
2 Vgl. N. Luhmann, Risiko und Gefahr. In: ders., Soziologische Aufklärung Bd. 5, Konstruktivistische Perspektiven. Opladen 1990, S. 131–169.

Versicherung in ihrem Handeln und Entscheiden einzuschränken. Der französische Soziologe François Ewald hat unter dem Titel „Der Vorsorgestaat" zu dieser Entwicklung grundsätzliche Überlegungen angestellt[3] und sie am speziellen Beispiel des Umgangs mit dem „Entwicklungsrisiko" im europäischen Produkthaftpflichtrecht[4] konkretisiert. Er zeigt auf, inwiefern das *Versicherungsprinzip* zunehmend als *Instrument zum Umgang mit den industriegesellschaftlichen Nebenfolgen* eingesetzt worden ist bzw. wie sich die Versicherung hier ein Handlungsfeld hat aufbauen können. Andererseits werden aber auch *Grenzen der Versicherbarkeit* deutlich. Exemplarisch wird dies bei der Abdeckung des Entwicklungsrisikos sichtbar, bei dem die Versicherungswirtschaft – aus für sie durchaus verständlichen Gründen – nur zurückhaltend auf die Versicherungsbedürfnisse eingeht, andererseits aber die bestehende Nachfrage – z. B. über mögliche Obligatorien – befriedigt werden könnte.

Die Versicherungswirtschaft ist gefordert, in dieser stark von gesellschaftspolitischen Aspekten geprägten Diskussion ihre Position zu entwickeln und zu vertreten, denn es geht um Bewahrung und Gestaltung ihres originären Geschäftsfelds. Zwischen der *Freiheit,* aus einem wachsenden Bedarf nach Versicherungsschutz attraktives Geschäft für sich auszuwählen, und der *Sicherheit* der Versorgung aus Versicherungsobligatorien muß sie entscheiden. Dazu wird sie Position beziehen müssen und wahrscheinlich ihr Interesse an einer möglichst freien Gestaltung des Sicherungs-„Marktes" artikulieren.

Die Risiken der modernen Industriegesellschaft weiten sich sowohl in quantitativer wie auch in qualitativer Hinsicht stark aus. Gleichzeitig wächst der Bedarf nach Sicherung gegen diese Risiken. Dies macht den *Risikomarkt* attraktiv: Quantitativ betrachtet stellt Versicherung einen *Wachstumsmarkt* dar. Peter Frey schätzt das durchschnittliche Wachstum des Weltprämienvolumens im Erstversicherungsmarkt auf real rund 5,6 % p. a.[5]. Der größte Teil dieses Prämienvolumens stammt aus dem Geschäft der Industriestaaten. Im OECD-Raum liegen die langfristigen Wachstumsraten des Sozialprodukts bei real 3,1 %, während das Prämienvolumen mit 4,7 % anderthalbmal so kräftig wuchs. Noch ausgeprägter sind die Wachstumsraten in Schwellenländern Ostasiens und Lateinamerikas, wo das Prämienvolumen etwa doppelt so schnell wie das Sozialprodukt wächst[6].

---

3 F. Ewald, Der Vorsorgestaat. Frankfurt 1993. (Original: L'Etat Providence. Paris 1986.)
4 F. Ewald, La véritable nature du risque de developpement et sa garantie. In: Risques, Nr. 14, April – Juni 1993, S. 9 – 47.
5 P. Frey, Quantitative Ansammlung – qualitativer Sprung. Die Assekuranz vor neuen gesellschaftlichen Herausforderungen. In: F. W. Hopp, G. Mehl (Hrsg.), Versicherungen in Europa heute und morgen. Geburtstags-Schrift für Georg Büchner, Karlsruhe 1991, S. 573 – 581, hier S. 574.
6 Schweizer Rück, Sigma. Ostasien und Lateinamerika – die dynamischsten Versicherungsmärkte der 90er Jahre. Zürich 1992.

Während diese Zahlen eine erste Vorstellung über die Entwicklung der versicherten Risiken geben, machen bereits einfache Vergleiche zwischen dem Ausmaß an möglicher Gefährdung und ihrer tatsächlichen Versicherung deutlich, daß trotz dieses überproportionalen Wachstums *weite Bereiche noch nicht abgedeckt* sind. Dies läßt sich an zwei Beispielen veranschaulichen:

- *Risikotragung der Versicherungswirtschaft nach Naturkatastrophen.* Das Erdbeben in Kalifornien (Frühjahr 1994) verursachte einen Schaden von etwa 13 – 20 Mrd. US$. Davon trug die private Versicherungswirtschaft etwa 2,5 Mrd. US$, also nicht mehr als 12 – 20 %. Im Schnitt der letzten 20 Jahre sind ca. 70 % der Schäden aus schweren Naturkatastrophen nicht von der Versicherungswirtschaft gedeckt gewesen[7]. Die Hauptlast der Schadenbewältigung wird von staatlichen Stellen bzw. ohne Versicherungsschutz von den Betroffenen selber getragen. Es läßt sich – unabhängig von praktischen Fragen der Umsetzung – vorstellen, daß der gesamte Aufwand vom privaten Versicherungsmarkt abgedeckt werden könnte, mit entsprechender Folge für die Prämienvolumina in diesem Geschäft.

- *Theoretischer Bedarf an Haftpflichtversicherung.* Alle Schädigung der Umwelt ist Schädigung, für die ein Verursacher bzw. eine Verursachergruppe benannt werden und die eine Schädigung für eine konkrete Person oder Personengruppe bedeuten kann. Entsprechend läßt sich – bei heutiger Rechtsprechung mehr oder weniger wahrscheinlich – die Möglichkeit einer Haftpflicht und eines entsprechenden Schadenersatzanspruchs für jede Schädigung annehmen. In Deutschland beträgt das Prämienvolumen für Industrielle Haftpflicht derzeit weniger als 3 Mrd. DM[8]. Demgegenüber bedeutet der Anteil ökologischer Kosten von (konservativ geschätzt) etwa 3 % des BSP (~ 2 800 Mrd. DM) einen jährlichen Schaden von etwa 84 Mrd. DM. Unterstellt man weiter, daß nur die Hälfte dieser Kosten tatsächlich für Schadenersatzansprüche geltend gemacht würden, bleiben mehr als 90 % des Schadenaufwands ohne Abdeckung, oder umgekehrt: Die Industrielle Haftpflichtversicherung deckt weniger als 10 % ihres potentiellen Marktes ab.

Hier wird – zumindest mittelfristig – ein sehr *großes Wachstumspotential für das Versicherungsgeschäft* sichtbar. Dieser Sicherungsbedarf wird sich zunehmend in Versicherungsnachfrage umsetzen, weil gleichzeitig der Bedarf nach Sicherung gegen diese Risiken wächst, insb. als Reflex unserer „Sicherheits-Anspruchsgesellschaft". In ihr haben die Bürger ihre

---

7 Vgl. ohne Autor, Naturkatastrophen und Großschäden. In: Versicherungswirtschaft 10/1994, S. 654 – 655. Eigene Berechnungen.
8 Eigene Schätzung; Basis: Industrielle Haftpflichtversicherung = 30 % des Prämienvolumens der Haftpflichtversicherung 1993 von rd. 9 Mrd. DM.

Sicherheitsansprüche ausgehend von bürgerlichen Freiheitsrechten über die Soziale Sicherheit heute auf den Anspruch auf ein „ökologisches Existenzminimum" ausgedehnt und fordern bereits ein „Grundrecht auf Umweltschutz"[9]. Die Anerkennung dieser Rechte schreitet kontinuierlich voran, und ihre Einlösung erfordert die Etablierung eines – wie immer ausgestalteten – Versicherungsschutzes.

Die Frage, ob dieser Sicherungsbedarf besser privatwirtschaftlich oder sozialversicherungsrechtlich befriedigt werden sollte, ist zunächst zweitrangig. Dies deshalb, weil in der politischen Diskussion die Gruppen, die das Versicherungsprinzip zum Umgang mit Risiken nutzen wollen, mit den versicherungstechnischen Fragestellungen und Restriktionen meist wenig vertraut sind bzw. im Gegenzug zur Eröffnung eines Marktes wirtschaftliche Konzilianz seitens der Assekuranz erwarten. Tatsächlich steht die Privatversicherung in einer zunehmenden *öffentlichen Diskussion darüber, welche wirtschaftlichen Einschränkungen für die Versicherer akzeptabel* sein müßten. Diese Entwicklung, die einerseits der Versicherung zu mehr Bedeutung verhilft, andererseits aber auch deren Freiräume einschränkt, hat Ewald systematisch herausgearbeitet.

2. Ausweitung und Einschränkung des Versicherungsprinzips im „Vorsorgestaat"

Ziel der Arbeit Ewalds war es, „über die Problematisierung des Unfalls (...) die rasche Ausdehnung der Versicherungsinstitutionen, die Geburt der Sozialversicherung und die Entstehung des Vorsorgestaates zu beschreiben..."[10]. Dabei stellt er fest, daß in unserer Industriegesellschaft Sicherheitsfragen immer weniger unter dem Aspekt von Verantwortlichkeit und Haftung, dafür immer stärker unter dem Aspekt von Solidarität und Gesamtschuldnerschaft behandelt werden[11]. Entscheidend für diese neuartige Sichtweise ist ein verändertes Verständnis von Unfällen:

- Unfälle sind – nach Ewald – *keine Zufälle,* sondern sie weisen einen gewissen Regelcharakter auf. Die Auseinandersetzung mit der zunehmenden Zahl der Arbeitsunfälle im 19. Jahrhundert hat die Erkenntnis reifen lassen, daß Unfälle nicht unerwartet passieren, sondern insgesamt den Gesetzen der Statistik gehorchen: „Unfälle sind also vorhersehbar, versicherbar, berechenbar"[12].

- Unfälle stellen auch *keine Delikte* dar. Nach intensiver gesellschaftlicher Debatte setzt sich die Meinung durch, daß systematisch-planvol-

---

9 Vgl. J. Petin, Versicherung und gesellschaftliche Risikoproblematik. St. Gallen 1992, S. 42–56.
10 F. Ewald, Der Vorsorgestaat. Frankfurt 1993, S. 16.
11 Ebda.
12 F. Ewald, a.a.O., S. 18.

les, wirtschaftliches Handeln nicht nur Partikularinteressen dient, die dann auch für eventuelle Schädigungen aufkommen müssen, sondern zu einer Verbesserung der Lebensbedingungen der gesamten Gesellschaft führen soll. Analog zum Nutzen werden von der Gesellschaft die möglichen Schäden in Kauf genommen. Der Unfall verschwindet als moralisches Problem (Wer ist schuld und muß haften?) und interessiert nur noch als technische Frage einer Schadenskompensation.

Die Versicherung stellt das technische Instrument für den Umgang mit Unfällen bereit: „Die Versicherung objektiviert über die Kategorie des Risikos jedes Ereignis als Unfall"[13]. Für den Umgang mit Unfällen als Nebenfolgen des technischen Fortschritts sieht es Ewald deshalb als unproblematischer, sie technisch als Aufgabe der Organisation von Solidarität und Gesamtschuldnerschaft aller Nutznießer anzugehen, anstatt sie in Kategorien des Rechts, also Verantwortlichkeit und Haftung, zu beurteilen.

Mit dieser Analyse arbeitet Ewald zugleich die *historischen Bedingungen* heraus, unter denen die Versicherung zu einem *Wegbereiter des technischen Fortschritts* werden konnte. Risiko wird zum Produktionsfaktor, und die Versicherung gewinnt eine genuine Bedeutung für die Entwicklung der Volkswirtschaft[14]. Und Ewald stellt fest: „Die Tätigkeit des Versicherers besteht nicht darin, passiv die Existenz von Risiken zu konstatieren, um dann eine Garantie gegen sie vorzuschlagen. Der üblichen Ausdrucksweise zufolge „produziert er Risiken", läßt dort Risiken in Erscheinung treten, wo ein jeder resigniert glaubt, Schicksalsschläge ertragen zu müssen". „Die Versicherung macht aus dem, was bislang ein Hindernis war, eine Möglichkeit"[15]. Entsprechend positiv sind Ewalds Gedanken bisher in der Versicherungswirtschaft aufgenommen worden[16].

Zur *Charakterisierung des Risikos* nennt Ewald drei Eigenschaften, es sei kalkulierbar, kollektiv und es stelle ein Kapital dar. Während die Voraussetzung der Kalkulierbarkeit für den Versicherer keiner weiteren Erläuterung bedarf, eröffnen die beiden anderen Eigenschaften wichtige Einsichten in die Qualität der mit dieser Perspektive eingeleiteten Entwicklung:

- Daß das Risiko *kollektiv* ist, hebt es vom Schema der juristischen Verantwortlichkeit ab, bei der Opfer und Täter streng unterschieden werden. In der neuen Perspektive werden die Stiftung von Nutzen und

---

13 F. Ewald, a.a.O., S. 210.
14 Vgl. H.-W. Sinn, Risiko als Produktionsfaktor. In: Kyklos. International Review for Social Sciences. Vol. 39, 1986, Fasc. 2, S. 557–571, sowie ders., Gedanken zur volkswirtschaftlichen Bedeutung des Versicherungswesens. In: ZVersWiss, 1988, S. 1–27.
15 F. Ewald, a.a.O., S. 211.
16 P. Frey, Quantitative Ansammlung – qualitativer Sprung. Die Assekuranz vor neuen gesellschaftlichen Herausforderungen, a.a.O.

Schaden zusammengesehen, die potentiellen Nutznießer und Betroffenen bilden eine Gruppe: „Der Risikogedanke unterstellt, daß alle Individuen einer Population im selben Boot sitzen: alle sind Risikofaktoren, alle sind dem Risiko ausgesetzt"[17]. Versicherung gewinnt damit eine politische Dimension, betrifft die Organisation des Zusammenlebens in der Gesellschaft – und ist damit u. U. auch mit Sachzwängen konfrontiert, die sie sonst nur ungern akzeptieren würde. Konkret könnte sich daraus z. B. eine gegen den Willen des Versicherers auferlegte Deckungsverpflichtung ergeben, die aus politischen Gründen opportun erscheint.

- Mit dem *Verständnis von Risiko als einem Kapital* unterscheidet Ewald zwischen dem „Schaden in dem Sinn, wie er vom Geschädigten erlebt, erlitten oder empfunden wird", und dem „Kapital, dessen Verlust der Versicherer ersetzt"[18]. In aller Deutlichkeit wird ausgesprochen, daß Versicherung nicht Wiedergutmachung im Sinne des Betroffenen leistet, sondern eine Leistung erbringt, wie sie von der Versicherung oder sonst einer dem Gemeininteresse verpflichteten Institution als angemessen empfunden wird. Auch hier wird deutlich, daß nicht ein moralischer Maßstab der optimalen Wiedergutmachung eines Schadens Anwendung findet, sondern die technische Frage nach einer für das Gesamtsystem tragfähigen Regelung dominiert: „An die Stelle des Verursachungsgedankens tritt der der Aufteilung einer kollektiven Belastung, zu der ein jeder einen gemäß einer Regel ermittelten Beitrag zu leisten hat"[19]. Entsprechend verschiebt sich der Anspruch im Fall eines Schadens: „Es gibt keine Schäden, die nur individuelle Einbußen zur Folge haben. Jeder Schadensfall ist sozial"[20].

Es entspricht der politischen Dimension einer Versicherungspraxis, die von einem solchen Verständnis von Unfall und Risiko ausgeht, daß *weder Versicherungsnehmer noch Versicherer darin als private, rechtsautonome Subjekte* eingebunden sind, sondern vielmehr dem Kollektiv der potentiellen Nutznießer und Betroffenen verpflichtet sind. Dies gilt für Kunden und Versicherungsgesellschaft gleichermaßen. Der Kunde wird in dem Sinne eingebunden, daß Versicherung weniger eine privatrechtlich zu vereinbarende Möglichkeit darstellt, sondern vielmehr zu einer sozialen Pflicht wird: „Wer sich nicht versichert, belastet die Gesellschaft doppelt, und zwar durch die Hilfe, die man ihm gewähren muß, wenn er zum Opfer eines Unfalls wird, und durch seinen kleinen Beitrag, den er nicht gegeben hat, und der gemeinsam mit anderen die Bildung eines für alle nützlichen Kapitals ermöglicht hätte"[21]. Die logische Folge dieser Philoso-

---

17 F. Ewald, a.a.O., S. 216.
18 F. Ewald, a.a.O., S. 217.
19 F. Ewald, a.a.O., S. 220.
20 F. Ewald, a.a.O., S. 457.
21 F. Ewald, a.a.O., S. 226.

phie ist die Forderung nach einer durchgängigen *Zwangsversicherung,* die abzuschließen jeder jedem schuldig wird. Hier wird bereits einer der inhärent totalitären Züge des Vorsorgestaats sichtbar. Die Schuld des einzelnen ist aufgehoben, aber der Preis ist die Fügung in ein gesellschaftsweites Zwangssystem, das dem einzelnen seinen Beitrag zum Wohl aller abverlangt.

Die Durchsetzungskraft dieser Argumentationskette läßt sich am historischen Beispiel der *Etablierung der Haftpflichtversicherung* abschätzen. Die Haftpflichtversicherung stand ursprünglich unter starker Kritik, weil sie als eine Versicherung gegen eigenes Verschulden bzw. Fahrlässigkeit verstanden wurde. Sie unterminiere die eigene Verantwortlichkeit und lade die Kosten der eigenen Unachtsamkeit dem Kollektiv der Versicherten auf [22]. Nach intensiver Debatte setzten sich schließlich praktische Schutzerwägungen des Kollektivs gegenüber juristischen Bedenken durch. Zwei Argumente waren entscheidend. Erstens: „Eine Versicherung, die sich nicht auch auf fahrlässiges Verschulden erstreckte, wäre illusorisch. Die Mehrzahl der Unfälle kommt durch Fahrlässigkeit zustande"[23]. Zweitens wird bemerkt, daß bei der Haftpflichtversicherung „der Versicherte keinerlei Interesse am Eintreten eines Schadens (hat) (...) Die Haftpflichtversicherung sichert insgesamt eher den Geschädigten als den Schadensverursacher ab"[24]. Mit diesen beiden auf die Sicherung der sozialen Gemeinschaft zielenden Argumenten setzte sich die Haftpflichtversicherung durch.

Die wesentliche Neuerung dabei, nämlich die *Abkoppelung der Versicherungsleistung vom Verschulden,* ist jedoch nur der Beginn einer *Entwicklung,* die sich fortsetzt. Ewald prognostiziert, daß das Prinzip des Verschuldens selber als Regel bei der Regulierung von Schäden seine Bedeutung verlieren wird. Den besten Beweis bietet die zunehmende Popularität und Umsetzung von *No-fault-Versicherungen.* Im Vergleich zum Aufwand juristischer Aufklärung der Schuldfrage ist die schlichte Anwendung des hinter No-fault-Lösungen stehenden versicherungstechnischen Ausgleichsprinzips ökonomischer: Einerseits fällt die juristische Auseinandersetzung um die Feststellung der Verantwortungs- und Haftungsverhältnisse weg. Andererseits ermöglicht die Versicherung im Gegensatz zu einer sonst notwendigen rechtlichen Wertung „sowohl die Fortsetzung der Aktivität als auch den Schutz ihrer möglichen Opfer"[25].

Die Bereitstellung von Ersatzleistungen für letztlich alle Nebenwirkungen gesellschaftlichen Handelns ist nicht nur versicherungstechnisch interessant. Die Einbindung und Disziplinierung aller Beteiligten in einen sol-

---

22   Vgl. F. Ewald. a.a.O., S. 232.
23   A. de Courcy, Des assurances. Paris 1886, S. 22. Zitiert nach F. Ewald, a.a.O., S. 234.
24   F. Ewald, a.a.O., S. 236.
25   F. Ewald, a.a.O., S. 238.

chen *kollektiven „Solidaritätsvertrag" ist eminent politisch.* Auch die Freiheit der Versicherung, zu handeln und zu entscheiden, ist davon notwendig betroffen. Zwar läßt sich zwischen Sozial- und Privatversicherung unterscheiden, wie dies Ewald auch tut[26], die Unterscheidung wird im Verlauf der weiteren Analyse aber wieder relativiert, weil die zunehmd umfassende Sorge um Sicherheitsfragen zu einer grundsätzlichen politischen Frage wird. In einer Gesellschaft, die die Sicherstellung ihrer Mitglieder nicht dem einzelnen überläßt, sondern dafür die Verantwortung übernimmt, macht die Unterscheidung zwischen individuellen und sozialen Risiken und Vorsorgemechanismen immer weniger Sinn; *alle Risiken sind soziale Risiken* und bedürfen einer „Sozial-Versicherung"[27]. Letztlich hat dann die Privatversicherung nur die Möglichkeit, ganz auszusteigen oder unter diesen fremden Bedingungen mitzumachen – und sich dabei von der Gemeinschaft in Anspruch nehmen zu lassen.

3. Ambivalente Folgen des „Vorsorgestaats" (Etat Providence) für die Versicherung

Die Einschränkung des unternehmerischen Freiraums der Versicherung im Vorsorgestaat läßt sich praktisch belegen. Besonders deutlich wird der staatliche Eingriff sichtbar im Fall einer aufsichtsrechtlichen Vorgabe fixierter Gewinnmargen. Unternehmertum wird dabei praktisch bestraft, weil Gewinne nur bis zu einer bestimmten Höhe anfallen dürfen. Aus Versichererperspektive gleichermaßen kontraproduktiv sind aber auch *Eingriffe in Kernfunktionen des Versicherungsprozesses,* wie z. B. in die *Tarifierung.* Das Institut der „punitive damages" in der US-Rechtsprechung sowie die Anwendung des „deep pocket principle" zeigen schließlich Verwerfungen bei der *Schadenregulierung* an, die für die Versicherung unverständlich sein müssen. Als Nahtstellen der Versicherung zu Recht und Öffentlichkeit stützen konkrete Entwicklungen allerdings die Thesen Ewalds zum Vorsorgestaat.

Während die allgemeine Diskussion eher von einer Deregulierung im Bereich der Versicherung spricht, machen die nachfolgenden Beispiele deutlich, daß *der wirtschaftspolitisch motivierten Deregulierung auf gesellschaftspolitischer Ebene eine starke und wesentlich breiter angelegte Regulierungstendenz* gegenübersteht.

- *Vorgabe fixierter Gewinnmargen u. U. in Kombination mit Versicherungsobligatorien.* In vielen Ländern und wichtigen Versicherungssparten existieren Versicherungsobligatorien; typischerweise sind sie kombiniert mit Vorschriften über die Höhe eines *administrierten Gewinns* in diesen Geschäftsbereichen. Die Höhe dieser Rendite wird

---

26 Vgl. F. Ewald, a.a.O., S. 239.
27 Vgl. F. Ewald, L'Etat Providence, a.a.O., S. 390.

nicht individuell ausgehandelt bzw. je nach Risikoneigung der Versicherung angepaßt, sondern als – eventuell risikoadjustierte – Kapitalmarktrendite für die gesamte Branche ermittelt[28]. Im Ergebnis wird das gesamte System oftmals auf ein niedriges Niveau nivelliert und die Wirkung der Wettbewerbskräfte gelähmt. In einem solchen System können sich Produktinnovationen und besondere Fähigkeiten schwer entwickeln. Die *Versicherung wird zu einer Geldwechselstelle*. Wenn sie per Obligatorium verpflichtet ist, jedes Risiko zu übernehmen, bleiben ihr als einzige Steuerungsinstrumente ihres Geschäfts der Deckungsumfang und das Prämienniveau. Da beide typischerweise ebenfalls reguliert sind, wird ihr Handlungsfreiraum stark eingeschränkt.

- *Versicherungstechnisch unsinnige Vorgaben in der Kfz-Versicherung.* Unter dem Titel „proposition 103" hat ein 1988 per Volksabstimmung verabschiedetes Gesetz zur Autoversicherung in Kalifornien Aufsehen erregt. Im Ergebnis verbietet es die Verwendung bestimmter risikorelevanter Informationen, wie z. B. Wohnort des Versicherungsnehmers. Mit dem Ziel einer Nichtdiskriminierung sollte verhindert werden, daß Autofahrer aus Minderheiten-Wohngebieten, in denen Autofahrer eine durchschnittlich schlechte Schadenquote aufwiesen, eine höhere Prämie zahlen sollten bzw. keine Deckung erhielten. In der öffentlichen Diskussion wurde das Problem nicht versicherungstechnisch, sondern politisch diskutiert, und man gibt dem politischen Kriterium einer *„political correctness" den Vorzug vor Ertragsüberlegungen* der Versicherungsindustrie. Dieses wichtige Beispiel eines weitgehenden staatlichen Eingriffs in der Sachversicherung ist besonders relevant, weil es trotz der derzeit stattfindenden, ausgeprägten Deregulierung in diesem Bereich Platz greift: Mit dem „Vorsorgestaat" ist denn auch eine langfristige Tendenz gemeint, bei der es Bewegungen in beide Richtungen geben wird. So sind die versicherungstechnischen Freiheitsgrade in der Autoversicherung in vielen US-Staaten schon so weitgehend gewesen, wie dies nun in Europa angestrebt wird. Dennoch hat man dort eine massive *(Wieder-)Einschränkung der Freiräume für die Versicherung* zugunsten eines per Volksabstimmung eingeholten Gemeinwohls beobachten können. Die wirtschaftlichen – konkret: versicherungstechnischen – Schwierigkeiten dieser Vorgehensweise sind unmittelbar einsichtig. Eine solche Praxis kann mittelfristig nicht funktionieren. Entsprechend werden bereits neue Überlegungen zur Sicherstellung der Sicherheit der Autofahrer angestellt. Eine der sehr intensiv diskutierten Ideen liegt ganz auf der Linie des Vorsorgestaats: Die individuelle Versicherungspflicht entfällt, und eine Steuer auf den Benzinpreis dient als Finanzierungsbasis einer zukünftigen No-fault-Autoversicherung. Was für den Vorsorgestaat eine adäquate Lösung erscheint, ist für die private Versicherung die komplette Aushöhlung ihrer Basis.

---

28 Z. B. J. D. Cummins, S. E. Harrington, Fair Rate of Return in Property – Liability Insurance. In: Bell Journal of Economies, 10/1979, S. 192–210.

- *„Deep pocket principle" in der US-Rechtsprechung.* Ewald diagnostiziert für das Verhältnis von Haftungsrecht und Versicherungstechnik eine Entwicklung in drei Phasen, von denen die ersten beiden bereits weitgehend durchlaufen sind. Zunächst dominiert das Prinzip der *individuellen Haftung*, von deren Folgen man sich auch durch Versicherung nicht befreien kann. In einem zweiten historischen Schritt stehen *Haftungsrecht und Versicherungsdeckung* in einem *gleichberechtigten Verhältnis* nebeneinander. Der dritte Schritt, Konsequenz einer Organisation der Gesellschaft nach Maßgabe durchgängiger Sicherstellung aller und ohne Rekurs auf die unsichere Vorsicht oder Vorsorge des einzelnen, führt zu einer vollständigen *Dominanz des Versicherungsprinzips*. Die Verantwortungsfrage tritt für das Verhältnis Schädiger – Geschädigter in den Hintergrund. Nicht, weil man haftet, versichert man sich, sondern umgekehrt: Weil man versichert ist, wird man zur Haftung herangezogen. Wenn nämlich eine Versicherung besteht, tut sich der Richter leicht, auf Schadenersatz zu erkennen. Denn das bis anhin wirksame Korrektiv für richterliche Genauigkeit, die Möglichkeit eines Justizfehlers 2. Ordnung, wirkt nur noch schwach. Sollte jemand ungerechtfertigt mit schweren Schadenersatzleistungen belastet werden, springt ja die Versicherung ein[29]. Das tendenzielle Fehlurteil ist unproblematisch, weil es ja keinem einzelnen weh tut. In den USA ist diese Verhaltensweise als „deep-pokket-principle" bekannt: Schadenersatz wird um so leichter und großzügiger zuerkannt, wie derjenige, der ihn aufbringen muß, über entsprechend finanzielle Mittel verfügt. Je tiefer die Taschen einer beteiligten Partei, desto wahrscheinlicher eine Regulierung aus dieser Quelle. Daß Fragen der Schuld und Verantwortung dabei eine untergeordnete Rolle spielen, paßt genau in die Prognose Ewalds zum „Vorsorgestaat".

- *Punitive damages im US-Haftpflichtrecht.* Punitive damages sind Geldstrafen, zu denen man verurteilt werden kann, wenn man – unabhängig von der Höhe des konkret eingetretenen Schadens – für das zugrundeliegende schädigende Verhalten selber „bestraft" werden soll. Sie richten sich nach dem Grad der Verwerflichkeit des zugrundeliegenden Verhaltens. Bei der Bestimmung des Grades der Verwerflichkeit einer Handlung lassen sich die Gerichte u. a. davon leiten, ob das Verhalten des „Schädigers" gleichzeitig eine Bedrohung für weitere potentiell Betroffene darstellt und damit für das Kollektiv, das die Schäden letztlich finanzieren muß, problematisch wird. Entsprechend können punitive damages weit über dem Maß des konkret eingetretenen Haftpflichtschadens liegen. Im Mittelpunkt steht nicht die Sicherstellung der Erfüllung individueller und privatrechtlich entstandener Verpflichtungen, sondern der *Schutz des Ausgleichssystems vor mögli-*

---

29 Vgl. F. Ewald, Der Vorsorgestaat, a.a.O., S. 238; L'Etat Providence, a.a.O., S. 392. Zur Betrachtungsweise unter dem Blickwinkel des statistischen Fehlers 1. bzw. 2. Ordnung siehe L'Etat Povidence, S. 410.

chen Störungen seiner Funktionsfähigkeit. Hier wird deutlich, daß man im „Vorsorgestaat" nicht nur die Solidargemeinschaft in Anspruch nehmen kann; umgekehrt nimmt diese auch den einzelnen in Anspruch und schreibt ihm die Regeln vor, nach denen entschädigt oder bestraft wird. Die *„Versicherungsgesellschaft"* ist demnach mehr als eine wertfrei-unschuldige Realapplikation des Versicherungsprinzips: Sie ist die *normative Ordnung dessen, was man sich gegenseitig schuldig ist:* „Alle für einen, einer für alle"[30]. Oder mit Bezug auf das Risiko: „Wir sind alle Risiken füreinander; das Risiko ist eines der konkretesten Modelle der sozialen Beziehungen untereinander, Ausdruck sozialer Solidarität, Quelle sozialer Verpflichtung"[31].

Die Beispiele machen die *Ambivalenz des „Vorsorgestaats"* deutlich. Einerseits bedeutet er positiv eine technische Entlastung für den Umgang mit Risiken. Andererseits entwickelt er eine für potentiell Schadentragende und auch die Versicherung problematische Eigendynamik: Der einzelne, aber auch die Versicherung als privatwirtschaftliche Institution, sind immer weniger autonomes Subjekt sicherungsbezogener Entscheidungen. Vielmehr werden sie Schritt für Schritt *Objekt eines abstrakten Ausgleichsprinzips.*

Entwicklungen dieser Art sind klare Signale für eine Tendenz zu einer gesellschaftspolitisch motivierten Re-Regulierung. Sie steht nicht nur im Gegensatz zur derzeit wirtschaftspolitisch angemahnten Deregulierung, sondern widerspricht auch den Interessen der Versicherungsbranche[32]. Entsprechend muß sie Stellung beziehen.

4. Entscheidungsbedarf für die Assekuranz

Die Entwicklung zum „Vorsorgestaat" verheißt nicht nur eine quantitative Zunahme der Nachfrage nach Versicherungsschutz, sondern auch eine größere Sicherheit, daß diese Nachfrage kontinuierlich erhalten bleibt. Diese Erwartung ergibt sich, wenn man die bisherige industriegesellschaftliche Entwicklung und den von ihr gewählten Umgang mit den systematisch auftretenden Nebenfolgen logisch fortschreibt. Tendenziell wird sich die Entwicklung, wie sie für die klassische Sozialversicherungsgesetzgebung seit dem 19. Jahrhundert abzulesen ist, heute am Thema der ökologischen Problematik und der Gestaltung der Umweltschutzgesetzgebung und -rechtsprechung wiederholen.

---

30 F. Ewald, Der Vorsorgestaat, a.a.O., S. 462.
31 F. Ewald, L'Etat Providence, a.a.O., S. 384.
32 Vgl. M. Haller, Deregulierung im Widerspruch – ergänzende Gedanken aus schweizerischer Perspektive. In: F. W. Hopp, G. Mehl (Hrsg.), Versicherungen in Europa heute und morgen. Geburtstags-Schrift für Georg Büchner, Karlsruhe 1991, S. 291–303.

Nach Ewald lassen sich drei *Phasen des gesellschaftlichen Umgangs mit Risiken* nachzeichnen: Prévention, prévoyance und précaution; zu deutsch: Vorbeugung, Voraussicht, Vorsicht[33]. Der Übergang vom Prinzip der Vorbeugung zum Prinzip der Voraussicht erfolgte seiner Beobachtung nach zu Beginn dieses Jahrhunderts. Ziel war es, riskantes wirtschaftliches Handeln nicht unterlassen zu müssen, sondern dessen Folgen und Nebenfolgen vorauszusehen, abzuwägen und – via Versicherung – Vorkehrungen zu treffen. Wie oben beschrieben, bilden genaue statistische Kenntnisse der Unfälle etc. die Basis für solche Voraussicht. Das notwendige Wissen ist prinzipiell verfügbar. Demgegenüber beziehen sich Entwicklungsrisiken per definitionem auf Unbekanntes. Deren Folgen, wie z. B. bei Ozonloch, Saurem Regen etc., sind mit den traditionellen statistischen Mitteln nicht zu greifen. Voraussicht, wo sie nicht möglich ist, sollte, gemäß Ewald, vom Prinzip Vorsicht abgelöst werden[34]. Seiner Meinung nach sind solche Risiken durch Versicherung auch nicht abzudecken. Allerdings werden entsprechende Forderungen im politischen Raum durchaus erhoben. Für die Versicherungsbranche ist wichtig, zu erkennen, daß die dabei geführte Diskussion eher einer politisch-sozialen als einer versicherungstechnisch-wirtschaftlichen Logik folgt.

Als Folge dieser im politischen Raum angelegten Entwicklungsdynamik, die sich anhand konkreter Beispiele hat belegen lassen, *verliert die Versicherung* bei steigender Sicherheit der Nachfrage *ihre Freiheit des Angebots*. Dies ist problematisch, weil mit der Entwicklung der Versicherung hin zu einer ausdifferenzierten wirtschaftlichen Organisation und der damit bewirkten Steigerung ihrer Effizienz ihre Eigensinnigkeit (im positiven Sinne) ebenso wie ihr Bedarf an Entscheidungsfreiraum kontinuierlich steigt[35]. Während sie sich früher, z. B. als Witwen- und Waisenkasse, im wesentlichen auf ihre (Kassen-)Verwaltungsfunktion beschränken konnte, lebt die Versicherung heute davon, state of the art Risikoeinschätzungen vorzunehmen und entsprechend integrierte Annahme-, Deckungs- und Preisentscheidungen zu treffen. Wenn sie dieses Know-how nicht auf- und ausbauen kann, wird ihr Geschäft darunter leiden. Sie wird auch ihren Ruf als kompetenter Gesprächspartner in anspruchsvollen Fragen des Risiko-Managements verlieren.

In dem Maße, wie der Gestaltungsspielraum, aber auch die Notwendigkeit, diesen Spielraum aktiv auszufüllen, wachsen, kann die Versicherung ihre Aufgabe nur dann sinnvoll erfüllen, wenn sie – je nach Situation – versichert, oder gerade *nicht* versichert. Bedenkt man den Namen der

---

33 F. Ewald, La veritable nature du risque de developpement et sa garantie, a.a.O., S. 29 – 31.
34 Diese Forderung ist – wenn auch in anderem Begründungszusammenhang – besonders von Hans Jonas, Das Prinzip Verantwortung, Frankfurt 1987, erhoben worden.
35 Vgl. M. Haller/J. Petin, Geschäft mit dem Risiko – Brüche und Umbrüche in der Industrieversicherung. In: R. Schwebler (Hrsg.), Dieter Farny und die Versicherungswissenschaft (Festschrift), Karlsruhe 1994, S. 153 – 177.

Branche, mag dies zunächst kontraintuitiv erscheinen. Aber: Je größer die Einzelrisiken werden, je kleiner die Kollektive, je niedriger die Eintrittswahrscheinlichkeiten von Schäden, desto wichtiger wird jede Einzelentscheidung, *zu versichern, oder eben nicht zu versichern.*

Allerdings liegt es nicht nur im Interesse der Versicherung, daß diese effizient funktioniert. Es kann im Interesse zahlreicher Gruppen innerhalb der Gesellschaft liegen, daß bestimmte risikoreiche technische Entwicklungen sich nicht realisieren. Wenn die Versicherung nicht bereit ist, für bestimmte Entwicklungen Deckung anzubieten, bedeutet dies eine wichtige, *neutrale Stellungnahme zur Riskanz*[36], bzw. eröffnet die Diskussion über sinnvolle risiko-/nutzenadäquate Anpassungen bei bestimmten Projekten. Von einer unabhängigen Versicherungsbranche ließe sich ein wichtiger operationaler Beitrag zur Beantwortung der Frage leisten, ob die Industrie alles, was sie kann, auch tun sollte. Die Unmöglichkeit, ein Risiko im freien Versicherungsmarkt zu plazieren, wäre dann eines der Ausschlußkriterien für eine Technologie. Der „Vorsorgestaat" legt nicht nur die freie Versicherungsbranche lahm, sondern verzichtet auch auf diese wichtige Beobachtung aus kompetenter Perspektive.

Als *Fazit* ergibt sich: Die Interessen von freier Versicherung und „Vorsorgestaat" sind weniger komplementär, als dies auf den ersten Blick erscheint. Während im „Vorsorgestaat" das Ausgleichsprinzip der Versicherungstechnik möglichst umfassend angewendet werden will, muß die professionelle Versicherung daran interessiert sein, Deckung streng nach Maßgabe eigener Interessen und entsprechend selektiv gewähren zu können. *Zwischen der Freiheit des eigenen Angebots und der Sicherheit der Nachfrage eines Pseudo-Marktes entscheidet sie sich für die Freiheit* – und vieles spricht dafür, daß sie damit auch für das gesamtgesellschaftliche Risiko-Management einen wichtigen Beitrag leistet.

---

[36] Vgl. M. Haller/J. Markowitz, Das Problem mit der Ethik im Risiko-Dialog – Konkretisierung am Beispiel der Versicherung. In: Gesellschaft, Ethik, Risiko, Tagungsband 1992 des Polyprojekts „Risiko und Sicherheit technischer Systeme", ETH Zürich, S. 171 ff., insb. S. 187 f.

Pflegeversicherung

Wolf-Rüdiger Heilmann

Not only add years to life
but also life to years *

1. Einleitung

„Ob eine bessere finanzielle und reale Absicherung (des Pflegefallrisikos) überhaupt (...) erfolgen sollte, ist politisch zu entscheiden, wissenschaftlich hingegen nicht zu beantworten" [8]. Das vorstehende Zitat mag auf den ersten Blick plausibel klingen, bei näherer Betrachtung können sich jedoch auch Zweifel an der Richtigkeit der aufgestellten Behauptung ergeben. Zum einen hat die monate-, ja jahrelange sozial-, wirtschafts- und innenpolitische Diskussion des Pflegethemas in Deutschland den Glauben an die Entscheidungsfähigkeit der Politiker nicht gerade gestärkt, zum andern können „wissenschaftlich" erhobene, aufbereitete und interpretierte Daten und Fakten durchaus eine Entscheidungsgrundlage für Politiker, Unternehmer und andere mit den Weichenstellungen zur Bewältigung des Pflegeproblems befaßte Personen sein. Derartige Argumentationshilfen sind beispielsweise der Forschungsbericht [1], die Studie [7] und die Diplomarbeit [6]. (Weitere grundlegende Informationen zum Thema Pflegeversicherung enthalten beispielsweise die Bücher [2] und [4].) Die vorliegende Arbeit ist ein Versuch, einige der zentralen Aspekte des Pflegethemas anzusprechen und mit Zahlen und Daten zu unterlegen. Im Mittelpunkt steht die Frage, ob und wie die finanziellen Folgen des Pflegerisikos mit Hilfe einer Versicherung getragen werden können.

Hierzu werden im folgenden Abschnitt zunächst einige demographische Erkenntnisse zur qualitativen und vor allem quantitativen Beschreibung des Pflegerisikos zusammengestellt. Es folgt ein Exkurs zur Behandlung des Pflegerisikos in verschiedenen europäischen Ländern. Anschließend wird die Kernfrage dieses Aufsatzes, das Problem der finanziellen Lösung des Pflegerisikos, behandelt. Im Zentrum stehen dabei das Thema der Pflegeversicherung, die Gretchenfrage „staatliche oder private Lösung" und, in direktem Zusammenhang damit, die Art der Finanzierung einer Pflegeversicherung.

---

* Motto der amerikanischen Gerontologischen Gesellschaft.

2. Das Pflegeproblem

Über die in Deutschland nun schon seit Jahren geführte Diskussion zur Einführung einer gesetzlichen Pflegeversicherung ist der eigentliche Ausgangspunkt in den Hintergrund getreten, teilweise fast in Vergessenheit geraten – schlimmer noch, es wird gelegentlich sogar in Zweifel gezogen, daß die Pflege ein Thema sei, das allgemeine Aufmerksamkeit beanspruchen dürfe und für das man politische, soziale und ökonomische Konzepte brauche. Der Alltag in privaten Haushalten, Krankenhäusern und Pflegeheimen spricht jedoch eine andere Sprache.

Die Zahl der Pflegebedürftigen in Deutschland wird auf 1,65 Millionen geschätzt, wobei nach aller Erfahrung die tatsächliche Zahl eher darüber- als darunterliegen dürfte. Davon werden ca. 1,2 Millionen, also knapp 75 %, zu Hause versorgt, die übrigen 450 000 oder gut 25 % stationär in Pflegeeinrichtungen. Der größte Teil der Pflegebedürftigen, ca. 1,25 Millionen, ist über 60 Jahre alt, und zwar sind

– ca. 650 000 zwischen 60 und 80,
– ca. 600 000 über 80 Jahre alt.

Die Pflegebedürftigkeit ist somit in erster Linie eine Frage des Alters. Nicht zuletzt die Folgen schwerer, aber nicht tödlicher Unfälle führen jedoch dazu, daß auch jüngere Menschen in großer Zahl pflegebedürftig werden:

– ca. 100 000 sind zwischen 40 und 60,
– ca. 300 000 sind unter 40 Jahre alt, vgl. [3].

Von den zu Hause Gepflegten sind

 6 % unter 16 Jahre,
 9 % von 16 bis 39,
14 % von 40 bis 64,
28 % von 65 bis 79 und
43 % 80 Jahre und älter.

Davon sind

17 % ständig,
42 % täglich,
41 % mehrmals wöchentlich

hilfsbedürftig.

Die häusliche Pflege wird überwiegend geleistet bei

26 % von der Tochter,
24 % von der Ehefrau/Partnerin,

14 % von der Mutter,
13 % vom Ehemann/Partner,
9 % von der Schwiegertochter,
3 % vom Sohn sowie
11 % von anderen Verwandten, Freunden und Nachbarn.

Für die Zukunft wird mit einem weiteren Ansteigen der Anzahl der Pflegebedürftigen gerechnet; Schätzungen für die nächsten Jahre schwanken zwischen 2,1 und 3,0 Millionen (bzw. 3,5 Millionen im Jahre 2010), prognostizieren also eine beträchtliche Zunahme, der eine Abnahme der Gesamtbevölkerung (und insbesondere eine Abnahme der Zahl der „Aktiven") gegenübersteht.

Die meisten statistischen Angaben und Aussagen zur Pflegesituation sind leider nicht sehr zuverlässig. Das liegt zum einen daran, daß in jüngster Zeit keine repräsentativen Erhebungen durchgeführt wurden, so daß sich viele Aussagen zum Thema Pflege auf eine empirische Untersuchung des Instituts Socialdata zur „Anzahl und Situation zu Hause lebender Pflegebedürftiger" stützen, die 1978 im Auftrag des Bundesministeriums für Jugend, Familie und Gesundheit durchgeführt wurde und auf dem Bestand der westdeutschen Wohnbevölkerung des Jahres 1976 basierte.

Die zweite Hauptschwierigkeit liegt in einer eindeutigen Definition des Begriffs der „Pflegebedürftigkeit". In der Socialdata-Untersuchung wurden die folgenden vier Gruppen unterschieden: Schwerstpflegebedürftige; Schwerpflegebedürftige; Pflegebedürftige, die leichterer Pflege bedürfen; Pflegebedürftige, die andersartige Hilfe und Unterstützung benötigen. Die Einbeziehung der letztgenannten Gruppe, die vor allem Personen umfaßt, die an einer aktiven Kommunikation gehindert sind wie etwa Blinde, Taube und Stumme und die überwiegend eher hilfs- als pflegebedürftig sind, erschwert oder verhindert die Übertragung von prozentualen Angaben aus der damaligen Studie auf die momentane Situation.

Nach der in verschiedenen Gesetzen (BVG, BSHG, SGB) verwendeten und heute allgemein akzeptierten Definition ist pflegebedürftig, wer infolge von Krankheit, Unfall oder Behinderung auf Dauer bei den Verrichtungen des täglichen Lebens, insbesondere im Bereich der Körperpflege, der Ernährung, bei der Mobilität sowie bei der hauswirtschaftlichen Versorgung in erheblichem Umfang auf die Hilfe anderer angewiesen ist.

Auch in Ermangelung exakter Zahlen und robuster Schätzungen muß man jedoch konstatieren, daß praktisch alle demographisch und soziographisch relevanten Trends in Deutschland in eine Richtung zielen, die – je nach Maßstab – die Entstehung bzw. Verschärfung des „Pflegeproblems" bewirken:

– Die absolute Zahl wie auch der Anteil der Pflegebedürftigen an der Gesamtbevölkerung wird steigen, weil die Lebenserwartung und damit die

Zahl der Alten, die dem Pflegerisiko besonders unterliegen, steigt, während die Bevölkerungszahl insgesamt eher stagniert. Die Quote der über 60jährigen wird von jetzt gut 20 % auf ca. 25 % im Jahre 2000 und ca. 38 % im Jahre 2030 steigen. Vorsichtige Prognosen gehen davon aus, daß allein aus Altersgründen die Zahl der Pflegebedürftigen bis zum Jahr 2010 um 250 000 steigen wird, vgl. [3].

- Die Zahl der Einpersonenhaushalte, der Haushalte ohne Kinder sowie der Grad der Erwerbstätigkeit der Frauen steigen seit Jahren an. Damit sinkt das Potential derjenigen, die – oft „versteckt" und anonym und in vielen Fällen von keiner Statistik erfaßt – die häusliche Pflege durchführen. In geradezu dramatischer Weise vermindert sich die sogenannte familiale Fürsorgereserve; hierunter versteht man den Quotienten aus Frauen im „pflegefähigen" Alter (z. B. 45 bis 60 Jahre) und den über 65jährigen. Der Quotient wird sich zwischen 1990 und 2030 praktisch halbieren, vgl. [5].

- Die Kosten der stationären Pflege steigen – wie alle vergleichbaren Kosten im Gesundheitswesen – inflationär. So sind beispielsweise die monatlichen Kosten eines Platzes in einem Pflegeheim in Baden-Württemberg von 1 900 DM im Jahre 1980 über 3 200 DM im Jahre 1990 auf 4 500 DM im Jahre 1993 gestiegen. Im gleichen Zeitraum stieg die monatliche Rente eines Durchschnittsverdieners nach 45 Versicherungsjahren von 1 230 DM über 1 640 DM auf 1 830 DM und somit die „Versorgungslücke" auf 2 670 DM.

Fazit: Es gibt ein Pflegeproblem, und dieses Problem wird sich in den kommenden Jahren verschärfen.

3. Die Pflegesituation im europäischen Vergleich

Zur Frage der Absicherung des Pflegerisikos in verschiedenen europäischen Ländern liegt eine umfassende aktuelle Studie [1] vor, die sich auf die Länder Belgien, Dänemark, Frankreich, Niederlande und Schweden erstreckt. Die darin enthaltenen Ergebnisse sind allerdings so umfangreich, differenziert und detailliert, daß sie in der vorliegenden Arbeit nicht einmal in komprimierter Form wiedergegeben werden können. Es seien daher nur die folgenden übergreifenden Erkenntnisse genannt:

- In allen betrachteten Ländern gibt es seit Jahren (in den Niederlanden seit 1966) Konzepte, Gesetze und Maßnahmen zur Handhabung des Pflegerisikos.

- Es existieren von Land zu Land große Unterschiede in den Konzepten und deren Umsetzung bei allen grundlegenden Fragen: Finanzierung, Träger bzw. Organisator der stationären und ambulanten Pflege, Verteilung von stationärer und ambulanter Pflege, Kostenbeteiligung der Pflege- und Hilfsbedürftigen usw.

– In keinem der genannten Länder wird ein Modell praktiziert, das dem zum 1. Januar 1995 in Kraft tretenden deutschen Pflege-Versicherungsgesetz entspricht.

Die internationalen Vergleiche belegen im übrigen auch, daß es in Deutschland eine relativ schlechte Ausstattung mit Pflegeplätzen und -personal und insofern einen erheblichen Nachholbedarf gibt, damit der gelegentlich beschworene Pflegenotstand nicht oder zumindest nicht in dramatischer Form eintritt. Dies ergibt sich auch aus der folgenden Tabelle, in der die Pflegekapazitäten in Dänemark, den Niederlanden und der Schweiz auf die deutsche Bevölkerungszahl hochgerechnet wurden (vgl. [5]):

Hilfeangebot in Deutschland	Ist (1987)	Soll gerechnet nach Richtwerten aus:		
		Dänemark	Niederlande	Schweiz
Altenheim- und Pflegeplätze	400 000	550 000	913 300	583 000
Mitarbeiter in Heimen	132 000	417 000	401 000	240 000
Tagespflegeheimplätze	744	27 000	15 500	3 000
ambulante Mitarbeiter	25 000	250 400	147 000	38 200

4. Die finanzielle Abdeckung des Pflegerisikos

Es ist offenkundig, daß die Pflegeproblematik durchaus nicht nur, aber unter anderem auch eine Kostenfrage ist: Die Versorgung Schwer- und Schwerstpflegebedürftiger verursacht hohe Ausgaben, die entweder Erspartes aufzehren, zu privaten Schulden führen oder öffentliche Kassen wie die Sozialhilfe belasten – wenn nicht Vorsorge durch Bereitstellung eines Versicherungsschutzes betrieben wurde.

Daraus ergibt sich fast zwangsläufig: Es sollte eine Pflegeversicherung zur finanziellen Abdeckung des Pflegerisikos geben – die Frage ist nur, ob

- als freiwillige oder als Pflichtversicherung,
- staatlich oder privat,
- finanziert aus Steuermitteln, nach dem Umlageprinzip oder durch ein kapitalfundiertes Modell, also entweder durch das Kapital – oder das Anwartschaftsdeckungsverfahren,
- als Voll- oder Teilversicherung,
- mit Sach- oder Geldleistung,
- einkommensabhängig oder nicht,
- mit Kostenerstattung oder als Summenversicherung,

um nur die wichtigsten Grundsatzentscheidungen bei Einführung einer Pflegeversicherung zu nennen.

Die sich nun schon über Jahre hinziehenden Debatten über Art und Umfang einer Pflegeversicherung in Deutschland wurden durch Probleme erschwert und belastet, die nur zum Teil ein Spezifikum der Pflegefrage sind und im Grunde Kernprobleme eines Sozialstaates im auslaufenden zwanzigsten Jahrhundert darstellen:

- staatliche oder private Vorsorge,
- Solidaritäts- oder Subsidiaritätsprinzip,
- Lohnnebenkosten als Standortfaktor.

Sogar die „Mackenroth-These" kam (als Argument zugunsten der Umlagefinanzierung) in diesem Zusammenhang wieder ins Gespräch, eine Behauptung, die der Kieler Wirtschaftswissenschaftler und Soziologe Gerhard Mackenroth in einem Vortrag vor dem in Berlin tagenden „Verein für Socialpolitik" am 19. April 1952 aufgestellt hatte: „Nun gilt der einfache und klare Satz, daß aller Sozialaufwand immer aus dem Volkseinkommen der laufenden Periode gedeckt werden muß." (Allerdings beruht die Begründung für diese Aussage auf speziellen Annahmen, die tatsächlich nicht erfüllt sind, etwa auf der Voraussetzung einer geschlossenen Volkswirtschaft.)

Zwei wichtige Aspekte in der Grundsatzdiskussion sind in der Tat spezifisch für die Pflegeversicherung. Sie betreffen die Finanzierung und die Frage der Freiwilligkeit. Zum einen ist sicherzustellen, daß auch bereits bestehende Pflegefälle finanziert werden und daß auch ältere Menschen (die „pflegenahen Jahrgänge"), die nur noch einen kleinen oder gar keinen Beitrag zur Finanzierung leisten können, Versicherungsschutz genießen. Dies ist allerdings nur ein – wenn auch gewichtiges – Problem bei der Einführung einer Pflegeversicherung, das nicht unbedingt mitentscheidenden Einfluß auf das ja weit in die Zukunft reichende Gesamtkonzept haben sollte. Zum anderen weist das Pflegerisiko das Charakteristikum einer geringen „Merklichkeit" auf: Junge Menschen und auch Angehörige mittlerer, finanziell starker Jahrgänge verspüren nur einen schwachen Antrieb, sich gegen das als fernliegend und wenig bedrohlich eingeschätzte Pflegerisiko abzusichern.

5. Das deutsche Pflege-Versicherungsgesetz

Nach Verabschiedung durch den Bundestag (am 22. 4. 1994) und den Bundesrat (am 29. 4. 1994) und Unterzeichnung durch den Bundespräsidenten kann das Pflege-Versicherungsgesetz am 1. Januar 1995 in Kraft treten. Das neue Gesetz über die Zahlung des Arbeitsentgelts an Feiertagen und im Krankheitsfall (Entgeltfortzahlungsgesetz) tritt als Artikel 35 des Pflege-Versicherungsgesetzes bereits am 1. Juni 1994 in Kraft.

Damit wird – vielen Bedenken und Argumenten von Unternehmern, Wissenschaftlern und auch Politikern zum Trotz – die Pflegeversicherung unter dem Dach der gesetzlichen Krankenversicherung als 5. Säule der Sozialversicherung eingeführt – bei grundsätzlich hälftiger Beitragszahlung der Arbeitnehmer und der Arbeitgeber. Ab 1. 4. 1995 werden Leistungen der häuslichen Pflege und ab 1. 7. 1996 Leistungen der stationären Pflege gewährt. Der Beitrag beträgt ab 1. 1. 1995 1 v. H. und ab 1. 7. 1996 1,7 v. H., jeweils bis zur Beitragsbemessungsgrenze der gesetzlichen Krankenversicherung. Das bedeutet einen Höchstbeitrag für 1995 von rund 60 DM im Monat, für 1996 von rund 105 DM im Monat.

Zur Kompensation der Aufwendungen der Arbeitgeber zur Pflegesozialversicherung streichen die Länder mit der Einführung der häuslichen Pflege einen stets auf einen Werktag fallenden Feiertag. Sollte in einem Bundesland ein Feiertag nicht abgeschafft werden, übernehmen dort die Arbeitnehmer den gesamten Beitrag. Bevor die Bundesregierung durch Rechtsverordnung mit Zustimmung des Bundesrates die stationäre Pflege in Kraft setzt, befaßt sich der Sachverständigenrat zur Begutachtung der gesamtwirtschaftlichen Lage mit der Frage, ob eine weitere Kompensation durch die Abschaffung eines zweiten stets auf einen Werktag fallenden Feiertages notwendig ist. Der Sachverständigenrat hat sich im Vorfeld der Beschlüsse der parlamentarischen Gremien kritisch mit der ihm zugewiesenen Aufgabenstellung auseinandergesetzt.

Die Versicherungspflicht richtet sich nach dem Grundsatz: „Die Pflegeversicherung folgt der Krankenversicherung." Der versicherte Personenkreis der sozialen Pflegeversicherung umfaßt diejenigen, die in der gesetzlichen Krankenversicherung versichert sind, und zwar sowohl die Pflichtversicherten als auch die freiwillig Versicherten. Das sind rund 90 Prozent der Bevölkerung. Die freiwillig Versicherten in der gesetzlichen Krankenversicherung erhalten die Möglichkeit, ihre Versicherungspflicht durch Abschluß eines gleichwertigen privaten Pflege-Versicherungsvertrages zu erfüllen und die soziale Pflegeversicherung zu verlassen.

Diejenigen, die gegen das Krankheitsrisiko bei einem privaten Versicherungsunternehmen versichert sind, haben bei diesem Unternehmen einen Pflege-Versicherungsvertrag abzuschließen. Sie können aber innerhalb einer Frist von sechs Monaten nach Eintritt der Versicherungspflicht ein anderes Pflege-Versicherungsunternehmen wählen.

Die private Pflegeversicherung hat zu gewährleisten, daß ihre Leistungen denen der sozialen Pflegeversicherung entsprechen. Außerdem werden die Unternehmen der privaten Krankenversicherung verpflichtet, die heute bereits Pflegebedürftigen, die privat krankenversichert sind, sofort im vollen Umfang in den Schutz der privaten Pflegeversicherung einzubeziehen. Für die Versicherten muß die private Pflegeversicherung „angemessene" Bedingungen und Beiträge anbieten. Beispielsweise darf der Höchstbeitrag nicht höher sein als der Höchstbeitrag in der sozialen Pflegeversicherung. Die private Pflegeversicherung erstreckt sich zunächst auf rund sieben Millionen Bürger.

Die Pflegepflichtversicherung sieht differenzierte Leistungen für häusliche, teilstationäre, Kurzzeitpflege und vollstationäre Pflege sowie Leistungen für häusliche, selbstbeschaffte Pflegehilfen vor. Die Höhe der Leistungen ist abhängig vom Grad der Pflegebedürftigkeit. Dabei werden drei Pflegestufen unterschieden. Pflegebedürftige der Pflegestufe I (erheblich Pflegebedürftige) sind Personen, die bei der Körperpflege, der Ernährung oder der Mobilität mindestens einmal täglich für mindestens zwei Verrichtungen aus diesen Bereichen der Hilfe bedürfen und zusätzlich mehrfach in der Woche Hilfe bei der hauswirtschaftlichen Versorgung benötigen. Pflegebedürftige der Pflegestufe II (Schwerpflegebedürftige) müssen mindestens dreimal täglich zu verschiedenen Tageszeiten Hilfe beanspruchen. Pflegebedürftige der Pflegestufe III (Schwerstpflegebedürftige) sind Personen, die rund um die Uhr, auch nachts, der Hilfe bedürfen.

Die wichtigsten Leistungen sind in der nebenstehenden Tabelle aufgeführt.

Anhand realistischer Beispiele läßt sich nachweisen, daß diese Leistungen in vielen Fällen nicht ausreichend sein werden. Wenn beispielsweise eine Familie über ein monatliches Nettoeinkommen von 5 000 DM verfügt (Ehemann 2 800 DM, Ehefrau 2 200 DM) und der Ehemann schwerstpflegebedürftig wird, ergibt sich das folgende Szenario: Der Ehemann erhält eine Erwerbsunfähigkeitsrente von 1 150 DM, die Frau pflegt ihren Mann zu Hause und erhält dafür aus der gesetzlichen Pflegeversicherung 1 300 DM. Das Nettoeinkommen der Familie ist auf weniger als die Hälfte, nämlich auf 2 450 DM geschrumpft. Noch größere Einbußen würden sich ergeben, wenn die Frau weiterhin ihrer Berufstätigkeit nachginge und der Mann sich in vollstationäre Pflege begäbe oder von einer Pflegefachkraft zu Hause betreut würde.

Um die offenkundigen Versorgungslücken decken zu helfen, werden die Unternehmen der privaten Krankenversicherung neben ihrer privaten Pflegepflichtversicherung (die im Unterschied zur gesetzlichen Versicherung nach dem Kapitaldeckungsverfahren kalkuliert sein wird) eine Pflegetagegeldversicherung entwickeln.

Bereits seit Mitte 1993 bieten mehrere Lebensversicherungsgesellschaften eine Pflegeversicherung „nach Art der Lebensversicherung" an, d. h. eine Summenversicherung in Form einer Pflegerentenversicherung.

Leistungen der gesetzlichen Pflegeversicherung				
		Monatliche Leistungen in den Pflegestufen		
		I	II	III
häusliche Pflege	Barleistung Pflegegeld für selbstbeschaffte Pflegehilfen	400 DM	800 DM	1 300 DM
	Sachleistung a) Kostenerstattung für Grundpflege und hauswirtschaftliche Versorgung	max. 750 DM	max. 1 800 DM	max. 2 800 DM (Härtefall: 3 750 DM)
	b) Pflegehilfsmittel und technische Hilfen	je nach Maßnahme/ nach oben begrenzt		
	bei Verhinderung des Pflegepersonals	Kostenerstattung max. 2 800 DM im Kalenderjahr		
teilstationäre Pflege	Kostenerstattung	max. 750 DM	max. 1 800 DM	max. 2 800 DM
vollstationäre Pflege	Grundpflege (nicht für Unterbringung und Verpflegung)	Kostenerstattung max. 2 800 DM mtl., in Härtefällen max. 3 300 DM mtl., ø max. 30 000 DM p. a. pro Pflegefall		

Voraussetzung für die Auszahlung der Pflegerente ist, daß eine Pflegebedürftigkeit vorliegt. Dies ist dann der Fall, wenn die Betroffenen voraussichtlich auf Dauer die gewöhnlichen, regelmäßig wiederkehrenden Verrichtungen des täglichen Lebens auch bei Einsatz technischer und medizinischer Hilfsmittel nicht mehr ohne fremde Hilfe ausführen können.

Eine Konkretisierung dieser Definition und damit die Basis für die Tarifierung der Pflegerentenversicherung liefern die sogenannten Activities of Daily Living (ADL) nach dem australischen Arzt Katz. Diese sechs „täglichen Verrichtungen" sind

- Fortbewegung im Zimmer,
- Aufstehen und Zubettgehen,

- An- und Auskleiden,
- Einnehmen von Mahlzeiten und Getränken,
- Waschen, Kämmen und Rasieren,
- Verrichten der Notdurft.

Für jede dieser Verrichtungen, bei denen der Versicherte Hilfe benötigt, wird ein Punkt angerechnet, und die Anzahl der berechneten Punkte bestimmt den Grad der Pflegebedürftigkeit:

Pflegestufe I: bei 3 Punkten,
Pflegestufe II: bei 4 oder 5 Punkten,
Pflegestufe III: bei 6 Punkten.

Entsprechend werden 40, 70 bzw. 100 % der vereinbarten Pflegerente gezahlt.

Die Pflegerentenversicherung wird auch (von einigen Gesellschaften zur Zeit noch ausschließlich) als Zusatzversicherung zu einer Hauptversicherung (Kapital- oder Rentenversicherung) angeboten. Schließt man dann auch noch eine Berufsunfähigkeitszusatzversicherung ein, so erhält man einen – gemessen auch an den Sätzen der gesetzlichen Pflegeversicherung – preiswerten Rundum-Versicherungsschutz.

Ein Beispiel:

Eine Lebensversicherung auf ein Endalter von 65 Jahren über 100 000 DM einschließlich Berufsunfähigkeitsrente von jährlich 12 000 DM kostet einen 40jährigen Vertragsschließenden monatlich 411,86 DM an Beiträgen. Bei Einschluß einer Pflegezusatzrente von jährlich 12 000 DM erhöht sich dieser Betrag lediglich auf 432,86 DM.

6. Schluß

Die vorliegende Arbeit wurde geschrieben als Beitrag zu einer Festschrift, die Professor Walter Karten gewidmet ist und ihm aus Anlaß eines runden Geburtstages überreicht werden soll. Der Verfasser dieses Beitrags weiß sich dem Jubilar, dessen Schüler und Kollege er war, verbunden und verpflichtet. Die Mitwirkung an der Festschrift für Walter Karten kann bestenfalls ein symbolischer Ausdruck dieser Verbundenheit und des Dankes sein.

Literatur

[1] BASYS: Absicherung des Pflegerisikos am Beispiel ausgewählter europäischer Länder. Untersuchung für den Bundesminister für Arbeit und Sozialordnung, 1992.

[2] Hopfe, Christian: Die Pflegeversicherung: Was sie kostet und was sie leistet. Bonn 1993.

[3] Jung, Karl: Pflegeversicherung: Auf dem Weg zur fünften Säule der Sozialversicherung, Zeitschrift für Sozialhilfe und Sozialgesetzbuch 1993, 505 – 513, 561 – 572, 618 – 632.

[4] Reinisch, Günther: Pflegefall, Pflegeversicherung – was tun?, Planegg 1993.

[5] Rückert, Willi: Die demographische Entwicklung und deren Auswirkungen auf Pflege-, Hilfs- und Versorgungsbedürftigkeit. In: von Ferber, C., et al. (Hrsg.): Die demographische Herausforderung. Gerlingen 1989.

[6] Rußwurm, Jürgen: Pflegeversicherung, Diplomarbeit am Lehrstuhl für Versicherungswissenschaft, Universität Karlsruhe 1993.

[7] Schmähl, Winfried: Zum Vergleich von Umlageverfahren und kapitalfundierten Verfahren zur Finanzierung einer Pflegeversicherung in der Bundesrepublik Deutschland, Studie im Auftrag des Bundesministeriums für Familie und Senioren, Stuttgart, Berlin, Köln 1992.

[8] Wasem, J.: Aktuelle politische Initiativen. In: Gesellschaft für Versicherungswissenschaft und -gestaltung e.V. (Hrsg.): Die Absicherung des Risikos der Pflegebedürftigkeit, Bergisch Gladbach 1991.

III. Entwicklungen und Anforderungen von Versicherungsmärkten

Zur Entwicklung der Versicherungsmärkte aus ökonomischer Sicht

G. Willem de Wit

Seit Jahrhunderten interessieren sich die Ökonomen für das Phänomen „Markt".

In einfachster Weise wird ein Markt definiert als ein Platz, an dem Güter gekauft und verkauft werden. Heute hat sich die Vorstellung von „Märkten" ausgeweitet auf ganze Gebiete (im geographischen Sinne); für manche Produkte kann von einem weltweiten Markt gesprochen werden. In diesem Beitrag wollen wir auf die Fragen eingehen, inwiefern der Versicherungsmarkt mit den Marktbegriffen aus der Wirtschaftstheorie zu beschreiben ist und welche spezifischen Bedingungen für Versicherungsmärkte gelten.

Der primitive Markt

Viele Menschen assoziieren mit einem Markt meistens einen orientalischen Markt, auf dem Güter direkt vom Verkäufer an den Käufer übergehen und der Preis durch Aushandeln zustande kommt. Bei ein- und demselben Gut wird dieser Preis nicht für jeden Nachfrager der gleiche sein. Darüber hinaus werden sowohl Verkäufer als auch Käufer nicht immer zufrieden sein mit dem schließlich erzielten Preis: Der Verkäufer wird den Grad seiner Zufriedenheit an seinen eigenen Kosten messen, während nicht auszuschließen ist, daß der Käufer immer wieder denkt, er habe doch noch zu viel gezahlt.

Der letzte Punkt ist zu präzisieren: Wer diese Art des Handeltreibens gewohnt ist, wird sich mit dem erreichten Preis glücklich fühlen, während diejenigen, die damit nicht vertraut sind, sich schon relativ schnell benachteiligt sehen werden. Und das Zustandekommen des Preises hat auch mit dem kulturellen Hintergrund von Verkäufer und Käufer zu tun. Nicht nur im Orient, sondern auf der ganzen Welt kennen wir auch heute noch diese einfache Marktform.

Was sind die Merkmale dieser primitiven Marktform? Es handelt sich um einen *freien Markt* innerhalb eines sehr *begrenzten Gebietes,* auf dem sowohl Käufer als auch Verkäufer direkt *in der Preisfindung involviert* sind.

In der Ökonomie unterscheidet man zwischen konkreten Märkten, den „Marktplätzen", und abstrakten Märkten, der Gegenüberstellung von Angebot und Nachfrage. Dabei wird unterstellt, daß auf konkreten Märkten die Transaktion an erster Stelle steht und der Preis von untergeordneter Bedeutung ist, während dieser für den abstrakten Markt gerade das maßgebende Entscheidungskriterium darstellt; darüber ließe sich durchaus diskutieren.

Zur weiteren Begriffsentwicklung

Das Prinzip des freien Marktes besteht schon so lange, wie der Mensch Handel treibt, aber das erste gute ökonomische Konzept eines Marktes entsteht erst bei Adam Smith. Der Begriff der *invisible hand* zur Kennzeichnung des Wettbewerbs darf allgemein als bekannt unterstellt werden. Smith gelangte von dieser Vorstellung zu einem natürlichen Preis (der sich bei vollständig freier Konkurrenz als eine Art Gleichgewichtspreis bildet); dieser Begriff geht eigentlich schon auf Aristoteles zurück. Davon unterscheidet Smith einen Marktpreis, der entsteht, wenn Angebot und Nachfrage nur unvollkommen aufeinander abgestimmt sind. Beide Preisbegriffe gehen von räumlich sehr engen Märkten aus.

Die Ausweitung des Marktes auf (geographische) Gebiete folgt erst später. Cournot (1801 – 1877) kommt zu folgender Definition eines Marktes: „Ökonomen verstehen unter einem Markt nicht nur bestimmte Marktplätze, auf denen Produkte gekauft und verkauft werden, sondern das gesamte Gebiet, in dem Käufer und Verkäufer in freiem Wettbewerb miteinander stehen, wodurch die Preise für das gleiche Produkt schnell und einfach zum gleichen Wert tendieren."

Mit dieser Definition werden das Prinzip des freien Marktes und die gegenseitige Beeinflussung der Preise angewandt und der geographische Bereich ausgeweitet. Auffällig ist das Streben nach einem Gleichgewicht. Um aber schnell und einfach zum gleichen Preis zu kommen, müssen Käufer und Verkäufer über gute und gleiche Informationen verfügen. Dies war der Grund für Marshall (1842 – 1924), in den *Principles of Economics* im Jahre 1890 die Definition von Cournot um folgendes zu erweitern: „Je *perfekter* ein Markt ist, desto stärker ist die Tendenz zum selben Preis für dasselbe Gut in allen Teilen des Marktes."

Mit diesem Konstrukt des freien Marktes dachte man nicht an das *laissez-faire*-Prinzip, den Gedanken der Physiokraten. Man glaubte immer weniger an die Idee eines natürlichen Gleichgewichtspreises. Im Gegenteil sah man den Markt immer eingebettet in angemessene, durch den Staat exekutierte Rahmenordnungsbedingungen – eine Grundvoraussetzung, die auch von Smith schon erkannt worden war, insbesondere gegen kartellierende Unternehmer. Durch Marshall und später Schumpeter ist vor allem die Marktdynamik, der *dynamische* Markt, in die Theorie eingeführt worden.

Es waren insbesondere Pigou und später Keynes, die darauf aufmerksam machten, daß echte freie Märkte nicht funktionieren. Zu der Rolle, die Smith für den Staat vorsah (angemessener Schutz des Marktes), kam durch Pigou eine zweite Aufgabe für den Staat: das tatsächliche Teilnehmen und Eingreifen in die ökonomischen Abläufe.

Auch im Versicherungsmarkt tritt dieses Phänomen auf, wenn zum Beispiel der Staat mit fiskalischen Maßnahmen den Markt steuert.

Der freie Markt ist nicht der einzige Markttyp, den wir kennen. Auch ganz oder teilweise regulierte Märkte kommen vor. Sie haben vielfach artifiziellen Charakter, sicherlich zumindest für diejenigen, die fest an einen freien Marktmechanismus glauben. Besonders in kommunistischen Ländern haben wir diese Marktform gesehen. Aber auch wo diese Marktform ökonomisch im Prinzip abgelehnt wird (außer für [halb-]kollektive Güter wie zum Beispiel soziale Sicherheit), gibt es sie bemerkenswerterweise für Versicherungen noch in vielen Ländern, wenn auch dort oft in vielfältigen Erscheinungsformen und Schattierungen.

Oben wiesen wir schon auf verschiedene ökonomische Definitionen des Marktes hin. Zufrieden stellen sie eigentlich niemanden. Wir zitieren deshalb auch eine Definition aus dem Jahre 1993 (die im Laufe der Zeit aus der österreichischen Schule Mitte der zwanziger Jahre entwickelt wurde): „The market process is the result of all the activities of its participants, but it is neither willed nor designed by anyone in particular. Rather, the market order is an unintended consequence of individuals seeking their own interest[1]." Darin erkennen wir doch wieder vieles aus der alten Definition von Smith.

Das Marktbild der Europäischen Union ist im Prinzip das eines freien Marktes, wobei der Staat an vielen Stellen regulierend mit dem Ziel eingreift, soviel Wettbewerb wie möglich zu realisieren. In der Praxis wird dies m. E. auf einen dynamischen Markt hinauslaufen.

Ein solcher Markt bezieht sich entweder auf bestimmte Segmente (Gütermärkte, Geldmärkte, Aktienmärkte, Arbeitsmärkte, Dienstleistungsmärkte usw.) oder auf bestimmte Gebiete (Europäischer Markt, Binnenmarkt, Weltmarkt [global market] usw.).

In beiden Fällen spielt die Frage eine Rolle, ob Käufer und Verkäufer in gleichem Maße Einfluß auf die Preisbildung ausüben. Aber immer stehen sich viele Anbieter und Nachfrager gegenüber. Ökonomen sprechen von einem abstrakten Markt. Formen des Zwischenhandels werden entstehen, um Angebot und Nachfrage zueinander zu bringen. Dies kann einer freien

---

1 The Blackwell Dictionary of Twentieth-Century Social Thought (1993), p. 360.

Preisgestaltung und also auch dem perfekten Markt im Wege stehen, aber es kann sie auch stimulieren.

Natürlich gibt es auch einen Versicherungsmarkt. Wie fügt sich ein Versicherungsmarkt in diese allgemeinen ökonomischen Vorstellungen? Gelten dieselben oder andere Bedingungen?

Versicherungsmärkte

Das wesentliche, worin sich ein Versicherungsmarkt von jedem anderen Markt unterscheidet, ist, daß im Augenblick der Transaktion der Käufer seine Pflicht erfüllt (er zahlt seine Prämie), der Verkäufer dagegen nicht. Seine Leistung folgt später (oder auch nicht, wenn das die Leistung auslösende Ereignis nicht eintritt). Dieser Zeitunterschied bewirkt, daß der Verkäufer *immer* über eine sichere Reserve verfügen muß, aus der später die Leistung bezahlt wird. Das einzige, was der Käufer im Transaktionszeitpunkt empfängt, ist „konditionelle Sicherheit". Aber dazu muß er dann wohl überzeugt sein, daß die Sicherheit auch in Zukunft realisiert sein wird, es also ausreichende Reserven gibt. Es handelt sich hierbei wie bei Geld, Kredit usw. um ein stark fiduziarisches Element.

So kommen wir zu einer Reihe von Kennzeichen, die einen dynamischen Markt charakterisieren. An erster Stelle stehen allgemein wirtschaftliche Merkmale. Ergänzt werden sie von einigen Spezifika in bezug auf den Versicherungsbetrieb. Diese Kennzeichen sind wie folgt zu rubrizieren:

allgemein wirtschaftlich	versicherungswirtschaftlich
freier Markt Beeinflussung des Preises räumliche Abgrenzung Information Einfluß der Konsumenten Staatseingriffe	Sicherheit

Im folgenden werden wir diese verschiedenen Kriterien einzeln betrachten.

Freier dynamischer Markt

Wie oben erwähnt wird unter dem Einfluß der EU in Westeuropa sicher ein freier dynamischer Markt angestrebt. Das bedeutet, daß die Anbieter individuell frei sind in ihrer Preisstellung und die Nachfrager in ihrer Entscheidung, diese zu akzeptieren. In vielen Ländern insbesondere außerhalb der EU kann davon aber keine Rede sein. Wir können folgende Fälle unterscheiden: Es gibt nur ein Staatsunternehmen, es sind nur inländische Gesellschaften zugelassen, oder es sind auch ausländische Unternehmen zugelassen, die dann aber ganz vom Staat reguliert werden[2].

In der Praxis bedeutet ein freier dynamischer Markt, daß der Konsument eine Vielfalt an Wahlmöglichkeiten hat, selbst aber keinen direkten substantiellen Einfluß auf den Preis ausübt. Wohl verfolgt er, wie immer, sein eigenes Interesse. In allgemein ökonomischer Sicht bedeutet ein freier dynamischer Markt, daß die Produktion der Anbieter ausschließlich (das heißt ohne Intervention des Staates) durch die Nachfrage gesteuert wird, da diese geprägt ist durch die Abstimmung der Kunden.

Hierin liegt ein deutlicher Unterschied zum Versicherungsmarkt. Denn hier gilt keine Produktionsbeschränkung, jedenfalls nicht auf der Angebotsseite[3]. Je mehr man verkauft, desto besser, das Angebot scheint unbeschränkt.

Dennoch gibt es mindestens zwei Formen von Produktionsbeschränkungen:

a) Bei einem neu auf dem Markt operierenden Unternehmen (greenfield operation) ist es möglich, daß die anfänglichen Kosten (zu) hoch werden, so daß die Produktion eingeschränkt werden muß, wenn die Aktionäre nicht zusätzliches Kapital zur Verfügung stellen.

b) Wenn Versicherungen mit einem (sehr) hohen garantierten Rechnungszins angeboten werden, müssen sie sich auf bestimmte Anlageformen stützen (wofür ein exaktes matching gefunden werden muß). Wenn diese Anlagen nicht mehr oder nur in unzureichendem Maße zur Verfügung stehen, können die darauf gestützten Versicherungen nicht weiter angeboten werden. In den Niederlanden ist dies vor kurzem bei einem hohen Zinsfuß der Fall gewesen, woraufhin die Aufsicht (Versicherungskammer) zusätzliche Reservierungen gefordert hat[4].

Vor allem der zweite Aspekt, verursacht durch scharfe Konkurrenz, konfrontiert die Versicherer mit einem für sie neuen Phänomen: Es gibt kein unbeschränktes Angebot für bestimmte Versicherungen mehr.

---

2 Siehe z. B. J. F. Outreville: Life Insurance in Developing Countries, paper presented at the 20th Seminar of European insurance economists, Rotterdam 1993.
3 Nach Smith werden dann der natürliche Preis und der Marktpreis immer zusammenfallen.
4 Siehe G. W. de Wit: „Garanties", Vortrag gehalten anläßlich der Privatisierung der Versicherungskammer im September 1992 (herausgegeben von der Versicherungskammer, Apeldoorn 1992).

In einem freien Markt wird zwar kein absolutes Gleichgewicht mit gleichem Preis[5] entstehen (deswegen der Hinweis auf den *dynamischen Markt*), aber die Prämien, also die Marktpreise, werden nur eine beschränkte Bandbreite aufweisen. Zudem wird die Konkurrenz wohl dafür sorgen, daß diese auf einem niedrigen, wenn vielleicht auch nicht auf niedrigstem Niveau liegt.

Gibt es keinen freien Markt, weil es z. B. nur ein (Staats-)Unternehmen gibt oder weil der Staat Bedingungen und Prämien reguliert, wird immer ein höheres Prämienniveau entstehen[6], da der Staat bei der Regulierung stets den Aspekt der (mehr als minimalen) Sicherheit in den Vordergrund stellen wird. Wir kommen darauf noch separat unter dem Aspekt Sicherheit zurück.

Beeinflussung des Preises

Gehen wir zunächst von einem direkten Markt aus. Es ist die Marktform, bei der Käufer und Verkäufer in direktem Kontakt zueinander stehen (direct writing). Der Anbieter setzt seinen eigenen Preis an. Neben den Selbstkosten (bei Versicherungen sind das die Nettorisikoprämie, der Sicherheitszuschlag und die Betriebskosten), die theoretisch[7] anzusetzen wären, spielen jedoch auch Marktgegebenheiten eine wichtige Rolle: Welchen Preis verlangt mein Konkurrent?

Der Kunde schaut sich das Angebot der verschiedenen Anbieter an. Wie weit reicht seine Verhandlungsmacht? Einige Fragen drängen sich auf:

- Kann der Kunde alle Anbieter erreichen, und will er das auch?

- Wie hoch sind die Informations- und die übrigen Transaktionskosten?

- Kann der Kunde alle Angebote beurteilen?

Moderne Kommunikationstechniken geben den Kunden die Möglichkeit, immer mehr Anbieter zu erreichen. Trotzdem wird ihre Anzahl begrenzt bleiben, weil der Markt in der Praxis auf ein bestimmtes Gebiet beschränkt bleibt und weil es immer restriktiv wirkende Transaktionskosten geben wird. Auf die Größe des Marktgebiets kommen wir im nachfolgenden Abschnitt noch zurück.

---

5 Das meint gleiche Preise für identische Produkte der verschiedenen Anbieter. Gibt es aber bei den Anbietern Solvenzunterschiede, ist ein Preisunterschied mit einem Gleichgewichtspreis zu vereinbaren, weil die Qualität des Anbieters ein realer Einflußfaktor auf einem fiduziarischen Markt ist.
6 Vgl. Cecchini Report, 1988.
7 Bei aller Genauigkeit der Versicherungsmathematik ist zu beachten, daß es auch für theoretisch richtig berechnete Prämien Bandbreiten gibt.

Die Beurteilung verschiedener Angebote speziell bei Versicherungen kann für den Kunden schwierig sein, weil die Leistung des Versicherers zeitlich nach der des Versicherten erbracht wird. Deshalb scheint es nicht unwahrscheinlich, daß der direkte Markt auf einfache Produkte beschränkt bleibt (was wir derzeit auch beobachten können). Bei diesem Markttyp hat der Käufer überhaupt keinen Einfluß auf den Preis, er wählt einfach aus dem Angebot der Anbieter. Nur ein freier Markt, auf dem die Anbieter um die Gunst der Nachfrager ringen, hält das Preisniveau niedrig.

Daneben haben wir den indirekten Markt zu betrachten. Zwischen den vielen Anbietern und dem Kunden befindet sich jetzt ein Vermittler, der den Kontakt einerseits mit den Anbietern und andererseits mit den Kunden pflegt. In diesem Markt hat der Kunde im allgemeinen nur eine Kontaktadresse: den Vermittler. Selbstverständlich haben die Vermittler mehrere Kontaktadressen.

Meistens genügt dem Käufer bei Versicherungen ein Kontakt. Er wählt dann nicht aus dem vollen Angebot, sondern nur aus dem Teil, den der Vermittler[8] ihm anbietet (daher die Kennzeichnung als beschränkte Wahl). Einfluß auf den Preis hat der Kunde nicht, genauso wie auf dem direkten Markt.

Der Einfluß des Kunden auf den Preis entfällt immer dann, wenn mehrere Anbieter gleichzeitig auftreten. Auch hier besteht ein Unterschied zwischen Güter- und Versicherungsmärkten. Wenn bei Gütern der Kunde nicht bereit ist, die Produkte zum angebotenen Preis zu kaufen, ist es nicht ausgeschlossen, daß der Produzent seine Güter doch zu einem niedrigeren Preis anbietet (vielleicht sogar unter dem Selbstkostenpreis). Bei Versicherungen ist das unmöglich – sagen wir: es müßte in der Praxis unmöglich sein[9]. Güter (soweit bereits produziert) müssen verkauft werden, Versicherungen nicht, es sei denn, man ist als Anbieter aufgrund übermäßiger Konkurrenz gezwungen, Versicherungen zu verkaufen, um den Marktanteil zu halten.

Auf der anderen Seite können bestimmte Versicherungsprodukte zu den für den Kunden notwendigen Gütern gehören, für die eine Verweigerung durch den Versicherer oder eine Prohibitivprämie nicht wünschenswert sind. Dies führt zu einem bestimmten Druck seitens der Konsumenten (wir kommen darauf im nachfolgenden noch zurück). Selbstverständlich werden die Produzenten bei der Entwicklung ihrer Versicherungsprodukte mit den Wünschen der Kunden ebenso rechnen wie mit den Möglichkeiten des Marktes.

---

8 Bei Versicherungen gibt es neben dem unabhängigen Vermittler den hauptberuflichen (wirtschaftlich abhängigen) Vermittler, der nur für einen Versicherer arbeitet und deswegen ein stark beschränktes Angebot hat.
9 Siehe G. W. de Wit: „Garanties", a.a.O.

Wie erwähnt hat der Kunde im Gegensatz zu den Anbietern keinen Einfluß auf den Preis. Dabei spielt die Konkurrenz eine sehr wichtige Rolle. Aber birgt das nicht die Gefahr, daß die Anbieter ihre Produkte unter den Selbstkostenpreisen anbieten? Dafür kommen ganz verschiedene Situationen in Betracht (auch in normativer Hinsicht):

– Man hat durch eigene spezielle Beobachtung eines Marktsegmentes die Möglichkeit, für diesen Teilmarkt eine Prämie festzusetzen, die unter dem für den Gesamtmarkt ermittelten Prämienbedarf liegt.

– Man weicht als einzelner Anbieter ungerechtfertigterweise von dem gemeinschaftlich ermittelten Selbstkostenpreis ab (da wird es immer eine Bandbreite geben).

Die erste Situation muß nicht zwangsläufig Probleme mit sich bringen, aber sie kann durchaus andere Anbieter zu ruinöser Konkurrenz verführen. Um einen geordneten Markt zu gewährleisten, ist es Aufgabe der Versicherungsaufsicht, die Sicherheit der Anbieter zu überwachen, und Aufgabe der Anbieter selbst, untereinander Rücksprache zu halten. Eine begrenzte Kooperation zwischen den Anbietern ist meiner Meinung nach eine absolute Notwendigkeit. Obwohl die EU dies anders sieht, ist es meiner Meinung nach nicht möglich, ohne diese Kooperation einen stabilen Versicherungsmarkt zu erreichen, der auch auf lange Sicht Sicherheit verspricht und funktioniert.

Wenn Rücksprachen nicht möglich sind, weil sie verboten sind, die Anbieter auf dem Markt sie nicht wünschen oder bestimmte Anbieter sich abseits halten, sind auf einem freien Markt „Unfälle" nicht zu vermeiden. Die Vorteile eines freien Marktes sind jedoch so evident, daß keine Vorkehrungen getroffen werden müssen, um die Folgen dieser Unfälle (z. B. Bankrott) aufzufangen, beispielsweise in Form verstärkter Aufsicht (im voraus) oder in Form einer Garantieregelung (im nachhinein).

Eine Beeinflussung des Preises durch die Kunden finden wir nur in direkten Verhandlungen, z. B. bei großen industriellen Geschäften oder bei der Versicherung von Pensionskassen.

Räumliche Abgrenzung

In früheren Zeiten spielte sich der Versicherungsmarkt innerhalb eines (sehr) beschränkten Gebietes ab. Kleine lokale Versicherungsvereine auf Gegenseitigkeit sind dafür noch immer ein gutes Beispiel. Später hat sich das Gebiet etwas ausgeweitet, aber es ist immer beschränkt geblieben; in jedem Fall hat es sich nie über die Landesgrenzen hinaus ausgedehnt (ausgenommen für Großrisiken, Rückversicherung usw.). Aufgrund der zunehmenden Kommunikation liegt die Annahme auf der Hand, daß die (Markt-)Gebiete automatisch größer werden, was bei vielen wirtschaftlichen Aktivitäten auch zu beobachten ist. Infolgedessen wird der Kunde aus einem größeren Angebot seine Wahl treffen können. Im Rahmen des Konzepts für den gemeinsamen Markt ist dies auch das Ziel der EU.

Wie sieht diese Realität speziell für Versicherungen aus?

Im direkten Markt muß das „Euro-Shopping" sicher zu den möglichen Handlungsweisen gerechnet werden. Aber wer ist dazu fähig, und wer hat Lust dazu? Aufgrund dieser Skepsis scheint mir eine Ausweitung des Marktgebietes, z. B. über Landesgrenzen hinaus, bis heute wenig realistisch zu sein (ausgenommen Grenzregionen und Großrisiken).

Auch im indirekten Markt werden die entsprechenden Möglichkeiten beschränkt sein. Sie sind abhängig von dem Maß, in dem ungebundene Vermittler im Markt tätig sind; das ist heutzutage sehr unterschiedlich. Wenn ungebundene Vermittler Gebrauch machen wollen von einem vergrößerten Marktangebot, wird ein umfassendes Informationsnetz notwendig sein.

Auch dann bleibt aber die Frage: Ist der europäische Binnenmarkt eine Realität?

Die Antwort darauf muß vor allem in der Prämienkalkulation gesucht werden. Und die notwendige Prämie steht in direktem Zusammenhang mit dem Risiko. Das Risiko aus ein- und demselben Objekt wird in den verschiedenen Ländern Europas (aber auch in den verschiedenen Staaten der USA) sehr unterschiedlich eingeschätzt. Das gilt für fast alle Versicherungssparten. So gibt es große Unterschiede im Hinblick auf Sterblichkeit, Invalidität, Autofahrgewohnheiten, Feuergefahr usw. Es ist logisch, daß diese unterschiedlichen Risiken meistens durch die Landesgrenzen limitiert werden (manchmal treten diese Unterschiede sogar innerhalb eines Landes auf, wie beim Autofahren). Weil diese Unterschiede bestehen bleiben werden – von juristischen und fiskalischen Unterschieden ganz abgesehen –, muß nach anderen Abgrenzungen der Marktgebiete gesucht werden.

Es muß untersucht werden, welche Grenzen (sogenannte *risk-borders*) für die verschiedenen Risiken gelten; diese werden nicht immer dieselben sein. Daraus entstehen dann die Märkte, die *Risiko-Märkte*[10]. Für solche Analyse ist viel empirisches Material nötig. Bis heute fehlt dieses weitgehend.

Diese Risikomärkte werden nicht mehr zusammenfallen mit den heutigen Landesgrenzen. Das bringt Probleme für die Aufsicht mit sich. Diese Tat-

---

10 Siehe G. W. de Wit, Die Bedeutung des gemeinsamen Marktes für den europäischen Versicherungskonsumenten, Frankfurter Vorträge zum Versicherungswesen, Heft 22, Karlsruhe 1990.

sache paßt jedoch zur international festzustellenden Tendenz, daß in der Wirtschaft die alten Landesgrenzen zunehmend an Bedeutung verlieren: Es kann kaum noch von „nationalen Volkswirtschaften"[11] gesprochen werden.

Innerhalb der Risikomärkte können dann Versicherungsunternehmen aus vielen Regionen – den ehemaligen Ländern – operieren. Doch gibt es große Probleme:

In der Autoversicherung beobachten wir regionale Unterschiede innerhalb der Landesgrenzen. Also tun sich sogleich praktische Schwierigkeiten auf: Man wohnt zwar innerhalb eines billigen Gebietes, fährt jedoch meistens in einem teuren Gebiet. Bei der Feuerversicherung gibt es weniger Probleme, da die versicherten Objekte an ein bestimmtes Gebiet gebunden sind. Aber wie verhält es sich mit den Lebensversicherungen? Man lebt zunächst in einem bestimmten Gebiet, doch später läßt man sich in einem anderen Gebiet auf Dauer nieder. Es ist aber nicht anzunehmen, daß dieser Umzug zu einer anderen Sterbewahrscheinlichkeit führt!

Das Bestimmen adäquater Risikogebiete (zur räumlichen Marktabgrenzung) ist sehr schwierig, insbesondere wenn es sich um ortsbewegliche Risikoobjekte handelt.

Information

Wir dürfen unterstellen, daß sich durch den technischen Fortschritt der Informationsaustausch immer weiter verbessert. Aber das heißt noch nicht, daß jeder – Vermittler wie Kunde – auch über diese Informationen verfügen kann, will und soll.

In der Wirtschaftswissenschaft wird oft von perfekten Märkten gesprochen. Das sind Märkte, auf denen alle Informationen für jeden Marktteilnehmer zur Verfügung stehen (die Theorie arbeitet ebenso mit abstrakten Modellen). In der Praxis ist das aber nie möglich, und man kann sich fragen, ob der freie Markt nicht gerade wegen der unvollständigen Informa-

---

11 Siehe das Buch des Amerikaners R. B. Reich, The work of nations (1992). Er gelangt zu der Schlußfolgerung: „There will be no *national* products and technologies, no national corporations, no national industries. There will no longer be national economies, at least as we have come to understand that concept. All that will remain rooted within national borders are the people who comprise a nation. Each nation's primary assets will be its citizens' skills and insight. Each nation's primary political task will be to cope with the centrifugal forces of the global economy which tear at the ties binding citizens together – bestowing even greater wealth on the most skilled and insightful, while consigning the less skilled to a declining standard of living. As borders become ever more meaningless in economic terms, those citizens best positioned to shrive in the world market are tempted to slip the bonds of national allegiance, and by so doing disengage themselves from their less favored fellows" (page 3).

tion funktioniert. Anders ausgedrückt: Wird das Vergnügen des Handeltreibens nicht gerade durch Informationsunterschiede verursacht?

Die Versicherungsunternehmung benötigt andere Informationen als der Kunde, weil der Versicherer in vielen Risikomärkten operieren will (Produkte und neue Ideen werden auf diese Weise auch einfach verbreitet werden können). Er wird auch den besten Zugang zu den Informationen haben.

Der Versicherungsnehmer ist nicht an soviel Informationen interessiert, er beschränkt sich auf seinen eigenen Risikomarkt. Ob er diese Informationen durch „shopping" erhält oder durch Einschaltung eines Vermittlers, ist seine eigene Entscheidung.

Der Vermittler befindet sich, was die Informationsverarbeitung betrifft, gerade zwischen Versicherer und Versicherungsnehmer. Er will und muß in mehreren Risikomärkten operieren, und deshalb braucht er Informationen über diese Märkte, allerdings in geringerem Umfang als die Versicherer.

Für die dezentral organisierte Informationsverarbeitung benötigt man ein umfassendes Netzwerk, vor allem aber eine übereinstimmende Interpretation der Daten.

Einfluß der Konsumenten

In den vorangehenden Abschnitten hat sich gezeigt, daß der Konsument kaum einen direkten Einfluß auf den Preis hat. Oder es ist die Konkurrenz um den Kunden, die den Preis niedrig hält; doch das ist nicht mehr als ein abgeleiteter Einfluß. Dasselbe läßt sich für den Freiraum des Versicherers sagen, Versicherungsanträge anzunehmen oder nicht. Lange Zeit hat dies unverändert gegolten.

Seit einigen Jahrzehnten beobachten wir ein zunehmendes Interesse von Verbraucherschutzorganisationen an Versicherungen. Doch ist ihr Einfluß meistens auf einen Preisvergleich und eine Überprüfung der Versicherungsbedingungen (sowie diesbezügliche Änderungsvorschläge) beschränkt. Eine kritische Einstellung, vor allem in bezug auf die Folgen der Versicherungen, sehen wir auch bei den Medien. Die versicherungsmathematischen Beratungsstellen sind hingegen mehr als Gegenspieler für die Versicherer anzusehen, insbesondere wenn es um das Preisniveau geht (wie z. B. in den Niederlanden bei Verträgen mit Pensionskassen).

In letzter Zeit ist noch etwas dazugekommen, nämlich der Druck der öffentlichen Meinung. Man hört gelegentlich, daß Versicherungen zu den notwendigen Gütern gehören. Dies hat in jüngster Zeit verschiedene Entwicklungen angestoßen. Die meisten finden wir im Bereich der Lebensversicherung. Es fing an mit dem Erkennen von AIDS. In vielen Ländern war feststehende Meinung in der Gesellschaft, daß die Versicherer keinen HIV-Test verlangen dürften. Das Hauptargument war, daß man die Betroffenen nicht mit dieser Krankheit konfrontieren sollte (sie ist immer noch unheilbar). In den Niederlanden wurde eine Grenze (von HFL 200 000,- Vertragssumme) vereinbart, bis zu der kein HIV-Test verlangt werden sollte. Doch muß man mit einer bestimmten Selektion durch die Versicherungsnehmer selbst rechnen. Fast gleich danach konzentrierte sich die öffentliche Diskussion auf die Genforschung. Hier gilt ein anderes Argument: Entweder hat man eine genetische Anomalie, oder man hat sie nicht; sie ist im wörtlichen Sinne „angeboren". Weil eine Genprüfung in großem Ausmaß noch nicht möglich ist, haben die Versicherer in den Niederlanden zeitweilig dieselbe Regelung wie beim HIV-Test verwendet, auch aufgrund der Überlegung, daß der Durchschnittsversicherte diese Erkenntnis auch nicht hat.

Einige Leute in den Niederlanden hat dies veranlaßt, sehr weitgehende Forderungen zu stellen: Für alle *notwendigen* Versicherungen (was „notwendig" ist, bleibt völlig unklar), soll ein Annahmezwang zu normaler Prämie gelten. In der Krankheitskostenversicherung in den Niederlanden haben wir dies bereits (zumindest in gewissem Maße für bestimmte Gruppen).

Diese Art von Einfluß des Konsumenten stört den freien Markt sehr. Sie verlangt implizit die Durchsetzung bestimmter Transferzahlungen (Solidarität), welche entweder durch die Versicherer freiwillig organisiert oder vom Staat vorgeschrieben werden müssen.

Staatseingriffe

Da wir den freien Markt schon vor Augen haben, sind die Aufgaben für den Staat beschränkt, aber nicht unwichtig.

Der Staat hat vier Aufgaben im Versicherungsmarkt:

- bestimmte Dinge zu stimulieren,
- bestimmte Wünsche der Konsumenten zu realisieren,
- bestimmte Belange der Konsumenten zu schützen,
- die Sicherheit zu gewährleisten.

Daß der Staat bestimmte Aktivitäten stimuliert, kennen wir aus der Wirtschaftswissenschaft. Meistens handelt es sich dabei um die Erhöhung der Beschäftigung usw. Auf Versicherungsmärkten sehen wir das vor allem in der Förderung des Sparens, z. B. für die Altersversorgung (wobei indirekt auch die Beschäftigung eine Rolle spielt).

Bestimmte Wünsche des Konsumenten zu realisieren, ist etwas, das wir nicht so direkt aus der Wirtschaftswissenschaft kennen, die sich mehr mit möglichst niedrigen Preisen bzw. möglichst hohen Einkommen beschäftigt. Verbraucherschutzorganisationen, Medien, vor allem aber auch die Vermittler registrieren regelmäßig Wünsche der Verbraucher in bezug auf Art und Umfang von Versicherungsschutz. Der Staat ist hier kaum beteiligt, abgesehen vom Bereich der sozialen Sicherheit.

Doch der Staat ist involviert, wenn es um den Konsumentenschutz geht. Dies ist ein Problemfeld mit zwei Seiten. Zunächst ist da die Frage der Bezahlbarkeit. Das sehen wir z. B. in der Krankheitskostenversicherung. In der übrigen Wirtschaft kommt dies bei bestimmten Produkten vor, die Grundbedürfnisse abdecken. Daneben schützt der Staat die entsprechenden Personen bzw. betroffene Dritte. So gibt es bestimmte Pflichtversicherungen (in Feuer zur Sicherung eigener Belange, in Haftpflicht für die Interessen Dritter).

Die wichtigste Aufgabe des Staates ist, die Solidität (der Versicherungsansprüche) zu gewährleisten. Im absoluten Sinne ist das unmöglich, aber der Staat setzt Regeln, deren Einhaltung diese Sicherheit so gut wie möglich gewährleisten sollen. Die Normen beinhalten vor allem Vorgaben für die ausreichende Höhe der Rückstellungen und des Eigenkapitals.

Geachtet werden muß zusätzlich auf die Art der Kapitalanlagen, insbesondere soweit sie den Rückstellungen gegenüberstehen, aber auch auf die Rückversicherung.

Der Staat wird diese Aufgabe meistens einer Aufsichtsbehörde übertragen. Dabei muß man bedenken, daß es ein Spannungsverhältnis gibt zwischen einer intensiven Aufsicht, die teuer ist und die Wahlfreiheit der Versicherten beschränkt, und einer extensiven Aufsicht, bei der objektiv gesehen ein Insolvenzrisiko bestehen bleibt.

Neben diesen Aufgaben hat der Staat in letzter Zeit noch eine andere Aufgabe bekommen. Seit altersher hat der Staat die Sozialversicherung überwacht, sowohl im Hinblick auf die Leistungszusagen als auch in bezug auf die Finanzierung. Dies war auch der Fall, wenn die praktische Umsetzung der Sozialversicherung ganz oder teilweise durch private Versicherer übernommen wurde.

In einem Stadium wirtschaftlicher Entwicklung, in dem der Spielraum des Staates abnimmt, beobachten wir in vielen Ländern, daß der Umfang der Sozialversicherung zunehmend eingeschränkt wird. Der Staat zieht sich immer mehr zurück, und die dadurch freigewordenen Betätigungsfelder werden ganz oder teilweise durch Privatversicherer übernommen.

Die Sozialversicherung enthält im Grunde verschiedene Solidaritätselemente[12]. Diese haben ihren Ursprung vor allem in zwei Forderungen:

– die Versicherungsleistungen sollen für jeden zur Verfügung stehen,
– sie sollen für jeden bezahlbar sein.

Die erste Forderung impliziert, daß jede Person ungeachtet ihres Risikos aufgenommen werden muß. Im Prinzip ist das ein Widerspruch zu den Grundlagen der Privatversicherung. Das zweite Postulat impliziert die Einführung von systematischen Geldtransfers zwischen bestimmten Gruppen von Versicherten. Auch das ist ein Widerspruch zu den Prinzipien der Privatversicherung, wie sie auf einem traditionellen freien Markt gelten.

Beide Postulate sind eng an die Existenz der heutigen Landesgrenzen gekoppelt.

Zur Realisation dieser Forderungen haben die Versicherer die Wahl, entweder selbst eine Lösung durch Übereinkunft zu finden oder die Regelungen des Staates zu akzeptieren. Die erste Alternative wird schwierig umzusetzen sein, denn selbst wenn ein Konsens erreicht worden ist, können neu am Markt auftretende Versicherer diesen einfach zerstören. Die Praxis wird zeigen, daß diese Probleme nicht völlig ohne gesetzliche Regelungen des Staates gelöst werden können.

Solche Forderungen unterstellen, wie wir schon mehrere Male konstatiert haben, ein bestimmtes Maß an Solidarität. Versicherungssysteme, auch die Privatversicherung, können ohne Solidarität nicht existieren. Solche Solidarität ist aber immer nur innerhalb einer beschränkten Gruppe zu erreichen, die sie dann auch will. Wenn wir nun von Märkten, die mit den bisherigen Ländern zusammenfallen, zu Risikomärkten kommen, kann die Aufrechterhaltung solcher Solidarität sehr schwierig werden. Das bedeutet eine beachtliche Verhärtung des Marktverhaltens[13].

Der Staat wird nicht immer eine Lösung anbieten können, weil wir überhaupt nicht wissen, um welchen Staat es sich handeln wird.

---

12 Wir unterscheiden verschiedene Formen der Solidarität. Zum einen sind die *Chancen-Solidarität* (bei vollständiger Information) zu nennen, die eigentlich die echte Individualversicherung kennzeichnet, und daneben die *Unbekanntes-Risiko-Solidarität* (eine Folge unvollständiger Information), die auch ein Teil der üblichen Individualversicherung ist. Zum anderen haben wir die *Bekanntes-Risiko-Solidarität* (oder auch *subventionierte Solidarität*), bei der bestimmte Gruppen von Versicherten andere Versicherte mit Transferzahlungen subventionieren. Das ist in offenen Versicherungssystemen (freier Ein- und Austritt) wie beispielsweise in der Privatversicherung im Prinzip nicht möglich. Wir finden diese Art der Solidarität in einigen geschlossenen Sozialversicherungssystemen in den Ausprägungen *Einkommenssolidarität, Alterssolidarität, Gebietssolidarität* usw., aber auch als *Solidarität zwischen Generationen.* Vgl. G. W. de Wit und J. van Eeghen: „Rate making and society's sence of fairness", ASTIN Bulletin 1984, vol. 14 Nr. 2.
13 Siehe auch das Zitat aus dem Buch von Reich, Fußnote 11.

Conclusio

Die voranstehenden Ausführungen kann man wie folgt zusammenfassen:

Der freie Markt für die Dienstleistung Versicherung unterscheidet sich nicht wesentlich von dem Marktbegriff, den wir allgemein in der Wirtschaftswissenschaft antreffen. Es ist die Rede von einem dynamischen Markt. Der Staat tritt dabei sowohl markterhaltend als auch marktlenkend auf.

Der weltweite Gesamtmarkt („global market") wird sich in Risikomärkte aufteilen; diese werden für die verschiedenen Produkte unterschiedlich abgegrenzt werden.

Versicherungsnachfrager werden sich innerhalb eines Risikomarktes bewegen.

Vermittler als Intermediäre werden sich auf einer begrenzten Anzahl von Risikomärkten bewegen.

Versicherer werden sich (als lokale Versicherer) auf einer Reihe von Risikomärkten oder (als „global players") auf allen Risikomärkten bewegen.

Der Staat wird innerhalb jedes Risikomarktes eine möglichst gute Solvabilitätskontrolle durchführen.

Wenn notwendig, wird der Staat Regelungen zur Umsetzung sozialpolitischer Forderungen einführen, wie z. B. Annahmezwang und Bezahlbarkeit der Versicherung für jedermann. Die Schwierigkeit bei diesem letzten Punkt ist, daß die Grenzen der Risikomärkte nicht mit den heutigen Landesgrenzen zusammenfallen werden.

Wenn der Staat weitere Aufgaben an sich zieht (z. B. mehr Regulierung), dann wird man sich immer mehr von einem freien Markt entfernen mit der Folge höherer Preise und geringerer Wahlfreiheit.

Dasselbe gilt für den Kunden. Je mehr Einfluß er auf die Preise und auf die Bedingungen ausübt, desto größer wird der Einfluß des Staates – mit dem gleichen beschriebenen Ergebnis – werden.

The UK Insurance Industry and the European Community

Robert L. Carter

The interaction between the UK insurance industry and the creation of a single insurance market within the European Community has been a two way affair. The UK has influenced the philosophy underlying the regulatory framework of the market while the response of EC and third country insurers has affected the behaviour, performance and structure of the UK industry.

The UK insurance industry

The UK domestic insurance industry, composed of over 400 active insurance companies and groups plus *Lloyd's of London,* is one of the largest and most highly developed industries in Europe measured by premium expenditure (see Tables 1 and 2).

It has always been a relatively lightly regulated industry, with the government having focused upon the prudential regulation of insurance companies, though over the last thirty years the powers of the Department of Trade and Industry have been extended in regards to the authorisation of companies, the extent of the annual returns required from insurers, the valuation of assets, the grounds for intervening in a company's affairs and the range of corrective actions it can take. However, premium rates, contract terms and investment policy remain matters left to the commercial judgement of individual insurers.

The supervisory environment has fostered competition, particularly since the breakdown of the fire, motor and accident insurance tariffs in the 1970s. That competition has been reinforced by the ease of market entry for new UK and foreign companies, aided by an extensive independent agent market for both personal and commercial insurances[1].

---

1 Not all new entrants have relied on brokers. The new life offices set-up in the 1970s to write unit-linked life assurances relied mainly on their own direct sales forces, and the direct writer, Direct Line, which was established by the Royal Bank of Scotland in 1984, is now one of the largest insurers for personal motor insurances.

Table 1: Premium expenditure in the EC, 1991

	Total US$mn	Life US$mn	Non-life US$mn
Belgium	9,090	2,659	6,430
Denmark	6,492	2,942	3,549
France	80,568	44,112	36,455
Germany	104,343	40,561	63,782
Greece	1,209	572	637
Ireland	4,444	2,555	1,889
Italy	34,520	9,193	25,327
Luxembourg	517	196	321
Netherlands	25,916	14,091	11,825
Portugal	2,647	702	1,945
Spain	20,512	6,237	14,275
UK	114,675	75,975	39,078
Switzerland	20,382	11,699	8,683
Japan	307,772	225,559	82,212
USA	486,782	202,891	283,891

Source: Swiss Reinsurance Co, World Insurance in 1991, *Sigma*, 4/93, 1993.

Note: Germany – gross premiums earned.

Insurance consumers have benefited from product innovation and generally lower, more discriminatory premium rates than in most EC member states[2]. Life insurers in particular have developed a far wider range of life, pensions and investment contracts, especially equity-based products, than are available in most other European countries. Competition does have its downside, but personal policyholders are protected by the financial guarantees provided under the Policyholders Protection Act 1987[3].

---

2   "The Economics of 1992", in *European Economy*, No. 35, March 1988 (Cecchini Report); R. L. Carter and E. V. Morgan, Freedom to Offer Life Insurance Across EEC State Boundaries (London: Economists Advisory Group Ltd., September 1986).
3   J. Finsinger, E. Hammond and J. Tapp, Insurance: Competition or Regulation? (London: Institute for Fiscal Studies, 1985).

Table 2: Premium expenditure in the EC, 1991

	Total premiums US$mn	Premiums per capita		Premium as % of GDP	
		Life US$	Non-life US$	Life %	Non-life %
Belgium	9 090	270.3	653.5	1.2	2.9
Denmark	6 492	571.3	689.2	2.1	2.5
France	80 568	773.2	639.0	3.4	2.8
Germany	104 343	505.3	794.6	2.2	3.5
Greece	1 209	56.9	63.4	0.8	0.9
Ireland	4 444	726.0	536.6	5.4	4.0
Italy	34 520	161.1	443.9	0.7	2.1
Luxembourg	517	510.3	833.4	2.0	3.3
Netherlands	25 916	935.7	785.2	4.5	3.8
Portugal	2 647	66.4	183.8	1.0	2.6
Spain	20 512	159.8	365.8	1.1	2.5
UK	114 675	1317.7	681.2	7.0	3.6
EC average		504.5	555.8	2.6	2.9
Switzerland	20 382	1 723.0	1 278.7	4.8	3.5
Japan	307 772	1 820.5	663.5	6.2	2.3
USA	486 782	803.2	1 123.9	3.6	5.0

Source: as Table 1.

Measured by the proportion of premium income obtained from the insurance and reinsurance of overseas risks, the UK's insurance industry is second only to the Swiss in the international scope of its activities. Around 9 % of the total non-marine business written by the companies in the UK, and two-thirds of *Lloyd's* business, relates to the insurance and reinsurance of overseas risks. In addition almost one-third (£10.4bn.) of the companies' 1992 total non-life net premium income and one-fifth (£9.2bn) of their total life premium income was written through overseas branches and subsidiaries[4]. However, the development of the industry's overseas business over the last decade has been disappointing in a number of respects, notably:

---

4 Association of British Insurers, Insurance Statistics, 1988–1992.

- Overseas premiums as a proportion of total non-life business have been declining in contrast to the overseas business of its main European competitors (see Table 3).

- The proportion of the UK companies' total life and non-life premium incomes derived from Europe is no higher now than it was prior to the Establishment Directives. In 1992 the EC accounted for only 9.9 % of the companies' worldwide non-life written premiums against 11.7 % in 1975, and 5.5 % (5.4 % in 1975) of Ordinary Life premiums. The major UK companies have generally been outpaced in the race to become pan-European insurers by their main Continental competitors through a series of mergers, acquisitions and cross-shareholdings. *Allianz,* for example, acquired the second largest Italian company, *RAS,* in 1986, the British company *Cornhill* in 1987, and the French *VIA/Rhin et Moselle* in 1989[5]. Consequently the major Continental insurers now generally command substantially larger shares of the EC national markets than the major UK companies. Indeed over the last two years there has been some retrenchment by UK companies with, notably, *Prudential's* sale of its Belgian non-life subsidiary, *Guardian Royal Exchange's* disposal of its newly acquired Italian companies, and *Royal's* disposal of its shareholding in the *Aachener und Münchener,* and the sale to *EPIC (European Partners for Insurance Cooperation),* in which it has a one-third interest, of its large Dutch subsidiary. However, in 1993 the *Sun Alliance* did acquire the non-UK business of the failed Danish insurer, *Hafnia.*

- The UK industry's overseas business traditionally has been and continues to be heavily concentrated on North America, with the USA remaining its largest single source of overseas business[6], and the Commonwealth countries. In the face of difficult trading conditions the UK insurance groups' share of the US property/casualty market has been declining for more than a decade[7]. On the other hand, UK insurers have made a number of substantial acquisitions of life companies in North America, notably *Prudential's* acquisition of *Jackson Life.*

Finally, UK insurers have been declining in size relative to other major insurers. Although UK companies still figure high in the list of the largest European insurers, they are significantly smaller than the major American and Japanese companies (see Figure 1); and the largest UK companies have been overtaken by major German, French and Swiss insurers.

---

5   Hans-Berndt Schittek, "Managing a European Strategy", Papers presented to the Eleventh International Reinsurance Seminar (London: LIRMA, 1993).
6   In 1992 the companies' total US premiums (excluding the Farmers Group) were £3.8bn non-life and £2.9bn life: Association of British Insurers, op cit.
7   In 1988, however, the UK industrial conglomerate BAT Industries PLC acquired the large American property-casualty insurer, the Farmers Group.

Table 3: Development of the overseas establishment non-life insurance business of UK, French, German & Swiss insurers

Year	United Kingdom			France*		
	Foreign premiums written		As % of total premiums	Foreign premiums written		As % of total premiums
	£mn	US$mn	%	FFrbn	US$mn	%
1980	3,550	8,452	43.6	n.a.	n.a.	n.a.
1985	6,743	9,777	42.7	18.3	2,420	6.8
1986	7,693	11,309	40.7	21.0	3,250	7.0
1987	7,200	13,464	36.5	22.0	4,120	6.6
1988	7,673	15,730	35.0	46.8	7,724	11.4
1989	9,128	14,696	36.3	79.5	13,757	16.1
1990	8,582	16,563	33.7	101.1	20,979	18.9

Year	Germany			Switzerland		
	DMbn	US$mn	%	SFrbn	US$mn	%
1980	0.8	408	2.2	n.a.	n.a.	n.a
1981	n.a.	n.a.	n.a.	4.0	2,222	40.4
1985	3.8	1,545	3.5	5.6	2,692	41.5
1986	5.9	3,040	5.0	6.0	3,704	41.4
1987	10.6	6,650	8.3	6.2	4,851	40.5
1988	15.9	8,930	11.0	10.4	6,915	51.7
1989	18.9	11,100	12.2	11.6	7,503	52.4
1990	26.9	18,005	15.2	11.1	8,605	49.8

Sources: UK – Association of British Insurers
Germany – Gesamtverband der Deutschen Versicherungswirtschaft, *Deutsche Versicherer im Ausland,* 1991
Switzerland – Swiss Insurance Association
France – French Insurance Association

Notes: 1. Premiums for UK relate to business written by overseas subsidiaries of UK companies.
2. Premiums for Germany are for overseas agencies, branches, associated companies, and subsidiaries. From 1988 receipts by minority holdings are shown as a proportion of the share.
3. Premiums for the French industry include both life and non-life insurances: in 1990 the non-life premiums of overseas subsidiaries were FFr59.3bn, a 273 % increase over 1989.

Figure 1: Largest insurers – 1990 premiums

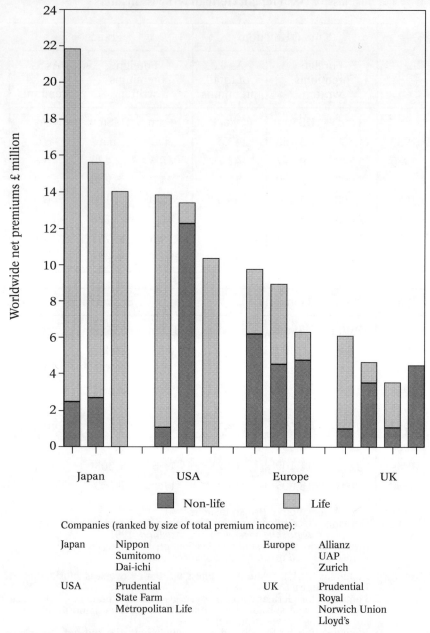

Companies (ranked by size of total premium income):

Japan	Nippon Sumitomo Dai-ichi		Europe	Allianz UAP Zurich
USA	Prudential State Farm Metropolitan Life		UK	Prudential Royal Norwich Union Lloyd's

Note: the Allianz figures do not include the premium income of Fireman's Fund which was acquired in 1991.

The creation of the single European Market

Michel Albert[8] has characterised European insurance markets as comprising two models, the Alpine system in which "insurance is a means of organising community solidarity", and the "maritime model" with "profitable management, through speculation, of individual risk" as its operating principle[9]. Germany and Switzerland are cited as the creators and upholders of the former model, with the UK and the USA the main homes of the latter. His belief in the superiority of the Alpine model with its emphasis on the community of interests between companies and consumers are, however, not shared by either all other European economists[10] or by the European Commission which advocated deregulation of national markets as a condition for the creation of the single market.

After negotiations spanning two decades, the EC member governments finally agreed to implement a liberal regulatory regime based on home-country control, much to the satisfaction of the UK insurance industry which had been its main proponent. Consequently when the two Third Insurance Directives are implemented in July 1994 the insurance markets of most other member states will, insofar as they have not changed already, have to adapt to competition on premium rates and contract terms.

The UK also strongly campaigned for Europe to adopt a liberal trading policy in its dealings with third countries. The mirror-image "reciprocal treatment" provisions initially proposed by the European Commission, were seen in Britain as providing "a cloak for the protection of domestic industries"[11]. When in response to pressure from America and Japan the amended "national treatment" provisions were eventually incorporated into the Second Life Insurance and the Second Motor Insurance Directives the change of policy was applauded by the UK industry. However, there remains some concern that the requirement of "equal access to markets" for Community insurers could still create some problems.

---

8 Michel Albert, Capitalism Against Capitalism, p. 86 (London: Whurr Publishers, 1993).
9 The two models have been alternatively labelled the "Risk Community Model" and the "Competitive Entrepreneurial Model": R. Eisen, W. Müller and P. Zweifel, "Entrepreneurial Insurance: A New Paradigm for Deregulated Markets", The Geneva Papers on Risk and Insurance, No. 66, January 1993.
10 See, for example: Finsinger, Hammond and Tapp, op cit.; R. Eisen, W. Müller and P. Zweifel, ibid.
11 Trade and Industry Committee, House of Commons, Financial Services and the Single European Market, HC 256, para. 86 (London: Her Majesty's Stationery Office, 1989).

The impact of the single market on the UK insurance industry

The opportunities

Entry to the European Economic Community was high on the British government's political agenda in the early 1970s, and the major UK insurance companies too began to turn their eyes to the Continent as an area for geographical diversification and expansion.

Although the First Non-life and Life Insurance "Establishment" Directives giving Community insurers the right to establish branch offices or subsidiary companies in other member states were not implemented until 1976 and 1981 respectively, the first half of the 1970s was a period of relatively rapid expansion for UK insurers in Europe[12]. Between 1971 and 1975, after allowing for the effects of sterling depreciation, UK insurers more than doubled their EC net non-life premium incomes and increased their life premiums more than five-fold. EC business expressed as a percentage of company total premiums rose from 7.4 % to 11.7 % of non-life premiums and from 1.3 % to 5.4 % of total Ordinary life premiums[13].

It was a period of optimistic anticipation of the speedy breaking down of the barriers to trade in Europe. UK insurers and brokers saw their experience of competing on price, contract terms and product innovation as their main competitive advantage over their Continental rivals[14]. Therefore, they viewed the EC's insurance programme as an opportunity to exploit in Europe the advantages of the commercial freedom they possessed at home.

Freedom of Establishment: the two first Insurance "Establishment" Directives, whilst giving Community insurers the right to establish in other member states on the same conditions as national companies, left governments free to regulate their own national markets. Therefore, the industry effectively remained divided into twelve separate markets[15], and UK insurers were still denied the opportunity to exploit their main competitive strengths in competing for business in the markets they entered[16]. Never-

---

12 Commercial Union, for example, acquired companies in Belgium and Holland. John Carter, "Managing a European Strategy" in Papers presented at the Eleventh International Reinsurance Seminar, 1993.
13 R. L. Carter, "The economic and the financial implications of the EEC for UK insurance" in CII Journal, New Series, vol 1, Part 1, December 1976.
14 R. L. Carter and D. Greenaway, The Implications for the UK Insurance Industry of Economic and Monetary Union in the European Community (London: Association of British Insurers, 1991).
15 Bill Pool, The creation of the internal market in insurance, p. 37 (Luxembourg: Office for Official Publications of the European Communities, 1990).
16 Bill Pool, The creation of the internal market in insurance, p. 37 (Luxembourg: Office for Official Publications of the European Communities, 1990); Equity and Law, for example, were unable to introduce their new immediate term life contract to the German market until it was approved by the supervisory authority in 1979 and available to other insurers.

theless, as during the late 1980s the prospect of the single market drew closer, so the major UK companies followed their Continental rivals in seeking footholds in other European countries, particularly in the faster growing, under-developed markets of southern Europe.

Freedom of services: the enthusiasm with which the UK industry greeted the Coinsurance Directive of 1978 as the first step towards the creation of a single European market quickly gave way to frustration because of the restrictive interpretation by some member states of "risks of such nature and size" that are coinsured, and the location of the leading insurer, which reduced the scope for cross-frontier business.

When the freedom to trade across frontiers in credit, marine, aviation, transport and "large risks" insurances was eventually realised in July 1990 through the *Second Non-life Insurance "Services" Directive 1988* conditions had changed. Most UK companies were already beginning to feel the effects of the deepening economic recession, and the London market, including *Lloyd's*, had been badly hit by a series of catastrophes at home and abroad, leading to company withdrawals and falling underwriting capacity[17]. Moreover the UK non-life insurers had virtually lost their main competitive advantage of a near monopoly within the EC of experience in operating under the new deregulated market conditions. The French and German industries had already begun to adapt to the Directive's deregulation provisions, and the acquisition of UK companies by major European companies had given them direct access to such market knowledge and experience. Consequently though UK companies gained the right to participate in the insurances of European large risks, their own domestic market came under attack from Continental insurers[18].

However, UK life offices remained bouyant, and welcomed the 1990 *Second Life Insurance "Services" Directive* which gave EC residents the right, acting on their own initiative, to effect cross-frontier life insurances as from May 1993. A small amount of European business was already written in London, and although the UK life offices did not expect any large inflow of business from the Continent they did see the Directive as the first positive move towards a single market.

The single market: in July 1994 the single market will become a *legal* reality as a competitive, largely deregulated market with supervision being exercised by each insurer's home supervisory authority. Insurers recognize, however, that most personal and small trade buyers of insurance will still

---

17 Lloyd's membership which had peaked at over 30,000 in the late 1980s has now fallen to under 20,000.
18 By December 1991 55 European insurers (including 15 German and 12 French companies) had given notice of their intention to write UK cross-frontier business. By end-1992 the number of companies so authorised had increased to 84.(Department of Trade and Industry, Insurance: Annual Report, 1991 and 1992).

prefer to buy from locally established insurers, and even for "large risks" most buyers will want to be sure that an insurer seeking to sell its products across national frontiers is capable of providing locally full pre- and post-sales servicing facilities. Moreover, differences in language, culture and customs, will long remain obstacles to trade within Europe.

There is widespread agreement that low-cost distribution systems capable of supplying the services required by different types of customer will be the key to future success[19]. UK insurers seeking to enter Continental markets, particularly for personal insurances, face the obstacle of securing distribution channels in markets dominated by tied-agencies and in some countries well-developed bancassurance networks.

UK insurers also view the future with some caution in that:

– Not all member countries are so prompt as the UK in introducing the changes to their national laws which are necessary to implement EC Directives[20].

– There is some concern that the Third Insurance "Framework Directives" provision permitting supervisory authorities to prevent the sale by insurers located in other member states of insurance products which they may deem to conflict with any legal provisions protecting "the public good" may be used by some member states to frustrate the operation of the Directives[21].

– The EC playing field will still remain far from level, not least in relation to taxation. The 1992 European Court of Justice decision to uphold the right of the Belgian government to refuse to allow a resident German national (Bachmann) to deduct from his taxable income premiums for life, pension and health insurance paid to insurers located in Germany seriously undermines freedom of services for life insurance[22].

The threats

The UK market: the threat to UK insurers in their own domestic market is already self-apparent from the number of takeovers of UK companies by

---

19 Rolf Huppi, "Distribution Channels in the Open European Market" in Papers presented at the Eleventh International Reinsurance Seminar, op cit.
20 In 1990 the House of Lords noted that in Italy only 20 % of the national legislation required to convert existing insurance directives into national law had been adopted: House of Lords Select Committee on the European Communities, 12th Report, session 1990–91 A Single Insurance Market, HL 59 (London: HMSO). Bill Pool noted that several states were very late in implementing the First Life Insurance Directive, op cit., p. 37.
21 Pool recognized the difficulties of providing for intervention by host states on grounds of "the public good", op cit., p. 59.
22 Humbert Drabbe, "Regulation, Supervision and Taxation" in Papers presented at the Eleventh International Reinsurance Seminar, op cit.

European and other insurers (see Table 4). Consequently foreign insurers have substantially increased their share of the UK market. Measured by net premiums, in 1970 the foreign-controlled share of the UK non-life market (excluding Lloyd's) was estimated to be 14 %; today it is around one-quarter, and around one-half for reinsurance. Likewise the foreign share of the life market has increased from almost 12 % to around one-fifth. As in other EC countries, market entry has brought an increase in competition in all market sectors.

Table 4: UK insurers acquired by EC and other foreign insurers

Year	UK company	Acquiring company
1987	St. Katherine Cornhill Equity & Law Life	St. Paul (USA) Allianz (Germany) AXA-Midi (France)
1988	Sentry (UK)	Assurances Generales de France (France)
1989	Chandos (renamed Sirius) Pearl General Portfolio Life Prolific Life Windsor Life Pioneer Life	Sirius (Sweden) Australian Provident Mutual (Australia) Generales d'Assurances de Nationale (France) Hafnia (Denmark) New York Life (USA) Swiss Life (Switzerland)
1990	National Employers Mutual (UK & Irish portfolios) Victory Re	AGF (France) Nederlandse Reassurantie Groep (Netherlands)
1991	Insurance Services Group of ECGD Regency Life	NCM Credit Insurance (Netherlands) Aegon (Netherlands)
1992	Municipal Mutual	Zurich (Switzerland)
1993	Scottish Equitable Life	Aegon (Netherlands)

Note: UAP (France) first acquired a 26 % holding in Sun Life and now has a 50 % share in Sun Life in partnership with the South African insurer Liberty Life.

The size and sophistication of the life market, and the level of investment expertise developed by the life offices, makes it attractive for foreign insurers, though the regulatory costs imposed by the Financial Services Act 1986 may be a deterrent to some.

Takeover: UK companies are more exposed to hostile takeover than their Continental rivals not only because of differences in corporate culture but also because of:

- differences in accounting standards which make it more difficult to judge a company's value (though the implementation of the Insurance Accounts Directive as from 1995 will bring some convergence of accounting practices);

- stock market pressures on UK companies to distribute a higher proportion of their earnings and take a shorter-term view than Continental insurers[23];

- the range of devices which are available to European insurers to bid-proof themselves from hostile takeover bids, such as an ability to restrict voting rights for certain classes of shareholders, or to refuse to register shares acquired by possible hostile bidders[24];

- the cross-shareholdings between companies, and in some cases close relationships with banks.

It is generally accepted that there will be a drastic reduction in the 2,000 or so companies currently operating in the Community, and the UK domestic industry will not be immune to such developments. Coupled with the impaired financial strength of most of the major composites and non-life insurers, and the fall in the value of the pound sterling, UK companies are now particularly vulnerable to take-over.

Taxation: both life and non-life insurance companies believe that they are tax disadvantaged compared with their main European competitors. UK companies, for example, do not enjoy either the tax-free roll-up of life funds or tax relief for transfers to non-life equalisation or catastrophe reserves[25], though the UK government is considering the latter[26].

---

23   Claude Bébéar, "UK Insurance Markets – a view from across the Channel", The Journal of the Chartered Insurance Institute, July 1992; Michel Albert, op cit.
24   Following the French insurer AGF's acquisition in 1992 of an additional 18 % interest in Aachener und Münchener, taking its total stake to 25 %, A & M refused to register the additional shares.
25   See R. L. Carter. An Economic Study of the UK Non-Life Insurance Industry and its Main European Competitors – A Case for Action by Government, a report prepared for the Association of British Insurers, August 1992.
26   Inland Revenue and Department of Trade & Industry, Equalisation Reserves for Insurance Companies' Non-Life Business: A Consultation Document, 1993.

It is inconsistent with the concept of a single market that both Ireland (with the Dublin International Financial Services Centre) and Luxembourg have been permitted to create low-tax locations for reinsurance and captive insurance companies in direct competition with the established international markets within the EC. Also following the implementation of the UCITS Directive some life insurers have located their European unit trust operations in Luxembourg to take advantage of its favourable tax situation.

The London market: London's strength has long lain in the presence of *Lloyd's*, with its worldwide reputation for innovation, and a company market geographically concentrated in the same area, providing brokers with the means of spreading large risks among many insurers. Now information technology is beginning to enable brokers to offer business just as easily to insurers located elsewhere. The cooperation between the London network (LIMNET), the Brussels-based reinsurance network (RINET) and the American associations (BRMA and the RAA) offers the prospect of a system for the placing of business electronically around the whole world. Some European companies now operating in the London market could decide to pull back their operations into their head offices[27].

Finally, the single market is likely to promote further integration of industrial and commercial companies into larger groups capable of retaining yet more of their own risks, probably through the establishment of captives located in the tax havens. That will cause a further loss of premium income to conventional insurers in markets like London.

Third country markets: The dependence of UK insurers on third country business leaves them more heavily exposed than most other EC insurers[28] to possible trade retaliatory measures against the EC in the event of an international trade war.

Conclusions

From the outset UK insurers and the larger brokers saw the single market as offering new opportunities for expansion into Europe, but few would have imagined when Britain joined the Community how poorly placed many UK insurance companies would be to seize the opportunities of the single market when it finally becomes a reality in 1994. The UK industry, although collectively worst affected than most in Europe, is not alone in

---

27 In mid-1993 Munich Re announced that it was ceasing to write overseas treaty business in London.
28 However, that situation is beginning to change. The major French companies have been expanding their interests outside the EC, and the acquisition of the American insurer Fireman's Fund by Allianz in 1991 raised its 1992 foreign premium income close to 50 % of its total premium income (Hans-Berndt Schittek, op cit.).

that respect, as evidenced by the losses incurred and the failures of companies in other European countries.

There are some hopeful signs of better times ahead. Non-life insurance is expected to be back in profit in 1993, and *Lloyd's* business plan is on course, including the admittance to the market of corporate capital. Two UK life companies previously taken-over by Continental insurers, the *Life Association of Scotland and Prolific Life,* have recently been reacquired by UK life offices. And as the rest of Europe follows the UK in climbing out of recession, so the benefits for all insurers of economic growth generated by the completion of the single market should begin to materialise.

There is also a greater sense of realism throughout the European insurance industry regarding the opportunities and the threats confronting individual companies. A particular concern for the UK industry is where Britain will stand if the moves to greater economic and political union continue to go ahead, though one senses that it is not only the British that have doubts regarding that policy. However, whatever the future holds, 1994 is bound to be a momentous year!

Gedanken über die betriebswirtschaftlichen Herausforderungen an die ungarische Versicherungswirtschaft

Éva Ébli

I. Einleitende Bemerkungen

Ein Überblick über die Nachkriegsgeschichte des ungarischen Versicherungswesens zeigt, daß über Herausforderungen verschiedenen Charakters gesprochen werden kann. Darunter fallen lehrreiche Beispiele für betriebswirtschaftliche Herausforderungen ins Auge, auch wenn man nur einige wichtige Meilensteine bzw. Prozesse in dieser fast 50 Jahre dauernden Periode aufzählt.

Als Ausgangspunkt unseres Gedankengangs werden staatliche Funktionen ausgewählt, deren Intensität in der Durchführung mit der Zeit nachgelassen oder auch zugenommen hat. Unter diesen Funktionen werden der Staat als Risikoträger, der Staat als Versicherer sowie die staatliche Beaufsichtigung des Versicherungsmarktes verstanden.

Die Umwandlung der lange Zeit staatlich gelenkten ungarischen Planwirtschaft in eine Marktwirtschaft brachte bedeutende Änderungen in der Allokation der Risiken mit sich. In einer über viele Jahre währenden Periode hat die allgemein sicherheitsorientierte Haltung des Staates erheblich an Bedeutung verloren.

Die definitiv zentralorganisierte Risikotragung wurde durch dezentralisierte Systeme aufgelöst. Dieser Prozeß begann bereits mit der Wirtschaftsreform im Jahre 1968 und dauert heute noch an.

Gleichzeitig erfolgte eine Umstrukturierung der Natur, des Umfanges sowie der Schwerpunkte der Risiken. Beide Faktoren brachten ein erhöhtes Bewußtsein in der Gefahrtragung und der Bedeutung der Risikopolitik der verschiedenen Risikoträger mit sich.

Andererseits haben sich die wirtschaftlichen Verhältnisse der potentiellen Kunden stark polarisiert, für breite Schichten bedeutend verschlechtert. Die sich dadurch erhöhenden Chancen der Versicherungswirtschaft waren und sind mit einer betriebswirtschaftlichen Herausforderung verbunden, sowohl für das damals noch staatlich organisierte als auch für das privatwirtschaftlich organisierte Versicherungssystem der heutigen Zeit.

Im weiteren werden die Entwicklungen nachgezeichnet,

- wie die Schwerpunkte der staatlichen Aufgaben sich verschoben haben;

- wie sich die Funktion des Staates als Risikoträger und als Versicherer eingeengt hat;

- wie dagegen die Funktion der Beaufsichtigung des Versicherungsmarktes sich ausgeweitet hat;

- welche Tendenzen in der Risikopolitik der beiden Marktseiten – der Versicherer und der potentiellen Kunden – zu erkennen sind.

II. Änderungen in den Funktionen des Staates als Risikoträger

Der Staat übte in der ungarischen Wirtschaft jahrzehntelang einen dominierenden Einfluß auf die Allokation der Risiken aus. Dabei herrschte ein durch den Staat sehr stark zentralisiertes System der Risikotragung, das zugleich ein weitreichend zentralverwaltetes Umverteilungssystem war. Für die gesamte Zeit der Planwirtschaft gab es eine breite Basis ab für umfangreiche staatliche Schutz- und Sicherungssysteme, deren Funktionsfähigkeit durch immer mehr Schwierigkeiten beeinträchtigt wurde.

Die staatliche Umverteilungspolitik hatte gewisse Versicherungsfunktionen. Elemente des Solidaritätsgedankens waren in verschiedenen Formen anzutreffen. Selbst die verbreitete Praxis der Subventionierung brachte risikomindernde Wirkungen mit sich. Auch in Fällen, in denen man mit keinem, im voraus ausgebauten System hätte rechnen können, gab es Wege für Nothilfe oder Leistungen von seiten des Staates auf dem Kulanzwege.

Die staatliche Risikotragung läßt sich für Einkommensrisiken auf der einen Seite und für Risiken, die das Vermögen bedrohen, auf der anderen Seite getrennt prüfen.

Das am breitesten ausgebaute Sicherungssystem für die Einkommensrisiken verkörperte die Sozialversicherung. Wegen der weitreichenden Deckung der staatlichen Sozialpolitik und des staatlichen Gesundheitswesens war die soziale Sicherheit auf einem sehr hohen Niveau. Auch waren andererseits die Leute von gewissen Risiken, wie z. B. Arbeitslosigkeit, verschont geblieben, insbesondere auch deswegen, weil der Staat Vollbeschäftigung als ein stabiles Element seiner Sozialpolitik praktiziert hatte.

Da die existenziellen Risiken durch die staatlichen Sicherungssysteme praktisch abgedeckt waren, besaßen die private Lebens- und Krankenversicherung als Ergänzungsmöglichkeiten lange Zeit nur relativ untergeordnete Bedeutung.

Die vom Staat gebotene existenzielle Sicherheit hat dann jedoch sowohl in der Renten- als auch in der Krankenversicherung immer weniger ausgereicht. Aufgrund der bisherigen Automatismen hat das Umverteilungssystem als Basis der Rentenversicherung nicht funktionieren können. Die staatliche Finanzierung des Gesundheitswesens hatte ein Absinken des Versicherungsniveaus mit Deckungslücken zur Folge.

Bezüglich der Deckung von Sach- bzw. Vermögenswerte bedrohenden Risiken pflegte der Staat eine Zeitlang eine auf das Eigentum bezogene Betrachtungsweise. Für die sich im staatlichen Eigentum befindlichen Wirtschaftsorgane gab es eine unmittelbare staatliche Finanzierung der eingetretenen Schäden. Auf diese Weise hatte man in der Tat für eine beträchtliche Zeit die Industrie mit all ihren Risiken von einer versicherungsmäßig organisierten Risikodeckung ferngehalten.

Zur gleichen Zeit hatten die genossenschaftlichen wie auch die privaten Wirtschaftsorgane ihre Risiken selber zu tragen.

Die Auflösung der zentralen Risikotragung im staatlichen Bereich läßt sich auf das Jahr der Wirtschaftsreform 1968 datieren. Die staatlichen Unternehmen erhielten eine größere Selbständigkeit für ihre Wirtschaftsaktivität, was mit dem Zwang zur Übernahme der eigenen Risiken verbunden war. Zu deren Abdeckung stellte man auch entsprechende Mittel zur Verfügung; die Intensität der zentralen Umverteilung ließ etwas nach. Das zuvor erlassene Versicherungsverbot wurde aufgehoben.

Durch diese Reform wurde die bisher für die Versicherung verschlossene Tür auch im staatlichen Bereich geöffnet. Wenn auch nur schrittweise, trat bei den langsam selbständig werdenden Partnern eine bewußte Risikopolitik immer mehr in den Vordergrund.

Als eine institutionalisierte Form staatlicher Vorschriften war die Pflichtversicherung anzusehen. Es ist allerdings festzuhalten, daß der Staat diese Möglichkeit zur Intervention in die Vertragsfreiheit – abgesehen von einer kurzen Zeit in der Mitte der fünfziger Jahre und abgesehen von der Kraftfahrzeug-Haftpflichtversicherung für die gesamte Zeit – kaum in Anspruch nahm. Dadurch gab es für Risiken im Sachbereich – abweichend von der Praxis in den meisten anderen zentralgelenkten Wirtschaften – ausreichend Deckungsmöglichkeiten, auch ohne weitere Vorschriften, z. B. für Pflichtversicherungen, erlassen zu müssen.

III. Der Staat als Versicherer

Der Staat als Versicherer, oder anders gesagt der staatliche Versicherer, hatte vor der Auflösung des Versicherungsmonopols im Jahre 1986 den Status eines Monopolversicherers. Aber auch später hatte er noch jahrelang eine dominierende Rolle auf dem Versicherungsmarkt in Gestalt von zwei Versicherungsgesellschaften. Jedoch waren die Parameter und die Maßstäbe der Aktivitäten unterschiedlich. Im folgenden wird deshalb die Periode nach 1986 auch in bezug auf die quasi staatlichen oder teilstaatlichen Versicherer nicht mehr als Tätigkeitsfeld des *Staates als Versicherer* behandelt. Die im Rahmen der staatlichen Versicherungsgesellschaft ausgeführte Aktivität war mit dem Begriff der Versicherung im marktwirtschaftlichen Sinne nicht völlig identisch. Immerhin gab es bei den Produkten selbst mehr Ähnlichkeiten als bei der Art der Wirtschaftsführung.

Der Bewegungsspielraum des Versicherers war im allgemeinen durch das breit ausgebaute Schutz- und Sicherheitssystem der staatlichen Umverteilung eingeengt. Diese Einengung war in gewisser Weise ein Abbild der ausgedehnten Funktion des Staates als Risikoträger. Die diesbezüglichen Konsequenzen waren vor allem auf dem Gebiet der – durch die Sozialversicherung bis in die jüngste Zeit weitgehend abgedeckten – existenziellen Risiken spürbar.

Eine der größten Herausforderungen an die freiwillige Versicherung dieser Jahre war, *die Notwendigkeit der Versicherung* – teilweise als Ergänzung, teilweise als einzige Deckungsmöglichkeit für bestimmte Risiken – *anerkennen zu lassen*. Innerhalb des gegebenen Rahmens waren die Bemühungen darum die ganze Zeit über erfolgreich. Aus den schon erwähnten Gründen war die Präsenz der Versicherung insofern asymmetrisch, als die Personenversicherung nur sehr bescheiden vertreten war und das Schwergewicht auf die Sachversicherung fiel.

Als Tätigkeitsfeld für die Sachversicherung kamen bis 1986 nur die Bereiche des genossenschaftlichen und des privaten Eigentums in Betracht.

Im Hinblick auf Produktgestaltung und Deckungsmöglichkeiten konnte man während der ganzen Zeit mit Größenvorteilen aufgrund der monopolistischen Marktstruktur rechnen. Die Zusammensetzung der Risiken war – vor allem bei der Bevölkerung – weitgehend homogen und für die Zusammenfassung in Risikokollektiven sehr geeignet. Die Entscheidung des Versicherers konnte sich auf Annahme oder Ablehnung der Einzelrisiken beschränken, wobei eine Ablehnung nur eine sehr seltene Ausnahme bedeutete. Wie bei der Annahmeentscheidung wurden auch bei der Produktion von Versicherungsschutz die vom vielfältigen Instrumentarium her gebotenen Steuerungsmöglichkeiten für das Risikogeschäft kaum in Anspruch genommen. Auf die Anwendung einer Reihe von betriebswirtschaftlichen Methoden wurde in der Praxis verzichtet; diese waren nur als Möglichkeiten von theoretischer Bedeutung geläufig.

Da der Staat als Versicherer seine Tätigkeit durch eine Monopolanstalt ausgeübt hat, waren auch die Ergebnisse von Staatstätigkeit und Versicherungstätigkeit kaum voneinander zu trennen. Nicht nur die staatliche Umverteilungspolitik hatte Sicherungsfunktionen, auch die Versicherung war als Abwicklungsorgan der Budgetierung anzusehen und den Budgetierungszielen unterworfen. Im Vordergrund standen die Durchführung der staatlichen Sozialpolitik und die Integration in das staatliche Umverteilungssystem, ohne daß im klassischen Sinne eine eigentliche Risikopolitik betrieben wurde. Das Verbot, staatliches Eigentum zu versichern, hat den Bewegungsspielraum für die Versicherung bis zum Jahre 1968 begrenzt.

Die Aufhebung des Versicherungsverbots war generell als Herausforderung für die Versicherungsgesellschaft anzusehen. Man hat Produkte ausarbeiten und anbieten müssen, ohne über relevante Schadenstatistiken für die zu deckenden Risiken zu verfügen. Wichtige versicherungstechnische Begriffe sind in der Sachversicherung erst seit dieser Zeit angewandt und verbreitet worden. Auch hat man anfänglich bei inländischen Beständen mit in Kauf nehmen müssen, daß eventuell nur eine begrenzte Anzahl an Verträgen zustande kommt, so daß der gewünschte Risikoausgleich in Frage gestellt war. Bei der Produktentwicklung hatte die Gesellschaft die Verhaltensweise der Firmen, unversicherte Schäden wie vorher vom Staat ausgleichen zu lassen, als Wettbewerbsfaktor in Kauf nehmen müssen. Beide Vertragspartner waren jedoch nunmehr gezwungen, betriebswirtschaftliche Verfahren zur Steuerung des Risikogeschäfts anzuwenden.

Am System der unmittelbaren Verrechnung zwischen Budget und Versicherungsgesellschaft hatte sich jedoch infolge der Wirtschaftsreform nichts geändert. Allerdings wurde die Rückversicherung, die bis dahin nur bei Risiken im Auslandsverkehr Bedeutung hatte, seit dieser Zeit auch im Sachversicherungsbereich eingesetzt.

IV. Risiko, Schäden, Schadenverhütung – Schwerpunktverschiebungen

Nicht nur Begriffe wie Risk-Management oder Risikopolitik waren lange Zeit nur von einer sehr begrenzten Bedeutung. Auch Kategorien wie Risiko, Risikobewußtsein oder Risikoempfindlichkeit waren nur teilweise geläufig. Ausschlaggebend dafür waren mehrere Gründe, u. a. die risikomindernde Haltung, die starke soziale Einstellung und die Bereitschaft des Staates zu nötigen Einzelinterventionen. Vor der Wirtschaftsreform war wirtschaftliche Unsicherheit im Bereich des staatlichen Eigentums trotz drohender Schadenereignisse nicht spürbar. Die Betrachtung der typischen industriellen Risiken, wie Industrie-Feuer, Betriebsunterbrechung, Maschinenbruch, Bau-Montage, war weit entfernt von alltäglicher Realität. Es mangelte auch an der diesbezüglichen Registrierung der eingetretenen Schäden. Parallel mit dem deutlich beschleunigten Tempo der technischen Entwicklung vollzog sich nach der Wirtschaftsreform auch die Dezentralisierung der Risikotragung. Infolge beider Faktoren ist der Risikogruppe der industriellen Risiken immer mehr Aufmerksamkeit zuteil geworden. Ein ähnliches „Schicksal" hatten die verschiedenen Haftpflichtrisiken, die – jahrzehntelang von der Anzahl her zu vernachlässigen – sich zu einer vielseitigen, von Tag zu Tag breiter werdenden Risikogruppe entwickelt haben. Die Elementarrisiken wurden als stärkste Bedrohung der landwirtschaftlichen Tätigkeit – bedingt durch die Dominanz des Agrarsektors in der ungarischen Wirtschaft – immer sehr bewußt gesehen. Darunter waren einige, vor allem die Risiken Frühjahrsfrost und Hochwasser, bei denen die Versicherung eher als ein System staatlichen Schutzes und staatlicher Garantie funktionierte.

Wenn überhaupt von Risiko die Rede war, wurde der Begriff Risiko überwiegend mit Gefahr im Sinne von *vis maior* identifiziert. Auf Vorsätzlichkeit bzw. Kriminalität beruhende Risiken spielten eine vernachlässigbare Rolle. Auf verschiedenen Gebieten hat der Staat zur Entwicklung und zum Ausbau von Schadenverhütungseinrichtungen erheblich beigetragen und auch entsprechende Pflichten vorgeschrieben. In der Periode des Übergangs von der sozialistischen Planwirtschaft zur sozialen Marktwirtschaft haben mehrere Faktoren die Schwerpunktverschiebung in der Aufgabenteilung zwischen Staat und Wirtschaft beeinflußt:

– es erfolgte eine bewußte Reduktion der sicherheitsfördernd wirkenden unmittelbaren staatlichen Umverteilung;

– die Lücken des breitesten Sicherungssystems, der Sozialversicherung, wurden immer offenkundiger;

– im Privatsektor erfolgte eine weitgehende Differenzierung der Vermögens- und der Eigentumsverhältnisse;

– die Risikoursachen traten vermehrt zutage, die Schadenhäufigkeit und die durchschnittliche Schadengröße haben sich in manchen Risikogruppen vervielfacht;

– einige Risikogruppen sind in den Vordergrund gerückt, andere haben an Bedeutung verloren.

Im Endeffekt haben diese Faktoren zu deutlich erhöhtem Risikobewußtsein, zur technischen Entwicklung wichtiger Schadenverhütungsmaßnahmen und den entsprechenden Finanzierungsmöglichkeiten für bedrohte Personen oder Unternehmen geführt. Das Risiko ist – auch durch konkrete Schadenfälle – „näher gekommen"; die Denkweise entwickelte sich immer mehr in Richtung auf eine bewußte Risikopolitik.

V. Herausforderungen an die Versicherungswissenschaft

Die aufgezählten Änderungen stellten sowohl für die Theorie als auch für die Praxis der Versicherung eine Herausforderung dar. Vertreter der Versicherungswissenschaft hatten die Aufgabe, teils kurzfristig, teils langfristig anwendbare Konzepte und Methoden für die Praxis auszuarbeiten. Betriebswirtschaftliche Fragen galten als einer der am meisten vernachlässigten Bereiche in der Versicherungswissenschaft. Der Grund lag überwiegend in der lange Zeit fehlenden Aktualität dieser Fragen. Die auszumachende Lücke betraf sowohl die Produktentwicklung und Sortimentsgestaltung als auch die Risikopolitik der Versicherungsgesellschaft.

Es stellte sich heraus, daß sich ausländische Erfahrungen und Vorgehensweisen nur beschränkt importieren lassen. Der Innovationszwang der Praxis war gleichzeitig stark genug, um der Wissenschaft „nur" die Rolle zuzuteilen, die Praxis etwas verspätet – oder im besten Fall gleichzeitig – mit Argumenten zu unterstützen oder zu widerlegen.

Die Anwendung versicherungstechnischer Aspekte bei der Ausarbeitung der Bedingungen und der Tarife sowie beim Aufbau des Versicherungskollektivs sind genauso Elemente dieses Aufgabenkomplexes wie die Verfahrensweise für die Rückstellungsbildung, die Auswahl geeigneter Rückversicherungsformen usw. Die auf der neuen Basis zu beantwortenden Fragen waren vorher teilweise bedeutungslos, teilweise – um die herrschende Praxis zu unterstützen – subjektiv oder bereits einseitig beantwortet.

Durch Zusammenarbeit mit Wissenschaftlern aus dem Ausland und ungarischen Mitarbeitern der Universitäten und Forschungsinstitute wird versucht, Hand in Hand mit der Praxis den Notwendigkeiten gerecht zu werden und die Ergebnisse auch in der Aus- und Weiterbildung der Fachkräfte zu verwenden.

VI. *Staatliche Beaufsichtigung der Versicherung*

In der Zeit des staatlichen Monopols hat sich der Staat bei der Regulierung der Versicherungstätigkeit auf mehr formelle Aktivitäten beschränkt. Es gab keine selbständige Aufsichtsbehörde. Bis auf Marginalien wurde die Aufsicht vom Finanzministerium ausgeübt; eine Zeitlang war die für die Versicherung zuständige Hauptverwaltung des Finanzministeriums mit der Generaldirektion der staatlichen Versicherungsanstalt identisch.

Die mit der Leitung der Gesellschaft eng verbundene Regulierung der Versicherungstätigkeit war abgestimmt auf das überwiegend vom Staat getragene Risiko der Versicherungsgesellschaft. Falls es zu staatlichen Interventionen kam, wurden diese unmittelbar von der Gesellschaft ausgeführt. Diese Praxis spiegelte sich sowohl in der Rückstellungsbildung als auch in den fehlenden Solvabilitätskriterien wider. Mit Ausnahme der Deckungsrückstellung wurden praktisch keine Rückstellungen gebildet.

Die Produkte und Tarife wurden gleichzeitig primär unter dem Aspekt geprüft, möglichst breiten Versicherungsschutz für alle potentiellen Kunden zu erschwinglichen Beiträgen anzubieten. Während der gesamten Periode herrschte eine weitreichende Vertragssicherheit. Rechtliche Basis für die Verträge war – wie auch heutzutage – das Zivilrechtssystem.

Die Tätigkeit der 1986 gegründeten staatlichen Aufsichtsbehörde begann zu der Zeit, als das Staatsmonopol aufgelöst wurde. Mehrere Jahre lang war der Anteil des Staates als Versicherer jedoch am Markt noch dominierend. Während dieser Zeit waren von seiten der Aufsichtsbehörde sowohl für die vollstaatlichen als auch für die teilstaatlichen und die privaten Gesellschaften die gleichen Aufsichtsmaßstäbe gültig. Mit der Gründung der Aufsichtsbehörde wurde der Prozeß *der Schwerpunktverschiebung der staatlichen Präsenz von der Versicherungstätigkeit zur Beaufsichtigung* eingeleitet. Diese Phase wird mit der demnächst abgeschlossenen Privatisierung der Branche beendet sein.

Selbst für die Aufsichtsbehörde war es eine Herausforderung, praktisch gleichzeitig ein Beaufsichtigungssystem aufzubauen und dessen Vorschriften unmittelbar befolgen zu lassen. Auch wenn Erfahrungen vorgelegen hätten, wäre es eine schwere Aufgabe gewesen; mangels Erfahrungen war das Vorhaben noch problematischer und in vielerlei Hinsicht mit dem Zwang zum Kompromiß verbunden.

Die betriebswirtschaftliche Herausforderung, vor der die Versicherer bei der Lösung ihrer versicherungstechnischen Aufgaben standen, schlug sich auch auf der Aufsichtsseite nieder.

Obwohl die noch immer gültige Regulierung den Charakter einer materiellen Aufsicht hat, sind viele Vorschriften – vor allem bezüglich Kapitalanlagen, Bilanzierung, Rückstellungsbildung usw. – in der Praxis kaum angewandt worden. Bis heute fehlt sowohl für das Versicherungsvertragsrecht als auch für das Aufsichtsrecht eine gesetzliche Grundlage. Zu dem Entwurf für ein Gesetz über die Versicherungsgesellschaften und über die Versicherungstätigkeit hat die Regierung vor kurzem Stellung genommen. Die geplanten Regelungen – um nur die wichtigsten zu erwähnen – reduzieren den Kreis der genehmigungspflichtigen Produkte, mindern deutlich die Höhe des nachzuweisenden Gründungskapitals und schreiben innerhalb absehbarer Zeit die Trennung der Geschäftstätigkeit für die Lebensversicherung und für die Nichtlebensversicherung in den Gesellschaften vor.

Es ist bedauerlich, daß durch das Gesetz über „Freiwillige, gegenseitige Versicherungskassen", das mit einem ziemlich breiten Anwendungsbereich schon früher, im Dezember 1993, verabschiedet wurde, weit mehr steuerliche Vorteile sowohl für Arbeitgeber als auch für Arbeitnehmer eingeräumt werden, als sie zur Aus- und Weiterentwicklung der privaten Lebensversicherung existieren.

VII. Die Einstellung und Erwartungen der Kunden als Risikoträger

Das Bestreben des jeweiligen Kunden als Risikoträger ist stets, *größte* Sicherheit für *niedrigste* Aufwendungen zu erhalten. Aus diesen Extremen eine *Kombination* von risikopolitischen Mitteln zu finden, ist mehr oder weniger immer möglich. Die Auswahl kann entweder begrenzt oder eher breit sein; die Entscheidung des Risikoträgers mag mehr freiwilliger Art oder durch Vorschriften gelenkt sein.

Das erwähnte Bestreben des potentiellen Versicherungskunden ging in der Zeit der intensiven staatlichen Schutzmaßnahmen relativ einfach in Erfüllung. Die Risiken wurden teilweise schon auf staatlicher Ebene aufgefangen. Die Schadenverhütungsmaßnahmen waren in breiten Bereichen vom Staat vorgeschrieben worden oder wurden von ihm auch durchgeführt.

Eine Ergänzung, die für die „übrig gebliebenen" Risiken eine Deckung bot, war mit freiwilliger Versicherung vollkommen zu erreichen. In denjenigen Bereichen, in denen aufgrund der gleichmäßigen Vermögens- und Einkommensverhältnisse der Bevölkerung eine relativ homogene Risikostruktur vorhanden war, stellten die stark standardisierten Produkte eine geeignete Basisdeckung dar. Bei den Pflanzen- und Tierversicherungen der landwirtschaftlichen Betriebe gab es gegebenenfalls maßgeschneiderte Deckungen.

Für die existenziellen Risiken bot die freiwillige Lebens- und Unfallversicherung ausreichende Deckung; ihr Produkt in der Art einer Gruppenversicherung ergänzte den weitreichenden Schutz aus der Sozialversicherung.

Eine Risikopolitik durch den Kunden, etwa Auswahl des Deckungsumfangs, eigene Schadenverhütungsmaßnahmen, Selbstbeteiligungs- und Limitvorstellungen bei Sachversicherungsverträgen, war weder notwendig noch möglich.

Als das soziale Umfeld für die Kunden immer schwieriger auszurechnen war und die Stabilität der Lebensbedingungen sank, drängte sich den Kunden das Risikobewußtsein immer mehr als eine alltägliche Realität auf. Die Reduzierung der staatlichen Schutzmaßnahmen hat dabei genauso mitgewirkt wie steigende Schadenzahlen und wachsende Durchschnittsschäden. Die Aufwendungen zur Erhaltung eines gleichbleibenden Sicherheitsgrades werden laufend größer.

Im großen und ganzen ist das Versicherunsangebot bedeutend breiter geworden. Allerdings haben sich die Produkte mit gleichbleibender Deckung verteuert, oder es traten verschiedene Begrenzungen im Deckungsumfang ein.

Die Kunden als Risikoträger müssen im allgemeinen und speziell auch im Versicherungsbereich eine bewußte, maßgeschneiderte Risikopolitik betreiben. Dazu gehört, selbstzutragende und abgegebene Risiken miteinander zu kombinieren, Schadenverhütung – wenn auch nicht aufgrund einzelner Initiative, dann als Vorbedingung eines Vertragsabschlusses – für den eigenen Bereich zu betreiben usw. Der Kunde wird immer kritischer, er erkennt seine Rechte als Konsument mehr und mehr, und er vermißt trotz des breiteren Angebots eine angemessene Leistungsanpassung für die ständig höher werdenden Beitragszahlungen. Die entsprechende Sicherheit wird nicht nur bei verschiedenen Versicherungen gesucht, es wird auch über Alternativen in Gestalt anderer Lösungen nachgedacht.

VIII. Gesichtspunkte der privatwirtschaftlich organisierten Versicherer

Die Auflösung des staatlichen Versicherungsmonopols stellte die Vorbedingung und den ersten Schritt dar für den Aufbau einer privatwirtschaftlich organisierten Versicherungswirtschaft. Seitdem sinkt der Anteil des Staates als Eigentümer der Gesellschaften schrittweise; er wird in absehbarer Zeit zu vernachlässigen sein. Dabei spielten jahrelang die praktisch ausschließlich ausländischen Neugründungen eine dominierende Rolle; in der letzten Zeit wurde die Entwicklung gefördert durch den Verkauf des staatlichen Anteils an den beiden einst rein staatlichen Gesellschaften, die immer noch bedeutende Marktanteile haben.

Die betriebswirtschaftlichen Herausforderungen an die Gesellschaften waren dieselben, vor allem die Gestaltung und Vermarktung von wettbewerbsfähigen Produkten, die für das Umfeld wachsender Unsicherheit sowohl den Sicherungsansprüchen als auch den finanziellen Vorstellungen der Kunden entsprechen. Mit unterschiedlichen Schwierigkeiten verbunden waren der Aufbau von Neubeständen und die Sanierung von Beständen mit verlustbringenden alten Verträgen.

Den Vorteilen eines jungen, offenen Marktes stehen Nachteile gegenüber, wie die ständig steigenden Lebenshaltungskosten, die sinkende Kaufkraft breiter Schichten, der Zwang zur Setzung von Prioritäten bei den Aufwendungen usw. Deshalb sollte der Kunde bei der Entscheidung über Vertragsabschluß und Ausgestaltung der einzelnen Verträge als Partner beim Umgang mit den Risiken gewonnen werden. Es sind solche Aspekte, die den Aufbau eines neuen Bestandes in jedem Fall beeinflussen.

Bei den Sanierungsaufgaben verfügen die Versicherer – insbesondere die beiden ältesten waren davon betroffen – über viel weniger betriebswirtschaftliche und rechtlich zulässige wie durchführbare Mittel. Infolgedessen gab es in diesem Bereich auch bedeutend mehr Konfliktfälle.

Die Gewohnheit der einzelnen Kunden, jahrzehntelang im allgemeinen zwar bescheiden zu leben, aber an einem hohen Sicherheitsniveau festzuhalten, war überholt. In einigen Fällen hatten das gesunkene Niveau der vom Staat garantierten Sicherheit und die immer höheren Prämien für die freiwillige Versicherung kaum Spannungen zur Folge. Bedeutend höher ist aber die Anzahl der Kunden, bei denen diese Aspekte einerseits und die sinkende Lebensqualität andererseits zu starken Konfliktsituationen führten. Die Versicherer waren durch die Polarisierung der wirtschaftlichen und gesellschaftlichen Verhältnisse gezwungen, Produkte zu entwikkeln, die zur Abdeckung der Einzelansprüche geeignet sind. Für die Zufriedenheit der Kunden spielen Beratung und Schadenregulierung eine immer größere Rolle, wobei vor allem Versprechen, wie zum Beispiel in den Bedingungen festgelegte Fristen, eingehalten werden sollten.

Die andauernd hohe Inflationsrate gilt in mehrerlei Hinsicht als schwer lösbares Problem. In diesem Kontext sollte der Versicherungsgedanke als eine langfristig wettbewerbsfähige Lösung zur Risikoabdeckung und zum Sparen nachhaltig und argumentativ herausgestellt werden. Um die Versicherungsdeckung wertbeständig zu halten, können die Versicherer das vielfältige Instrumentarium der Versicherungstechnik einsetzen. Auf der Kostenseite haben die Versicherer in den letzten Jahren einen starken Anstieg registrieren müssen. Dieser zwingt zur Rationalisierung der Arbeitsabläufe und zur Vereinfachung der Organisationsstrukturen.

Die Ausweitung günstiger Investitionsmöglichkeiten wird in der nächsten Zeit eine wichtige Einflußgröße für die zu erwartenden Ergebnisse sein. Darüber hinaus wird es erforderlich sein, sowohl bei der Planung als auch bei der Umsetzung ein Gleichgewicht zwischen ertragsorientiertem und umsatzorientiertem Denken zu finden.

IV. Nachfragerverhalten auf Versicherungsmärkten

Insurance Markets with Noisy Loss Distributions*

Neil A. Doherty and Harris Schlesinger

I. Introduction

In this paper, we consider the effects of uncertain, or "noisy" loss distributions in several models of decision making under uncertainty. In particular, we examine several models of insurance-purchasing behavior and insurance-market equilibrium; and we show how the addition of noise can alter several well-known results.

We model noise as part of a two-stage uncertainty. For example, a location parameter for a particular loss distribution may be unknown. This represents one stage in the uncertainty, which we label "noise". However, even with full information about the loss distribution, we still have a random draw from that distribution to determine the actual loss; which is our second stage of uncertainty. If the noise is actuarially neutral, it effects a "riskier" loss distribution, where "riskier" is defined in the sense of Rothschild and Stiglitz (1970). Noise can be localized, such as facing a loss distribution that is known for small losses, but uncertain for very large losses (the so-called "tail" of the loss distribution). Noise can also be uniform throughout the loss distribution, as is the case if white noise affects the location parameter.

The paper begins by examining the rational purchase of insurance in the presence of noise. We determine sufficient conditions for noise to lead to an increase in insurance coverage in two particular cases. If noise affects only the loss state of a loss distribution with a two-point support (i. e. loss vs. no-loss), more insurance is purchased in the presence of noise whenever marginal utility is convex in wealth. In the second case considered, white noise affecting the location parameter of the loss distribution, a sufficient condition for increasing coverage is that marginal utility is not only convex, but is relatively "more convex" at lower wealth levels. Both of these conditions are formalized using the degree of absolute prudence, $-U'''/U''$, developed by Kimball (1990), to measure convexity of marginal utility.

---

* The current version of this paper was completed while Schlesinger was Visiting Research Professor, Center for Economic Studies, University of Munich. An earlier version was published as No. 22 of CES Working Paper Series, 1992.

The effects of noisy loss distributions on two well-known models of insurance market equilibrium in the presence of adverse selection are considered next: the Rothschild and Stiglitz (1976) type of Nash equilibrium, and the subsidized equilibrium of Miyazaki (1977). In general, the addition of noise is seen to lessen the disparity in coverage between good risks and bad risks that is usually observed in equilibrium, although it does so at a cost of reduced welfare due to residual noise. The noise also reduces the likelihood that equilibrium exists in the Rothschild/Stiglitz model.

Finally, we examine a contract design that allows the individual to choose a mixture of a fixed-premium contract and a "pooling" arrangement in which a particular risk pool (often called a "cohort") is either paid a dividend or assessed an additional premium based on the actual loss experience within the group. We show how the optimal contract design always includes full insurance along with some degree of pooling.

The paper is organized as follows. Section II models the insurance-purchasing decision in the presence of noise. In sections III and IV, we consider the effects of noise in insurance markets with adverse selection. Section V examines contract design and section VI contains some concluding remarks.

II. Rational insurance purchasing

Consider a risk-averse individual with preferences represented by the twice continuously differentiable von Neumann-Morgenstern utility function of final wealth, $U(Y)$, where $U'>0$, $U''<0$. The individual has an initial non-random wealth of W, which is subject to a loss. Let L denote the random loss. To protect against loss, the individual may purchase insurance against a loss by specifying the proportion, α, of the loss that is to be indemnified by the insurance company. We assume that the indemnity itself is noiseless – the promised indemnity is paid by the insurer following a loss (see Doherty and Schlesinger (1990)). The premium for this coverage is given by $\pi \equiv \alpha P$, where $P \equiv (1+\lambda)E(L)$ is the premium for full coverage, $\alpha=1$. If $\lambda=0$, the premium is called "actuarially fair". Noise is added via the introduction of the random variable A, $E(A|L) = 0 \ \forall L$, where E denotes the expectation operator. Total damages for a loss are assumed to be $L+A$, which by construction is riskier than L in the sense of Rothschild and Stiglitz (1970). We also assume that the insurance contract bases the indemnity on the realized loss, i. e. the indemnity is $\alpha(L+A)$. For example, most property insurance is written on a replacement cost or depreciated replacement cost basis. In this setting, A might represent the uncertainty associated with an item's replacement cost. Note that the purchase of insurance also mitigates the effect of noise, and there is no residual noise if $\alpha=1$. We consider two particular specifications of noise.

First, suppose the loss distribution has a two-point support such that $L=0$ with probability $(1-p)$ and $L=D$ with probability p, $D>0$, $0<p<1$. We further assume that A is identically zero if L=0, but that A is nondegenerate with $E(A|L)=0$ when L=D. Expected utility is given by

(1) $\quad EU \equiv (1-p)U(W-\alpha P)+pE\{U[W-\alpha P-(1-\alpha)(D+A)]\}$.

The first-order condition for maximizing (1) is

(2) $\quad dEU/d\alpha = -(1-p)PU'(W-\alpha P) + p(D-P)E\{U'[W-\alpha-(1-\alpha)(D+A)]\}$
$\quad\quad + p\ Cov\{A,U'[W-\alpha P-(1-\alpha)(D+A)]\} = 0$.

The second-order condition is easly verified. It is straightforward to verify that $\alpha^* = 1$ [$\alpha^*<1$] if $\lambda = 0$ [$\lambda>0$], which is a well-known result of Mossin [1968] results to include a noisy loss size.

If $\lambda>0$, the level of insurance coverage generally can be either higher or lower with noise than without noise. Note that the addition of noise adds the third term to right-hand side (RHS) of (2). This term is positive for $\alpha<1$, reflecting the added benefit of insurance's protection against the risk A. However, noise also affects marginal utility in the second-term. This effect will also be positive whenever marginal utility is convex. Such convexity is a sufficient condition for a precautionary savings motive, as shown by Kimball [1990], and follows for example under non-increasing absolute risk aversion. Consequently, U' convex is sufficient to increase the demand for insurance in the presence of noise[1].

As a second case, we consider a more general distribution of L (either discrete, continuous or mixed) and we assume that A is independent of L, with $E(A)=0$.

Expected utility in this case is

(3) $\quad EU = E\{U[W-\alpha P-(1-\alpha)(L+A)]\}$.

The first-order condition for maximizing (3) is

(4) $\quad dEU/d\alpha = -PE[U'] + E[(L+A)U'] = 0$.

The second-order condition is easily verified, If prices are fair, we have

(5) $\quad dEU/d\alpha = Cov\ [(L+A),U'] = 0$,

---

1 If we add the constraint $\alpha \geq 0$, no insurance will be purchased for high enough λ. For expositional ease, we assume that λ is not so high as to preclude the purchase of insurance.

which verifies Mossin's result that full coverage is optimal. Similarly, it is easy to verify that if $\lambda>0$, less than full coverage is optimal[2].

Once again the optimal level of partial coverage when $\lambda>0$ generally can be higher either with or without noise in the loss distribution. However, convex marginal utility is not sufficient to resolve the ambiguity in this setting. Instead, we need to guarantee that marginal utility is more convex at lower wealth levels, where increased coverage would be a benefit through a higher net indemnity; and that marginal utility is relatively less convex at higher wealth levels, where the net effect of increased coverage is a lower final wealth due to the higher premium. This leads to a relatively higher subjective valuation of the net benefit (in terms of marginal utility) and lower valuation of the net cost associated with an increase in coverage when noise is present. This condition on marginal utility is satisfied whenever preferences exhibit standard risk aversion, as defined by Kimball (1993)[3]. Arguments as to why this property is a natural extension of decreasing absolute risk aversion are given by Kimball (1993).

Our main results can be formalized as follows.

Proposition 1: Given a positive premium loading, $\lambda>0$, a sufficient condition for more insurance to be purchased in the presence of noise in the loss distribution is

(i) marginal utility convex if noise affects only the loss state in a two-state model.

(ii) standard risk aversion if the noise is "white noise".

Proof: (see appendix)

III. Adverse selection: The Rothschild and Stiglitz model

In this section, we look at how a noisy loss distribution affects equilibrium in a competitive insurance market with asymmetric information. In particular, we consider the now classic model of Rothschild and Stiglitz (1976). Consider a simple two-state world in which a loss of size D occurs with probability p and no loss occurs with probability 1–p. As in the first

---

2 To avoid dealing with negative values of L+A, we assume that the support of L has a lower bound exceeding zero and that the lower bound of the support of A does not exceed this level in absolute value.

3 Standard risk aversion implies that "any risk that makes a small reduction in wealth more painful also makes any undesirable, statistically independent risk more painful". [Kimball 1993]. It is equivalent to decreasing absolute risk aversion and decreasing absolute prudence, where the latter measure is $-U'''/U''$. It also implies the weaker property of proper risk aversion, developed by Pratt and Zeckhauser (1987).

part of section II, we introduce noise only in the loss state, so that the "noisy loss" is represented by D+A, where E(A)=0. Since adding A to D induces a mean-preserving spread of the loss distribution, expected utility in the presence of noise will be lower for every level of insurance, with the exception of full coverage. This has the effect of making indifference curves more concave in π–α space as illustrated in Figure 1. [See Wilson (1977).]

In Figure 1, the indifference curve labeled I_1 depicts all of the combinations of premia and coverage that yield expected utility identical to no coverage when no noise is present. Indifference curves are concave due to risk aversion. The fair price line in Figure 1 represents the premium schedule $\pi = \alpha p D$. The figure illustrates the well-known result that the optimal level of coverage is full coverage ($\alpha^* = 1$) when the price is fair, and the level of expected utility attained is the level associated with the insurance contract E, on the indifference curve labeled I_2[4].

Now suppose we introduce noise in the loss size, D. Following the purchase of insurance, the residual noise in the final wealth distribution

Figure 1

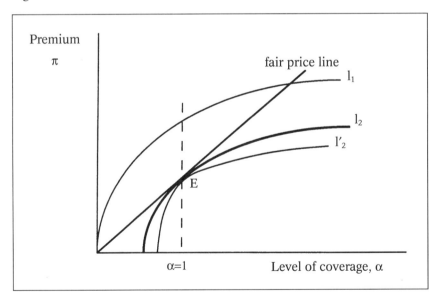

---

[4] This is easily derived by fixing expected utility and calculating the marginal rate of substitution α for π. For details using this graphical representation, the reader is referred to Wilson (1977).

in the loss state is $-(1-\alpha)A$. Thus, if full coverage insurance is purchased ($\alpha=1$), there is no residual noise and hence no change in expected utility. However, for $\alpha \neq 1$ residual noise leads to a lower expected utility for each insurance contract. Hence, the indifference curve through E in the presence of noise lies everywhere below E except at E itself. This is depicted as I_2' in Figure 1. Note that contracts along the locus I_2' in the presence of noise yield same expected utility as contracts along the locus I_2 in the absence of noise.

We now suppose that there exist two types of individuals, who differ in their loss probabilities. The good risks have loss probability p_g and the bad risks probability p_b, where $p_g<p_b$. Insurers know both probabilities, but cannot observe the probabilty-type of any particular individual. Both types of individuals face the same noise. One possible scenario is that people are actually heterogeneous with regards to their loss sizes. Consumers know their own loss probability, but know only the average loss size, D, and the distribution of loss sizes, D+A. If uncorrelated between individuals, this type of noise is diversifiable by the insurance company, which by the law of large numbers can treat all losses as worth D (assuming, of course, that the insurer also believes E(A)=0). However, consumer behavior would be affected by the noisy loss size. This behavior is taken into account by the insurer.

We consider first the Nash separating equilibrium of Rothschild and Stiglitz (1976) for a competitive insurance market. This is illustrated by the policy pair (B, C) in Figure 2, for the case without noise. In this equilibrium, the bad risks fully insure at a bad-risk fair price, at contract B. Insurance at a good-risk fair price is offered only in the limited quantity, α_c, and thus good risks self select contract C. Bad risks are on indifference curve I_B and good risks on I_G. We note that, as drawn in Figure 2, the Rothschild/Stiglitz separating equilibrium does exist since the pooled price line lies everywhere above the good-risk indifference curve, $I_G{}^5$.

Now consider the introduction of a noisy loss size. The bad risk indifference curve through B would shift to I_B'. Given our discussion of Figure 1, it is easy to see that a new Rothschild/Stiglitz separating equilibrium would entail the pair of contracts (B, C') in Figure 2, if the equilibrium exists. At such an equilibrium, there is less of a penalty imposed on the good risks, in that they are allowed to purchase a higher level of coverage,

---

5   This condition requires there be a sufficient proportion of bad risks. If the pooled-risk price line intersected I_G, then it would be possible to offer a single contract that would be preferred by both types of consumers and would earn an expected profit. In such a case, no equilibrium would exist. See Rothschild and Stiglitz (1976). We also note that insurance purchases are assumed to be perfectly observable, so that good-risk individuals cannot make multiple purchases to achieve more coverage. See Hellwig (1988) for a discussion on relaxing this assumption.

Figure 2

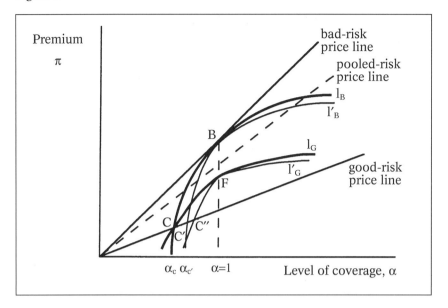

$\alpha_{c'}$, at a good-risk fair price. However, the noise does more harm than good as we show next.

Consider the change in welfare when noise is introduced. The bad risks retain contract B (which has no residual noise) and so their expected utility does not change. Consequently, contract C without noise and contract C' with noise, which are both indifferent to contract B, would yield the same expected utility to bad-risk individuals. Denoting the premium and coverage changes between contracts C and C' as $\Delta\pi$ and $\Delta\alpha$ respectively, this implies

(6) $(1-p_b)[U(W-\pi)-U(W-\pi-\Delta\pi)]$
$= p_b\{EU[W-\pi-\Delta\pi-(1-\alpha-\Delta\alpha)(D+A)]-U[W-\pi-(1-\alpha)D]\}.$

Since individuals are identical except for their loss probabilities, the left-hand side of (6) is easily seen to be strictly greater than the right-hand side if p_b is replaced by p_g. This implies that expected utility for the good-risk individuals is higher with less coverage at C and no noise, than at C' with more coverage at a fair price, but with noise added. Hence, the addition of noise to the loss size leaves the bad-risk individuals with no change in utility while lowering expected utility of the good risks.

The addition of noise also affects the existence of a separating equilibrium. This is easily illustrated using Figure 2 once again. When no noise is present, then for good-risk individuals, the full coverage contract labeled F is indifferent to the partial coverage contract C, as drawn in Figure 2. We also know that contract F will yield the same level of expected utility to good-risk individuals with or without noise. However, as we have just shown, contract C' with noise is less preferred than contract C without noise. Thus, contract C' is less preferred than contract F when noise is present. Consequently, contract C' must lie to the left of the indifference curve through contract F in the presence of noise. In particular, the indifference curve through contract F in the presence of noise, labeled I_G' in Figure 2, defines some contract C" to the right of C' on the good-risk fair price line. This means that the good-risk indifference curve through C' in the presence of noise (not drawn in Figure 2) must lie everywhere above I_G'. In particular, it may lie partly above the pooled-risk price line, in which case a Rothschild/Stiglitz separating equilibrium would not exist.

The results of this section are summarized in the following proposition:

Proposition 2: In a two-state Rothschild-and-Stiglitz adverse-selection model, the addition of noise to the loss size will

(i) decrease the signalling cost to the good-risk individuals in the sense of allowing them to obtain a higher level of insurance coverage.

(ii) decrease Societal welfare since good-risk individuals are strictly worse off, while bad-risk individuals are no better off.

(iii) decrease the likelihood of an equilibrium. In particular, noise will raise the critical (i. e. the minimum) proportion of bad-risk individuals needed to ensure the existence of an equilibrium.

IV. Adverse selection: The Miyazaki model

The Nash equilibrium concept used by Rothschild and Stiglitz (1976) has been criticized by Wilson (1977), Miyazaki (1977) and others as being „too myopic" in the sense that each insurance firm assumes that the set of contracts offered by its rivals is independent of its own actions. Wilson (1977) assumes that insurance firms will take the reaction of rival firms into account and will not offer a contract if they cannot make a profit following the elimination of unprofitable, rival-firm contracts from the market place. In Wilson's model, an equilibrium always exists. Miyazaki (1977) extends Wilson's equilibrium concept by allowing for subsidies between the good-risk and bad-risk individuals[6].

---

6 Miyazaki does not consider an insurance market per se, but his model is easily adaptable. See, for example, Spence (1978).

Miyazaki shows that his equilibrium always exists and is a unique, separating equilibrium. An example of Miyazaki's equilibrium is illustrated in Figure 3. The locus of contracts on the curve passing through C, N, E and D defines a set of good-risk contracts which could be offered by the insurer, together with full insurance to the bad-risk individuals at a subsidized price, which together earn a zero expected profit and which leave the bad-risk individuals indifferent between full insurance and the good-risk contract. For example, the potential Rothschild/Stiglitz equilibrium pair (B, C) satisfies these properties. The policy pair (M, N) represents another such a set of contracts. For this pair, the bad-risk individuals purchase full-coverage contract M, which loses money, but the good risks pay a premium loading, (i. e. a subsidy) to obtain contract N, which earns enough money to net the insurer a zero overall expected profit. Note also how this pair of contracts induces consumers to self select the appropriate contract. The bad risks are indifferent to M and N, while the good risks strictly prefer contract N. Another such contract "pair" is the pooling contract pair (D, D), which lies on the pooled-risk price line and fully insures everyone. Of course, as drawn, none of the contract pairs illustrated above would support an equilibrium. The Miyazaki equilibrium occurs at the contract pair (F, E). With contract E, the good-risk individuals achieve their highest expected utility (on indifference curve I_G) among their zero-profit alternatives. At contract F, the bad-risk individuals can reach indifference curve

Figure 3

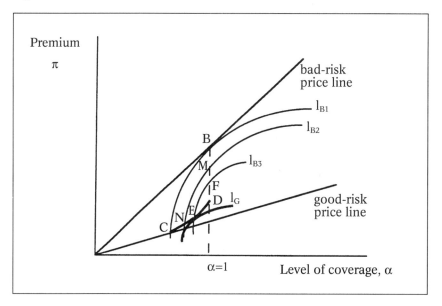

I_{B3}. Note that both good-risk and bad-risk individuals are better off in a Miyazaki equilibrium than in a Rothschild/Stiglitz equilibrium[7].

If we now introduce noise in the loss size, indifference curves will become more concave, as discussed earlier. The zero-profit set of contracts for the good-risk individuals will now be those on the locus containing C′, N′ and D, as illustrated in Figure 4. Thus, for example, (M, N′) will replace (M, N) as a zero-profit pair. Of course the pair (M, N) still earns zero expected profit, but it does not induce self-selection. Note that N and N′ are the same distance above the good-risk fair price line, indicating the same subsidy. When the bad-risk individuals receive contract M and noise is present, the good-risk individuals are offered a zero-profit choice along I_{B2}' rather than I_{B2}. Thus, the good risks can purchase a higher level of coverage, which in turn implies that a lower subsidy per unit of coverage is needed to cover the bad-risk losses. As drawn, the Miyazaki equilibrium in the presence of a noisy loss size entails a good-risk contract along the locus of contracts drawn containing C′, N′ and D. The following results are obtained (proofs in the appendix):

Proposition 3: In a Miyazaki equilibrium in the presence of noise:

(i) the good risks are strictly worse off than without noise,

(ii) the bad risks are no better off than without noise.

Proposition 4: The subsidy paid by the good risks per unit of coverage in a Miyazaki equilibrium is lower in the presence of loss-size noise.

Thus, we see subsidy results and welfare results similar to those occurring in the Rothschild/Stiglitz model, except that bad risks might be adversely affected by noise in the Miyazaki model.

V. Contract design

It has been shown that mutual insurance companies in which policyowners can share in the aggregate loss experience of the risk pool, are preferred in insurance markets where individual loss exposures are correlated[8]. In this section, we decompose an individual's risk of loss into two components: one independent of other individuals' loss distributions and the other identical for all individuals. This enables us to use our results on noise (from Proposition 1) in addressing the issue of contract design.

---

[7] We should mention that the locus of zero-profit separating contracts for the good risks, CNED, need not be convex. If the most preferred good-risk contract is not unique, equilibrium will occur at the most preferred good-risk contract with the lowest subsidy. See Miyazaki (1977, p. 411).

Figure 4

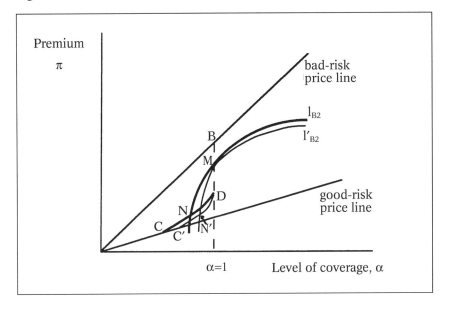

The type of contract we have in mind is one in which the insurer charges a premium based on loss expectations. However, if the aggregate loss within a risk pool is lower [higher] than predicted, policyholders are paid a dividend [charged an extra premium assessment]. Such contracts, which are called "participating contracts", are relatively routine for mutual insurance companies and also exist for some stock companies. Admittedly, many contracts will have limits on dividends and/or assessments. For example, a contract paying only dividends but not charging assessments is essentially a participating policy issued jointly with a call option whose payoff equals the assessment. Also, an imperfect proxy for a participating policy can be assembled by purchasing insurance from a stock insurance company that pays shareholder dividends and simultaneously buying shares of the company's stock; "imperfect" due to the influence of factors other than underwriting profit on the insurer's stock dividends, and due to the fact that even the underwriting profit itself depends on multiple books of business. Although limitations on dividends and/or assessments as well

---

8 See Marshall (1974), Doherty and Dionne (1989) and Smith and Stutzer (1990). We also note that there are several types of real-world participating contracts, some of which differ in their timing of premiums, dividends and assessments. In our static model, the timing of premiums, assessments and dividends is irrelevant. The important feature is that the final premium is based upon the pooled loss experience, which is not known at the time the insurance-purchasing decision is made.

as proxy contracts are interesting, they are beyond our scope here and we will assume no limitations on policy participation.

Consider a risk class with n seemingly homogeneous individuals[9]. Each individual faces the same loss distribution with the same noise. The full-coverage premium, which is random ex ante, is given by

(7) $P \equiv (1-\beta)(1+\lambda)E(L) + \beta S$

where

$\beta \equiv$ weight on participation component and

$S \equiv \sum(L_i+A_i)/n \equiv$ average pooled loss.

The individual choosing coverage level α pays $\alpha(1+\lambda)E(L)$ up front and has an assessment of $\alpha\beta[S-E(L)]$ after S is realized (where a negative assessment denotes a dividend). As before, λ is the premium loading and $E(A_i)=0$ for each individual, i. We assume that the L_i are independent and identically distributed[10]. The weight is restricted, $0 \leq \beta \leq 1$. When $\beta=0$, we have a standard fixed-premium contract and when $\beta=1$ we have full participation. We assume that the risk pool is very large; in the limit $n=\infty$.

To illustrate the importance of the noise variable A, consider liability insurance. From their loss records, insurers may be able to estimate the loss distributions for a given class of policyholders and make this information public. However, settled claims will have been made against liability standards that prevailed in the past. There remains the ever present prospect that the liability rules against which new claims are resolved may change through new precedents or new legislation. There is likely to be much uncertainty in estimating the effects of the changing liability rules. Moreover, the effect of any rule changes is common over groups of policyholders. For example, a legal precedent which extends the common law liability will apply to all subsequent suits in the same jurisdiction, unless overruled by a higher court. In effect, the noise factors, A's, are positively correlated across policyholders. This feature has been seen as central to the recent liability insurance crisis (see Priest (1987), Doherty, Kleindorfer and Kunreuther (1990) and Winter (1988)).

We consider the case where there is a perfect positive correlation between the individual noise terms. In particular, individuals are truly homoge-

---

[9] Noise might cause a heterogeneous group to seem homogeneous.
[10] For simplicity, we assume that the premium loading is zero for the participating component, S. We only need to assume that the fixed-premium loading exceeds the loading on S to obtain similar results. If the noise risk has a price in a competitive market, we would expect the loading to be lower for the contractual form in which the consumer bears some of the noise risk.

neous with random loss L_i+a_i, where $a_i=a_j$ for all individuals i and j, but where a_i is not known with certainty. Rather, a_i is known to be generated by the random variable A. In a large risk pool, the average risk associated with the L_i will vanish but the risk associated with the noise A will remain. The average pooled loss is $S \equiv E(L)+A$.

In this setting, the full insurance premium as given in (7) is $P = [1+(1-\beta)\lambda]E(L)+\beta A$. Note that if we restrict $\beta=0$, we revert to the standard model with noise, from section II, with $\alpha^*=1$ if $\lambda=0$ and $\alpha^*<1$ if $\lambda>0$. More generally, final wealth can be written as

(8) $\quad Y \equiv W - \alpha[1+(1-\beta)\lambda]E(L) - (1-\alpha)L - [1-(1-\beta)\alpha]A$.

First-order conditions for expected-utility-maximizing choices of α and β are

(9) $\quad \partial EU/\partial\alpha = -[1+(1-\beta)\lambda]E(L)E(U') + E[(L+(1-\beta)A)U']$
$= \text{Cov}(L,U')-(1-\beta)[\lambda E(L)E(U')-\text{Cov}(A,U')] = 0$.

and

(10) $\quad \partial EU/\partial\beta = \alpha\lambda E(L)E(U') - \alpha E(AU') = \alpha[\lambda E(L)E(U') - \text{Cov}(A,U')] = 0$.

If the fixed-premium component of the contract is fair, $\lambda=0$, then it is straightforward to show that ($\alpha^*=1$, $\beta^*=0$) is the optimal (α, β) pair. Since the fixed-premium contract has a zero loading, there is no advantage to combining the fixed premium with the participating component. Indeed, by setting $\beta^*=0$, the individual eliminates the average noise risk completely and is left with the certain final wealth, $Y = W-E(L)$.

However, in an efficient market, it is reasonable to assume that the market will not reward an insurer for holding a diversifiable risk, the L_i; but it will assess a risk loading for bearing the risk of the correlated noise terms. Hence, the insurer will charge a risk loading, $\lambda>0$, on the portion of the insurance contract for which it bears the noise risk. If $\lambda>0$, then $\beta^*>0$. To see this, set $\beta=0$ and solve for the optimal level of coverage in this setting, α^*. Given the first-order condition for the level of coverage, equation (9), and the results of section II (i. e. $\alpha^*<1$), we must have $\text{Cov}(L,U')>0$ and hence $\lambda E(L)E(U')-\text{Cov}(A,U')>0$. But this implies $\partial EU/\partial\beta>0$ and β should increase. However, if we now allow β to increase to its optimal level, then from (10) either $\partial EU/\partial\beta=0$; or $\partial EU/\partial\beta>0$ and $\beta^*=1$ as a constrained optimum. In either case, substituting this result back into equation (9) obtains $\partial EU/\partial\alpha=\text{Cov}(L,U')=0$; which implies that $\alpha^*=1$. We have, therefore, established the following result:

Proposition 5: For a large homogeneous risk class ($n=\infty$) with perfect positive correlation of the individual noise, the optimal joint coverage level and premium weight satisfy:

(i) $\alpha^*=1$ (full coverage)

(ii) $\beta^*=0$ if $\lambda=0$ and $\beta^*>0$ if $\lambda>0$.

Given the results of Proposition 5, final wealth in equation (9) is $Y=W-E(L)-[(1-\beta)\lambda E(L)+\beta A]$. We can interpret the results of Proposition 5 by considering the effect on the two risky variables the individual faces, L_i and A. If the individual were to buy full coverage and set $\beta=1$, the risk L_i would be eliminated at a fair price (replaced with $E(L)$), but the risk of A would remain. However, by adjusting β, the individual has a control for the risk in A.

The premium weight in the above setting affects final wealth through an additive term, $\beta[\lambda E(L)-A]$. It thus becomes clear that $\beta^*=0$ when $\lambda=0$ and $\beta^*>0$ when $\lambda>0$. If the riskiness of A, in the sense of Rothschild and Stiglitz (1970), were to decrease, β^* would rise if $\lambda>0$. Indeed, if left unconstrained, $\beta^* \to \infty$ as the risk vanishes. On the other hand, if the level of noise increases (i. e. a riskier A), then β^* will fall. Of course, when beta is constrained not to exceed one, it is possible that β^* remains at one for changes in the noise level. More formally,

Corollary: If $0<\beta^*<1$ for a given noise distribution A, then an increase [decrease] in the level of noise will cause β^* to fall [rise].

VI. Concluding remarks

This paper has examined several effects of noisy loss distributions in an insurance market. Noise in the size of a loss, in a simple two-state model, was shown to increase the demand for insurance if consumers were "prudent". For more general loss distributions, the condition of standard risk aversion was seen to be sufficient to conclude that noise in the loss distribution increases the level of insurance coverage.

For competitive insurance markets with adverse selection, noisy loss distributions were seen to be have an impact on market equilibrium. In the Rothschild and Stiglitz (1976) equilibrium model, noise was shown to enable the good risks to purchase more coverage, to decrease overall welfare, and to lessen the likelihood of an equilibrium's existence. For a Miyazaki (1977) type of equilibrium, in which the good risks subsidize the bad risks, the rate of the subsidy was shown to be lower; but with an accompanying decrease in overall welfare. Of course, several other equilibrium concepts are possible as are other types of asymmetry of information. Noisy loss distributions will clearly affect equilibria in these markets, although such effects are beyond our scope in this paper.

Finally, we examined contract design in the presence of noise. The contract examined allowed for a mixture of a fixed premium and a dividend/assesment component. Even if a large risk pool can reduce the average risk of loss, noise risk remains a significant concern if the individual noise levels are correlated with one another. For the case examined, full coverage was always optimal and the individual adjusted the level of dividend participation to control the overall noise level.

Naturally, the consequences of noisy loss distributions extend well beyond those examined here. Given the pervasive effects of noise in the models considered in this paper, we hope that including the consequences of noisy loss distributions in other settings will lead to more robust models of insurance-purchasing behavior.

Appendix

Proof of Proposition 1:

Since (i) was shown in the text, we provide here a proof of (ii).

Define the derived utility function, V, as follows

(A 1) $\quad V(X;\alpha) \equiv EU[X-(1-\alpha)A]$,

where X is some deterministic level of wealth. As in Kimball (1990), define the precautionary premium for the random variable $(1-\alpha)A$ when initial wealth is X as $\Psi(X,(1-\alpha)A)$, where Ψ satisfies

(A 2) $\quad V'(X;\alpha) \equiv dV/dX \equiv U'(X-\Psi)$.

Now,

(A 3) $\quad V''(X;\alpha) = (1-d\Psi/dX)U''(X-\Psi)$.

Since prudence implies $\Psi>0$ and decreasing prudence implies $d\Psi/dX<0$, we obtain the following inequalities:

(A 4) $\quad \dfrac{-V''(X)}{V'(X)} > \dfrac{-U''(X-\Psi)}{U'(X-\Psi)} > \dfrac{-U''(X)}{U'(X)}$,

where the second inequality follows from decreasing absolute risk aversion. Consequently, V is a more risk-averse function than U. This implies the existence of an increasing, concave function g (g'>0, g''<0) such that $V(X) = g[U(X)] \, \forall X$.

Now, the first-order condition (6) can be written as,

(A 5) $\quad dEU/d\alpha = -PE(U')+E[LU']+E[AU'] =$
$\quad\quad\quad \int(-P+L)V'(X)dF(L)+Cov(A,U') = 0$

where $X \equiv W-\alpha P-(1-\alpha)L$. If there is no noise, $A\equiv 0$, then the first-order condition reduces to $\int(-P+L)U'(X)dF(L) = 0$, which is assumed satisfied at α^*.

Now, since utility can be altered via an affine transformation, we can assume without losing generality that $E[V'(X)] \equiv \int g'[U(X)]U'(X)dF(L) = E[U'(X)]$. Consequently,

$$\int(-P+L)V'(X)dF(L) = \int(-P+L)g'[U(X)]U'(X)dF(L) =$$
$$E(-P+L)E(g'U')+Cov(L,g'U').$$

The first term in this last expression equals $-Cov(L,U')$ when $\alpha=\alpha^*$ by the first-order condition in the noiseless case and our assumption that $E(g'U')=E(U')$. Now $Cov(L,U')$, $Cov(L,g'U')$ and $Cov(A,U')$ are zero when $\alpha^*=1$ and positive when $\alpha^*<1$. Since g is concave, we also have in the case where $\alpha^*<1$ that $Cov(L,g'U')>Cov(L,U')$. Since $\alpha^*<1$ when $\lambda>0$, it follows from (A 5) that $dEU/d\alpha>0$ when evaluated at α^* with noise. Thus the optimal level, α^{**}, should be higher.

Q.E.D.

Before proving Proposition 3, we first establish the following lemmata.

Lemma 1: Let X represent an insurance contract without noise and Y a contract with noise such that both X and Y have the same premium. Then $X\tilde{}_G Y$ if and only if $X\tilde{}_B Y$, where "$\tilde{}_i$" represents indifference for type-i individuals.

Proof: Since X and Y have the same premium, both types of individuals are indifferent to these contracts in the no-loss state. Therefore, $X\tilde{}_i Y$ for i=B or G implies we must also have indifference in the loss state. Since both types have identical preferences, the lemma follows.

Q.E.D.

Lemma 2: Let X be a contract without noise on the good-risk set of subsidizing contracts for the Miyazaki model; i. e. X is a contract along the CD locus in Figure 4. Let Y be a contract with noise along the set of subsidizing contracts with noise; locus C'D in Figure 4. Then $X\tilde{}_B Y$ if and only if X and Y generate identical expected profit for good-risk individuals.

Proof: Trivial since X and Y generate an identical bad-risk subsidy.

Q.E.D

Note that Lemma 2 implies that bad risks are indifferent to contracts along CD and C'D which lie on lines parallel to the good-risk fair price line (in Figure 4).

Proof of Proposition 3:

(i) Suppose not. Let E' denote the equilibrium good-risk contract with noise. Then E'$\geq_G$E, where "≥" denotes "is weakly preferred". Define contract J without noise such that J has the same premium as E' and E'$\sim_G$J. Also, define contract H without noise such that H is on the Miyazaki good-risk contract locus, CD in Figure 4, and E'$\sim_B$H. This is illustrated in Figure 5 which replicates part of Figure 4. To avoid clutter, axes and price lines are not drawn in Figure 5. Note that H lies "southwest" of E' by Lemma 2.

Now E'$\sim_B$J by Lemma 1. Therefore, for the two contracts without noise, H and J, we have H$\sim_B$J. However, it is easy to show that the bad-risk indifference curve through J without noise is steeper than the good-risk curve I_G. Hence J is strictly preferred to H by the bad risks – a contradiction! Therefore, the good risks are strictly worse off.

(ii) Let E represent the good-risk Miyazaki-equilibrium contract without noise and let E' denote the contract with noise on C'D such that E'$\sim_B$E. Now choose contracts K without noise on CD and K' with noise on C'D such that K entails a premium increase over E and K'$\sim_B$K. Thus, segments KK' and EE' are parallel to the good-risk fair-price line by Lemma 2. An illustration is provided in Figure 6. We claim K'$<_G$E'. If this holds the good-

Figure 5

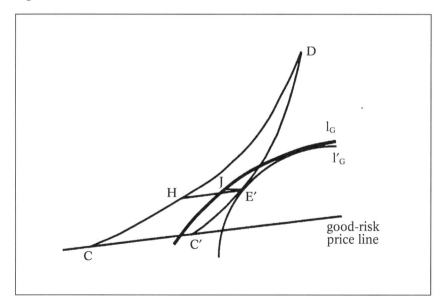

risk equilibrium contract with noise must lie southwest of E' on the C'D locus and, consequently, the bad risks cannot be better off in equilibrium.

To prove our claim, let Δ_1 denote the change in utility in the no-loss state for a switch from contract E to contract K. Clearly $\Delta_1<0$ due to the higher premium. Let Δ_2 denote the corresponding utility change in the loss state, $\Delta_2>0$. Similarly, let Δ_1' and Δ_2' denote utility changes for a switch from E' to K' with noise, where Δ_2' takes expectations over A. Applying Lemma 2, we obtain

(18) $\quad (1-p_b)(\Delta_1 - \Delta_1') + p_b(\Delta_2 - \Delta_2') = 0.$

Since the premium, π, is higher at E' than at E, it follows from the concavity of utility that $(\Delta_1-\Delta_1')>0$. Consequently,

(19) $\quad (1-p_g)(\Delta_1 - \Delta_1') + p_g(\Delta_2 - \Delta_2') > 0$

or equivalently

(20) $\quad (1-p_g)\Delta_1 + p_g\Delta_2 > (1-p_g)\Delta_1' + p_g\Delta_2'.$

The inequality in (20) indicates that the change in expected utility for the good risks from E to K without noise exceeds the corresponding change from E' to K' with noise. But from the optimality of E for the good risks

Figure 6

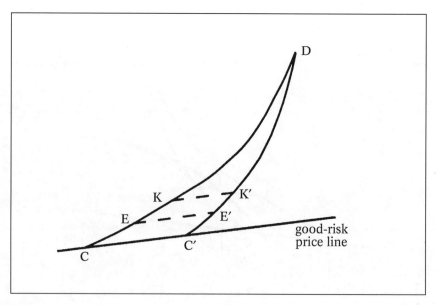

without noise, the left-hand side of (20) must be strictly negative. Consequently, (20) implies that $K' <_G E'$. Our claim and, hence, the Proposition follow.

Q.E.D.

Proof of Proposition 4:

Since the optimum good-risk contract lies southwest of E' in Figure 6, its slope when joined to the origin is less than that of E. The conclusion follows.

Q.E.D.

References

Doherty, N. A. and G. Dionne (1989), "Insurance with Undiversifiable Risk", Working Paper, University of Pennsylvania.

Doherty, N. A., P. Kleindorfer and H. Kunreuther, (1990), "Insurance Perspectives on an Integrated Hazardous Waste Management Strategy", Geneva Papers on Risk and Insurance, 57, 407–427.

Doherty, N. A. and H. Schlesinger (1983), "Optimal Insurance in Incomplete Markets", Journal of Political Economy, 91, 1045–1054.

Doherty, N. A. and H. Schlesinger (1990), "Rational Insurance Purchasing: Consideration of Contract Nonperformance", Quarterly Journal of Economics, 105, 243–253.

Hellwig, M. (1988), "A Note on the Specification of Interfirm Communication in Insurance Markets with Adverse Selection", Journal of Economic Theory, 46, 154–163.

Kihlstrom, R. E., D. Romer and S. Williams (1981), "Risk Aversion with Random Initial Wealth", Econometrica, 49, 911–920.

Kimball, M. (1990), "Precautionary Savings in the Small and in the Large", Econometrica, 58, 53–74.

Kimball, M. (1993), "Standard Risk Aversion", Econometrica.

Marshall, J. M. (1974), "Insurance Theory: Reserves versus Mutuality", Economic Inquiry, 12, 476–492.

Miyazaki, H. (1977), "The Rat Race and Internal Labor Markets", Bell Journal of Economics, 8, 394–418.

Mossin, J. (1968), "Aspects of Rational Insurance Purchasing", Journal of Political Economy, 76, 553–568.

Pratt, J. W. and R. Zeckhauser (1987), "Proper Risk Aversion", Econometrica, 55, 143–154.

Priest, G. L. (1987), "The Current Insurability Crisis and Modern Tort Law", Yale Law Journal, 1521–1590.

Rothschild, M. and J. Stiglitz (1970), "Increasing Risk: A Definition", Journal of Economic Theory, 2, 225 – 243.

Rothschild, M. and J. Stiglitz (1976), "Equilibrium in Insurance Markets: An Essay on the Economics of Imperfect Information", Quarterly Journal of Economics, 90, 629 – 649.

Smith, B. and M. Stultzer (1990), "Adverse Selection, Aggregate Uncertainty, and the Role for Mutual Insurance Contracts", Journal of Business, 63, 493 – 510.

Spence, M. (1978), "Product Differentiation and Performance in Insurance Markets", Journal of Public Economics, 10, 427 – 447.

Wilson, C. (1977), "A Model of Insurance Markets with Incomplete Information", Journal of Economic Theory, 12, 167 – 207.

Winter, R. A. (1988), "The Liability Insurance Crisis and the Economics of Competitive Insurance Markets", Yale Journal of Regulation, 5, 869 – 913.

Gleichgewichte bei adverser Selektion auf Versicherungsmärkten

Andreas Richter

1. Einleitung

Sind auf einem Markt wirtschaftlich relevante Informationen über exogen bestimmte Merkmale einer Marktseite für die andere Marktseite nicht verfügbar oder werden sie nicht von allen Akteuren der anderen Marktseite genutzt, so besteht die Gefahr der adversen Selektion[1]. Bei nicht beobachtbaren Qualitätsunterschieden werden Marktteilnehmer mit hoher Qualität tendenziell den Markt verlassen, da ihre Qualität nicht honoriert wird. Die Effekte asymmetrischer Informationsverteilung sind seit einer Arbeit von Akerlof[2] für verschiedene Märkte in der ökonomischen Literatur ausführlich diskutiert worden. Auf Versicherungsmärkten droht Antiselektion vor allem dann, wenn Versicherer bei ihrer Prämiengestaltung nicht zwischen verschiedenen Risikotypen differenzieren können. Wesentliche Erkenntnisse über Marktlösungen auf Versicherungsmärkten mit unvollkommener Information der Anbieter[3] stammen insbesondere von Rothschild und Stiglitz[4] sowie Wilson[5], deren unterschiedliche Ergebnisse im wesentlichen auf die Verwendung unterschiedlicher Gleichgewichtskonzepte zurückzuführen sind. Ziel dieses Beitrages ist es, nach der Einführung eines einfachen Modells zunächst Aussagen über solche Marktlösungen im Rahmen des Nash-Gleichgewichtskonzeptes abzuleiten und anschließend die Auswirkungen von Modellvariationen darzustellen. Im Hinblick auf Produktgestaltung und Sortimentsentscheidungen von Versicherungsunternehmen ist die Gestalt der Gleichgewichte von Bedeutung. Besonderes Interesse aber gilt der Frage, ob unter den jeweiligen Modellbedingungen ein Gleichgewicht überhaupt existiert, da aus der Nicht-Existenz stabiler Allokationen häufig die Notwendigkeit von Eingriffen in das Marktgeschehen gefolgert wird.

---

1   Der Begriff *adverse Selektion* wird hier synonym mit den Begriffen *Antiselektion, Negativ- und Gegenauslese* verwendet.
2   Vgl. Akerlof [1970].
3   Strukturgleiche Fragestellungen ergeben sich natürlich auch für andere Märkte. Beispielhaft genannt sei hier nur der Arbeitsmarkt (vgl. u. a. Spence [1973] oder Miyazaki [1977]).
4   Vgl. Rothschild/Stiglitz [1976].
5   Vgl. Wilson [1977].

2. Grundmodell und Ergebnisse bei vollständiger Information

Betrachtet wird die Entscheidungssituation potentieller Versicherungsnehmer[6], die jeweils der Unsicherheit ihres von einem zufallsabhängigen Schaden X bedrohten Periodenendvermögens W durch den Abschluß eines Versicherungsvertrages begegnen können[7], also zwischen Handlungsmöglichkeiten wählen müssen, die sich mit Zufallsvariablen der Form

$$W: = W_A - \Pi - X + R(X)$$

identifizieren lassen. Dabei sei W_A das Anfangsvermögen. Eine bestimmte Entschädigungsfunktion $R(\cdot)$ und eine Prämie Π repräsentieren jeweils einen Vertrag.

Hinsichtlich der Verteilung des Schadens X wird vereinfachend angenommen, es gebe nur zwei mögliche Ausprägungen, und zwar 0 oder L ($L > 0$)[8]. Ist $R(L) = C$ ($C \geq 0$) und $R(0) = 0$, so sind die zugehörigen Ausprägungen des Endvermögens

$$W_1: = W_A - \Pi, \qquad \text{falls kein Schaden auftritt,}$$

und

$$W_2: = W_A - \Pi - L + C \qquad \text{im Falle eines Schadens}[9].$$

Die Versicherungsmöglichkeiten seien für die weitere Analyse auf Verträge beschränkt, die $W_2 \leq W_1$ gewährleisten, für die also $C \leq L$ gilt.

Entscheidend für das zu untersuchende Problem ist die Tatsache, daß in der Regel die Versicherungsnachfrager nicht homogene Einzelrisiken repräsentieren. Dementsprechend gebe es zwei unterschiedliche Risikoklassen[10], und zwar die der „guten" Risiken mit Schadenwahrscheinlichkeit $p_g > 0$ und die der „schlechten" Risiken[11] mit Schadenwahrscheinlichkeit

---

6 Die verwendete Modellierung orientiert sich im wesentlichen an Rothschild/Stiglitz [1976].
7 Zur Vereinfachung sei angenommen, daß pro Vertragsperiode höchstens ein Schaden auftreten kann.
8 Die restriktive und für viele Versicherungszweige nicht sehr realistische Annahme zweipunktverteilter Schäden ermöglicht eine recht anschauliche Form der grafischen Analyse, von der hier Gebrauch gemacht wird.
9 Ein Versicherungsvertrag wird also im Modell durch ein Tupel (C,Π) eineindeutig abgebildet.
10 Die Beschränkung auf nur zwei Risikoklassen stellt wiederum eine weitgehende Vereinfachung dar. Daß sich die wesentlichen Ergebnisse auf den Fall mit einer beliebigen endlichen Anzahl von Risikoklassen verallgemeinern lassen, zeigt vor allem Wilson [1977].
11 Wenn nur zwei unterschiedliche Risikoklassen betrachtet werden, bezeichnet man üblicherweise die Versicherungsnachfrager mit der höheren Schadenwahrscheinlichkeit als die „schlechten" und die weniger gefährdeten als die „guten" Risiken. Ob diese Bezeichnungen aus Sicht des Versicherers angebracht sind, erscheint zumindest im Fall vollständiger Information fragwürdig. Trotzdem werden auch hier diese Begriffe verwendet.

$p_s > p_g$. Angenommen wird, daß jeder Nachfrager sein eigenes Risiko kennt, es aber nicht beeinflussen kann[12].

Aus einer Menge von Angeboten wählt ein Versicherungsnehmer gemäß dem Bernoulli-Prinzip einen Vertrag, der seinen erwarteten Nutzen

(1) $\quad (1-p_i)U(W_1) + p_iU(W_2)$

$\quad\quad = (1-p_i)U(W_A - \Pi) + p_iU(W_A - \Pi - L + C) =: V_i(C,\Pi) \quad i \in \{g,s\}$

maximiert. Damit die induzierte Nachfrage(struktur) stets wohldefiniert ist, wird ergänzend angenommen, daß von mehreren erwartungsnutzenmaximalen Verträgen derjenige mit dem größten Deckungsgrad gekauft wird. Im Ausdruck (1) bezeichne U die bis auf eine lineare Transformation eindeutig bestimmte Nutzenfunktion des Entscheidungsträgers, deren Existenz unter geeigneten Voraussetzungen das Bernoulli-Theorem sichert. U sei zweimal differenzierbar und streng monoton wachsend ($U' > 0$). Außerdem wird $U'' < 0$ und damit risikoscheues Verhalten der Versicherungsnachfrager vorausgesetzt. Es wird unterstellt, daß sich die einzelnen Individuen bezüglich Nutzenfunktion und Anfangsvermögen nicht unterscheiden. Dennoch beurteilen Nachfrager aus verschiedenen Risikoklassen dasselbe Angebot in unterschiedlicher Weise. Je größer seine Schadenwahrscheinlichkeit ist, desto stärker muß sich ein Nachfrager an $U(W_2)$ orientieren, um so größer ist im Ausdruck (1) der jeweils zweite und um so kleiner der jeweils erste Summand.

Betrachtet man die Menge aller denkbaren Verträge (C,Π), so lassen sich aus den Eigenschaften von U Aussagen über den Verlauf der (Erwartungsnutzen-)Indifferenzkurven im (C,Π)-Koordinatensystem[13] ableiten. Man erhält[14]

(2) $\quad \left.\dfrac{d\Pi}{dC}\right|_{V_i=konst} = \dfrac{p_iU'(W_2)}{(1-p_i)U'(W_1) + p_iU'(W_2)} \gtreqless p_i \Leftrightarrow W_1 \gtreqless W_2 \quad (\Leftrightarrow C \lesseqgtr L)$

und

(3) $\quad \left.\dfrac{d^2\Pi}{dC^2}\right|_{V_i=konst} = \dfrac{p_i(1-p_i)U''(W_2)U'(W_1)}{((1-p_i)U'(W_1) + p_iU'(W_2))^2} < 0.$

Die Indifferenzkurven verlaufen also streng konkav und für die „schlechten" Risiken steiler als für die „guten" (vgl. Abbildung 1). Dabei ist das

---

12 Mit dieser Annahme werden die Probleme des sogenannten moralischen Risikos ausgeschlossen.
13 Häufig wird auch mit der Darstellung im (W_1,W_2)-Diagramm gearbeitet (vgl. z. B. Rothschild/Stiglitz [1976], Eisen [1979], Zink [1987], Strassl [1988]).
14 Verwendet wird der Satz über die Differenzierbarkeit implizit definierter Funktionen.

Erwartungsnutzenniveau einer Indifferenzkurve um so höher, je weiter rechts sie im (C,Π)-Diagramm liegt.

Bestimmen die Versicherer die Prämien mit Hilfe eines konstanten Prämiensatzes $\pi > 0$ aus der Versicherungssumme C, d. h. $\Pi = \pi C$, so wird die für Risiken des Typs i (i∈{g,s}) optimale Deckungssumme $C^*_i(\pi)$ bestimmt durch[15]

(4) $\quad -(1-p_i)U'(W_1)\pi + p_i U'(W_2)(1-\pi) = 0$,

woraus sich folgende Optimalitätsbedingung ergibt:

(5) $\quad \pi = \dfrac{p_i U'(W_2)}{(1-p_i)\,U'(W_1) + p_i U'(W_2)}$

mit

$W_1 = W_A - \pi C^*_i(\pi) \quad W_2 = W_A - L + (1-\pi)C^*_i(\pi)$.

Entlang einer sogenannten *Versicherungsgeraden*, die alle Versicherungsverträge mit gleichem Prämiensatz im (Π,C)-Diagramm abbildet, maximiert somit ein Nachfrager seinen erwarteten Nutzen in einem Punkt, an dem eine Indifferenzkurve die Gerade tangiert[16,17]. Voller Versicherungsschutz ($W_1 = W_2$, $C = L$) wird genau dann nachgefragt, wenn $\pi = p_i$ ist[18] (vgl. z. B. das Angebot a_s in Abbildung 2). Ist $\pi > p_i$, so entscheidet sich der Nachfrager gemäß (5) für einen Vertrag mit $W_1 > W_2$ ($C < L$), er trägt einen Teil seines Risikos selbst. Bei einem Prämiensatz, der kleiner als die Schadenwahrscheinlichkeit ist, wäre ein Vertrag mit Überdeckung optimal. Da allerdings die Versicherungsmöglichkeiten auf Verträge mit $C \leq L$ eingeschränkt sein sollen, entscheidet sich der Versicherungsnehmer in diesem Fall für Vollversicherung.

Bei Abstraktion von allen Betriebskosten ist der erwartete Gewinn aus einem Versicherungsvertrag $E_i[G(\Pi,C)] = \Pi - p_i C = C(\pi - p_i)$. Stimmen p_i und π überein, so ist $E_i[G] = 0$. Für Risiken mit der Schadenwahrscheinlichkeit p_i entspricht also die Versicherungsgerade zum Prämiensatz p_i der Isogewinnlinie für $E_i[G] = 0$. Diese Nullgewinnlinie wird deshalb im folgenden

---

15 Wegen $\dfrac{\partial^2 V_i}{\partial C^2} = (1-p_i)U''(W_1)\pi^2 + p_i U''(W_2)(1-\pi)^2 < 0$ ist (4) auch hinreichend für ein Erwartungsnutzenmaximum.
16 Die Versicherungsgerade zum Prämiensatz π ist eine Gerade mit der Steigung π im (C,Π)-Diagramm. Die rechte Seite der Gleichung (5) ist gemäß (2) gerade die Steigung der Indifferenzkurve im Erwartungsnutzenmaximum, so daß (5) die angesprochene Tangentialbedingung darstellt.
17 Wegen (2) und (3) und weil sich unterschiedliche Indifferenzkurven einer Risikoklasse nicht schneiden, wird durch (4) bzw. (5) ein globales Maximum (entlang einer Versicherungsgeraden) festgelegt.
18 In diesem Fall entspricht die Prämie gerade dem Schadenerwartungswert. Man spricht dann oft von einer „fairen" Prämie.

als p_i-*Äquivalenzgerade* bezeichnet. Für den durchschnittlichen erwarteten Gewinn (pro Risiko) aus einem Angebot bei Nachfrage durch beide Risikogruppen gilt

$$\frac{n_g E_g[G] + n_s E_s[G]}{n_g + n_s} = C(\pi - \bar{p}) \quad \text{mit} \quad \bar{p} := \frac{n_g p_g + n_s p_s}{n_g + n_s},$$

wobei n_g die Anzahl der „guten" und n_s die Anzahl der „schlechten" Risiken sei. Daher werden auch diejenigen Vertragsangebote, welche bei gemeinsamer Nachfrage aller Risiken einen erwarteten Gewinn von Null erwirtschaften, durch eine Gerade, die $\bar{p}$-Äquivalenzgerade, abgebildet[19].

Ausgangspunkt der Gleichgewichtsanalyse ist das Modell *vollkommener Konkurrenz*. Unter anderem wird unterstellt, die Marktteilnehmer seien *vollständig informiert*. Für das zu betrachtende Problem bedeutet dies vor allem, daß den Anbietern die individuelle Schadenwahrscheinlichkeit jedes einzelnen Nachfragers bekannt ist. Versicherungsverträge für „gute" und „schlechte" Risiken stellen unterschiedliche Produkte dar, die auf verschiedenen Märkten gehandelt werden. Betrachtet wird ein reines Tauschmodell, in dem die Produktion von Versicherungsschutz keine Betriebskosten verursacht und sich die Versicherungsunternehmen von den Haushalten, die Versicherungsschutz nachfragen, lediglich durch eine geringere Ausprägung der Risikoaversion unterscheiden. Geht man davon aus, daß die einzelnen Versicherungsnachfrager stochastisch unabhängige Risiken repräsentieren, so kann mit dem Gesetz der großen Zahlen die Annahme begründet werden, daß sich die Versicherer gegenüber dem einzelnen Risiko *risikoneutral* verhalten[20] und ihr Ziel in der Maximierung des erwarteten Gewinns besteht.

Sofern er die individuellen Schadenerwartungen kennt, wird ein Versicherer Vertragsabschlüsse mit im Erwartungswert nicht kostendeckenden Prämien vermeiden. Auf ein Angebot aber, das bei Verkauf an eine Risikogruppe positive Gewinne[21] erzielt, reagiert stets ein Konkurrenzanbieter, indem er dieser Risikogruppe dieselbe Deckung bei etwas niedrigerem Prämiensatz anbietet. Im Gleichgewicht bei vollständiger Information werden also alle Nachfrager gegen eine für sie jeweils „faire" Prämie versichert und wählen deshalb vollen Versicherungsschutz.

---

19 Allgemein ist die Isogewinnlinie zu einem Angebot bei Nachfrage durch eine (eventuell auch gemischte) Gruppe von Risiken eine Gerade, deren Steigung durch die (mittlere) Schadenwahrscheinlichkeit der dieses Angebot nachfragenden Versicherungsnehmer gegeben ist.
20 Hier ist anzumerken, daß die genannte Begründung kein formal ausreichendes Argument darstellt, denn das Gesetz der großen Zahlen liefert eine reine Grenzaussage.
21 „Gewinne" oder „Verluste" bezeichnen im folgenden stets *erwartete* Gewinne bzw. *erwartete* Verluste.

Insbesondere schließt das dargestellte Ergebnis die Möglichkeit einer Subventionierung der „schlechten" durch die weniger gefährdeten Risiken über eine einheitliche Prämie aus. Ein Anbieter, der Versicherungsschutz an beide Risikogruppen verkauft und einen einheitlichen Prämiensatz π mit $p_g < \pi < p_s$ verlangt[22], kann wegen der Angebote der Konkurrenz nur die „schlechten" Risiken versichern und erwirtschaftet deshalb Verluste. Es zeigt sich, daß die „Lenkungsfunktion des freien Marktes ... einen ständigen Druck in Richtung auf kosten- bzw. risikogerechte Preise"[23] erzeugt. Hier macht sich eine Form der Antiselektion[24] bemerkbar, die immer dann auftreten kann, wenn ein Versicherer trotz erkennbar unterschiedlicher Gefährdung einheitliche Beiträge bzw. *generelle Prämien im engeren Sinne*[25] verlangt, während *mindestens* ein anderer Versicherer die Prämien differenziert. Unter Wettbewerbsbedingungen ergibt sich zwangsläufig die Tendenz zur differenzierten Prämie. Einheitliche Beiträge können allenfalls bei entsprechender Regulierung am Markt Bestand haben[26].

3. Das Nash-Gleichgewicht bei asymmetrischer Information

3.1 Antiselektion bei Durchschnittstarifierung

Eine wichtige Voraussetzung war bisher, daß ein Versicherer die Risiken unterscheiden und deshalb für jeden einzelnen Versicherungsvertrag eine im Erwartungswert ausreichende Prämie erzielen kann. Diese Voraussetzung wird nun abgeschwächt. Es wird angenommen, daß zwar bekannt ist, welche Schadenwahrscheinlichkeiten in welcher Häufigkeit in der Gesamtheit aller potentiellen Versicherungsnehmer vertreten sind, daß aber die Versicherer die Risikotypen nicht voneinander unterscheiden können[27]. Die Versicherungsnachfrager hingegen seien weiterhin über ihr Risiko vollständig informiert.

---

22 Strenggenommen bietet der betrachtete Versicherer zwei verschiedene Produkte zu einem einheitlichen Preis auf zwei unterschiedlichen Märkten an.
23 Karten [1993], S. 60.
24 Karten bezeichnet diese Form der Gegenauslese als „Antiselektion am Markt" (Karten [1993], S. 62).
25 Ähnliche Auswirkungen hat die Erhebung *genereller Prämien im weiteren Sinne*, also z. B. eine Abstufung der Prämien nach anderen Kriterien, etwa anhand des Einkommens wie im Fall der Sozialversicherung.
26 Dem beschriebenen Antiselektionseffekt ähnlich ist eine Form der Gegenauslese, die sich dann am Markt bzw. zwischen den Versicherungsunternehmen ergibt, wenn zwar alle Anbieter gleiche generelle Prämien verlangen, aber nur einige von ihnen bei Vertragsabschluß eine Selektion durchführen (vgl. Gürtler [1962], S. 609).
27 Tatsächlich besteht häufig das Problem nicht in der Verfügbarkeit relevanter Informationen. Auch wenn die nötigen Informationen vorliegen, können z. B. politische Überlegungen, absatzpolitische Gründe oder rechtliche Rahmenbedingungen gegen die Nutzung erkannter und beobachtbarer Risikomerkmale zur Prämiendifferenzierung sprechen bzw. sie verbieten. Die Probleme adverser Selektion aufgrund asymmetrischer Information lassen sich in einem solchen Fall als Argumente für differenzierte Prämien anführen.

Ist es nicht möglich, Nachfrager aus den beiden Risikogruppen zu unterscheiden, so müssen allen die gleichen Verträge zur Auswahl angeboten werden. Es lassen sich natürlich nicht mehr unterschiedliche Prämien für denselben Deckungsumfang erzielen. Wenn sie nicht zu erkennen sind, können auch die „schlechten" Risiken den eigentlich nur für Nachfrager mit geringer Schadenwahrscheinlichkeit bestimmten günstigen Vertrag nachfragen. Dieses Angebot muß dann zurückgezogen werden, da sein Prämiensatz unter der durchschnittlichen Schadenwahrscheinlichkeit liegt.

Soll in der dargestellten Situation weiterhin das Angebot so gestaltet sein, daß die Nachfrager bei gegebenem Prämiensatz den Deckungsumfang frei wählen können, so erscheint es zumindest auf den ersten Blick naheliegend, die Prämienforderung am durchschnittlichen Erwartungsschaden zu orientieren. Ignoriert ein Anbieter die unterschiedlichen Präferenzen der Nachfrager, so wird er, wenn er andererseits den Wettbewerbsdruck antizipiert, für jeden Vertrag einen Prämiensatz fordern, der der durchschnittlichen Schadenwahrscheinlichkeit entspricht, also $\pi = \bar{p}$. Während die Durchschnittsprämie[28] für die Versicherungsnehmer mit überdurchschnittlicher Schadenwahrscheinlichkeit noch attraktiver ist als eine für sie „faire" Prämie und diese deshalb vollständigen Versicherungsschutz nachfragen werden, reduzieren die „guten" Risiken die von ihnen nachgefragte Deckung gegenüber dem Fall „fairer" Prämien. Die Unterschiede im Nachfrageverhalten führen also dazu, daß sich das Gewicht der „guten" Risiken im Kollektiv verringert und damit eine Negativauslese erfolgt. Die durchschnittliche Schadenwahrscheinlichkeit kann als einheitlicher Prämiensatz nicht ausreichen[29]. Der ungünstigere Schadenverlauf wird den Versicherer vielmehr dazu veranlassen, den Prämiensatz anzuheben, so daß bei normaler Nachfragereaktion[30] der Antiselektionseffekt noch verstärkt wird[31].

---

28 Der Begriff „Durchschnittsprämie" bezeichnet hier nicht wie z. B. bei Gürtler [1962], S. 607, eine generelle Prämie in dem Sinne, daß auf mögliche Prämiendifferenzierung verzichtet wird. Vielmehr ist (etwas unpräzise) eine einheitliche Prämie gemeint, die als durchschnittlicher (evtl. auch falsch) prognostizierter Erwartungsschaden berechnet wird, wobei für diese Definition ohne Bedeutung ist, ob differenziert werden kann oder nicht.

29 Auch wenn im Modell der Wettbewerb keine positiven Gewinne zuläßt und Betriebskosten vernachlässigt werden, sei angemerkt, daß die beschriebene Gegenauslese auch bei Einbeziehung entsprechender kalkulatorischer Prämienbestandteile erfolgt, sofern die Nettorisikoprämie pauschal kalkuliert wird und die Zuschläge nicht zu hoch veranschlagt werden. Ist die sich ergebende einheitliche Prämie für vollen Versicherungsschutz für die überdurchschnittlich gefährdeten Risiken immer noch geringer als ihr individueller Schadenerwartungswert, so wird sogar die adverse Selektion unter Umständen verstärkt. Durch die Zuschläge wird nämlich für die „guten" Risiken die Prämie noch unattraktiver.

30 Üblicherweise wird eine normale Nachfragereaktion vorausgesetzt, d. h. daß mit steigendem Prämiensatz weniger Versicherungsschutz nachgefragt wird. Natürlich ist ein solches Verhalten plausibel, ein entsprechendes Ergebnis läßt sich allerdings im hier verwendeten Modell allgemein nur unter zusätzlichen Annahmen ableiten.

31 Das beschriebene Problem ist nicht spezifisch für Versicherungsmärkte. Vgl. z. B. Akerlof [1970], der am Beispiel des Gebrauchtwagenmarktes argumentiert. Wenn die Käufer Qualitätsunterschiede nicht erkennen können, über den Anteil der Autos in den einzelnen Qualitätsstufen aber unterrichtet sind, bildet sich ein einheitlicher Preis auf Basis der durchschnittlichen Qualität. Dieser Preis ist für die Anbieter überdurchschnittlicher Quali-

Bei nicht beobachtbaren Risikounterschieden verursacht die Anwesenheit der „schlechten" Risiken einen externen Effekt. Denn es ist unter diesen Bedingungen für die „guten" Risiken nicht mehr möglich, sich zu einem risikogerechten Preis zu versichern, weshalb sie außerdem teilweise oder ganz auf Versicherungsschutz verzichten.

3.2 Selbstselektion und Nash-Gleichgewicht

Auch wenn für die Versicherungsunternehmen eine Verbesserung des Informationsstandes durch Maßnahmen, die unmittelbar der Informationsbeschaffung dienen[32], unmöglich oder unwirtschaftlich ist, kann versucht werden, durch Verwendung geeigneter Kooperationsformen zu erreichen, daß die Nachfrager selbst ihr individuelles Risiko zu erkennen geben[33]. Von Bedeutung ist hier eine Möglichkeit der Erzeugung von Signalen[34], die als *self-selection*[35] *(Selbstselektion)* oder *screening*[36] bezeichnet wird. Dabei wird ein Versicherungsnehmer derart mit einer Entscheidungssituation konfrontiert, daß man an seiner Wahl seine individuelle Schadenerwartung erkennen kann[37]. Es wird im folgenden zunächst gezeigt, daß unter bestimmten Bedingungen der Wettbewerb zu einem Gleichgewicht führt, in dem sich die Nachfrager aus den unterschiedlichen Risikoklassen anhand ihrer Auswahl aus einer Angebotsmenge bzw. -struktur identifizieren lassen, die Versicherungsverträge mit verschiedenen Deckungen und Prämiensätzen enthält. Natürlich ist eine solche Lösung nur dann möglich, wenn die Nachfrager sie nicht umgehen können, indem sie z. B. mehrere Teildeckungen zum niedrigsten Prämiensatz bei unterschiedlichen Versicherern nachfragen. Ein Versicherer muß also die gesamte Nachfrage eines Versicherungsnehmers beobachten können. Um dies zu erreichen, kann er den Versicherungsnehmer z. B. durch die Vereinbarung von Ausschließlichkeitsklauseln[38] verpflichten, nur bei ihm Versiche-

---

tät zu niedrig, so daß sie ihre Autos nicht verkaufen und den Markt verlassen. „The ‚bad' cars drive out the good" (Akerlof [1970], S. 489).
32 „Unmittelbar" bezieht sich auf die Beobachtung von Risikomerkmalen, deren Ausprägungen sich nicht erst nach Einführung einer geeigneten Kooperationsform ergeben bzw. nicht vom Verhalten des Versicherungsnehmers im Zusammenhang mit der Vertragsentscheidung abhängen.
33 Vgl. Spremann [1990], S. 578 ff.
34 „The key to ... signals is that the sellers of higher quality, or buyers in the case of insurance, to distinguish themselves from sellers of lower quality are willing to take actions the sellers of lower quality do not find worthwile" (Kreps [1990], S. 629). Von besonderer Bedeutung sind Signale auch in der Theorie der Arbeitsmärkte (vgl. z. B. Spence [1973]). Ein typisches Beispiel für ein Signal ist dort der Erwerb von Ausbildungszertifikaten, der für Arbeitskräfte unterschiedlicher Qualität oder Eignung mit unterschiedlichen Anstrengungen verbunden ist.
35 Vgl. z. B. Salop/Salop [1976], S. 620.
36 Vgl. z. B. Rasmusen [1991], S. 134.
37 „Probably the best case of self-selection is recorded in the Old Testament: King Solomon's threat to cut the baby in half caused each ‚mother' to reveal her true feelings for the baby and hence her true identity" (Salop/Salop [1976], S. 620).
38 Vgl. Hellwig [1988 b], S. 1067 ff.

rungsschutz zu kaufen. Die Wirksamkeit solcher Klauseln erfordert allerdings informationsmäßige Kooperation der Versicherungsunternehmen. Diese Kooperation sei zunächst vorausgesetzt.

Welcher Gewinn sich mit einem Vertragsangebot erzielen läßt, hängt von der Schadenwahrscheinlichkeit der Nachfrager ab, die diesen Vertragstyp kaufen. Für welche Angebote sich die Nachfrager aus unterschiedlichen Risikoklassen jeweils entscheiden, ist wiederum abhängig von den möglichen Alternativen. Zum Beispiel wird ein Angebot, das als Einheits- oder *Pooling-Vertrag* gerade noch profitabel ist, zu Verlusten führen, wenn ein zusätzlicher Vertragstyp angeboten wird, der für die „guten" Risiken attraktiver ist, für die anderen jedoch nicht. Bei der Plazierung eines Angebots ist also neben den Präferenzen der Nachfrager das Verhalten der Konkurrenten zu berücksichtigen. Erforderlich ist deshalb eine *Reaktionshypothese*[39], d. h. eine Annahme über die Reaktion der anderen Versicherer bei Veränderung der Angebotsmenge, die den Rentabilitätsberechnungen für ein neues Vertragsangebot zugrunde zu legen ist[40]. Je nach Reaktionshypothese ergeben sich verschiedene Gleichgewichtskonzepte.

Allgemein versteht man unter einem *Nash-Gleichgewicht*[41] in der Spieltheorie eine Kombination von Strategien der beteiligten Spieler, gegenüber der es für keinen eine bessere Strategie gibt unter der Bedingung, daß jeweils die anderen Akteure ihre Strategien beibehalten. Ein Nash-Gleichgewicht ist somit erreicht, wenn für keinen der Akteure ein Anreiz besteht, seine Strategie zu wechseln, sofern er davon ausgeht, daß die anderen nicht reagieren. Entsprechend wird hier zunächst die Reaktionshypothese verwendet, daß zusätzliche Vertragsangebote die bestehenden Angebote der Konkurrenten nicht beeinflussen. Diese Kurzsichtigkeit der Versicherer in der Einschätzung des Konkurrenzverhaltens erscheint für einen atomistischen Wettbewerbsmarkt naheliegend. Warum sollte ein einzelner Anbieter, der nur einen marginalen Anteil zum Gesamtangebot beiträgt, davon ausgehen, daß sein Verhalten Reaktionen der Konkurrenz hervorruft[42]?

Aus der Nash-Verhaltensannahme folgt, daß eine Angebotsstruktur nicht stabil sein kann, wenn sie Angebote enthält, die – für sich betrachtet –

---

39 Vgl. Zink [1987], S. 21.
40 Da in diesem Modell wettbewerbliche Angriffe auf eine potentiell gleichgewichtige Allokation nur mit Angebotsmengen möglich sein sollen, die insgesamt *positive* Gewinnerwartung besitzen, ist eigentlich auch bei vollständiger Information eine Reaktionshypothese erforderlich. Allerdings ist es in diesem Fall nicht möglich, daß eine Angebotsmenge unter einer Reaktionshypothese positive und bei Berücksichtigung einer anderen Reaktionshypothese negative Gewinnerwartung besitzt, da sich bei vollständiger Information Verluste durch Abweisen von Risiken zu großer Gefährdung vermeiden lassen. Die Ergebnisse bei vollständiger Information würden durch keine der im folgenden betrachteten Verhaltensannahmen beeinträchtigt.
41 Vgl. z. B. Rasmusen [1991], S. 33, Kreps [1990], S. 404, Frank [1991], S. 457.
42 Vgl. Strassl [1988], S. 166.

Verluste erwirtschaften. Ein Versicherer mit einem solchen Angebot muß nämlich andere Vertragstypen anbieten, die positive Gewinne erzielen, damit er nicht insgesamt Verluste erleidet. Es bestehen dann Gewinnanreize für einen Konkurrenten, nur die profitablen Angebote zu kopieren. Er rechnet damit, daß sich dieses Vorgehen lohnt[43], weil er gemäß der Nash-Reaktionshypothese davon ausgeht, daß weiterhin die defizitären Vertragsangebote bestehen bleiben. Die Feststellung, daß *im Gleichgewicht* keine defizitären Vertragstypen angeboten werden, rechtfertigt allerdings noch nicht, Angebotskombinationen mit *interner Subventionierung* eines Angebots durch ein anderes völlig von der Betrachtung auszuschließen. Durchaus denkbar ist, daß z. B. mit einer solchen Kombination ein potentielles Gleichgewicht gestört werden kann. Zunächst aber bleibt diese Möglichkeit unberücksichtigt. Es wird angenommen, daß jeder Vertrag nichtnegative Gewinne erzielen muß[44]. Nach diesen Vorbemerkungen kann nun das Nash-Gleichgewicht für den verwendeten Modellrahmen definiert werden:

Eine Menge S von Angeboten heißt Nash-Gleichgewicht, wenn sie folgende Bedingungen erfüllt[45]*:*

(i) Jeder Vertrag aus S wird nachgefragt und erzielt nichtnegative Gewinne.

(ii) Es gibt außerhalb von S keine Angebotsmenge, die – wenn sie zusätzlich zu S angeboten wird – je Vertrag keinen Verlust erleidet und insgesamt positive Gewinne erzielt.

Zu erwarten ist sicherlich, daß der Wettbewerb auch bei asymmetrischer Information keine positiven Gewinne zuläßt. Im Nash-Gleichgewicht erzielt aber jedes Angebot sogar innerhalb jeder Risikogruppe einen Gewinn von Null. Zur Begründung genügt es zu zeigen, daß ein Vertragstyp a, der

---

43 Implizit wird unterstellt, daß bei einem identischen Vertragsangebot mehrerer Versicherer die Nachfrager, für die dieses Angebot optimal ist, gemäß ihrem Anteil an der Gesamtnachfrage bei den einzelnen Versicherern nachfragen.
44 Diese Eigenschaft läßt sich erzwingen, indem wie bei Rothschild und Stiglitz angenommen wird, daß jeder Versicherer nur einen Vertrag anbieten darf. Eine solche Annahme ist natürlich problematisch. Gerade das bereits angedeutete Ergebnis, nach dem sich im Gleichgewicht mit einer geeignet differenzierten Angebotsmenge Informationen über die Versicherten gewinnen lassen, spricht für differenzierte Angebotsstrukturen auch einzelner Anbieter gegenüber nicht unterscheidbaren Risiken. Eine andere Begründung für die Nichtnegativität der Gewinne aus jedem einzelnen Angebot liefert Wilson, der dabei jedoch von der Nash-Verhaltensannahme abweicht, obwohl er u. a. auch einen Gleichgewichtsbegriff diskutiert, der im wesentlichen dem des Nash-Gleichgewichts entspricht (vgl. das *E1 equilibrium* bei Wilson [1977]). Nach der Argumentation Wilsons antizipiert ein Versicherer, der einen Vertragstyp mit positiver Gewinnerwartung anbieten möchte, daß andere Anbieter dieses profitable Angebot kopieren, und verzichtet deshalb auf ein Vertragsangebot mit negativer Gewinnerwartung, da es nicht ausreichend subventioniert würde.
45 Vgl. Rothschild/Stiglitz [1976], S. 633, Wilson [1977], S. 173 und S. 182 ff., oder Zink [1987], S. 8.

von den „guten" Risiken nachgefragt wird und in dieser Risikogruppe positive Gewinne erwirtschaftet, also oberhalb der p_g-Äquivalenzgeraden plaziert ist, nicht Bestandteil eines Nash-Gleichgewichts sein kann[46]. Dies wiederum folgt unmittelbar aus der unterschiedlichen Gestalt der Indifferenzkurven der beiden Risikogruppen. Es findet sich nämlich oberhalb der genannten Äquivalenzgeraden immer ein Vertrag b mit etwas größerer Selbstbeteiligung und etwas geringerem Prämiensatz als a, der von den „guten" Risiken vorgezogen wird, von den „schlechten" aber nicht. Bezeichnet $\bar{V}_i(a)$ die Indifferenzkurve der Nachfrager vom Typ i, auf der das Angebot a liegt, so wird b links von $\bar{V}_s(a)$ und rechts von $\bar{V}_g(a)$ (vgl. Abbildung 1) plaziert. Mit diesem Vertrag gelingt es, die „guten" Risiken von a abzuwerben und positive Gewinne zu erzielen. Die Ausgangssituation kann also nicht stabil sein[47]. Im Gleichgewicht erhalten alle Nachfrager Versicherungsschutz gegen eine jeweils „faire" Prämie. Damit ergibt sich auch, daß Risiken unterschiedlichen Typs verschiedene Angebote nachfragen. Existiert ein Nash-Gleichgewicht, so muß es sich dabei um ein sogenanntes *trennendes* Gleichgewicht[48] handeln. Eine Angebots-

Abbildung 1

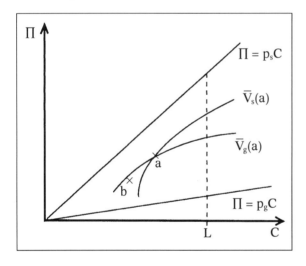

46 Es kann im Nash-Gleichgewicht kein Angebot geben, das sogar in der Gruppe der „schlechten" Risiken profitabel ist, da in einem solchen Fall immer ein Vertragstyp mit gleicher Deckung und etwas geringerer Prämie existiert, der attraktiver und immer noch profitabel ist.
47 Oben wurde implizit angenommen, daß alle Nachfrager einer Risikoklasse den gleichen Vertrag nachfragen. Mit der dargestellten Argumentation läßt sich zumindest für ein Nash-Gleichgewicht ausschließen, daß Nachfrager einer Risikoklasse unterschiedliche Verträge kaufen, auch wenn das Modell dies zuließe. Die Verträge müßten nämlich auf derselben Äquivalenzgeraden liegen und denselben Erwartungsnutzen stiften. Eine Indifferenzkurve und eine Äquivalenzgerade berühren sich jedoch im Bereich $C \leq L$ höchstens einmal.
48 Vgl. Rothschild/Stiglitz [1976], S. 634.

struktur kommt nur dann als Nash-Gleichgewicht in Frage, wenn sie sich als *self-selection device*[49] eignet. Sie kann keinen *Pooling-* oder Einheitsvertrag enthalten, der von unterschiedlichen Risikotypen nachgefragt wird.

Es lassen sich nun genauere Aussagen über die Gestalt eines Nash-Gleichgewichts machen. Dabei sei $a_i = (C_i, \Pi_i)$ der Vertrag, den die Nachfrager der Risikogruppe i wählen (sollen). Nach den eben dargestellten Überlegungen muß jeweils a_i auf der p_i-Äquivalenzgeraden plaziert sein. Im Gleichgewicht erhalten außerdem die „schlechten" Risiken vollen Versicherungsschutz, da es (vgl. auch (2)) bei $C_s < L$ immer ein Angebot gibt, das für diese Risikogruppe attraktiver und auch profitabel ist[50]. Damit die Versicherungsnehmer mit größerer Schadenwahrscheinlichkeit nicht auch den für die „guten" Risiken bestimmten Vertrag kaufen, muß folgende *Self-selection-Bedingung*[51] erfüllt sein:

(6) $\quad V_s(a_s) \geq V_s(a_g)$

Für eine stabile Angebotskombination gilt sogar Gleichheit in (6), da sich bei geringerer Deckungssumme (vgl. a'_g in Abbildung 2) ein Angebot mit etwas höherem Prämiensatz finden läßt, das für die „guten" Risiken at-

Abbildung 2

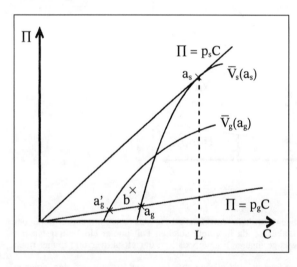

---

49 Salop/Salop [1976], S. 620.
50 Die stärker gefährdeten Versicherungsnachfrager können schließlich auch „jederzeit zugeben, ein schlechtes Risiko zu sein (und erhalten dann Volldeckung zur aktuarisch fairen Prämie...)" (Eisen [1986], S. 348).
51 Strassl [1988], S. 139.

traktiver ist, von den „schlechten" aber nicht gegenüber a_s vorgezogen wird, so daß es als zusätzliches Angebot positive Gewinne erzielt (vgl. b in Abbildung 2). Die „guten" Risiken erhalten also den größtmöglichen Versicherungsschutz, der gerade noch eine Selbstselektion zuläßt, auf jeden Fall aber nur eine Teildeckung. Sie sind in Relation zu ihrem Anteil an der Gesamtnachfrage schwächer in den versicherten Kollektiven vertreten und werden im Extremfall durch diese adverse Selektion aus dem Markt getrieben. Die von den „schlechten" Risiken ausgehende negative Externalität wird hier besonders deutlich. Das Nash-Gleichgewicht ist „completely dissipative"[52], da es die „schlechten" Risiken nicht besser, die anderen aber schlechter stellt als das Gleichgewicht bei vollständiger Information, also durch letzteres im Pareto-Sinne dominiert wird.

Ein Nash-Gleichgewicht ist eindeutig, da sich im Bereich $C \le L$ eine Indifferenzkurve und eine Äquivalenzgerade höchstens einmal berühren. Im folgenden bezeichne $S_N := \{a_g, a_s\}$ mit $a_s := (L, p_s L)$ und a_g definiert durch $V_s(a_s) = V_s(a_g)$ die potentiell gleichgewichtige Angebotskombination. Es fehlen bisher noch Aussagen darüber, ob bzw. unter welchen Bedingungen dieses Angebotspaar tatsächlich stabil ist und somit ein Nash-Gleichgewicht überhaupt existiert. Zu klären ist, wann eine Angebotserweiterung Gewinnmöglichkeiten besitzt. Sollen die „guten" Risiken von a_g durch eine insgesamt profitable Angebotsmenge abgeworben werden, so muß diese auch für die „schlechten" einen anderen Vertrag enthalten. Denn die „schlechten" Risiken ziehen dem Angebot a_s jeden Vertrag (auf oder oberhalb der p_g-Äquivalenzgeraden) vor, den die „guten" Risiken gegenüber a_g bevorzugen. Ein neuer Vertrag für die „schlechten" Risiken liegt unterhalb bzw. rechts von $\overline{V}_s(a_s)$ und ist demnach durch einen Prämiensatz $\pi < p_s$ gekennzeichnet. Da defizitäre Vertragstypen nicht angeboten werden, muß dieses Angebot auch von den Nachfragern mit geringerer Schadenwahrscheinlichkeit gewählt werden. S_N als potentielles Gleichgewicht kann somit nur durch einen Einheitsvertrag b gestört werden, der folgende Anforderungen erfüllt:

$$V_s(b) > V_s(a_s), V_g(b) \ge V_g(a_g) \text{ und } \pi_b > \bar{p}$$

Eine Situation ohne Gleichgewicht zeigt die Abbildung 3. Es existiert kein Nash-Gleichgewicht, wenn die $\bar{p}$ und die p_g-Äquivalenzgerade hinreichend dicht beieinander liegen, weil es ceteris paribus nur wenige „schlechte" Risiken gibt oder weil die Schadenwahrscheinlichkeiten nicht so stark differieren[53]. In diesem Fall sind die Kosten des Poolens für die

---

52 Rothschild/Stiglitz [1976], S. 638.
53 Zu diesem Ergebnis passen auch die Aussagen von Riley [1979], der Märkte mit asymmetrischer Information in einem Modell mit einem Kontinuum von Qualitätsniveaus bzw. – übertragen auf das hier betrachtete Problem – Risikoklassen untersucht. Er stellt fest, daß unter bestimmten Annahmen über die Verteilung der nicht beobachtbaren Charakteristik kein Nash-Gleichgewicht existiert (Riley [1979], S. 349, Theorem 5).

Abbildung 3

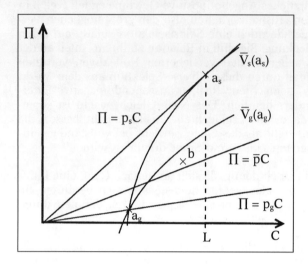

"guten" Risiken gering genug bzw. die Erwartungsnutzeneinbußen durch den Verzicht auf einen Teil der Deckung zu hoch.

Die mögliche Nicht-Existenz eines Nash-Gleichgewichts wird in der Literatur herangezogen, um die Forderung nach bestimmten regulierenden Eingriffen in den Markt zu begründen. Es läßt sich zeigen, daß im beschriebenen Modell ein Nash-Gleichgewicht immer angesteuert werden kann, indem durch die Einführung einer geeigneten Pflichtversicherungsregelung der Wettbewerb eingeschränkt wird. Wenn aus einem Modell derart weitgehende Implikationen für reale Märkte abgeleitet werden, ist natürlich zu prüfen, wie sensibel die Ergebnisse auf Variationen des Modells reagieren. Insbesondere wurde das Existenzproblem von einigen Autoren zum Anlaß genommen, der Gleichgewichtsbetrachtung andere Reaktionshypothesen zugrunde zu legen[54]. Einige alternative Gleichgewichtsbegriffe werden weiter unten vorgestellt. Zunächst wird kurz auf die Bedeutung anderer Modellannahmen für das Nash-Gleichgewicht eingegangen[55].

---

54 Vgl. vor allem Wilson [1977] und Riley [1979].
55 Beispielhaft werden hier nur die Möglichkeit interner Subventionierung und die Frage informationsmäßiger Kooperation diskutiert. Denkbar ist natürlich auch die Aufhebung anderer Prämissen. Kleindorfer/Kunreuther [1983] befassen sich z. B. mit Fehleinschätzungen der Versicherungsnachfrager bezüglich der eigenen Schadenwahrscheinlichkeit. Zink [1987] bezieht die Möglichkeit unvollständiger Marktübersicht ein. Vgl. aber auch die Anmerkungen unter 5.

3.3 Die Berücksichtigung interner Subventionierung und die Bedeutung informationsmäßiger Kooperation

Zur Vereinfachung wurde oben angenommen, daß lediglich nicht defizitäre Vertragstypen angeboten werden. Hebt man diese Annahme auf, so kommt zwar als Gleichgewicht wie oben allenfalls S_N in Betracht, als mögliche Störungen des Gleichgewichts aber müssen zusätzliche Angebotskombinationen berücksichtigt werden. Es stellt sich heraus, daß S_N in diesem Fall genau dann stabil ist, wenn es keine Pareto-überlegene Angebotsstruktur gibt, die *insgesamt* positive Gewinne erzielt. Die Abbildung 4 zeigt eine Konstellation, in der S_N zwar Nash-gleichgewichtig in der ursprünglichen Definition ist, aber nicht bei Berücksichtigung von Angebotsmengen mit interner Subventionierung. Es gibt in der dargestellten Situation keinen Einheitsvertrag, der von „guten" und „schlechten" Risiken der Angebotsmenge S_N vorgezogen wird und insgesamt positive Gewinnerwartung besitzt. Bietet jedoch ein Versicherer die Verträge a'_g und a'_s gemeinsam an, so werden, wenn vorher S_N angeboten worden ist, die „guten" Risiken nun a'_g und die „schlechten" Risiken a'_s nachfragen. Dabei ist a'_g wegen $\pi_{a'_g} > p_g$ profitabel und a'_s wegen $\pi_{a'_s} < p_s$ defizitär (für einen beliebigen Vertrag a bezeichnet π_a den zugehörigen Prämiensatz). Insgesamt jedoch erzielt der Anbieter mit $\{a'_g, a'_s\}$ positive Gewinne[56].

Abbildung 4

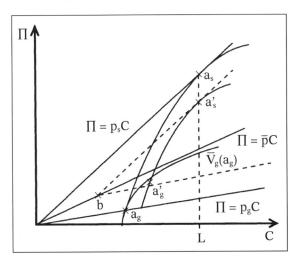

---

[56] a'_s liegt auf derselben Isogewinnlinie für die „schlechten" Risiken wie b und erwirtschaftet deshalb Verluste in gleicher Höhe wie b bei Nachfrage nur durch die „schlechten" Risiken. a'_g erzielt einen etwas höheren Gewinn als b bei Nachfrage nur durch die „guten" Risiken. Das Angebot b ist bei Nachfrage durch beide Risikoklassen nicht defizitär, so daß mit $\{a'_g, a'_s\}$ insgesamt positive Gewinne erwirtschaftet werden.

Rothschild und Stiglitz[57] betrachten folgendes Optimierungsproblem, das von S_N genau dann gelöst wird, wenn S_N nach ihrer Definition Nash-gleichgewichtig ist[58]: Gesucht wird die Angebotsmenge S^*, die den erwarteten Nutzen der „guten" Risiken maximiert unter Berücksichtigung der Self-selection-Bedingung und der Nichtnegativität der Summe der Gewinne. Es läßt sich zeigen, daß S_N dieses „optimal subsidy problem"[59] löst, wenn nur der Anteil „schlechter" Risiken hinreichend groß ist.

Die bisherigen Ergebnisse gelten für einen Markt, auf dem sowohl Prämiensatz als auch Deckungsumfang Wettbewerbsparameter darstellen. Voraussetzung für ein sogenanntes *Preis-Mengen-Gleichgewicht* ist die Transparenz der Gesamtnachfrage eines Versicherungsnehmers, die auf einem Markt mit mehr als einem Anbieter einen Informationsaustausch über die jeweiligen Kunden erfordert. Entscheidend ist natürlich, daß eine entsprechende Kooperation *alle* Versicherer einbeziehen muß. Dieses wird z. B. deutlich, wenn man ein Nash-Gleichgewicht auf einem Markt mit Informationsaustausch zwischen allen bisher agierenden Anbietern betrachtet[60]. Gibt es nämlich nur einen zusätzlichen Versicherer, der in Verbindung mit der Zusage, die Identität seiner Kunden nicht preiszugeben, beliebigen Umfang an Versicherungsschutz bei einem etwas höheren Prämiensatz als $\pi = p_s$ anbietet, so fragen die „schlechten" Risiken den Vertrag a_g nach und ergänzen diesen (unbeobachtet) durch einen der zusätzlich angebotenen teureren Verträge, um insgesamt bei günstigerem Prämiensatz mindestens vollen Versicherungsschutz zu erhalten. Der neue Anbieter erzielt positive Gewinne. Wenn das beschriebene Verhalten zugelassen wird, ist S_N nicht gleichgewichtig. Es lohnt sich für einzelne Anbieter, Informationen nicht an die Konkurrenten weiterzugeben, so daß informationsmäßige Kooperation aller Versicherer also – zumindest im Rahmen dieses Modells – lediglich durch einen Eingriff in den Markt erreicht werden kann. Zu beachten ist aber, daß durchaus Anreize für die Kooperation einiger Anbieter bestehen und deshalb sinnvollerweise freiwilliger Informationsaustausch berücksichtigt wird[61]. Jaynes zeigt, daß unter diesen Bedingungen stets ein Nash-Gleichgewicht existiert[62], in dem kooperierende Anbieter beim Prämiensatz $\pi = \bar{p}$ die Deckungen $C \leq C^*_g(\bar{p})$ anbieten, während andere Versicherer zum Prämiensatz $\pi = p_s$ (Zusatz-) Deckungen verkaufen und ihren Kunden garantieren, keine Informationen über sie weiterzugeben.

---

57 Rothschild/Stiglitz [1976], S. 643 ff.
58 Bei Rothschild und Stiglitz kann ein potentielles Gleichgewicht auch durch eine Angebotsmenge, die insgesamt gerade einen Gewinn von Null erzielt, destabilisiert werden.
59 Rothschild/Stiglitz [1976], S. 644.
60 Vgl. Jaynes [1978], S. 400 ff.
61 Auf einem Versicherungsmarkt ohne jeden Informationsaustausch gibt es im allgemeinen kein Nash-Gleichgewicht (vgl. auch Jaynes [1978], S. 402). Zu einem anderen Ergebnis kommt Strassl [1988], S. 147, der allerdings als eine Konsequenz aus dem Fehlen informationsmäßiger Kooperation folgert, auf dem Versicherungsmarkt finde reiner Preiswettbewerb statt. Dazu ist anzumerken, daß sich für einzelne Anbieter eventuell rationierende Angebote kurzfristig lohnen, auch wenn diese nicht stabil sein können.
62 Vgl. Jaynes [1978], aber auch die Kritik von Hellwig [1988 a], S. 154 ff.

4. Alternative Gleichgewichtsbegriffe

Als eine Variante des Nash-Gleichgewichts schlagen Rothschild und Stiglitz[63] den Begriff des *lokalen Nash-Gleichgewichts* vor. Sie argumentieren, daß bei unvollständiger Information die Anbieter eventuell lediglich solche Verträge in Betracht ziehen, die sich nur leicht von den bisher angebotenen unterscheiden. Ein lokales Nash-Gleichgewicht kann entsprechend definiert werden als *eine Menge S von Angeboten, für die im (C,Π)-System jeweils Umgebungen existieren, so daß keine andere Angebotsmenge mit Vertragsangeboten nur aus diesen Umgebungen positive Gewinne erzielt, sofern die Verträge aus S weiterhin angeboten werden*. Unter der Voraussetzung, daß sich jedes Angebot selbst tragen muß, erweist sich die Angebotsmenge S_N in jedem Fall als lokales Nash-Gleichgewicht[64, 65].

Bei der Untersuchung der Frage, ob sich eine bestimmte Erweiterung der jeweils betrachteten Angebotsmenge lohnt, wurde bislang gemäß der Nash-Verhaltensannahme die Möglichkeit einer Reaktion der Konkurrenten durch Veränderung ihres ursprünglichen Angebots vernachlässigt. Diese Reaktionshypothese mag für einen atomistischen Wettbewerbsmarkt angemessen erscheinen. Unter den Bedingungen des Modells allerdings wäre es nur konsequent, wenn die Versicherer durch weniger kurzsichtige Einschätzungen „a greater degree of rationality"[66] an den Tag legten. Gerade wenn ein Nash-Gleichgewicht nicht existiert, scheint es sinnvoll anzunehmen, daß die Anbieter aus ihrer Erfahrung am Markt lernen, die Reaktionen ihrer Konkurrenten zu antizipieren[67].

Auch wenn hier ein atomistischer Markt modelliert wurde, kann in diesem Modell das Angebot nur eines einzelnen zusätzlichen Versicherers die Struktur der Kollektive und damit die Gewinnsituation aller Konkurrenten beeinflussen. Läßt man nur Vertragstypen mit nichtnegativer Gewinnerwartung zu, so würden bei „unendlicher" Reaktionsgeschwindigkeit unmittelbar nach der Plazierung eines zusätzlichen Angebots die dann defizitären Vertragstypen zurückgezogen. Die resultierende Einschränkung des Konkurrenzangebots aber hat möglicherweise wiederum Auswirkungen auf die Profitabilität des zusätzlichen Angebots. Diese Überlegungen werden durch ein von Wilson eingeführtes Gleichgewichtskonzept berücksichtigt. Ein *Wilson-Gleichgewicht*[68] ist erreicht, wenn *keine Erweiterung der Angebotsmenge möglich ist, mit der insgesamt*

---

63 Rothschild/Stiglitz [1976], S. 646.
64 Werden sich subventionierende Angebote zugelassen, so bildet S_N nicht immer ein lokales Nash-Gleichgewicht.
65 Für den Fall der kontinuierlich verteilten Charakteristik zeigt Riley, daß kein lokales Nash-Gleichgewicht existiert (Riley [1979], S. 349, Theorem 6).
66 Rothschild/Stiglitz [1976], S. 646.
67 Vgl. Riley [1979], S. 333, und Wilson [1977], S. 205.
68 Vgl. das *E2 equilibrium* bei Wilson [1977], S. 188 f.

positive Gewinne erzielt werden, nachdem diejenigen Vertragstypen vom Markt genommen worden sind, die aufgrund der neuen Angebote Verluste erleiden; dabei werden nur Angebotserweiterungen, die je Vertrag nichtnegative Gewinne erzielen, in die Betrachtungen einbezogen.

Bildet die oben konstruierte Angebotsmenge S_N ein Nash-Gleichgewicht, so stellt sie selbstverständlich auch ein Wilson-Gleichgewicht dar. Ein Wilson-Gleichgewicht existiert allerdings auch dann, wenn es kein Nash-Gleichgewicht gibt. In einer solchen Situation ist $\{\bar{a}:= (C^*_g(\bar{p}), \bar{p}C^*_g(\bar{p}))\}$ Wilson-stabil[69]. Unter der Nash-Verhaltensannahme ist ein Pooling-Gleichgewicht nicht möglich, weil sich ein weiteres Angebot finden läßt, das nur für die „guten" Risiken attraktiver ist. Ein Anbieter aber, dessen Entscheidungen auf der Wilson-Reaktionshypothese basieren, wird gegenüber $\bar{a}$ einen solchen Vertragstyp nicht anbieten, da dieser unterhalb der $\bar{p}$-Äquivalenzgeraden plaziert werden muß und deshalb Verluste macht, wenn ihn auch die „schlechten" Risiken nachfragen, nachdem das wegen des Abwanderns der „guten" Risiken defizitäre Angebot $\bar{a}$ zurückgezogen worden ist[70, 71].

Wie bei der Diskussion des Nash-Gleichgewichtskonzeptes stellt die Vernachlässigung der Möglichkeit interner Subventionierung einer Menge von Angeboten durch eine andere auch bei der Definition des Wilson-Gleichgewichts lediglich eine analytische Vereinfachung dar, die innerhalb des Modells nicht zu begründen ist. Es wird nun wieder auf diese Voraussetzung verzichtet, d. h. es wird zugelassen, daß ein Versicherer die Verluste aus einem Vertragsangebot durch Gewinne aus einem anderen kompensiert. Ein neu auf den Markt kommender Anbieter geht entsprechend davon aus, daß die etablierten Anbieter ihre Angebote erst dann zurückziehen, wenn sie insgesamt Verluste erwirtschaften. Eine Allokation, die sich unter diesen Bedingungen als (Wilson-)stabil erweist, sei als *(Wilson-)Transfer-Gleichgewicht*[72] bezeichnet[73].

Einelementige Angebotsmengen, also Pooling-Angebote, kommen als Transfer-Gleichgewicht nicht in Frage. Da im Bereich $C \leq L$ der Erwartungsnutzen entlang einer Isogewinnlinie mit dem Deckungsgrad wächst, läßt sich für jedes Vertragsangebot b mit Versicherungssumme $C_b < L$ auf der $\bar{p}$-Äquivalenzgeraden[74] ein Angebotspaar $\{a'_g, a'_s\}$ so wählen (vgl. Abbil-

---

69 Es sei hier angemerkt, daß natürlich im Zusammenhang mit einem Pooling-Gleichgewicht nicht mehr von adverser Selektion die Rede sein kann.
70 Im Falle eines Kontinuums von Risikoklassen existiert zumindest kein trennendes Wilson-Gleichgewicht (Riley [1979], S. 352, Theorem 8).
71 Das Wilson-Gleichgewicht ist nicht immer eindeutig. Tangiert die Indifferenzkurve $\bar{V}_g(a_g)$ die $\bar{p}$-Äquivalenzgerade, so gibt es zwei mögliche Wilson-Gleichgewichte.
72 Vgl. Eisen [1986], S. 347.
73 Vgl. zur Diskussion dieses Gleichgewichtskonzeptes Miyazaki [1977] und Spence [1978].
74 Als einelementiges Gleichgewicht kommen nur Angebote auf der $\bar{p}$-Äquivalenzgeraden in Betracht, da sich zu jedem Einheitsvertrag b mit $\pi_b > \bar{p}$ ein weiteres Pooling-Angebot finden läßt, das für beide Risikogruppen attraktiver ist und positive Gewinne erzielt.

dung 4), daß a'_g für die „guten" und a'_s für die „schlechten" Risiken attraktiver ist als b und $\{a'_g, a'_s\}$ insgesamt positive Gewinne erzielt[75].

Unter der Reaktionshypothese des Nash-Gleichgewichts konnten Kombinationen sich subventionierender Angebote mit der Begründung als Gleichgewicht ausgeschlossen werden, daß es bei einer solchen Angebotsstruktur stets für andere Anbieter – sie seien hier als „Trittbrettfahrer" bezeichnet – interessant wäre, nur den subventionierenden Vertrag anzubieten, „gute" Risiken abzuwerben und damit positive Erträge zu erzielen. Bei nicht kurzsichtigem Verhalten im Sinne Wilsons würde ein „Trittbrettfahrer" antizipieren, daß die ursprünglichen Anbieter zumindest den Vertrag für die „schlechten" Risiken zurückziehen müßten, wenn aufgrund seines zusätzlichen Angebots eine ausreichende Subventionierung der „schlechten" durch die „guten" Risiken bei diesen Versicherungsunternehmen nicht mehr gewährleistet wäre. Ist nun der andere Vertragstyp so konstruiert, daß er auch dann positive Gewinne erzielt, wenn ihn alle Nachfrager kaufen, so erscheint das Verhalten der „Trittbrettfahrer" auch unter der Reaktionshypothese Wilsons sinnvoll. Wäre er hingegen als Einheitsvertrag defizitär, so müßten die „Trittbrettfahrer" unter „Wilson-Voraussicht" auf ihr isoliertes Angebot verzichten. Eine Subventionslösung kann bei vorausschauendem Verhalten der Versicherungsunternehmen gemäß Wilson stabil sein, und zwar dann, wenn es keinem Konkurrenten gelingt, mit einer Angebotskombination, die bei Nachfrage durch beide Risikogruppen positive Gewinne erzielt, die „guten" Risiken abzuwerben.

Miyazaki[76] beweist die Existenz des Transfer-Gleichgewichts, das sich als eine Lösung des oben erwähnten Optimierungsproblems ergibt. Die Angebotsmenge S_N bildet ein Transfer-Gleichgewicht, wenn sie auch bei Berücksichtigung defizitärer Angebote Nash-gleichgewichtig ist. Ist letzteres nicht der Fall, so ist ein Transfer-Gleichgewicht durch interne Subventionierung gekennzeichnet[77].

Abgesehen von der Tatsache, daß die Reaktionshypothese des Wilson-Gleichgewichtskonzeptes vielleicht eher zur Abbildung oligopolistischer Märkte geeignet erscheint, wird als Kritik angeführt, diese Verhaltensannahme unterstelle – wenn schon Reaktionen einbezogen werden sollen – ein zu passives Verhalten der Anbieter. „It seems a peculiar halfway house; firms respond to competitive entry by dropping policies, but not adding new policies[78]." Beim Auftreten eines zusätzlichen Versicherers

---

75 Auch $\{(L,\overline{p}L)\}$ stellt kein Transfer-Gleichgewicht dar, weil es z. B. durch $\overline{a}$ bzw. ein Angebot mit etwas höherem Prämiensatz destabilisiert werden kann.
76 Miyazaki [1977], S. 411.
77 „What the market does is implicitly to subsidize higher risk groups in order to increase the coverage of lower risk groups, while at the same time maintaining the separating conditions" (Spence [1978], S. 440).
78 Rothschild/Stiglitz [1976], S. 647.

würden die anderen Anbieter „nicht bedingungslos auf ihr altes Angebot verzichten, sondern verteidigende Maßnahmen ergreifen"[79]. Diesen Überlegungen folgt Riley[80], der eine Verhaltensannahme verwendet, die von offensiveren Reaktionen ausgeht. Ein Nash-Gleichgewicht existiert nicht, wenn es ein gegenüber S_N Pareto-überlegenes Pooling-Angebot b gibt, das bei Nachfrage durch alle Kunden noch profitabel ist. Von einem solchen Angebot b lassen sich jedoch durch geschickte Plazierung eines weiteren Angebots stets die „guten" Risiken abwerben, so daß b Verluste erleidet. Geht nun der Anbieter von b entsprechend der Riley-Reaktionshypothese davon aus, daß zumindest einer der bisherigen Anbieter in der beschriebenen Form reagiert, so wird er auf dieses Angebot verzichten. Eine Menge nicht defizitärer Vertragstypen wird demgemäß als *Riley-Gleichgewicht*[81] bezeichnet, *wenn für jedes zusätzliche Angebot b, das positive Gewinne erzielt, ein weiterer profitabler Vertragstyp c angeboten werden kann, der dazu führt, daß b Verluste macht.* Im hier betrachteten Modell bildet S_N immer ein Riley-Gleichgewicht[82].

Bisher wurde davon ausgegangen, daß ein Versicherer jeden Nachfrager, der einen von ihm angebotenen Vertrag kaufen möchte, auch tatsächlich versichert. Eine komplexere Problemstellung ergibt sich, wenn man nicht mehr implizit Kontrahierungszwang voraussetzt, sondern die Möglichkeit einbezieht, daß Risiken auch abgelehnt werden können. Ein entsprechendes mehrstufiges Modell untersucht Grossman[83]. In seinem Modell nutzen einerseits die Versicherer die von den Versicherungsnachfragern durch ihr Nachfrageverhalten preisgegebenen Informationen, indem sie so identifizierte „schlechte" Risiken ablehnen, sofern diese nicht gegen eine risikogerechte Prämie versichert werden können. Andererseits berücksichtigen wiederum die Versicherungsnehmer dieses Verhalten der Versicherer bei ihrer Vertragsentscheidung. In einer Situation ohne Nash-Gleichgewicht im ursprünglichen Modell ergibt sich unter den beschriebenen Bedingungen eine stabile Allokation, die Grossman als *Dissembling-Gleichgewicht* bezeichnet. Dieses Gleichgewicht wird gebildet durch den auch Wilson-gleichgewichtigen Einheitsvertrag ā. Ein nur für die „guten" Risiken attraktiverer Vertragstyp b (mit $\pi_b < \bar{p}$), durch den {ā} als potentielles Nash-Gleichgewicht destabilisiert werden könnte, wird nicht angeboten. Wenn bei zusätzlichem Angebot b nämlich die „schlechten" Risiken weiterhin ā nachfragen, werden sie von den Anbietern als überdurchschnittlich gefährdet identifiziert und nicht versichert, weil $\pi = \bar{p}$ für sie nicht kostendeckend ist. Die Überlegungen der Versicherer antizipierend, verstellen sich deshalb die Nachfrager mit höherer Schadenwahrscheinlichkeit

---

79 Zink [1987], S. 19.
80 Riley [1979].
81 Vgl. das *reactive equilibrium* bei Riley [1979], S. 350.
82 Vgl. Riley [1979], S. 351, Theorem 7: Die Existenz des Riley-Gleichgewichts ist auch für ein Kontinuum von Risikoklassen gesichert.
83 Vgl. Grossman [1979], S. 340 ff.

und fragen wie die „guten" Risiken den Vertragstyp b nach, der dann Verluste erleiden muß[84].

5. Schlußbetrachtung

Auch auf einem Versicherungsmarkt mit unvollständiger Information der Anbieter sind unter geeigneten Bedingungen stabile Angebotsstrukturen mit differenzierten Prämien möglich. Ein Nash-Gleichgewicht ist so beschaffen, daß sich die Versicherten aus unterschiedlichen Risikogruppen anhand ihrer Nachfrageentscheidung identifizieren lassen. Allerdings ist die Existenz eines Nash-Gleichgewichts nicht allgemein gesichert. Dieses Existenzproblem und damit auch das entscheidende Argument für staatliche Eingriffe aufgrund adverser Selektion entfallen, wenn bestimmte Modellannahmen variiert werden. Insbesondere führt die Verwendung der hier alternativ vorgestellten Reaktionshypothesen zu anderen Ergebnissen. Vor diesem Hintergrund bleibt als zentrale Fragestellung das Problem der angemessenen oder geeigneten Verhaltensannahme. Um zumindest einen Eindruck davon zu bekommen, welches Gleichgewichtskonzept am besten geeignet ist, versuchen einige Autoren, die Angebots- und Nachfragestruktur auf realen Versicherungsmärkten mit den sich theoretisch ergebenden Gleichgewichten zu vergleichen[85]. Selbst wenn die Frage nach der adäquaten Reaktionshypothese beantwortet werden kann, bleiben die Ergebnisse aus einem so stark abstrahierenden Modell fragwürdig, da eine Reihe relevanter Probleme ausgeschlossen wurde. Problematisch ist z. B. die nur ansatzweise Abbildung der Versicherungsunternehmen, vor allem die völlige Vernachlässigung der Betriebskosten[86]. Wie das Konzept des Dissembling-Gleichgewichts zeigt, ergeben sich interessante Fragestellungen, wenn die Möglichkeit einbezogen wird, durch Selbstselektion bereitgestellte Informationen zu nutzen[87]. Hinzuweisen ist weiter darauf, daß in der Realität adverse Selektion und moralisches Risiko häufig gemeinsam

---

84 Zu ergänzen ist, daß bei Existenz eines Nash-Gleichgewichts dieses auch ein Dissembling-Gleichgewicht darstellt.
85 Vgl. z. B. Browne [1992], der u. a. anhand eines Datenbestandes aus dem Bereich der amerikanischen privaten Krankenversicherung feststellt, daß „gute" Risiken die „schlechten" subventionieren, und der deshalb die Ergebnisse von Wilson bzw. Miyazaki bestätigt sieht. Zu einem ähnlichen Ergebnis kommt Dahlby [1983] auf der Basis von Daten aus der kanadischen Kfz-Versicherung. (Vgl. zu den Ergebnissen von Dahlby [1983] aber auch Riley [1983].) Dagegen bestätigen die Erkenntnisse von Puelz/Snow [1994] – sie analysieren Daten aus dem Bestand eines amerikanischen Kfz-Versicherers – eher die Aussagen von Rothschild und Stiglitz. Beliveau [1984] untersucht einen Bestand amerikanischer Lebensversicherter und stellt fest, daß zumindest mit wachsender Gefährdung der nachgefragte Umfang an Versicherungsschutz zunimmt.
86 Wilson [1977], S. 206, schlägt z. B. ähnlich wie Zink [1987], S. 21, eine Berücksichtigung von Kosten der Angebotsveränderung in einem dynamischen Modell vor.
87 Zu berücksichtigen sind in einem entsprechend komplexeren Modell auch die Möglichkeiten, die sich einem Versicherungsunternehmen bei längerfristigen Vertragsbeziehungen beispielsweise durch Erfahrungstarifierung eröffnen. Einen mehrperiodigen Ansatz wählen z. B. Dionne/Doherty [1994].

auftreten und deshalb die dargestellten Effekte eventuell durch Manipulationsmöglichkeiten bzw. deren Einfluß auf die Nachfrageentscheidung eines Versicherungsnehmers überdeckt werden.

Literatur

Akerlof, G. A. [1970]: The Market for „Lemons": Quality Uncertainty and the Market Mechanism, in: Quarterly Journal of Economics, vol. 84, S. 488 – 500

Beliveau, B. C. [1984]: Theoretical and Empirical Aspects of Implicit Information in the Market for Life Insurance, in: Journal of Risk and Insurance, vol. 51, S. 287 – 307

Browne, M. J. [1992]: Evidence of Adverse Selection in the Individual Health Insurance Market, in: Journal of Risk and Insurance, vol. 59, S. 13 – 33

Dahlby, B. G. [1983]: Adverse selection and statistical discrimination – An analysis of Canadian automobile insurance, in: Journal of Public Economics, vol. 20, S. 121 – 130

Dionne, G., Doherty, N. A. [1994]: Adverse Selection, Commitment, and Renegotiation: Extension to and Evidence from Insurance Markets, in: Journal of Political Economy, vol. 102, S. 209 – 235

Eisen, R. [1979]: Theorie des Versicherungsgleichgewichts, Berlin

Eisen, R. [1986]: Wettbewerb und Regulierung in der Versicherung – Die Rolle asymmetrischer Information, in: Schweizerische Zeitschrift für Volkswirtschaft und Statistik, 122. Jg., S. 339 – 358

Frank, R. H. [1991]: Microeconomics and Behavior, Singapur 1991

Grossman, H. I. [1979]: Adverse selection, dissembling, and competitive equilibrium, in: Bell Journal of Economics, vol. 10, S. 336 – 343

Gürtler, M. [1962]: Selektion und Antiselektion in der Versicherungswirtschaft, in: Zeitschrift für Betriebswirtschaft, 32. Jg., S. 605 – 614

Hellwig, M. F. [1988 a]: A Note on the Specification of Interfirm Communication in Insurance Markets with Adverse Selection, in: Journal of Economic Theory, vol. 46, S. 154 – 163

Hellwig, M. F. [1988 b]: Versicherungsmärkte: Theorie – B. Versicherungsmärkte mit unvollständiger Information, in: Farny, D., Helten, E., Koch, P., Schmidt, R. (Hrsg.): Handwörterbuch der Versicherung (HdV), Karlsruhe 1988, S. 1065 – 1076

Jaynes, G. D. [1978]: Equilibria In Monopolistically Competitive Insurance Markets, in: Journal of Economic Theory, vol. 19, S. 394 – 422

Karten, W. [1993]: Das Einzelrisiko und seine Kalkulation, in: Asmus, W., Gaßmann, J. (Hrsg.): Versicherungswirtschaftliches Studienwerk, Studientext 12, 4. Aufl., Wiesbaden

Kleindorfer, P. R., Kunreuther, H. [1983]: Misinformation and Equilibrium in Insurance Markets, in: J. Finsinger (ed.), Economic Analysis of Regulated Markets, London, S. 67 – 90

Kreps, D. M. [1990], A course in microeconomic theory, Hertfordshire

Miyazaki, H. [1977]: The rat race and internal labor markets, in: Bell Journal of Economics, vol. 8, S. 394–418

Puelz, R., Snow, A. [1994]: Evidence on Adverse Selection: Equilibrium Signaling and Cross-Subsidization in the Insurance Market, in: Journal of Political Economy, vol. 102, S. 236–257

Rasmusen, E. [1991]: Games and Information, Cambridge

Riley, J. G. [1979]: Informational Equilibrium, in: Econometrica, vol. 47, S. 331–359

Riley, J. G. [1983]: Adverse selection and statistical discrimination – Further remarks, in: Journal of Public Economics, vol. 20, S. 131–137

Rothschild, M., Stiglitz, J. [1976]: Equilibrium in Competitive Insurance Markets: An Essay on the Economics of Imperfect Information, in: Quarterly Journal of Economics, vol. 90, S. 629–649

Salop, J., Salop, S. [1976]: Self-selection and Turnover in the Labor Market, in: Quarterly Journal of Economics, vol. 90, S. 619–627

Spence, M. [1973]: Job Market Signaling, in: Quarterly Journal of Economics, vol. 87, S. 355–374

Spence, M. [1978]: Product Differentiation and Performance in Insurance Markets, in: Journal of Public Economics, vol. 10, S. 427–447

Spremann, K. [1990]: Asymmetrische Information, in: Zeitschrift für Betriebswirtschaft, 60. Jg., S. 561–586

Strassl, W. [1988]: Externe Effekte auf Versicherungsmärkten: Eine allokationstheoretische Begründung staatlicher Regulierung, Tübingen

Wilson, C. [1977]: A Model of Insurance Markets with Incomplete Information, in: Journal of Economic Theory, vol. 16, S. 167–207

Zink, H. [1987]: Zur Rolle der Markttransparenz in Versicherungsmarktmodellen, Frankfurt a. M.

Die Wirkung von Versicherungsschutz auf Drittmärkte: Das externe moralische Risiko

Roland Eisen und Martin Nell[1]

1. Einleitung

Das moralische Risiko ist ein in der Versicherungswirtschaft und Versicherungstheorie vielbeachtetes Phänomen. Darunter versteht man, daß Versicherungsnehmer nach Abschluß eines Versicherungsvertrages ihr Verhalten ändern und die von ihnen verursachten Schäden steigen. Ursächlich hierfür ist eine Verringerung eigener Schadenverhütungsmaßnahmen sowie eine erhöhte Inanspruchnahme von Versicherungsleistungen im Schadenfall. Wichtig dabei ist, daß diese Verhaltensweisen der Versicherungsnehmer vom Versicherer nicht oder nur unvollständig kontrolliert werden können.

Die Konsequenzen, die sich hieraus für die Gestaltung von Versicherungsverträgen ergeben, sind unter verschiedenen Aspekten durchleuchtet worden[2]. Bislang kaum untersucht worden sind externe Effekte, die sich einerseits darauf beziehen, daß die Versicherungsnahme für ein Risiko (z.B. Krankenversicherung) Auswirkungen auf die Verhaltensweisen hinsichtlich eines anderen Risikos (etwa die Sorgfalt beim Autofahren) hat. Andererseits beziehen sich die Externalitäten auch darauf, daß Nachfrageentscheidungen von den Preisen anderer Güter und vom Einkommen abhängen. Insofern hat beispielsweise der Preis für Zigaretten einen Einfluß auf die Ausbruchswahrscheinlichkeit von Lungenkrebs[3]. Darüber hinaus aber sind Anpassungsreaktionen von nur mittelbar am Versicherungsverhältnis Beteiligten zu berücksichtigen[4], weil sie von erheblicher Bedeutung sind. Sie werden im folgenden unter dem Begriff des externen moralischen Risikos genauer analysiert.

In vielen Fällen fragt ein Versicherungsnehmer bei Eintritt eines Schadens Dienstleistungen und Produkte nach, wofür im folgenden der Begriff „Reparaturleistungen" verwendet werden soll. Die Kosten für die „Reparatur-

---

1 Dieser Beitrag basiert auf einem Vortrag von Martin Nell auf dem „Versicherungsforum" in München 1992 und den dort von Roland Eisen geäußerten kritischen Kommentaren.
2 Vgl. etwa Strassl (1988) und die dort angegebene Literatur.
3 Vgl. hierzu auch schon Stiglitz (1983).
4 Vgl. dazu Mahr (1972), S. 261, Frech/Ginsburg (1975), Knappe/Leu/Schulenburg (1988), Nell (1993).

leistungen" werden dabei ganz oder teilweise von der Versicherung getragen, wie beispielsweise im Bereich der Krankenversicherung, der Rechtsschutzversicherung und der Kfz-Kaskoversicherung. Diese Kostentragung durch die Versicherung führt dazu, daß der Preis als Kriterium bei der Nachfrageentscheidung an Bedeutung verliert. Es kommt zu einer versicherungsinduzierten Verringerung der Preiselastizität der Nachfrage auf diesen „Reparaturmärkten". Da die Preiselastizität der Nachfrage eine wichtige Determinante des Marktgeschehens ist, sind versicherungsinduzierte Anpassungsreaktionen auf den „Reparaturmärkten" zu erwarten. Unter dem externen moralischen Risiko werden hier folglich die Anpassungsreaktionen der Anbieter auf „Reparaturmärkten" auf das versicherungsinduziert geänderte Nachfrageverhalten verstanden.

Im folgenden wird zunächst das Nachfrageverhalten versicherter Individuen bei verschiedenen Versicherungsformen ermittelt (Abschnitt 2). Im dritten Abschnitt werden die versicherungsinduzierten Preisänderungen auf monopolistischen „Reparaturmärkten" bei einheitlichem Anbieterpreis und bei Preisdifferenzierung der Anbieter abgeleitet. Mit versicherungsinduzierten Änderungen im Marketing-Mix der Anbieter befassen wir uns in Abschnitt 4. In Abschnitt 5 findet sich eine thesenartige Zusammenfassung der Ergebnisse.

2. Der Einfluß verschiedener Versicherungsformen auf das Nachfrageverhalten

Betrachtet wird die Nachfrage eines repräsentativen Individuums nach einer „Reparaturleistung" unter der Bedingung, daß ein Umweltzustand eingetreten ist, bei dem das Individuum einen prinzipiellen Bedarf nach dieser „Reparaturleistung" besitzt[5]. Die Nachfragefunktion eines unversicherten Individuums in Abhängigkeit vom Preis (P) nennen wir die „originäre Nachfragefunktion" (ON)[6]. Sie soll in der Weise als typisch verlaufend angenommen werden, daß erstens die nachgefragte Menge (S) mit steigendem Preis fällt und es zweitens eine endliche Sättigungsmenge ($\bar{S}$) gibt. Die Annahme einer endlichen Sättigungsmenge ist hier sicherlich realistisch, da für die meisten „Reparaturmärkte", wie beispielsweise auf Märkten für ambulante oder stationäre ärztliche Behandlungen, die nichtmonetären Kosten[7] für die Nachfrage von erheblicher Bedeutung sein dürften.

---

5   Die Verwendung einer bedingten Nachfrage für „Reparaturleistungen" ist sinnvoll, da diese häufig nur bei Eintritt bestimmter Umweltzustände einen Nutzen für ein Individuum haben. Beispielsweise dürfte die Nachfrage eines Individuums mit einem gesunden Gebiß nach der „Reparaturleistung Zahnersatz" bei jedem Preis null betragen.
6   Der Begriff geht auf Schulenburg (1987), S. 43 zurück.
7   In diesem Zusammenhang sind vor allem Zeitkosten zu nennen; vgl. Schulenburg (1987), S. 42.

Untersucht wird die Marktnachfrage eines versicherten Individuums unter Zugrundelegung folgender Prämissen:

- Bei seiner Nachfrageentscheidung richtet sich der Versicherungsnehmer nicht nach dem tatsächlichen Preis für die „Reparaturleistung", sondern nach dem Nettopreis. Unter dem Nettopreis wird im folgenden der tatsächliche Preis abzüglich der erhaltenen Versicherungsleistung verstanden.

- Die Versicherungsprämie, die ein Versicherungsnehmer zu zahlen hat, ist – trotz des erkannten Zusammenhangs, aber wegen prinzipieller Unbeobachtbarkeit – unabhängig von seinem Verhalten (verhaltensunabhängige Tarifierung).

- Einkommenseffekte unterschiedlich hoher Prämienzahlungen werden nicht berücksichtigt, da die Einkommenseffekte bei plausiblen Werten bezüglich der Höhe von Einkommen, Versicherungsprämien und Einkommenselastizitäten für die allermeisten Schadenfälle quantitativ vernachlässigbar sein dürften.

Unter diesen Annahmen kann eine neue Nachfragefunktion unter Berücksichtigung der Versicherungsleistung konstruiert werden. Sie gibt an, wieviel ein Individuum bei alternativen Nettopreisen nachfragt. Der Verlauf dieser neuen Nachfragefunktion hängt also von Art und Höhe der Versicherungsleistung im Schadenfall ab. Diese wird durch die Versicherungsform festgelegt. Im folgenden wird daher der Verlauf dieser „Marktnachfragefunktion" (MN) bei unterschiedlichen Versicherungsformen abgeleitet, wobei sich die Analyse auf Grundtypen beschränkt[8].

Zunächst wird die *reine Interessenversicherung* betrachtet. Bei ihr werden die Kosten für die „Reparaturleistungen" vollständig vom Versicherer getragen. Der Nettopreis für den Nachfrager ist also stets null. Die Nachfrage ist im Gegensatz zu der Situation ohne Versicherungsschutz vollkommen preisunelastisch, und die Marktnachfragefunktion verläuft daher parallel zur Ordinate (vgl. Abb. 1)[9].

Haben sämtliche Nachfrager auf einem „Reparaturmarkt" einen solchen Versicherungsschutz, können die Anbieter zu jedem beliebigen Preis die jeweilige Sättigungsmenge absetzen. Es kommt zu einem versicherungsinduzierten Versagen der Preisbildung auf dem Markt. Deshalb muß auf an-

---

8 Zu Modifikationen und Kombinationen verschiedener Versicherungsformen vgl. aber Helten/Karten (1984), S. 101 ff.
9 Die originäre Nachfragefunktion wird in den folgenden Graphiken aus Vereinfachungsgründen linear gezeichnet. Für die Argumentation ist dies aber keineswegs notwendig. Erst bei der Untersuchung monopolistischer Preisdifferenzierung wird explizit eine lineare Nachfragefunktion unterstellt.

Abbildung 1: Die Marktnachfragefunktion bei reiner Interessenversicherung

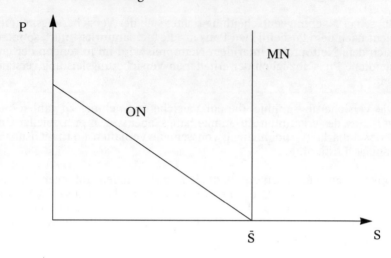

dere Formen der Preisbildung, beispielsweise kollektive Preisverhandlungen, zurückgegriffen werden.

Am Beispiel der Krankenversicherung läßt sich dieser Fall deutlich machen. Über 99 % der Bevölkerung in der Bundesrepublik Deutschland ist in der gesetzlichen oder privaten Krankenversicherung versichert. Selbstbeteiligungsregelungen spielen dort insgesamt nur eine sehr untergeordnete Rolle. Folgerichtig werden sowohl auf dem Krankenhausmarkt wie auf dem Markt für frei praktizierende Ärzte die Entgelte der Anbieter in kollektiven Preisverhandlungen fixiert. Verhandlungspreise weisen aber im Vergleich zu Marktpreisen erhebliche Effizienznachteile auf[10], so daß die reine Interessenversicherung bei externem moralischen Risiko eine wenig geeignete Versicherungsform darstellt. Auch Versicherungen mit Franchisen führen zu vergleichbaren Ergebnissen, da oberhalb der Franchisegrenze die Kosten ebenfalls vollständig vom Versicherer getragen werden[11]. Daher werden diese Versicherungsformen im folgenden auch nicht weiter behandelt.

Bei der *prozentualen Selbstbeteiligung* werden die Schadenkosten (SK) in einem festgelegten Verhältnis zwischen Versicherer und Versichertem

---

10 Mit den Nachteilen von Verhandlungspreissystemen in diesem Zusammenhang beschäftigt sich ausführlich Nell (1993), S. 158 ff.
11 Vgl. dazu Nell (1993), S. 153 ff.

aufgeteilt. Es sei α der Deckungsgrad und entsprechend 1 – α die prozentuale Selbstbeteiligung. Dann beträgt die Versicherungsleistung (I):

(1) $I = α \cdot SK$ $0 < α < 1$.

Der Nettopreis des Nachfragers ist:

(2) $P_N = (1 - α) \cdot P$.

Dementsprechend wird die Marktnachfragefunktion bei proportionaler Selbstbeteiligung um den Faktor $z \equiv 1/(1 - α)$ steiler verlaufen als die originäre Nachfragefunktion. Bei einer proportionalen Selbstbeteiligung sinkt die nachgefragte Menge mit steigendem Preis. Allerdings fällt die Nachfragereduktion schwächer aus als bei der ursprünglichen Nachfragefunktion. Eine Preisbildung auf dem Markt ist also bei einer prozentualen Selbstbeteiligung prinzipiell möglich.

Abbildung 2: Die Marktnachfragefunktion bei einer prozentualen Selbstbeteiligung

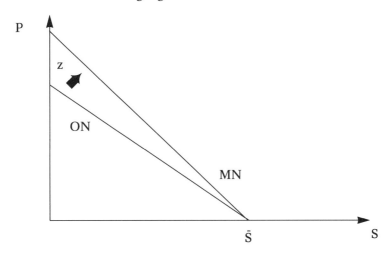

Bei der *Erstrisikoversicherung* wird eine Versicherungssumme (VS) festgelegt, bis zu der ein Schaden vollständig vom Versicherer übernommen wird. Bei darüber hinausgehenden Schäden zahlt der Versicherer als Entschädigung nur die Versicherungssumme:

(3) $I = SK$ für $SK \leq VS$
    $I = VS$ für $SK > VS$.

Aus Gründen der vereinfachten Argumentation wird die Versicherungssumme auf die nachgefragte „Reparatureinheit" bezogen[12]. Der Nettopreis ist dann:

(4) $\quad P_N = 0 \quad$ für $P \leq VS$

$\quad\quad P_N = P - VS$ für $P > VS$.

Die Marktnachfragefunktion verläuft daher bei Preisen bis zur Höhe der Versicherungssumme parallel zur Ordinate, bei höheren Preisen im Abstand der Versicherungssumme parallel zur originären Nachfragefunktion. Die Marktnachfrage reagiert nur bei Preisen oberhalb der Versicherungssumme auf Preisänderungen (vgl. Abb. 3).

Bei der *Summenversicherung* zahlt der Versicherer bei Eintritt des Versicherungsfalles die Versicherungssumme an den Versicherten[13]. Die Versicherungsleistung ist also völlig unabhängig von der Höhe eines Schadens. Die Versicherungsleistung beträgt stets:

(5) $\quad I = VS$.

Wird als Versicherungsfall der Erwerb einer Einheit „Reparaturleistung" definiert[14], so bedeutet dies für den Nettopreis des Nachfragers:

(6) $\quad P_N = P - VS$.

Solange der Preis die Versicherungssumme übersteigt, verläuft die Marktnachfragefunktion bei einer Summenversicherung genau wie bei einer Erstrisikoversicherung. Bei Preisen unterhalb der Versicherungssumme erhält der Nachfrager immer noch die vereinbarte Versicherungssumme, so daß in diesem Fall die Inanspruchnahme von „Reparaturleistungen" für ihn mit einem monetären Gewinn (positive Nettoerstattung) verbunden ist[15]. Ist der Grenznutzen zusätzlich nachgefragter Güter beziehungsweise

---

12 Die Wirkung einer Erstrisikoversicherung, bei der sich die Versicherungssumme auf das Schadenereignis bezieht, analysiert Schulenburg (1987). Bei dieser Form der Erstrisikoversicherung verläuft die Marktnachfragefunktion unelastischer und ist daher der hier behandelten Variante der Erstrisikoversicherung in den Steuerungswirkungen unterlegen.
13 Werden für unterschiedliche Versicherungsfälle verschieden hohe, aber im voraus festgelegte Versicherungssummen vereinbart, so spricht man von einer gestaffelten Summenversicherung.
14 Diese Versicherungsform wird im angelsächsischen Raum häufig als indemnity insurance bezeichnet (vgl. z. B. Frech/Ginsburg (1975), S. 61 ff.) und ist von deutschsprachigen Autoren mit Indemnitätsversicherung übersetzt worden (vgl. Schulenburg (1987), S. 45 f., Knappe/Leu/Schulenburg (1988), S. 48 ff., Ribhegge (1991), S. 67), eine Bezeichnung, die unseres Erachtens den Sachverhalt eher verschleiert.
15 Es ist zu prüfen, ob eine Nettoerstattung gegen das Bereicherungsverbot von § 55 VVG verstößt. Dies hängt von der Definition eines Schadens ab. Werden dabei auch die nichtmonetären Kosten der Schadenbehebung berücksichtigt, sind Nettoerstattungen zulässig.

Abbildung 3: Die Marktnachfragefunktion bei einer Erstrisikoversicherung

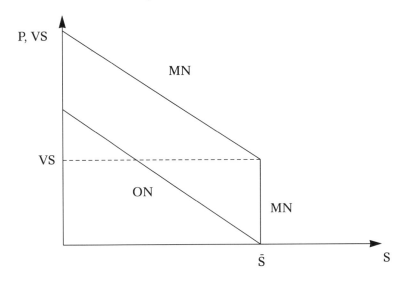

Leistungen jenseits der Sättigungsmenge null, wird ein Individuum seine Nachfrage unendlich ausdehnen, da es einen Nutzen aus der positiven Nettoerstattung zieht. Bei einer positiven Nettoerstattung existiert also nur dann eine endliche Nachfragemenge, wenn der Grenznutzen zusätzlicher Güternachfrage jenseits der Sättigungsmenge negativ ist. Dies ist regelmäßig dann der Fall, wenn nichtmonetäre Nachfragekosten auftreten. Dann wird ein Individuum seine Nachfrage über die Sättigungsmenge hinaus soweit ausdehnen, bis der (negative) Grenznutzen der letzten nachgefragten „Reparatureinheit" dem Nutzen der (positiven) Nettoerstattung entspricht[16].

Der genaue Verlauf der Nachfragefunktion bei Preisen unterhalb der Versicherungssumme hängt dann entscheidend vom Verlauf der Grenznutzenfunktion $U'(S)$ ab. Ohne deren genaue Kenntnis kann die Marktnachfragefunktion bei Preisen unterhalb der Versicherungssumme nicht spezifiziert werden, so daß die Marktnachfragefunktion je nach „Reparaturmarkt" unterschiedlich verläuft. In Abbildung 4 sind zwei mögliche Verläufe skizziert.

---

16 Ist die Nettoerstattung pro „Reparatureinheit" stets größer als das Grenzleid zusätzlichen Konsums, so wird die Nachfrage unendlich ausgedehnt.

Abbildung 4: Die Marktnachfragefunktion bei einer Summenversicherung

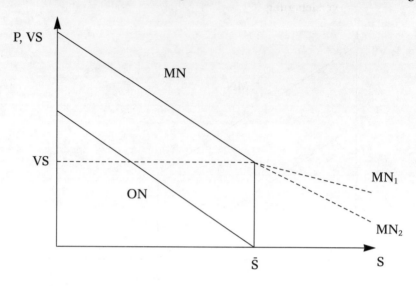

Die Erstrisikoversicherung und die Summenversicherung, bei denen der Versicherungsfall als Erwerb einer Einheit „Reparaturleistung" definiert ist, unterscheiden sich nur bei Preisen, die niedriger sind als die Versicherungssumme. Es wird daher im folgenden angenommen, daß die Versicherungssumme nicht höher als der am Markt geforderte Preis ist. In diesem Fall erhält der Versicherungsnehmer bei beiden Versicherungsformen unabhängig vom Preis pauschal eine Erstattung pro nachgefragter Mengeneinheit in Höhe der Versicherungssumme. Daher werden beide Versicherungsformen gemeinsam unter dem Begriff *Pauschalentschädigung* analysiert[17].

Der Marktmechanismus auf „Reparaturmärkten" kann folglich sowohl bei versicherten Nachfragern mit prozentualer Selbstbeteiligung als auch mit Pauschalentschädigung funktionieren. Gleichwohl führen beide Versicherungsformen zu einer erheblichen versicherungsinduzierten Änderung der individuellen Nachfragefunktionen. Diese Änderungen lösen Anpassungsreaktionen der Anbieter auf den „Reparaturmärkten" aus. Änderungen im Preisniveau, im Marketing-Mix und in der Marktstruktur werden im folgenden behandelt. Dabei werden Wirkungen beider Versicherungsformen miteinander verglichen.

---

17 Zu Unterschieden zwischen der Erstrisikoversicherung und der Summenversicherung, die sich bei einer den Produktpreis übersteigenden Versicherungssumme ergeben, vgl. Nell (1993), S. 217 ff.

3. Versicherungsinduzierte Preiseffekte

3.1 Marktformen auf Märkten für „Reparaturleistungen"

Das Ergebnis des Preisbildungsprozesses auf einem Markt wird entscheidend von der Marktform beeinflußt. Bei vollkommener Konkurrenz mit freiem Marktzugang tendiert der Marktpreis zu den minimalen Durchschnittskosten der Anbieter[18]. Er wird also letztlich vollständig von den Kosten determiniert. Bei allen Varianten der unvollkommenen Konkurrenz[19] hingegen ist neben den Produktionskosten auch die Preiselastizität der Nachfrage von Bedeutung.

Es ist ein problematisches Unterfangen, generelle Aussagen über die Marktstruktur auf „Reparaturmärkten" zu treffen, da es sich um eine Vielzahl höchst unterschiedlicher Einzelmärkte handelt. Allerdings lassen sich bei einer Analyse wichtiger „Reparaturmärkte" gemeinsame Charakteristika feststellen. So zeichnen sich viele dieser Märkte durch eine ausgeprägte Inhomogenität des Angebots und damit verbunden eine hohe Qualitätsunsicherheit der Nachfrager aus. Beispielsweise sind der Markt für Krankenhausleistungen, der Markt für ärztliche Leistungen sowie der Markt für Rechtsanwaltsleistungen Dienstleistungsmärkte, auf denen es für Nachfrager sehr schwierig und bisweilen sogar unmöglich ist, die Qualität der angebotenen Leistungen ex ante zu beurteilen und entsprechend bei der Kaufentscheidung zu berücksichtigen[20]. Mit Einschränkungen gilt dies auch für Märkte für Kraftfahrzeug- oder Fernsehapparatereparaturen. Auf solchen Märkten spielt das Vertrauen der Nachfrager in die Leistungen der Anbieter eine große Rolle. Dieses Vertrauen kann ein Anbieter zum Beispiel durch Aufbau von Reputation erreichen, indem er auf dem Markt den Ruf als Anbieter hoher Produktqualität erlangt. Bei der Existenz unterschiedlicher Reputationen verfügen die Anbieter über einen Preissetzungsspielraum. Ein Anbieter mit hoher Reputation wird ceteris paribus einen höheren Preis durchsetzen können als ein Anbieter mit geringerer Reputation[21].

Hinzu kommt, daß auf diesen, wie auf den meisten anderen Dienstleistungsmärkten, der direkte Kontakt zwischen Anbieter und Nachfrager eine Leistungsvoraussetzung darstellt. Daher ist für die Nachfrageentscheidung die räumliche Nähe von Anbieter und Nachfrager von Bedeutung. Diese räumlichen Präferenzen der Nachfrager stellen eine weitere Marktunvollkommenheit dar.

---

18 Vgl. Schumann (1987), S. 199 ff.
19 Dies sind Monopol- und Oligopolmärkte sowie Märkte mit monopolistischer Konkurrenz.
20 Vgl. dazu etwa Eisen (1991).
21 Vgl. Shapiro (1983) und (1983 a).

Da es auf den genannten „Reparaturmärkten" zudem in der Regel viele
Anbieter gibt[22], lassen sie sich am besten als monopolistische Konkurrenzmärkte
charakterisieren, auf denen die Anbieter sich – innerhalb gewisser
Grenzen[23] – wie Monopolisten verhalten können. Um die Ergebnisse prononciert
vortragen zu können, beschränkt sich die folgende Analyse auf
den Grenzfall des Monopols. Dafür sprechen hauptsächlich zwei Gründe:

- Die bedeutenden „Reparaturmärkte" sind per se unvollkommene Märkte.
  Zusätzlich erhöhen sich diese Marktunvollkommenheiten versicherungsinduziert,
  da Versicherungsschutz die Nachfrager veranlaßt, ihre
  Suchaktivitäten vor einer Kaufentscheidung einzuschränken. Dies führt
  zu einer Verringerung der Kreuzpreiselastizitäten von substitutiven Gütern
  und Leistungen und damit zu einer verstärkten Monopolisierung
  von Märkten mit versicherter Nachfrage[24]. „Reparaturmärkte" nähern
  sich also versicherungsinduziert dem Grenzfall des Monopols an.

- Die Analyse von Oligopolmärkten und von Märkten mit monopolistischer
  Konkurrenz ist ein äußerst komplexes Problem, so daß man bei
  Modellen, die die Preisbildung auf solchen Märkten abbilden sollen, auf
  äußerst restriktive Annahmen angewiesen ist. Daher ergibt sich bei der
  Analyse unvollkommener Märkte ein grundsätzliches Dilemma: Entweder
  wählt man ein extremes Marktmodell wie das Monopol und erhält
  dann ohne weitere einschränkende Prämissen eindeutige Lösungen,
  oder aber man muß sehr „heroische" Annahmen treffen, um die Vielzahl
  möglicher Verhaltensweisen einzuschränken und zu halbwegs eindeutigen
  Lösungen zu kommen[25]. Da „Reparaturmärkte" insbesondere
  durch die versicherungsinduzierte zusätzliche Monopolisierung in der
  Regel nicht allzuweit von einer Monopolsituation entfernt sein dürften,
  wird hier die erste Vorgehensweise bevorzugt.

Bei der folgenden Analyse versicherungsinduzierter Anpassungsreaktionen
auf „Reparaturmärkten" werden die zuvor abgeleiteten individuellen
Nachfragefunktionen als Gesamtnachfragefunktion aufgefaßt. Dabei wird
unterstellt, daß es sich bei den Nachfragern um identische Individuen
handelt, die sich höchstens durch Art und Umfang ihres Versicherungsschutzes
unterscheiden[26].

---

22 Eine Ausnahme bildet der Markt für Krankenhausleistungen, auf dem die Anbieterzahl
eher gering ist. In ländlichen Bereichen sind Anbieter aufgrund geringer Krankenhausdichte
und räumlicher Nachfragerpräferenzen häufig sogar quasi Gebietsmonopolisten.
23 Zum Konzept des monopolistischen Bereichs vgl. Gutenberg (1979), S. 244 f.
24 Vgl. Frech/Ginsburg (1975).
25 Vgl. beispielsweise Tirole (1988).
26 Unberücksichtigt bleiben auch Effekte auf die Märkte für „Reparaturleistungen", die auf
unterschiedliche Vermögenslagen, Nachfragerpräferenzen usw. zurückgehen.

3.2 Monopol ohne Preisdifferenzierung

3.2.1 Prozentuale Selbstbeteiligung

Es wird unterstellt, daß sämtliche Nachfrager einen Versicherungsvertrag mit prozentualer Selbstbeteiligung in Höhe von $(1 - \alpha)$ besitzen. Die aggregierte Marktnachfragefunktion, die im Monopol der Preis-Absatz-Funktion (PAF) des Monopolisten entspricht, lautet dann:

(7) $\quad (1 - \alpha) \cdot P = P(S)$

bzw.

(8) $\quad P = \dfrac{1}{1-\alpha} \cdot P(S) = z \cdot P(S)$ mit $z = \dfrac{1}{1-\alpha}$.

Die Gewinnfunktion des Anbieters ist:

(9) $\quad G(S) = z \cdot P(S) \cdot S - K(S)$

Der Gewinn ist dort maximal, wo – unter normalen Bedingungen – der Grenzumsatz gleich den Grenzkosten ist, also

(10) $\quad G'(S) = 0 = z[P(S) + sP'(S)] - K'(S)$

Um jedoch die Preiswirkung der prozentualen Selbstbeteiligung zu ermitteln, wird (8) nach z differenziert:

(11) $\quad \dfrac{dP}{dz} = P(S) + z \cdot P'(S) \cdot \dfrac{dS}{dz}$

Es läßt sich nun leicht zeigen, daß nichtfallende Grenzkosten der Produktion eine hinreichende, aber nicht notwendige Bedingung dafür sind, daß der für den Anbieter optimale Preis mit abnehmender prozentualer Selbstbeteiligung steigt[27]. Welcher Verlauf der Grenzkostenkurve ist für „Reparaturmärkte" nun aber typisch? Bei vielen der wichtigsten „Reparaturmärkte" handelt es sich um Dienstleistungsmärkte, auf denen die Arbeitszeit der Leistungsanbieter nur in sehr engen Grenzen substituierbar ist[28]. Die Grenzkosten werden daher hauptsächlich durch den Lohn und die Arbeitszeit des Anbieters determiniert. Auf solchen Märkten kann deshalb von annähernd konstanten Grenzkosten ausgegangen werden. Es ist daher in aller Regel so, daß es bei Versicherungsverträgen mit prozentua-

---

27 Vgl. dazu die ausführlichen Überlegungen bei Frech/Ginsburg (1975) sowie Nell (1993), S. 178 ff.
28 Gute Beispiele hierfür sind der Markt für Rechtsanwaltsleistungen, sowie die arztspezifischen Leistungen auf dem Markt für medizinische Leistungen.

ler Selbstbeteiligung versicherungsinduziert zu höheren Preisen auf „Reparaturmärkten" kommt.

3.2.2 Pauschalentschädigung

Haben alle Nachfrager auf einem Markt Versicherungsschutz, bei dem sie im Schadenfall pro nachgefragter „Reparatureinheit" eine Versicherungssumme in Höhe von VS vom Versicherer erstattet bekommen, läßt sich die PAF des Anbieters wie folgt schreiben (vgl. Gleichung (6)):

(12) $\quad P = P(S) + VS$

Die Gewinnfunktion des Anbieters lautet:

(13) $\quad G(S) = [P(S) + VS] \cdot S - K(S)$

Wieder gilt für das Gewinnmaximum:

(14) $\quad G'(S) = 0 = [P(S) + S \cdot (P'(S) + VS)] - K'(S)$

Um aber die Preiswirkung der Versicherungssumme zu ermitteln, wird (12) nach VS differenziert:

(15) $\quad \dfrac{dP}{dVS} = 1 + P'(S) \cdot \dfrac{dS}{dVS}$

Wiederum sind nichtfallende Grenzkosten eine hinreichende Bedingung für eine positive Beziehung zwischen VS und P[29].

3.2.3 Vergleich von prozentualer Selbstbeteiligung und Pauschalentschädigung

Es wurde bisher gezeigt, daß bei üblichem Verlauf der Kostenfunktion des Anbieters der Versicherungsschutz der Nachfrager zu höheren Anbieterpreisen führt, und dies sowohl bei Versicherungsverträgen mit proportionaler Selbstbeteiligung als auch mit Pauschalentschädigung. Es ist nun interessant zu untersuchen, wie stark die Auswirkungen auf die Preise bei den verschiedenen Versicherungsformen sind. Dazu werden z und VS so gesetzt, daß sie im Optimum zu derselben Leistungsmenge führen. Bei gleichem Leistungsumfang sind die Kosten und somit auch die Grenzkosten und Grenzerlöse beider Versicherungsformen gleich hoch. Daher können die jeweiligen Bedingungen erster Ordnung für die Grenzerlöse des Monopolisten gleichgesetzt werden. Aus (10) und (14) folgt dann:

---

29 Vgl. Frech/Ginsburg (1975) sowie Nell (1993), S. 182.

(16) $z[P(S) + S \cdot P'(S)] = VS + P(S) + S \cdot P'(S)$

bzw.

(17) $VS = (z - 1) \cdot [P(S) + S \cdot P'(S)]$.

(17) wird jetzt in (12) eingesetzt:

(18) $P = z \cdot P(S) + (z - 1) \cdot S \cdot P'(S)$.

Die rechte Seite von (18) ist eindeutig kleiner als die rechte Seite von (8), da der letzte Term von (18) stets negativ ist. Folglich ist bei gleichem Leistungsumfang das Preisniveau bei einer prozentualen Selbstbeteiligung immer höher als bei einer pauschalen Entschädigung.

Dieses Ergebnis ist von zentraler Bedeutung: Da der Leistungsumfang eine streng monoton fallende Funktion des Nettopreises (normaler Verlauf der Nachfragefunktion) ist, impliziert ein gleicher Leistungsumfang für beide Versicherungsformen einen identischen Nettopreis und damit eine gleiche absolute Höhe der Selbstbeteiligungen. Die betrachteten Versicherungsformen führen aber zu unterschiedlichen Preisen auf einem „Reparaturmarkt". Im Falle einer Pauschalentschädigung sind das Preisniveau auf einem „Reparaturmarkt" und entsprechend die Monopolrenten der Anbieter stets geringer als bei einer entsprechenden prozentualen Selbstbeteiligung. Da aber die absolute Höhe der Selbstbeteiligung der Versicherten für beide Versicherungsformen gleich ist, sind zwangsläufig die Versicherungsleistungen im Falle einer Pauschalentschädigung stets niedriger als bei einer entsprechenden prozentualen Selbstbeteiligung.

Da gezeigt wurde, daß das externe moralische Risiko bei einer Pauschalentschädigung stets geringer als bei einer prozentualen Selbstbeteiligung ausfällt, erhalten wir ein erstes, sehr starkes Argument für die Überlegenheit von Pauschalentschädigungen in einer Situation des externen moralischen Risikos aus Sicht der Versicherer und damit letztlich auch der Versicherungsnehmer, weil die Höhe der Versicherungsleistungen letztlich doch die Prämienhöhe beeinflußt.

3.3 Monopol mit Preisdifferenzierung

3.3.1 Vorbemerkungen

Ist das Nachfrageverhalten von Individuen unterschiedlich, so kann ein Monopolist durch Preisdifferenzierung seinen Gewinn steigern[30]. Er wird

---

30 Zum Konzept der Preisdifferenzierung vgl. beispielsweise Pigou (1920), S. 240 ff., Gutenberg (1979), S. 341 ff. sowie Simon (1982), S. 361 ff.

dann ceteris paribus von einem Individuum oder einer Gruppe von Individuen einen um so höheren Preis fordern, je größer dessen (deren) Zahlungsbereitschaft ist. Angenommen, alle Nachfrager haben dieselbe originäre Nachfragefunktion, aber unterschiedlichen Versicherungsschutz, dann unterscheiden sich auch die individuellen Marktnachfragefunktionen, und es ist für den Monopolisten grundsätzlich vorteilhaft, eine Preisdifferenzierung nach dem Umfang des Versicherungsschutzes der Nachfrager vorzunehmen. Allerdings muß gewährleistet sein, daß die Nachfrager eindeutig klassifiziert werden können und eine Arbitragemöglichkeit zwischen den Nachfragern ausgeschlossen ist. Beide Bedingungen sind für die hier betrachteten „Reparaturmärkte" sicherlich gegeben.

Im folgenden wird eine Preisdifferenzierung, die am Versicherungsschutz der Nachfrager ausgerichtet ist, untersucht. Dazu werden zwei Gruppen von Nachfragern betrachtet, wobei die Mitglieder der ersten Gruppe alle über (identischen) Versicherungsschutz verfügen, während die Mitglieder der zweiten Gruppe unversichert sind. Ansonsten existiert kein Unterschied zwischen den Gruppen. Bei der Analyse werden lineare Preis-Absatz-Funktionen (PAF) unterstellt. Durch diese Annahme wird ein hohes Maß an Anschaulichkeit erreicht, ohne daß sich dadurch die Ergebnisse prinzipiell verändern. Zunächst wird der Fall betrachtet, daß alle versicherten Nachfrager Versicherungsschutz mit einer prozentualen Selbstbeteiligung haben.

3.3.2 Preisdifferenzierung bei prozentualer Selbstbeteiligung

Die – annahmegemäß linearen – PAF für die beiden Gruppen lauten:

(19) $\quad P_{SB} = z \cdot (a - b \cdot S_{SB})$

und

(20) $\quad P_{un} = a - b \cdot S_{un}$.

mit P_{SB} und S_{SB} als Preis und Menge für den Teilmarkt, auf dem die Nachfrager Versicherungsschutz mit einer proportionalen Selbstbeteiligung besitzen, und P_{un} und S_{un} als Preis und Menge für den Teilmarkt mit unversicherten Nachfragern.

Durch einige einfache Umformungen erhält man als Preisdifferenz bei für den Anbieter optimaler Preisdifferenzierung zwischen beiden Teilmärkten[31]:

(21) $\quad P_{SB} - P_{un} = \dfrac{z-1}{2} \cdot a$

---

31 Vgl. hier und im folgenden Nell (1993), S. 189 ff.

a ist der Prohibitivpreis der unversicherten Nachfrager. Ein versicherter Nachfrager muß also für eine Einheit „Reparaturleistung" das $(z-1)/2$-fache des Prohibitivpreises der unversicherten Nachfrager mehr bezahlen als diese. Je geringer die prozentuale Selbstbeteiligung ist, desto größer ist der Preisunterschied auf den beiden Teilmärkten. Dieser Effekt führt dazu, daß bei monopolistischer Preisdifferenzierung sich für versicherte Nachfrager der Nettopreis pro „Reparaturleistung" (P_N) bei fallender prozentualer Selbstbeteiligung nur unwesentlich verringert, da die Wirkung der Versicherungsleistung fast ausschließlich in einer Steigerung der Monopolrente des Anbieters besteht.

Ein interessanter Grenzfall ergibt sich bei vernachlässigbar geringen Grenzkosten des Anbieters. P_{un} beträgt dann 0,5a, und daraus folgt (vgl. (21)):

(22) $P_{SB} = z \cdot P_{un}$

In diesem Fall wird jegliche Wirkung des Versicherungsschutzes durch eine entsprechende Preiserhöhung der Anbieter kompensiert. Die gesamte Versicherungsleistung wird zur Monopolrente des Anbieters. In dieser Situation liegt eine Unversicherbarkeit des zugrundeliegenden Risikos durch Versicherungsverträge mit prozentualer Selbstbeteiligung vor, da die absolute monetäre Belastung im Schadenfall vollkommen unabhängig von der Höhe der Selbstbeteiligung ist[32].

3.3.3 Preisdifferenzierung bei Pauschalentschädigung

Bei einer Pauschalentschädigung lauten die PAF auf den beiden Teilmärkten:

(23) $P_{PE} = a - b \cdot S_{PE} + VS$

und

(24) $P_{un} = a - b \cdot S_{un}$.

mit P_{PE} und S_{PE} als Preis und Menge für den Teilmarkt, auf dem die Nachfrager Versicherungsschutz mit einer Pauschalentschädigung besitzen.

Bei optimaler Preisdifferenzierung ergibt sich folgende Preisdifferenz:

(25) $P_{PE} - P_{un} = \dfrac{VS}{2}$

---

[32] Vgl. zu einem ähnlichen Argument auch Crew (1969).

Das Preisniveau für die versicherten Nachfrager ist um die Hälfte der Pauschalerstattung höher als für die unversicherten Nachfrager, oder anders ausgedrückt: Jede Geldeinheit Erstattung durch die Versicherung bringt für versicherte Nachfrager bei monopolistischer Preisdifferenzierung eine Nettoentlastung von einer halben Geldeinheit. Die Vorteile des Versicherungsschutzes werden dadurch erheblich reduziert. Trotzdem sind pauschale Entschädigungsformen bei monopolistischer Preisdifferenzierung prozentualen Selbstbeteiligungen deutlich überlegen, wie auch das Zahlenbeispiel in der folgenden Tabelle recht eindrucksvoll belegt:

Zahlenbeispiel für monopolistische Preisdifferenzierung
(originäre PAF: P = 10 − 0,1S; Kostenfunktion: K(S) = 4S + 80)

	S	P	A_N	A_V	A_g	G
keine Versicherung	30	7	210	0	210	10
prozentuale SB (z = 10)	48	52	249,6	2246,4	2496	2224
Pauschalentschädigung (VS = 3.6)	48	8,8	249,6	172,8	422,4	150,4

Die Zahlenwerte für VS und z wurden so gewählt, daß der Leistungsumfang bei beiden Versicherungsformen identisch ist. Die Ausgaben der Nachfrager (A_N = absolute Höhe der Selbstbeteiligung) sind ebenfalls gleich, während die Ausgaben der Versicherung (AV) bei 10 % Selbstbeteiligung um den Faktor 13 höher liegen als bei einer Pauschalentschädigung in Höhe von 3,6 GE (A_g steht für die Gesamtausgaben). Darüber hinaus zeigt das Zahlenbeispiel, daß Versicherungsschutz dazu führt, daß die Gewinne der Leistungsanbieter steigen. Auch bei Preisdifferenzierung zeigt sich wiederum die Überlegenheit von Pauschalentschädigungen gegenüber prozentualen Selbstbeteiligungen.

Die praktische Relevanz der dargestellten Zusammenhänge läßt sich anhand des Pharmamarktes in der Bundesrepublik Deutschland aufzeigen. Pharmahersteller bieten auf zwei voneinander vollkommen getrennten Teilmärkten an: dem Apothekenmarkt, auf dem fast ausschließlich versicherte Nachfrager auftreten, und dem Markt für (unversicherte) Krankenhäuser. Aufgrund der sehr unterschiedlichen Preisempfindlichkeit der Nachfrage auf den beiden Teilmärkten sind nach unseren bisherigen Überlegungen erhebliche Preisdifferenzen zu erwarten. Tatsächlich sind die Preisunterschiede frappierend. So liegen die Preise für identische Produkte auf dem Apothekenmarkt häufig um mehr als 500 % über denen auf dem Markt für Krankenhäuser. Vereinzelt existieren sogar Preisunterschiede von weit über 1000 %[33]. Diese extremen Preisunterschiede bestätigen zumindest in der Tendenz die Überlegungen dieses Abschnitts.

3.4 Konsequenzen aus den Verteilungswirkungen

In beiden Fällen, beim Monopol ohne wie beim Monopol mit Preisdifferenzierung, ergab sich, daß die Pauschalentschädigung der prozentualen Selbstbeteiligung überlegen ist: Das externe moralische Risiko, gemessen an den Gesamtausgaben der Versicherer zur Schadenbehebung, ist kleiner trotz gleichen Leistungsumfangs und gleicher absoluter Höhe der Selbstbeteiligung des Versicherungsnehmers. Anders ausgedrückt: Die prozentuale Selbstbeteiligung erhöht den Gewinn der monopolistischen Anbieter stärker als eine Pauschalentschädigung.

Gänzlich abwegig erscheint es aber, eine reine Interessenversicherung in einer solchen monopolistischen Marktsituation einzuführen. Wie oben und anhand von Abbildung 1 gezeigt, würde immer die „Sättigungsmenge" (S̃) nachgefragt und der Preis wäre unbestimmt. Um ein „Marktgleichgewicht" zu erhalten, muß der Preis reguliert werden (etwa durch einseitiges Setzen durch die Versicherer oder durch kollektive Preisverhandlungen zwischen Anbietern und Versicherern).

Ideal wäre, wenn dieser regulierte Preis auf der Höhe der Durchschnittskosten festgesetzt würde. Gilt ein linearer Kostenverlauf (Durchschnittskosten = Grenzkosten), dann ließe sich der „optimale Leistungsumfang"[34] erreichen, allerdings zum Monopolpreis, den nichtversicherte Nachfrager auch bezahlen müßten. Damit ließe sich auch das externe moralische Risiko senken.

Selbstverständlich läßt sich diese „Ideallösung" nicht mit einem Schritt realisieren. Beachtet man jedoch, daß in einer wachsenden Wirtschaft Preissteigerungen gerade bei Dienstleistungen üblich bzw. nicht zu vermeiden sind, ergibt sich sowohl beim „regulierten Preis" wie auch bei der Pauschalentschädigung ein „Preisanpassungsbedarf", soll der Versicherungsschutz im Laufe der Zeit nicht inadäquat werden. Wenn die Höhe der Pauschalentschädigung durch Verhandlungen der Versicherer und der Leistungsersteller ausgehandelt wird, ist mit ähnlichen Auswirkungen wie

---

33 So lag der Preis für 100 Tabletten Markenprednisone auf dem Apothekenmarkt 1975 zwischen 39 DM und 45,80 DM, während für Krankenhäuser der Preis für 100 Tabletten dieser Marken einheitlich 3,50 DM betrug (vgl. Möbius/Seusing/Ahnefeld 1976), S. 45.
34 Der „optimale Leistungsumfang" ist hier als diejenige Leistungsmenge definiert, die sich auf einem wettbewerblich organisierten Markt für die „Reparaturleistungen" ergeben würde.

bei einem regulierten Preis zu rechnen, da bei diesen Verhandlungsprozessen dieselben Marktteilnehmer einander gegenüberstehen[35, 36].

Geht man allerdings von „informierten und mündigen" Nachfragern aus, kann man die Bestimmung der Höhe der Pauschalentschädigung dem Markt überlassen, indem verschiedene Versicherer Pauschalentschädigungen in unterschiedlicher Höhe bei entsprechenden Versicherungsprämien anbieten.

4. Versicherungsinduzierte Änderungen im Marketing-Mix

Bislang wurde implizit unterstellt, daß die Anbieter auf „Reparaturmärkten" die Nachfrage nach ihren Produkten nur über die Preissetzung beeinflussen können. Tatsächlich verfügen sie in den allermeisten Fällen über eine Reihe weiterer absatzpolitischer Instrumente. Dies sind insbesondere die Produktpolitik, die Kommunikationspolitik sowie die Distributionspolitik[37]. Es soll nun der Frage nachgegangen werden, inwieweit die versicherungsinduzierte Änderung in der Wirkung eines absatzpolitischen Instrumentes, nämlich der Preispolitik, Einfluß auf den Einsatz der übrigen absatzpolitischen Instrumente ausübt.

Nach dem Dorfman-Steiner-Theorem[38] sind im optimalen Marketing-Mix die Absatzelastizitäten sämtlicher absatzpolitischen Instrumente gleich. Daraus folgt ceteris paribus, je preisunelastischer sich die Nachfrage verhält, desto stärker wird ein Anbieter andere absatzpolitische Instrumente einsetzen.

Es läßt sich nun einfach zeigen, daß Versicherungsschutz zu einer Verringerung der Preiselastizität führt[39]. Dies veranlaßt die Anbieter zu einem verstärkten Einsatz anderer absatzpolitischer Instrumente. Auf einem „Reparaturmarkt" mit versicherten Nachfragern ist also ein relativ hohes Preisniveau bei relativ hoher Produktqualität, ausgeprägten Produktvaria-

---

35 Erinnert sei nur an die Schwierigkeiten der Aushandlung der Festbeträge für bestimmte Medikamente nach dem Gesundheitsreformgesetz.
36 Für Gesundheitsmärkte spricht Diamond die verschiedenen Möglichkeiten zur Begrenzung des externen moralischen Risikos an: "In a monopolistic competitive setting, pricing behavior depends on the elasticity of demand. Insurance changes the elasticity of demand. This ist true whether there are proportional copayments present and even if there is fix reimbursement. There are three approaches to the pricing implications of the changed elasticity of demand. One is direct price regulation by the government. Second ist to try to influence the elasticity of demand by varying the rules for reimbursement. Third is to engage in ex ante negotiations with providers to determine prices." (Diamond 1992), S. 1251.
37 Daneben existieren eine Reihe weiterer Instrumente, wie etwa die Personal- und Standortpolitik, die zwar nicht primär absatzpolitisch orientiert sind, gleichwohl aber die Absatzmöglichkeiten eines Unternehmens beeinflussen können. Vgl. beispielsweise Böcker (1987), S. 427 ff.
38 Vgl. Dorfman/Steiner (1954).
39 Die genaue Herleitung findet sich bei Nell (1993), S. 196 ff.

tionen, hohen Werbeaufwendungen sowie aufwendigen Vertriebskanälen zu erwarten, jeweils verglichen mit der Situation bei unversicherten Nachfragern. Die versicherungsinduzierte Verringerung der Preiselastizität fällt bei einer Pauschalentschädigung geringer aus als bei einer prozentualen Selbstbeteiligung. Entsprechend sind die genannten Effekte von Versicherungsschutz bei einer Pauschalentschädigung schwächer ausgeprägt als bei einer prozentualen Selbstbeteiligung[40].

Auch hier bestätigt der Pharmamarkt die aufgestellte These, daß nämlich auf „Reparaturmärkten" die Preispolitik versicherungsinduziert an Bedeutung verliert und es zu einem verstärkten Einsatz anderer absatzpolitischer Instrumente kommt: Während die Pharmaunternehmen auf dem Markt für Krankenhäuser wenig Kommunikationspolitik betreiben, wird dieses Instrument auf dem Apothekenmarkt sehr intensiv eingesetzt. So stellten 1980 die Werbe- und Informationskosten mit einem durchschnittlichen Anteil von 19,2 % an den Gesamtkosten den zweitgrößten Kostenfaktor für die Pharmaunternehmen dar. Besonders hoch ist dabei der Einsatz von festangestellten Außendienstmitarbeitern, sogenannten Pharmareferenten, deren Aufgabe es ist, bei Ärzten Präferenzen für die Produkte ihrer Unternehmung zu erzeugen. Dieses absatzpolitische Instrument wurde so intensiv eingesetzt, daß 1981 jeder Arzt im Durchschnitt 15mal pro Monat von Pharmareferenten aufgesucht wurde[41].

5. Zusammenfassung

Unsere Analyse war in zweierlei Hinsicht partialanalytisch: Wir haben nur einen Versicherungsmarkt betrachtet und nicht auch die Effekte, die von einem Versicherungszweig auf einen anderen ausgehen. Weiterhin haben wir nur die Wirkungen betrachtet, die durch die Versicherungsnahme und die damit einhergehende Versicherungsleistung im Schadenfall auf einem Markt für „Reparaturleistungen" entstehen. Wir haben folglich Substitutionsbeziehungen zwischen Versicherungsnahme und Alternativen der Schadenvorbeuge außer acht gelassen. Auch die Annahme, daß Einkommenseffekte vernachlässigbar gering sind, unterstützt die Partialbetrachtung. Und wir haben schließlich vernachlässigt, daß die Versicherer selbst reagieren können, wenn sie bemerken, daß ihre Versicherungsleistungen nur zu erhöhten Gewinnen bei den Leistungserbringern der „Reparatur" führen. Doch trotz dieser eingeschränkten Betrachtungsweise lassen sich aus der vorangehenden Analyse die folgenden Schlußfolgerungen ziehen:

– Versicherungsschutz führt auf „Reparaturmärkten" zu einem Anstieg des Preisniveaus. Der Preisanstieg fällt dabei bei einer Pauschalentschä-

---
40 Vgl. Nell (1993), S. 200 ff.
41 Vgl. Oberender (1984), S. 283. Welche Veränderung hier vom Gesundheitsreformgesetz und den dort festgelegten Festbeträgen für bestimmte Arzneimittel auf die Marketing-Politik von Pharmaunternehmen ausgeht, untersucht Uhlmann (1990).

digung stets geringer als bei einer entsprechenden prozentualen Selbstbeteiligung aus.

- Monopolistische Preisdifferenzierung schränkt die Wirkung von Versicherungsschutz für den Versicherten erheblich ein, da ein großer Teil der Versicherungsleistung zu einer zusätzlichen Monopolrente wird. Auch bei monopolistischer Preisdifferenzierung schneidet die Pauschalentschädigung besser als die prozentuale Selbstbeteiligung ab, da bei einer Pauschalentschädigung der versicherungsinduzierte Preisanstieg geringer ausfällt. Bei prozentualer Selbstbeteiligung kann monopolistische Preisdifferenzierung im Grenzfall vernachlässigbarer Grenzkosten zu faktischer Unversicherbarkeit führen, da der Nettopreis für den Nachfrager unabhängig von der Höhe seiner Selbstbeteiligung ist.

- Durch Versicherungsschutz kommt es zu Änderungen im Marketing-Mix der Anbieter auf „Reparaturmärkten". Die Bedeutung des Preises als Absatzinstrument sinkt, während die Bedeutung der übrigen Absatzinstrumente steigt. Diese Änderung im Marketing-Mix fällt bei einer Pauschalentschädigung schwächer als bei einer prozentualen Selbstbeteiligung aus.

Literatur

Böcker, F. (1987): Marketing, 2. Aufl., Stuttgart.

Crew, M. (1969): Coinsurance and the Welfare Economics of Medical Care, American Economic Review, vol. 59, S. 906 – 908.

Diamond, P. (1992): Organizing The Health Insurance Market, Econometrica, vol. 60, S. 1233 – 1254.

Dorfman, R.; Steiner, P. O. (1954): Optimal Advertising and Optimal Quality, American Economic Review, vol. 44, S. 826 – 836.

Eisen, R. (1991): Versicherungsschutz und Dienstleistungen in der ökonomischen Theorie, in: Eisen, R. und Helten, E. (Hrsg.), Die Dienstleistung Versicherungsschutz in Wissenschaft und Berufsbildung, Karlsruhe, S. 3 – 18.

Frech, H. E.; Ginsburg, P. E. (1975): Imposed Health Insurance In Monopolistic Markets: A Theoretical Analysis, Economic Inquiry, vol. 13, S. 55 – 70.

Gutenberg, E. (1979): Grundzüge der Betriebswirtschaftslehre, Band II: Der Absatz, 16. Auflage, Berlin.

Helten, E.; Karten, W. (1984): Das Risiko und seine Kalkulation, in: Müller-Lutz, H. L., Schmidt, R. (Hrsg.), Versicherungswirtschaftliches Studienwerk, Studienheft 21, Wiesbaden.

Knappe, E.; Leu, R. E.; Schulenburg, J.-M. Graf v. d. (1988): Der Indemnitätstarif, Berlin.

Mahr, W. (1972): Zur Interdependenz von Prämien und Schäden: Das moralische Risiko, in: Braeß, P. u. a. (Hrsg.), Praxis und Theorie der Versicherungsbetriebslehre, Festgabe für H. L. Müller-Lutz zum 60. Geburtstag, Karlsruhe, S. 241–282.

Möbius, K.; Seusing, E.; Ahnefeld, A.; (1976): Die pharmazeutische Industrie in der BRD – Struktur und Wettbewerb, Kieler Studien 140, Freiburg.

Nell, M. (1993): Versicherungsinduzierte Verhaltensänderungen von Versicherungsnehmern, Karlsruhe.

Oberender, P. (1984): Pharmazeutische Industrie, in: Oberender, P. (Hrsg.), Marktstruktur und Wettbewerb, München, S. 243–310.

Pigou, A. C. (1920): The Economics of Welfare, London.

Ribhegge, H. (1991): Preiseffekte von Festbeträgen für Arzneimittel, WIST, Heft 2, S. 65–68.

Schulenburg, J.-M. Graf v. d. (1987): Selbstbeteiligung, Tübingen 1987.

Schumann, J. (1987): Grundzüge der mikroökonomischen Theorie, 5. Auflage, Berlin.

Shapiro, C. (1983): Premiums for High Quality Products as Returns for Reputations, Quarterly Journal of Economics, vol. 98, S. 659–679.

Shapiro, C. (1983 a): Optimal Pricing of Experience Goods, Bell Journal of Economics, vol. 14, S. 497–507.

Simon, H. (1982): Preismanagement, Wiesbaden.

Stiglitz, J. E. (1983): Risk, Incentive and Insurance: The Pure Theory of Moral Hazard, Geneva Papers, vol. 8, S. 4–33.

Strassl, W. (1988): Externe Effekte auf Versicherungsmärkten, Tübingen.

Tirole, J. (1988): The Theory of Industrial Organization, Cambridge/Mass. and London.

Uhlmann, B: (1990): Marketing für ethische Produkte im deutschen Gesundheitsmarkt der 90er Jahre, Diss. Frankfurt a. M.

V. Unternehmensstrategien auf Versicherungsmärkten

Über mögliche Unternehmensstrategien deutscher Erstversicherer im deregulierten Versicherungsmarkt

Dieter Farny

Ein persönliches Vorwort an Walter Karten

Walter Karten und ich kennen uns seit fast vierzig Jahren aus gemeinsamen Studien- und Assistentenzeiten an der Universität zu Köln. Daraus haben sich (außer ganz verschiedenen) viele gemeinsame Aktivitäten entwickelt, darunter seit vielen Jahren meine Mitwirkung bei dem von Walter Karten geleiteten USW-Seminar „Strategisches Management für Versicherungsunternehmen". Ich sollte dort den Zuhörern Grundvorstellungen von der strategischen Unternehmenspolitik der Versicherer vermitteln. Da strategische Unternehmenspolitik langfristig und zukunftsbezogen ist, bedurfte es der Annahme eines Szenarios, das die Rahmenbedingungen für die Unternehmenspolitik der Versicherer beschreibt. Dieses Szenario mußte ich in den letzten Jahren immer wieder ändern, insbesondere wegen des heranreifenden EG-Binnenversicherungsmarkts und der damit verbundenen Deregulierung auf dem deutschen Versicherungsmarkt, auch wegen der Entwicklungen im Bereich „Allfinanz", der Rekonstruktion einer marktwirtschaftlichen Versicherungswirtschaft in Ostdeutschland und aus vielen weiteren Gründen. Deshalb habe ich diese Szenarien bis heute nicht schriftlich fixiert. Im nachstehenden Beitrag soll dies in der gebotenen Kürze geschehen.

Es erschien mir unzweckmäßig, meine eigenen Vorstellungen von möglichen Unternehmensstrategien deutscher Versicherer vor dem Hintergrund des gesamten Schrifttums zu den Strategiefragen zu formulieren. Dieses Schrifttum ist umfangreich, stammt teilweise aus der allgemein-betriebswirtschaftlichen, teilweise aus der versicherungswirtschaftlichen Literatur, ist in ganz unterschiedlicher Weise von Theoretikern und Praktikern verfaßt. Allein die Festlegung eines einheitlichen begrifflichen und sachlichen Denkrahmens hätte den Platz für diesen Festschriftbeitrag ausgefüllt. Im Sinne einer straffen Diktion wird auch nicht auf die Notwendigkeit von Strategien oder auf Strategietechniken eingegangen; es geht also um die Strategien selbst.

1. Das Szenario „deutscher Versicherungsmarkt nach Deregulierung"

1.1 Der Übergang am 1. 7. 1994

Mit Wirkung zum 1. 7. 1994 sind die dritten EG-Richtlinien in das deutsche Versicherungsrecht umzusetzen. Dadurch werden im wesentlichen zwei Ziele verfolgt:

- Die Schaffung des *Binnenversicherungsmarkts* mit Niederlassungs- und Dienstleistungsfreiheit für alle EG-Versicherer,

- die *Deregulierung* in der deutschen Versicherungswirtschaft, d. h. eine Rückführung von Aufsichtszielen und (besonders) Aufsichtsinstrumenten von einem vergleichsweisen hohen Niveau auf ein wesentlich niedrigeres Niveau.

Nach allen Prognosen werden für den deutschen Versicherungsmarkt die Wirkungen des entstehenden Binnenmarkts eher gering, die Wirkungen der Deregulierung dagegen eher stark sein. Anders gesagt, die deutsche Versicherungswirtschaft wird eine deutliche Veränderung nicht primär deshalb erfahren, weil sie Teil der EG-Assekuranz wird, sondern weil neue Rahmenbedingungen auf dem nationalen Versicherungsmarkt gelten. Deshalb werden im folgenden auch alle strategischen Fragen im Zusammenhang mit einer Geschäftsausweitung deutscher Versicherer in andere EG-Länder ausgeklammert, die unter den Stichworten „Internationalisierung" oder „Globalisierung" diskutiert werden.

Die wesentlichen Änderungen im Sinne von Deregulierung lassen sich an einem einfachen Marktmodell (Abbildung 1) erklären. Die Angebots- oder Absatz- bzw. Marktstrategien der Versicherer betreffen hauptsächlich drei *Aktionsparameter:* Sortiment und Versicherungsprodukte, Preise und Absatzverfahren. Abgesehen von dem seit 1. 7. 1990 liberalisierten gewerblichen Versicherungsgeschäft, sind zwei der drei strategischen Aktionsparameter bis heute mehr oder minder stark reguliert. Die Gestaltung der *Versicherungsprodukte,* soweit diese in den Versicherungsbedingungen formuliert sind, bedürfen der Genehmigung der Aufsichtsbehörde; das hat zu tendenziell gleichen oder doch ähnlichen Produktgestaltungen bei allen Versicherern geführt. Auch die *Versicherungsprämien* bedürfen in der Lebens-, der Kranken- und der Autohaftpflichtversicherung der aufsichtsbehördlichen Genehmigung. Die Prämien werden zwar von den Versicherern selbst kalkuliert, allerdings überwiegend mit vorgegebenen oder vorstrukturierten Rechnungsgrundlagen, z. B. in Form von Sterbetafeln, Rechnungszinsen oder überbetrieblichen Schadenstatistiken. In den übrigen Versicherungszweigen sind die Prämien zwar nicht durch Aufsichtsrecht reguliert, werden allerdings generell von unverbindlichen Risikoprämienempfehlungen durch die Verbände beeinflußt.

Abbildung 1: Versicherungsmarktmodell

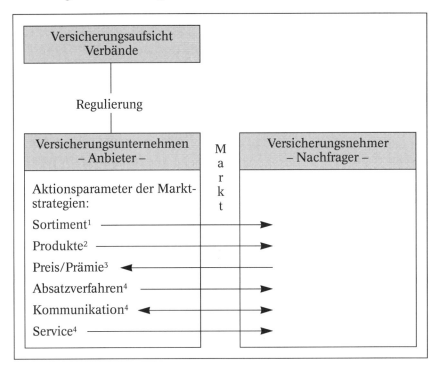

1 Derzeit teilweise reguliert: Spartentrennung, Verbot versicherungsfremder Geschäfte.
2 Derzeit reguliert: Genehmigung von Versicherungsbedingungen.
3 Derzeit teilweise reguliert: Genehmigung von Prämien in Lebens-, Kranken-, Kraftverkehrshaftpflichtversicherung; empfohlene Risikoprämien durch Verbände.
4 Derzeit schwach oder nicht reguliert.

Mit Wirkung zum 1. 7. 1994 fallen die Regulierungen bei Versicherungsprodukten und Prämien im Sinne aufsichtsbehördlicher Genehmigungsvorbehalte weg; auf gewisse Regulierungsreste im Bereich der Kranken- und der Lebensversicherung wird nicht näher eingegangen. Daraus folgt: Versicherer sind von diesem Zeitpunkt an nicht mehr „regulierte Unternehmer", die für wichtige marktbezogene strategische Entscheidungen aufsichtsbehördliche Genehmigungen einholen müssen, sondern sie sind *autonome Unternehmer*, die ihre strategischen (und operativen) Entscheidungen frei treffen können. Diese werden nur noch nachträglich von der Aufsichtsbehörde kontrolliert und im Falle der Verletzung von Aufsichtszielen oder -grundsätzen beanstandet.

Die Entlassung von Produkt- und Prämienentscheidungen aus einer aufsichtsbehördlichen Vorabgenehmigung bedeutet auf dem deutschen Versicherungsmarkt keineswegs nur eine formale kleine Änderung im Sinne einer Fortentwicklung des Aufsichtssystems, sondern eine spontane Mutation der Rahmenbedingungen für die Unternehmenspolitik der Versicherer. Dies gilt um so mehr, als das dann 93 Jahre alte deutsche Aufsichtssystem bei allen Beteiligten auf dem Versicherungsmarkt, also den Versicherern, Versicherungsnehmern und Vermittlern, Einstellungen und Verhaltensweisen geprägt hat, die möglicherweise „nicht mehr passend sind".

1.2 Grundsätzliche Reaktionen der Versicherer

Wie die deutschen Versicherer auf die neuen unternehmerischen Freiheiten bei Produkt- und Prämienentscheidungen reagieren werden, ist naturgemäß im voraus nicht bekannt, deshalb auch nicht bestimmbar; denn solche Reaktionen folgen aus zahlreichen unternehmensindividuellen Einzelentscheidungen, die üblicherweise nicht in der Öffentlichkeit diskutiert werden. Zusätzlich kommt es darauf an, ob die neuen Strategien ausschließlich unternehmensindividuell festgelegt werden, oder ob gewisse Grundsatzentscheidungen kollektiv getroffen werden, z. B. durch die Korporation der Versicherer in ihren Verbänden, soweit dies wettbewerbsrechtlich zulässig ist.

Für die möglichen Reaktionen der Versicherer bestehen logisch nur zwei Grundmuster:

(1) Jeder einzelne Versicherer nimmt seine neue unternehmerische Freiheit soweit wie möglich wahr und gestaltet seine angebotenen Versicherungsprodukte und Preise individuell entsprechend seinem eigenen Entscheidungsfeld. Bei dieser Variante, die dem marktwirtschaftlichen Grundverständnis entspricht, wird jeder Versicherer ausschließlich nach seinen eigenen Vorstellungen aktiv, er entscheidet danach, was für die Erreichung seiner Unternehmensziele als bestgeeignet beurteilt wird. Daraus folgen unternehmensindividuelle Strategien mit individuellen Produkt-Preis-Angeboten am Markt. Die Folgen sind eine bisher ungewohnte Vielfalt angebotener Preis-Leistungs-Relationen für Versicherungsschutz, die miteinander um die Gunst der Kunden konkurrieren, und das bedeutet starken Wettbewerb bei geringer Markttransparenz. Im Vergleich zur bisherigen regulierten Situation entsteht ein gewisses Marktchaos, weshalb dieser Fall hier auch als *„Chaos-Szenario"* bezeichnet wird.

(2) Die Versicherer versuchen, den bisherigen Zustand eines regulierten Marktes teilweise oder weitgehend zu erhalten. Dieser Zustand ist gekennzeichnet durch eine gewisse Uniformität des Produktangebots mit standardisierten Versicherungsbedingungen und mit Prämien, die zwar nicht identisch sind, aber nach einheitlichen Prinzipien kalkuliert und teilweise von der Aufsichtsbehörde genehmigt wurden.

Etwas überspitzt ausgedrückt, bilden die Versicherer eine Art „Geleitzug" mit gleichen oder ähnlichen Produkt-Preis-Strategien. Die „Marschrichtung" des Geleitzugs wird in einem rational schwer aufklärbaren Gemisch von Entscheidungen der einzelnen Versicherer (nach Maßgabe ihrer Geschäftspläne), der Versicherungsverbände und der Aufsichtsbehörde festgelegt; letztere überwacht auch die Einhaltung der Marschrichtung. Als „Flaggschiffe" können die Aufsichtsbehörde, die Verbände, teilweise auch die großen Versicherer („Marktführer") ausgemacht werden. Da die Instrumente der Aufsicht im Hinblick auf Produkt- und Preisgestaltung in Zukunft beschränkt werden oder ganz wegfallen, insoweit die Aufsichtsbehörde auch keine Flaggschiffunktion mehr ausüben kann, ist bei einer beabsichtigten Fortsetzung des Geleitzugprinzips nach anderen Flaggschiffen zu suchen, die die Richtung angeben und über geeignete Steuerungsinstrumente verfügen. Nach der geltenden Rechtslage können dies nur die Korporationen der Versicherer, vielleicht im Benehmen mit der Aufsichtsbehörde, sein, wobei das Wettbewerbsrecht zwar gewisse Marktregulierungsfunktionen zuläßt, nicht jedoch eine komplette Wettbewerbsordnung. Das *„Geleitzug-Szenario"* als eine der beiden extremen Reaktionsmöglichkeiten der Versicherer auf die neue Situation mindert keineswegs den Marktwettbewerb auf Null; denn auch im Geleitzug gibt es (und hat es in der Vergangenheit immer gegeben) Konkurrenz um besonders gute Plätze! Allerdings bewirkt der Geleitzug eine Fortsetzung der Marktregulierung auf niedrigerem Niveau, im Vergleich zum Chaos-Modell dagegen eine höhere Markttransparenz mit begrenzter Vielfalt von Preis-Leistungs-Relationen der Anbieter.

Über die Realisationswahrscheinlichkeiten dieser extremen Szenarien kann nur spekuliert werden. Die politischen und wirtschaftlichen Kräfte, die hinter der Deregulierung standen und stehen, wollen im Prinzip das Chaos-Modell; denn das Prinzip Wettbewerb beruht auf der vollen Entscheidungsfreiheit von Anbietern und Nachfragern auf dem Markt. Das durch die außerordentlich große Zahl von Einzelentscheidungen bewirkte (und gewollte) Chaos soll durch individuelle Kosten-Nutzen-Kalküle der Marktteilnehmer geordnet werden. Fehlentscheidungen von Anbietern und Nachfragern, die nicht mit Chancenrealisierung belohnt, sondern mit Risikorealisierung bestraft werden, sind im Wettbewerbsmodell eingeschlossen. Ob in solchen Fällen „Verbraucherschutz", also Schutz der Nachfrager bei Fehlentscheidungen am Markt, oder sogar „Anbieterschutz" wirksam wird, sei dahingestellt. Die Versicherer haben bisher nicht erklärt, ob sie eher mit dem Chaos-Szenario oder dem Geleitzug-Modell rechnen bzw. ob sie selbst zu dem einen oder anderen neigen. Nach zahlreichen Äußerungen der Versicherer sind diese für die neue Situation gerüstet und begrüßen den erhöhten Wettbewerb. Daraus ist zu schließen, daß die Versicherer zumindest die Geleitzug-Philosophie nicht bevorzugen. Die Versicherungsnehmer, vor allem die Privatkunden, sind mittlerweile von einer gewissen Euphorie für einen völlig freien Wettbewerb auf dem Versicherungsmarkt in eine gewisse Resignation vor dem damit verbundenen Informations- und Entscheidungsproblem zurückgefallen. Aus Äußerungen von Verbraucherschutzverbänden kann gefolgert werden, daß in Zukunft die Markttransparenz vermißt werden wird, daß eine gewisse Uniformität, zumindest bei den Versicherungsschutzgestaltungen, weiterhin gewünscht und eine Strukturgleichheit der Prämien und Tarife als vorteilhaft angesehen wird.

Ohne Zweifel wird die tatsächliche Realität des deutschen Versicherungsmarktes nach dem 1. 7. 1994 weder ein totales Chaos noch die vollkommene Uniformität sein. Die Realität wird sich zwischen diesen Extremen einpendeln, und zwar nicht spontan, sondern in einem länger andauernden Prozeß. Dieser Prozeß kann wiederum in zwei Varianten modelliert werden:

(1) Die Versicherer starten am 1. 7. 94 mit völlig neuen und individuellen Strategien. Das damit erzeugte Marktchaos wird einige oder vielleicht sogar viele Versicherer (es sei ergänzt: auch Versicherungsnehmer) in Schwierigkeiten bringen, die durch eine allmähliche Bildung eines neuen Geleitzugs aufgefangen werden, in dem freilich nicht mehr alle ursprünglich vorhandenen Versicherer mitfahren.

(2) Die Versicherer versuchen zunächst kollektive Strategien für Versicherungsprodukte und Preise, um erst allmählich zu unternehmensindividuellen Strategien überzugehen, neue Wettbewerbsstrategien „auszuprobieren", dieses aber mit einer Rückendeckung durch die Korporation. Dieses Szenario besitzt eine hohe Wahrscheinlichkeit. Es verknüpft die traditionellen Verhaltensweisen der „regulierten Versicherungsunternehmer" mit den Möglichkeiten der „freien Versicherungsunternehmer". Jeder Versicherer kann selbst entscheiden, wann, mit welcher Zielrichtung und mit welchen Produkt-Preis-Angeboten er seinen Weg allein sucht. Die Geschwindigkeit dieses Prozesses wird wesentlich davon bestimmt, ob zuerst die größeren oder die kleineren (darunter möglicherweise auch ausländische) Versicherer ganz bewußt eigene Strategien verfolgen.

Bei aller Unklarheit über künftige Strategien der Versicherer und die damit bewirkten Marktverhältnisse spricht vieles für die Annahme, daß die strategische Vielfalt zunehmen wird, daß insbesondere die neuen Freiheiten bei der Gestaltung von Versicherungsprodukten und Prämien wahrgenommen werden. Damit wird – mehr oder minder schnell – ein Zeitalter ziemlich uniformer und eher kollektiver Strategien deutscher Versicherer auf dem Markt beendet, und es beginnt ein Zeitalter unternehmensindividueller Strategien.

2. Die Änderung der Versichererstrategien im einzelnen

2.1 Ausgangspunkte

In Abbildung 1 wird erkennbar, daß von den wichtigsten Aktionsparametern einer marktbezogenen Strategie bisher die Sortimentsgestaltung teilweise, die Produktgestaltung stark, die Preisgestaltung teilweise gar nicht oder nur schwach, teilweise aber stark reguliert waren. Alle übrigen Aktionsparameter konnten im wesentlichen frei gewählt werden. Lediglich in bestimmten Bereichen des gewerblichen Versicherungsgeschäfts sind seit einigen Jahren auch Produkt- und Preisgestaltung völlig frei. Im Privatkundengeschäft waren deshalb die dominanten Marktstrategien der Versicherer ganz eindeutig auf die *Absatzverfahren,* in geringerem Umfang auf Kommunikation und Service gerichtet. Anders gesagt, in weiten Bereichen des gesamten Versicherungsmarkts wurden relativ homogene Versicherungsprodukte zu ähnlichen Prämien angeboten, und der Markterfolg wurde vor allem durch die Stärken der jeweils gewählten Absatzverfahren, durch Kommunikation und Servicetechniken angestrebt. Diese generelle Feststellung schließt nicht aus, daß bei einigen Versicherern seit längerer Zeit auch Produktgestaltungsstrategien (z. B. besondere Produkte für Zielgruppen) oder Preisstrategien (z. B. als Folge von Schaden- und Betriebskostenvorteilen) eingesetzt wurden; auch Sortimentsstrategien, etwa durch Entwicklung eines Allfinanzsortiments, waren zu beobachten. Dennoch ist bis heute eine hohe Dominanz der Absatzverfahrensstrategien im Marketing-Mix gültig. Die Positionen der einzelnen Versicherer am Markt waren weniger in den spezifischen Produkt-Preis-Angeboten begründet, sondern durch die Absatzverfahren, gleichgültig wie diese im einzelnen gestaltet waren, etwa als dezentrale Absatzsysteme über Vermittler der verschiedenen Art oder als zentrale Absatzverfahren per Telekommunikation. Die Identität eines Versicherungsunternehmens bzw. sein vom Kunden wahrgenommenes Profil war somit weniger Produkt-Preis-orientiert, sondern durch das Absatzverfahren bestimmt.

Ein wesentlicher Beleg für eine gewisse Uniformität der Marktstrategien ist die verbreitete Bewertung der unternehmensindividuellen Zielerfüllungen am *Marktdurchschnitt.* Es war und ist weit verbreitet, die eigenen Gewinn- und Wachstumsziele am Marktdurchschnitt zu orientieren und die tatsächlichen Zielerfüllungen danach zu beurteilen, ob sie „besser oder schlechter" als der Marktdurchschnitt sind. Da der Branchendurchschnitt das Ergebnis vieler gestreuter Zielerfüllungen darstellt, werden die Strategieergebnisse meist dann schon als befriedigend empfunden, wenn sie sich im besseren Teil der Streuung befinden. Dies ist allerdings nur ein mäßig geeigneter Maßstab für die wirkliche Qualität der Unternehmensstrategien. Der Grund für die Orientierung am Durchschnitt lag in den begrenzten Möglichkeiten der Produkt- und Preisgestaltung; allein mit der Gestaltung der Absatzverfahren war eine deutliche Abgrenzung vom Branchendurchschnitt jedoch schwierig.

2.2 Der neue Mix der strategischen Instrumente

Auf dem deregulierten Markt mit freiem Wettbewerb können auch die wichtigen strategischen Instrumente der *Produkt- und Preisgestaltung* ohne wesentliche Restriktionen eingesetzt werden. Dann aber kann eine Positionierung „in der Nähe des Branchendurchschnitts" nicht mehr ohne weiteres als Ausdruck erfolgreicher Unternehmenspolitik gewertet werden. Versicherer werden deshalb in Zukunft verstärkt mit unternehmensindividuellen Strategien nach einem eigenen „Profil", nach einer individuellen „Positionierung" im Markt suchen, um sich von ihren Konkurrenten abzuheben und auf diese Weise Präferenzen bei den vorhandenen und den potentiellen Kunden zu schaffen. Dies entspricht einer allgemeinen These, daß auf hoch wettbewerbsintensiven Märkten ein durchschnittliches Profil oder eine durchschnittliche Position weniger Zielerfüllung, etwa bei Wachstum und Gewinn, verspricht als vom Durchschnitt deutlich abweichende Profile oder Positionen. Entsprechend wird auch von *„Positionierungs- oder Profilierungsstrategien"* gesprochen. Dazu gehören auch Aktivitäten zur Erlangung einer Corporate Identity bzw. eines am Markt verbreiteten Images und Bekanntheitsgrads des einzelnen Unternehmens.

Generell kann deshalb erwartet werden, daß Versicherer im deregulierten Markt von der bisher stark auf Absatzverfahren ausgerichteten Einzelstrategie auf Strategiemixe übergehen, in denen besonders Produktgestaltung, Preisgestaltung und Absatzverfahren zu kombinieren sind. Mit diesem Instrumentenmix soll eine unverwechselbare Position am Markt erlangt werden, die die Gewinn- und Wachstumsziele fördert. Durch diesen Wandel der Strategieansätze entstehen Zentrifugalkräfte: Die eher einheitlichen Ausprägungen der Marktteilnehmer (Versicherer und Versicherungsnehmer) sowie der Marktgegenstände (Produktgestaltung und Preise) lösen sich in eher verschiedene Ausprägungen auf. Es entstehen Polarisierungen.

3. Polarisierungsthesen

3.1 Das Grundmodell

Auf Märkten mit starkem Wettbewerb besteht im allgemeinen eine Tendenz, daß sich die Marktteilnehmer, also Anbieter und Nachfrager, sowie die Marktobjekte, das sind die Produkte und Preise, von durchschnittlichen Positionen (Mittellagen) in Richtung auf extreme Positionen (Extremlagen) bewegen. Dem liegt die Erfahrung zugrunde, daß die wichtigsten Ziele für die Teilnahme am Marktverkehr aus Durchschnittspositionen heraus schlechter erfüllt werden als aus individuellen, vom Durchschnitt deutlich abweichenden Positionen. Dieses Phänomen wird meist mit einer U-Kurve (Abbildung 2) dargestellt. Aus diesen Überlegungen stammen alle Profilierungs- oder Positionierungsstrategien, die Anbieter (und Nachfrager) verfolgen. Sie sollen ein unscharfes Profil in einer mitt-

Abbildung 2: Polarisierungsmodell

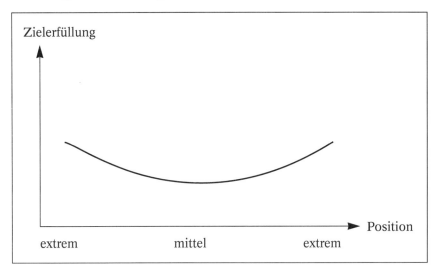

leren Position durch ein schärferes Profil in einer individuellen Position ersetzen. Auf diese Weise will sich der Anbieter für den Nachfrager identifizierbar, wahrnehmbar und bewertbar machen.

Für jeden Versicherer im deregulierten Versicherungsmarkt entsteht somit eine strategische Grundentscheidung:

(1) Strebt der Versicherer nach einem durchschnittlichen Profil, nach einer Position in der Mitte, indem er die wesentlichen Aktionsparameter des Unternehmens und seines Angebots am Durchschnitt ausrichtet? Dies entspricht der „Geleitzugphilosophie".

(2) Oder strebt der Versicherer nach einem vom Durchschnitt abweichenden, also einem individuellen Profil, nach einer Position möglichst außerhalb der Mitte, indem er die wesentlichen Aktionsparameter des Unternehmens und seines Angebots gerade nicht am Durchschnitt ausrichtet, sondern ganz eigenständig gestaltet? Wenn ja, wie sind diese Aktionsparameter zu gestalten, d. h. welche Richtung „weg von der Mitte" wird eingeschlagen?

Diese *Polarisierungs- oder Positionierungsstrategien* können theoretisch von jedem Versicherer mit allen marktwirksamen Variablen durchgeführt werden, ganz besonders mit den folgenden:

(1) Ausprägung von *Strukturmerkmalen* des Versicherungsunternehmens, z. B. Konzernzugehörigkeit, Größe, vorhandene Ressourcen,

Aufbauorganisation mit Zentrale und Filialen, Grundausrichtung der Organisation nach Versicherungszweigen, Kundengruppen und -typen, Regionen, generell die vorhandene Unternehmensphilosophie, Unternehmenskultur, die Corporate Identity.

(2) Ausprägung der marktbezogenen, d. h. der *absatzpolitischen, Instrumente,* vor allem

- (21) Gestaltung des *Angebotsprogramms,* umfassend das Sortiment an Versicherungs- und sonstigen Produkten (z. B. Finanzdienstleistungen), die bedienten Kundengruppen und die bearbeiteten Geschäftsregionen,

- (22) Gestaltung der *Versicherungsprodukte,*

- (23) Gestaltung der *Preise* (Prämien),

- (24) Gestaltung der *Kommunikation* (Werbung und Öffentlichkeitsarbeit),

- (25) Gestaltung der *Absatzverfahren,* z. B. gebundener Außendienst, Geschäftsstellen, Makler, zentraler Direktabsatz, „Annex-Absatz", jeweils als ausschließliches Absatzverfahren („Monokultur des Absatzverfahrens") oder als Absatzverfahrensmix („Stereokultur"),

- (26) Gestaltung der *Geschäftsabwicklung* einschließlich aller Serviceleistungen gegenüber den Kunden.

Alle diese Aktionsvariablen können einzeln oder gemeinsam für eine Positionierungs- oder Profilierungsstrategie eingesetzt werden. Im folgenden wird dies an zwei wichtigen Beispielen dargestellt, nämlich

(1) bezogen auf das einzelne Versicherungsunternehmen mit den Variablen Größe und Programm,

(2) bezogen auf die einzelnen Versicherungsgeschäfte mit den Variablen Produktgestaltung und Preis.

3.2 Polarisierungsmodell für Versicherungsunternehmen

Abbildung 3 zeigt eine Matrix, in der als Strukturmerkmale von Versicherungsunternehmen deren Größe und Programm angegeben sind. Die *Unternehmensgröße,* deren Messung hier nicht weiter diskutiert wird, reicht von klein über mittel bis groß. Das *Programm* repräsentiert das Sortiment an Versicherungsprodukten und Nichtversicherungsprodukten, die Kundensegmente und die Geschäftsregion; es reicht von den Ausprägungen speziell über mittel bis generell.

Abbildung 3: Polarisierungsmodell für Versicherungsunternehmen nach Programm und Größe

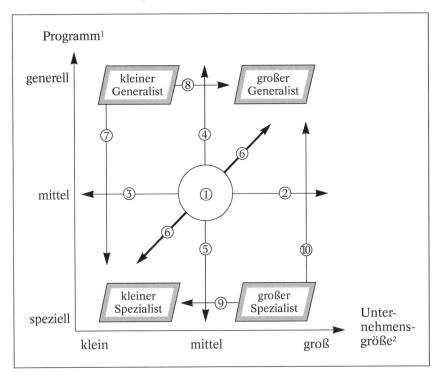

1 Sortiment, umfassend besonders
 – Versicherungsprodukte (Versicherungszweige, -arten, -formen)
 – Nichtversicherungsprodukte, z. B. Finanzdienstleistungen
 – Kundengruppen und -typen
 – Geschäftsregionen
2 Messung der Unternehmensgröße hier unerheblich, z. B. nach Mengen von Ressourcen (z. B. Personal, Eigenkapital), nach Mengen betrieblicher Leistungen, nach Mengen/Werten des Versicherungsbestands

(1) In der gegenwärtigen Situation der deutschen Versicherungswirtschaft befinden sich viele Versicherer in der unscharfen Mittellage. Sie sind mittelgroß, und ihr Programm ist weder hoch spezialisiert noch generalisiert, d. h. sie bieten viele (nicht alle) Versicherungsprodukte, einige Finanzdienstleistungen an viele (nicht alle) Kundengruppen an und arbeiten im wesentlichen auf dem nationalen deutschen Markt.

Nach der Polarisierungsthese sind im deregulierten Markt folgende Tendenzen zu erwarten:

(2) Mittelgroße Versicherer streben danach, durch internes oder externes Wachstum (sehr) große Unternehmen zu werden; externes Wachstum bedeutet gleichzeitig Konzentration, beispielsweise durch Unternehmenskauf, Fusion und Bestandsübernahme. Für internes und externes Wachstum ist hoher Kapitalbedarf für entsprechende Investitionen notwendig. Mit der Größe werden vor allem bessere Risikoausgleichseffekte im Versicherungsbestand und Degression der Betriebskosten angestrebt.

(3) Mittelgroße Versicherer können aber auch danach streben, kleiner zu werden, etwa unter Aufgabe unrentabler Geschäftsfelder durch Bestandsabgabe oder Verkauf von Tochtergesellschaften. Die „Kleinheit" verspricht höhere Elastizität, geringere fixe Kosten und bessere Selektionsmöglichkeiten im Versicherungsgeschäft.

(4) Versicherer mit einem zwar vielfältigen aber nicht vollständigen Programm streben nach Programmausbau, etwa durch Erweiterung des Sortiments an Versicherungsgeschäften (z. B. Aufnahme bisher nicht selbst betriebener Versicherungszweige), durch Geschäftstätigkeit mit allen denkbaren Kundengruppen und -typen, durch Ausweitung der regionalen oder nationalen Geschäftstätigkeit.

(5) Oder Versicherer mit einem vielfältigen Programm streben nach Programmverkleinerung und -bereinigung, etwa durch Verringerung des Versicherungsschutzsortiments (z. B. Aufgabe bestimmter Versicherungszweige), durch Beschränkung der Geschäftstätigkeit auf bestimmte Zielgruppen (z. B. nur Privatkundengeschäft), durch Begrenzung der regionalen Geschäftstätigkeit oder durch Rückzug von ausländischen Geschäftsfeldern.

(6) Als Resultante dieser Polarisierungsbewegungen können nach einer langen Übergangs- und Anpassungszeit zwei *Basistypen* von Versicherern mit jeweils eigenständigem Profil erwartet werden, nämlich der *„große Generalist"*, möglicherweise als Teil eines Allfinanzkonzerns, der im Extremfall in internationaler Dimension Versicherungsgeschäfte aller Art für alle Arten von Kunden anbietet, sowie der *„kleine Spezialist"*, der nur ausgewählte Geschäftsfelder bearbeitet, d. h. einzelne Versicherungsprodukte für bestimmte Kundengruppen, möglicherweise regional oder national begrenzt anbietet. Er wird seit einiger Zeit auch als der „Nischenanbieter" diskutiert.

Die Stärken-Schwächen-Profile dieser beiden Basistypen von Versicherern sind ganz verschieden. Dies gilt sowohl für die interne betriebswirtschaftliche Situation als auch für die Stellung am Markt. Die Gewinnerwartungen beim großen Generalisten werden im wesentlichen von Größen- und Verbundvorteilen bestimmt, sind also im wesentlichen von quantitativen Faktoren abhängig, die Gewinnerwartungen beim kleinen Spezialisten im wesentlichen von Individualität, Flexibilität und

„Schlankheit", also vor allem von qualitativen Faktoren. Bei beiden Unternehmenstypen liegen die Gewinnerwartungen über denen der „Durchschnittsunternehmen", wenn jeweils die Stärken von Größe und Generalisierung bzw. von Kleinheit und Spezialisierung genutzt werden.

Die in Abbildung 3 theoretisch ebenfalls erkennbaren Typen des „kleinen Generalisten" und des „großen Spezialisten" besitzen bei Gültigkeit der Polarisierungstendenzen geringere Chancen. Der kleine Generalist, der unter hohen Fixkosten leidet, wird sich zum kleinen Spezialisten (7) oder zum großen Generalisten (8) entwickeln müssen; der große Spezialist, der oft Wachstumsprobleme hat, wird deshalb entweder automatisch zum kleinen Spezialisten (9) oder muß sein Programm generalisieren (10); letzteres ist auch durch Beitritt zu einem bestehenden großen Versicherer möglich, der bisher auf dem Geschäftsfeld des Spezialisten nicht tätig war.

3.3 Polarisierungsmodell für Versicherungsgeschäfte

Abbildung 4 zeigt eine Matrix, in der die wichtigsten Merkmale von angebotenen Versicherungsgeschäften abgebildet werden, nämlich Produkteigenschaften und Preis.

Die *Produkteigenschaften* beziehen sich auf das Risikogeschäft, gegebenenfalls das Spar-/Entspargeschäft und auf das Abwicklungsgeschäft. Sie lassen sich vielfältig definieren, z. B.

– gleich oder ungleich den marktüblichen Produkten, d. h. Übereinstimmung oder Nichtübereinstimmung mit allgemein verwendeten Produktmustern,

– genormt oder im Einzelfall individuell gestaltbar,

– im Zeitablauf statisch oder dynamisch,

– Mengen, Arten und Qualitäten der Beratungs- und Abwicklungsleistungen gegenüber den Kunden.

Die Summe dieser Eigenschaften ist nur schwer als *„Qualität"* skalierbar. Beispielsweise können auch genormte, statische Versicherungsprodukte mit geringen Abwicklungsleistungen objektiv und aus der Sicht des Kunden „gute" Produkte sein. Deshalb müßte man eigentlich Produkteigenschaften in mehrdimensionalen Matrizen darstellen, was freilich auf zweidimensionalem Papier nicht möglich ist. Deshalb wird hier – stark vereinfachend – eine Art Gesamtqualität mit den Ausprägungen gering über mittel bis hoch unterstellt.

Auch die Erfassung der *Preise* auf einer Skala von gering über mittel bis hoch bedeutet eine Vergröberung. Weitere Eigenschaften, beispielsweise

Abbildung 4: Polarisierungsmodell für Versicherungsgeschäfte nach Produkteigenschaften und Preis

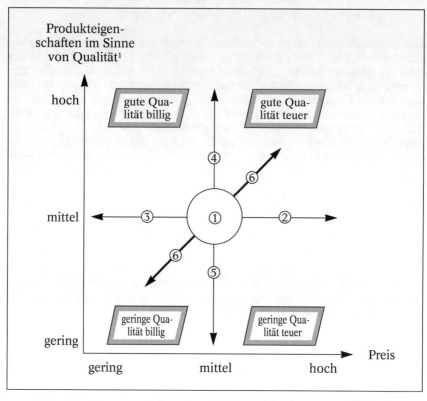

1 Eigenschaften des Versicherungsgeschäfts mit Risiko-, Spar/Entspar-, Abwicklungsgeschäft, z. B.
 – gleich oder ungleich mit marktüblichen Eigenschaften
 – genormt oder individuell
 – statisch oder dynamisch
 – Mengen, Arten und Qualitäten von Beratungs- und Abwicklungsleistungen
 insgesamt bezeichnet als „Qualität"

Prämiendifferenzierung nach Risikomerkmalen, die Konstanz oder Variabilität der Prämien im Zeitablauf, Zahlungsweisen und Inkassotechniken, können hier nicht berücksichtigt werden.

(1) In der gegenwärtigen Situation mit Produkt- und Preisregulierung durch Aufsicht und Verbände befinden sich die von den meisten Versicherern angebotenen Versicherungsgeschäfte in der unscharfen Mittellage. Die Produktausprägungen sind ähnlich, die Preise streuen nur schwach um einen Durchschnitt. Allerdings gibt es bereits heute ei-

nige Versicherer, die in einer Art „Niedrigpreiszone" positioniert sind. Die Produktqualität ist in diesem Falle bezüglich der Individualisierung, der Anpassung und der Geschäftsabwicklung meist begrenzt.

(2) Eine reine Preisstrategie zur Erzielung höherer Preise bei unverändert mittlerer Produktqualität ist in der Praxis schwierig, im Falle vorhandener Markttransparenz unmöglich. Wenn ein Versicherer sein Preisniveau erhöhen will, entstehen im übrigen Preisdifferenzen zwischen Neugeschäft und Bestandsgeschäft.

(3) Eine Strategie der Preisniveausenkung ist zwar möglich, kann bei genügender Markttransparenz den Marktanteil im Neugeschäft erhöhen, führt aber bei gleichbleibender Produktqualität und entsprechend unveränderten Kosten schnell zu Gewinneinbußen, besonders wenn die Preissenkungen auf das Bestandsgeschäft ausgedehnt werden.

(4) Eine Erhöhung der Produktqualität bei konstantem Preisniveau ist wachstumsfördernd, wegen der damit verbundenen höheren Kosten meist jedoch auch gewinnmindernd.

(5) Eine Verminderung der Produktqualität bei konstantem Preisniveau ist am Markt schwer durchsetzbar, im übrigen nur im Neugeschäft möglich. In diesem Fall entsteht eine Qualitätsdifferenzierung zwischen Neu- und Bestandsgeschäft, die betriebswirtschaftlich schwer handhabbar ist.

(6) Jedes einzelne Versicherungsgeschäft hat immer eine Qualitäts- und eine Preiskomponente. Deshalb sind die Polarisierungstendenzen bei den Versicherungsgeschäften mit beiden Parametern weitaus wahrscheinlicher als nur mit einem Parameter. Es ist somit zu erwarten, daß Versicherungsgeschäfte nach einer Übergangs- und Anpassungszeit in zwei Merkmalsausprägungen vorkommen, nämlich mit geringer bis mittlerer Qualität und geringerem Preis auf der einen Seite und mit mittlerer bis hoher Qualität und hohem Preis auf der anderen Seite. Es ist nochmals zu betonen, daß geringe Qualität hier in einem absoluten Sinn zu verstehen ist: genormte Ausprägung ohne Individualisierung für spezielle Risiken und Kundenwünsche, keine Dynamikelemente, geringe Mengen und Qualitäten der Abwicklungsdienstleistungen. Diese geringe absolute Qualität kann durchaus im Verhältnis zu der Risiko- und Bedarfslage der einzelnen Kunden „relativ gut" sein.

Die Stärken-Schwächen-Profile der Produkt-Preis-Gestaltungen aus der Sicht der anbietenden Versicherer sind ganz verschieden, und zwar besonders im Hinblick auf Wachstums- und Gewinnziele. Generelle Aussagen sind allerdings nicht möglich, weil nicht bekannt ist, wie die Versicherungskunden auf eine solche Polarisierungstendenz reagieren; sie sind ja bis heute „mittlere Qualität zu mittleren Preisen" gewöhnt. Es kann jedoch vermutet werden, daß das Segment „hohe Qualität und teuer" mehr gewinnorientiert und weniger wachstumsorientiert ist, das Segment „geringe Qualität und billig" genau umgekehrte Ziele begünstigt.

Im übrigen gibt es eine hohe Korrelation zwischen dem Profil des Versicherers und dem Profil seines Angebots an Versicherungsgeschäften; darauf kann hier nur hingewiesen werden.

Die in Abbildung 4 erkennbaren Segmente „hohe Qualität und billig" und „geringe Qualität und teuer" sind als strategische Varianten nicht erfolgversprechend. Ein Versicherer, der sehr gute Versicherungsprodukte zu sehr geringen Prämien anbietet, wird wegen hoher Verluste schnell vom Markt verschwinden. Und ein Versicherer, der sehr schlechte Versicherungsprodukte zu sehr hohen Prämien anbietet, wird erst gar keine Geschäfte machen.

3.4 Polarisierungsthesen für Versicherungskunden?

Die Versicherungskunden sind Teilnehmer am Versicherungsmarkt, indem sie von Versicherern über deren Absatzsysteme bestimmte Produkte zu bestimmten Preisen nachfragen oder tatsächlich beschaffen. Eine Polarisierung der Versicherungskunden steht allerdings nicht erst mit der Deregulierung bevor, sondern sie besteht bereits heute.

Nach allgemeiner Auffassung gibt es zwei *Basistypen der Versicherungskunden:*

(1) Der *„rationale Kunde",* der hohen Sachverstand über Risiken und Versicherung besitzt, aktiv und kognitiv auf Basis umfassender Informationen entscheidet und Versicherungsschutz beschafft; er ist unter Firmenkunden verbreitet, unter Privatkunden eher selten.

(2) Der *„habituelle Kunde",* der geringen Sachverstand über Risiken und Versicherungsschutz besitzt, sich eher passiv verhält und affektiv seine Versicherungsentscheidungen trifft. Er ist unter Privatkunden stark verbreitet, unter Firmenkunden dagegen selten.

Im deregulierten deutschen Versicherungsmarkt wird erwartet, daß sich diese polaren Typen etwas annähern, bzw. daß sich die Häufigkeiten ihres Vorkommens ändern. Die Deregulierungsphilosophie und die Forderung nach mehr Wettbewerb gehen von der Prämisse aus, daß auf dem Markt rationale Kunden agieren. Dies ist ohne Zweifel in Deutschland noch lange nicht der Fall. Ob die heute eher habituell handelnden Versicherungskunden ihr Verhalten „rationalisieren", muß abgewartet werden. Zweifel an einer starken Tendenz in diese Richtung sind allerdings angebracht.

4. Polarisierungsstrategien im Konzern

Die deutschen Versicherer treten überwiegend nicht als einzelne Rechtseinheiten am Markt auf, sondern als Mitglieder von Konzernen. Strategien von Versicherern sind also überwiegend Konzernstrategien. Deshalb kann damit gerechnet werden, daß im einzelnen Konzern verschiedene Profile entwickelt bzw. verschiedene Marktpositionen angestrebt werden. Freilich setzt dies voraus, daß die entsprechenden Geschäftsfelder scharf voneinander abgegrenzt werden, d. h. differenzierte Profilierungs- und Positionierungsstrategien dürfen sich nicht wechselseitig stören. Solche Differenzierungen von Profilen und Positionen in den Versicherungskonzernen sind im übrigen nicht neu. In einigen Konzernen gibt es bereits heute „Zweitfirmen" und „Zweitmarken". Vor allem für das Geschäft im zentralen Direktvertrieb oder für das genormte Billigsortiment ohne Service sind in vielen Fällen eigene Firmen und Marken entwickelt worden. In anderen Fällen werden Firmenkundengeschäft und Privatkundengeschäft oder Beamtengeschäft und Nichtbeamtengeschäft getrennt gehandhabt. Schließlich treten viele ausländische Versicherer in Deutschland keineswegs mit ihrem Heimatprofil, sondern mit einem „deutschen" Profil auf.

Ein persönliches Schlußwort an Walter Karten

Für Unternehmensstrategien deutscher Versicherer im deregulierten deutschen Versicherungsmarkt stehen völlig neue, bisher unbekannte, ungenutzte oder wegen der Regulierung nicht nutzbare Räume offen. Die Nutzung dieser Räume ist in den nächsten Jahren der entscheidende Erfolgsfaktor für die einzelnen Versicherer. Ohne Zweifel werden viele Versicherer sich strategisch neu orientieren, und dabei kann eine Polarisierung aller Marktteilnehmer und Marktgegenstände erwartet werden.

Auch das Verbleiben „in der Mitte" kann eine bewußte Strategie sein. Sie bietet jedoch im Gegensatz zur Vergangenheit erhöhte Risiken und verringerte Chancen. Die eher extreme Strategie, also „weg von der unscharfen Mitte in eine Position mit eigenem Profil", enthält zwar auch einige Risiken, bietet aber gleichzeitig gute Chancen.

Die nächsten Jahre der deutschen Versicherungswirtschaft werden weitaus ereignisreicher sein als die vergangenen vierzig Jahre. Walter Karten wird hoffentlich weiterhin sein USW-Seminar „Strategisches Management von Versicherungsunternehmen" durchführen und mich für einen Tag dazu einladen. Wir werden also gemeinsam weiterhin die deutsche Assekuranz beobachten, in unsere theoretischen Modelle einordnen und abbilden. Dabei können wir die Richtigkeit der hier aufgestellten Thesen überprüfen. Dieses möge auch noch in zehn oder zwanzig Jahren der Fall sein.

Literatur

Benölken, Heinz: Strategische Planung im Versicherungsunternehmen, I bis IV, in: VW (39) 1984, S. 302 – 308, 379 – 384, 440 – 446, 510 – 514.

Benölken, Heinz: Versicherungsvertrieb am strategischen Scheideweg, in: VW (47) 1992, S. 648 – 656, 726 – 736.

Birkelbach, Ralf: Strategische Geschäftsfeldplanung im Versicherungssektor, in: Marketing (10) 1988, S. 231 – 239.

Cummins, J. David (Hrsg.): Strategic Planning and Modeling in Property-Liability Insurance, Boston, Dordrecht, Lancaster 1985.

Ennsfellner, Karl C.: Das Image in der Versicherungswirtschaft unter besonderer Berücksichtigung der Firmenimagegestaltung, in: ZVersWiss (78) 1989, S. 207 – 226.

Farny, Dieter; Kirsch, Werner: Strategische Unternehmenspolitik von Versicherungsunternehmen, in: ZVersWiss (76) 1987, S. 369 – 404.

Feldblum, Sholom: Competitive Strategy for Property-Liability Insurers, in: CPCU-Review (41) 1988, S. 43 – 51.

Haller, Matthias: Die Versicherungswirtschaft vor strategischen Änderungen, in: VRundschau (38) 1983, S. 129 – 152.

Harbrücker, Ulrich: Wertewandel und Corporate Identity, Wiesbaden 1992.

Howard, Esme F.: Strategic Thinking in Insurance, in: Longe Range Planning (22) 1989, Nr. 5, S. 76 – 79.

Hübner, Ulrich: Marktdynamik beschert der Assekuranz strategischen Handlungsbedarf, in: VW (47) 1992, S. 1036 – 1041.

Krauth, Wilfried: Absatzstrategien im Versicherungsunternehmen, in: ZVersWiss (68) 1979, S. 497 – 548.

Lehmann, Axel: Qualitäts-Management – gelebte Unternehmensidentität: Wege zur „Quality Obsessed Company", in: ZfV (41) 1990, S. 495 – 501.

Lürzer, Rudolf: Marktveränderungen in der Versicherungswirtschaft? St. Gallen 1986.

Pröbstl, Werner A.: Strategische Unternehmensführung in der Versicherungswirtschaft, Karlsruhe 1985.

Schönberg, Rainer; Hoock, Bernhard: Szenario der Markt- und Wettbewerbsstrukturen der europäischen Industrieversicherung in den 90er Jahren, in: VW (45) 1990, S. 206 – 211.

Winners, Stefan: Strategische Unternehmensführung in der Versicherungswirtschaft, eine empirische Untersuchung, in: VW (47) 1992, S. 791 – 797.

Wolff, Volker: Marktbearbeitungsstrategien des Versicherungsunternehmens, Berlin 1979.

Segmentierung oder Diskriminierung:
Hat eine konsequente Spezialisierung am Markt ein Janusgesicht?

Werner G. Seifert

Vor einigen Jahren bot sich dem Verfasser die nicht alltägliche Gelegenheit, als Aufsichtsratsvorsitzender bei der Gründung und dem Aufbau eines Versicherungsunternehmens mitzuhelfen. Vehikel für ein schnelles Wachstum auf die Gewinnschwelle hin sollte ein Kfz-Tarif für das Segment jüngerer, berufstätiger (und Auto fahrender!) Frauen sein. Schon im konzeptionellen Stadium stellten sich die Fragen, welche das junge Unternehmen in den ersten Jahren seiner Entwicklung begleiteten: Stellt der Ausschluß der Männer wie der faktische Ausschluß derjenigen Frauen, die nicht dem Zielsegment angehören, eine Diskriminierung dar? Gibt es im Produktangebot und in der Marketingkonzeption Grenzen der Segmentierung? Hat eine konsequente Spezialisierung am Markt zwei Gesichter[1]?

Vor dem Hintergrund von Deregulierung und technologischer Entwicklung könnte diesen Fragen Bedeutung im Hinblick auf Segmentierungsstrategien von (nicht nur) Versicherungsunternehmen zugemessen werden. Sie können hier nicht abschließend beantwortet, sollen aber wenigstens etwas differenzierter strukturiert werden:

(1) Zuerst wird die Ausgangslage, also die Geschäftsdisposition dieser neugegründeten Versicherung dargestellt.

(2) Darauf folgt eine Kasuistik des Spannungsfeldes von Segmentierung und Diskriminierung, gewissermaßen eine „Rundumfotografie" des Januskopfes, die insbesondere auf die Erfahrungen und die öffentliche Diskussion in den Ländern mit dereguliertem Versicherungsmarkt – und mithin längerer „Segmentierungstradition" – zurückgreift, wie die Vereinigten Staaten und Großbritannien.

(3) Anhand der Thesen- und Beispielsammlung des zweiten Teils soll dann die Ausgangsfrage beantwortet werden, ob dieser Kfz-Tarif für

---

1 Dr. Thomas Drisch hat sich über Jahre der Beantwortung der hier thematisierten Fragen angenommen. Der vorliegende Beitrag basiert wesentlich auf seinen Analysen und Schlußfolgerungen. Dafür sei ihm herzlich gedankt.

Frauen und die ihn ergänzende Marketingstrategie auch aus Sicht der Versicherungsnehmer eine erwünschte Realisierung des Verursacherprinzips ohne diskriminierende Aspekte darstellt, ob er im Einklang mit der nationalen wie auch europäischen Gesetzgebung, Rechtsprechung und öffentlicher Meinung steht.

1. Ein „Newcomer" am Versicherungsmarkt spezialisiert sich

Das Unternehmen ist ein 1988 durch eine ausländische Muttergesellschaft gegründeter Direktversicherer. Es hatte die Erlaubnis zum Betrieb verschiedener Versicherungssparten, so auch der Kraftfahrzeugversicherung. Das Unternehmen konzentrierte sich auf das Versicherungsgeschäft mit Privatkunden.

1.1 Der Tarif

Nur wenige Versicherungsprodukte sind für den Direktvertrieb geeignet. Derartige Produkte müssen zwei teilweise antagonistischen Anforderungen entsprechen: Geringer Erklärungsbedarf und hohes Beitragsvolumen pro Vertrag, letzteres wegen der für den Vertriebsweg typischen hohen Marketingaufwendungen. Neugründungen von Versicherungsunternehmen erweisen sich deshalb in entwickelten Märkten als schwierig. Für eine erfolgreiche Marketingstrategie genügt es hierbei nicht, Produkt und Vertriebsweg aufeinander abzustimmen; beide müssen zusätzlich mit dem vorwiegend angesprochenen Kundensegment harmonieren.

Das Unternehmen konzentrierte sich mit seinem Einstiegsprodukt auf die Zielgruppe junger berufstätiger (Auto fahrender) Frauen. Diese Zielgruppe umfaßte in der Bundesrepublik Deutschland 4,8 Mio. Kundinnen. Wichtigstes Element des segmentspezifischen Angebots war eine Prämienreduktion von 20 % auf die (von „männlichen" Risiken dominierten) „Normaltarife" bei Voll- und Teilkasko. Dieser segmentspezifische Nachlaß gründete sich auf die Tatsache, daß Frauen zwar nicht weniger, jedoch kostengünstigere Unfälle verursachen: Sie fahren in der Regel hubraumschwächere Autos, meist in der Stadt (mithin mit mäßiger Geschwindigkeit), und zusätzlich scheint nicht unwahrscheinlich, daß sie im Mittel weniger riskant fahren. Hinsichtlich des Kaskorisikos erweisen sich auch die geringeren Reparaturkosten ihrer kleineren Autos als kostenmindernd.

1.2 Die strategische Perspektive

Kraftfahrzeug-Haftpflichttarife waren damals in der Bundesrepublik Deutschland reguliert. Die Versicherungsunternehmen waren verpflichtet, ihre Tarife anhand der Schadenstatistik der Gesamtheit der bundesrepublikanischen Kraftfahrzeughalter zu kalkulieren, es sei denn, eine dreijährige Statistik des eigenen Bestandes rechtfertige eine gesonderte Prämienkalkulation. Neugegründeten Versicherungsunternehmen stand diese Möglichkeit nicht offen: Ihre Bestände sind für den erforderlichen Nachweis einer bestandsspezifischen Kalkulation zu klein.

Diese Markteintrittsbarriere war unüberwindbar, denn sie verhinderte gerade das Entstehen ausreichend großer Bestände als Instrument der segmentspezifischen Tarifierung. Die Strategie des Newcomers zielte daher darauf ab, bei der Abschaffung der Genehmigungspflicht der Kfz-Haftpflichttarife hinsichtlich Marktstellung, Bekanntheit und Erfahrung einen Wettbewerbsvorsprung erarbeitet zu haben. Von diesem Zeitpunkt an wäre dann eine diskontinuierliche Volumenexpansion vorstellbar, indem einerseits weitere Segmente des Kfz-Marktes mit spezifischen Tarifen bedient, andererseits die bestehende Zielgruppe noch weiter segmentiert werden.

1.3 Das Marketingkonzept

Durch entsprechende Medienansprache (z. B. Einsatz nur von solchen Zeitschriften für Annoncen, die überwiegend in der Zielgruppe gelesen werden) erreichte das Unternehmen präzise sein Zielsegment; fast 99 % der Anfragen entstammten der anvisierten Kundengruppe: Die nur einem Direktversicherer zugängliche Methode der Kundenansprache lieferte „selbsttätig" die angestrebte Segmentierung.

Zwar konnte dem „korrekt segmentierten" Bestand zunächst nur ein spezifiziertes Kaskoprodukt geboten werden (sowie das „allgemeine", preislich nicht auf die Kundengruppe abgestellte, Haftpflichtprodukt); jedoch sollte den Kundinnen nach Deregulierung das dem Kaskotarif analoge segmentspezifische Haftpflichtprodukt „nachgeliefert" werden.

1.4 Rechtslage und „Diskriminierungsfrage"

Hinsichtlich der Kfz-Haftpflicht bestand in der Bundesrepublik Deutschland Kontrahierungszwang. Durch die Art seiner Werbung und seines Vertriebs umging das Unternehmen diesen Zwang: Es wurde nur in dem Teilmarkt wahrgenommen, in dem es seine Produkte auch absetzen wollte. Die 99 % der Anfragen, die dem Zielsegment entstammten, beantwortete es mit einem Versicherungsangebot. Die Nichtbearbeitung von 1 % der Anfragen war nicht als Umgehungstatbestand im rechtlichen Sinne zu werten: Das Unternehmen unterlag nicht der Angebotspflicht. Bestand eine Interessentin, die nicht dem Zielsegment entstammt, auf dem Abschluß eines Vertrages, kam das Unternehmen seiner Kontrahierungspflicht nach.

Jenseits der Rechtslage stellten sich jedoch zwei Fragen: Ist die Verwendung eines spezifischen Frauentarifes eine Diskriminierung der Männer

(„Tariffrage")? Und: Ist der faktische Ausschluß von Frauen außerhalb des Zielsegments eine Diskriminierung der Ausgeschlossenen („Zugangsfrage")?

2. Das Spannungsfeld von Segmentierung und Diskriminierung

In den westlichen Industriestaaten besteht gesellschaftlicher Konsens darüber, daß die Menschenwürde „unantastbar" ist. Diskriminierung wird als Verletzung der Menschenwürde gewertet. Auch die Verfügbarkeit ausreichenden Risikoschutzes liegt im Interesse der Allgemeinheit (im folgenden „öffentliches Interesse" genannt). Die private Versicherungswirtschaft kann aus systematischen Gründen nicht jeden Risikoschutz zur Verfügung stellen (Availability-Problem); ebenso gibt es Deckungen, die von den Versicherungsnehmern nicht getragen werden können (Affordability-Problem). Die aus wirtschaftlichen Gründen unumgängliche Segmentierung der Risiken in Risikoklassen (mit dem Hauptziel einer verursachergerechten Zuordnung der Risikokosten) verschärft sowohl das Availability- wie das Affordability-Problem, führt sie doch zur Ausgrenzung „schwerer" Risiken durch Nichtannahme oder durch Einstufung in Klassen mit entsprechend hohen Prämien. Daher wird Segmentierung vielfach, insbesondere in der Krankenversicherung, als diskriminierend angesehen; die Allgemeinheit greift regulierend ein. Aufgabe der Allgemeinheit ist es hierbei, ein Gleichgewicht zwischen den ökonomischen Bedingungen des „Versicherns" (Deregulierung zur Herstellung optimaler Funktionsfähigkeit des Marktes) und den sozialen Notwendigkeiten der „Versicherbarkeit" (Regulierung im Interesse der „Allgemeinheit") herzustellen. Das Eigeninteresse der privaten Versicherungswirtschaft läuft darauf hinaus, präventiv zur Entschärfung dieses Spannungsverhältnisses beizutragen.

2.1 Öffentliches Interesse an der Verfügbarkeit von Versicherungsschutz

Für die Darstellung des öffentlichen Interesses an der ausreichenden Versorgung mit Versicherungsschutz genügt es, die ökonomische Aktivität „Versichern" in drei (nichtdisjunkte) Kategorien zu unterteilen (ohne eine Definition des Versicherns zu geben): Im ersten Falle der *Übernahme kommerzieller Risiken* ist das Risiko ein Produktionsfaktor, der – in derselben Weise wie das eingesetzte Kapital bzw. die eingesetzte Arbeit – im Produktionsprozeß Verwendung findet und sich im Wert der erzeugten Produkte niederschlägt. Das Versichern ist aus der Sicht des (kommerziellen) Versicherungsnehmers der externe Ankauf der Risikoübernahme, so wie er sich z. B. den Produktionsfaktor „Arbeit" beschafft.

Im zweiten Falle der *Übernahme von Sach- und Personenrisiken natürlicher Personen* ist der Ankauf der Risikoübernahme eine konsumtive Befriedigung des Bedürfnisses „Sicherheit". Dieses Bedürfnis und seine Befriedigung unterliegen einem gesellschaftlichen Bewertungswandel. Die

Entwicklung des Versicherungsbewußtseins konstituiert inzwischen ein soziales „Recht auf Sicherheit" in derselben Weise, wie ein „Recht auf Arbeit", auf „medizinische Betreuung" oder auf „menschenwürdiges Wohnen" formuliert wird. Im dritten Falle, bei der *Kapitallebensversicherung,* handelt es sich um die Organisation eines Spar- und Anlageprozesses. Die prinzipielle Besonderheit dieses Prozesses gegenüber anderen Spar- und Anlageprozessen besteht darin, daß sich Zeitpunkt und Höhe der anzusparenden Konsummöglichkeiten nach den Bedürfnissen des Sparers vorab vereinbaren lassen.

Was nun unter „öffentlichem Interesse" zu verstehen ist, so bedarf die vorliegende Argumentation ebensowenig einer begrifflichen Abgrenzung wie der Terminus „Versichern". Das Grundgesetz der Bundesrepublik Deutschland spricht vom „Wohl der Allgemeinheit" (Art. 14, Abs. 3), der Bundesgerichtshof hat den „unbestimmten Rechtsbegriff" des „besonderen öffentlichen Interesses" des Strafgesetzbuches als unbedenklich eingestuft. Die EG-Kommission verwendet in den Versicherungs-Richtlinien den Terminus „Allgemeininteresse".

Ein Großteil der Wirtschaftstätigkeit ist auf die Risikoabsicherung angewiesen. Insbesondere die Bereitstellung von Fremdkapital setzt diese Absicherung voraus. Ihre Verfügbarkeit ist daher im öffentlichen Interesse und wird subsidiär auch teilweise öffentlich organisiert (und zwar in demselben Sinne, wie dies für andere Voraussetzungen der Wirtschaftstätigkeit zutrifft, z. B. Rechtssicherheit, Infrastruktur, Qualifikation des Faktors Arbeit durch Ausbildung usw.). Die persönliche Fürsorge – früher Ergebnis des Zusammenlebens in der Sippe, Familie, Dorfgemeinschaft – wird mehr und mehr als kollektive, sogar öffentliche Aufgabe gesehen und führt zur Entwicklung öffentlicher, genossenschaftlicher und privatwirtschaftlicher Sicherungs- und Fürsorgesysteme, in erster Linie Alter, Krankheit, Einkommensverlust u. ä. betreffend. Der Gesetzgeber übernimmt einen Teil der sozialen Verantwortung selbst, stimuliert jedoch ebenso die eigenverantwortliche Absicherung. Die Sicherung der Wirtschaftstätigkeit schließlich erfordert, daß ein ausreichender Anteil des volkswirtschaftlichen Gesamteinkommens der Konsumtion entzogen wird, sei es, um investiven Zwecken zugeführt zu werden, sei es, um zukünftigen individuellen Konsumbedarf abzudecken (z. B. Wohnbedarf, Ausbildung der Kinder, Altersabsicherung). Lebensversicherungen sind Kapitalsammelstellen, die sowohl einen erheblichen Beitrag zu dem ersten wie zu dem zweiten Ziel leisten.

Werden Limite erkennbar? In Großbritannien stieß das staatliche Alterssicherungssystem aufgrund der raschen Zunahme der „Altenlastquote" (Quotient von Rentnern zu Beitragszahlern) an seine natürlichen Grenzen. Das Social Security – Gesetz von 1986 ermöglicht es, sich von einem Teil der Beitragspflicht durch den Abschluß einer annuitätenähnlichen privaten Altersversicherung („Personal Pensions" bzw. „Employers Pensions") zu befreien („Contracting out"). Ein analoges Problem ist unter dem Stichwort „Pflegeversicherung" in der Bundesrepublik Deutschland Gegenstand der öffentlichen Diskussion.

Mit der technologischen Entwicklung und der Weiterbildung des Rechts erfuhr die Gefährdung Dritter, z. B. durch fehlerhafte Berufsausübung, defekte Produkte, Nebenwirkungen der industriellen Produktion, Verkehr u. ä. eine neue Dimension. Die Sicherstellung der Ansprüche geschädigter Dritter gewann erhebliche Bedeutung für die soziale Ordnung, was zur Ausformung des „Verursacherprinzips" führte. Schließlich: Die Versorgung mit Versicherungsschutz setzt nicht nur seine prinzipielle Bereitstellung durch den Markt voraus, sondern auch nachfragekonforme Konditionen, insbesondere Preise. Diese Frage stellt sich in derselben Weise wie z. B. bei der Versorgung mit Wohnraum oder mit Nahverkehr. Die Limiten werden erkennbar.

Vor diesem Hintergrund galt und gilt es, Kundeninteresse und das Leistungsversprechen zu sichern. Versichern ist ein auf die Zukunft bezogenes Leistungsversprechen; den Umfang dieser Leistung kann der Versicherungsnehmer daher häufig nur unzureichend einschätzen. Der Schutz des Verbraucherinteresses führt zu materiellen Aufsichtsbestimmungen (Legalitätskontrolle, Standardisierungsvorschriften) und einer Aufsicht der Geschäftstätigkeit der Versicherungsunternehmen (Tarifierungsvorschriften, Kontrolle der Überschußverwendung u. ä.). Auf der anderen Seite sind Konkurrenz- und Renditeziele der Versicherungsunternehmen antagonistisch zur Sicherung des Leistungsversprechens. Dieser Antagonismus kann nur durch die Beaufsichtigung der Solvenz gelöst werden. Sie ist am umfänglichsten in Ländern mit geringer materieller Aufsicht wie Großbritannien; dort ist das Ministerium für Handel und Industrie zu umfänglichen Überwachungs- und Eingriffsmöglichkeiten befugt. Die Erfahrung lehrt allerdings, daß ein solches Instrumentarium die Insolvenz einzelner Versicherungsunternehmen nicht ausschließen kann, so daß der britische Gesetzgeber 1982 im „Insurance Companies Act" die Aufsicht nicht nur vervollständigte, sondern auch einen Insolvenzfonds einrichtete.

2.2 Verfügbarkeit (Availability) der Risikoübernahme

Unter „Availability" sei im folgenden die privatwirtschaftlich organisierte Bereitstellung der Risikoübernahme verstanden. Begonnen wird jedoch mit der Kategorie der *systematischen Unversicherbarkeit:* 1971 lobte eine Whisky-Destille eine Belohnung von 1 Mio. Pfund für die Gefangennahme des Ungeheuers von Loch Ness aus. Der Eintritt dieses Ereignisses wurde gegen eine Jahresprämie von 2 500 Pfund bei Lloyd's versichert. Der führende Underwriter war allerdings nur zu einer Übernahme von 7,5 % des Risikos bereit.

Die erstmalige Versicherung von Satelliten, Kernkraftwerken, Asbestschäden usw. ohne ausreichende Vorerfahrung führte zu der herrschenden

Meinung, versicherbar sei all das, was Gegenstand eines Kontraktes der Risikoübernahme geworden sei. Gegenüber diesem verallgemeinernden Begriff des Versicherns seien als notwendige Merkmale der Versicherbarkeit die folgenden angeführt: Das Kriterium *Einhaltbarkeit des Leistungsversprechens* beinhaltet für das zu versichernde Risiko Behebbarkeit des Schadens bzw. die Bestimmbarkeit eines Leistungsäquivalentes im Schadenfall. Haftpflicht für Kernkraftwerke ist nicht versicherbar; zwar ist der Erwartungswert der Schadenkosten gering, jedoch ist die private Assekuranz bei Eintreten des größten anzunehmenden Unfalles („GAU") überfordert. Selbst „normale" Industrierisiken erreichen inzwischen die Leistungsgrenze der privaten Versicherungswirtschaft: Ein Brand im Ford-Ersatzteillager Köln-Merkenich 1977 galt mehr als 11 Jahre lang als größter Feuerschaden (Schadenhöhe: 370 Mio. DM). Explosion und Feuer auf der Ölplattform „Piper Alpha" nordöstlich von Schottland (1988) führte zu Entschädigungsleistungen von ca. 1,5 Mrd. $. Das Ausmaß industrieller Größtschäden wird durch Naturkatastrophen noch deutlich übertroffen: Das Sturmtief, das am 15. und 16. Oktober 1987 von Portugal über die französische Westküste nach Südengland zog, hinterließ eine Schadenschneise, die die privaten Versicherer mit über 5 Mrd. DM belastete. Die Schadenhöhe hängt bei Naturkatastrophen weniger von der Intensität der Einwirkung, sondern vorwiegend von der betroffenen Region ab: Eine topographische Segmentierung der Sachrisiken zeichnet sich ab.

Das Kriterium der *Sicherstellung des Leistungsversprechens* betrifft die Kompetenz des Versichernden bei der Risikoübernahme, sei es durch entsprechende eigene Garantiemittel (wie bei Lloyd's) oder durch Organisation eines ausreichenden Risikobestandes zum Zweck des Risikotransfers. Der Trend zur Erhöhung der Volatilität der Risiken zwingt hierbei – wie z. B. die „Underwriting-Krise" bei Lloyd's zeigt – zur Erhöhung der Garantiemittel bzw. – äquivalent – zur Vergrößerung von Versicherungsbeständen.

Die *Kalkulierbarkeit der Risikokosten*, die statistische Basis zur approximativen Ermittlung des Erwartungswertes der Risikokosten, also zur Bestimmung der Nettoprämie, muß vorhanden sein. Die Übernahme des Loch Ness-Risikos ist im Hinblick auf dieses Kriterium eine Werbeaktion von Lloyd's, verbunden mit einem Geschenk der Destille über 2 500 Pfund. Die mangelnde Kalkulierbarkeit mag nicht nur auf der Seltenheit bzw. sogar Einmaligkeit des Risikos beruhen, sondern – häufiger – an der unzureichenden Information über die Wahrscheinlichkeitsverteilung des Risikos. Eine extreme Entwicklung der Nichtkalkulierbarkeit durchläuft die Umwelthaftpflicht. Ein Beispiel: Ein Teil des „Rocky Mountain Arsenal", eines 70 qkm großen Chemiewaffenfabrikgeländes der US-Army in der Nähe von Denver, wurde 1952 von Shell zur Herstellung von Pestiziden gepachtet. 1975 entdeckte die Umweltschutzbehörde von Colorado – Shell hatte die Produktion längst eingestellt, Denver hatte längst bis an den Rand des Areals expandiert – hochgiftige Substanzen in den Trinkwasserquellen Denvers. Die Environment Protection Agency, 1970 gegründete Bundesbehörde für Umweltschutz, leitete 1983 eine Sanierungsklage über 1,8 Mrd. $ ein, die Shell als Feststellungsklage gegen 270 seiner Haftpflichtversicherer weitergab. Allein die Prozeßkosten sind beeindruckend hoch: Der Klage sind Dokumente im Umfang von drei Millionen Seiten beigefügt.

Überzeugendes Beispiel für das Kalkulierbarkeitserfordernis ist die Lebensversicherung; die erste Lebensversicherungspolice der Welt wurde 1583 von der englischen Versicherungskammer registriert: William Gybbons „versicherte" sein Leben auf ein Jahr (Summe: 382 Pfund) bei dem Ratsherrn Richard Martin von London; er starb im Verlauf des Versicherungsjahres. Mangels Kalkulierbarkeit des Risikos ist dieser Kontrakt als Wette einzustufen. Es dauerte noch zwei Jahrhunderte, bis James Dodson die Lebensversicherung auf empirisch abgesicherte Rechnungsgrundlagen stellte.

Schließlich werden bei einheitlicher Tarifierung „schlechte Risiken" überproportional subventioniert; die dadurch induzierte Beitragshöhe veranlaßt umgekehrt gute Risiken, aus dem Risikoverbund auszutreten (Adverse Selection). Dies kann eine Beitragserhöhungsschraube auslösen, die im extremen Fall zur Unversicherbarkeit führt. Schließlich darf die Risikoübernahme nicht eine Verhaltensänderung des Versicherten mit der Konsequenz auslösen, daß sich die Wahrscheinlichkeitsverteilung der Risikokosten selber aufgrund des Kontraktabschlusses verändert (Moral Hazard-Potential). Bedeutender als die Aspekte des Betruges und der mangelnden Sorgfalt ist hierbei das Problem des „kostenlosen Gutes", z. B. bei der Inanspruchnahme des Gesundheitssystems. Bonus-/Malussysteme versuchen dieses „Moral Hazard-Potential" unter die Schwelle der Nichtversicherbarkeit zu senken.

Der systematischen wird nun die *dezisionistische Unversicherbarkeit* gegenübergestellt. Die Einhaltung der Grundsätze der Versicherbarkeit widerspricht nicht dem öffentlichen Interesse; anders verhält es sich mit dem Phänomen, daß es Risiken gibt, die aus systematischer Sicht durchaus versicherbar sind, jedoch am Markt keinen Versicherungsschutz finden, wie am Beispiel des „Red-lining" gezeigt werden soll: Die amerikanische Assekuranz umrandete in den sechziger Jahren Teile der Innenstädte rot, um Areale abzugrenzen, deren Baubestand sie nicht gegen Feuer oder Einbruch versicherte. Die Aufstände der Jahre 1967 und 1968 gaben ihr recht: In der Regel wurden gerade die rotumrandeten Bezirke betroffen. Die Kommunen stellten fest, daß keine Mittel für den Wiederaufbau bereitstanden. Daraufhin wurde 1970 durch die Bundesregierung eine Auffangeinrichtung geschaffen („Fair Plans"), in die diese auf dem freien Markt nicht abdeckbaren Gebäuderisiken übernommen werden. In der Logik dieser Einrichtung liegt der Zwang zur nicht kostendeckenden Tarifierung, der in diesem Fall durch eine Subventionspflicht der Versicherungsunternehmen aufgefangen wird. Die „Red-lining"-Diskussion wurde anläßlich der „Aufstände von Los Angeles" (versicherte Schäden in Höhe von ca. 800 Mio. $) 1992 von der National Association of Insurance Commissioners wieder aufgenommen, da sich die Gebäuderisiken der Innenstadt nicht rückversichern ließen: Diese „topografische Segmentierung" zwinge zu einem staatlichen Rückversicherungsprogramm (das es zwischen 1960 und 1980 bereits einmal gegeben hat). Die aktuelle Diskussion findet ihre Fortsetzung in der „Red-lining"-Debatte anläßlich des Wirbelsturms „Andrew". Vielleicht werden nicht versicherte bzw. nicht rückversicherbare Korridore der Hurrikan-Gefährdung entstehen.

2.3 Bezahlbarkeit (Affordability) der Risikoübernahme

Neben unversicherbare Risiken treten solche, deren Deckung unbezahlbar ist. Die Ursache kann in der Höhe des Risikos oder in der mangelnden Leistungskraft des Versicherungsnehmers liegen. Während bei Sach- und Personenversicherungen von einer maximalen Schadenhöhe ausgegangen werden kann, sind andere Risikoabdeckungen der Höhe nach unbegrenzt, beispielsweise Haftpflichtrisiken. Insbesondere die Gewährleistung für Produkte oder Leistungen sowie die Bemessung immaterieller Schädigungen durchlaufen seit Jahren eine Kostenschraube, getrieben von höherer Komplexität der gesellschaftlichen Prozesse, von geschärftem Sicherheitsbewußtsein, von einer „Inflation der Ansprüche", von Veränderungen im Haftungsrecht und in der Rechtsprechung. Eine Ursache aus der Sicht des Versicherten ist der *„Awareness"-Faktor*. Fehlerhaftigkeit von Produkten und berufliche Fehlleistungen werden sowohl durch spezialisierte Institutionen wie auch durch ein sich entwickelndes Kunden- und Verbraucherbewußtsein häufiger identifiziert. Eine eigene Zunft der Umverteilungs-Rechtsanwälte entwickelte sich, welche die versicherungstechnischen Reserven der Assekuranz als Bereicherungspotential zweckentfremdet: In San Francisco kommt auf 60 Einwohner ein Rechtsanwalt. Die Kosten wegen Schadenersatz haben sich in den USA zwischen 1930 und 1987 um das 300fache vermehrt. Ständig werden neue Haftungsrisiken „entdeckt": Andersen Consulting z. B. wurde wegen „Fehlberatung" verklagt, wodurch ein wichtiges Joint Venture „verhindert worden sei" (80 Mio. Dollar Schadenersatz).

Das Bewußtsein, ein Schadenersatzanspruch sei gerechtfertigt, hat sich insbesondere im letzten Jahrzehnt stark ausgeprägt *(„Propensity"-Faktor)*. Herausgegriffen sei das Haftpflichtrisiko der Gynäkologen. Die faktische juristische Freigabe von Sterilisation und Schwangerschaftsabbruch, der Fortschritt der pränatalen Diagnostik sowie die erhöhten Anforderungen an die Aufklärungspflicht des Arztes sind der Hintergrund einer Kommerzialisierung der Schwangerschaftsrisiken. Typisches Beispiel ist die Unterhaltsbelastung durch ein ungewolltes Kind, die auch im Falle der ehelichen Geburt vom Bundesgerichtshof als „Schaden" eingestuft wurde, der eine Ersatzleistung des Arztes in derjenigen Höhe rechtfertige, die sich aus dem Regelunterhalt für nichteheliche Kinder ergibt. So wurde ein

Gynäkologe zur Zahlung von 250 000 DM verurteilt, weil er anläßlich einer Sterilisation den Hinweis unterließ, daß der Operationserfolg nur 99 % beträgt. Binnen 12 Jahren hat sich die Haftpflicht-Schadenfrequenz bei Orthopäden, Gynäkologen, Radiologen und Anästhesisten in Deutschland verfünffacht. In den USA haben mittlerweile 40 % aller Geburtshelfer ihren Beruf aufgegeben.

Die materiellen und persönlichen Voraussetzungen, Schadenersatzprozesse durchzustehen, sind gewachsen *("Ability"-Faktor);* Rechtsschutzversicherung und Inspruchnahme von Prozeßkostenhilfe sind weit verbreitet. Die Information über die Möglichkeiten zur Durchsetzung solcher Ansprüche hat sich durch spektakuläre Schadenersatzprozesse ausgeweitet. Gerade die gesteigerte öffentliche Aufmerksamkeit führt zu Massenklagen, die auch bei geringem Regulierungsbedarf des Einzelfalls zu hoher Gesamtentschädigung führen. Der Trend zur Einklagung von Schadenersatz wird gestützt durch die wachsende Neigung von Legislative und Rechtsprechung, dem „kleinen Mann" deswegen entgegenzukommen, weil er von einer negativen Entscheidung viel nachhaltiger betroffen ist als ein Unternehmen, das die zu entrichtenden Zahlungen auf den Gesamtbestand umverteilt *("Deep Pocket"-Faktor).* Der Rechtsanwalt des Klägers findet sich in der Rolle eines Robin Hood des 20. Jahrhunderts.

Insbesondere die „Punitive Damages"-Rechtsentwicklung droht eine unkontrollierbare Selbstbedienungsmechanik zu schaffen. Neben dem „materiellen Schaden" wurden in den USA bei Körperverletzungen in den 70er Jahren durchschnittlich 40 000 $ als „immaterieller Ersatz" zugesprochen, in den 80er Jahren 1 150 000 $. Parallel verläuft die Ausformung einer allgemeinen Gefährdungshaftung bei der Produkt- und Umwelthaftpflicht unabhängig von Verschuldung oder Fahrlässigkeit des Produzenten („Strict Liability"), die letztlich die Ursache des ausufernden zivilen Justizsystems in den angelsächsischen Ländern ist. Allein das Asbest-Phänomen hat die Versicherungswirtschaft mit einem Schadenpotential von über 100 Mrd. $ konfrontiert; in derselben Höhe bewegt sich das Potential des neuartigen „Gradual Pollution"-Schadenbegriffs. Schließlich: An der US-Haftpflicht-Umverteilung kann seit 1990 auch der nichtamerikanische Anspruchsteller teilhaben; Landarbeiter in Costa Rica konnten Schadenersatzansprüche nach amerikanischem Recht gegen Produzenten von Insektengiften durchsetzen.

Daneben tritt die mangelnde Leistungskraft des Versicherungsnehmers als Ursache, wie anhand einiger US-Beispiele gezeigt werden kann. In den letzten 35 Jahren stieg der Anteil des amerikanischen Gesundheitswesens am Bruttosozialprodukt von 6 % auf 12,4 % in 1990 (Bundesrepublik Deutschland: 8,1 %). Hauptgrund ist die erhöhte medizinische Leistungsfähigkeit, die allerdings nicht nur früher hoffnungslose Erkrankungen „heilt", sondern auch ein Heer von medizinisch zu Betreuenden schafft, bestehend aus chronisch Kranken, die durch die neuen therapeutischen Möglichkeiten am Leben gehalten werden können. Rund 35 Mio. Amerikaner sind inzwischen nicht mehr versichert (darunter 12 Mio. Kinder), größtenteils, weil sie sich den Versicherungsschutz nicht mehr leisten können. 1966 sah sich die Bundesregierung gezwungen, ein Hilfsprogramm für sozial Schwache zu initiieren („Medicaid"); die Finanzierung und Kontrolle erfolgt jedoch durch die Einzelstaaten, was ein ausuferndes bürokratisches System mit unterschiedlichsten gesetzlichen Bestimmungen nach sich zog. Nur 40 % der „Armen" werden zwischenzeitlich von Medicaid noch erfaßt.

Etwa 50 % der Krankheitskosten eines Einwohners der industrialisierten Länder fallen in seinen letzten beiden Lebensjahren an. Ebenfalls 1966 führte die US-Bundesregierung ein Programm zur medizinischen Betreuung der Alten unter eigener Regie ein („Medicare"); jeder US-Bürger über 65 ist versichert, nicht zuletzt deswegen, weil alte Menschen meist keinen privaten Krankenversicherungsschutz auf dem freien Markt finden. Die Erfahrungen sind bedrückend: Das Programm kostet trotz Leistungsausdünnung inzwischen 130 Mrd. $ pro Jahr, wovon über 50 % im letzten Lebensmonat der Versicherten anfällt. Bedrohlich an dieser Erfahrung ist der Umstand, daß die wissenschaftlich-technische Entwicklung im Gesundheitsbereich ein auch von einem „reichen" Gesellschaftssystem nicht mehr bezahlbares Leistungsangebot schafft, wobei sich besonders kostenintensive Patientengruppen leicht abgrenzen lassen.

Oregon plant, den staatlichen Versicherungsschutz auf alle Un- bzw. Unterversicherten auszudehnen – gegen massive Einschränkungen der Leistungen wie Wegfall von „unwirksamen" und von Bagatell-Behandlungen sowie Wegfall von „nicht kosteneffektiven" Behandlungen. Beispiele letzterer sind die Intensivpflege extrem Frühgeborener, die Behandlung moribunder „sehr alter" Patienten, Krebs und AIDS im Endstadium. Der Oregon-Plan beleuchtet eine extreme Variante des „Affordability"-Problems: die „soziale Unbezahlbarkeit" gewisser Leistungen des Gesundheitssystems. Zwar kann ein Kranker bei ausreichender Zahlungsfähigkeit die weggefallenen Leistungen einkaufen oder privat versichern, jedoch wird diese Abkopplung der Mehrheit der Versicherten von der Finanzierung gewisser sehr teurer medizinischer Leistungen eine schwierige Debatte über „Affordability" und Menschenwürde auslösen: Der virulente Diskriminierungsvorwurf, sozial Schwächeren würden notwendige medizinische Leistungen vorenthalten, könnte dazu führen, daß sehr teure medizinische Maßnahmen allen Bürgern eines Landes versagt werden.

2.4 Gründe für eine Segmentierung bei der Risikoübernahme

Segmentierung bezeichnet hier die Aufspaltung eines Risikobestandes in Teilbestände mit den Zielen: Ausgrenzung der nichtversicherbaren Risiken, Produktion segmentspezifischer Deckungen und verursachergerechte Tarifierung. Alle drei Ziele haben jeweils Mindestvoraussetzungen, die sich nur in deregulierten Märkten realisieren lassen: Kein Kontrahierungszwang, keine Vorabgenehmigung der Tarife und freie Gestaltung von Aufschlägen/Rabatten. Die Segmentierung beruht auf systematischen Aspekten der Organisation des Risikotransfers; sie verschärft sich jedoch aufgrund des technologischen Fortschritts und der Entwicklung der Konkurrenz. Die systematischen Ursachen werden an den Anfang gestellt: Der Risikotransfer fußt auf dem Konzept des Ausgleichs gleichartiger Risiken (Homogenität des Kollektivs zum Risikoausgleich). Letztlich ist dieses Konzept ein Spezialfall des Verursacherprinzips, das bei nichtreguliertem Wirtschaften sorgfältige Beachtung verdient, um ökonomischen Fehlentwicklungen vorzubeugen. Die Quersubventionierung „schlechter" durch „gute" Risiken führt zu fehlerhafter Allokation und zu Mißbrauch. Beispielsweise unterbleiben Investitionen zur Risikovorbeugung, wenn das erhöhte Risiko durch ein Kollektiv mit im Mittel besserer Schadenerwartung abgefangen wird. Nichthomogene Kollektive zerfallen auf Dauer von sich aus, wenn keine staatlichen Eingriffe erfolgen.

Die Nettoprämie einer Risikodeckung ist (in der Schadenversicherung) der Erwartungswert der Schadenverteilung (sog. Äquivalenzprinzip). Ein Risiko mit Schadenhöhe 10 und Eintrittswahrscheinlichkeit 10 % hat denselben Erwartungswert wie dasjenige mit Höhe 100 und Wahrscheinlichkeit 1 %. Dennoch wird letzteres höher tarifiert als ersteres: Es existiert eine Präferenzordnung der Risiken gleichen Erwartungswertes hinsichtlich ihrer Verteilung, letztlich mit dem Ergebnis, daß die Nettoprämie um ein „Safety Loading" angereichert wird. Die Zusammenfassung nicht gleichartiger Risiken führt daher zu fehlerhafter, in der Regel überhöhter Tarifierung. Die Entwicklung der Sterblichkeitstafeln und der Lebensversicherungsmathematik ist ein beeindruckendes frühes Beispiel der Fortschritte bei der Technologie der Kalkulation von Risikoverteilungen. Neben dieser, auf der Verfügung und der Verarbeitung geeigneten Datenmaterials beruhenden Segmentierungsmethode läßt der technologische Wandel die präzisere Erfassung des individuellen Risikos vor Ort sowie die unmittelbare Umwandlung der erfaßten Daten in eine individuelle Tarifierung zu. Diese drei Phänomene seien kurz erläutert:

Durch die erst seit kurzem verfügbare Leistungskraft relationaler Datenbanken ist statistisches Material über Risikoverläufe in einem Umfang verfügbar, daß präzise Analysen der Risikoprofile von nach Kundenmerkmalen wie Alter, Geschlecht, Beruf, sozialer und familiärer Status, Lebensstil usw. abgegrenzter Segmente durchführbar sind (Information als Segmentierungsinstrument). Eine eigentliche Besonderheit der Versicherungsprodukte besteht ja darin, daß das Risikoprofil des Kunden Teil der verkauften Leistung ist. In entsprechender Weise sind moderne Methodiken entwickelt worden, um die Potentiale der Informatik zur Verfeinerung der multifaktoriellen Analyse verfügbar zu machen. Die Ergebnisse lassen sich in differenzierte Annahmepolitiken umsetzen. Hierfür ist jedoch nicht nur der Einsatz der dezentralen Informatik als „Tariflexikon" unentbehrlich, sondern auch deren Vernetzung mit den zentralen Systemen als Lieferanten der Kundendaten und des Spezialwissens: Ein konstitutives Merkmal der deutschen Krankenversicherung ist der Kündigungsschutz; viele Erkrankungen weisen auf höhere zukünftige Krankheitskosten hin, denen sich das Versicherungsunternehmen ansonsten entziehen könnte. Daher kommt der Selektion der Risiken bei ihrer Annahme besondere Bedeutung zu. In wenigen Jahren wird eine „Genkarte" des Menschen existieren, und die Genomanalyse wird erblich bedingte Krankheitsdispositionen – sie führen in der Regel zu „teuren" Erkrankungen – erkennen lassen. Einige kalifornische Versicherungen nutzen dieses Instrumentarium bereits. Die weiter oben beschriebene technologische Entwicklung gestattet nicht nur die Konzipierung und Realisierung komplexer Annahme- und Tarifierungspolitiken, sondern auch eine Verfeinerung der Steuerung von Bestandsstrukturen, gewissermaßen ein „Bestandsengineering". Da der Risikotransfer Kern der Leistungserstellung des Versicherns ist, ist die Konstruktion der Bestandszusammensetzung das wichtigste Potential zur Steigerung bzw. Sicherung nachhaltigen Ertrages und zur Gewinnung von Wettbewerbsvorteilen.

Vor diesem Hintergrund entfaltet sich Wettbewerb: Zachariah Allen gründete eine Feuerversicherungsgesellschaft auf Gegenseitigkeit, nachdem sich sein Versicherer geweigert hatte, die feuersichere Bauweise seiner Baumwollspinnerei durch entsprechende Prämiennachlässe zu honorieren. 1922 entstand die State Farm Mutual als kostengünstiger Spezialversicherer der Landwirte, inzwischen einer der größten Kfz-Versicherer der Welt. Heute produziert eine Vielzahl von Spezialversicherern, Gegenseitigkeitsvereinen, Schadenausgleichsverbänden, Captives u. ä. kostengünstigen Versicherungsschutz für Segmente „guter Risiken". In jedem Markt besteht ein Wettbewerbsvorteil darin, das Produktangebot auf den spezifischen Bedarf des Kunden abzustimmen, damit den Kundennutzen zu erhöhen und das Preis-/Leistungsverhältnis zu verbessern. Daher bedeutet es eine Qualitätssteigerung der Versicherungsproduktion, Kundengruppen gleichartiger Bedarfsstruktur hinsichtlich der Risikodeckung auszugrenzen und diesen Teilgruppen bedarfsgerechte Produktsortimente anzubieten. Der technologische Fortschritt ermöglicht derartige Strategien in bisher nicht bekanntem Umfang, und die Konkurrenz wird ihre Realisierung schnell und konsequent erzwingen. Der alternative Ansatz preisgünstiger „Einheitsprodukte" widerspricht nicht nur dem Streben nach individueller Bedürfnisbefriedigung, er erweist sich letztlich auch aus Kundensicht als unökonomisch, da er einerseits zwar billigen, aber nicht benötigten Schutz mitbezahlen muß, und er andererseits Deckungslücken nicht auffüllen kann.

2.5 Segmentierung, „Availability" und „Affordability"

Segmentierung verschärft die Probleme der „Availability" und der „Affordability". Die *Segmentierung mit dem Ziel der Ausgrenzung* führt dazu, daß um so mehr Risiken am freien Markt keinen Schutz mehr finden, je deregulierter dieser ist. Die Segmentierung wird vor allem durch neuartige Risikokonstrukte vorangetrieben. Risiken werden hierbei nicht nur durch Ablehnung von Kundengruppen ausgegrenzt, sondern ebensosehr durch Ausschlußklauseln. Die Segmentierung mit dem Ziel individueller Tarifierung definiert Segmente, deren Prämien von vielen Nachfragern nicht mehr zu tragen sind. Auch hierbei ist die Deregulierung des Marktes wichtigste Voraussetzung und das Auftreten neuartiger Risiken ein entscheidender Motor der Entwicklung.

Die amerikanische Gefährdungshaftung („Strict Liability in Tort") greift auch im Falle des Nichtverschuldens. Daher konzentriert sich bei der Gefährdungshaftung am Beispiel von AIDS das juristische Problem auf die Frage: Ist Blut, verwandt bei einer Bluttransfusion, ein Produkt? Weltweit die erste gerichtliche Entscheidung hierzu erfolgte 1964 wegen einer Hepatitisinfektion; in der Berufung ging der Fall positiv für das Krankenhaus aus. Es folgte eine lange Kette widersprüchlicher Gerichtsentscheide, bis die Blutspender aus Sorge, als „Produzenten" haftbar gemacht werden zu können, ausblieben. Zwischenzeitlich tragen in 48 Staaten mit dem Ziel des Ausschlusses der Gefährdungshaftung erlassene Gesetze zur Verwirrung bei. Der Ausschluß kann – je nach Staat – stichtagsbezogen sein (meist 1985) oder virenspezifisch (es gibt z. B. keinen Test hinsichtlich HIV-2-Viren) oder spenderspezifisch (Vortäuschung der HIV-Negativität) oder verfahrensspezifisch (Risikosteigerung durch Plasmapooling). Die Organisation amerikanischer Blutbanken konnte ihren Haftpflichtkontrakt mit ihrer Versicherung nicht verlängern. Hinsichtlich der AIDS-Verschuldenshaftung existieren Ansatzpunkte beim behandelnden Arzt (War die Transfusion medizinisch unumgänglich?), beim Produzenten (Sind die ständig sich verbessernden und teilweise noch nicht kodifizierten Industriestandards beachtet worden?) und sogar beim Arbeitgeber (War die Transfusion Folge eines Arbeitsunfalls?).

Ein drei Wochen alter Säugling erhielt 1983 im Rahmen einer Herzoperation eine Bluttransfusion. Er wurde mit AIDS infiziert. Zu dieser Zeit existierte kein AIDS-Test; der HIV-Virus und mithin die Gefährdung selber waren unbekannt. Dennoch erhielten die Eltern 200 000 $, das Baby 550 000 $ Schadenersatz in einem Verfahren gegen die beteiligte Blutbank, da sie nachweisen konnten, daß ihre Bereitschaft zur Bluttransfusion vom behandelnden Hospital übergangen wurde.

Prozeßgeschichte mit gegenteiliger Wirkung machte ein anderes Verfahren: Der Kläger, ein Bluter, wurde, ebenfalls in der „Vor-AIDS-Zeit", mit einem Faktor-VIII-Präparat des beklagten Produzenten behandelt, das HIV-Viren enthielt. Wiewohl er bereits 1984 an den Folgen der AIDS-Infektion verstarb, wurde das Verfahren über alle Instanzen ausgetragen. Es blieb erfolglos. Schließlich hat 1990 eine Krankenschwester ein Hospital auf Schadenersatz in Höhe von 170 Mio. $ verklagt, da sie sich sieben Jahre zuvor an einer gebrauchten Nadel aus dem Krankenhausmüll infiziert hat. Die Klage ist noch nicht entschieden.

Präzedenzfall ist das Verfahren eines Lkw-Fahrers gegen einen Lkw-Vermieter. Ein Unfall aufgrund des Bruchs der Lenkstange führte zu einer Beinamputation mit einer AIDS-Infektion als Operationsfolge. Eine „mangelhafte Wartung" des Lkw durch den Arbeitgeber führte zu einem Schadenersatz von 3 Mio. $ für ihn und 750 000 $ für seine Frau. Die amerikanische Assekuranz einigte sich u. a. auf folgende Ausschlußklausel: „This policy shall not apply to injury including emotional distress, mental trauma or loss of consortium, loss or damage, which is actually or allegedly caused by, contributed to by, or in any way related to AIDS or its pathogenic agents."

Auf die Problematik der „Ausgrenzung" folgt die der *„Unbezahlbarkeit".* Die Alterssegmentierung in der privaten Krankenversicherung ist ein Beispiel: Die Beitragskalkulation der privaten Krankenversicherung kann nach dem Anwartschaftsdeckungsverfahren erfolgen, bei der Altersrückstellungen gebildet werden, oder nach dem (periodisierten) Äquivalenzprinzip, das altersabhängige Risikokosten verwendet. In der Bundesrepublik Deutschland, Österreich, der Schweiz und Finnland sowie teilweise in Frankreich, Irland und den Beneluxstaaten wird nach der ersten Methode vorgegangen, in den anderen westeuropäischen Ländern nach der zweiten. Die EG-Deregulierung führt zur Konkurrenz beider Tarifgruppen. Zum jetzigen Zeitpunkt beträgt der Risikotarif eines 50jährigen das 1,3fache des Anwartschaftstarifs, eines 65jährigen das 2,7fache, eines 80jährigen das 4,5fache. Die Entwicklung der Gerontologie und der Intensivmedizin wird diese Faktoren sprunghaft weiter spreizen.

2.6 Segmentierung, Diskriminierung und öffentliches Interesse

Unter Diskriminierung sei hier die Benachteiligung einzelner gegenüber der Gesamtheit verstanden, sei es in Form der Vorenthaltung gewisser der Gesamtheit zustehender Rechte, sei es in Form der Nichtzulassung zur Gesamtheit als solcher. Die Diskriminierung äußert sich in der Verletzung des Grundsatzes der Gleichheit bzw. der Gleichbehandlung, z. B. der Rechtsgleichheit, der Chancengleichheit, der Zugangsgleichheit usw. Konstitutiv ist hierbei der Tatbestand, daß der Kausalzusammenhang zwischen den zur Diskriminierung führenden Persönlichkeitsmerkmalen wie ethnischer Abstammung, Nationalität, Religion, Geschlecht, Alter und den vorenthaltenen Rechten fehlt. Dieser Tatbestand wird in unserem Kulturkreis regelmäßig als Verletzung der Würde des Individuums gewertet. Diese Wertung führte in allen westlichen Industriestaaten zu „Antidiskriminierungsgesetzen", deren Prototyp das amerikanische „Civil Rights"-Gesetz von 1964 ist. Die Diskussion dieser Gesetze zeigt, daß weitgehender Konsens darüber besteht, daß die Beseitigung von Diskriminierungen ein wichtiges öffentliches Interesse darstelle. Dagegen ist strittig, welche Tatbestände als Diskriminierung anzusehen sind. Diese Frage unterliegt einem raschen gesellschaftlichen Wertewandel, wie beispielsweise die englische Rechtsprechung zur geschlechtsspezifischen Diskriminierung zeigt.

Ein Spezialfall dieser Problematik ist die versicherungstechnische Segmentierung; sie beruht auf dem Tatbestand, daß Eigenschaften des Kunden, die sich in seinem individuellen Risikoprofil niederschlagen, das Produkt selbst, verstanden als die Deckung des kundenspezifischen Risikos, determinieren. Zugang und Preis hängen von Kundenmerkmalen ab. Für einen Produzenten von Autos dagegen ist es weitgehend unerheblich, ob der Kunde Hausfrau oder Rennfahrer ist: Segmentierung bei materieller Produktion erfolgt über Produkte mit Nutzenvorteilen für die Zielsegmente; der Erwerb dieser Produkte steht jedoch allen offen, und zwar zu einem für alle gleichen Preis.

Nun ist das Risikoprofil selbst überhaupt nicht „meßbar"; es läßt sich nur aus Merkmalen des Kunden ableiten, und auch das nur im Sinne einer statistischen Korrelation. Daher erweist sich jede Form der versicherungstechnischen Segmentierung als eine Einschränkung des Zugangs zu Rechten bzw. Vorteilen der Zielgruppe aufgrund eben derjenigen Merkmale wie Geschlecht, Alter usw., die regelmäßig auch die Quellen der Diskriminierung sind. Jedoch beruht diese Einschränkung auf dem Kausalzusammenhang zwischen den Kriterien, die den Zugang eröffnen, und den Vorteilen, die die Zugehörigkeit mit sich bringt. Segmentierung ist eine Ausformung des Verursacherprinzips. Aus prinzipieller Sicht stellt sie eine individuelle Äquivalenz von Leistung und erwarteter Gegenleistung her, während Diskriminierung das Gegenteil bewirkt. Dennoch entsteht eine Beweispflicht der Nichtdiskriminierung aus dem Umstand, daß dieser Kausalzusammenhang indirekter Natur ist: Zwar werden Risiken segmentiert, jedoch anhand von Kundenmerkmalen. Diese indirekte Kausalbeziehung mit der Folge der Einschränkung des Zugangs oder der Preisdifferenzierung aufgrund von Kundenmerkmalen findet sich auch bei anderen Finanzdienstleistungen: Junge Leute zahlen in der Bundesrepublik Deutschland keine Postengebühr für Girokonten; Kriterium ist das Alter, statistisches Korrelat die geringe Zahl der Kontobewegungen.

Es ergibt sich ein Spannungsverhältnis zwischen Segmentierung und Diskriminierung. Statt einer grundsätzlichen Wertung dieses Spannungsverhältnisses seien exemplarisch einige Überlegungen zu diesem Verhältnis anhand der Erfahrungen der Versicherungswirtschaft vorgestellt: Sind Männer und Frauen in der betrieblichen Altersversorgung „gleich"? Artikel 2 des Grundgesetzes, aber auch Artikel 119 des EWG-Gründungsvertrages konstituieren den Grundsatz der „Gleichheit" bzw. „Gleichbehandlung" von Mann und Frau. Der Verlauf der EG-Umsetzung dieses Grundsatzes illustriert die Problematik in exemplarischer Weise. Hinsichtlich des sehr speziellen Aspektes der „Gleichbehandlung der (insbesondere sozialen) Sicherung" hatte die EG-Kommission besondere Mühe. Herausgegriffen sei die betriebliche Altersversorgung: Der Vorschlag zur Richtlinie 86/378 forderte den „Unisex-Tarif": In Artikel 6 Absatz 1 wurde verboten, hinsichtlich der betrieblichen Altersversorgung für Männer und Frauen unterschiedliche versicherungsmathematische Ansätze für Sterblichkeit und Lebenserwartung zu verwenden. Überraschender Kernpunkt der Begründung war das Argument, die Lebenserwartung berufstätiger Frauen liege näher bei derjenigen der Männer als bei derjenigen der nicht-berufstätigen Frauen. Der Verband Deutscher Rentenversicherungsträger organisierte eine breit angelegte Untersuchung dieses Argumentes mit dem Datenmaterial des gesamten Rentnerbestandes. Das Ergebnis war voraussagbar: Das Argument der Kommission ist falsch, und Artikel 6 erwies sich als unhaltbar. Als (unbefriedigender) Kompromiß bleiben die Arbeitgeberbeiträge zwar unterschiedlich, Unterschiede der Arbeitnehmerbeiträge müssen jedoch bis spätestens 1999 abgeschafft werden.

Ein zweites Beispiel: 1980 wurde ein Engländer mit 52 Jahren von seinem Arbeitgeber entlassen. Er erhielt nur eine Anwartschaft auf die spätere Betriebsrente, während Frauen in diesem Alter aufgrund unterschiedlicher Altersgrenzen im englischen Sozialversicherungsrecht die Betriebsrente sofort erhalten hätten. Er prozessierte durch alle Instanzen. Mit Beschluß vom 12. Mai 1988 legte der Court of Appeal in London das Problem dem europäischen Gerichtshof vor. Am 17. Mai 1990 – der Kläger war längst verstorben – erging in Den Haag folgendes Urteil: Die Folgen der unterschiedlichen Regelung des Rentenalters für die Betriebsrenten in Großbritannien widersprechen dem Gleichbehandlungsgrundsatz des Artikels 119. Anfang 1991 wandte sich die EG-Kommission an die Mitgliedsstaaten mit dem Petitum, aufgrund des Urteils sei eine „Änderungsrichtlinie" zu 86/378 angezeigt mit dem Ziel der weitgehenden Wiederherstellung der ursprünglichen Auffassung, geschlechtsspezifische Tarife zu untersagen.

Sind die Menschen „gleich"? Ein kalifornischer Volksentscheid – er hat Gesetzeskraft – verbietet die Tarifierungsmerkmale Standort, Alter, Geschlecht, Familienstand. Als zulässige Merkmale benennt er ausdrücklich Fahrpraxis und bisherige Verkehrsverstöße. Letzteres wird erst voll verständlich vor dem Hintergrund, daß amerikanische Kfz-Versicherer umfängliche Auskunftdateien über die „Fahrbiographien" potentieller Kunden etabliert hatten. Dieses Verbot ist nicht neu. Michigan verbietet seit 1981 eine Differenzierung der Kfz-Tarife nach Geschlecht und Familienstand, Montana und Massachusetts zusätzlich nach Alter, Hawaii zusätzlich sogar nach Fahrpraxis, und zwar bereits seit 1974. Montana hat das Differenzierungsverbot nach Geschlecht und Familienstand auf sämtliche Versicherungszweige ausgedehnt. In mehreren US-Staaten ist die Tarifierung der Krankenversicherung nach Geschlecht gesetzlich untersagt.

Welche Erfahrungen gibt es mit speziellen Kfz-Tarifen für Frauen? 1990 versicherte eine Französin ihr Kfz zu 3 426 FF per annum. Ihr Ehemann beantragte wegen der günstigen Prämie die Versicherung eines Fahrzeugs desselben Hubraums in derselben Bonus-/Malus-Klasse; die Prämienrechnung lautete auf 8 285 FF. Der erste Senat des Pariser Appellationsgerichtshofes erklärte 1992 den Unterschied für rechtens. Der Tarif stand nämlich nicht allen Frauen offen, sondern nur denjenigen, die mindestens drei Jahre den Führerschein haben, mindestens zwei Jahre unfallfrei gefahren sind und ein Kfz kleineren Hubraums verwenden. Mithin – so die Urteilsbegründung – könne es sich nicht um eine Diskriminierung aufgrund des Geschlechtes handeln, da auch einem Teil der Frauen der Zugang zu dem günstigen Tarif verwehrt sei. Einer rechtlichen Klärung der prinzipiellen Frage entzog sich der Gerichtshof.

Die gesonderten Lebens- und Krankenversicherungstarife für Männer und Frauen mögen die Auffassung stützen, auch gesonderte Kfz-Tarife seien unproblematisch. Doch auch bei Kfz-Tarifen findet die Segmentierung ihre Grenzen durch Kollision mit anderen Normen. Ein Beispiel sind die Kfz-Behindertentarife. Durch die drei EG-Kraftfahrzeug-Haftpflicht-Richtlinien fällt der Annahmezwang in der Kfz-Haftpflicht ebenso wie die einheitliche Tarifierung weg. Die Subventionierung der Behinderten-Policen entfällt. Das Problem ist ungelöst.

Schließlich: Konfrontiert man die Versicherungskunden mit Differenzierungsverboten anhand konkreter Auswirkungen auf die Tarifgestaltung, so ist regelmäßig eine große Mehrheit gegen das Differenzierungsverbot, nicht zuletzt deswegen, weil der Verzicht auf Differenzierung die Tarife für die Mehrheit teurer werden läßt. Dieser Sachverhalt kontrastiert mit dem „abstrakten" Bewußtsein hinsichtlich der Diskriminierung. Wird die Frage nämlich entsprechend umformuliert, ändert sich die Mehrheit: Das Recht auf „Gleichbehandlung" wird anerkannt, jedoch fehlt die Bereitschaft, Benachteiligte zu subventionieren.

3. Der Newcomer am Vesicherungsmarkt scheint nicht zu diskriminieren

Es wäre verfrüht, allgemeine Folgerungen aus dem vorstehenden „Mosaik" der Erfahrungen abzuleiten: Die Diskussion hat erst begonnen; sie spiegelt nicht nur den postindustriellen Wertewandel wider, sondern ebenso die Grenzen der ökonomischen Leistungsfähigkeit von Unternehmen wie Gesamtgesellschaft. Dagegen läßt sich aus dem Mosaik ansatzweise die Beantwortung der Frage ableiten, die sich das 1988 neugegründete Unternehmen wiederholt vorgelegt hat. Aus der vorstehenden Kasuistik ergeben sich als wichtigste, hinreichende Kriterien für eine „diskriminierungsfreie" Segmentierung die folgenden:

- Besteht ein Kausalzusammenhang zwischen Segmentierungskriterien und Leistungserstellung? Beispiel: Italiener haben in der Kfz-Haftpflicht niedrigere Schadenquoten als Deutsche, Jugoslawen dagegen höhere. Das Kriterium „Ausländer" stellt den Kausalzusammenhang daher nicht her.

- Widerspricht ein Segmentierungskriterium trotz des bestehenden Kausalzusammenhangs dem allgemeinen Werturteil hinsichtlich der Menschenwürde? Beispiel: Das AIDS-Risiko der Bluter. Die Zugehörigkeit zu dieser Risikogruppe ist leicht verifizierbar, der Kausalzusammenhang zum erhöhten Gesundheitsrisiko unbestritten.

- Ist ein vom Zugang ausgeschlossener Interessent auf den Risikoschutz angewiesen, ohne ihn an anderer Stelle beschaffen zu können? Beispiel: Versicherungspflicht für Kfz-Haftpflicht ohne Kontrahierungszwang.

- Steht der Zugang zwar prinzipiell offen, ist jedoch von den Interessenten in der Regel nicht bezahlbar? Beispiel: Krankenversicherung für ältere Menschen in Ländern ohne entsprechende staatliche Absicherung?

Segmentierungen, die diesen Kriterien genügen, „bestehen den Diskriminierungstest"; die wesentlich schwierigere Frage, ob diese Kriterien auch verpflichtend sind, bleibe dahingestellt. Der Tarif des neugegründeten Unternehmens verletzt keines der aufgeführten Fundamentalkriterien. Er ist daher nicht diskriminierend, sowohl den Ausschluß der Männer betreffend (Tariffrage) wie den faktischen Ausschluß von Frauen, die nicht dem Zielsegment angehören (Zugangsfrage).

Insbesondere ist die Urteilsbegründung des Pariser Appellationsgerichtes fehlerhaft und unzureichend, die die unterschiedliche Tarifierung für Frauen und Männer deswegen für vereinbar mit dem EG-Rechtsgrundsatz der Gleichbehandlung von Mann und Frau erklärt, weil nicht allen Frauen der Zugang zu dem günstigen Kfz-Tarif offensteht. „Fehlerhaft" deshalb, weil die Verwendung eines diskriminierenden Kriteriums wie „Geschlecht" nicht dadurch geheilt wird, daß weitere Segmentierungskriterien hinzutreten; „unzureichend" deshalb, weil die zentrale Frage der Diskriminierung durch das Kriterium „Geschlecht" keine Antwort fand. Auch im Lichte dieser mangelhaften Entscheidung hat der Tarif des neugegründeten Unternehmens Bestand.

Die versicherungssystematischen Notwendigkeiten und Vorzüge verursachungsgerechter Segmentierung von Risiken sind im zweiten Kapitel ausreichend erörtert worden; es verbleibt der Hinweis auf den Kundenvorteil: Frauen mit kleinen und mittleren Automodellen brauchen das Diebstahlrisiko der teureren Kraftfahrzeuge nicht mitzufinanzieren (Risikokonformität). Die Frauen werden Mitglied eines Risikokollektivs, das in der Zielgruppe auf hohe Akzeptanz stößt (homogener Tarifverbund). Frauen erhalten kostengünstigeren Versicherungsschutz, ohne daß dieser Tatbestand Einfluß auf das allgemeine Prämienniveau gewinnen könnte.

Bisher hat sich kein Vorbehalt gegen diesen Tarif und die zugrundeliegende Logik artikuliert. Statt dessen trifft der Verfasser mit stetig höher werdender Frequenz auf Kundinnen dieser Versicherung, welche das Leistungsangebot und den Vertriebsweg „einfach gut" finden.

Zur Identität des Versicherers und seiner Produkte*

Georg Büchner

Einleitung

Die Versicherung ist, seit sie im Zeitalter der Vernunft mit Gründung der Hamburger Feuerkasse (1676) in Deutschland zu Ehren kam, stets Gegenstand sowohl von Bewunderung als auch von Mißverständnissen gewesen. Belege für beides finden sich schon bei Gottfried Wilhelm Leibniz, der einerseits die Hamburger Gründung, die er mit Recht als „schönes Exempel" pries, in ihrer Bedeutung für den Erhalt der Werte sogleich erfaßte, die Möglichkeiten der Versicherung aber doch auch überschätzte, indem er auch die Teuerung für ein versicherbares Risiko hielt.

---

* Der Studie liegt ein Vortrag zugrunde, den der Verfasser am 21. April 1994 vor dem „Leibniz Forum der Hamburger Feuerkasse" bei einer Veranstaltung mit dem Generalthema „Das Versicherungsgeschäft – ein Dienst als Leistung und Marke" gehalten hat. Der hier mit freundlicher Erlaubnis des Forumsträgers abgedruckte Text wurde inzwischen nochmals erweitert und überarbeitet, die Vortragsform jedoch, unter Verzicht auf laufende Literaturnachweise, beibehalten.

Für den ersten Abschnitt wesentlich: L. Arps, Auf sicheren Pfeilern. Deutsche Versicherungswirtschaft vor 1914, Göttingen 1965; Reimer Schmidt, Feuerversicherung und Daseinsvorsorge, Versicherungs-Rundschau 1959, S. 276 ff.; P. Albrecht/Th. Brinkmann/ P. Zweifel, Was ist Versicherung?, hrsg. vom Gesamtverband der Deutschen Versicherungswirtschaft, 1987; R. Schwebler, Allfinanz und Versicherung – Ein vorläufiges Fazit, in: Dieter Farny und die Versicherungswissenschaft, Festschrift hrsg. von Robert Schwebler und den Mitgliedern des Vorstands des Deutschen Vereins für Versicherungswissenschaft, Karlsruhe 1994, S. 457 ff., und besonders die aufklärende Arbeit von W. Karten, Versicherung – Gefahrengemeinschaft oder Marktleistung? VW 1981, S. 1604 ff.; s. a. derselbe zus. m. D. Hesberg, Supervision of Financial Conglomerates, Genfer Hefte No. 70 (Jan. 1994), S. 1 ff.

Für den zweiten Abschnitt vgl. E. Schwake, Überlegungen zu einem risikoadäquaten Marketing als Steuerungskonzeption von Versicherungsunternehmen, Karlsruhe 1987, und derselbe, Die Umsetzung von Marktforschungs-Informationen in die Marketingpolitik von Versicherungsunternehmen, erscheint in ZVersWiss 1994. Zur Thematik der Produktmarken für Versicherungsangebote s. zuletzt F. Reuter, Markenartikel in der Versicherungswirtschaft, in: Festschrift für Dieter Farny zur Vollendung seines 60. Lebensjahres von seinen Schülern, hrsg. von W. P. Mehring und V. Wolff, Karlsruhe 1994, S. 55 ff.; zum Produktvergleich: V. Wolff, Probleme des Vergleichs von Versicherungsprodukten aus journalistischer Sicht, in derselben Festschrift, S. 319 ff., und E. Helten, Zur Qualitätsbeurteilung von Sachgütern und Dienstleistungen, insbesondere von Versicherungsschutz, in: Recht und Ökonomie der Versicherung, Festschrift für Egon Lorenz, hrsg. von U. Hübner, E. Helten, P. Albrecht, Karlsruhe 1994, S. 281 ff.

Dem Jubilar ist der Verfasser seit fast drei Jahrzehnten als Leser für eine Fülle wertvoller Anregungen, als Gesprächspartner auch für Ermunterung und kostbaren Rat dankbar verbunden.

Es sind vor allem solche Überschätzungen, nicht zuletzt Selbstüberschätzungen der Versicherer, die in der Folgezeit immer wieder zu Mißdeutungen der Versicherung geführt haben. Auch deren Ruhm ist, mit Rilke zu sprechen, „eine Summe von Mißverständnissen". Kaum anzunehmen, daß diese Gefahr mit der Vollendung des Europäischen Binnenmarkts geringer geworden wäre. Eher ist das Gegenteil anzunehmen.

Wir wollen einigen Mißverständnissen nachspüren, denen die Versicherung auf ihrem bisherigen Wege ausgesetzt war oder noch ist. Indem wir das tun, stellen wir eine erste Identitätsfrage: Was ist Versicherung? Zwei weitere werden sich anschließen, die noch dringlicher als die erste an der Schwelle des Binnenmarkts der Prüfung bedürfen: Wenn der Binnenmarkt, wie es allseitiger Erwartung entspricht, vor allem „mehr Wettbewerb" bedeutet, so werden nur solche Versicherer bestehen, die eine erfolgversprechende Strategie haben. Dazu gehört die Erkenntnis der eigenen Stärken und Schwächen, die Arbeit am Marktauftritt, die Markierung der eigenen Identität, von der also ebenfalls die Rede sein muß. Und wenn schließlich mit dem fast vollständigen Fortfall der staatlichen Vorabkontrolle für Versicherungsprodukte die bisher sehr weitgehende Uniformität der Angebote ein Ende findet, die Angebotsvielfalt zu- und die Markttransparenz abnimmt, dann stellt sich eine dritte Identitätsfrage in bezug auf die Versicherungsprodukte der Zukunft.

I. Was ist Versicherung?

1. Lange Zeit hindurch, bis tief ins 19. Jahrhundert hinein, sah sich die Versicherung immer wieder *Bedenken von theologischer Seite* ausgesetzt. Diese wurden nicht so sehr von der katholischen Theologie artikuliert, für die schon Thomas von Aquin sich dahin geäußert hatte, daß das neutestamentliche Gebot „Seid nicht bekümmert um das Morgen" der eigenen Vorsorge nicht entgegenstehe. Es waren vor allem protestantische Theologen, die sich besorgt zeigten, daß durch den Abschluß von Versicherungen die Nächstenhilfe in der Gemeinde untergraben und vor allem dem strafenden Arm Gottes vorgegriffen werden könne.

Es mag hier offenbleiben, wie diese inzwischen längst überwundenen Bedenken theologisch zu entkräften waren. Wichtiger scheint uns der Hinweis, daß jene Bedenken auch auf einer starken Überschätzung der Versicherung beruhten. Diese ändert ja, von Bagatellfällen einmal abgesehen, nichts daran, daß die meisten Versicherungsfälle, auch bei noch so musterhafter Abwicklung durch den Versicherer, vom Geschädigten trotzdem als Schicksalsschläge erlebt werden. Nicht nur bei Tod und Krankheit sowie Unfällen, sondern etwa auch bei Gebäude-, ja selbst bei vielen Hausratschäden pflegt der Betroffene über die finanzielle Einbuße hinaus eine Störung seiner Integrität zu verspüren, die durchaus als eine Begegnung mit dem Schicksal erlebt werden kann. Es bleibt also Anstoß genug, „in sich zu gehen" – wie es einer jener Theologen dem vom Hagelschlag Betroffenen angeraten hatte –, und es bleibt auch Raum für Nächstenhilfe.

Sind jene geistlichen Bedenken damit von den Theologen längst ad acta gelegt und durch die Erfahrung des Versicherungspraktikers auch widerlegbar, so dürften sie dennoch bis heute indirekt nachwirken in der unter Versicherern immer noch verbreiteten Neigung, ihren Erklärungen über die Funktion und das Wesen der Versicherung auch edle Töne beizumischen.

Diese Eigenart der Versicherer hat freilich noch andere Wurzeln. Einmal hat sich auch der bis in die ersten Jahrzehnte dieses Jahrhunderts hinein geführte Kampf der Unternehmensformen um die beste Selbstdarstellung ausgewirkt, ein Kampf, in dem die öffentlich-rechtlichen Versicherer betont ihre Seriosität, die Gegenseitigkeitsversicherer ihre Solidarität hervorkehrten, so daß die Aktienversicherer gar nicht umhin konnten, sich beider Tugenden ebenfalls zu berühmen. Sodann aber galt es, in der öffentlichen Darstellung gegenzuhalten gegen das bekannte Vorurteil Bismarcks gegen die Aktienversicherung, das ihn einmal zu der Bemerkung veranlaßt hat, es dürfe „keine Dividende vom Unglück" geben. Auch dies beides scheint bis heute nachzuwirken, obwohl längst der Kampf der Unternehmensformen durch deren weitgehende Konvergenz obsolet geworden ist und Bismarcks Verdikt schon damals auf den ersten Blick als Sottise durchschaubar war.

2. Ein Lieblingswort vieler Versicherer – mit dem sie mehr oder weniger unbewußt alte Vorurteile zu überwinden und auch die Abstraktheit ihrer Ware zu überspielen hoffen – ist der auch bei ihren Kunden beliebte Begriff der *Gefahrengemeinschaft*. Er wirkt anschaulich, anheimelnd und vertrauenerweckend. Genau besehen aber weckt er weit mehr falsche als richtige Vorstellungen und verdient das Vertrauen keineswegs, das er hervorruft. Allenfalls birgt er ein Körnchen Wahrheit, indem er auf das statistische Kollektiv anspielt, auf das zur Beitragskalkulation zurückgegriffen wird. Im übrigen drückt er einen „romantisierten und juristisch wenig tragfähigen Gedanken" (Reimer Schmidt) aus. In seiner wesentlichen rechtlichen und betriebswirtschaftlichen Aussage aber ist der Begriff der Gefahrengemeinschaft schlicht falsch. Es ist ja doch der Versicherer und niemand sonst, der vom Beginn seiner Haftung an das Risiko trägt; reichen seine Mittel nicht aus, so haftet er trotzdem. Gäbe es eine Gefahrengemeinschaft im Rechtssinne, so haftete sie; der Versicherer wäre dann wenig mehr als ihr Organisator und betriebe des Risikogeschäft für Rechnung seiner Kunden. Davon kann nicht die Rede sein.

Vor allem die neuere Versicherungsbetriebslehre hat den Sachverhalt, in völliger Übereinstimmung mit der Rechtslage, kurz und klar als „Risikotransfer" beschrieben, der vom Versicherer als entgeltliche Marktleistung erbracht wird. Insbesondere hat Walter Karten vom Standpunkt dieses betriebswirtschaftlichen Fundaments aus das Erklärungsmodell der Gefahrengemeinschaft glanzvoll widerlegt.

Sehr anschaulich hat übrigens Jacob Burckhardt, der große Basler Historiker, schon vor 120 Jahren mit Blick auf die Versicherung (in seinen „Weltgeschichtlichen Betrachtungen", die er selbst bescheidener „Vorlesungen über das Studium der Geschichte" nannte) vom „Abkauf bestimmter Arten des Unglückes durch bestimmte jährliche Opfer" gesprochen und hinzugefügt: „Sobald die Existenz oder deren Rente wertvoll genug geworden ist, ruht auf dem Unterlassen der Assecuranz sogar ein sittlicher Vorwurf." Das Wort vom „Abkauf" trifft die Sache bewundernswert genau; allenfalls sollte man statt von „bestimmten Arten" von bestimmten Folgen des Unglücks sprechen und auch die Beitragszahlungen nicht als notwendig „jährliche" verstehen.

3. Eine nüchterne Rückbesinnung auf das, was Versicherung ist, wird uns auch gegenüber modernen Zauberformeln wie der von der *„Allfinanz"* zurückhaltend stimmen. Gemeint sind damit alle Formen des Zusammengehens zwischen Banken, Bausparkassen, Wertpapierhäusern, Leasingunternehmen usw. einerseits und Versicherungsunternehmen auf der anderen Seite. Die Praxis kennt offene oder ausschließliche Kooperationen im Vertrieb, sei es auf der Grundlage von Vereinbarungen oder auch von Beteiligungen bis hin zu Mutter-Tochter-Verhältnissen oder Holding-Konstruktionen. Die dem Partner jeweils an die Hand gegebene Produktpalette bleibt hinter dem „Vollsortiment" meist erheblich zurück; branchenübergreifende Produktkombinationen sind häufig, wirkliche Produkt-Integrationen aber so gut wie nie anzutreffen.

Die Vorteile solcher Kooperations- und Verbundstrategien und ihre meist beträchtlichen Erfolge in den Märkten sind hier nicht darzustellen. Auch der zutreffenden Feststellung Robert Schweblers, daß diese Strategien überwiegend von den Möglichkeiten und Interessen der Anbieter her konzipiert seien, kann hier nicht nachgegangen werden. Wichtig ist uns im Rahmen dieser Betrachtung allein die Frage, ob es angeht, die Versicherung leichthin unter den universalen Oberbegriff der „Allfinanz" zu subsumieren.

Die Antwort hängt, wie so oft, vom Standpunkt des Beurteilers ab. Wer es unternimmt, Trends zu erkennen und auf den Punkt zu bringen, vor allem aber wer Strategien zu erarbeiten und umzusetzen hat, der mag ohne eine vollmundige Formel wie „Allfinanz" nicht auskommen. Wem aber die Identität der Versicherung wichtig ist, der wird sie mit diesem Etikett doch mehr schlecht als recht bezeichnet finden. Denn von einem sinnvollen Oberbegriff wäre zu fordern, daß er das identitätsstiftende Charakteristikum der Versicherung mitumfaßt. Der für das Versicherungsgeschäft kennzeichnende Risikotransfer gegen Entgelt ist aber eine Leistung sui generis, die von Banken, Bausparkassen etc. nicht erbracht wird. Allenfalls ließe sich für die kapitalbildende Lebensversicherung, insofern sie eine Sparkomponente enthält, eine gewisse Affinität zu den Sparverträgen der Kreditinstitute behaupten. Aber auf sie entfallen, ihrer großen Bedeutung zum Trotz, keine zwei Fünftel des gesamten Beitragsaufkommens der Versicherungswirtschaft. Alle übrigen Versicherungszweige, also die Unfall- und die ganze Schadenversicherung einschließlich der Privaten Krankenversicherung, haben in ihrem konstitutiven Kern mit Bankgeschäften nicht die geringste Ähnlichkeit. Über diesen fundamentalen Unterschied zwischen den Geschäften der Banken und „der" Versicherungen setzt sich hinweg, wer trotzdem von „Allfinanz" spricht.

Diese Unterschiede haben keineswegs nur theoretische Bedeutung. Wer, fehlgeleitet durch den irreführenden Oberbegriff, beispielsweise die in Wahrheit ganz eigenständigen Unternehmensrisiken von Banken und Versicherungen für gleichartig hält, wird zu bestimmten Regulierungen für „Finanzkonglomerate" neigen. Walter Karten hat mehrfach, zuletzt mit Dieter Hesberg, die relevanten Unterschiede überzeugend herausgearbeitet.

II. Identität eines Versicherers

1. Kaum eine Auswirkung des nun rechtlich vollendeten Binnenmarkts läßt sich so sicher voraussagen wie diese: Die Zahl neuer Versicherer wird auch in Deutschland erheblich zunehmen; vor allem weitere Ausländer werden hinzukommen, und sie alle, die Neuen wie die Alten, wollen wahrgenommen werden, ein jeder mit seinem Sortiment und Profil. Das wird nur denen gelingen, die sich darauf verstehen, im Gewimmel der Anbieter ihre eigene Identität zu behaupten oder aufzubauen. Das setzt vor allem einen guten Namen voraus.

Wer zuckt nicht zusammen, wenn er Goethes „Faust" – Gretchens berühmter Frage ausweichend – sagen hört, „Name ist Schall und Rauch". In Wahrheit hat es doch mit dem Namen, jedenfalls bei den Menschen und Völkern, eine tiefe und ungeheure Bewandtnis. Man bekommt davon eine Ahnung, wenn man im Alten Testament, dem großen Menschheitsbuch, bei Mose liest, wie das Volk von Babel sprach: „Wohlauf, laßt uns eine Stadt und einen Turm bauen, des Spitze bis an den Himmel reiche, daß wir uns einen Namen machen, denn wir werden sonst zerstreut in alle Länder." Und bald darauf wird dem Abraham gesagt: „Ich will dich zum großen Volk machen und will dich segnen und dir einen großen Namen machen."

Nun ist die Namenswahl eines Unternehmens natürlich kein Vorgang von solcher Transzendenz. Aber man täusche sich nicht: Auch sie pflegt ein Akt der Selbstfindung zu sein, und ihr Ergebnis ist keineswegs beliebig.

Wer als Versicherer in Deutschland ansässig ist, hat aus firmenrechtlichen Gründen einen ziemlich umständlichen, mindestens dreigliedrigen Namen zu tragen. Dieser muß das Wort „Versicherung" – mit oder ohne Spartenzusatz – enthalten und auch die Rechtsform angeben; nur die „Feuerkasse" durfte es bisher, als historisch begründetes Unikat, an beidem fehlen lassen. Regelmäßig vor den Pflichtangaben steht der interessanteste Firmenbestandteil, der die Unterscheidungskraft hineinbringt und die Unternehmensidentität verkörpert: der Namenskern. Er bezeichnet entweder ein Fanal, wie „Allianz" oder „Victoria", markiert eine Zielgruppe, wie „Fahrlehrer" oder „Post", oder er gibt – vor allem durch Angabe eines Städte-, Landschafts- oder Landesnamens – die regionale Herkunft an. Mit dem Familiennamen des Gründers firmiert heute nur noch *ein* deutscher Versicherer; man muß es bedauern, daß es nicht mehr sind, da doch Versicherung zuerst und zuletzt eine persönliche Leistung ist.

Die Gruppe der Regionalnamen ist weitaus am stärksten besetzt. Diese Art der Firmierung hat im europäischen Binnenmarkt auch den Vorzug großer Unterscheidungskraft; einen „Phönix" zum Beispiel gibt es in fast allen Märkten.

Im Alltag, besonders der Werbung, ist es üblich und grundsätzlich auch zulässig, den Namenskern betont herauszustellen, regelmäßig im charakteristischen Schriftzug, oft auch, zur Steigerung der Unterscheidungskraft, mit einem Bildzeichen versehen, nicht selten auch mit einem einprägsamen Slogan. So entsteht eine Wort-Bild-Marke als stärkster Inbegriff der Identität.

2. Unternehmensidentitäten, Marken überhaupt, werden in Generationen aufgebaut. Sie sind „das Kapital eines Versicherers" (Hans Schreiber). Man erwirbt und überträgt sie im allgemeinen durch Erbschaft. Sie lassen sich behutsam fortentwickeln und ausbauen. Zu grundlegenden Änderungen jedoch, die sie meistens zerstören, sollte man sich nur entschließen, wenn es gar nicht anders geht, und immer nur, um etwas Neues aufzubauen.

Der Verfasser hat in jüngster Zeit an dem Versuch einer solchen schöpferischen Zerstörung mitgewirkt. Es mag angebracht sein, einige dabei gewonnene Erfahrungen hier kurz mitzuteilen; das geschieht zweckmäßigerweise in der ersten Person und auch unter Nennung von Namen der betroffenen Unternehmen.

Diese waren zwei Schwestergesellschaften, jede über 150 Jahre alt, und zwar der Kompositversicherer Württembergische Feuerversicherung und der Lebensversicherer Allgemeine Rentenanstalt. Sie hatten zwei getrennte Außendienste, von denen jeder die Produkte des jeweils anderen Versicherers mit anbot. Schon diese während Jahrzehnten erfolgreich bewährte Zusammenarbeit ließ immer wieder an eine Vereinheitlichung der Unternehmensnamen denken; doch blieb aus „Ehrfurcht vor der Marke" lange alles beim alten. Als jedoch in den 80er Jahren die Dinge sich dahin entwickelten, daß ständig mehr als die Hälfte der Neugeschäftsproduktion des Lebensversicherers vom Außendienst der Württembergischen Feuerversicherung kam, war die Zeit zum Handeln gekommen. Deshalb wurde vor vier Jahren beschlossen, das Schwesterverhältnis in eine Mutter-Tochter-Beziehung umzuwandeln, dabei die Tochter Allgemeine Rentenanstalt in Württembergische Lebensversicherung AG umzubenennen und den Zweier-Verbund zur Dreigliedrigkeit mit einer Holding an der Spitze auszubauen.

Um nun den Lebensversicherer als „Württembergische" neu einzuführen und vor allem in Norddeutschland bestehende Bekanntheitsdefizite des Kompositversicherers (jetzt Württembergische Versicherung AG) zu beheben, war es notwendig, einen einheitlichen Marktauftritt der umgebauten Gruppe zu erarbeiten. So wurde es von den inzwischen personenidentisch besetzten Vorständen der beiden Versicherer entschieden, die dabei nur zwei Vorgaben festlegten: Es soll deutlich werden, wer „wir" sind; und diese Botschaft soll sich bevorzugt an die zukunftsreiche Zielgruppe der jüngeren Familien mit Kindern richten.

Man sollte nun meinen, daß die Vorstände der Einfachheit halber doch auch hätten festlegen können, wer „wir" sind. Aber nichts wäre verkehrter gewesen als dies. Denn entscheidend war und ist ja nicht, wie wir gerne gesehen würden, sondern wie unsere Mitwelt uns tatsächlich sieht. Also ließen wir die relevanten Gruppen befragen, die Kunden, Mitarbeiter, Vertreter, Makler und nicht zuletzt unsere Konkurrenten. Erst das Ergebnis dieser Befragung hat uns die Augen dafür geöffnet, wo die Stärken liegen, die man uns zuschreibt, und ebenso die Schwächen, die man uns nachsagt. Natürlich arbeiten wir nun an der Behebung dieser Schwächen. Unsere Botschaft aber kann nur von den Stärken leben, die man uns zuerkennt. Es sind dies, nach den deutlich über dem Durchschnitt liegenden Nennungen: Seriosität, finanzielle Solidität und Vertrauenswürdigkeit.

Ausgerüstet mit den Umfrageergebnissen und unseren eigenen spärlichen Vorgaben, gingen nun vier Agenturen ans Werk, um getrennte Vorschläge für eine Werbekampagne zu erarbeiten.

Von den vier uns vorgestellten Konzeptionen hat dann – selbstverständlich nach sorgfältigen Vor-Tests – „Die Württembergische. Der Fels in der Brandung" das Rennen gemacht. Die Kampagne begann als Imagewerbung und wird inzwischen behutsam auch auf Produktwerbung erweitert. Sie wird in den Printmedien und – in gleichsam betont „stillen" Versionen – im Rundfunk und im Fernsehen eingesetzt und wird, nach den Ergebnissen wiederholter Umfragen zur laufenden Erfolgskontrolle zu schließen, erfreulich positiv aufgenommen. Sowohl der Bekanntheitsgrad der Württembergischen als auch die Bereitschaft, mit ihr abzuschließen, haben sich seit Beginn der Kampagne in einem Maße erhöht, das auch die Experten erstaunt.

3. Die bei der Arbeit am neuen Marktauftritt gewonnenen Erfahrungen haben uns vor allem eines gelehrt: Unsere Selbstdarstellung mußte nicht nur – gemessen an den uns von der Mitwelt attestierten Stärken – anfänglich wahr sein; sie muß auch wahr bleiben. Die Selbstfindung zu Beginn

mußte deshalb in einen Prozeß der permanenten Arbeit an uns selbst einmünden. Die wichtigsten Stationen auf diesem Wege waren seither: weitere Flexibilisierung der Betriebstechnik; Verstärkung der Dezentralität, also insbesondere der Kundennähe, vor allem durch Einführung eines dezentralen Policierungs- und Schadenregulierungssystems; Kundengruppenorientierung (Privatkunden, Firmenkunden) sowohl bei den Geschäftsstellen als auch im Direktionsbetrieb und im Vorstand – beides mit der Aussicht auch auf Qualitätsfortschritte; gemeinsame Erarbeitung von Unternehmensleitlinien und nicht zuletzt die Ablösung der traditionellen Mitarbeiterbeurteilung durch jährliche Mitarbeitergespräche.

III. Zur Identität von Versicherungsprodukten

Identitätsfragen zu stellen, lohnt sich nur dort, wo es Unterschiede gibt. An solchen aber hat es bei Versicherungsprodukten – jedenfalls im hier allein interessierenden Privatkundengeschäft – bisher weitgehend gefehlt. Zwar hat die staatliche Produktaufsicht schon in der Vergangenheit eine totale Uniformität auf der Angebotsseite weder bezweckt noch bewirkt. Aber die Unterschiede vom Standard hielten sich faktisch doch in so engen Grenzen, daß sie normalerweise gefahrlos vernachlässigt werden konnten.

Der Fortfall der Vorabgenehmigung für allgemeine Versicherungsbedingungen wird diesem Zustand einer weitgehenden Homogenität auf der Angebotsseite ein Ende bereiten. Zwar kann niemand voraussagen, wie weit die Produktdifferenzierung künftig gehen wird. Soviel aber steht fest: Der Markt wird bunter werden, die Produktvielfalt also zu- und die Markttransparenz abnehmen. Damit ist die Identität von Versicherungsprodukten ein Thema geworden.

Die neuen Freiheiten werden den Versicherern wie den Versicherungsnehmern erhebliche Umgewöhnungen abverlangen. Diese sollten ernst genommen, aber doch nicht dramatisiert werden. Denn einmal werden die Verbraucher schon bisher mit der Qual der Wahl und dem Risiko von Fehlkäufen auch auf anderen intransparenten Märkten erstaunlich gut fertig. Vor allem aber haben die Versicherer längst erkannt – oder sie werden es im Wettbewerb noch lernen –, daß es Mittel und Wege gibt, den Kunden bei der Bewältigung der neuen Intransparenzgefahren zu helfen. Die vielfältigen Möglichkeiten hierzu können hier nicht vollständig behandelt werden. Zu denken ist etwa an Verbesserungen der Produktdarstellung unter Hinweis auf Besonderheiten des Angebots und seine Unterschiede zu Alternativen am Markt (zulässiger Systemvergleich); sodann an den Rückgriff auf Produkt-Tests vor Markteinführung; ferner an die neu vorgeschriebene „Verbraucherinformation", die sich mit dem nötigen Geschick auch als Instrument eines guten Marketings nutzen lassen sollte; nicht zuletzt aber ist daran zu denken, daß es empfohlene Bedingungswerke, die den Standard festlegen, auch künftig in großer Zahl geben kann und wird.

Manche propagieren sogar die Idee eines „Gütesiegels", deren Realisierbarkeit allerdings schon aus rechtlichen Gründen zu bezweifeln ist. Als näherliegend und lohnend erscheint dagegen die Nutzung transparenzfördernder Produktvergleiche durch die Fachpresse und Testinstitute; vielleicht sogar der Gedanke des Produkt-Ratings. Dies alles könnte oder wird es dem Verbraucher erleichtern, den Weg zu einer vernünftigen Kaufentscheidung auch künftig zu finden.

Ohne näher darzulegen, worauf diese im ganzen eher zuversichtliche Erwartung sich gründet, wollen wir uns abschließend noch kurz einer letzten Identitätsfrage zuwenden: Hat im Binnenmarkt der Versicherer die Idee der *Produktmarke* eine Zukunft? Daß ihre Vergangenheit der Rede nicht wert ist, geht zweifellos auf die bisher so weit getriebene Uniformität der Angebote zurück. Wird deren absehbare Belebung auch der Produktmarke aufhelfen? Eine Prognose ist schwierig, doch melden sich erste Pioniere zu Wort.

Ihnen ist zuzugeben, daß Produktmarken sehr nützliche Identifizierungshilfen sein können. Gerade einem so abstrakten Produkt wie dem Versicherungsschutz könnte die Konkretheit, die der Marke innewohnt, gut bekommen. Doch lassen sich auch Gründe finden, daran zu zweifeln, daß die Idee der Produktmarke auf den Versicherungsmärkten sich in breiter Front durchsetzen wird. Ansprechbar auf sie sind vermutlich nur relativ kleine Zielgruppen mit spezielleren Versicherungsbedürfnissen; da fragt es sich schon, ob in solchen Nischen soviel Masse zu gewinnen ist, daß der hohe Aufwand einer Markendurchsetzung sich lohnt. Auch ist die Gewährleistung gleichbleibender Qualität, die für den Markenartikel doch essentiell ist, bei Versicherungsprodukten wohl wesentlich schwieriger durchzuhalten als auf den Warenmärkten. Nicht zuletzt muß man sich fragen, ob es nicht besser und auch genug ist, alle Kraft auf den Aufbau einer starken Unternehmensmarke zu konzentrieren. Gelingt dieser, so werden die Zielgruppen sich im Zweifel auch so auf eine Lösung gerade ihrer Probleme ansprechen lassen; gelingt er aber nicht, so werden sie auch durch speziell auf ihren Bedarf zugeschnittene Produktmarken schwerlich zu gewinnen sein.

Aber vielleicht sind diese Einwände eines Analytikers durch Markterfolge der Pioniere längst widerlegt. Möglicherweise verhält es sich mit ihnen so wie mit dem bekannten wissenschaftlichen Nachweis, daß die Hummel viel zu schwer und zu plump ist, um fliegen zu können. Die Hummel weiß das nicht und fliegt trotzdem.

Spieltheorie und Versicherung

Winfried Schott

1. Abgrenzung des Untersuchungsgegenstandes

Die Versicherung als ein Risikotransfer gegen Zahlung eines Entgelts existierte bereits im Altertum, als griechische Reeder ihre Schiffe dadurch „versicherten", daß sie zur Finanzierung einer Seereise ein Darlehen aufnahmen, welches sie nur im Falle der wohlbehaltenen Ankunft der Schiffe am Zielhafen einschließlich eines Überschusses zurückzuzahlen hatten. Entsprach der Wert der Schiffe gerade der Summe von Darlehen und vereinbartem Überschuß, dann hatte der Reeder das gesamte Risiko des Verlustes seiner Schiffe gegen Zahlung einer „Prämie" in Höhe des Überschusses auf den Darlehensgeber transferiert. Derartige vertragliche Vereinbarungen erfolgten freilich ohne eine solide Kalkulation, und wir können annehmen, daß viele Darlehensgeber weitaus mehr mit einem Glücksspieler in einem Casino als mit einem heutigen Versicherer gemein hatten.

2000 Jahre später betrachtete auch Daniel Bernoulli in seinem grundlegenden Beitrag zur Wertbestimmung von Glücksfällen wiederum die Seeversicherung als einen wichtigen Anwendungsfall seiner Untersuchungen[1]. Er berechnete auf der Grundlage einer logarithmischen Nutzenbewertung, bei genau welchen Vermögensreserven es für einen Entscheider „thöricht" ist, den Transport von Waren im Werte von 10 000 Rubeln von Amsterdam nach St. Petersburg zu versichern, wenn die Versicherungsprämie 800 Rubel beträgt und gewöhnlich fünf von hundert Schiffen bei dieser Reise „zu Grunde gehen".

Die Nähe von Glücksspielen und Versicherungen erklärt sich dadurch, daß in ihrem Kern sowohl die Übernahme von Risiko gegen ein Entgelt als auch die Teilnahme an einem Glücksspiel beides Entscheidungen sind, sich von einer Sicherheitssituation gegen den Erhalt eines gegebenenfalls auch negativen Preises in eine Unsicherheitssituation zu begeben. Von den allgemeinen Handlungsmotiven einmal abgesehen, bestehen Unterschiede nur in den konkreten finanziellen Konsequenzen sowie in den Präferenzen und Risikoeinstellungen des Entscheiders, wel-

---

1 Bernoulli, D.: Specimen theoriae novae de mensura sortis; St. Petersburg 1738; deutsche Übersetzung mit Erläuterungen von A. Pringsheim und einer Einleitung von L. Fick: Versuch einer neuen Theorie der Wertbestimmung von Glücksfällen; Leipzig 1896, S. 42 ff.

che die Höhe des Preises bestimmen, den er mindestens erhalten möchte, damit der Wechsel zur Unsicherheitssituation hinreichend attraktiv für ihn ist. Dieser Preis wird in der betriebswirtschaftlichen Entscheidungstheorie als Einsatz oder auch – etwas mißverständlich – als Risikoprämie bezeichnet.

Aufgrund der Wesensähnlichkeit der Zeichnung von Versicherungsverträgen einerseits und der Teilnahme an Glücksspielen andererseits könnte nun vermutet werden, daß der Kern der Tätigkeit jedes Versicherers, nämlich die Risikotragung gegen Zahlung einer Prämie, seine adäquate Modellierung durch die Spieltheorie erfährt. Dieses ist jedoch nicht der Fall.

Das Problem des Wechsels von einer Sicherheits- in eine Unsicherheitssituation stellt ein Auswahlproblem zwischen zwei Wahrscheinlichkeitsverteilungen dar, da die Sicherheitssituation einer Einpunktverteilung entspricht. Fragestellungen dieser Art werden als ein *Entscheidungsproblem bei Risiko* bezeichnet. Gekennzeichnet ist ein Entscheidungsproblem bei Risiko zum einen durch eine zwar unsichere, nur mit Hilfe subjektiver Wahrscheinlichkeitsverteilungen[2] von Zuständen quantifizierbare, aber sich gegenüber dem Entscheider neutral verhaltende Umwelt, und zum anderen durch verschiedene, dem Entscheider zur Verfügung stehende Handlungsalternativen mit den bei Vorliegen der einzelnen Umweltzustände eintretenden Ergebnissen. Auf dieser Grundlage, dem *Grundmodell der Entscheidungstheorie,* erfolgt eine Optimierung des Entscheidungsverhaltens unter Berücksichtigung der individuellen Präferenzen, welche auch die Einstellung zum Risiko einschließen. Dieser Modellrahmen erweist sich für die meisten Entscheidungsprobleme sowohl von Versicherern als auch von Versicherungsnehmern als geeignet. Zu den Entscheidungen bei Risiko zählt damit aber auch die Teilnahme an reinen Glücksspielen, die bisweilen auch „Spiele gegen die Natur" genannt werden[3].

Demgegenüber befaßt sich die Spieltheorie mit solchen Entscheidungen, bei denen das Handlungsergebnis eines Entscheiders vom strategischen Verhalten mindestens eines anderen Entscheiders abhängt. Kennzeichnend für eine Spielsituation im Sinne der Spieltheorie ist also nicht die

---

2 Auf die Diskussion um sogenannte „objektive" und subjektive Wahrscheinlichkeiten soll an dieser Stelle nicht eingegangen werden. Von der Existenz subjektiver, das heißt im allgemeinen entscheidungsträgerabhängigen Wahrscheinlichkeiten kann üblicherweise ausgegangen werden. Vgl. hierzu Krelle, W.: Präferenz- und Entscheidungstheorie; Tübingen 1968, S. 196 ff.
3 Eine Übertragung des allgemeinen Grundmodells der Entscheidungstheorie auf die Entscheidungen eines Versicherers erfolgt in: Karten, W.: Bewertung in Versicherungsfällen – Aspekte von Versicherungswert und Schaden als Grundlage von Versicherungsentscheidungen; in: Festschrift für K. Sieg, Karlsruhe 1976, S. 241–261. Einen umfassenden Überblick über das Spektrum der risikopolitischen Entscheidungen der Versicherer gibt W. Karten in: Risikopolitik der Versicherer – Grundlagen der Risikopolitik – Überblick; in: Zeitschrift für die gesamte Versicherungswissenschaft 72 (1983), S. 213–229.

Tatsache als solche, daß das Handeln anderer das eigene Ergebnis beeinflußt, was praktisch immer der Fall ist, sondern daß dieses gezielt geschieht. Die Intention eines jeden Entscheiders bleibt aber die Optimierung des eigenen Handelns im Hinblick auf das eigene Ergebnis. Spielsituationen können „Zufallszüge", die für die Entscheidung bei Risiko kennzeichnend sind, beinhalten; ihr Charakteristikum sind jedoch die strategischen „Züge". Sie werden daher zur Verdeutlichung im Unterschied zu den „Spielen gegen die Natur" manchmal auch „strategische Spiele" genannt[4].

Nicht zur Spieltheorie wird in aller Regel die Theorie der Gruppenentscheidung gerechnet. Bei ihr geht es um das Problem, aus verschiedenen individuellen Präferenzvorstellungen eine kollektive Präferenzordnung für die Gruppe zu bilden. Die Spieltheorie beläßt jedoch den Entscheidern ihre Souveränität und analysiert deren strategische Möglichkeiten mit den daraus resultierenden Handlungsergebnissen. Die Theorie der Gruppenentscheidung bleibt daher im folgenden außer Betracht. Untersuchungsgegenstand sind die verschiedenen spieltheoretischen Modelle mit ihren möglichen Anwendungen auf Versicherungsfragestellungen.

2. Zwei-Personen-Nullsummen-Spiele

Die Spieltheorie ist eine relativ junge mathematische Disziplin. Als ihre Begründer gelten J. von Neumann und O. Morgenstern mit ihrem 1944 erschienenen epochalen Werk „Theory of Games and Economic Behavior"[5]. In dem halben Jahrhundert ihrer Existenz hat sie sich jedoch rasant entwickelt und vielfältige ökonomische Anwendungen erfahren, auch im Bereich der Versicherungswissenschaft.

Als grundlegendster Typus eines Spiels gilt das Zwei-Personen-Nullsummen-Spiel, bei dem sich zwei Entscheider, die im folgenden als Spieler bezeichnet werden, in einem vollkommenen Antagonismus gegenüberstehen: Das, was der eine gewinnt, verliert der andere. Jeder Spieler ist somit gut beraten, vom anderen nur das Schlechteste zu erwarten, was er durch seine eigene Strategiewahl so weit wie möglich abzumildern versuchen

---

4 Die „Natur", beziehungsweise die stochastische Umwelt, kann allerdings als ein fiktiver Gegenspieler angesehen werden, welcher eine gemischte Strategie spielt. Auf diese Weise können Entscheidungen bei Risiko als entartete Spielsituationen interpretiert werden. Speziell dann, wenn Unsicherheiten hinsichtlich der Wahrscheinlichkeitsannahmen bestehen, haben spieltheoretische Ansätze auch bei „Spielen gegen die Natur" Anwendung gefunden. Diese werden beispielsweise aufgegriffen von Kaluza, B.: Spieltheoretische Modelle und ihre Anwendungsmöglichkeiten im Versicherungswesen; Berlin 1972.
5 Von Neumann, J./Morgenstern, O.: Theory of Games and Economic Behavior; Princeton 1944 (3. Auflage 1953); deutsche Übersetzung von M. Leppig: Spieltheorie und wirtschaftliches Verhalten; 2. Auflage, Würzburg 1967. Eine Reihe von spieltheoretischen Erkenntnissen war zu jenem Zeitpunkt allerdings schon bekannt, beispielsweise das Minimax-Theorem.

kann. Diese Überlegung führt zur sogenannten Maximin-Strategie: Für jede gegnerische Strategie wird das minimale Ergebnis gesucht; diejenige Strategie wird gewählt, bei der das jeweils minimale Ergebnis noch am größten ausfällt.

Wir betrachten dreielementige Strategiemengen $\{a_1, a_2, a_3\}$ und $\{b_1, b_2, b_3\}$ und notieren in einer Matrix das Ergebnis für den ersten Spieler – welches dem negativen Ergebnis des zweiten Spielers entspricht –, das sich beim Zusammentreffen der jeweiligen Strategien einstellt:

$$\begin{array}{c} \\ a_1 \\ a_2 \\ a_3 \end{array} \begin{array}{ccc} b_1 & b_2 & b_3 \end{array} \\ \begin{pmatrix} 2 & -2 & -1 \\ -3 & 3 & -2 \\ 1 & 2 & 0 \end{pmatrix}$$

In diesem Fall werden also beide Spieler ihre jeweils dritte Strategie spielen, und durch einseitiges Abweichen würde sich jeder Spieler nur schaden.

Betrachten wir das bekannte Knobelspiel „Schere-Stein-Papier"[6], so erhalten wir die folgende Matrix:

$$\begin{array}{c} \\ \text{Sch.} \\ \text{St.} \\ \text{Pap.} \end{array} \begin{array}{ccc} \text{Sch.} & \text{St.} & \text{Pap.} \end{array} \\ \begin{pmatrix} 0 & -1 & 1 \\ 1 & 0 & -1 \\ -1 & 1 & 0 \end{pmatrix}$$

Da hier jede Information über die Strategiewahl vom anderen Spieler antizipiert und zum eigenen Schaden ausgenutzt werden könnte, muß die tatsächlich gewählte Strategie unbekannt bleiben und einem Zufallsmechanismus unterworfen werden. Eine solche Strategie wird als gemischte Strategie bezeichnet. Gemischte Strategien werden als Wahrscheinlichkeitsverteilungen über den sogenannten „reinen" Strategien dargestellt. Spielen bei diesem Spiel beide Spieler die Strategie ($1/3$, $1/3$, $1/3$), so können sie sich beide im Erwartungswert eine Auszahlung von 0 garantieren. Dieser Zusammenhang wird allgemein wiedergegeben durch das sogenannte *Minimax-Theorem*:

Sei $A = \{1, \ldots, m\}$ die Menge der Strategien von Spieler 1, $B = \{1, \ldots, n\}$ die Menge der Strategien von Spieler 2, P die Menge der Wahrscheinlichkeitsverteilungen über A, Q die Menge der Wahrscheinlichkeitsverteilun-

---

[6] Beide Spieler haben die Strategien „Schere", „Stein" und „Papier". „Stein" gewinnt gegen „Schere", da er sie stumpf macht; „Papier" gewinnt gegen „Stein", da es ihn einwickelt; „Schere" gewinnt gegen „Papier", da sie es zerschneidet; bei gleichen Strategien ist das Spiel unentschieden.

gen über B, $(p_1, \ldots, p_m) \in P$, $(q_1, \ldots, q_n) \in Q$, und e_{ij} das Ergebnis für Spieler 1 beim Zusammentreffen der Strategien i und j. Dann gilt[7]:

$$\max_P \min_Q \sum_{i=1}^{m} \sum_{j=1}^{n} p_i \cdot q_j \cdot e_{ij} = \min_Q \max_P \sum_{i=1}^{m} \sum_{j=1}^{n} p_i \cdot q_j \cdot e_{ij}$$

Unter bestimmten Voraussetzungen läßt sich das Minimax-Theorem auch auf unendliche Strategiemengen erweitern. Am bekanntesten ist der Fall kompakter Strategiemengen mit stetigen Ergebnisfunktionen[8]. Aber auch in vielen anderen Fällen existieren noch akzeptable Lösungen[9].

Mit dem Minimax-Theorem existiert also ein befriedigendes Lösungskonzept für Zwei-Personen-Nullsummen-Spiele. Deren ökonomisches Anwendungsspektrum ist allerdings gering. Dabei stellt die Stochastizität der Lösung noch das geringste Problem dar, obschon festzustellen ist, daß in praxi in aller Regel deterministische Handlungsempfehlungen erwartet werden.

Gravierender ist, daß die Nullsummenbedingung praktisch nie als erfüllt angesehen werden kann. Selbst in Fällen, in denen ein Spieler den Gewinn des anderen bezahlt, also in Geldeinheiten eine Nullsummenbedingung vorliegt, ist letztere oft deswegen nicht gegeben, weil die Spieler nicht die Maximierung ihres Auszahlungserwartungswertes anstreben, sondern die Maximierung des Erwartungswertes der Nutzen der Auszahlungen, was gemäß dem Bernoulli-Prinzip das einzig rationale Entscheidungsverhalten ist[10]. Bei nicht-risikoneutralem Entscheidungsverhalten, etwa bei beidseitiger Risikoaversion, dürfte sich bezüglich der Nutzen nur noch in seltenen Ausnahmefällen eine Nullsummenbedingung ergeben.

Betrachtet man die monetären Ströme zwischen einem Versicherer und einem Versicherungsnehmer, so muß man darüber hinaus feststellen, daß sie überwiegend auch nicht als ein Resultat einer Spielsituation angesehen werden können. Prämien werden entweder vom Versicherer autonom festgesetzt, oder sie sind das Ergebnis einer kooperativen Aushandlung. Auf keinen Fall sind sie aber ein Zufallsergebnis beidseitig unkooperativen Handelns. Ebenso hat ein Versicherer bei Schadenzahlungen keinen

---

7 Der zweite Term ist die Zielgröße für den zweiten Spieler. Für einen Beweis siehe zum Beispiel: Bühlmann, H./Löffel, H./Nievergelt, E.: Entscheidungs- und Spieltheorie; Berlin/Heidelberg/New York 1975, S. 183 f., S. 293 ff.; sowie: Rauhut, B./Schmitz, N./Zachow, E.-W.: Spieltheorie; Stuttgart 1975, S. 146 ff.
8 Vgl. hierzu zum Beispiel: Owen, G.: Game Theory; 2. Auflage, New York e.a. 1982, S. 63 ff.; sowie Rauhut, B./Schmitz, N./Zachow, E.-W.: Spieltheorie; a.a.O., S. 150 ff.
9 Daß nicht in jedem Fall eine sinnvolle Lösung zu erwarten ist, kann man sich an folgendem pathologischen Spiel klarmachen: „Beide Spieler nennen eine beliebige Zahl. Derjenige, der die größere nennt, hat gewonnen."
10 Vgl. Bitz, M.: Entscheidungstheorie; München 1981, S. 153 ff. sowie S. 248 ff.

strategisch gestaltbaren Spielraum, allenfalls im Bereich der Kulanz. Der Versicherungsnehmer kann hingegen durch sein Verhalten die Schadenzahlungen des Versicherers durchaus beeinflussen. Wir werden dieses bei der Betrachtung von Nicht-Nullsummen-Spielen erörtern.

Ein anderes potentielles Anwendungsgebiet von Zwei-Personen-Nullsummen-Spielen liegt im Bereich von Kämpfen um Marktanteilsprozente in einem Dyopol, da eine Konstantsummenbedingung zur Nullsummenbedingung strategisch äquivalent ist. Nun sollten die Marktanteilsprozente für sich genommen nicht so sehr von Interesse sein wie die mit ihnen korrespondierenden Gewinne. Um auch dann die Konstantsummenbedingung, wenn schon nicht für die Nutzen, wenigstens für die Geldbeträge noch zu gewährleisten, dürften sich die Strategien bei einem konstanten Marktpreis nur auf nichtmonetäre Maßnahmen, beispielsweise im Bereich des Marketings, beziehen, und die Kosten dieser einzelnen Maßnahmen müßten entweder gleich oder vernachlässigbar sein.

Die gleichzeitige Existenz unterschiedlicher Preise setzt einen unvollkommenen Markt voraus. Diese Annahme ist jedoch durchaus realitätsnah, und daher wird sie auch in vielen Untersuchungen zugrunde gelegt. Bei einer Modellierung eines Kampfes um Marktanteile über ein Zwei-Personen-Nullsummen-Spiel lassen sich dann auch Preisstrategien berücksichtigen[11].

Weitere ökonomische Anwendungen von Zwei-Personen-Nullsummen-Spielen liefern die sogenannten Duellspiele[12]. Diese liegen jedoch im Bereich des Absatzes mit saisonaler Nachfrage. Relevante Anwendungsmöglichkeiten auf den Bereich der Versicherung sind hier nicht erkennbar.

Insgesamt erfordern also Zwei-Personen-Nullsummen-Spiele für ihre Anwendung sehr spezielle, wenig realistische Konstellationen. Daß sie überhaupt eine so große Bedeutung in der Spieltheorie besitzen, liegt darin begründet, daß sie die theoretische Basis für alle weiteren Spiele bilden. Mit der Methodik der Zwei-Personen-Nullsummen-Spiele kann theoretisch plausibel der Betrag ermittelt werden, den sich ein Spieler – oder auch eine Gruppe von Spielern – auf jeden Fall aus eigener Kraft garantieren kann, und der die untere Grenze für Spiellösungen in Nicht-Nullsummen-Spielen darstellt, für die es dem Minimax-Theorem entsprechend überzeugende Lösungskonzepte nicht mehr gibt.

---

11 Eine diesbezügliche Betrachtung im Falle eines wiederholten stochastischen Spieles erfolgt durch: Deshmukh, S. D./Wilson, W.: A Zero-Sum Stochastic Game Model of Duopoly; in: International Journal of Game Theory 7 (1978), S. 19 – 30.
12 Es geht hier um einen Konflikt zwischen zwei Spielern, bei dem ein möglichst spätes Handeln vorteilhaft ist, allerdings nur, wenn man noch vor dem anderen Spieler handelt. Vgl. hierzu Owen, G.: Game Theory; a.a.O., S. 72 ff.

3. Allgemeine Zwei-Personen-Spiele

Verzichtet man auf die Nullsummenbedingung, so wird der Bereich allgemeiner ökonomischer wie auch spezieller versicherungsbezogener Anwendungen sehr viel größer. Andererseits können neue strategische Probleme auftreten, welche im folgenden erörtert werden sollen.

Wir betrachten hierfür als wichtigen ökonomischen Anwendungsfall von Zwei-Personen-Spielen erneut das Angebotsdyopol. Ohne die Konstantsummenbedingung ist es jetzt problemlos möglich, den Preis als die wichtigste Aktionsvariable eines Anbieters als Strategie anzusehen und auch die Preiselastizität der Nachfrage zu berücksichtigen.

Der ein Unternehmen interessierende Gewinn hängt vom geforderten Preis, der abgesetzten Menge und den Produktionskosten ab. Die abgesetzte Menge hängt wiederum sowohl von der generellen Preis-Absatz-Beziehung als auch vom Marktverhalten des Konkurrenten sowie von den Reaktionen der Nachfrager ab.

Da jedoch die Produktion von Versicherungsschutz zwingend erst nach dessen Absatz erfolgen kann und da die Produktionskosten pro Risiko nicht unabhängig von der Bestandsgröße sein müssen, ergibt sich damit als eine Besonderheit für ein Versicherungsunternehmen, daß seine Produktionskosten pro Risiko auch nicht unabhängig von seiner Preisforderung sein müssen. Darüber hinaus sind sie von dem Verhalten der Konkurrenz und den Reaktionen der Nachfrager abhängig.

Wenn man von den Betriebskosten einmal abstrahiert und sich auf die versicherungstechnischen Produktionskosten beschränkt, dann muß festgehalten werden, daß die Grenzkosten der Produktion einen fallenden, einen konstanten oder einen steigenden Verlauf haben können. Legt man den Standardfall eines Kollektivs unabhängiger, identisch verteilter Risiken zugrunde, so würde der kollektive Sicherheitszuschlag[13] – das gleiche gilt dann auch für die Produktionskosten – mit der Zahl der versicherten Risiken degressiv wachsen, wenn die Prämie subadditiv, zum Beispiel nach dem Standardabweichungsprinzip, kalkuliert würde[14]; erfolgt die Prämienkalkulation additiv, also etwa nach dem Exponentialprinzip, so wächst der Sicherheitszuschlag proportional. Eine superadditive Prämienkalkulation und damit ein progressives Wachstum des kollektiven Sicherheitszuschlages kann sich beispielsweise bei der Berücksichtigung der

---

13 Der Sicherheitszuschlag ist definiert als derjenige versicherungstechnische Prämienbestandteil, der den Erwartungswert der Schäden übersteigt. Vgl. hierzu Helten, E./Karten, W.: Das Risiko und seine Kalkulation; in: H. L. Müller-Lutz/R. Schmidt (Hrsg.): Versicherungswirtschaftliches Studienwerk, Heft 21; Wiesbaden 1983, S. 66 ff.
14 Zu Prämienprinzipien und deren Eigenschaften siehe: Goovaerts, M. J./de Vylder, F./Haezendonck, J.: Insurance Premiums; Amsterdam/New York/Oxford 1984; sowie: Heilmann, W.-R.: Grundbegriffe der Risikotheorie; Karlsruhe 1987, S. 110 ff.

Ruinwahrscheinlichkeit in der Prämienkalkulation ergeben[15]. Bezieht man noch die wenig einschätzbaren Reaktionen der Nachfrager mit ein, so wird deutlich, daß es eine große Fülle von möglichen Situationen für die Versicherer in einem Angebotsdyopol gibt.

Wir betrachten folgendes Beispiel:

Gegeben sei ein Kollektiv unabhängiger, identisch verteilter Risiken X_i, $i \in \mathbb{N}$, $i \geq 1200$. Die Prämienkalkulation erfolge additiv, und die versicherungstechnischen Produktionskosten betragen 180 Geldeinheiten (GE) pro Risiko. Beide Anbieter verfügen über die Preisstrategien $P_1 = 225$ GE und $P_2 = 200$ GE. Die Nachfrage $N_1 := N(P_1) = N(225)$ betrage 800 und die Nachfrage $N_2 := N(P_2) = N(200)$ betrage 1200 Verträge. Es sei angenommen, daß die Nachfrager stets das günstigere Angebot wählen und daß sich bei gleichen Preisen die Nachfrage paritätisch auf die Anbieter verteilt. Beide Unternehmen streben eine Gewinnmaximierung an.

Die folgende Matrix zeigt komponentenweise die Zahl der von beiden Anbietern versicherten Risiken in Abhängigkeit von den Preisstrategien:

Vers. 2:

	P_1	P_2
Vers. 1: P_1	(400,400)	(0,1200)
P_2	(1200,0)	(600,600)

Die vom geforderten Preis und von der Zahl der „abgesetzten" Verträge abhängigen Gewinne (in Geldeinheiten) ergeben sich dann als:

Kein Vertrag: 0

$P_1 = 225$ bei 400 Verträgen: $(225 - 180) \cdot 400 = 18\,000$

$P_2 = 200$ bei 1200 Verträgen: $(200 - 180) \cdot 1200 = 24\,000$

$P_2 = 200$ bei 600 Verträgen: $(200 - 180) \cdot 600 = 12\,000$.

Die von den jeweiligen Preisstrategien abhängigen Gewinne ergeben sich dann wie folgt:

---

15 Aus grundlegenden entscheidungstheoretischen Annahmen kann für einen Versicherer abgeleitet werden, daß sich bei einem immer größer werdenden Bestand kein einheitliches Verhalten in bezug auf das Wachstum des kollektiven Sicherheitszuschlages ergeben sollte. Alle drei Fälle sind also vor diesem Hintergrund als relevant anzusehen. Vgl. hierzu: Schott, W.: Steuerung des Risikoreserveprozesses durch Sicherheitszuschläge im Versicherungsunternehmen; Karlsruhe 1990.

		Vers. 2:	
		P_1	P_2
Vers. 1:	P_1	(18 000, 18 000)	(0, 24 000)
	P_2	(24 000, 0)	(12 000, 12 000)

Diese Situation ist dadurch gekennzeichnet, daß für beide Spieler die Niedrigpreis-Strategie P_2 dominant ist, da sie bei beliebiger Strategiewahl des jeweils anderen Spielers stets das beste Ergebnis liefert. Wenn jedoch beide Spieler entsprechend handeln, müssen sie feststellen, daß der Gewinn von jeweils 12 000 durch den Gewinn von jeweils 18 000 dominiert wird, den beide bei Wahl der Hochpreis-Strategie P_1 hätten erzielen können.

Diese Spielsituation ist unter dem Namen „Gefangenendilemma" bekannt[16]. Sie verlangt im Grunde nach einer Kooperation, die bei Preisabsprachen freilich den Charakter eines Kartells zu Lasten der Nachfrager hätte. Andererseits zeigt das Beispiel aber auch, daß sich Anbieter gegenseitig unterbieten können, was ohne eine sorgfältige Trennung von Prämienkalkulation und Preispolitik – wiederum zu Lasten der Nachfrager – die Solvabilität des Unternehmens gefährdet.

Häufig sind offizielle Kooperationen mit verbindlichen Absprachen zwar nicht möglich, aber bei Bestehen einer Vertrauensbasis wird unter Umständen dennoch die erste Strategie gespielt. Eine allgemeine Lösung existiert hier nicht.

Weitere Aspekte werden relevant, wenn ein Gefangenendilemma wiederholt gespielt wird, da ein Spieler das Verhalten des anderen Spielers in der Vergangenheit sich merken und seine entsprechenden Rückschlüsse ziehen kann. Unter speziellen, hier nicht näher dargelegten Voraussetzungen erweist sich eine Strategie des „Tit for tat", die genau dasjenige Verhalten empfiehlt, welches der andere Spieler in der zuletzt gespielten Runde gezeigt hat, als optimal[17].

---

16 Der Name rührt von folgendem Konflikt her: Zwei eines gemeinsam begangenen Verbrechens verdächtigte Personen sitzen in getrennten Zellen in Untersuchungshaft. Gestehen beide die Tat, so werden sie verurteilt, wobei die Geständigkeit mildernd berücksichtigt wird. Leugnen beide die Tat, so sind nur geringfügigere Vergehen beweisbar, für die beide dann verurteilt werden. Gesteht der eine und leugnet der andere, dann wird der erstgenannte zum Kronzeugen im Prozeß gegen den zweiten und bleibt völlig straffrei, während der andere ohne mildernde Umstände für die Tat verurteilt wird. Vergleiche hierzu: Luce, R. D./Raiffa, H.: Games and Decisions; 7. Auflage, New York/London/Sydney 1967, S. 94 f.
17 Eine ausführliche Erörterung geschieht in: Axelrod, R.: Die Evolution der Kooperation; 2. Auflage, München 1991.

Wir betrachten nun ein weiteres, wiederum bewußt einfach gewähltes Beispiel:

Gegeben seien ein Kollektiv unabhängiger, identisch verteilter Risiken X_i, $i \in \mathbb{N}$, $i \geq 1000$, sowie die beiden Preisstrategien $P_1 = 240$ und $P_2 = 245$ Geldeinheiten. Beide Anbieter haben eine zwar unterschiedliche, aber abnehmende Risikoaversion[18], so daß die erforderlichen Sicherheitszuschläge mit wachsendem Kollektiv progressiv wachsen; die Prämienkalkulation ist also superadditiv. Die Nachfrage sei gegeben durch $N_1 := N(P_1) = N(240) = 1000$, $N_2 := N(P_2) = N(245) = 500$. Es sei unterstellt, daß Konsumenten das billigste Angebot nachfragen und daß sich bei einem einheitlichen Preis die Versicherungsnachfrage paritätisch auf die Anbieter verteilt. Die versicherungstechnischen Produktionskosten in Geldeinheiten pro Risiko seien:

Zahl der versicherten Risiken:	Versicherer 1:	Versicherer 2:
250	225	229
500	232	230
1000	240	240

Die Zahlen der „abgesetzten" Verträge ergeben sich als:

Vers. 2:

		P_1	P_2
Vers. 1:	P_1	(500,500)	(1000,0)
	P_2	(0,1000)	(250,250)

Und die von den jeweiligen Preisstrategien abhängigen Gewinne (in Geldeinheiten) ergeben sich wie folgt:

Vers. 2:

		P_1	P_2
Vers. 1:	P_1	(4 000,5 000)	(0,0)
	P_2	(0,0)	(5 000,4 000)

---

18 Das heißt, daß die Risikonutzenfunktion mit wachsendem Vermögen eine immer geringer werdende Risikoaversion ausweist. Ausgehend von einem festen Vermögen werden also bei wachsendem Kollektiv immer risikoscheuere Entscheidungsbereiche relevant.

Eine solche Situation ist dadurch gekennzeichnet, daß ohne eine Kooperation stets die Möglichkeit besteht, daß sich für beide das höchst unerwünschte Resultat (0,0) einstellt; aber auch im Falle von Absprachen existiert ein Konflikt um die gemeinsam zu ergreifende Preisstrategie. Beide jeweils gleichen Strategienpaare befinden sich in einem sogenannten *Nash-Gleichgewicht*, in welchem ein einseitiges Abweichen schädlich wäre[19]; allerdings profitieren die beiden Spieler von den gemeinsam gespielten Strategien unterschiedlich.

Die Spieltheorie bietet hier als Lösungsvorschläge an, entweder nach der prinzipiellen Einigung auf eine gemeinsame Preisstrategie durch einen Münzwurf zu entscheiden, welcher Preis gewählt wird, oder den bei einer gemeinsamen Preisstrategie besser gestellten Spieler eine sogenannte Seitenzahlung von 500 an den schlechter gestellten zahlen zu lassen. Ob eine solche Empfehlung praxisnah ist, darf freilich zu Recht bezweifelt werden.

Dieser Spieltyp, der in der Spieltheorie die Bezeichnung „Kampf der Geschlechter"[20] erfahren hat, zeigt aber auch, daß Kooperationen in vielen Situationen geboten sein können und auch keineswegs zu Lasten Dritter, etwa der Versicherungsnehmer, gehen müssen.

Diese beiden Beispiele mögen bereits deutlich machen, wie komplex die Probleme und wie wenig vorhersagbar die Ergebnisse von Spielsituationen sind. Es versteht sich von selbst, daß dieses erst recht gilt, wenn die vereinfachende Annahme von zweielementigen Strategiemengen verlassen wird. Für das Dyopol gilt überdies, daß aufgrund der Variabilität bei den Modellannahmen auch praktisch alle strategischen Konstellationen, unter denen es natürlich auch nicht-konfliktionäre gibt, denkbar sind[21].

---

19 Die Formulierung dieses Gleichgewichtskonzeptes erfolgte in: Nash, J. F.: Non-Cooperative Games; in: Annals of Mathematics 54 (1951), S. 286–295. Eine ausführliche Erörterung dieses Konzeptes erfolgt in Holler, M./Illing, G.: Einführung in die Spieltheorie; Berlin e.a. 1991, S. 60 ff.
20 Der Name (englische Bezeichnung: „battle of sexes") rührt gemäß althergebrachtem Rollenverständnis von folgender Situation her: Ein Ehepaar plant seinen Abend. Als Alternativen stehen der Besuch einer Boxveranstaltung, welche der Mann bevorzugt, sowie eine Ballettaufführung, welche von der Frau bevorzugt wird, zur Verfügung. Ein nicht gemeinsam verbrachter Abend würde jedoch von beiden Ehepartnern als ein „verdorbener" Abend empfunden. Vergleiche hierzu: Luce, R. D./Raiffa, H.: Games and Decisions; a.a.O., S. 90 ff.
21 Eine Übersicht über die strategischen Konstellationen für Zwei-Personen-Spiele mit zweielementigen Strategiemengen findet sich in: Rapoport, A./Guyer, M.: A Taxonomy of 2 x 2 Games; in: General Systems 11 (1966), S. 203–214; sowie: Bárány, I./Lee, J./Shubik, M.: Classification of Two-Person Ordinal Bimatrix Games; in: International Journal of Game Theory 21 (1992), S. 267–290.

Das bekannteste, auf axiomatischen Annahmen begründete kooperative Lösungskonzept ist die sogenannte *Nash-Schiedsrichter-Lösung*[22]. Auf der Grundlage eines Status-Quo-Punktes $(\bar{e}_1, \bar{e}_2)$, der dasjenige Ergebnispaar wiedergibt, von welchem beide Spieler jeweils für sich bei einem Scheitern einer Kooperation ausgehen, wird die eindeutig existierende Lösung (e_1^*, e_2^*) eines Verhandlungsprozesses bestimmt, die den Postulaten der Zulässigkeit, der individuellen Rationalität, der Pareto-Optimalität[23], der Unabhängigkeit von irrelevanten Alternativen, der Symmetrie bezüglich der Spieler und der Unabhängigkeit gegenüber positiv-linearen Transformationen[24] genügt. Sie ergibt sich als

$$\max_{(e_1, e_2) \in E} (e_1 - \bar{e}_1) \cdot (e_2 - \bar{e}_2),$$

wobei E die Menge aller im Erwartungswert erreichbaren und den Status-Quo-Punkt komponentenweise dominierenden Ergebnispaare sein soll. Als Status-Quo-Punkt wird meistens der Garantiepunkt gewählt, bei dem für beide Spieler ein defensiver Zwei-Personen-Nullsummen-Ansatz zugrunde gelegt wird. Es sind jedoch auch andere Punkte denkbar, beispielsweise, wenn Drohungen, den anderen Spieler bei einem Nichtzustandekommen der Kooperation bewußt zu schädigen, einbezogen werden[25].

Aufgrund der Variabilität hinsichtlich des Status-Quo-Punktes und wegen der möglichen Stochastizität der Lösung kann das genaue Ergebnis trotz der Eindeutigkeit der Lösung freilich nicht generell vorhergesagt werden. Daß ohne einen externen Schiedsrichter ein unterschiedliches Verhandlungsgeschick der Spieler das Ergebnis nachhaltig beeinflußt, kommt noch hinzu. Außerdem müssen bei der letztlich zu unterstellenden Nutzenerwartungswertmaximierung die Nutzen beider Spieler vergleichbar oder sogar – bei Lösungen mit Seitenzahlungen – transferierbar sein. Insgesamt sind dieses selbstverständlich sehr einschränkende Annahmen; man darf daher den Wert der Nash-Lösung für kooperative Zwei-Personen-Spiele auch nicht anhand empirischer Übereinstimmungen messen wollen. Vielmehr liegt ihr Wert darin, einem Entscheider sein eigenes sowie das gegnerische strategische Potential bewußt zu machen

---

22 Die Axiomatisierung erfolgte in: Nash, J. F.: The Bargaining Problem; in: Econometrica 18 (1950), S. 155–162. Erörterungen weiterer Konzepte erfolgen beispielsweise in Rauhut, B./Schmitz, N./Zachow, E.-W.: Spieltheorie; a.a.O., S. 267 ff. Eine auf die Rückversicherung angewandte Axiomatisierung ohne transferierbare Nutzen und ohne die generelle Symmetrieannahme bezüglich der Spieler erfolgt in Lemaire, J.: A Non Symmetrical Value for Games without Transferable Utilities; Application to Reinsurance; in: The Astin Bulletin 10 (1979), S. 195–214.
23 Die individuelle Rationalität besagt, daß sich durch Verhandlungen kein Spieler gegenüber dem Status-Quo-Punkt verschlechtern soll. Die Pareto-Optimalität besagt, daß kein für beide Spieler besseres Ergebnis erreicht werden kann.
24 Hierdurch wird berücksichtigt, daß Nutzenerwartungswerte zu maximieren sind, denn eine Bernoulli-Nutzenfunktion ist nur bis auf positiv-lineare Transformationen eindeutig.
25 Für Näheres hierzu vergleiche Owen, G.: Game Theory; a.a.O., S. 137 ff.

und ihm Wege und Argumentationen für das, was er erreichen kann, zu weisen. Entsprechendes gilt gegebenenfalls auch für externe Schiedsrichter.

Versicherungsbezogene Anwendungsmöglichkeiten für kooperative Spiele sind mannigfach. Neben den erwähnten Preisstrategien im Angebotsdyopol sind bei entsprechender Marktmacht, etwa im Industriegeschäft, auch Kooperationsgewinne auf seiten der Nachfrager möglich. Das gleiche gilt für Absatzorgane oder auch für verschiedene Abteilungen von Unternehmen. Bedeutende Anwendungsmöglichkeiten von Lösungsverfahren für kooperative Spiele bestehen jedoch auch bei kollektiven Erträgen oder bei Gemeinkosten, wenn eine direkte, unmittelbare Zuordnung auf die Beteiligten nicht möglich ist. Wir werden hierauf bei der Betrachtung der kooperativen N-Personen-Spiele zurückkommen.

Anwendungsmöglichkeiten für unkooperative Spiellösungen sind mindestens genauso zahlreich. Für sie ist es jedoch noch schwieriger, Lösungskonzepte zu formulieren. Je überzeugender die für die Definition einer Lösung zugrunde gelegten Kriterien sind, um so weniger Spiele erweisen sich als lösbar[26]. Da im Falle endlicher Strategiemengen zumindest in gemischten Strategien mindestens ein Nash-Gleichgewicht existiert, in welchem ein einseitiges Abweichen keine Vorteile bringt[27], wird dieses noch am häufigsten als Lösungskonzept gewählt. Viele strategische Konflikte bleiben mit diesem Konzept freilich ungelöst, und im Falle von Spielen mit mehreren Gleichgewichten müssen diese keineswegs alle in gleicher Weise plausibel sein. Um unplausible Gleichgewichte auszuschließen, sind in vielen Fällen Verfeinerungen des Gleichgewichtskonzepts sinnvoll. Auch die Einbeziehung von Informationen über die mutmaßliche Strategiewahl des anderen Spielers, die beipielsweise durch ein vorgeschaltetes Signalspiel erfolgen kann, sowie über Wahrscheinlichkeiten im allgemeinen kann in vielen Fällen eine überzeugende Spiellösung determinieren[28]. Diesbezügliche Fragestellungen haben in jüngerer Zeit eine besondere Beachtung bei den spieltheoretischen Forschungen erfahren. Es muß jedoch festgehalten werden, daß es zwar gelungen ist, in etlichen Spezialfällen das Spiel transparent zu machen und auch eine relativ plausible Lösung zu determinieren, daß aber die in den beiden Beispielen aufgezeigten allgemeinen Grundprobleme bei Zwei-Personen-Nicht-Nullsummen-Spielen bestehen bleiben.

---

26   Eine Übersicht über grundlegende Lösungskonzeptionen für unkooperative Zwei-Personen-Spiele geben Bamberg, G./Coenenberg, A. G.: Betriebswirtschaftliche Entscheidungslehre; 7. Auflage, München 1992, S. 179 ff.
27   Ein Beweis hierfür findet sich in Rauhut, B./Schmitz, N./Zachow, E.-W.: Spieltheorie; a.a.O., S. 252 ff.
28   Näheres zu Verfeinerungen von Gleichgewichten und Signalspielen findet sich in: Holler, M./Illing, G.: Einführung in die Spieltheorie; a.a.O., S. 104 ff.; sowie: Rasmusen, E.: Games and Information; Oxford/Cambridge (Mass.) 1989.

Mit dem *moralischen Risiko*, also der Veränderung des Verhaltens eines Versicherungsnehmers aufgrund der Versicherung seines Risikos, besitzen unkooperative Zwei-Personen-Spiele jedoch den wohl bekanntesten versicherungsbezogenen Anwendungsfall der Spieltheorie. Auch wenn versicherungsinduziertes Verhalten von Nachfragern durchaus nicht immer gezielt beziehungsweise „strategisch" geschieht, so macht es doch für den Versicherer keinen Unterschied in bezug auf sein eigenes Verhalten, ob ein gezieltes „Ausnutzen" des Versicherungsvertrages oder eine verhaltensmäßig beeinflußbare Nachlässig- oder Fahrlässigkeit vorliegt. Er sieht sich einer Situation ausgesetzt, in der sein Ergebnis nicht nur vom Zufall und von seinen eigenen Handlungen abhängt, sondern auch davon, wie sich ein anderer Entscheidungsträger in Verfolgung seiner Interessen gegenüber der Inanspruchnahme von Versicherungsleistungen und damit ihm gegenüber verhält. Auf dieses Verhalten kann der Versicherer jedoch seinerseits wieder einen Einfluß ausüben. Es liegt also eine Principal-Agent-Situation vor, die mit spieltheoretischen Methoden analysiert werden kann[29].

Borch[30] betrachtet ein Modell, bei dem ein Versicherungsnehmer gegen Zahlung einer Prämie P ein Risiko bei einem Versicherungsunternehmen in Deckung gibt, welches erwartete Schäden von K verursacht. Der Versicherungsnehmer ist vertragliche Verpflichtungen eingegangen, welche ihn den Betrag a kosten und die Schäden gering halten sollen. Er kann, bei Vorhandensein von moralischem Risiko, versucht sein, die vertraglichen Verpflichtungen nicht einzuhalten, was zu erwarteten Schäden von K* führt. Der Versicherer kann wiederum gegen Kosten von b den Versicherungsnehmer kontrollieren und würde, wenn dieser seine vertraglichen Verpflichtungen nicht einhält, von ihm eine Vertragsstrafe von Q erhalten. Es gelte $K < K^*$, $b < Q$ sowie $Q > a + K^* - K$.

---

29 Die sogenannte Principal-Agent-Theorie hat die Optimierung der Anreizsetzung von seiten eines Entscheiders, des Prinzipals, für einen anderen Entscheider, den Agenten, zum Gegenstand. Das Handeln des Agenten erfolgt in Abhängigkeit von dessen eigenen Präferenzen, was jedoch vom Prinzipal antizipiert und durch von ihm gegebene Anreize in seinem Sinne gesteuert werden kann. Mit dieser Interpretation handelt es sich um ein komplexeres Entscheidungsproblem bei Risiko für den Prinzipal. Man kann jedoch den Rückkopplungseffekt beim Verhalten des Agenten für dessen Entscheidungsoptimierung auch als strategische Reaktion auffassen und Entscheidungsprobleme dieser Art somit als einen unmittelbaren Teil der Spieltheorie ansehen. Die Principal-Agent-Theorie läßt sich also sowohl in den Bereich der Entscheidungen bei Risiko als auch in die Spieltheorie einordnen, und es werden selbstverständlich auch „klassische" risikopolitische Principal-Agent-Modellansätze verfolgt. Vgl. hierzu: Müller, H. H./Gisler, A.: Kommentar zur Anwendung der „Moral-Hazard"-Theorie im Versicherungsbereich; in: Mitteilungen der Vereinigung Schweizer Versicherungsmathematiker 1985, S. 77 – 80. Etliche Untersuchungen haben die Optimierung von Kontrollen und Selbstbeteiligungen aus Sicht des Versicherers zum Gegenstand, in denen ein bestimmtes Verhalten der Versicherten antizipiert wird. Vgl. hierzu: Shavell, S.: On Moral Hazard and Insurance; in: The Quarterly Journal of Economics 93 (1979), S. 541 – 562.
30 Borch, K.: The Price of Moral Hazard; in: Scandinavian Actuarial Journal 1980, S. 173 – 176.

Das Spiel wird durch folgende Matrix wiedergegeben:

		Vers.-Untern.:	
		vertrauen	kontrollieren
Vers.-Nehmer:	Verpfl. einhalten	$(K - P - a; P - K)$	$(K - P - a; P - K - b)$
	Verpfl. nicht einhalten	$(K^* - P; P - K^*)$	$(K^* - P - Q; P - K^* + Q - b)$

Für die Betrachtung gemischter Strategien sei x die Wahrscheinlichkeit der Nichteinhaltung der vertraglichen Verpflichtungen und y die Kontrollwahrscheinlichkeit[31]. Borch ermittelt dann auf Basis einer Erwartungswertmaximierung die einzige Nash-Gleichgewichtsstrategie, die als Lösung für dieses Spiel eine große Plausibilität besitzt, für

$$x = \frac{b}{Q}, y = \frac{a + K^* - K}{Q}$$

mit dem folgenden Paar von erwarteten monetären Ergebnissen:

$$(K - P - a; P - K - \frac{b \cdot (K^* - K)}{Q})$$

Die niedrigste Prämie, für die der Versicherer das Risiko abdeckt, ergibt sich dann als $K + \frac{b \cdot (K^* - K)}{Q}$, was nach Abzug der erstatteten Schäden für den Versicherungsnehmer eine Zahlung von $a + \frac{b \cdot (K^* - K)}{Q}$ bedeutet.

Der Betrag von $\frac{b \cdot (K^* - K)}{Q}$ kann somit als die erwarteten Kosten auf Grund der Existenz des moralischen Risikos interpretiert werden. Da dieser vom Versicherer antizipiert und bei der Prämienkalkulation berücksichtigt wird, zeigt sich auch, daß eine höhere Vertragsstrafe Q prämienreduzierend wirkt.

---

31 Handelt es sich bei dem Versicherungsnehmer zum Beispiel um eine Fluggesellschaft, die im Rahmen einer Versicherung gegen den Verlust von Reisegepäck verpflichtet ist, Kontrollen durchzuführen, dann können gemischte Strategien sehr anschaulich als Stichprobenkontrollen interpretiert werden.

Takao[32] betrachtet in seinem Modell das Verhältnis zwischen zwei Versicherungsnehmern. Beide haben die Möglichkeit, sich als „gutes Risiko" oder als „schlechtes Risiko" zu verhalten. Die monetären Konsequenzen für die Versicherungsnehmer lassen sich unter Einbeziehung von Prämienzahlungen als das folgende Spiel vom Typ „Chicken Game", einem dem Gefangenendilemma ähnlichen Spiel, darstellen[33]:

		Vers.-Nehmer 2:	
		gutes Risiko	schlechtes Risiko
Vers.-Nehmer 1:	gutes Risiko	(2,2)	(0,3)
	schlechtes Risiko	(3,0)	(-2,-2)

Bei großen Kollektiven führt dieser Konflikt zum sogenannten Trittbrettfahrerproblem[34], das dadurch gekennzeichnet ist, daß es für einen einzelnen stets vorteilhaft ist, sich an Kosten für eine Gemeinschaft, der er selbst angehört und von der er profitiert, nicht zu beteiligen, solange andere dieses tun. Dowd[35] zeigt diesen Effekt am Beispiel der Krankenversicherung auf. Er betrachtet dieses zwar als N-Personen-Spiel, aber im Kern ist diese Problematik schon bei Zwei-Personen-Spielen angelegt. Er zeigt auf, daß ein kostenträchtiges Verhalten individuell für jedes Mitglied eines versicherten Kollektivs rational ist, so daß er im Interesse der kollektiven Ausgabenreduktion eine Anreizsetzung für kostenbewußtes Verhalten empfiehlt.

Lemaire[36] betrachtet den Fall des Erkennens von Vorerkrankungen beim Abschluß von Lebensversicherungsverträgen. Gegenstand ist hier nicht das eigentliche moralische Risiko, sondern die Informationsasymmetrie zwischen Versicherer und Versicherungsnehmer[37], die in ihren Auswir-

---

32 Takao, A.: Über die Normalität des moralischen Risikos – eine Kritik der Theorie der Gefahrengemeinschaft; in: Zeitschrift für die gesamte Versicherungswissenschaft 71 (1982), S. 5 – 25.
33 Vgl. Takao, A.: Über die Normalität des moralischen Risikos – eine Kritik der Theorie der Gefahrengemeinschaft; a.a.O., S. 17.
34 Dieses ist auch unter der Bezeichnung Gewerkschaftsdilemma bekannt.
35 Dowd, B. E.: The Logic of Moral Hazard: A Game Theoretic Illustration; in: The Journal of Risk and Insurance 49 (1982), S. 443 – 447.
36 Lemaire, J.: A Game Theoretic Look at Life Insurance Underwriting; in: The Astin Bulletin 11 (1980), S. 1 – 16.
37 Hierunter ist zu verstehen, daß ein Versicherungsnehmer hinsichtlich seines Risikos über genauere Informationen verfügt als der Versicherer. Ein überdurchschnittliche Schäden verursachendes Risiko ist für den Versicherer bei Antragstellung als ein solches nicht erkennbar.

kungen dem moralischen Risiko jedoch ähnlich ist. Es handelt sich hier um eine besonders interessante Anwendung der Spieltheorie auf versicherungsbezogene Fragestellungen, weil nämlich für einen „Spieler", den Versicherungsnehmer, eigentlich überhaupt kein strategischer Handlungsspielraum besteht, spieltheoretische Methoden aber dennoch anwendbar sind.

Während für den Versicherer die Strategien „Annahme" und „Ablehnung" für die Modellbildung naheliegend sind, können für einen beliebigen Versicherungsnehmer „Gesund sein" und „Krank sein" zunächst nicht als Strategien angesehen werden, da sie vom Versicherungsnehmer nicht steuerbar sind. Lemaire unterstellt jedoch, daß das Spiel der Antragstellung realistischerweise mit unterschiedlichen Personen sehr oft wiederholt wird. Der Versicherer kann dann den Antragsteller als seinen fiktiven Gegenspieler ansehen, der mit bestimmten, ihm nicht genau bekannten Wahrscheinlichkeiten eine gemischte Strategie spielt, deren Zufallsrealisationen „gesund" oder „krank" sind. Der Versicherer kann sich nun das in der Spieltheorie bewiesene Faktum zunutze machen[38], daß es zu jeder bekannten, gegebenenfalls auch gemischten Strategie des Gegners immer eine reine, das heißt nicht gemischte Strategie für ihn gibt, die sein Ergebnis optimiert. Welche Strategie, Annahme oder Ablehnung[39], optimal ist, hängt, wenn die monetären Größen einmal als gegeben angesehen werden, dann nur von der Kenntnis der Wahrscheinlichkeit des Krankseins des Antragstellers ab. Lemaire konzentriert sich daher auf die möglichst gute Bestimmung dieser Wahrscheinlichkeit für den Einzelfall.

Wir haben also gesehen, daß es vielfältige Übertragbarkeiten von Modellen für Zwei-Personen-Spiele auf die Versicherung gibt, sowohl hinsichtlich der einzelnen Unternehmen und Sparten als auch hinsichtlich der einzelnen Entscheidungsträger mit ihren Strategien und Handlungsergebnissen. Die Fülle von Anwendungsmöglichkeiten, welche wir nur exemplarisch aufzeigen konnten, erfährt noch eine deutliche Erweiterung, wenn wir Spielsituationen mit mehr als zwei Spielern betrachten.

4. N-Personen-Spiele

Von den als Spiel modellierten Konflikten zwischen einem Versicherungsunternehmen und einem Versicherungsnehmer einmal abgesehen, sind strategische Entscheidungssituationen mit mehr als zwei Beteiligten als der Normalfall anzusehen. Ein Angebotsdyopol, ein Konflikt zwischen

---

38 Vgl. hierzu z. B. Bühlmann, H./Löffel, H./Nievergelt, E.: Entscheidungs- und Spieltheorie; a.a.O., S. 183 f., S. 293 ff.
39 Lemaire erweitert sein Modell um weitere Strategien des Versicherers, beispielsweise um zusätzliche Gesundheitsuntersuchungen. Diese machen sein Modell realitätsnäher, an den spieltheoretischen Grundaussagen ändern sie jedoch nichts, so daß wir an dieser Stelle nicht weiter darauf eingehen.

genau zwei Versicherungsnehmern oder ein kooperatives Bargaining genau zweier Abteilungen eines Unternehmens sind zwar möglich, aber doch weitaus weniger realistisch als entsprechende Situationen mit mehr als zwei Beteiligten. Entscheidungssituationen dieser Art werden als sogenannte N-Personen-Spiele modelliert; es gilt also stets N∈ℕ\{1,2}.

Die N-Personen-Spiele werden wie die Zwei-Personen-Spiele in kooperative und unkooperative Spiele unterschieden. Bei unkooperativen N-Personen-Spielen treten im Kern die gleichen Probleme wie bei den Zwei-Personen-Spielen auf, auch wenn die strategischen Konstellationen natürlich sehr viel komplexer sind. Die Lösungsansätze basieren auf den gleichen Überlegungen wie bei den Zwei-Personen-Spielen[40, 41].

Bei kooperativen N-Personen-Spielen tritt jedoch gegenüber den Zwei-Personen-Spielen als neuer Aspekt die Koalitionsbildung auf. Die Lösungskonzepte für diese Spiele konzentrieren sich daher auf die Frage, welche Koalitionen sich bilden und wie ein Koalitionsgewinn unter den Mitgliedern der Koalition aufzuteilen sei. Die bei den Zwei-Personen-Spielen erörterten Probleme bestehen hier selbstverständlich fort, auch wenn dieses im weiteren keine besondere Erwähnung mehr erfährt[42].

Wir definieren:

Sei $\mathcal{N}$ die Menge der Spieler, $|\mathcal{N}|$ =: N ≥ 3. Dann heißt jede Menge K⊆$\mathcal{N}$ eine *Koalition*.

Ist $(K_1, \ldots, K_n)$, n ≤ N, eine disjunkte Zerlegung von $\mathcal{N}$, dann heißt $(K_1, \ldots, K_n)$ eine *Koalitionsstruktur*.

Für Auszahlungen $u_1, \ldots, u_N$ der Spieler $1, \ldots, N$ heißt $(u_1, \ldots, u_N)$ ein *Auszahlungsvektor*[43].

Ein Tupel $(K_1, \ldots, K_n; u_1, \ldots, u_N)$, das eine Koalitionsstruktur mit einem Auszahlungsvektor verbindet, heißt *Auszahlungskonfiguration*.

---

40 Vgl. Rauhut, B./Schmitz, N./Zachow, E.-W.: Spieltheorie; a.a.O., S. 307 f.
41 Das bereits erwähnte Modell von Dowd, welches er als ein N-Personen-Spiel formuliert hat, ist hierfür ein Beispiel. Siehe Dowd, B. E.: The Logic of Moral Hazard: A Game Theoretic Illustration; a.a.O.
42 Die folgenden Darstellungen zu den wichtigsten Lösungskonzeptionen für kooperative N-Personen-Spiele stützen sich im wesentlichen auf Bamberg, G./Coenenberg, A. G.: Betriebswirtschaftliche Entscheidungslehre; a.a.O.; Friedman, J. W.: Game Theory with Applications to Economics; Oxford e.a. 1986; Holler, M./Illing, G.: Einführung in die Spieltheorie; a.a.O.; Owen, G.: Game Theory; a.a.O.; Rauhut, B./Schmitz, N./Zachow, E.-W.: Spieltheorie; a.a.O.; Thomas, L. C.: Games, Theory and Applications; New York e.a. 1986.
43 Wir verwenden das Symbol u, da die „Auszahlungen" gemäß dem Bernoulli-Prinzip Erwartungsnutzen darstellen, die zusätzlich vergleichbar und jeweils im Verhältnis von 1 : 1 transferierbar sein sollen. Die Betrachtung von monetären Auszahlungen in Verbindung mit einer Erwartungswertmaximierung ist jedoch ohne Probleme möglich.

Fundamental für Lösungskonzeptionen von kooperativen N-Personen-Spielen ist der Begriff der charakteristischen Funktion; diese ordnet jeder Koalition den Wert zu, den sie sich aus eigener Kraft sichern kann. Als Basis für die Definition dient die bereits von den Zwei-Personen-Spielen bekannte Maximin-Konzeption, wobei an Stelle der beiden Spieler jetzt jeweils zum einen die Koalition und zum anderen die sogenannte Gegenkoalition, welche die restlichen Spieler umfaßt, betrachtet werden:

Sei $K \subseteq \mathcal{N}$ eine Koalition eines N-Personen-Spieles. S_K sei die Menge der $|K|$-Tupel der Strategien der Mitglieder von K. Dann heißt die Abbildung

$$v: K \to v(K) := \sup_{(x_1, \ldots, x_{|K|}) \in S_K} \inf_{(y_1, \ldots, y_{N-|K|}) \in S_{\mathcal{N} \setminus K}} \sum_{i \in K} u_i(x_1, \ldots, x_{|K|}, y_1, \ldots, y_{N-|K|});$$

$$v(\mathcal{N}) := \sup_{(x_1, \ldots, x_N) \in S_{\mathcal{N}}} \sum_{i=1}^{N} u_i(x_1, \ldots, x_N); \quad v(\emptyset) = 0$$

die *charakteristische Funktion* des Spiels[44].

Die charakteristische Funktion erfüllt die Bedingung der Superadditivität:

Für beliebige, paarweise disjunkte Koalitionen $K_i \subseteq \mathcal{N}$, i = 1, ..., n, gilt:

$$v(\bigcup_{i=1}^{n} K_i) \geq \sum_{i=1}^{n} v(K_i).$$

Die charakteristische Funktion dient als Grundlage für alle Lösungsverfahren für kooperative N-Personen-Spiele. Um einen Eindruck davon zu erhalten, wie wenig vorhersagbar es im allgemeinen ist, welche Koalitionen sich bilden und ob durch Kooperation das bestmögliche Ergebnis tatsächlich realisiert wird, betrachten wir das folgende Beispiel:

Drei Versicherer können in einen Markt von 900 Risiken eintreten, die gegen eine Prämie von 10 Geldeinheiten pro Risiko versichert werden können. Die versicherungstechnischen Produktionskosten betragen pro Risiko 9 Geldeinheiten, wenn 300 oder 450 Risiken im Bestand sind, und 10 Geldeinheiten pro Risiko, wenn sämtliche Risiken im Bestand sind[45]. Die Nachfrage teile sich wiederum paritätisch auf die Anbieter auf. Dann erzielt ein Anbieter einen Überschuß von 0, wenn er nicht in den Markt eintritt oder wenn er der einzige Anbieter ist. Bei zwei Anbietern beträgt der Überschuß 450, und bei drei Anbietern 300 für jeden Anbieter. Da es

---

44 Bei endlichen reinen Strategiemengen der Spieler und keinen Beschränkungen bei den Randomisierungen kann das Supremum durch das Maximum und das Infimum durch das Minimum ersetzt werden.
45 Gründe hierfür können beispielsweise eine fallende Risikoaversion mit einer superadditiven Prämienkalkulation, ein größeres Ruinrisiko oder höhere Rückversicherungskosten sein.

also am besten ist, einer von genau zwei Anbietern zu sein, erweist sich die Situation als äußerst instabil. Es ist offen, welche beiden Spieler sich zusammenschließen oder ob nicht doch alle drei Spieler eine sogenannte „große Koalition" bilden.

Darüber hinaus muß in Fällen, in denen die Frage der Koalitionsbildung unproblematisch scheint, dieses keineswegs auch für die Frage nach der Aufteilung des Koalitionsgewinnes gelten. Betrachten wir die charakteristische Funktion v mit $v(K) = 0$ für alle $K \neq \mathcal{N}$ und $v(\mathcal{N}) = a > 0$, so dürften sich alle Spieler zur großen Koalition zusammenschließen. Da aber jeder Spieler eine Vetomöglichkeit hat, wäre es durchaus vorstellbar, daß einzelne Spieler mit der Drohung, die Kooperation nicht zustande kommen zu lassen, eine größere Auszahlung als den Betrag von $\frac{a}{N}$ erreichen, der ihnen bei einer Gleichaufteilung zustünde.

Wir sehen auch hier, wie bei den allgemeinen Zwei-Personen-Spielen, daß es nicht möglich ist, eine befriedigende, generell akzeptable und empirisch verifizierte Spiellösung zu definieren. Es gibt daher auch eine Vielzahl von Lösungskonzeptionen für kooperative N-Personen-Spiele, welche ihre jeweiligen Vorzüge und Nachteile aufweisen. Man kann sie danach unterscheiden, ob sie aus der Menge aller Auszahlungskonfigurationen solche Elemente auswählen, welche gewisse Stabilitätseigenschaften aufweisen, sogenannte Mengenkonzepte, oder ob sie eine konkrete Auszahlungsaufteilung bestimmen, sogenannte Wertkonzepte.

Die meisten Lösungskonzepte basieren auf der Menge der Imputationen:

Eine *Imputation* ist ein Auszahlungsvektor, für den gilt:

$u_i \geq v(\{i\}) \quad \forall i \in \{1, \ldots, N\}$ (individuelle Rationalität)

$\sum_{i=1}^{N} u_i = v(\mathcal{N})$ (kollektive Rationalität)

Es wird also unterstellt, daß kein Spieler bereit ist zu kooperieren, wenn er sich dadurch schadet, und daß die Spieler so vernünftig sind, sich die kollektiv größtmögliche Auszahlung zu sichern und dafür auch die große Koalition zu bilden.

Wie das Beispiel gezeigt hat, ist jedoch die große Koalition insbesondere dann nicht stabil, wenn eine Teilkoalition allen ihren Mitgliedern eine Auszahlungsverbesserung garantieren kann. Das Konzept des *Kerns* von Gillies (englisch: core)[46] bezeichnet darum alle Imputationen als Lösung,

---

46 Gillies, D.: Solutions to General Non-Zero-Sum-Games; in: A. Tucker/R. Luce (Hrsg.): Contributions to the Theory of Games, IV, Annals of Mathematical Studies 40; Princeton 1959, S. 47–85.

die koalitionsrational sind. Dabei heißt ein Auszahlungsvektor *koalitionsrational*[47], wenn für jede Koalition $K \subseteq \mathcal{N}$ gilt:

$$\sum_{i \in K} u_i \geq v(K).$$

Viele Spiele besitzen damit jedoch eine leere Lösungsmenge, und oft ist die Lösungsmenge auch recht groß, so daß ein erhebliches Konfliktpotential noch innerhalb der Lösung enthalten ist.

Sehr viel vorsichtiger erfolgt die Imputationeneingrenzung bei der *von-Neumann-Morgenstern-Lösung*[48]. Sie basiert auf einer Dominanzrelation über der Menge der Imputationen. Per definitionem dominiere eine Imputation eine andere, wenn sämtliche Spieler einer Teilkoalition sich besser stellen können und auch in der Lage sind, dieses durchzusetzen:

Seien $\bar{u} := (u_1, \ldots, u_N)$, $\bar{v} := (v_1, \ldots, v_N)$ Imputationen, $\bar{u}$ dominiert dann $\bar{v}$, wenn gilt:

$$\exists K \subseteq \mathcal{N}, K \neq \emptyset, \text{mit: } u_i > v_i \ \forall i \in K; \sum_{i \in K} u_i \leq v(K).$$

Da die Koalitionen beliebig sind, können sich Imputationen gegenseitig dominieren, und die Relation ist im allgemeinen nicht transitiv. Der Kern ergibt sich als die Menge aller undominierten Imputationen, wodurch er auch bisweilen definiert wird.

Eine, in der Regel nicht eindeutige, von-Neumann-Morgenstern-Lösung ist definiert als eine Menge L von Imputationen, die sich nicht dominieren und für die gilt, daß jede andere Imputation durch mindestens ein Element von ihr dominiert wird:

(i) $\bar{u} \notin L \Rightarrow \exists \bar{v} \in L$ mit: $\bar{v}$ dominiert $\bar{u}$

(ii) $\bar{u} \in L, \bar{v} \in L \Rightarrow \bar{u}$ dominiert nicht $\bar{v}$

Eine solche Menge wird auch – oft mißverständlich – als „stabile Menge" bezeichnet. Doch auch bei Zugrundelegung dieser vorsichtigen Lösungskonzeption gibt es Spiele mit einer leeren Lösungsmenge[49].

---

47 Eine synonyme Bezeichnung hierfür ist „gruppenrational".
48 Vergleiche von Neumann, J./Morgenstern, O.: Theory of Games and Economic Behavior; deutsche Übersetzung von M. Leppig: Spieltheorie und wirtschaftliches Verhalten; 2. Auflage, a.a.O., S. 418 ff.
49 Siehe Lucas, W. F.: The Proof that a Game may not have a Solution; in: Transactions of the American Mathematical Society 137 (1969), S. 219–229.

Das *Bargaining Set* von Aumann und Maschler[50], das oft ebenfalls als „stabile Menge" bezeichnet wird[51], verzichtet im Unterschied zu den anderen hier angeführten Lösungskonzeptionen auf die kollektive Rationalität und betrachtet koalitionsrationale Auszahlungskonfigurationen. Es wird versucht, den Aushandlungsprozeß von kooperativen Spiellösungen nachzuahmen, und weiter angenommen, daß eine Auszahlungskonfiguration dann stabil ist, wenn innerhalb einer bestehenden Koalition auf jeden Einwand einer Unterkoalition die restlichen Spieler dieser Koalition mit einem Gegeneinwand reagieren können. Ein Einwand stellt dabei eine andere koalitionsrationale Auszahlungskonfiguration dar, bei der sich die Mitglieder der Unterkoalition besser stellen. Dieser Einwand ist natürlich nur glaubhaft, wenn sich in anderen Koalitionen befindende, für ihn aber benötigte Spieler sich gegenüber dem Status-Quo nicht schlechter stellen. Der Gegeneinwand beruht auf der gleichen Überlegung. Das Bargaining Set ist als die Menge aller stabilen koalitionsrationalen Auszahlungskonfigurationen definiert. Diese Menge ist nie leer, da ein Verbleiben aller Spieler in „Einerkoalitionen" ohne Kooperationsgewinne möglich bleibt. Sie ist üblicherweise jedoch auch sehr komplex und mathematisch sehr schwer zu handhaben. Immerhin zeigt das Bargaining Set relativ gute empirische Ergebnisse.

Besteht der Wunsch, eine konkrete, einelementige Lösung des Spiels zu erhalten, bieten sich Wertkonzepte als Lösungsdefinitionen an. Dieses erscheint insbesondere dann erforderlich, wenn, ähnlich der Nash-Lösung für kooperative Zwei-Personen-Spiele, eine Schiedsrichterlösung gesucht wird.

Das bekannteste Wertkonzept stellt der *Shapley-Wert* dar[52]. Er basiert auf der Grundannahme, daß Koalitionen sich sukzessive durch den Beitritt einzelner Spieler bilden und daß jeder Spieler i den Teil der Auszahlung für die Koalition K für sich beanspruchen kann, um den sich die Koalitionsauszahlung durch seinen Beitritt erhöht hat: $v(K) - v(K\setminus\{i\})$. Weiter werden alle Beitrittsreihenfolgen als gleichwahrscheinlich angenommen. Es werden dann für jeden Spieler alle entsprechenden, durch ihn begründeten Auszahlungserhöhungen, gewichtet mit der jeweiligen Wahrscheinlichkeit, daß er überhaupt an entsprechender Stelle der Koalition beitritt, summiert.

---

50 Aumann, R. J./Maschler, M.: The Bargaining Set for Cooperative Games; in: L. Dresher/L. S. Shapley/A. W. Tucker (Hrsg.): Advances in Game Theory, American Mathematical Studies 52; Princeton 1964, S. 443–476.
51 Auch die eingedeutschte Bezeichnung „Verhandlungsbereich" findet Verwendung.
52 Shapley, L. S.: A Value for n-Person Games; in: H. W. Kuhn/A. W. Tucker (Hrsg.): Contributions to the Theory of Games, II, Annals of Mathematical Studies 28; Princeton 1953, S. 307–317.

Der daraus resultierende Wert

$$\Phi_i(v) := \sum_{K \subseteq \mathcal{N}} \frac{(k-1)! \cdot (N-k)!}{N!} \cdot [v(K) - v(K\setminus\{i\})], |K| = k, |\mathcal{N}| = N,$$

heißt der *Shapley-Wert des Spiels für den Spieler i*.

Der Shapley-Wert kann auch anhand folgender Postulate axiomatisch begründet werden:

1. Der Wert ist unabhängig von der Reihenfolge der Benennung der Spieler.
2. Die Lösung ist kollektiv rational.
3. Sind v und w die charakteristischen Funktionen zweier Spiele, deren Werte addiert werden, so addieren sich auch die Shapley-Werte, das heißt es gilt: $\Phi(v + w) = \Phi(v) + \Phi(w)$.

Der Shapley-Wert muß keineswegs im Kern liegen, auch wenn dieser nicht leer ist. Die Koalitionsrationalität ist mit dem Postulat, daß ein Spieler seinen Kooperationsgewinn beim Beitritt zu einer Koalition beanspruchen kann, nicht kompatibel. Die Inkompatibilität dieser beiden recht plausiblen Annahmen zeigt die Unmöglichkeit, einen generellen Lösungsbegriff für kooperative N-Personen-Spiele zu finden, deutlich auf.

Ein weiteres Konzept ist der *Nucleolus* von Schmeidler[53]. Er gehört nach seiner Definition zu den Mengenkonzepten; da die Lösungsmenge jedoch bei Zugrundelegung der Menge der Imputationen oder auch der Menge aller realisierbaren Auszahlungsvektoren einelementig ist, können wir den Nucleolus auch als ein Wertkonzept ansehen.

Es werden bei diesem Lösungskonzept für alle Koalitionen zunächst „Unzufriedenheitswerte", die sogenannten *Exzesse*, eingeführt. Der Exzeß $e(K, \bar{u})$ einer Koalition K bezüglich eines Auszahlungsvektors $\bar{u}$ wird beim Nucleolus als Differenz zwischen dem charakteristischen Funktionswert einer Koalition und der Summe aller tatsächlichen Auszahlungen ihrer Mitglieder definiert:

$$e(K, \bar{u}) := v(K) - \sum_{i \in K} u_i$$

Sämtliche zu einem Auszahlungsvektor korrespondierenden Exzesse werden der Größe nach in einem geordneten Exzeßvektor aufgelistet. Diese

---

[53] Schmeidler, D.: The Nucleolus of a Characteristic Function Game; in: SIAM Journal of Applied Mathematics 17 (1969), S. 1163–1170.

Exzeßvektoren werden nun lexikographisch minimiert. Der üblicherweise eindeutige Auszahlungsvektor, der dem lexikographisch kleinsten Exzeßvektor entspricht und der somit die maximale Unzufriedenheit minimiert, wird als der Nucleolus $\bar{u}$ bezeichnet. Es gilt also:

$e(K_1, \bar{u}) \geq e(K_2, \bar{u}) \geq \ldots \geq e(K_{2^N}, \bar{u}) \Rightarrow$

$\forall \bar{v}, i = 1, \ldots, n$ mit $n \in \{1, \ldots, 2^N\}$, gilt $e(K_i, \bar{u}) \leq e(K_i', \bar{v})$, wenn

$e(K_1', \bar{v}) \geq e(K_2', \bar{v}) \geq \ldots \geq e(K_{2^N}', \bar{v})$.

Von seinen Eigenschaften her ist der Nucleolus mit dem Kern verwandt, existiert jedoch immer. Im Gegensatz zum Shapley-Wert befindet er sich stets im Kern, wenn dieser nicht leer ist. Seine Berechnung ist jedoch sehr viel aufwendiger; in der Regel ist hierfür eine lineare Programmierung erforderlich.

Varianten des Nucleolus erhält man, indem man anstelle der Exzesse andere Unzufriedenheitsgrößen verwendet[54].

Zwischen dem Bargaining Set und dem Nucleolus ist das Konzept des *Kernels* einzuordnen, bei dem für je zwei Spieler die maximalen Exzesse der Koalitionen, in denen der jeweils eine Spieler enthalten ist und der jeweils andere Spieler nicht, gleich sein sollen, solange die individuelle Rationalität dabei gewährleistet bleibt[55].

Es zeigt sich also, daß es sehr unterschiedliche Lösungskonzeptionen für kooperative N-Personen-Spiele mit unterschiedlichen Vorzügen und Nachteilen gibt. Je spezifizierter ein Lösungskonzept ist, um so häufiger wird es von der Realität widerlegt werden, und je allgemeiner es gehalten ist, desto weniger kann es für sich den Anspruch erheben, das Entscheidungsproblem „gelöst" zu haben. Die Frage, welches Konzept für welche Problemstellung geeignet ist, kann, wenn überhaupt, nur einzelfallbezogen beantwortet werden.

Die ökonomischen Anwendungen der Theorie der N-Personen-Spiele sind vielfältig. Einen breiten Raum nimmt dabei das Angebotsoligopol ein, wobei sowohl nicht-kooperative als auch kooperative Spiellösungen betrachtet werden[56]. Hierbei spielt selbstverständlich die Frage eine wesentliche Rolle, welche Spiele realistische Marktsituationen widerspiegeln. Es überrascht nicht, daß die Vielfalt in der Realität auch zu unterschiedlichen Modellen führt. Während Shapley und Shubik beispielsweise ein

---

54 Vgl. hierzu Lemaire, J.: An Application of Game Theory: Cost Allocation; in: The Astin Bulletin 14 (1984), S. 71 f.
55 Einzelheiten hierzu sind erläutert in Owen, G.: Game Theory; a.a.O., S. 236 ff.
56 Eine umfassende Abhandlung zu dieser Thematik erfolgt durch Friedman, J. W.: Oligopoly and the Theory of Games; Amsterdam/New York/Oxford 1977.

Oligopol mit dem Kern als Lösungsbereich betrachten[57], behandelt Kaneko ein Oligopolmodell, dessen Kern leer ist und für das er Spiellösungen auf der Grundlage des Bargaining Sets betrachtet[58].

Die meisten Versicherungsmärkte sind zweifellos durch ein Angebotsoligopol gekennzeichnet. Die verschiedenen Oligopolmodelle besitzen somit potentiell viele Anwendungsmöglichkeiten im Bereich der Versicherung. Trotz dieses großen Anwendungspotentials haben die Oligopolmodelle in der versicherungswissenschaftlichen Forschung, verglichen beispielsweise mit den finanztheoretischen Kapitalmarktmodellen, bislang relativ wenig Beachtung gefunden. Dieses gilt im besonderen auch für die spieltheoretischen Modelle[59].

Weitere bedeutende ökonomische Anwendungen der Theorie der kooperativen N-Personen-Spiele bieten sich bei der Zuordnung von kollektiven Erträgen oder Gemeinkosten auf die einzelnen Beteiligten an. Ein versicherungstechnisches Beispiel hierfür stellt das Problem der Aufteilung eines erforderlichen kollektiven Sicherheitszuschlages auf die Einzelprämien des Kollektivs dar.

Erfolgt eine subadditive Prämienkalkulation, so sinkt für ein Kollektiv von unabhängigen, identisch verteilten Risiken mit wachsendem Bestand der erforderliche Sicherheitszuschlag pro Risiko. In einem homogenen Kollektiv wird diese Einsparung beim erforderlichen kollektiven Sicherheitszuschlag wegen des Gleichbehandlungsgebots auf alle Risiken gleich verteilt. Im Falle eines inhomogenen Bestandes unabhängiger Risiken treten Einspareffekte beim kollektiven Sicherheitszuschlag aufgrund der Risikoausgleichseffekte ebenfalls auf; dessen Zuordnung auf die einzelnen Risiken ist jedoch nicht von vornherein klar.

Zur Veranschaulichung des Problems betrachten wir das folgende einfache Beispiel:

Gegeben seien drei stochastisch unabhängige Risiken X_1, X_2, X_3 mit den folgenden Standardabweichungen: $\sigma_1 = 5$, $\sigma_2 = 4$, $\sigma_3 = 3$. Der Versicherer bemesse seinen notwendigen Sicherheitszuschlag in Höhe der Standard-

---

57 Shapley, L. S./Shubik, M.: Competitive Outcomes in the Cores of Market Games; in: International Journal of Game Theory 4 (1975), S. 229–237.
58 Kaneko, M.: Price Oligopoly as a Cooperative Game; in: International Journal of Game Theory 7 (1978), S. 137–150.
59 Ein Beispiel für eine nicht-spieltheoretische Betrachtung eines Oligopols, das sich auf die amerikanische Arzthaftpflichtversicherung bezieht, ist die Veröffentlichung von Nye, B. F./ Hofflander, A. E.: Economics of Oligopoly: Medical Malpractice Insurance as a Classic Illustration; in: The Journal of Risk and Insurance 54 (1987), S. 502–519.

abweichung[60]. Die Standardabweichungen für das Kollektiv sowie für die Teilkollektive betragen:

$\sigma_{\{1,2\}} = \sqrt{25+16} = \sqrt{41} \approx 6,4;$

$\sigma_{\{1,3\}} = \sqrt{25+9} = \sqrt{34} \approx 5,8;$

$\sigma_{\{2,3\}} = \sqrt{16+9} = \sqrt{25} = 5;$

$\sigma_{\{1,2,3\}} = \sqrt{16+25+9} = \sqrt{50} \approx 7,1.$

Wir können die Einsparungen an erforderlichen Sicherheitszuschlägen durch eine charakteristische Funktion ausdrücken und betrachten das Prämienbemessungsproblem auf diese Weise als ein Spiel:

$v(\emptyset) = v(\{1\}) = v(\{2\}) = v(\{3\}) = 0;$

$v(\{1,2\}) = 5 + 4 - 6,4 = 2,6;$

$v(\{1,3\}) = 5 + 3 - 5,8 = 2,2;$

$v(\{2,3\}) = 4 + 3 - 5 = 2;$

$v(\{1,2,3\}) = 5 + 4 + 3 - 7,1 = 4,9.$

Man erkennt, daß ein Risiko um so stärker an der Sicherheitszuschlagsreduktion beteiligt ist, je höher seine Standardabweichung ist. Eine gleichmäßige Aufteilung des kollektiven Reduktionsbetrages von 4,9 auf die drei Risiken könnte somit als ungerecht empfunden werden. Sie würde allerdings den Stabilitätskriterien des Kerns durchaus entsprechen. Entsprechend der Vielfalt der spieltheoretischen Lösungen existiert also für die Risiken des Kollektivs eine Vielfalt von Prämienbemessungen.

Borch[61] betrachtet einen inhomogenen Bestand in der Kraftfahrtversicherung. Er unterstellt, daß die Schäden durch Normalverteilungen hinreichend gut approximiert werden können. Der Sicherheitszuschlag soll sich über eine Kontrolle der Ruinwahrscheinlichkeit bemessen, die jedoch über die Standardabweichung approximativ bestimmbar ist. Anhand der Standardabweichung mißt er daraufhin die kollektive Sicherheitszuschlagsreduktion und diskutiert verschiedene spieltheoretische Lösungskonzeptionen für deren Aufteilung. Er verbindet dieses mit der Forderung

---

60 Das Standardabweichungsprinzip, das einen Sicherheitszuschlag in einer zur Standardabweichung proportionalen Höhe vorsieht, führt zu einer subadditiven Prämienkalkulation. Auf eine Diskussion dieses Prinzips sei hier jedoch verzichtet. Vgl. hierzu Goovaerts, M. J./de Vylder, F./Haezendonck, J.: Insurance Premiums; a.a.O.; Heilmann, W.-R.: Grundbegriffe der Risikotheorie; a.a.O., S. 111, S. 136; Schott, W.: Steuerung des Risikoreserveprozesses durch Sicherheitszuschläge im Versicherungsunternehmen; a.a.O., S. 51, S. 56.
61 Borch, K.: Application of Game Theory to some Problems in Automobile Insurance; in: The Astin Bulletin 2 (1962), S. 208–221.

nach Prämiendifferenzierungen und weist ausdrücklich darauf hin, daß analoge Probleme auch in anderen Sparten auftreten.

Lemaire[62] analysiert das Problem der Gemeinkostenzurechnung am Beispiel eines wirtschaftlich selbständigen Gutachters, der seine Niederlassung im Ausland hat und in dem Land an drei verschiedenen Orten Kraftfahrzeugschäden zu schätzen hat, die von drei verschiedenen Versicherungsunternehmen des Heimatlandes zu regulieren sind. Seine Reisekosten, die zu den von ihm zurückgelegten Wegstrecken proportional sind, minimiert er vernünftigerweise durch eine Rundreise. Die Frage ist, mit welchen Anteilen er seine Reisekosten den drei Versicherungsunternehmen in Rechnung stellt.

Die durch die gesamte Rundreise, aber auch die durch mögliche partielle Rundreisen eingesparten Beträge können wiederum durch eine charakteristische Funktion dargestellt werden. Es liegt auf der Hand, daß die Lage der einzelnen Schadenorte zueinander für diese Beträge entscheidend ist. Schadenorte, die dicht beieinander liegen, tragen zu einer Reisekostenreduktion stärker bei als abseits gelegene Schadenorte.

Spieltheoretische Lösungskonzeptionen vermögen solche Unterschiede zu berücksichtigen. Lemaire betrachtet jedoch nicht nur die unterschiedlichen Ergebnisse der einzelnen spieltheoretischen Verfahren, sondern stellt sie auch gängigen Gemeinkostenschlüsselungsverfahren gegenüber. Es zeigt sich dabei, daß diese meistens den spieltheoretischen Lösungen nicht entsprechen und somit als nicht hinreichend verursachungsgerecht anzusehen sind.

Das Problem der vernünftigen Zuordnung von Gemeinkosten stellt ein großes Problem für alle Unternehmen einschließlich der Versicherungsunternehmen dar. Verschiebungen bei dieser Zuordnung können über den extern dokumentierten Erfolg oder Mißerfolg der für das betriebswirtschaftliche Ergebnis von ganzen Kostenstellen Verantwortlichen entscheiden. Spieltheoretische Zuordnungen erweisen sich dabei den herkömmlichen, zumeist recht willkürlichen Zuordnungen als überlegen; aufgrund der Vielfalt der Lösungskonzeptionen können sie jedoch ihrerseits auch zu recht unterschiedlichen Resultaten führen, und selbst bei Zugrundelegung einer bestimmten Konzeption muß diese Zuordnung auch nicht immer eindeutig existieren.

Es gilt für die Lösungen von kooperativen N-Personen-Spielen, deren Anwendungsspektrum sich mit den genannten Beispielen natürlich noch keineswegs erschöpft, das gleiche wie für die meisten strategischen Entscheidungssituationen: Es gibt in aller Regel keine eindeutige Lösung. Die Tatsache, daß in den meisten Fällen ein Optimum schon aus theoretischen

---

62 Lemaire, J.: An Application of Game Theory: Cost Allocation; a.a.O., S. 61–81.

Gründen nicht existiert, läßt jedoch Raum für individuelle Überzeugungskraft und unternehmerische Cleverneß und macht den Entscheidungsprozeß dadurch interessant. Die Spieltheorie macht die strategischen Optionen eines Entscheiders transparent und liefert ihm Argumentationen, um ein von ihm gewünschtes Ergebnis sachlich zu begründen. Man darf darum die Erwartung hegen, daß der wissenschaftliche Fortschritt in der spieltheoretischen Forschung auch für Entscheidungsträger in Versicherungsunternehmen von Nutzen sein wird.

Literatur

Aumann, R. J./Maschler, M.: The Bargaining Set for Cooperative Games; in: L. Dresher/L. S. Shapley/A. W. Tucker (Hrsg.): Advances in Game Theory, American Mathematical Studies 52; Princeton 1964, S. 443–476.

Axelrod, R.: Die Evolution der Kooperation; 2. Auflage, München 1991.

Bamberg, G./Coenenberg, A. G.: Betriebswirtschaftliche Entscheidungslehre; 7. Auflage, München 1992.

Bárány, I./Lee, J./Shubik, M.: Classification of Two-Person Ordinal Bimatrix Games; in: International Journal of Game Theory 21 (1992), S.267–290.

Bernoulli, D.: Specimen theoriae novae de mensura sortis; St. Petersburg 1738; deutsche Übersetzung mit Erläuterungen von A. Pringsheim und einer Einleitung von L. Fick: Versuch einer neuen Theorie der Wertbestimmung von Glücksfällen; Leipzig 1896.

Bitz, M.: Entscheidungstheorie; München 1981.

Borch, K.: Application of Game Theory to some Problems in Automobile Insurance; in: The Astin Bulletin 2 (1962), S. 208–221.

Borch, K.: The Price of Moral Hazard; in: Scandinavian Actuarial Journal 1980, S. 173–176.

Bühlmann, H./Löffel, H./Nievergelt, E.: Entscheidungs- und Spieltheorie; Berlin/ Heidelberg/ New York 1975.

Deshmukh, S. D./Wilson, W.: A Zero-Sum Stochastic Game Model of Duopoly; in: International Journal of Game Theory 7 (1978), S. 19–30.

Dowd, B. E.: The Logic of Moral Hazard: A Game Theoretic Illustration; in: The Journal of Risk and Insurance 49 (1982), S. 443–447.

Friedman, J. W.: Oligopoly and the Theory of Games; Amsterdam/New York/Oxford 1977.

Friedman, J. W.: Game Theory with Applications to Economics; Oxford e.a. 1986.

Gillies, D.: Solutions to General Non-Zero-Sum-Games; in: A. Tucker/R. Luce (Hrsg.): Contributions to the Theory of Games, IV, Annals of Mathematical Studies 40; Princeton 1959, S. 47–85.

Goovaerts, M. J./de Vylder, F./Haezendonck, J.: Insurance Premiums; Amsterdam/ New York/Oxford 1984.

Heilmann, W.-R.: Grundbegriffe der Risikotheorie; Karlsruhe 1987.

Helten, E./Karten, W.: Das Risiko und seine Kalkulation; in: H. L. Müller-Lutz/ R. Schmidt (Hrsg.): Versicherungswirtschaftliches Studienwerk, Heft 21; Wiesbaden 1983.

Holler, M./Illing, G.: Einführung in die Spieltheorie; Berlin e.a. 1991.

Kaluza, B.: Spieltheoretische Modelle und ihre Anwendungsmöglichkeiten im Versicherungswesen; Berlin 1972.

Kaneko, M.: Price Oligopoly as a Cooperative Game; in: International Journal of Game Theory 7 (1978), S. 137 – 150.

Karten, W.: Bewertung in Versicherungsfällen – Aspekte von Versicherungswert und Schaden als Grundlage von Versicherungsentscheidungen; in: Festschrift für K. Sieg, Karlsruhe 1976, S. 241 – 261.

Karten, W.: Risikopolitik der Versicherer – Grundlagen der Risikopolitik – Überblick; in: Zeitschrift für die gesamte Versicherungswissenschaft 72 (1983), S. 213 – 229.

Krelle, W.: Präferenz- und Entscheidungstheorie; Tübingen 1968.

Lemaire, J.: A Non Symmetrical Value for Games without Transferable Utilities; Application to Reinsurance; in: The Astin Bulletin 10 (1979), S. 195 – 214.

Lemaire, J.: A Game Theoretic Look at Life Insurance Underwriting; in: The Astin Bulletin 11 (1980), S. 1 – 16.

Lemaire, J.: An Application of Game Theory: Cost Allocation; in: The Astin Bulletin 14 (1984), S. 61 – 81.

Lucas, W. F.: The Proof that a Game may not have a Solution; in: Transactions of the American Mathematical Society 137 (1969), S. 219 – 229.

Luce, R. D./Raiffa, H.: Games and Decisions; 7. Auflage, New York/London/Sydney 1967.

Müller, H. H./Gisler, A.: Kommentar zur Anwendung der „Moral-Hazard"-Theorie im Versicherungsbereich; in: Mitteilungen der Vereinigung Schweizer Versicherungsmathematiker 1985, S. 77 – 80.

Nash, J. F.: The Bargaining Problem; in: Econometrica 18 (1950), S. 155 – 162.

Nash, J. F.: Non-Cooperative Games; in: Annals of Mathematics 54 (1951), S. 286 – 295.

Von Neumann, J./Morgenstern, O.: Theory of Games and Economic Behavior; Princeton 1944 (3. Auflage 1953); deutsche Übersetzung von M. Leppig: Spieltheorie und wirtschaftliches Verhalten; 2. Auflage, Würzburg 1967.

Nye, B. F./Hofflander, A. E.: Economics of Oligopoly: Medical Malpractice Insurance as a Classic Illustration; in: The Journal of Risk and Insurance 54 (1987), S. 502 – 519.

Owen, G.: Game Theory; 2. Auflage, New York e.a. 1982.

Rapoport, A./Guyer, M.: A Taxonomy of 2×2 Games; in: General Systems 11 (1966), S. 203 – 214.

Rasmusen, E.: Games and Information; Oxford/Cambridge (Mass.) 1989.

Rauhut, B./Schmitz, N./Zachow, E.-W.: Spieltheorie; Stuttgart 1975.

Schmeidler, D.: The Nucleolus of a Characteristic Function Game; in: SIAM Journal of Applied Mathematics 17 (1969), S. 1163–1170.

Schott, W.: Steuerung des Risikoreserveprozesses durch Sicherheitszuschläge im Versicherungsunternehmen; Karlsruhe 1990.

Shapley, L. S.: A Value for n-Person Games; in: H. W. Kuhn/A. W. Tucker (Hrsg.): Contributions to the Theory of Games, II, Annals of Mathematical Studies 28; Princeton 1953, S. 307–317.

Shapley, L. S./Shubik, M.: Competitive Outcomes in the Cores of Market Games; in: International Journal of Game Theory 4 (1975), S. 229–237.

Shavell, S.: On Moral Hazard and Insurance; in: The Quarterly Journal of Economics 93 (1979), S. 541–562.

Takao, A.: Über die Normalität des moralischen Risikos – eine Kritik der Theorie der Gefahrengemeinschaft; in: Zeitschrift für die gesamte Versicherungswissenschaft 71 (1982), S. 5–25.

Thomas, L. C.: Games, Theory and Applications; New York e.a. 1986.

VI. Versicherungstechnik und Produktpolitik von Versicherungsunternehmen

Dimensionen des versicherungstechnischen Risikos

Peter Albrecht

1. Vorbemerkung

Beiträge zur Diskussion des *Risikobegriffes* im allgemeinen und zur Definition des *versicherungstechnischen Risikos*[1] insbesondere, besitzen eine lange Tradition[2] – gerade auch Walter Karten hat zu diesen Problemkreisen eine Vielzahl von bemerkenswerten Beiträgen geliefert[3] – in der Versicherungsbetriebslehre. Diese intensive Auseinandersetzung mit dem (versicherungstechnischen) Risiko kann jedoch nicht verwundern; denn begreift man Versicherung als Transfer und Transformation von Risiken[4] und versteht man unter versicherungsbetrieblicher Risikopolitik alle Maßnahmen, die zu einer Verminderung des versicherungstechnischen Risikos führen[5], so muß zwangsläufig eine adäquate Konzeptualisierung beider Begriffe im Zentrum des Interesses stehen. Trotz des Vorliegens einer Fülle von modelltheoretischen Ergebnissen für beide Problemkreise ist bisher noch keine einheitliche Konzeption entwickelt worden, die insbesondere eine konsistente Deduktion des „versicherungstechnischen Risikos" aus dem „Risiko" vornimmt.

In der vorliegenden Arbeit wird – dabei neuere Entwicklungen im Bereich der Entscheidungstheorie[6] sowie dem Bereich der Kapitalmarkttheorie[7] aufgreifend – zunächst eine eigenständige Konzeptualisierung des Risikobegriffes zur Quantifizierung des *Risikopotentials* ökonomischer Situationen, die sich durch eine Wahrscheinlichkeitsverteilung finanzieller Ergebnisse charakterisieren lassen („Entscheidungen unter Risiko"), vorgenommen. Auf dieser Grundlage wird dann eine Konzeptualisierung des Begriffs versicherungstechnisches Risiko zur Quantifizierung des „Eigenrisikos" eines Versicherungsunternehmens deduziert.

---

1 Vgl. u. a. Gürtler (1929, 1976), Braeß (1960), Farny (1965, S. 19 ff.), Helten (1973, S. 30 ff.; 1991, S. 127 ff.), Jannott (1976), Eichhorn (1978), Albrecht (1982), Albrecht/Schwake (1988), Schwake (1988), Albrecht (1992, S. 3 ff.), Schradin (1993, S. 37 ff.), Albrecht (1994 a).
2 So weist Karten (1972, S. 147) darauf hin, daß bereits Burrau (1924) sieben unterschiedliche Begriffsinhalte für den Terminus Risiko anführt.
3 Vgl. Karten (1966, S. 30 ff.; 1972 a, b; 1981, 1983, 1988, 1989, 1991).
4 Vgl. Albrecht (1992, S. 45).
5 Ebenda, S. 48.
6 Vgl. Fishburn (1977, 1984), Sarin/Weber (1993).
7 Vgl. Harlow (1991), Albrecht (1993, 1994 b).

2. Zur *Quantifizierung des Risikopotentials zufallsabhängiger finanzieller Ergebnisse*

Ausgangspunkt unserer Überlegungen ist das Vorliegen einer zukünftigen ökonomischen Situation, deren potentielle Ergebnisse sich durch eine Wahrscheinlichkeitsverteilung finanzieller Konsequenzen charakterisieren lassen. Im Falle von Versicherungsunternehmen könnten diese potentiellen finanziellen Ergebnisse in dem kollektiven Gesamtschaden S oder in dem Periodenerfolg G des Unternehmens am Ende einer Versicherungsperiode bestehen. Grundsätzlich läßt sich eine solche ökonomische Situation modelltheoretisch durch eine zufallsabhängige Größe *(Zufallsvariable)* X erfassen, deren mögliche Ausprägungen mit den entsprechenden finanziellen Konsequenzen identisch sind. Die Wahrscheinlichkeitsverteilung der Ergebnisse läßt sich etwa bei diskreten Zufallsvariablen durch Angabe der *Eintrittswahrscheinlichkeit* der betreffenden Ergebnisse, im Falle von (absolut) stetigen Zufallsvariablen durch die sog. *Dichtefunktion,* oder aber in beiden Fällen durch die *Verteilungsfunktion* der Zufallsvariablen erfassen. Zur Illustration gehen wir von einer diskreten Zufallsvariablen X aus, die mögliche negative Realisierungen (finanzielle Verluste) $v_m < \ldots < v_2 < v_1 < 0$ mit den Eintrittswahrscheinlichkeiten $q_m, \ldots, q_1$ (> 0), daneben n mögliche positive Realisierungen (finanzielle Gewinne) $0 < g_1 < g_2 < \ldots < g_n$ mit entsprechenden Eintrittswahrscheinlichkeiten $p_1, \ldots, p_n$ sowie die Realisierung $x = 0$ mit Wahrscheinlichkeit p_0 zuläßt. Abbildung 1 illustriert die entsprechende Wahrscheinlichkeitsverteilung.

Abbildung 1: Wahrscheinlichkeitsverteilung finanzieller Ergebnisse

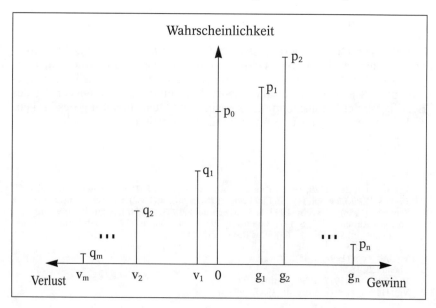

Die Aufgabenstellung besteht nun darin, eine Konzeptualisierung des *Risikopotentials*[8] R(X) bzw. des *Chancenpotentials* V(X) der Zufallsgröße X möglicher finanzieller Ergebnisse zu entwickeln. Beginnen wir mit dem Risikopotential.

In der entscheidungstheoretischen wie der versicherungswissenschaftlichen Literatur[9] existiert die Auffassung, das Bestehen einer Wahrscheinlichkeitsverteilung von Ergebnissen an sich bereits als Risiko zu verstehen. Dafür gibt es gute Gründe, dieser Ansatz deckt sich jedoch nicht mit einem intuitiven Verständnis von Risiko, das unter Risiko die *Möglichkeit des Eintretens einer finanziellen adversen Entwicklung* versteht. So würde u. E. niemand die Teilnahme an einer Lotterie, bei der zwar die möglichen Ergebnisse indeterminiert, aber sämtlich größer als der Einsatz sind, als Risiko verstehen. Umgekehrt würde u. E. jeder den absolut sicheren Eintritt eines Schadens in Höhe von 1 Million DM als adverse Entwicklung, mithin als finanzielles Risiko ansehen, obwohl eine (nichtdegenerierte) Wahrscheinlichkeitsverteilung in diesem Falle nicht vorliegt.

Ziel der Analyse ist es, den Begriff des Risikos auf Basis dieses intuitiven Verständnisses zu konzeptualisieren. Darin sehen wir den Vorteil, daß sich (Versicherungs-)Unternehmen mit Methoden der Risikosteuerung, die auf ihrem intuitiven Verständnis von Risiko beruhen, eher befassen werden, als mit solchen, die auf einem abstrakten Risikobegriff basieren.

Die im Zentrum stehende adverse finanzielle Entwicklung muß sich dabei nicht auf das Erleiden finanzieller Verluste beschränken. Bereits Helten (1991, S. 129 ff.) kennzeichnet Risiko als das Informationsdefizit über die *finale* Bestimmtheit, d. h. über das Erreichen gesteckter Ziele bzw. angestrebter finanzieller Zustände. Zur Bildung eines intuitiven Verständnisses dieser allgemeinen Auffassung von Risiko betrachten wir ein Lebensversicherungsunternehmen mit einem Portefeuille an Kapitallebensversicherungen, in deren Risikoprämienkalkulation bekanntlich ein Rechnungszinsfuß von 3,5 % eingeht, der durch die Kapitalanlage verbindlich erwirtschaftet werden muß. Für das Versicherungsunternehmen würde damit verbunden ein wirtschaftliches Risiko aus der Kapitalanlage nicht erst bei negativen Renditen (finanzieller Verlust im Sinne der Verringerung des eingesetzten Kapitals) entstehen, sondern bereits dann, wenn die Kapitalanlagerendite unter 3,5 % sinkt. Bei Lebensversicherungsprodukten, wie sie etwa in den Vereinigten Staaten gebräuchlich sind, die Zinsgarantien in der Nähe des Kapitalmarktzinses beinhalten, würde eine adverse Entwicklung der Anlageergebnisse aus Sicht des Versicherungsunternehmens entsprechend früher einsetzen. Aus diesen Gründen soll im folgenden unter dem Risikopo-

---

8 Für einen allgemeinen Überblick über in der Literatur entwickelte Maßgrößen R(X) vgl. Sarin/Weber (1993, § 2).
9 Vgl. Helten (1973, S. 30 ff.), Karten (1989), Farny (1989, S. 17 f.).

tential finanzieller Ergebnisse das Ausmaß der Gefahr der Unterschreitung einer angestrebten finanziellen Zielgröße (target) z verstanden werden.

Zur Quantifizierung des Risikopotentials in dem genannten Sinne[10] zerlegen wir die (nun beliebige) Zufallsvariable X der finanziellen Ergebnisse additiv in drei Teile

(1) $\quad X = X_+(z) + z - X_-(z)$,

wobei

(2 a) $\quad X_-(z) = \max(z-X, 0) = \begin{cases} z-x & x \le z \\ 0 & x > z \end{cases}$.

bzw.

(2 b) $\quad X_+(z) = \max(X-z, 0) = \begin{cases} 0 & x \le z \\ x-z & x > z \end{cases}$.

Offenbar beschreibt die Zufallsgröße $X_-(z)$ die Höhe des Fehlbetrages (shortfall) der die finanzielle Zielgröße z unterschreitenden Realisationen von X, während $X_+(z)$ die Höhe des Exzesses der die Zielgröße z überschreitenden Realisationen von X erfaßt. Abbildung 2 illustriert diese Vorgehensweise, indem der gesamte Wertebereich der Zufallsgröße in einen Bereich des Risikopotentials (Shortfall-Bereich) und in einen Bereich des Chancenpotentials zerlegt wird, wobei die Analyse des Bereichs des Risikopotentials im Vordergrund dieser Arbeit stehen soll.

Im Sinne der gewählten Risikokonzeptualisierung beinhaltet $X_-(z)$ alle relevanten Informationen über das Risikopotential von X und $X_+(z)$ alle relevanten Informationen über das Gewinnpotential von X. Eine Maßgröße für das Verlust- bzw. Gewinnpotential erhält man jedoch erst durch eine *Bewertung* von $X_-(z)$ bzw. $X_+(z)$. In Analogie zur Vorgehensweise[11] der statistischen Entscheidungstheorie (Risiko = erwarteter Verlust) führen wir dazu eine Verlust- bzw. Kostenfunktion L (loss function, cost function) ein und definieren das Risikopotential (Shortfall-Risiko) R(X) durch

(3) $\quad R(X) = E[L(X_-)]$.

Damit steht ein allgemeiner struktureller Rahmen zur Messung des Risikopotentials zufallsabhängiger finanzieller Ergebnisse zur Verfügung, spezifische Maße für das Risikopotential ergeben sich durch Wahl konkreter Funktionen L.

Wählt man $L(x) \equiv 1$, so bedeutet dies, daß sämtliche mögliche Unterschreitungen der finanziellen Zielgröße z gleich bewertet werden, etwa ein Un-

---

[10] Zu einer axiomatischen Vorgehensweise vgl. Fishburn (1984).
[11] Vgl. etwa Berger (1985, S. 8 ff.).

Abbildung 2: Risikopotential und Chancenpotential bezüglich Zielgröße z

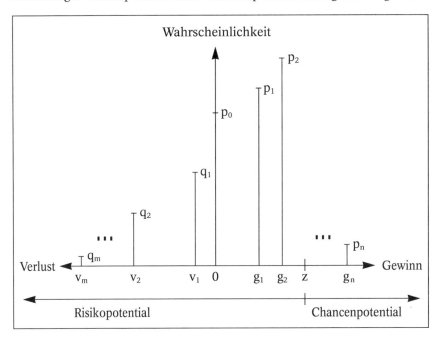

terschreiten von z um 1000 DM ebenso wie eine Verfehlung um 1 Million DM. Bei entsprechender Auswertung von (3) erhalten wir demgemäß

(4) $SW_z := E[X_-^0] = P(X \leq z)$,

d. h. die Wahrscheinlichkeit dafür, daß die Realisierung von X die Zielgröße z nicht überschreitet *(Shortfall-Wahrscheinlichkeit SW_z)*, die mögliche Höhe der Unterschreitung spielt dabei keine Rolle.

Wählt man $L(x) = x$, so bedeutet dies, daß die möglichen Unterschreitungen von z proportional zu ihrer Höhe gewichtet werden und wir erhalten (dabei setzen wir der Einfachheit der Darstellung wegen voraus, daß die Zufallsgröße X eine Dichte f(x) besitzt)

(5) $SE_z := E(X_-) = \int_{-\infty}^{z} (z-x) f(x) \, dx$.

Der Ausdruck (5) entspricht dem Shortfall-Erwartungswert SE_z, einem Maß für den mittleren Betrag der Unterschreitung der finanziellen Zielgröße z.

Wählt man $L(x) = x^2$ (quadratische Verlustfunktion), so werden größere Unterschreitungen von z entsprechend höher (im Verhältnis der Quadrate der Abweichungen) bewertet als geringere Unterschreitungen. In diesem Falle erhalten wir

(6) $\quad SSV_z := E(X_-^2) = \int_{-\infty}^{z} (z-x)^2 f(x) dx.$

Der Ausdruck (6) entspricht der Shortfall-Semivarianz SSV_z, einem Maß für die mittlere quadratische Streuung der betragsmäßigen Unterschreitungen der finanziellen Zielgröße z.

Alternative Spezifikationen der Verlustfunktion L(x) sind denkbar, so analysiert etwa Fishburn (1977) allgemeine Risikomaße, die auf Verlustfunktionen des Typus $L(x) = x^n$ beruhen. Die Wahl einer Verlustfunktion der Form $L(x) = e^x$ beinhaltet eine Bewertung, bei der hohe negative finanzielle Ergebnisse mit sehr hohem Gewicht in die Bewertung eingehen. Dies führt zu einer extrem vorsichtigen Einschätzung des Risikopotentials, was etwa angebracht ist, wenn man (etwa als Versicherungs- bzw. Rückversicherungsunternehmen) die Gefahr von *Katastrophenrisiken* adäquat konzeptualisieren möchte. Formal ergibt sich in diesem Falle für das Risikomaß

(7) $\quad R(X) = E[\exp(X_-)] = \int_{-\infty}^{z} e^{z-x} f(x) dx.$

Damit sind wesentliche grundlegende Alternativen dargestellt, und wir wenden uns nun der Analyse des versicherungstechnischen Risikos zu.

3. Zur Quantifizierung des versicherungstechnischen Risikos

Als versicherungstechnisches (Gesamt-)Risiko wird die Gefahr bezeichnet, daß in einem bestimmten Zeitraum die gesamten Kosten für Versicherungsleistungen des versicherten Kollektivs die zur Verfügung stehende Summe aus Prämienerlösen und Sicherheitskapital übersteigen[12]. Nur das versicherungstechnische *Gesamtrisiko* ist das eigentliche, die *Existenz* des Versicherungsunternehmens bedrohende *versicherungsspezifische* Risiko. Daneben bestehen versicherungstechnische *Teilrisiken*. Diese betreffen die entsprechende Gefahr, aber bei Beschränkung auf Teilkollektive des versicherten Bestandes (Versicherungszweige, Produktgruppen). Auch wenn man nur auf Abweichungen des effektiven Schadens vom ge-

---

12 Vgl. Albrecht (1992, S. 7).

schätzten Schadenerwartungswert abstellt oder das zur Verfügung stehende Sicherheitskapital außer Ansatz läßt, sind versicherungstechnische Teilrisiken angesprochen.

Bezeichne im weiteren S den (ex ante zufallsabhängigen) kollektiven Gesamtschaden der betrachteten Periode, π die in der Periode vereinnahmten (Risiko-)Prämienerlöse und SK_0 das anfängliche Sicherheitskapital. Dann ist zunächst der versicherungstechnische[13] (Gesamt-)Erfolg gegeben durch

(8) $VTG = \pi - S$,

der zentralen zufallsabhängigen Größe, die die potentiellen finanziellen Ergebnisse des versicherungstechnischen Bereiches quantifiziert. Gemäß der Vorgehensweise in Abschnitt 2 ist nun noch eine finanzielle Zielgröße z zu spezifizieren, deren Verfehlung (shortfall) durch den realisierten versicherungstechnischen Erfolg das Risikopotential des Unternehmens widerspiegelt. Wählt man z = 0, so würde man das Risikopotential darin sehen, daß die Prämien einer Periode nicht ausreichen, den realisierten kollektiven Gesamtschaden zu decken. Berücksichtigt man das zur Verfügung stehende Sicherheitskapital SK_0 und sieht das die Unternehmensexistenz gefährdende Risikopotential nur darin, daß die versicherungstechnischen Verluste das Sicherheitskapital aufzehren, so würde man z = - SK_0 wählen. Aber auch eine Wahl z > 0 ist denkbar, etwa wenn für das Versicherungsunternehmen aus dem Risikogeschäft ein positiver Erfolgsbeitrag notwendig ist. Diese Beispiele unterstreichen nochmals die Flexibilität und Generalität des Ansatzes.

In Analogie zur Vorgehensweise in Abschnitt 2 zerlegen wir den versicherungstechnischen Erfolg VTG relativ zur Zielgröße z, der Risikoteil dieser Zerlegung ist dann gegeben durch

(10) $VTG_-(z) = \max(z - VTG, 0)$
        $= \max(S - \pi + z, 0)$
        $= \begin{cases} z - \pi + S & S \geq \pi - z \\ 0 & S < \pi - z \end{cases}$.

Durch die weitere Einführung einer Verlustfunktion L ist damit eine allgemeine Definition des versicherungstechnischen Risikos gegeben durch

(11) $VTR = E[L(VTG_-)]$.

---

13 Die Elemente des versicherungstechnischen Erfolges beziehen sich nur auf den versicherungstechnischen Bereich des Versicherungsunternehmens. Betriebskosten, Kapitalanlageerfolg sowie (kalkulatorische) Prämienanteile, die nicht der Deckung von Schadenkosten dienen, werden hierbei nicht erfaßt.

Wenden wir uns nun einigen illustrativen Beispielen zu. Dabei wählen wir jeweils z = 0, das Risikopotential wird in der Gefahr eines negativen versicherungstechnischen Ergebnisses an sich gesehen. Die alternativen vorstehend diskutierten Wahlen von z stellen einfache Variationen dar. Im Falle $L(x) \equiv 1$ erhalten wir dann[14]

(12) $\quad \text{VTR} = \text{VW}_\pi = P(S \leq \pi) = F(\pi)$.

Das versicherungstechnische Risiko ist in diesem Falle durch die traditionelle *Verlustwahrscheinlichkeit* VW_π gegeben, die der Ausgangspunkt für viele versicherungswissenschaftliche Untersuchungen zur Risikosteuerung ist[15]. Zugleich ist damit eine Einordnung der Verlustwahrscheinlichkeit in ein allgemeines Risikokonzept gelungen. Als Kritik[16] an der Verlustwahrscheinlichkeit wird angeführt, daß diese nur die Wahrscheinlichkeit, nicht aber unterschiedliche *Ausmaße* möglicher Verluste erfaßt. Dies läßt sich nun begründen durch die spezifisch vorgenommene Spezifikation der Verlustfunktion $L(x) \equiv 1$, die – wie bereits in Abschnitt 2 erläutert – sämtliche mögliche Unterschreitungen der finanziellen Zielgröße z gleich bewertet. Alternativen dazu und damit konstruktive Antworten auf die vorgebrachte Kritik ergeben sich durch alternative Wahlen von L. Für $L(x) = x$ erhalten wir (dabei setzen wir der Einfachheit wegen voraus, daß die Verteilung der Schadenkosten eine Dichtefunktion f(s) besitzt)

(13) $\quad \text{VTR} = \text{VE}_\pi = E[\max(S - \pi, 0)]$

$$= \int_\pi^\infty (s - \pi) f(s)\, ds.$$

Das versicherungstechnische Risiko ist in diesem Falle durch den *Verlust-Erwartungswert* (erwartete Verlusthöhe) gegeben, einem Maß, das von Schradin (1993, S. 54 f.) als Risikomaß vorgeschlagen wird[17]. Durch eine einfache Umrechnung erhalten wir in diesem Falle den alternativen Ausdruck

(14) $\quad \text{VE}_\pi = E_\pi(S) - \pi[1 - F(\pi)]$.

Dabei bezeichnet $E_\pi(S) = \int_\pi^\infty s f(s)\, ds$ das (obere) *partielle* Moment (erster Ordnung) des kollektiven Gesamtschadens S. Damit ist das Risikomaß erwartete Verlusthöhe rechentechnisch zurückgeführt auf die Berechnung partieller Momente der Schadenverteilung. Unter Berücksichtigung der

---

14 Dabei bezeichne F die Verteilungsfunktion des Gesamtschadens S.
15 Vgl. Albrecht (1992, S. 16), dort unter Berücksichtigung des Sicherheitskapitals.
16 Vgl. Schwake (1987, S. 144 f.), Schradin (1994, S. 55 f.).
17 Dort unter Einbeziehung des anfänglichen Sicherheitskapitals.

Ergebnisse des *Anhangs* erhalten wir auf dieser Grundlage in zwei Spezialfällen, nämlich einem normal- bzw. logarithmisch normalverteilten kollektiven Gesamtschaden spezifische Ergebnisse (zu den verwandten abkürzenden Notationen vgl. man ebenfalls den Anhang).

Beispiel 1: Normalverteilter Gesamtschaden

Auf der Grundlage von (13) in Verbindung mit (A 2) ergibt sich:

(14) $\quad VE_\pi = [E(S) - \pi] [1 - \Phi(\pi_N)] + \sigma(S) \varphi(\pi_N)$.

Beispiel 2: Lognormalverteilter Gesamtschaden

Auf der Grundlage von (13) in Verbindung mit (A 4) ergibt sich:

(15) $\quad VE_\pi = \exp[E(S)^2 + \frac{1}{2} Var(S)] [1 - \Phi(\pi_{LN} - \sigma(S))] - \pi [1 - \Phi(\pi_{LN})]$.

Betrachten wir nun den Fall $L(x) = x^2$. In diesem Falle erhalten wir

(16) $\quad VSV_\pi = E[\max(S - \pi, 0)^2]$

$$= \int_\pi^\infty (s - \pi)^2 f(s)\, ds.$$

Das versicherungstechnische Risiko ist in diesem Falle durch die *Verlust-Semivarianz* gegeben, einem Maß für die mittlere quadratische Streuung der betragsmäßigen Überschreitungen der vereinnahmten Risikoprämie durch die Realisationen des kollektiven Gesamtschadens. Eine einfache Umrechnung führt auf den alternativen Ausdruck

(17) $\quad VSV_\pi = E_\pi(S^2) - 2 \pi E_\pi(S) + \pi^2 [1 - F(\pi)]$.

Dabei bezeichnet $E_\pi(S^2) = \int_\pi^\infty s^2 f(s)\, ds$ das zweite (obere) partielle Moment der Gesamtschadenverteilung. Wiederum kann die formale Berechnung des versicherungstechnischen Risikos zurückgeführt werden auf die Bestimmung von partiellen Momenten der Gesamtschadenverteilung. Auf der Grundlage der Ergebnisse des *Anhangs* können wir damit die vorstehenden Beispiele fortführen.

Beispiel 1: (Fortführung)

Auf der Grundlage von (17) in Verbindung mit (A 2) und (A 3) ergibt sich:

(18) $VSV_\pi = [Var(S) + (E(S) - \pi)^2] [1 - \Phi(\pi_N)] + (\mu - \pi) \sigma(S) \varphi(\pi_N)$.

Beispiel 2: (Fortführung)

Auf der Grundlage von (17) in Verbindung mit (A 4) und (A 5) ergibt sich:

(19) $VSV_\pi = \exp[2(E(S) + Var(S))][1 - \Phi(\pi_{LN} - 2\sigma(S))]$

$\qquad - 2\pi \exp[E(S) + \tfrac{1}{2} Var(S)][1 - \Phi(\pi_{LN} - \sigma(S))] + \pi^2 [1 - \Phi(\pi_{LN})]$.

Schließlich erhalten wir für den Fall $L(x) = e^x$, der – wie in Abschnitt 2 begründet – eine geeignete Verlustfunktion zur Erfassung des Risikopotentials von Katastrophenrisiken darstellt:

(20) $KR_\pi = E[\exp[\max(S - \pi, 0)]]$

$\qquad = \int_\pi^\infty e^{s-\pi} f(s) \, ds$.

Eine allgemeine Vorgehensweise zur approximativen Berechnung von (20) erhält man durch die Potenzreihenentwicklung der Exponentialfunktion, d. h. unter Benutzung von

$e^x = \sum_{n=0}^\infty \dfrac{x^n}{n!}$. Es gilt dann

(21) $E[\exp(X_-)] = \sum_{n=0}^\infty \dfrac{E(X_-^n)}{n!}$.

Durch Abbruch der Potenzreihe erhält man Approximationen für $E[\exp(X_-)]$. Ein Abbruch nach n = 2 führt zur Approximation

(22) $E[\exp(X_-)] \approx 1 + E(X_-) + \tfrac{1}{2} E(X_-^2) = 1 + VE_\pi + \tfrac{1}{2} VSV_\pi$,

d. h. zu einer Zurückführung auf den Verlust-Erwartungswert und die Verlust-Semivarianz gemäß (12) bzw. (16). Bessere Approximationen beruhen auf der Berechnung von $E[L(X_-)]$ für Verlustfunktionen des Typus $L(x) = x^n$ für Exponenten $n \geq 3$. Grundsätzlich führen Verlustfunktionen dieses Typus auf die Bestimmung von partiellen Momenten der Ordnung $n \geq 3$. Dies soll jedoch an dieser Stelle nicht weiter verfolgt werden.

4. Zur Kontrolle des versicherungstechnischen Risikos

Für die Risikopolitik eines Versicherungsunternehmens ist neben einer adäquaten Konzeptualisierung des versicherungstechnischen Risikos vor allem dessen Kontrolle von Relevanz. Als *Kontrollkriterium* bietet sich dabei die Beschränkung des versicherungstechnischen Risikos auf ein toleriertes Maß an, formal

(23) $\quad E[L(VTG_-)] \leq C$.

Die Wahl der Kontrollgröße C ist dabei in Abhängigkeit von der Festlegung der Verlustfunktion L vorzunehmen. Im Falle der Spezifikation des versicherungstechnischen Risikos durch die Verlustwahrscheinlichkeit (11) läuft dies auf den traditionellen Ansatz der Beschränkung der Verlustwahrscheinlichkeit der Form

(24) $\quad P(S < \pi) \leq \varepsilon$

hinaus.

Im Falle der Spezifikation des versicherungstechnischen Risikos durch den Verlust-Erwartungswert (12) kann man in Analogie zu Schradin (1994, S. 56) das Kontrollkriterium[18]

(25) $\quad \int_{\pi}^{\infty} (s - \pi) f(s) \, ds \leq c\pi$

betrachten, d. h. der Verlust-Erwartungswert ist auf ein gewisses Vielfaches der vereinnahmten Prämie zu beschränken. Alternativ schlagen wir das Kontrollkriterium

(26) $\quad \int_{\pi}^{\infty} (s - \pi) f(s) \, ds \leq c \, E(S)$, wobei $0 < c < 1$

vor, d. h. der Verlust-Erwartungswert darf einen bestimmten Prozentsatz des Erwartungsschadens nicht übersteigen.

Konsequenzen des allgemeinen Kontrollkriteriums (23) für die Risikopolitik von Versicherungsunternehmen und der Konzeptualisierung des Risikoausgleichs im Kollektiv müssen an anderer Stelle gezogen werden.

---

18 Schradin bezieht das anfängliche Sicherheitskapital in seine Analyse mit ein. Er betrachtet den *Quotienten* aus Verlust-Erwartungswert und zur Verfügung stehenden Mitteln und bezeichnet dies als *versicherungstechnischen Finanzierungskoeffizienten*.

5. Schlußbemerkungen

In der vorliegenden Arbeit wurde auf der Basis eines intuitiven Risikobegriffs von „Risiko als Ausmaß der Gefahr der Unterschreitung einer angestrebten finanziellen Zielgröße" eine allgemeine strukturelle Quantifizierung des *Risikopotentials* einer Wahrscheinlichkeitsverteilung finanzieller Ergebnisse im Sinne eines wirtschaftlichen Risikos (Verlustgefahr) für die jeweilige ökonomische Einheit vorgenommen. Im Sinne des Ansatzes der statistischen Entscheidungstheorie konnte allgemein Risiko als *erwarteter Verlust* quantitativ konzeptualisiert werden. Als Spezialfälle ergeben sich bekannte Risikomaße im Rahmen des Shortfall-Ansatzes.

In konsistenter Deduktion aus der so gewonnenen allgemeinen Risikokonzeption konnte auf dieser Basis eine allgemeine Definition des *versicherungstechnischen Risikos* gewonnen werden. Die traditionelle Messung des versicherungstechnischen Risikos auf Basis der *Verlustwahrscheinlichkeit* erweist sich als Spezialfall. Auf der Grundlage der allgemeinen Konzeptualisierung des versicherungstechnischen Risikos ergibt sich unmittelbar eine allgemeine Konzeptualisierung der *Kontrolle* des versicherungstechnischen Risikos als Kern einer versicherungsbetrieblichen Risikopolitik.

Anhang: Partielle Momente

Wir betrachten im folgenden eine Zufallsvariable X. Dabei setzen wir voraus, daß X eine Dichtefunktion f(x) besitze. Das *n-te partielle Moment von X von a bis b* ($-\infty \leq a < b \leq \infty$) ist dann definiert durch

$$(A\,1) \qquad E_a^b(X^n) := \int_a^b x^n f(x)\,dx.$$

Im Rahmen dieser Arbeit sind nur partielle Momente über den Bereich (a, ∞) von Interesse. Entsprechend verkürzen wir für diesen Fall die Notation auf $E_a(X^n)$.

Im folgenden geben wir explizite Ausdrücke für die ersten beiden partiellen Momente der Normalverteilung sowie der Lognormalverteilung an. Zur Berechnung partieller Momente vergleiche man allgemein Winkler et al. (1972).

Die Zufallsvariable X folge zunächst einer Normalverteilung mit den Parametern μ und σ, $X \sim N(\mu, \sigma)$. $\Phi(x)$ bzw. $\varphi(x)$ bezeichnen im folgenden die Verteilungsfunktion bzw. die Dichte einer *standardnormalverteilten* Zufallsvariablen $X \sim N(0, 1)$. Des weiteren bezeichne x_N im folgenden stets die standardisierte Größe $x_N = (x - \mu)/\sigma$.

Für das erste partielle Moment $E_a(X)$ gilt mit diesen Bezeichnungen

(A 2) $\quad E_a(X) = \mu \, [1 - \Phi(a_N)] + \sigma \, \varphi(a_N)$.

Für das zweite partielle Moment ergibt sich

(A 3) $\quad E_a(X^2) = (\mu^2 + \sigma^2) \, [1 - \Phi(a_N)] + \sigma \, (\mu + a) \, \varphi(a_N)$.

Wir betrachten nun den Fall, daß X einer Lognormalverteilung mit den Parametern μ und σ folgt, $X \sim LN(\mu, \sigma^2)$. Dies ist äquivalent zu der Annahme $\ln X \sim N(\mu, \sigma^2)$. Mit x_{LN} sei im folgenden stets die transformierte Größe $x_{LN} = (\ln x - \mu)/\sigma$ bezeichnet. Für das erste partielle Moment $E_a(X)$ gilt dann

(A 4) $\quad E_a(X) = e^{\mu + \frac{1}{2}\sigma^2} \, [1 - \Phi(a_{LN} - \sigma)]$.

Für das zweite partielle Moment ergibt sich

(A 5) $\quad E_a(X) = e^{2(\mu + \sigma^2)} \, [1 - \Phi(a_{LN} - 2\sigma)]$.

Literatur

Albrecht, P. (1982): Gesetze der großen Zahlen und Ausgleich im Kollektiv – Bemerkungen zu Grundlagen der Versicherungsproduktion, Zeitschrift für die gesamte Versicherungswissenschaft, S. 501 – 538.

Albrecht, P. (1992): Zur Risikotransformationstheorie der Versicherung: Grundlagen und ökonomische Konsequenzen, Karlsruhe.

Albrecht, P. (1993): Normal and lognormal shortfall risk, in: Actuarial Approach for Financial Risks, 3rd AFIR International Colloquium, Vol. 2, Rom, S. 417 – 430.

Albrecht, P., E. Schwake (1988): Risiko, versicherungstechnisches, Handwörterbuch der Versicherung (HdV), Karlsruhe, S. 651 – 657.

Albrecht, P. (1994 a): Gewinn und Sicherheit als Ziele der Versicherungsunternehmung: Bernoulli-Prinzip vs. Safety first-Prinzip, in: Dieter Farny und die Versicherungswissenschaft (FS Farny), Karlsruhe, S. 1 – 18.

Albrecht, P. (1994 b): Shortfall returns and shortfall risks, in: Actuarial Approach for Financial Risks, 4th AFIR International Colloquium, Orlando/Florida, Vol. 1, S. 87 – 110.

Berger, J. O. (1985): Statistical Decision Theory and Bayesian Analysis, 2. Aufl., New York u. a.

Braeß, P. (1960): Versicherung und Risiko, Wiesbaden.

Burrau, C. (1924): Die Grundlagen der Versicherungs-Statistik, Wirtschaft und Recht der Versicherung 13.

Eichhorn, W. (1978): Erscheinungsformen des versicherungstechnischen Risikos, Zeitschrift für Versicherungswesen 29, S. 586 – 596.

Farny, D. (1965): Produktions- und Kostentheorie der Versicherung, Karlsruhe.

Farny, D. (1989): Versicherungsbetriebslehre, Karlsruhe.

Fishburn, P. C. (1977): Mean-risk analysis with risk associated with below target returns, American Economic Review 67, S. 116 – 126.

Fishburn, P. C. (1984): Foundations of risk measurement I: Risk as probable loss, Management Science 30, S. 396 – 406.

Gürtler, M. (1929): Das Risiko des Zufalles im Versicherungsbetrieb, Zeitschrift für die gesamte Versicherungswissenschaft, S. 209 – 236, S. 292 – 326.

Gürtler, M. (1976): Das Risiko, seine Erfassung, Bemessung und Abgrenzung, in: Versicherungsenzyklopädie, Band 2, 2. Aufl., S. 831 – 882.

Helten, E. (1973): Statistische Entscheidungsverfahren zur Risikopolitik von Versicherungsunternehmen, Habilitationsschrift, Köln.

Helten, E. (1991): Die Erfassung und Messung des Risikos, in: Versicherungsenzyklopädie, Band 2, 4. Aufl., Wiesbaden, S. 127 – 198.

Jannott, H. K. (1976): Zufallsrisiko – Änderungsrisiko, Festschrift für Reimer Schmidt, Karlsruhe, S. 407 – 432.

Karten, W. (1966): Grundlagen eines risikogerechten Schwankungsfonds für Versicherungsunternehmen, Berlin.

Karten, W. (1972 a): Die Unsicherheit des Risikobegriffs, in: Braeß, P., Farny, D., R. Schmidt (Hrsg.): Praxis und Theorie der Versicherungsbetriebslehre, Karlsruhe, S. 147 – 169.

Karten, W. (1972 b): Zum Problem der Versicherbarkeit und zur Risikopolitik des Versicherungsunternehmens – Betriebswirtschaftliche Aspekte, Zeitschrift für die gesamte Versicherungswissenschaft, S. 279 – 299.

Karten, W. (1981): Grundlagen einer versicherungstechnischen Risikopolitik, in: Jung, M. et al. (Hrsg.): Geld und Versicherung, Karlsruhe, S. 135 – 153.

Karten, W. (1983): Grundlagen der Risikopolitik – Überblick, Zeitschrift für die gesamte Versicherungswissenschaft 72, S. 213 – 229.

Karten, W. (1988): Existenzrisiken der Gesellschaft – Herausforderung für die Assekuranz, Zeitschrift für die gesamte Versicherungswissenschaft, S. 343 – 362.

Karten, W. (1989): Versicherungstechnisches Risiko – Begriff, Messung und Komponenten, Wirtschaft und Studium, S. 105 – 108, S. 169 – 174.

Karten, W. (1991): Das Einzelrisiko und seine Kalkulation, in: Versicherungsenzyklopädie, Band 2, 4. Aufl., Wiesbaden, S. 199 – 275.

Sarin, R. K., M. Weber (1993): Risk-value models, European Journal of Operational Research 70, S. 135 – 149.

Schradin, H. R. (1994): Erfolgsorientiertes Versicherungsmanagement, Karlsruhe.

Schwake, E. (1987): Überlegungen zu einem risikoadäquaten Marketing als Steuerungskonzeption von Versicherungsunternehmen, Karlsruhe.

Schwake, E. (1988): Das versicherungstechnische Risiko als arteigenes Risiko der Versicherungsunternehmen?, Zeitschrift für die gesamte Versicherungswissenschaft 77, S. 61–81.

Winkler, R. L., G. M. Roodman, R. B. Britney (1972): The determination of partial moments, Management Science 19, S. 290–295.

Die Behandlung von Großschäden in der Credibilitytheorie

Nicola Rautmann

1. Problemstellung

Die Versicherung von Großrisiken und das Auftreten von Großschäden stellen für die Versicherungswirtschaft ein ständig aktuelles Problem dar. Dieses Phänomen ist keineswegs neu, wie die schon lange andauernde einschlägige Diskussion von Wissenschaft und Praxis belegt[1]. Häufig werden die Begriffe Risiko und Schaden verquickt. Eine saubere Trennung ist jedoch notwendig, um Mehrdeutigkeiten zu vermeiden.

Das *Risiko* manifestiert sich aus der Sicht eines Entscheidungsträgers in der Unsicherheit der ihn betreffenden Ergebnisse einer Handlung im Zeitablauf[2]. Eine vollständige und operationale Begriffsbildung für das Risiko erhält man, indem man es durch die Zufallsvariable über der Menge der Ergebnisse und der zugehörigen Wahrscheinlichkeitsverteilung beschreibt[3]. Der einzelne *Schaden* ist demgegenüber ex ante nur eine der möglichen Ausprägungen der Zufallsvariablen. Ist ein Schaden eingetreten, so ist er ex post lediglich die Realisierung des durch die Zufallsvariable beschriebenen Risikos[4]. Demnach beschreibt der Schaden jeweils nur einen Ausschnitt des zugrundeliegenden Risikos. Dabei kann der Beitrag eines jeden Risikos zur Gesamtrisikosituation des Entscheidungsträgers und damit dessen verhältnismäßige Größe letztlich immer nur subjektiv im Sinne von Nutzen bzw. Mißnutzen bewertet werden. Diese Einschätzung hängt neben einer Reihe von Rahmenbedingungen insbesondere von der individuellen Risikoeinstellung des Entscheidungsträgers ab. Die Schwierigkeiten, die mit der Versicherung derartiger Risiken verbunden sind, liegen jedoch stets auf ähnlichen Gebieten.

---

1 Beispielsweise beschäftigte sich der Deutsche Verein für Versicherungswissenschaft auf seiner Jahrestagung 1969 ausführlich mit diesem Thema. Vgl. hierzu ZVersWiss, 58. Bd. 1969 mit den dort abgedruckten Vorträgen von M. Grossmann, K. Hax, P. Koch, E. Meyer u. a., S. 179–285.
2 Vgl. hierzu W. Karten, Grundlagen eines risikogerechten Schwankungsfonds für Versicherungsunternehmen, Berlin 1966, S. 15.
3 W. Karten, Die Unsicherheit des Risikobegriffs – Zur Terminologie der Versicherungsbetriebslehre, in: Praxis und Theorie der Versicherungsbetriebslehre, Festgabe für H. L. Müller-Lutz zum 60. Geburtstag, Hrsg. P. Braeß, D. Farny und R. Schmidt, Karlsruhe 1972, S. 152.
4 Vgl. B. Berliner, Einige Betrachtungen zum Begriff der Größe eines Risikos, in: ZfV, 27. Jg. 1976, S. 84.

Als ein spezieller Aspekt der Versicherung von Großrisiken werden im folgenden die mit dem Auftreten von Großschäden verbundenen Probleme für die Prämienkalkulation untersucht.

Die Kalkulation risikogerechter Versicherungsprämien ist eine grundlegende Notwendigkeit für die Versicherungswirtschaft. Sowohl der Versicherungsnehmer (VN) als auch das Versicherungsunternehmen (VU), welches die Deckung für ein konkretes Risiko übernimmt, haben ein Interesse an einer risikoadäquaten Bestimmung der Prämie. Hierfür ist in erster Linie eine korrekte Bestimmung der Nettorisikoprämie erforderlich.

Oftmals ist die Quantifizierung einer risikogerechten Prämie für das Versicherungsunternehmen Basis für dessen Entscheidung, ein Risiko in Deckung zu nehmen und dieses damit faktisch versicherbar[5] zu machen. Die Versicherung großer Risiken kann aus Sicht des VU wünschenswert sein, denn mit der Deckung gerade dieser Risiken können beispielsweise Gewinn- und Umsatzpotentiale erschlossen werden. Darüber hinaus verbindet sich mit der Versicherung herausragender Risiken Reputation und Prestige; diese können im Falle einer Ablehnung der Deckung verloren gehen.

Insbesondere für den potentiellen Versicherungsnehmer ist eine Deckung seines Risikos u. U. existenznotwendig, ohne Versicherungsschutz würde eine Produktion möglicherweise unterbleiben müssen. Eine Selbsttragung ist aufgrund der Größenordnung der hier betrachteten Risiken oftmals ausgeschlossen.

Neben Versicherungsunternehmen und Versicherungsnehmern hat in vielen Fällen die Gesellschaft ein Interesse an der Versicherung herausragender Risiken. Zu erwähnen sind in diesem Zusammenhang die Förderung des technischen Fortschritts, insbesondere aber auch die Internalisierung von Risikokosten.

Für das Versicherungsunternehmen steht jedoch im Vordergrund, daß die Nettorisikoprämie des jeweiligen Risikos die voraussichtlich anfallenden Schäden deckt. Dazu muß das Versicherungsunternehmen den Erwartungswert der aus dem Risiko resultierenden Schäden bestimmen. Eine Unterschätzung dieser Größe führt zu einem systematischen kalkulatorischen Verlust für das Versicherungsunternehmen.

Des weiteren ist die Qualität seines Bestandes entscheidend für den Erfolg des Versicherungsunternehmens. Eine nicht adäquate Risikoprämie kann jedoch unter Voraussetzung gewisser idealtypischer Informationsbedin-

---

5 Zur Diskussion der Versicherbarkeit von Risiken vgl. beispielsweise W. Karten, Existenzrisiken der Gesellschaft – Herausforderung für die Assekuranz, in: ZVersWiss, 77. Bd. 1988, S. 343–362, insbesondere S. 349–351.

gungen zu einer Antiselektion am Markt[6] führen, d. h. zu einer Abwanderung von Versicherungsnehmern mit günstigem Schadenerwartungswert und einer Zuwanderung von ungünstigeren Risiken, sofern mindestens ein anderes Unternehmen risikogerechtere Prämien anbietet.

Grundsätzlich gilt, daß eine unzureichend differenzierte Prämie zu einer Umverteilung der Schadenlast zwischen den Versicherungsnehmern führen würde. Es ist daher zu hinterfragen, inwieweit dies wünschenswert ist.

2. Konzepte der Credibilitytheorie

2.1 Zielsetzung der Credibilitytheorie

Zur Bestimmung einer risikoadäquaten Versicherungsprämie benutzt die Versicherunsgswirtschaft oftmals sogenannte *Risikomerkmale,* nach deren Ausprägungen die Prämie abgestuft wird. Die Schätzung des individuellen Schadenerwartungswertes erfolgt dann mittels einer Durchschnittsschadenbildung in dem so abgegrenzten Teilkollektiv. Die Annäherung an den tatsächlichen Schadenerwartungswert des einzelnen Risikos ist um so besser, je homogener und größer das jeweilige Teilkollektiv ist. Die Verwendung von Risikomerkmalen ist jedoch in vielen Fällen zu grob, um eine hinreichende Differenzierung vorzunehmen, oder aber eine solche führt dazu, daß die entstehenden Teilkollektive für eine fundierte Schätzung zahlenmäßig zu klein werden. Hier bietet die Erfahrungstarifierung eine Möglichkeit, die Prämienkalkulation im Hinblick auf ihre Risikogerechtheit zu verbessern. Die Credibilitytheorie bildet mit ihren Konzepten ein Teilgebiet der Erfahrungstarifierung.

Die Erfahrungstarifierung basiert auf der Annahme, daß der Schadenverlauf der Vergangenheit Informationen über den zu erwartenden Schaden der Zukunft beinhaltet. Aus diesem Grund ist der Risikoverlauf der Vergangenheit in die Kalkulation der zukünftigen Prämie mit einzubeziehen.

Oftmals stehen aber für eine effiziente Differenzierung zu wenig Vergangenheitsdaten des einzelnen Vertrages zur Verfügung. Hier bietet die Credibilitytheorie eine sinnvolle Alternative: Es werden nicht nur die Vergangenheitsdaten des jeweiligen Vertrages zur Kalkulation herangezogen, sondern auch Daten anderer Verträge, die ähnliche Ausprägungen der jeweiligen Risikomerkmale aufweisen. Die Prämie wird dabei als eine Konvexkombination aus individueller Erfahrung und Erfahrung des gesamten Teilkollektivs berechnet. Dabei sollte die individuelle Erfahrung um so mehr Berücksichtigung finden, je länger der Beobachtungszeitraum ist

---

6 Vgl. W. Karten, Das Einzelrisiko und seine Kalkulation, Versicherungswirtschaftliches Studienwerk, Hrsg. W. Asmus, J. Gassmann, 4. Aufl., Studientext 12, Wiesbaden 1993, S. 60–63. Der beschriebene Effekt ist aber auch unter abgeschwächten Annahmen nachzuweisen und zu beobachten.

und daher mehr individuelle Schadendaten vorliegen, je kleiner die Schwankung in diesen Daten ist, d. h. je weniger wahrscheinlich zufällige Abweichungen sind und je größer die Schwankung zwischen den Verträgen des Kollektivs ist.

2.2 Das Grundmodell der Credibilitytheorie und der Schätzer nach Bühlmann

Den nachfolgenden Ausführungen wird das Grundmodell der Credibilitytheorie nach Bühlmann[7] zugrunde gelegt.

Gegeben seien J versicherungstechnische Einheiten, wobei diese der Einfachheit halber als Verträge bezeichnet werden. Jeder Vertrag verhält sich entsprechend seines Risikoparameters θ_j aus einer Parametermenge Θ. Er unterliegt einer Strukturverteilung:

(2.1) $\quad \theta_j \sim U(\theta) \quad \forall\, j = 1, \ldots, J$.

Hiermit werden die Gemeinsamkeiten der einzelnen Verträge modelliert. Der Beobachtungszeitraum soll N Perioden umfassen. Damit stehen für jedes Risiko Beobachtungen $(x_{1j}, \ldots, x_{Nj})$ zur Verfügung, die im weiteren als Schäden bezeichnet werden. Diese werden jeweils als Realisierungen von Zufallsvariablen $(X_{1j}, \ldots, X_{Nj})$ aufgefaßt. Dabei gelten folgende Verteilungsannahmen:

(2.2) $\quad$ Gegeben θ_j: $\quad X_{ij} \quad i = 1, \ldots, N \quad$ i.i.d.

$\quad$ mit $\quad X_{ij} \sim F_{\theta_j}(x) \quad \forall\, i = 1, \ldots, N$,

(2.3) $\quad (\theta_j, X_{1j}, \ldots, X_{Nj}) \quad j = 1, \ldots, J \quad$ i.i.d.

Die Schäden der unterschiedlichen Verträge resultieren also aus verschiedenen Verteilungen F_{θ_j}, die jedoch alle zu einer gemeinsamen Verteilungsfamilie gehören und sich lediglich in ihrem Strukturparameter unterscheiden. Basierend auf diesen Verteilungsannahmen ist $E(X_{ij}) = \mu(\theta_j)$, der Erwartungswert der Schäden, für den einzelnen Vertrag zu schätzen. Der Schätzer, d. h. die verwendete Schätzgröße hierfür, wird fortan mit $\hat{\mu}(\theta_j)$ bezeichnet. Als Größe zur Beurteilung der Güte eines Schätzers wird $E(\hat{\mu}(\theta_j) - \mu(\theta_j))^2$, die mittlere quadratische Abweichung vom Erwartungswert, verwendet, die den Fehler beschreibt, der im Mittel bei Verwendung der Schätzgröße anstelle des wahren Wertes gemacht wird.

---

[7] H. Bühlmann, Experience Rating and Credibility, in: Astin Bulletin, Bd. 4 1966/67, S. 199–207. In Ergänzung hierzu vgl. H. Bühlmann, E. Straub, Glaubwürdigkeit für Schadensätze, in: Mitteilungen der Vereinigung schweizerischer Versicherungsmathematiker, Bd. 1970, S. 111–133.

Die Grundlage für die weiteren Überlegungen bildet der Credibility-Schätzer nach Bühlmann. Dies ist der beste in den Beobachtungen lineare Schätzer bezüglich der quadratischen Abweichung[8]. Er hat folgende Gestalt:

(2.4) $\quad \hat{\mu}(\theta_j) = (1 - \alpha)\, E(E_{\theta_j}(X_{ij})) + \alpha\, \overline{X}_{.j}$

$$\text{mit } \alpha = \frac{\operatorname{Var}(E_{\theta_j}(X_{ij}))}{\operatorname{Var}(E_{\theta_j}(X_{ij})) + \frac{1}{N} E(\operatorname{Var}_{\theta_j}(X_{ij}))}.$$

Der Bühlmann-Schätzer stellt damit eine Konvexkombination aus individueller und globaler Schadenerfahrung dar. Das Gewicht der individuellen Daten wird dabei vom Credibilityfaktor α bestimmt.

Die Berechnung der im Bühlmann-Schätzer enthaltenen Größen erfordert die Kenntnis der Verteilungen $U(\theta)$ und $F_\theta(x)$. Diese kann aber nicht vorausgesetzt werden. Vielmehr sind nichtparametrische Schätzverfahren erforderlich, die verteilungsunabhängig und somit allein auf Basis der Beobachtungen Aussagen über den Erwartungswert der Schäden ermöglichen.

Der empirische Bühlmann-Schätzer lautet unter Verwendung allgemein üblicher Schätzgrößen[9] folgendermaßen:

(2.5) $\quad \hat{\mu}(\theta_j) = (1 - \hat{\alpha})\, \overline{X}_{..} + \hat{\alpha}\, \overline{X}_{.j}$

$$\text{mit } \hat{\alpha} = \frac{\frac{1}{J-1} \sum_{j=1}^{J} (\overline{X}_{.j} - \overline{X}_{..})^2 - \frac{1}{N} \frac{1}{J} \sum_{j=1}^{J} \frac{1}{N-1} \sum_{i=1}^{N} (X_{ij} - \overline{X}_{.j})^2}{\frac{1}{J-1} \sum_{j=1}^{J} (\overline{X}_{.j} - \overline{X}_{..})^2}$$

wobei $\overline{X}_{.j} = \frac{1}{N} \sum_{i=1}^{N} X_{ij}$ und $\overline{X}_{..} = \frac{1}{J} \sum_{j=1}^{J} \overline{X}_{.j}$.

2.3 Die Problematik von Großschäden

Als Teilausschnitt aus der mit der Kalkulation von Versicherungsprämien verbundenen Gesamtproblematik sollen die Schwierigkeiten erläutert werden, die bei der Schätzung des Schadenerwartungswertes unter Verwendung der Methoden der Credibilitytheorie auftreten.

Herkömmliche Schätzverfahren wie z. B. der Bühlmann-Schätzer sind empfindlich gegenüber dem Auftreten von Großschäden. Dies äußert sich in einer Störung der Schätzung, wenn große Schäden in den Beobachtungen enthalten sind. Ein solches Verhalten wird als Zusammenbrechen der Schätzgröße bezeichnet.

---

[8] H. Bühlmann, a.a.O., S. 206/207.
[9] Vgl. beispielsweise A. von Schaaffhausen, Grundlagen der Credibility-Theorie, in: Schriftenreihe Angewandte Versicherungsmathematik, Heft 22, Hrsg. E. Helten, Karlsruhe 1989, S. 35.

Diese Empfindlichkeit bezieht sich auf zwei Phänomene. Einerseits geht der empirische Credibilityfaktor mit zunehmender Höhe des Großschadens gegen null. Die Folge davon ist, daß der Einfluß des individuellen Teils des Credibility-Schätzers geringer wird und im Grenzfall völlig verschwindet. Da der Schätzer für den Credibilityfaktor für alle Verträge einheitlich gebildet wird, geht die individuelle Schadenerfahrung auch für diejenigen Verträge verloren, in denen kein Großschaden aufgetreten ist. Andererseits wächst für den vom Großschaden betroffenen Vertrag der individuelle Credibility-Schätzer mit zunehmender Größe des Großschadens ins Unendliche. Beide Phänomene wirken gleichzeitig und haben für die einzelnen Verträge unterschiedliche Konsequenzen.

Die Verwendung von Methoden aus der Credibilitytheorie soll eine verbesserte Schätzung des jeweiligen individuellen Schadenerwartungswertes bewirken. Ziel ist also eine möglichst gute Annäherung an diesen Wert.

Die Annahmen in der Credibilitytheorie besagen, daß die anderen Verträge des Kollektivs ähnliche Risikomerkmale aufweisen, was durch die gemeinsame Strukturverteilung modelliert wird. Daher besitzen auch deren Schadendaten eine gewisse Aussagekraft für den einzelnen Vertrag. Dies gilt auch für einen Großschaden. Bis zu einem gewissen Grad beinhaltet dieser Informationen, die das Gesamtkollektiv betreffen, d. h. er hätte mit Einschränkungen auch in anderen Verträgen auftreten können. Demzufolge ist eine Verteilung eines solchen Großschadens auch auf die nicht vom Großschaden betroffenen Verträge durchaus wünschenswert. Fraglich ist jedoch, ab welcher Größe eines Großschadens mittels eines Credibilityfaktors von null eine vollständige Umverteilung vorgenommen werden soll und damit keinerlei individuelle Schadenerfahrung mehr in die Schätzgröße eingeht. Sicherlich hängt dies vom Schadenniveau des Kollektivs ab. Intuitiv sollte eine solche Schwelle jedoch nicht zu niedrig liegen. Demgegenüber ist zu berücksichtigen, daß eine zu starke Individualisierung durch einen Credibilityfaktor nahe bei eins eine hohe Prämienbelastung für den Vertrag bedeutet in dem der Großschaden aufgetreten ist. Auch würde dies zu einer hohen Fluktuation der Prämie im Zeitablauf führen.

2.4 Verhalten des Credibility-Schätzers nach Bühlmann bei Auftreten eines Großschadens

Die dargestellte Problematik bei Auftreten eines Großschadens soll für den Bühlmann-Schätzer genauer betrachtet werden.

Bei dem individuellen Schätzer $\overline{X}_{\cdot j}$ dieses Ansatzes handelt es sich um ein arithmetisches Mittel. Daher ist sofort ersichtlich, daß dieses für den vom Großschaden betroffenen Vertrag mit der Großschadensumme linear wächst.

Der Credibilityfaktor ist jedoch komplexer aufgebaut. Extrahiert man aus der empirischen Schätzgröße des Nenners diejenigen Bestandteile, die den angenommenen Großschaden als Beobachtung enthalten, und analysiert deren wechselseitiges Verhalten, so ist ersichtlich, daß der Nenner mit dem Großschaden quadratisch anwächst. Für den Zähler des Credibilityfaktors ergibt sich, daß der erste Teil um den gleichen Betrag wächst, um den der zweite Teil bei Ansteigen des Großschadens kleiner wird. Demzufolge bleibt der Zähler ab einer ausreichenden Größe desselben stabil. Da der Nenner gleichzeitig wächst, sinkt der Credibilityfaktor insgesamt.

Fraglich ist, inwieweit sich die dargestellten Effekte für individuellen Credibility-Schätzer und Credibilityfaktor bei Auftreten eines Großschadens gegenseitig aufheben.

Der Credibility-Schätzer besteht, wie oben gesehen, aus einem globalen und einem individuellen Teil. Der globale Teil des Schätzers $(1 - \alpha)$ $\overline{X}..$ ist für alle Verträge gleich. Er wächst abgesehen von konstanten Faktoren mit Ansteigen des Großschadens.

Der individuelle Teil des Credibility-Schätzers α $\overline{X}_{.j}$ birgt nur für denjenigen Vertrag Wechselwirkungen zwischen Credibilityfaktor und arithmetischem Mittel, der vom Großschaden betroffen ist. Für alle anderen Verträge konvergiert er gegen null, denn dort bleibt der Mittelwert unbeeinflußt vom Großschaden, und der Credibilityfaktor geht gegen null.

Aber auch für den vom Großschaden betroffenen Vertrag ist eine Konvergenz gegen null zu beobachten. Der Zähler des Credibilityfaktors verhält sich für einen genügend großen Schaden stabil, und der Nenner wächst quadratisch. Das individuelle arithmetische Mittel hingegen wächst nur linear. Insgesamt fällt der Credibilityfaktor also schneller, als der Mittelwert steigt. Daher konvergiert der gesamte individuelle Teil auch hier gegen null, wenn auch langsamer als für die sonstigen Verträge.

Ein solches Verhalten von individuellem Schätzer und Credibilityfaktor befriedigt nicht. Vielmehr sollte mittels Anwendung geeigneter Schätzverfahren erreicht werden, daß der individuelle Teil des Schätzers durch ein Auftreten von Großschäden nicht zu stark beeinträchtigt wird. Darüber hinaus ist es erstrebenswert, daß der Credibilityfaktor nicht so schnell gegen null konvergiert, daß der individuelle Teil des Schätzers in vielen Fällen nicht zum Tragen kommt. Dann würde eine Anwendung der Credibilitytheorie von vornherein keine Verbesserung gegenüber einer Durchschnittstarifierung bewirken.

3. Vorschläge für eine Robustifizierung des individuellen Credibility-Schätzers

3.1 Grundlagen der robusten Statistik

Zur Behandlung von fehlerbehafteten Datensätzen wurde im Bereich der Statistik die sogenannte *robuste Statistik* entwickelt. Ein Ziel der robusten Statistik ist „to describe the structure best fitting the bulk of the data"[10]. Dieser Ansatz ist für die Credibilitytheorie jedoch unbefriedigend, denn für die Schätzung des Schadenerwartungswertes reicht es nicht aus, das Verhalten eines Großteils der Beobachtungen zu kennen, sondern die Prämie muß alle Schäden decken, auch und gerade etwaige Großschäden. Trotzdem bietet die robuste Statistik wertvolle Ansätze. Eine weitere Zielsetzung in der robusten Statistik ist „to identify deviating data points (outliers) or deviating substructures for further treatment"[11]. Dieser Aspekt der robusten Statistik ist für die Versicherungspraxis ebenfalls relevant, muß aber im Rahmen dieser Arbeit außer acht bleiben[12].

Zur Untersuchung des Verhaltens von Schätzgrößen kennt die robuste Statistik zwei grundlegende Konzepte. Zum einen soll der Einfluß spezifiziert werden, den eine einzelne Beobachtung auf die Schätzung hat. Hierzu dient die *influence-function*. Sie stellt damit ein lokales Konzept dar. Andererseits ist ebenso relevant, wieviele Großschäden ein bestimmter Schätzer insgesamt noch tolerieren kann, ohne daß die Schätzung ihre Aussagefähigkeit verliert. Zur Beschreibung dieses Aspekts dient der *breakdown-point*, der ein globales Konzept darstellt.

Gegeben seien Beobachtungen $(x_1, \ldots, x_n)$ eines Beobachtungsraumes A. Diese Beobachtungen seien Realisierungen von Zufallsvariablen $(X_1, \ldots, X_n)$, die als unabhängig und gemäß der Verteilungsfunktion F als gleichverteilt angenommen werden.

Im Unterschied zur Credibilitytheorie behandelt die robuste Statistik keine nichtparametrischen Schätzmethoden, sondern macht konkrete Annahmen über die Verteilung der Beobachtungen, d. h. es erfolgt stets die Einschränkung auf ein bestimmtes Verteilungsmodell $(F_\theta, \theta \in \Theta)$ auf A. Dieses wird so gewählt, daß es die Datensituation möglichst gut beschreibt.

Der Unterschied der robusten Statistik zur herkömmlichen Statistik liegt darin, daß die herkömmliche Statistik sich strikt auf das gegebene Verteilungsmodell beschränkt, wohingegen die robuste Statistik auch leichte Abweichungen von der Modellannahme zuläßt. Formalisiert wird diese Annahme, indem als Verteilungen für X_i nicht nur Mitglieder einer Verteilungsfamilie, sondern sogenannte endliche *signierte Maße* auf A zugelassen werden. Diese kombinieren die ursprüngliche Verteilung mit einem Einpunktmaß.

Betrachtet werden Schätzer $T_n = T_n (X_1, \ldots, X_n) = T_n(G_n)$[13].

---

10 F. R. Hampel, E. M. Ronchetti, P. J. Rousseeuw, W. A. Stahel, Robust Statistics, New York, Chichester, Brisbane, Toronto, Singapore 1986, S. 11.
11 F. R. Hampel u. a., a.a.O., S. 11.
12 Beispielsweise nimmt Kremer für eine robuste Schätzung eine Trennung von „normalen Schäden" und „Ausreißern" vor: E. Kremer, Large Claims in Credibility, in: Blätter der Deutschen Gesellschaft für Versicherungsmathematik, Bd. 20, 1991, S. 123–150.
13 G_n bezeichnet die empirische Verteilung der Beobachtungen $(x_1, \ldots, x_n)$: $G_n = \frac{1}{n}\sum_{i=1}^{n} \Delta_{x_i}$ (mit Δ_x als Punktmaß in x).

Die influence-function (IF) des Schätzers T an der Stelle F ist gegeben durch:

(3.1) $\quad IF(x;T,F) = \lim_{t \searrow 0} \dfrac{T((1-t)F + t\Delta_x) - T(F)}{t}$

für diejenigen x, für die der Grenzwert definiert ist.

Die influence-function beschreibt damit den Einfluß, den eine Verschmutzung x, beispielsweise ein Großschaden, bei infinitesimalem Gewicht auf den asymptotischen Wert des Schätzers hat. Je größer also die influence-function werden kann, desto „gefährlicher" für den Schätzer ist eine Abweichung von der Modellannahme.

Der *finite-sample-breakdown-point* eines Schätzers T_n ist auf Basis der Beobachtungen $(x_1, \ldots, x_n)$ definiert durch:

(3.2) $\quad \varepsilon_n^*(T_n; x_1, \ldots, x_n) = \max \left(m \mid \max_{i_1, \ldots, i_m} \sup_{y_1, \ldots, y_m} \mid T_n(z_1, \ldots, z_n) \mid < \infty \right)$,

wobei der Vektor $(z_1, \ldots, z_n)$ aus $(x_1, \ldots, x_n)$ gebildet wird, indem die Beobachtungen $(x_{i_1}, \ldots, x_{i_m})$ durch die kontaminierenden Daten $(y_1, \ldots, y_m)$ ersetzt werden.

Praktisch bedeutet dies, daß der breakdown-point angibt, wieviele verschmutzende Beobachtungen der Schätzer tolerieren kann, ohne zu divergieren, egal an welcher Stelle im Beobachtungsfeld die kontaminierenden Daten auftreten und von welcher Größe sie sind. Dieser Wert hat jedoch nur Aussagekraft im Vergleich zum Gesamtstichprobenumfang n[14].

3.2 Zielsetzungen einer Robustifizierung

Eine Robustifizierung gegenüber Großschäden soll bewirken, daß ein auftretender Großschaden auf plausible Weise von den einzelnen Verträgen des Kollektivs getragen wird. Dabei erscheint es sinnvoll, daß auch die nicht vom Großschaden betroffenen Verträge einen Teil der Schadenlast tragen, derjenige Vertrag, in dem der Großschaden aufgetreten ist, jedoch stärker belastet wird. Der Grad der Mittragung durch die anderen Verträge des Kollektivs ist dabei sicherlich vom Grad der Homogenität zwischen den einzelnen Verträgen abhängig zu machen. Die zwei Extremfälle einer totalen Umverteilung auf das Kollektiv oder aber einer alleinigen Tragung durch den betroffenen Vertrag sind beide nicht akzeptabel.

---

14 Möglich ist auch eine Formulierung des breakdown-points als derjenige Bruchteil der Beobachtungen, der als Verschmutzung von Schätzgröße noch toleriert wird.

Im folgenden wird zunächst eine Robustifizierung des individuellen Credibility-Schätzers im Hinblick auf die Erfüllung dieser Zielsetzung untersucht. Der individuelle Teil des Credibility-Schätzers soll so robustifiziert werden, daß ein Auftreten von Großschäden die Schätzung nicht sofort stört. Konkret soll erreicht werden, daß auch für den Vertrag, der einen Großschaden erleidet, die individuelle Schadenerfahrung nicht vollständig verlorengeht, indem sie vom Großschaden bei der Bildung des arithmetischen Mittels überdeckt wird.

Zur Stützung der Argumentation wird an dieser Stelle ein von Gisler und Reinhard dargestelltes Verhalten zitiert[15]. Die Autoren betrachten zwei parametrische Modelle: Ein Modell, das unkontaminierte Daten produziert und ein Modell, in dem ein Auftreten von Großschäden durch eine langschwänzige Verteilung erreicht wird. Die influence-function des individuellen Schätzers im Bühlmann-Fall für das kontaminierte Modell lautet:

$$IF(x;\overline{X}_{\cdot j},F_{\theta_j}) = x - \mu(\theta_j).$$

Demzufolge ist diese influence-function unbeschränkt und geht für $x \to \infty$ gegen unendlich. Gisler und Reinhard weisen jedoch darauf hin, daß demgegenüber die influence-function des Bayes-Schätzers[16] in dem von ihnen gewählten kontaminierten Modell beschränkt ist und für $x \to \infty$ gegen null geht.

Diese Ergebnisse beziehen sich nur auf die konkreten Verteilungsannahmen von Gisler und Reinhard. Da diese jedoch ein für die Versicherungspraxis typisches Verhalten aufweisen, liegt es nahe, auch für den allgemeinen Fall vergleichbare Schlüsse zu ziehen. Ziel sollte es also sein, einen Schätzer zu konstruieren, dessen influence-function sich ähnlich verhält wie die des Bayes-Schätzers bei Gisler und Reinhard.

Ein früher Ansatz hierfür ist bei Gisler[17] zu finden, der als individuellen Schätzer anstelle des arithmetischen Mittels eine Schätzgröße verwendet, welche die Daten ab einer bestimmten Größe in ihrem Einfluß auf die Schätzung einschränkt. Der sogenannte *truncation-point* bestimmt dabei die Grenze, bis zu der die Daten unmodifiziert in die Schätzung eingehen, und gibt damit gleichzeitig die Obergrenze an, auf die große Beobachtungswerte gestutzt werden. Er wird bei Gisler für alle Verträge einheitlich so bestimmt, daß die quadratische Abweichung vom Erwartungswert mi-

---

15 A. Gisler, P. Reinhard, Robust Credibility, Astin Bulletin, Vol. 23, S. 117–143, insbesondere S. 126.
16 Der Bayes-Schätzer ist der beste Schätzer bezüglich der quadratischen Abweichung.
17 A. Gisler, Optimum Trimming of Data in the Credibility Model, in: Mitteilungen der Vereinigung schweizerischer Versicherungsmathematiker, Bd. 1979/80, S. 313–326; sowie: A. Gisler, Optimales Stutzen von Daten in der Credibility-Theorie, in: Schriftenreihe Angewandte Versicherungsmathematik, Heft 22, Karlsruhe 1989, S. 124–149.

nimiert wird. Eine solche datenabhängige Bestimmung des truncationpoints greift die angesprochene Problematik auf, daß die Grenze, ab der von einem Großschaden gesprochen wird, nicht starr sein kann, sondern u. a. vom versicherten Portefeuille abhängt.

Künsch[18] hat ein verfeinertes Vorgehen gewählt. Der individuelle Teil des Credibility-Schätzers wird bei ihm durch einen Mittelwert aus gestutzten Daten ersetzt, bei dem der truncation-point nicht für alle Verträge der gleiche ist, sondern implizit von den Beobachtungen des einzelnen Vertrages abhängt. Dieser Ansatz berücksichtigt die Unterschiede in der Risikostruktur der verschiedenen Verträge also besser als der Vorschlag von Gisler. Künsch macht zwei aufeinander aufbauende Vorschläge. Der grundlegende Vorschlag verwendet allein das Konzept eines impliziten truncation-points. Der weitergehende baut hierauf auf und verwendet zusätzlich eine globale Größe, um Datensituationen gerecht zu werden, in denen nur wenige individuelle Beobachtungen zur Verfügung stehen.

3.3 Der erste Ansatz nach Künsch für die Bildung eines robusten Credibility-Schätzers

3.3.1 Der Credibility-Schätzer

Die Modellannahmen stimmen mit den oben gemachten Annahmen überein. Gegeben seien also J Verträge j = 1, ..., J und N Beobachtungsperioden i = 1, ..., N. Für Risikoparameter und Schäden gelten die Verteilungsannahmen des Bühlmann-Modells.

Künsch verwendet ein arithmetisches Mittel aus Beobachtungen mit einem impliziten truncation-point[19]. Diesem Ansatz liegt ein *M-Schätzer* für Skalenparameter zugrunde[20].

Der Lösungsvorschlag von Künsch lautet:

(3.3) $\hat{\mu}(\theta) = \mu + \alpha \, (T(X_1, \ldots, X_N) - E(T))$.

Der Schätzer T wird implizit als Lösung der folgenden Gleichung bestimmt[21]:

(3.4) $\sum_{i=1}^{N} \chi(X_i/T) = 0$

---

18 H. R. Künsch, Robust Methods for Credibility, Astin Bulletin, Vol. 22 1992, S. 33–49.
19 Zu den Ausführungen in diesem Abschnitt vgl. H. R. Künsch, a.a.O., S. 34–41.
20 Künsch benutzt diesen M-Schätzer jedoch zur Lösung eines Lokationsproblems.
21 Zum Beweis von Existenz und Eindeutigkeit des vorgeschlagenen Schätzers vgl. H. R. Künsch, a.a.O., S. 36 f.

(3.5)   mit $\chi(z) = \max(-c_1, \min(z-1, c_2))$ $0 < c_1 \le 1$, $0 < c_2$.

Die Definitionsgleichung kann umgeformt werden zu:

(3.6) $T = \frac{1}{N}\sum_{i=1}^{N} \max[(1-c_1)T, \min(X_i, (1+c_2)T)]$.

Demnach bildet T ein arithmetisches Mittel aus gestutzten Beobachtungen. Die Beobachtungen werden nach unten bei $(1-c_1)T$ und nach oben bei $(1+c_2)T$ gestutzt. Der truncation-point ist jedoch implizit und damit keine feste Größe, sondern hängt wiederum von den jeweiligen Daten ab.

Künsch schlägt eine Wahl von $c_1 = c_2 = 1$ für kleine Stichprobenumfänge N sowie $c_1 = 1$ und $1 \le c_2 \le 2$ für größere Stichproben vor[22]. Diese Empfehlungen sind rein heuristischer Natur.

3.3.2 Der Credibilityfaktor

Der Credibilityfaktor wird so gewählt, daß der quadratische Fehler minimiert wird. Als minimierendes α ergibt sich:

(3.7) $\alpha_0 = \dfrac{\text{Cov}(\mu(\theta), E_\theta(T))}{E(\text{Var}_\theta(T)) + \text{Var}(E_\theta(T))}$.

Da der Schätzer T durch eine implizite Definition gegeben ist, können die benötigten Verteilungsmomente $E_\theta(T)$ und $\text{Var}_\theta(T)$ nicht auf einfachem Weg berechnet werden. Einen Ausweg bietet eine Linearisierung des Schätzers mittels der influence-function und eine Approximation der gesuchten Größen mit deren Hilfe. Für $E_\theta(T)$ und $\text{Var}_\theta(T)$ ergeben sich näherungsweise die Beziehungen $E_\theta(T) \doteq T(F_\theta)$ und $\text{Var}_\theta(T) \doteq \frac{1}{N} E_\theta(IF(X_i; T, F_\theta)^2)$.

Durch die Bestimmungsgleichung wird der Künsch-Schätzer nur implizit festgelegt. Daher kann die influence-function nicht durch einfaches Einsetzen in die allgemeine Definition gewonnen werden. Ausgehend von der Bestimmungsgleichung des Funktionals T an der Stelle $(F_\theta)_t$[23], einer Taylorentwicklung für $\chi(y/T_t(F_\theta))$ um $T(F_\theta)$ und einiger Approximationen, ergibt sich für die influence-function folgende Gestalt[24]:

(3.8) $IF(x; T, F_\theta) = \dfrac{\chi(x/T(F_\theta)) T(F_\theta)^2}{\int y\, \chi'(y/T(F_\theta)) F_\theta(dy)}$.

---

22 H. R. Künsch, a.a.O., S. 39.
23 Zur Vereinfachung sollen die verkürzenden Schreibweisen $(F_\theta)_t = (1-t)F_\theta + t\Delta_x$ und $T_t(F_\theta) = T((F_\theta)_t) = T((1-t)F_\theta + t\Delta_x)$ verwendet werden.
24 Hampel et al. nehmen für M-Schätzer eine verkürzte Herleitung der influence-function vor: F. R. Hampel u. a., a.a.O., S. 102; Formel (2.3.18) auf S. 106 gibt die spezielle Form für Skalenparameter an.

Damit sind alle für den Schätzer nach Künsch benötigten Größen vollständig determiniert.

3.3.3 Schätzung bei unbekanntem Verteilungsmodell

Der vorgestellte Ansatz ist unmodifiziert für die Versicherungspraxis nicht anwendbar, denn im allgemeinen sind die den Schäden zugrundeliegenden stochastischen Gesetzmäßigkeiten dem Versicherungsunternehmen unbekannt. Deshalb müssen die auftretenden Erwartungswerte durch empirische Schätzgrößen ersetzt werden. Der Künsch-Schätzer lautet dann:

(3.9) $\quad \hat{\mu}(\theta_j) = \overline{X}.. + \hat{\alpha}(T_j - \overline{T}.) \quad \forall\, j = 1, \ldots, J$.

Der individuelle Schätzer T_j ist wiederum implizit definiert:

(3.10) $\quad \sum_{i=1}^{N} \chi(X_{ij}/T_j) = 0 \quad \forall\, j = 1, \ldots, J$.

Die verwendete χ-Funktion bleibt unverändert.

Bei unbekannten Verteilungen sind auch die im Credibilityfaktor enthaltenen Größen zu schätzen. Insgesamt ergibt sich als empirischer Credibilityfaktor:

(3.11) $\quad \hat{\alpha}_0 = \dfrac{\frac{1}{J-1}\sum_{j=1}^{J}(\overline{X}_{\cdot j} - \overline{X}..)(T_j - \overline{T}.) - \frac{1}{N}\frac{1}{J}\sum_{j=1}^{J}\frac{1}{N-1}\sum_{i=1}^{N}\widehat{IF}(X_{ij}; T_j)X_{ij}}{\frac{1}{J-1}\sum_{j=1}^{J}(T_j - \overline{T}.)^2}$

$\quad$ mit $\quad \widehat{IF}(X_{ij}; T_j) = \dfrac{\chi(x/T_j)T_j^2}{\frac{1}{N}\sum_{i=1}^{N} 1_{[(1-c_1)T_j,\,(1+c_2)T_j]}X_{ij}}$.

3.4 Der modifizierte Ansatz nach Künsch

3.4.1 Der Credibility-Schätzer

Der weitergehende Ansatz von Künsch soll insbesondere dann Anwendung finden, wenn für den einzelnen Vertrag nicht ausreichend Datenmaterial für eine befriedigende Schätzung von T_j zur Verfügung steht.

Vor allem eine sinnvolle Bestimmung des truncation-points, der für jeden Vertrag nur von den jeweiligen individuellen Daten abhängt, ist unter Umständen schwierig. Die Schätzung kann aufgrund der großen Variabilität der Daten bei geringem Stichprobenumfang stark von einem dem zugrundeliegenden Verteilungsmodell angemessenen truncation-point abweichen. Eine Fehlschätzung nach unten würde dazu führen, daß Beobachtungen gestutzt werden, die noch einem normalen Verhalten entsprechen. Ein zu hoher truncation-point bewirkt dagegen, daß Daten unverändert in die Schätzung einfließen, die schon als Ausreißer zu bezeichnen sind. Ein solches Verhalten ist in besonderem Maße unerwünscht, da derartige Beobachtungen die Schätzung des Schadenerwartungswertes verzerren und damit den Zweck der Robustifizierung unterlaufen.

Um eine Lösung für diese Problematik zu bieten, wird eine robuste globale Größe τ eingeführt, die ein Maß für die mittlere Schadenhöhe darstellt[25].

Der von Künsch vorgeschlagene Credibility-Schätzer für den weitergehenden Ansatz lautet:

(3.12) $\quad \hat{\mu}(\theta) = \mu + (T(X_1, \ldots, X_N; \tau) - E(T))$.

Ähnlich wie im ersten Ansatz ist der individuelle Schätzer T durch die Lösung einer impliziten Gleichung gegeben:

(3.13) $\quad \sum_{i=1}^{N} \chi(X_i/T) = \gamma (1 - \tau/T)$.

Die χ-Funktion entspricht der χ-Funktion aus dem vorherigen Ansatz, d. h. $\chi(z) = \max(-c_1, \min(z-1, c_2))$.

Wie oben läßt sich auch hier die Bestimmungsgleichung für T so umformen, daß die Bedeutung der einzelnen Größen sichtbar wird:

(3.14) $\quad T = \dfrac{N}{N+\gamma} \dfrac{1}{N} \sum_{i=1}^{N} X_i^* + \dfrac{\gamma}{N+\gamma} \tau$

mit $X_i^* = \max[(1-c_1)T, \min(X_i, (1+c_2)T)]$.

T selbst ist also schon eine Kombination aus individueller und globaler Erfahrung, indem ein arithmetisches Mittel aus individuellen gestutzten Beobachtungen X_i^* mit dem globalen Wert τ konvex kombiniert wird.

Außerdem enthält T einen impliziten Credibilityfaktor $N/(N+\gamma)$. Die Größe γ determiniert diesen Credibilityfaktor. Je größer γ gewählt wird, desto stärker ist der globale Einfluß auf den Schätzer.

Da aber auch der truncation-point $(1-c_1)T$ bzw. $(1+c_2)T$ von T abhängig ist, hat die Wahl von γ gleichzeitig Auswirkungen auf das Gewicht der anderen Verträge bei der Bestimmung des truncation-points. Die Stärke des

---

[25] Zum modifizierten Ansatz von Künsch siehe H. R. Künsch, a.a.O., S. 45–49.

gewünschten Effekts der Einbeziehung der Schadenerfahrung des Kollektivs zur Festlegung des truncation-points ist also über die Wahl von γ zu steuern.

Der Übergang von T zum eigentlichen Credibility-Schätzer $\hat{\mu}(\theta)$ wird lediglich vorgenommen, um $\hat{\mu}(\theta)$ erwartungstreu zu machen. Ein zusätzlicher Credibilityfaktor ist nicht mehr nötig. Die Eigenschaft der Erwartungstreue ist jedoch in der Versicherungswirtschaft unerläßlich, wenn das Versicherungsunternehmen nicht systematisch Fehlkalkulationen durchführen und dadurch Verluste erleiden will.

Der Autor schlägt auch im zweiten Ansatz eine Wahl von $c_1 = c_2 = 1$ für kleinere Stichproben und $c_1 = 1$ sowie $0 \leq c_2 \leq 1$ für größere Datensätze vor, was wiederum auf heuristischen Überlegungen basiert[26].

Der globale Wert τ wird auf ähnliche Art und Weise bestimmt wie der Schätzer T des ersten Ansatzes. Im Gegensatz zu T soll τ aber eine Aussage über die globale mittlere Schadenhöhe machen. Aus diesem Grunde ist τ nicht allein bzgl. der individuellen Schadenverteilung robust zu mitteln. Die Bestimmung von τ erfolgt mittels folgender Gleichungen:

(3.15) $\quad \int \chi(\tau(\theta)/\tau) U(d\theta) = 0,$

(3.16) $\quad \int \chi(x/\tau(\theta)) F_\theta(dx) = 0.$

Auch der implizite Credibilityfaktor ist optimal zu wählen. Da N eine vorgegebene, feste Größe ist, verbleibt nur γ als Anpassungsvariable. Als Optimalitätskriterium fungiert erneut die quadratische Abweichung des Schätzers.

Für die Approximationen der dort enthaltenen kritischen Größen „bedingter Erwartungswert" und „bedingte Varianz" haben die obigen Aussagen unverändert Gültigkeit, wonach näherungsweise $E_\theta(T) \doteq T(F_\theta,\tau)$ und $Var_\theta(T) \doteq \frac{1}{N} E_\theta(IF(X_i;T,F_\theta,\tau)^2)$ gilt.

Eine Anwendung der Linearisierung zur Berechnung der Summanden in der quadratischen Abweichung erfordert aber auch hier zunächst die Bestimmung der zugehörigen influence-function. Analog zur Vorgehensweise im unmodifizierten Ansatz ergibt sich[27]:

(3.17) $\quad IF(X_i;T,F_\theta,\tau) = \dfrac{[\chi(x/T(F_\theta,\tau)) - \gamma_\infty(1 - \tau/T(F_\theta,\tau))] T(F_\theta,\tau)^2}{\gamma_\infty \tau - \int y \, \chi'(y/T(F_\theta,\tau)) F_\theta(dy)}.$

---

26 H. R. Künsch, a.a.O., S. 46.
27 In der Darstellung $T = N(N + \gamma)^{-1} N^{-1} \sum_{i=1}^{N} X_i^* + \gamma(N + \gamma)^{-1} \tau$ ist ersichtlich, daß der Einfluß von τ für $N \to \infty$ vollständig verlorengeht. Um dies zu verhindern, schlägt Künsch vor, $\gamma = \gamma(N) = N \gamma_\infty$ zu setzen, wobei dann γ_∞ geeignet zu bestimmen ist. Unter Verwendung dieser Bezeichnungsweise wird die Linearisierung vorgenommen. H. R. Künsch, a.a.O., S. 48.

3.4.2 Der empirische Credibility-Schätzer

Als empirischer Credibility-Schätzer ergibt sich folgender Ausdruck:

(3.18) $\quad \hat{\mu}(\theta_j) = \overline{X}.. + (T_j - \overline{T}.) \quad \forall j = 1, \ldots, J,$

wobei der Schätzer T_j für den einzelnen Vertrag j bestimmt wird durch:

(3.19) $\quad \sum_{i=1}^{N} \chi(X_{ij}/T_j) = \gamma \, (1 - \tau/T_j) \quad \forall j = 1, \ldots, J.$

Auch die Berechnung von τ muß auf andere Weise erfolgen, wenn die zugrundeliegenden Verteilungen unbekannt sind:

(3.20) $\quad \sum_{j=1}^{J} \chi(\tau_j/\tau) = 0,$

(3.21) $\quad \sum_{i=1}^{N} \chi(X_{ij}/\tau_j) = 0.$

Abschließend bleibt noch die Bestimmung von γ im Fall unbekannter Verteilungsannahmen zu klären. In dem Ausdruck für die empirische quadratische Abweichung ist γ nur implizit über die Definition des Schätzers T enthalten. Eine direkte Minimierung kann aus diesem Grund nicht erfolgen. Künsch schlägt als Ausweg eine Art „trial and error"-Verfahren vor, indem der Ausdruck für verschiedene Werte von γ entwickelt wird[28]. Auf diese Weise kann ein geeigneter Wert für γ gefunden werden, der die quadratische Abweichung möglichst klein werden läßt.

Inwieweit ein derartig bestimmtes γ von den zur Verfügung stehenden Daten abhängig ist, bleibt zu untersuchen. Denkbar ist auch die Einbeziehung von Kenntnissen über die potentielle Schadenverteilung. Zu erwähnen ist nochmals, daß γ das Gewicht von τ in der Schätzung bestimmt und dieses demnach durch die Wahl von γ gesteuert werden kann.

Die vorgestellten Credibility-Schätzer nach Künsch werden im folgenden Abschnitt im Hinblick auf ihre Robustheit gegenüber dem Auftreten von Großschäden untersucht. Als Vergleichsmaßstab wird zusätzlich auch der Credibility-Schätzer nach Bühlmann betrachtet, um die durch Künsch vorgenommenen Veränderungen besser bewerten zu können.

---

[28] H. R. Künsch, a.a.O., S. 49.

4. Untersuchung der Robustheit der Credibility-Schätzer nach Künsch

4.1 Individueller Credibility-Schätzer

Die influence-function bildet die Grundlage für die Analyse der lokalen Robustheit. Der individuelle Credibility-Schätzer nach Bühlmann ist das arithmetische Mittel der vertragsindividuellen Beobachtungen ($\bar{X}_{.j}$). Das zugehörige Funktional ist gegeben durch:

(4.1) $\quad T(F_\theta) = \int x \, F_\theta(dx)$.

In diesem einfachen Fall ist eine explizite Berechnung der influence-function möglich:

(4.2) $\quad IF(x;T,F_\theta) = x - \int y \, F_\theta(dy)$.

Die influence-function beider Ansätze nach Künsch wurde bereits eingeführt. Es ist sofort ersichtlich, daß diese für beide Ansätze durch die Wahl einer nach oben beschränkten χ-Funktion selbst beschränkt ist, denn die anderen in der influence-function dieser Schätzer enthaltenen Größen sind bezüglich x konstant. Diese Beobachtung ist eine generelle Eigenschaft von M-Schätzern: Die influence-function verhält sich für M-Schätzer stets proportional zur jeweiligen χ-Funktion $\chi(x,T(F_\theta))$[29]. Im hier relevanten Fall eines M-Schätzers für Skalenparameter ist $\chi(x,T(F_\theta)) = \chi(x/T(F_\theta))$.

Die influence-function des arithmetischen Mittels ist dagegen unbeschränkt. Dies deckt sich mit den soeben gemachten Aussagen, denn auch $\bar{X}_{.j}$ kann als M-Schätzer – und zwar als ein M-Schätzer für Lokationsparameter – interpretiert werden. Dort ist $\chi(x,T(F_\theta)) = \chi(x - T(F_\theta))$ mit der speziellen χ-Funktion $\chi(x,T(F_\theta)) = x$ für das arithmetische Mittel[30].

Die aus der influence-function abgeleitete *gross-error-sensitivity* bildet das Supremum über den Wert der influence-function an allen denkbaren Stellen x. Damit gibt die gross-error-sensitivity an, wie groß der Einfluß ist, den eine einzelne Kontaminierung mit infinitesimalem Gewicht, aber beliebiger Größe maximal auf den Wert des Funktionals T haben kann.

Für beide Schätzer nach Künsch ist die gross-error-sensitivity beschränkt. Dies ist ein wichtiges Kriterium der Robustheit der zugehörigen Schätzer, denn ein solches Verhalten besagt, daß eine einzelne Beobachtung, egal

---

29 Vgl. F. R. Hampel u. a., a.a.O., S. 101–106.
30 Eine Interpretation des arithmetischen Mittels als M-Schätzer für Skalenparameter ist ebenso möglich, wenn auch eher unüblich. In diesem Zusammenhang wäre dann evtl. ein direkter Vergleich zum Ansatz von Künsch möglich. Die χ-Funktion für diesen Fall würde lauten: $\chi(x,T(F_\theta)) = x - 1$.

von welcher Größe sie ist, den Schätzer nicht beliebig anwachsen lassen kann.

Die gross-error-sensitivity des Bühlmann-Schätzers ist trivial, denn die influence-function und damit auch die gross-error-sensitivity sind in diesem Fall unbeschränkt. Der Bühlmann-Schätzer ist also im Hinblick auf die gross-error-sensitivity nicht robust.

Zur Beurteilung der globalen Robustheit wird der finite-sample-breakdown-point der zu untersuchenden Schätzgrößen berechnet. Im Gegensatz zur influence-function bietet der breakdown-point nicht nur eine Aussage über das Verhalten des Schätzers bei Modifizierung einer einzigen Beobachtung. Er gibt vielmehr eine Toleranzgrenze für die Anzahl der verschmutzenden Beobachtungen an, bis zu der die Schätzgröße noch aussagefähige Werte annimmt.

Der breakdown-point des Credibility-Schätzers nach Bühlmann ist einfach zu bestimmen, denn er ist null. Dies folgt unmittelbar aus der Unbeschränktheit der influence-function des Bühlmann-Schätzers, denn schon eine einzelne Beobachtung ist in der Lage, die Schätzung unendlich groß werden zu lassen.

Anders verhalten sich die individuellen Credibility-Schätzer nach Künsch. Für den Schätzer des ersten Vorschlags lautet der breakdown-point[31]:

(4.3) $\quad \varepsilon_N^* = \min \{i \in N \mid i \geq Nc_1/(c_1 + c_2)\} - 1.$

Der breakdown-point des zweiten Ansatzes beträgt[32]:

(4.4) $\quad \varepsilon_N^* = \min \{i \in N \mid i \geq (Nc_1 + \gamma)/(c_1 + c_2)\} - 1.$

Der breakdown-point des weitergehenden Ansatzes ist demnach genau dann höher als der des vorherigen Vorschlags, wenn γ einen Wert größer als null annimmt. Diese Schlußfolgerung ist auch insofern einsichtig, als daß γ die Stärke des Einflusses des globalen Wertes τ auf die Schätzung bestimmt. Je größer γ ist, desto mehr fließt τ in die Schätzung ein und desto weniger Einfluß haben die individuellen Beobachtungen. Der zweite Vorschlag nach Künsch ist deshalb stabiler gegenüber Großschäden als der erste Vorschlag, da ein breiterer Ausgleich stattfindet.

Für die von Künsch vorgeschlagene Wahl von $c_1 = c_2 = 1$ ergibt sich als breakdown-point des ersten Ansatzes $N/2 - 1$. Diese Größe fällt c. p. für kleinere Werte von c_1, d. h. im Falle einer Stutzung auch von unten. Auch für $c_2 > 1$ wird der breakdown-point kleiner, denn dann wächst der obere

---

31 H. R. Künsch, a.a.O., S. 37 f.
32 H. R. Künsch, a.a.O., S. 46, jedoch ohne Beweis.

truncation-point, und es fließen vermehrt ungestutzte Beobachtungen in die Schätzung ein. Er wird dagegen größer, wenn $c_2 < 1$ ist und damit früher gestutzt wird. Das Verhalten des breakdown-points für den zweiten Schätzer nach Künsch ist für die verschiedenen Werte von c_1 und c_2 ähnlich.

Faßt man die Ergebnisse der verschiedenen Robustheitskriterien für die untersuchten Schätzgrößen zusammen, so wird deutlich, daß sich die von Künsch vorgeschlagenen individuellen Credibility-Schätzer im Vergleich zum herkömmlichen Credibility-Schätzer nach Bühlmann robuster verhalten. Die Robustheitseigenschaften des Schätzers nach Bühlmann im Hinblick auf Großschäden sind völlig unbefriedigend, woraus sich in jedem Fall eine Handlungsnotwendigkeit folgern läßt. Der Ansatz von Künsch ist eine mögliche Lösung des Problems. Insbesondere der weitergehende Vorschlag zeigt bei der Betrachtung des wichtigen Aspekts des breakdown-points ein gutes Verhalten.

4.2 Der Credibilityfaktor

Von Künsch ist eine Robustifizierung des individuellen Credibility-Schätzers vorgenommen worden, und er hat eine mögliche Lösung für dieses Problem vorgeschlagen. Eingangs wurde jedoch verdeutlicht, daß die Problematik eines Auftretens von Großschäden bei Anwendung der Credibilitytheorie nicht allein darin besteht, den individuellen Credibility-Schätzer zu robustifizieren, sondern daß auch die Bestimmung des Credibilityfaktors Probleme aufwirft. Das Auftreten von Großschäden kann dazu führen, daß der empirische Credibilityfaktor des Schätzers nach Bühlmann sehr klein oder sogar zu null wird. Es bleibt zu untersuchen, wie stark die Vorschläge von Künsch von dieser Problematik betroffen sind.

Da für den zweiten Ansatz kein optimaler empirischer Credibilityfaktor bestimmt werden konnte, wird die anschließende Untersuchung sich nur auf den ersten Ansatz beziehen. Dies bedeutet jedoch nicht, daß für den weitergehenden Vorschlag von Künsch die angesprochene Problematik zu vernachlässigen ist. Auch eine Bestimmung des impliziten Credibilityfaktors mittels vergleichender Berechnung des quadratischen Fehlers für verschiedene Werte von γ kann zum Ergebnis haben, daß diejenige Wahl von γ am günstigsten ist, die zu einem Credibilityfaktor nahe bei null führt[33].

Ähnlich der Untersuchung des Credibility-Schätzers nach Bühlmann werden alle Summanden des empirischen Credibilityfaktors des Schätzers nach Künsch[34] extrahiert, die den angenommenen Großschaden enthalten[35].

---

33 Der Credibilityfaktor des zweiten Ansatzes lag bei $N/(N + \gamma)$. Dieser liegt nahe bei null, wenn γ im Verhältnis zu N sehr groß ist.
34 Vgl. Formel (3.11).
35 Vgl. H. R. Künsch, a.a.O., S. 40 f., der dort zum gleichen Ergebnis kommt.

Der Nenner des Credibilityfaktors enthält die Daten x_{ij} nur implizit über die Bestimmungsgleichung für T_j. Da T_j jedoch robust gewählt wurde, ist er demzufolge durch eine Modifikation einzelner Beobachtungen nur wenig betroffen[36].

Der Zähler hingegen enthält ungestutzte Beobachtungen und ist daher empfindlich gegenüber dem Auftreten von Großschäden. Es ergeben sich in Abhängigkeit von T_{j0} zwei mögliche Situationen, $T_{j0} < \overline{T}$. oder $T_{j0} > \overline{T}$.[37]. Wird der Großschaden als hinreichend groß angenommen, so lassen sich für diese Fälle unterschiedliche Schlüsse ziehen[38].

Im ersten Fall fällt $\hat{\alpha}_0$ mit $x_{i_0 j_0} \to \infty$ gegen $-\infty$. Im zweiten Fall wächst $\hat{\alpha}_0$ zunächst und bleibt dann stabil[39]. Im ersten Fall kann es für praxisrelevante Beispiele weit unter null fallen und im zweiten Fall wächst er möglicherweise stark über eins hinaus. Die Schätzung wird dann im allgemeinen so modifiziert, daß der Credibilityfaktor bei null und bei eins beschnitten wird, diese Werte für den Credibilityfaktor sollten jedoch lediglich Extremfälle darstellen.

Auch betriebswirtschaftlich ist weder ein Fallen des Credibilityfaktors bis an null noch ein starkes Anwachsen wünschenswert. Ein Credibilityfaktor von null bewirkt, daß allein der globale Teil des Credibility-Schätzers die Prämie bestimmt. Daraus würde resultieren, daß alle Versicherungsnehmer des zu tarifierenden Kollektivs in gleicher Weise am Großschaden beteiligt werden. Dies wäre nur dann gerechtfertigt, wenn auch alle diese Verträge gleichermaßen gefährdet wären.

Ein Credibilityfaktor von eins hat dagegen zur Folge, daß nur der individuelle Anteil zum Tragen kommt und deshalb der Vertrag, der den Großschaden erlitten hat, diesen ohne Beteiligung der übrigen Verträge finanzieren muß. Dies wäre sinnvoll, wenn die sonstigen Verträge in ihrer Risikostruktur keinerlei Ähnlichkeit zu dem betroffenen Vertrag aufweisen würden.

Beide Fälle entsprechen nicht dem gewünschten Verhalten, wonach der Großschaden bis zu einem gewissen Grad auch von den übrigen Verträgen mitgetragen werden soll, der betroffene Vertrag jedoch stärker zu belasten ist.

---

36 Ist der Großschaden einmal so groß geworden, daß er oberhalb des truncation-points liegt, so ändert sich der Wert des Schätzers und damit auch der truncation-point nicht mehr. Eine rigorose mathematische Betrachtung ist durch die implizite Definition des truncation-points schwierig.

37 Der Index j_0 bezeichne den vom Großschaden betroffenen Vertrag und $x_{i_0 j_0}$ den beobachteten Großschaden.

38 Unter der Annahme, daß $\widehat{IF}(x_{i_0 j_0}; T_{j_0})$ i. a. größer ist als null, denn $\chi(x_{i_0 j_0}/T_{j_0})$ ist nur für $x_{i_0 j_0} < T_{j_0}$ negativ. Dies ist nicht der Fall, wenn $x_{i_0 j_0}$ ein Großschaden ist.

39 Wenn N und J von ähnlicher Größenordnung sind und $(T_{j_0} - \overline{T}.)$ nicht zu verschieden von $\widehat{IF}(x_{i_0 j_0}; T_{j_0})$ ist, ab einer genügenden Größe von $x_{i_0 j_0}$ ist dies vernachlässigbar.

In der Terminologie des vorhergehenden Abschnittes ausgedrückt, besitzt der Credibilityfaktor nach Künsch also einen breakdown-point von null, denn eine einzige Beobachtung reicht aus, die Schätzung unbrauchbar zu machen. Der Credibilityfaktor nach Künsch verhält sich also ebensowenig robust wie der des Credibility-Schätzers nach Bühlmann.

5. Vorschläge für eine Robustifizierung des Credibilityfaktors

5.1 Ansatzpunkte

Es wurde gezeigt, daß insbesondere eine angemessene Bestimmung des Credibilityfaktors große Bedeutung für eine adäquate Schätzung des individuellen Schadenerwartungswertes besitzt.

Wie deutlich wurde, zeigt auch der empirische Credibilityfaktor des ersten Ansatzes von Künsch ein unbefriedigendes Verhalten in bezug auf das Auftreten von Großschäden. Dessen Schätzung wurde bei Künsch auf die Schätzung folgender Größe zurückgeführt:

$$\frac{\text{Cov}(T_j, \overline{X}_{\cdot j}) - E(\text{Cov}_{\theta_j}(T_j, \overline{X}_{\cdot j}))}{\text{Var}(T_j)}.$$

Lediglich der Schätzer für den Zähler dieses Ausdrucks birgt Probleme hinsichtlich einer möglichen Kontaminierung durch Großschäden. Für die beiden Terme des Zählers sind also robuste Schätzer anstelle der von Künsch verwandten Schätzgrößen zu finden. Der Schätzer für den Nenner wird unverändert übernommen.

Für eine robuste Schätzung von $\text{Cov}(T_j, \overline{X}_{\cdot j})$ wird folgende Umformung zur Hilfe genommen:

$$\text{Cov}(X, Y) = [\text{Var}(aX + bY) - \text{Var}(aX - bY)]/(4ab).$$

Ist $S(X)$ ein robuster Schätzer für Skalenparameter, so schlägt Huber[40] auf Basis dieser Umformung als robustifizierten Schätzer für die Kovarianz vor[41]:

(5.1) $$C(X, Y) = \frac{S(aX + bY)^2 - S(aX - bY)^2}{S(aX + bY)^2 + S(aX - bY)^2} S(X) S(Y)$$

mit[42] $a = S(X)^{-1}, b = S(Y)^{-1}$.

---

40 P. J. Huber, Robust Statistics, New York, Chichester, Brisbane, Toronto 1981, S. 202–204.
41 Diese Form wird aufgrund von Stabilitäts- und Standardisierungsüberlegungen gewählt.
42 Prinzipiell können die Größen a und b frei bestimmt werden. Diese Wahl von a und b erfolgt lediglich, um skalare Vergleichbarkeit der Zufallsvariablen X und Y zu gewährleisten.

Um $Cov(T_j, \overline{X}_{\cdot j})$ zu schätzen, ist demnach ein geeigneter robuster Schätzer für Skalenparameter zu finden.

Die zweite Größe im Zähler des zu schätzenden Ausdrucks wurde auf Basis der Linearisierung von $E(Cov_{\theta j}(T_j, \overline{X}_{\cdot j}))$ mittels der influence-function geschätzt. Auf diese Linearisierung wird jetzt zurückgegriffen, wonach approximativ gilt:

$$E(Cov_{\theta j}(\overline{X}_{\cdot j}, T_j)) \doteq \tfrac{1}{N} E(E_{\theta j}(IF(X_{ij}; T, F_{\theta j}) X_{ij})).$$

Eine Robustifizierung könnte vorgenommen werden, indem als Schätzer für den globalen Erwartungswert anstelle eines arithmetischen Mittels eine robuste Schätzgröße benutzt wird.

Bei der Verwendung von robusten Schätzgrößen ist der gewollte Effekt einer Robustifizierung hier dem in Kauf zu nehmenden Effizienzverlust, d. h. eines systematischen Abweichens vom wahren Wert, gegenüberzustellen. Die Anwendung nicht erwartungstreuer Schätzverfahren für den Credibilityfaktor ist jedoch weniger problematisch, als sie es bei der Schätzung des individuellen Credibility-Schätzers wäre.

Die Verwendung der empirischen Äquivalente zu *Median* und *MAD*[43] erwies sich nicht als sinnvoll. Die auftretenden Schätzfehler sind zu deutlich, so daß im Fall ohne Verschmutzung durch Großschäden krasse Fehlschätzungen auftreten[44].

Eine andere Möglichkeit zur Robustifizierung der obigen Schätzgrößen ist die Anwendung einer *Rejection-Regel* vor Berechnung von Erwartungswert und Varianz. Eine solche Regel schließt alle Beobachtungen aus der Schätzung aus, die aufgrund bestimmter Kriterien als Ausreißer bzgl. des zugrundeliegenden Datensatzes identifiziert werden. Hierbei ist es sinnvoll, die Kriterien zur Bestimmung eines Ausreißers ebenfalls robust zu wählen. Beispielsweise können Median und MAD als Basis für Rejection-Regeln gewählt werden. Die zugehörigen Lokations-Schätzer werden als „*Huber-type skipped means*"[45] bezeichnet. Die für diese Schätzer verwendete Regel besagt, daß alle Daten auszuschließen sind, die ein bestimmtes Vielfaches k des MAD vom Median entfernt liegen[46].

Die Anwendung einer Rejection-Regel führt stets zu einem Datenverlust, der je nach Art der Regel mehr oder weniger stark ausfällt. Daher erfor-

---

43 Mean average deviation: Median der Abweichung vom Median.
44 Die Anwendung des Medians führt bei nicht-symmetrischen Verteilungen zu systematischen Schätzfehlern. Der MAD bewirkt auch im Falle einer symmetrischen Verteilung eine Verschätzung gegenüber der tatsächlichen Standardabweichung.
45 F. R. Hampel u. a., a.a.O., S. 64.
46 Analog ist aber auch eine Anwendung für Skalenparameter möglich, indem die Rejection-Regel der Berechnung der empirischen Standardabweichung bzw. Varianz vorgeschaltet wird.

dern die „Huber-type skipped means" eine sehr große Wahl von k, um in einer ungestörten Datensituation sinnvolle Schätzwerte zu liefern. Bei einem so großen Wert für k ist aber wiederum keine effektive Robustifizierung des Credibilityfaktors gegenüber einem Auftreten von Großschäden erreicht. Ein plausibler Kompromiß zwischen vertretbarem Effizienzverlust und ausreichender Robustheit der Schätzgröße ist nicht möglich.

Auch die Verwendung des weniger robusten empirischen Quartils anstelle des MAD bewirkt kein wesentlich besseres Verhalten.

Da einfache Verfahren zur Robustifizierung des Credibilityfaktors nicht zum Erfolg führen, findet eine komplexere Methode Anwendung. Analog zum Vorgehen von Künsch zur Robustifizierung des individuellen Credibility-Schätzers werden robuste M-Schätzer eingesetzt, um die kritischen Größen im Credibilityfaktor des Schätzers nach Künsch zu bestimmen.

5.2 Robustifizierung mit Hilfe von M-Schätzern

Um eine einfache Umsetzung bei der Berechnung der Credibility-Schätzer zu erreichen, wird versucht, den schon von Künsch für die Bestimmung des individuellen Credibility-Schätzers verwendeten M-Schätzer[47] auch für die Robustifizierung des Credibilityfaktors einzusetzen.

Zunächst wird der erste Term im Zähler des zu robustifizierenden Credibilityfaktors betrachtet. Unter Verwendung der Umformung aus dem vorhergehenden Abschnitt ist anstelle von $\text{Cov}(T_j, \overline{X}_{\cdot j})$ folgende Größe zu schätzen:

$$(5.2) \quad \frac{\text{Var}(aT_j + b\overline{X}_{\cdot j}) - \text{Var}(aT_j - b\overline{X}_{\cdot j})}{\text{Var}(aT_j + b\overline{X}_{\cdot j}) + \text{Var}(aT_j - b\overline{X}_{\cdot j})} \sigma(T_j)\sigma(\overline{X}_{\cdot j})$$

mit $a = \sigma(T_j)^{-1}$, $b = \sigma(\overline{X}_{\cdot j})^{-1}$.

Der von Künsch verwandte M-Schätzer ist ein M-Schätzer für Skalenparameter, wird aber zur Schätzung eines Erwartungswertes benutzt. Auf gleiche Weise wird er auch hier angewandt.

Jede der angegebenen Varianzen bzw. Standardabweichungen soll nun auf folgende Art und Weise geschätzt werden: Unter Verwendung von $\text{Var}(X) = E(X - EX)^2$ ist zunächst der Erwartungswert der betreffenden Größe mittels des besagten M-Schätzers und im Anschluß daran der Erwartungswert der quadratischen Abweichung robust zu schätzen. Für die Standardabweichungen ist dann jeweils noch die Wurzel zu ziehen.

---

[47] Dessen Parameter c_1 und c_2 sind jedoch jeweils neu zu bestimmen.

Bevor die eigentlichen Varianzen geschätzt werden können, sind die Standardisierungsfaktoren a und b zu bestimmen. Die Vorgehensweise wird für a erläutert, läßt sich aber analog auf die Berechnung von b übertragen.

In Anwendung des dargestellten Verfahrens wird als erstes der Erwartungswert von T_j[48] unter Verwendung des von Künsch benutzten M-Schätzers geschätzt, indem die folgende Bestimmungsgleichung für $\hat{\mu}(T_j)$ gelöst wird:

(5.3) $\quad \sum_{j=1}^{J} \chi(T_j / \hat{\mu}(T_j)) = 0.$

Das so bestimmte $\hat{\mu}(T_j)$ kann jetzt eingesetzt werden, um die quadratische Abweichung hiervon auf ähnliche Weise zu berechnen:

(5.4) $\quad \sum_{j=1}^{J} \chi((T_j - \hat{\mu}(T_j))^2 / \widehat{Var}(T_j)) = 0.$

Den endgültigen Wert für a erhält man, indem die Wurzel aus $\widehat{Var}(T_j)$ gezogen und der Kehrwert des Ergebnisses gebildet wird.

Analog kann ein robuster Schätzer für b bestimmt werden, indem statt T_j das Vertragsmittel $\bar{X}_{\cdot j}$ als Basisgröße eingesetzt wird.

Die Vorgehensweise bei Bestimmung der verschiedenen Varianzgrößen ist die gleiche, wie sie auch bei Berechnung von a und b angewandt wurde. Es wird dabei lediglich von den Zufallsvektoren $(R_j := aT_j + b\bar{X}_{\cdot j}, j = 1, \ldots, J)$ und $(S_j := aT_j - b\bar{X}_{\cdot j}, j = 1, \ldots, J)$ ausgegangen[49].

Für den zweiten Term im Zähler des Credibilityfaktors ist ein robuster Schätzer für den globalen Erwartungswert zu bestimmen. Daher kann der M-Schätzer nach Künsch direkt auf die Größen $(M_j := \frac{1}{N-1} \sum_i^N \widehat{IF}(\bar{X}_{\cdot j}, T_j) X_{ij}, j = 1, \ldots, J)$ angewandt werden[50].

Der Schätzer für den Nenner des Credibilityfaktors wird nicht verändert und entspricht damit dem des empirischen Credibilityfaktors des Künsch-Schätzers. Insgesamt ergibt sich als robustifizierter Credibilityfaktor:

---

48 T_j ist schon robust, so daß eine Robustifizierung des Erwartungswertes unnötig wäre, der Vorschlag von Huber erfordert jedoch die Verwendung einer einheitlichen Schätzgröße S.
49 Die Differenzbildung in $aT_j - b\bar{X}_{\cdot j}$ führt dazu, daß auch negative Daten entstehen können, was wiederum bewirken kann, daß die angewandten Iterationsverfahren nicht konvergieren.
50 Auch hier stellt sich die Problematik negativer Daten, denn die geschätzte influence-function kann ebenfalls kleiner als null werden. $\widehat{IF}(X_{ij}; T_j)$ ist bei Wahl von $c_1 = 1$ genau dann negativ, wenn $X_{ij}/T_j < 1$, was nicht nur ein Ausnahmefall ist.

$$
(5.5) \quad \frac{\frac{\widehat{\mathrm{Var}}_{(R_j)} - \widehat{\mathrm{Var}}_{(S_j)}}{\widehat{\mathrm{Var}}_{(R_j)} + \widehat{\mathrm{Var}}_{(S_j)}} (\widehat{\mathrm{Var}}(T_j))^{1/2} (\widehat{\mathrm{Var}}(\overline{X}_{.j}))^{1/2} - \frac{1}{N} \hat{\mu}(M_j)}{\frac{1}{J-1} \sum_j^J (T_j - \overline{T}.)^2}
$$

5.3 Fazit

Ziel der Robustifizierung des Credibilityfaktors war, diesen bei Auftreten von Großschäden so zu stabilisieren, daß eine Kontaminierung der Daten nicht ein sofortiges Sinken des Credibilityfaktors unter null bzw. ein Anwachsen auf Werte über eins zur Folge hat. Für den Credibilityfaktor des Künsch-Schätzers wurde verdeutlicht, daß dessen Verhalten nicht der Zielsetzung entspricht. Eigene simulative Untersuchungen ergaben, daß der Credibilityfaktor schon bei einer Beobachtung zusammenbrechen kann, die lediglich so groß war, daß sie auch durch ein unkontaminiertes Verteilungsmodell hätte produziert sein können.

Dieses Verhalten wird auch durch die Robustifizierung des Credibilityfaktors nur ungenügend beseitigt. Zwar ist zu beobachten, daß der Ansatz zur Robustifizierung eine Stabilisierung des Credibilityfaktors ermöglicht, diese geschieht aber im Großteil der Fälle zu spät. Der robustifizierte Credibilityfaktor kann bis auf Werte nahe oder unter null absinken, bevor er sich stabilisiert. Bei Vervielfältigung einzelner Beobachtungen bleiben die einzelnen Bestandteile des Credibilityfaktors im Vergleich zu den Ausgangswerten stabil, insgesamt genügt dies jedoch nicht, um zu verhindern, daß der Credibilityfaktor bis nahe an null sinkt.

Der robustifizierte Credibilityfaktor zeigte jedoch in einigen Fällen ein im obigen Sinne plausibles Verhalten. Daher ist der hier benutzte Ansatz nicht in jedem Fall unbefriedigend, wenn auch in vielen Punkten verbesserungsbedürftig. Für die Anwendung in der Praxis bedeutet es schon einen Fortschritt, daß die Robustifizierung des Credibilityfaktors zumindest teilweise eine Verbesserung seines Verhaltens ermöglicht. Hierfür kann auch ein Effizienzverlust in Kauf genommen werden. Eine exakte Bestimmung desjenigen Credibilityfaktors, der die quadratische Abweichung vom Schadenerwartungswert minimiert, ist dabei von geringerer Bedeutung als ein plausibles Verhalten in einem Großteil der praxisrelevanten Fälle. Ziel ist es hierbei, bei geringeren Kontaminierungen den Einfluß der Schadenerfahrung zu erhalten, was durch den dargestellten Vorschlag zur Robustifizierung des Credibilityfaktors in Ansätzen erreicht wird.

Der untersuchte Vorschlag zur Robustifizierung des Credibilityfaktors bietet keine endgültige Lösung der Problemstellung. Demzufolge sind eventuell andere Ansatzpunkte zu untersuchen. Geeignet wäre unter Umständen der Einsatz anderer robuster M-Schätzer zur Schätzung des beschriebenen Skalen- und Lokationsproblems. Denkbar wäre auch eine direkte

Schätzung der zu robustifizierenden Kovarianzen. Es ist jedoch zu betonen, daß jede Lösung einen Kompromiß darstellt. Eine Anwendbarkeitsprüfung aus Sicht der Praxis wäre daher sinnvoll.

Zu erproben wäre auch ein Vorgehen, das zunächst eine Robustifizierung des Credibilityfaktors in den Vordergrund stellt, ohne zunächst den individuellen Schätzer zu robustifizieren. Die Eigenschaften des Gesamtschätzers wären dann zu überprüfen.

Die vorgenommenen Untersuchungen der verschiedenen Credibilityfaktoren haben jedoch die Notwendigkeit zur Lösung dieses Problems gezeigt. Eine Beibehaltung der bisherigen Schätzgrößen zur Berechnung des empirischen Credibilityfaktors ist daher auch aus Sicht der Praxis nicht wünschenswert.

Literatur

B. Berliner, Einige Betrachtungen zum Begriff der Größe eines Risikos, in: ZfV, 27. Jg. 1976, S. 84

H. Bühlmann, Experience Rating and Credibility, in: Astin Bulletin, Vol. 4 1966/67, S. 199 – 207

H. Bühlmann, E. Straub, Glaubwürdigkeit für Schadensätze, in: Mitteilungen der Vereinigung schweizerischer Versicherungsmathematiker, Bd. 1970, S. 111 – 133

A. Gisler, Optimum Trimming of Data in the Credibility Model, in: Mitteilungen der Vereinigung schweizerischer Versicherungsmathematiker, Bd. 1979/80, S. 313 – 326

A. Gisler, Optimales Stutzen von Daten in der Credibility-Theorie, in: Schriftenreihe Angewandte Versicherungsmathematik, Heft 22, Beiträge zur Credibility-Theorie, Hrsg. E. Helten, Verlag Versicherungswirtschaft, Karlsruhe 1989, S. 124 – 150

A. Gisler, P. Reinhard, Robust Credibility, Astin Bulletin, Vol. 23 1993, S. 117 – 143

M. Grossmann, K. Hax, P. Koch, E. Meyer u. a., Beiträge zum Thema Großrisiken und Großschäden auf der Jahrestagung 1969 des Deutschen Vereins für Versicherungswissenschaft, ZVersWiss, 58. Bd. 1969, S. 179 – 285

F. R. Hampel, E. Ronchetti, P. Rousseeuw, W. Stahel, Robust Statistics, J. Wiley & Sons, New York, Chichester, Brisbane, Toronto, Singapore 1986

P. J. Huber, Robust Statistics, J. Wiley & Sons, New York, Chichester, Brisbane, Toronto 1981

W. Karten, Die Unsicherheit des Risikobegriffs – Zur Terminologie der Versicherungsbetriebslehre, in: Praxis und Theorie der Versicherungsbetriebslehre, Festgabe für H. L. Müller-Lutz zum 60. Geburtstag, Hrsg. P. Braeß, D. Farny und R. Schmidt, Karlsruhe 1972, S. 147 – 164

W. Karten, Grundlagen eines risikogerechten Schwankungsfonds für Versicherungsunternehmen, Berlin 1966

W. Karten, Existenzrisiken der Gesellschaft – Herausforderung für die Assekuranz, in: ZVersWiss, 77. Bd. 1988, S. 343 – 362

W. Karten, Das Einzelrisiko und seine Kalkulation, Versicherungswirtschaftliches Studienwerk, Hrsg. W. Asmus, J. Gassmann, 4. Aufl., Studientext 12, Wiesbaden 1993

E. Kremer, Large Claims in Credibility, in: Blätter der Deutschen Gesellschaft für Versicherungsmathematik, Bd. 20, Heft 2, Verlag K. Triltsch, Würzburg 1991, S. 123 – 150

H. R. Künsch, Robust Methods for Credibility, Astin Bulletin, Vol. 22 1992, S. 33 – 49

A. von Schaaffhausen, Grundlagen der Credibility-Theorie, in: Schriftenreihe Angewandte Versicherungsmathematik, Heft 22, Beiträge zur Credibility-Theorie, Hrsg. E. Helten, Verlag Versicherungswirtschaft, Karlsruhe 1989, S. 11 – 59

Gedanken zur Produktentwicklung in der Rückversicherung

Knud Hansen

In der Rückversicherung unterscheidet man zwei Hauptformen, die proportionale und die nicht-proportionale Rückversicherung. Bei der ersten Form werden zuerst die Prämieneinnahmen des Zedenten zwischen Zedent und Rückversicherer geteilt. Später werden dann die eingetretenen Schäden im selben Verhältnis geteilt. Abgegeben werden an den Rückversicherer entweder von allen Versicherungen derselbe Anteil (Quoten-Rückversicherung) oder einzeln festgelegte Anteile in Abhängigkeit von den angestrebten Eigenbehalten an den Versicherungssummen der einzelnen Versicherungsverträge (Summenexzedenten-Rückversicherung). Bei der nicht-proportionalen Rückversicherung wird die Schadenbeteiligung des Rückversicherers direkt auf Basis des Schadenverlaufs berechnet. Der Rückversicherer zahlt, mit einer Obergrenze, den über den vereinbarten Schadenselbstbehalt hinausgehenden Betrag (Schadenexzedent). Die Verteilung wird entweder auf Basis der einzelnen Schadenereignisse (Excess of Loss Reinsurance) oder des Jahresgesamtschadens (Stop Loss Reinsurance) vorgenommen.

Die proportionale Rückversicherung ist natürlich die ursprüngliche Form. Wenn ein Versicherer in früheren Zeiten erstmals Anträge mit großen Versicherungssummen bekam, war es für ihn die einfachste Lösung, solche Summen (und damit auch die Schäden) mit anderen Versicherern zu teilen. Erst weit später entstanden die nicht-proportionalen Formen. Neue Ideen fanden auch hier begeisterte Anhänger, und es entstand eine heftige Auseinandersetzung: Die Anhänger des alten Summensystems sagten und sagen noch: „Nur durch die proportionale Aufteilung der Summen haben wir eine sichere und gerechte Verteilung der Beiträge. Die Beitragssätze der einzelnen Versicherungen sind schließlich richtig kalkuliert. Die Beitragssätze für nicht-proportionale Formen basieren hingegen nur auf einer spekulativen Wette."

Daß diese Argumente nur sehr schwach fundiert sind, kann auch theoretisch gezeigt werden. Ohne auf diese Aspekte weiter einzugehen, betrachten wir im folgenden einmal die Zahlungsströme bei der proportionalen Rückversicherung. Die Beiträge und Schadenanteile des Rückversicherers sind schon erwähnt worden. Außerdem zahlt der Rückversicherer auch eine Rückversicherungsprovision als Kompensation, so sagt man, für die vom Zedenten getragenen Vertriebskosten an den zedierten Versicherungsanteilen. In Wirklichkeit hat die gezahlte Provision natürlich nichts mit den wirklichen Vertriebskosten des Zedenten zu tun.

Das Problem des Rückversicherers ist nur: Wieviel lohnt es sich dafür zu zahlen? Das ist eine Frage der Qualität des Geschäftes und der Konkurrenz im Markt. Um sicher zu sein, daß er nicht zu viel zahlt, zieht er es natürlich vor, eine relativ niedrige Provision zu zahlen. Dafür würde er dann zum Ausgleich auch einen Anteil seines eventuellen Gewinnes aus dem Vertrag an den Zedenten zahlen.

Wenn wir Beiträge und Schäden nach Schadenregulierung und Änderung des Reservenbestands betrachten, haben wir bei der proportionalen Rückversicherung die folgenden Zahlungsströme:

Der Zedent zahlt:		Der Rückversicherer zahlt:	
Rückversicherungs-beiträge	100	Anteilige Schäden	s
		Rückversicherungs-provision	p
		Gewinnanteil	$g(100-s-p)$
Gesamt	100	Gesamt	$s + p + g(100-s-p)$

Dabei gilt:
$g = 0$ für $s + p \geq 100$; alle Zahlungen in Prozent der zedierten Beiträge.

Für das Nettoergebnis *aus der in Rückdeckung gegebenen Quote* gibt es drei Möglichkeiten:

1) $s = 100 - p$: Das Nettoergebnis ist 0.

2) $s > 100 - p$: Der Rückversicherer zahlt netto (da $g = 0$)
$s + p - 100 = s - (100 - p)$

3) $s < 100 - p$: Der Zedent zahlt netto
$100 - s - p - g(100 - s - p)$
$= (1 - g) \cdot [(100 - p) - s]$

Wir sehen hieraus, daß der proportionale Vertrag für das zedierte Geschäft, *also aus der Sicht des Rückversicherers,* ganz wie ein Stop Loss-Vertrag funktioniert.

Beispiel: Die Rückversicherungsprovision p sei 15 %, der Gewinnanteil g sei 20 %.

Bei einer Schadenquote von 85 % [≙ 100 – p] würde sich für das abgegebene Geschäft ein *Erfolgssaldo* von 0 einstellen. Wir sagen deshalb, daß der Vertrag hinsichtlich *der Erfolgswirkung des zedierten Teils* wie ein Stop Loss-Vertrag wirkt, wenn auch wie ein etwas spezieller Stop Loss: Die die Schadenquote von 85 % übersteigenden Schäden werden ohne Obergrenze bezahlt, und der Zedent bezahlt nur etwas, wenn der Rückversicherer einen Gewinn hat. Der „Gewinnanteil" des Rückversicherers, d. h. $(1 - g) \cdot (100 - s - p)$, wirkt deshalb wie eine eingebaute „Rückversicherungsprämie". Bei einer Schadenquote von z. B. 70 % würde der Zedent $(1 - 0{,}20) \cdot (85 - 70) = 12\%$ zahlen.

Bei den Nettogeldströmen sind die Zinserträge des Rückversicherers aus den technischen Reserven unberücksichtigt geblieben.

Die gewählte Kombination von Provision und Gewinnanteil bestimmt die Wirkungsart des proportionalen Vertrags. Verschiedene Kombinationen sind in Abbildung 1 illustriert. Der Ausdruck *Effektive Belastungsquote für das abgegebene Geschäft* gibt an, wieviel der Zedent per Saldo an den Rückversicherer zahlt (Beiträge – Provision – Gewinnanteile), anstatt selbst die Schäden zu tragen. Gemeinsam ist den 4 Kombinationen, daß bei einer Bruttoschadenquote von 70 % die *Rückzahlung 25 % der Rückversicherungsprämie* ausmacht [p + g · *(100 – s – p)*]. Daraus folgt, daß die *effektive Belastungsquote* des Erstversicherers für das *abgegebene Geschäft* 75 % und der Sicherheitszuschlag daher für alle Kombinationen 5 % betragen. Aber da Kombination IV nur eine Katastrophendeckung ist und kein *working cover*, sollte der Zuschlag für IV niedriger beziehungsweise für II und III höher sein. Leider kann die wichtige Frage der zweckmäßigen Kombination hier nur angedeutet werden.

Von gewissen Fällen fakultativer Rückversicherung geringer Bedeutung abgesehen, müssen wir erkennen, daß eine wirklich *proportional* wirkende Rückversicherung eine Illusion ist. Wir brauchen deshalb eine neue Klassifikation und wollen uns im folgenden mit Einzelschadenverträgen (Excess of Loss) und Jahresüberschadenverträgen (z. B. Stop Loss) befassen.

Der proportionale Vertrag wirkt im Hinblick auf Nettoergebnis und Ausgleich zwar wie ein Stop Loss-Vertrag, aber die verbuchten Zahlen haben für den Rückversicherer eine eigenständige spezifische Bedeutung. Falls große Ausgangsbeträge durch ein relativ kleines positives oder negatives Nettoergebnis ersetzt werden, wird der Umsatz des Rückversicherers katastrophal reduziert. Große Umsatzzahlen bedeuten jedoch Prestige und damit Geschäftsmöglichkeiten. Deshalb sind nicht nur die realen Transfergrößen, sondern auch die formalen Größen des Vertrages von Bedeutung.

Wenn man ein zielorientiertes Rückversicherungsprogramm formulieren will, müssen deshalb zwei Dinge entschieden werden. Erstens: Welche realen Größen wünscht man? Und zweitens: Wie sollen sie *formal getarnt* werden?

Abbildung 1: Proportionale RV-Verträge – Belastungsquote und Brutto-Schadenquote bei verschiedenen Kombinationen von RV-Provision (p) und Gewinnanteil (g)

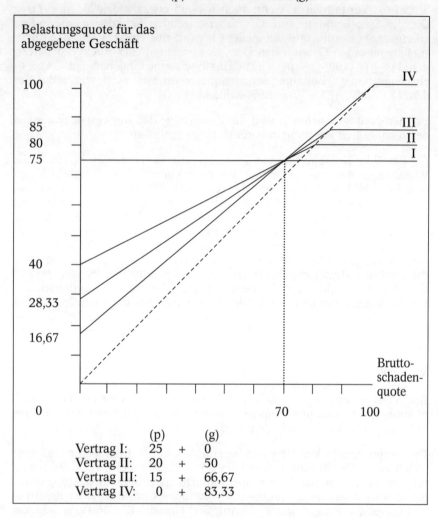

Der Zedent möchte sich durch den Ausgleich der Schadenergebnisse schützen. Aber wieviel Ausgleich wünscht er? Was soll geschützt werden? Liquidität, Rentabilität oder nur Solvabilität?

Die meisten Erstversicherer benutzen andere Mittel als Rückversicherung, um ihre Liquidität zu sichern. Sie möchten aber gern ihre Rentabilität vor zu großen Schwankungen schützen. Die Rückversicherer wünschen sich ebenfalls einen relativ stabilen und sicheren Verlauf. Die Partner verabreden deshalb oft Bedingungen, die darauf abzielen, daß sich die Ergebnisse aus dem abgegebenen Geschäft im Laufe von ungefähr 5 Jahren selbst ausgleichen.

Eine dänische Provinzialgesellschaft hatte einmal eine seltene Schadenhäufung, so daß das Jahresergebnis aus dem Rückversicherungsvertrag für den Rückversicherer negativ wurde und dieser bei der nächsten Verhandlung über Vertragsverlängerung Veränderungen in den Bedingungen forderte. Der zedierende Direktor war gut vorbereitet und legte seine mitgebrachte Statistik mit den Worten vor: „Sie haben doch in den letzten 10 Jahren insgesamt einen Überschuß gehabt." Die Replik lautete: „Aber wir erwarten einen Überschuß in 5 Jahren."

Der Zedent akzeptierte nicht. Als der Direktor mir die Geschichte 20 Jahre später erzählte, hatte der neue Rückversicherer danach nur Überschüsse zu verzeichnen gehabt.

Es ist das Ziel für alle Versicherungsverträge, direkte oder indirekte, daß sie sich finanziell selbst tragen. Falls ein Vertrag von häufigen Schäden getroffen wird, kann die Tarifierung durch Anpassung der Beiträge an den Schadenverlauf ausgeglichen gestaltet werden. Sogenannte Erfahrungstarifierung *(experience rating)* unter Anwendung einer im Vertrag festgelegten Formel kennen wir in vielen Ländern, z. B. für große Unternehmen als Versicherungsnehmer in der Betriebsunfall- und Invaliditätsversicherung der Mitarbeiter *(Workmen's Compensation)*. In diesem Fall kann man, da Schäden in den Folgejahren automatisch bestimmte Beiträge auslösen, von Finanzierung statt Versicherung sprechen. Wir kennen ja auch Versicherungsgesellschaften, die sich Versicherungsbanken nennen.

Rückversicherung erfüllt häufig die Bedingungen für Erfahrungstarifierung, und diese wurde nach dem Krieg abgewandelt besonders in Form von *Spread Loss Covers* bei der Einzelschadenrückversicherung angewandt. Auch die großen obligatorischen Summen-Exzedentenverträge erfüllen sicherlich in großem Maße die Bedingungen. Aber in diesem Bereich hat man nur von wenigen solcher Verträge gehört. Wegen ihrer Konstruktion bezeichne ich sie als *automatische Verträge*. In Großbritannien werden sie auch *Burning Cost Treaties* genannt.

Das einfachste Beispiel hierfür ist ein Vertrag von 1951, mit dem die damalige britische Gesellschaft *Northern* einen Teilbestand rückversicherte. Jedes Jahr berechnete man die durchschnittliche Bruttoschadenquote (k) für das aktuelle Jahr und für die 4 vorhergehenden Jahre. Der Unterschied zwischen k und der Bruttoschadenquote des aktuellen Jahres (s), also (k – s), wurde durch Rückversicherung ausgeglichen. War der Unterschiedsbetrag negativ, wurde er vom Rückversicherer als Stop Loss-Exzedent bezahlt. War er positiv, wurde er vom Zedenten als Risikobeitrag bezahlt. Fixe jährliche Beitragseinnahmen vorausgesetzt, bedeutete das, daß der Zedent die Schäden eines Jahres mit gleich großen Anteilen im selben Jahr und in den 4 Folgejahren tragen sollte. Darüber hinaus zahlte der Zedent einen fixen Beitrag von 1,75 % der abgegebenen Beiträge[1].

Wie bereits erwähnt, ist es unwahrscheinlich, daß Rückversicherer in größerem Maßstab eine solche Vertragsform akzeptieren werden, die ausschließlich auf Nettoergebnisse abstellt; *unter Einbeziehung der Erträge aus Kapitalanlagen kann dieses Urteil allerdings auch anders ausfallen, wie finanzorientierte Deckungskonzepte in jüngerer Zeit zeigen.*

Bei zwei anderen Versuchen mit *automatischen* Verträgen wurde dies berücksichtigt. Sie wurden von der französischen Gesellschaft *La Nationale* zur Absicherung des Feuergeschäfts in Frankreich und Algier um 1950 abgeschlossen und sind mit den Namen der Generaldirektoren der Gesellschaft in den beiden Vertragsperioden bekannt geworden. Die Bedingungen der zwei Verträge und ihre Auswirkungen sind in Tabelle 1 dargestellt.

Im *Richard*-Vertrag war der Sicherheitszuschlag 0 für k > 60. Der *Lutfalla*-Vertrag hatte in der Provisionsformel einen Gewinn- oder Verlustanteil eingebaut. Auf lange Sicht wäre er 0 geworden. Aber er bedeutete, daß der Zedent im Schadenjahr folgenden Anteil von s tragen sollte:

$$0{,}20 \cdot 0{,}83 + 0{,}17 = 0{,}336$$

Verglichen mit dem *Northern*-Vertrag sind die beiden anderen Verträge durch nominell große Zahlen gekennzeichnet, so daß sie eher den traditionellen Vorstellungen entsprechen. Auch die offizielle Begründung für den Übergang vom *Richard*- zum *Lutfalla*-Vertrag war die, daß gewährleistet sein sollte, den Rückversicherern einen fixen Anteil (von 34 %) an den Beiträgen zukommen zu lassen, um eine Ähnlichkeit zu proportionalen Verträgen zu erhalten.

Die realen Veränderungen waren:

(1) Der Sicherheitszuschlag pendelte sich über mehrere Perioden bei 1,5 % ein.

(2) Die vom Zedenten getragenen Anteile eines Jahresschadens wurden wie folgt verändert:

Im ersten Jahr von 15 % auf 33,6 %.

In jedem der 4 Folgejahre von 15 % auf 16,6 %,

deshalb über alle 5 Jahre von 75 % auf 100 %.

---

[1] Die Auskünfte über diesen und die im folgenden erwähnten Verträge sind bei Besuchen in den Gesellschaften eingeholt worden.

(3) Das eigentliche Versicherungselement, ein fixer Beitrag von 15 % an Stelle einer Rückzahlung der letzten 25 % von s, verschwand.

Bezogen auf den Ausgleich war es also für den Zedenten ein Rückschritt.

Die beschriebenen *automatischen* Verträge waren unter technischen Gesichtspunkten alle sinnvoll: Die Verwaltungskosten waren fast null, der Ausgleich erfolgte automatisch wie erwünscht.

Warum ist die Idee in der Praxis trotzdem kein Erfolg geworden? Vielleicht, weil sie doch die zuweilen verketzerte Form des Stop Loss hatten?

Wir haben oben einen proportionalen Vertrag *entkleidet* und dabei einen Stop Loss entdeckt. Aber wir können natürlich auch den anderen Weg gehen und einen Stop Loss proportional *verkleiden*.

Tabelle 1: Die zwei *La Nationale* Verträge

	Richard-Vertrag (1947 – 49)	Lutfalla-Vertrag (1950 – ?)
Stop Loss-Eigenbehalt	30	k – 24
Erwarteter Schadenexzedent	k – 30	k – (k – 24) = 24
Sicherheitszuschlag [%]	0,25 (60 – k)	1,5
Provision [%]	25	25 + 0,5 (k – s)
Rückversicherungsbeitragssatz [%]	$\frac{100}{75}$ [(k – 30) + 0,25 (60 – k)] = k – 20	$\frac{100}{75}$ (24 + 1,5) = 34
Der Zedent trägt	k + 0,25 (60 – k) = 0,75 k + 15	k + 1,5 – 0,5 (k – s) · 0,34 = 0,83 k + 0,17 s + 1,5

Dabei sind

s := Bruttoschadenquoten des aktuellen Geschäftsjahres

k := Bruttoschadenquoten des aktuellen und der vier vorausgegangenen Geschäftsjahre

Die Produktentwicklung hat sich in den letzten Jahrzehnten zu einer wichtigen Aktivität in der Erstversicherung entwickelt. Die Notwendigkeit zur Produktentwicklung ist jedoch in der Rückversicherung ebenso groß. Die Effektivität in bezug auf Risikoausgleich und Verwaltung kann sicherlich in manchen Fällen verbessert werden, und die Vertragspartner haben in der Rückversicherung freie Hand, fast alles zu vereinbaren.

Das folgende ist nicht nur als theoretische Übung gedacht, sondern auch als praxisbezogener Vorschlag, der die Einwände, die vermutlich die ersten automatischen Verträge scheitern ließen, zu widerlegen versucht.

Um allgemeine Akzeptanz am Rückversicherungsmarkt zu erreichen, muß ein Vertrag offenbar proportional formuliert werden. Um Exzedenten so weit wie möglich zu vermeiden, muß es wohl auch ein Quotenvertrag sein. Um den Bestand perfekt zu schützen, muß die abgegebene Quote hoch sein, am besten 100 %. Aber dann glauben einige, daß der Versicherer nur Makler sei, da die Beiträge für eigene Rechnung (f. e. R.) null werden.

Dieses Problem behandeln wir später. Zu Beginn unterstellen wir eine Quote von weniger als 100 %. Wir benutzen die folgenden Symbole:

q: Rückversicherungsquote (als Dezimalbruch),
s: Bruttoschadenquote des Geschäftsjahres,
k: durchschnittliche Bruttoschadenquote, z. B. für 5 oder 10 Jahre,
p: Basisrate für eine variable Provision,
r: Erfolgsanteil in Form einer Erhöhung oder Reduktion der Basisprovision.

Nach Rückversicherung trägt der Zedent dann die folgende Belastungsquote, bezogen auf den Gesamtbestand (nach eventuell vorhergehender, fakultativer Exzedentenversicherung), die sich als gewichteter Durchschnitt auf behaltene und abgegebene Quoten darstellt:

(1) $\quad (1-q)s + q[(100-p) - r(100-p-k)]$
$\quad\quad = (1-q)s + qrk + q(100-p) \cdot (1-r)$

Der Zedent trägt jedes Jahr als Belastungsquote seines Anteils eine Summe von drei Elementen: einen Teil von s, einen Teil von k und eine fixierte Größe, genau wie beim *Lutfalla*-Vertrag. Der Unterschied ist, daß wir nun formell eine Quote und nicht einen Stop Loss-Vertrag haben.

Für $r < 1$ sieht man, daß die Summe der beiden ersten Elemente in der zweiten Zeile in Gleichung (1) auf lange Sicht kleiner als k wird. Der Anteil $(1-q) \cdot r$ von s wird deshalb nicht automatisch vom Zedenten getragen. Er wird vom Rückversicherer versichert. Das dritte (fixe) Element in Gleichung (1) ist deshalb nicht nur ein Zuschlag, sondern enthält auch eine Risikoprämie.

Der durchschnittliche Verlust des Zedenten, d. h. der Sicherheitszuschlag, den er auf die abgegebene Quote [q] zu zahlen hat, ergibt sich aus (1):

(2) $r \cdot k + (100 - p) \cdot (1 - r) - k$

Bemerkungen zu den Parametern des Vertrages:

Für den Fall, daß der Ergebnisanteil r = 1 ist, wird der Zuschlag null. Ein Zuschlag muß deshalb entweder durch Reduktion von r oder durch einen fixierten Betrag kommen. Er muß wie bei traditionellen Verträgen durch eine Kombination von p und r festgesetzt werden. Da der Ergebnisanteil aus einem Durchschnittsergebnis berechnet wird, kann der Anteil [r] problemlos nahe bei 1 festgesetzt werden.

Beispiel:

q = 0,9
k = 70 %
p = 10 %
r = 0,9

Als durchschnittlicher Zuschlag ergibt sich gemäß Gleichung (2):

$0,9 \cdot 70 + (100 - 10) \cdot (1 - 0,9) - 70$

$= 63 + 90 \cdot 0,1 - 70$

$= 2$ [% der Rückversicherungs-Beiträge]

Der Anteil an der Bruttoschadenquote des Geschäftsjahres, den der Zedent selbst trägt, wird bestimmt durch die beiden ersten Elemente in Formel (1). Im Beispiel ist k ein einfacher Durchschnitt von 5 Jahren.

Das erste Element belastet den Zedenten im Schadenjahr mit $0,10 \cdot s$. Da s im Geschäftsjahr und in den 4 Folgejahren in die Berechnung von k mit $0,2 \cdot s$ eingeht, belastet ihn das zweite Element in jedem der 5 Jahre mit $0,9 \cdot 0,9 \cdot 0,2 \cdot s = 0,162 \cdot s$. Der Zedent trägt deshalb insgesamt folgende Anteile von s:

Im ersten Jahr	10 + 16,2 = 26,2 %
in den folgenden 4 Jahren insgesamt	4 x 16,2 = 64,8 %
im Laufe von 5 Jahren insgesamt	91,0 %

Die 9 %, die nicht automatisch getragen werden, sind der bereits erwähnte Anteil $(1 - q) \cdot r$, der als Risikoprämie, die im dritten fixierten Element in Formel (1) eingebaut ist, bezahlt wird. Im Beispiel ist diese Größe 8,1. Davon entfallen 1,8 ($0,9 \cdot 2$) auf den Zuschlag und 6,3 ($0,9 \cdot 70$) auf die Risikoprämie.

Im Beispiel trägt der Zedent 26,2 % im Geschäftsjahr und 16,2 % in jedem der 4 Folgejahre. Eine Abwicklung ohne den Sprung nach dem ersten Jahr wäre vielleicht besser. Der Sprung entsteht durch die Eigenbehaltsquote. Wir können diesen vermeiden, wenn die Schadenquote im Schadenjahr nur Auswirkung auf die Eigenbehaltsquote hat und erst im ersten Folgejahr in die Berechnung von k eingeht. Dann hat s Konsequenzen für 6 Jahre: mit 10 % im Schadenjahr und mit 16,2 % in den 5 nächsten Jahren.

Nun haben wir einen Sprung in der anderen Richtung. Um das zu vermeiden, müssen wir entweder q oder r so ändern, daß die jährliche Wirkung der beiden ersten Elemente in Formel (1) gleich wird:

$$1 - q = 0{,}2 \cdot q \cdot r$$

$$q = \frac{5}{5 + r}$$

Für $r = 0{,}9$ wird $q = 0{,}8475$, und in jedem der 6 Jahre wird $0{,}1525 \cdot s$ getragen.

Eine andere Möglichkeit ist eine Abstufung in der Bewertung der ursprünglichen Schadenquoten bei der Berechnung von k; das heißt, k muß als ein gewichteter Durchschnitt berechnet werden. Eine einfache Lösung ist, bei der Berechnung eines neuen k der aktuellen Bruttoschadenquote ein Gewicht von z. B. 0,2 und dem alten Wert für k ein Gewicht von 0,8 zu geben. Die Schadenquoten werden dadurch nacheinander die Gewichte 0,20, 0,16, 0,128 usw. erhalten, einer geometrischen Reihe mit dem Faktor 0,8 folgend und mit der Summe 1. Die Methode setzt voraus, daß bei Vertragsbeginn eine fiktive Größe als *alter k-Wert* festgesetzt wird.

Ein Problem bei allen automatischen Verträgen ist die Kündigungsklausel. Mit der üblichen Frist von 3 Monaten wäre es nach einem Jahr mit relativ hoher Bruttoschadenquote für den Zedenten und nach einem Jahr mit relativ niedriger Bruttoschadenquote für den Rückversicherer vorteilhaft, den Vertrag zu kündigen. Obwohl eine ganz hohe Solidarität zwischen Rückversicherungspartnern üblich ist, muß man doch das Problem erkennen und in den Kündigungsbestimmungen berücksichtigen. Es gibt folgende Möglichkeiten:

(1) Eine lange Kündigungsfrist: Falls die durchschnittliche Schadenquote einen Fünfjahreszeitraum abdeckt, wäre dessen Ende als Kündigungstermin eine natürliche Lösung. Bei einem Durchschnitt berechnet auf Basis der abnehmenden Gewichte für die einzelnen Jahre wird die Wahl willkürlicher. Aus vielerlei Gründen ist eine lange Frist jedoch schlecht. Wenn möglich, sollte man eine andere Lösung finden.

(2) Ein anderer Vorschlag ist, dem aktuellen Jahr, das wahrscheinlich die Ursache für eine Kündigung wäre, ein deutlich stärkeres Gewicht bei der Durchschnittsberechnung zu geben. Aber auch das ist eine schlechte Lösung. Sie würde einen geringeren Ausgleich mit sich bringen, obwohl die Notwendigkeit zum Ausgleich gerade dann vermutlich groß wäre.

(3) Geregelt werden muß auch, wie im Falle einer Kündigung der akkumulierte liquide Saldo abzüglich eines vereinbarten Abschlags – als aufgeschobene Ergebnisanteile – auf die eine oder andere Weise über z. B. 5 Jahre zur Abwicklung kommt. Die Übereinkunft darüber muß als Versicherungs- und nicht als Kreditvertrag formuliert werden, so daß die Beträge erst bei Fälligkeit gebucht werden. Sonst könnte die Bilanz durch Sprünge verfälscht werden; wenn der Vertrag für Zessionen noch gültig ist, tauchen solche Sprünge nicht auf. Man muß deshalb darauf achten, daß der Versicherungsvertrag nur für Zessionen und nicht für aufgeschobene Ergebnisanteile gekündigt wird.

Zum Abschluß einige Worte über das Prestigeproblem des Zedenten, d. h. über die Beiträge für eigene Rechnung:

Ist es eine Schwäche, niedrige Zahlen zu zeigen? Eigentlich nicht. In unserem letzten Beispiel für eine Vertragsgestaltung wurden 90 % als Quote abgegeben, und doch sahen wir, daß fast alle Schäden im Laufe von wenigen Jahren vom Zedenten selbst getragen wurden. Er war also wirklich Versicherer und nicht *nur* Makler.

Dasselbe kann für Rückversicherer gelten. Sie können alles retrozedieren und doch Versicherer bleiben.

Es braucht doch nicht nur so zu sein: Oft gibt ein Rückversicherer einen Anteil eines Vertrags weiter mit einer Erhöhung der Provision *(Superprovision)*, und dann ist er natürlich Makler, was diesen Anteil betrifft. Aber statt dessen könnte er auch die Provision senken und den Gewinnanteil erhöhen. Dann hätte er ein Stop Loss-Risiko, wäre wirklich Versicherer und verdiente eine Gewinnerwartung, d. h. einen Gewinnanspruch.

Zurück zum Problem des Zedenten: Falls er es für notwendig erachtet, erhebliches Geschäftsvolumen als Beiträge f. e. R. auszuweisen, hat er dazu zwei Möglichkeiten. Er kann Reziprozitätsgeschäft vom Rückversicherer fordern. Wird das nicht akzeptiert, kann er mit dem Rückversicherer eine Formalität zu vereinbaren versuchen, wonach das ausgewiesene abgegebene Geschäft reduziert wird. Die Beispiele von *La Nationale* zeigen, daß man Zahlen anschwellen lassen konnte. Das Umgekehrte muß auch möglich sein. Der Leser, der so etwas praktizieren will, wird die Möglichkeiten dafür selbst finden.

An dieser Stelle war die Absicht nur, einige Anstöße für etwas Neues zu geben und diese natürlich mit einem Gruß und herzlichem Dank an *Walter Karten* für Freundschaft und Zusammenarbeit in mehr als 30 Jahren zu verbinden.

Gedanken zur kundenorientierten Qualität von Versicherungsdienstleistungen

Heinrich Stremitzer und Karl C. Ennsfellner

1. Einleitung

Der Themenbereich der Qualität ist keineswegs neu. Schon seit Jahren werden wissenschaftliche Diskussionen über die Qualität von industriell gefertigten Sachgütern geführt. Auch im Dienstleistungsbereich hat die wissenschaftliche Auseinandersetzung – wie die Fülle von Abhandlungen beweist – bereits vor längerer Zeit eingesetzt. In der Versicherungsbetriebslehre jedoch existieren erst einige wenige Beiträge zu diesem Themenbereich.

In diesem Beitrag soll dieser aufflammenden Qualitätsdiskussion durch versicherungsspezifische Gedanken Rechnung getragen werden, welche auf die kundenorientierte Qualitätssichtweise bezogen sind. Zunächst wird eine Abgrenzung des Begriffs „Qualität" vorgenommen. Anschließend werden die Bezugsgruppen, auf welche die Qualität von Versicherungsdienstleistungen bezogen werden kann, untersucht und der Objektbereich auf die Kunden im Massengeschäft konzentriert. Die Qualität im Rahmen der Versicherungsdienstleistungen, welche auf das Versicherungsprodukt eingeschränkt werden, wird von den Besonderheiten des Versicherungsprodukts beeinflußt. Diese werden daher im Kapitel 4 auf deren qualitätsrelevante Wirkungen untersucht, um unter diesen Rahmenbedingungen die Messung der Qualität von Versicherungsdienstleistungen zu analysieren. Darstellungen über Grundlagen der Qualitätssteuerungsansätze beenden den Beitrag.

2. Definition des Qualitätsbegriffs

Die Zunahme der wissenschaftlichen Beschäftigung mit dem Themenbereich der Qualität in den letzten Jahren hat zu einer verwirrenden Vielfalt an Auffassungen, Definitions- und Abgrenzungsversuchen des Begriffs „Qualität" geführt. Es kann derzeit keineswegs davon gesprochen werden, daß Übereinstimmung hinsichtlich des Qualitätsbegriffs besteht. Jedoch ist es möglich, zwei Grundtendenzen bei der Sichtung der Begriffsauffassungen zu erkennen: Einerseits versucht eine Gruppe von Autoren von den lateinischen Wurzeln des Begriffes „Qualität" ausgehend einen objektiven Qualitätsbegriff zu entwickeln. „Ausgehend von der Überlegung, daß die Summe der als objektiv anzusehenden Eigenschaften die Beschaffenheit determiniert, wird gefolgert, daß unter Qualität stets eine absolute und wertfreie Größe zu verstehen ist, zu deren Bestimmung nur objektive Methoden und Kriterien herangezogen werden"[1]. Die Autoren, welche ihren Darstellungen einen objektiven Qualitätsbegriff zugrunde legen, gehen typischerweise von einheitlichen ökonomischen Verbrauchszwecken aller potentieller Käufer von bestimmten Produkten aus[2]. Somit wird der Verwendungszweck der Produkte oder Leistungen als gegeben angenommen und bei der Qualitätsbeurteilung auf die Beschaffenheit der Produkte abgestellt, „die sich durch naturwissenschaftliche Merkmale beschreiben läßt und objektiv meßbar ist"[3].

Andererseits werden auch von zahlreichen Autoren die subjektiven Komponenten des Qualitätsbegriffs betont, wonach eine Aussage über Qualität eines Bezugspunktes bedarf, der im jeweiligen Verwendungszweck zu sehen ist, „der wiederum durch die individuelle Bedürfnisstruktur bestimmt wird[4].

Beide Ansatzpunkte sind in einer Begriffsfassung berücksichtigt, welche im Rahmen der ÖNORM A 6671 festgelegt ist. Danach wird der Begriff „Qualität" als „Gesamtheit von Eigenschaften und Merkmalen eines Produktes, eines Prozesses oder einer Dienstleistung bezogen auf deren Eignung zur Erfüllung vorgegebener Erfordernisse"[5] definiert „und zwar aus der Sicht des Kunden im Vergleich zur Qualität der Mitbewerber"[6]. Sowohl die objektive als auch die subjektive Dimension des Qualitätsbegriffs findet sich auch in der Qualitätsdefinition gemäß DIN 55350. „Danach bezeichnet Qualität die Beschaffenheit einer Einheit bezüglich ihrer Eignung, festgelegte und vorausgesetzte Erfordernisse zu erfüllen"[7]. Diese von Kromschröder[8] als „hinreichend allgemein" beurteilte Begriffsdefinition ist sowohl für Sachgüter als auch für Dienstleistungen, also auch auf Versicherungsprodukte, anwendbar. Ausgehend von dieser Begriffsabgrenzung erheben sich nun für Versicherungsunternehmen jedenfalls folgende Fragestellungen:

---

1 Schildknecht, R.: Total quality management: Konzeption und state of the art, Frankfurt am Main, New York 1992, S. 24.
2 Vgl. zum Beispiel Klatt, S.: Die Qualität als Objekt der Wirtschaftswissenschaft, in: Jahrbuch für die Sozialwissenschaft, Berlin 1961, S. 19–57, hier: S. 23; vgl. dazu auch Kawlath, A.: Theoretische Grundlagen der Qualitätspolitik, Wiesbaden 1969, S. 28 ff.
3 Schildknecht, R.: a.a.O., S. 25.
4 Schildknecht, R.: a.a.O., S. 25; vgl. dazu auch die Ausführungen bei Kawlath, A.: a.a.O., S. 20 f.
5 ÖNORM A 6671: Qualitätssicherungssysteme, Begriffsbestimmungen, Wien 1984, S. 2.
6 Bantel, W. / Hinterhuber, H. H. / Hübner, H.: Qualitätssicherung als Führungsaufgabe – Integration der Qualitätssicherung in die strategische Unternehmensführung, in: Journal für Betriebswirtschaft 1/1989, S. 18–38, hier: S. 20.
7 Kromschröder, B.: Qualitätsmanagement in der Versicherungswirtschaft, Karlsruhe 1993, S. 6.
8 Kromschröder, B.: a.a.O., S. 6.

- Von wem werden die zu erfüllenden Erfordernisse festgelegt und vorausgesetzt?
- Welche Besonderheiten des Versicherungsgeschäftes sind bei den Bemühungen eines Versicherers zu beobachten, diese festgelegten und vorausgesetzten Erfordernisse zu erfüllen?
- Wie kann gemessen werden, ob diese Erfordernisse erfüllt worden sind?
- Wie kann das Versicherungsunternehmen steuernd eingreifen, um diese Erfordernisse besser zu erfüllen?

3. Bezugsgruppen des Versicherungsunternehmens

Die Erfordernisse, welche vom Versicherungsunternehmen, von dessen Produkten etc. erfüllt werden sollen, werden einerseits grundsätzlich von allen Gruppen, welche mit dem Versicherungsunternehmen auf irgendeine Weise in Beziehung stehen, vorausgesetzt und andererseits auch vom Versicherungsunternehmen selbst festgelegt. Soweit die zu erfüllenden Erfordernisse vom Unternehmen selbst festgelegt werden, spricht man von der anbieterorientierten Sichtweise der Qualität[9]. Dabei werden vom Versicherungsunternehmen bestimmte Qualitätsstandards als Soll-Vorgaben definiert, deren Einhaltung dann im Rahmen der Qualitätskontrolle überwacht wird. Diese Vorgabe von Qualitätsstandards (wie z. B. die Vorgabe von bestimmten Durchlaufzeiten im Rahmen der Polizzierung von Versicherungsverträgen für genau beschriebene Risikokategorien) ist ein wesentlicher Bestandteil der Bemühungen des Versicherers im Rahmen eines umfassenden Qualitätsmanagementprogramms. Jedoch ist die anbieterorientierte Sichtweise der Qualität alleine nicht in der Lage, Markterfolge zu garantieren. Auch bietet sie keine marktstrategische Perspektive, da sie Änderungen der Anforderungen der übrigen Bezugsgruppen des Versicherungsunternehmens nicht berücksichtigt. Trotz vollständiger Einhaltung von Qualitätsstandards, welche vom Versicherungsunternehmen vorgegeben sind, können Erfordernisse, welche von den übrigen Bezugsgruppen vorausgesetzt werden, nicht vollständig erfüllt werden, wenn sich das Unternehmen bei der Festlegung der Qualitätsstandards nicht an den Erfordernissen und Erwartungshaltungen der unternehmerischen Bezugsgruppen orientiert. Daraus folgt, daß die zu erfüllenden Erfordernisse primär von den Bezugsgruppen festgelegt werden und erst sekundär von betrieblich dokumentierten Standards vorgegeben werden[10].

Die unternehmerischen Bezugsgruppen können wiederum in unternehmensinterne und unternehmensexterne differenziert werden. Als unter-

---

9 Vgl. Stauss, B.: Dienstleistungsqualität aus Kundensicht, Regensburg 1992, S. 7.
10 Vgl. Stauss, B.: a.a.O., S. 7.

nehmensinterne Bezugsgruppen, welche Erfordernisse voraussetzen, welche vom Versicherungsunternehmen zu erfüllen sind, sind die Mitarbeiter des Unternehmens selbst zu bezeichnen. Nahezu jeder Mitarbeiter empfängt Vorleistungen anderer Mitarbeiter, bearbeitet diese Vorleistungen und gibt diese im Rahmen des vorgesehenen Prozesses an den nächsten Mitarbeiter bzw. unmittelbar an den unternehmensexternen Abnehmer der Leistung weiter. Auch im Verhältnis der Mitarbeiter untereinander werden Erfordernisse aufgestellt, welche sich beispielsweise auf Pünktlichkeit, Schnelligkeit oder Genauigkeit der Aufgabenerledigung des Mitarbeiters beziehen, welcher in der Prozeßkette vorgelagert ist. In diesem Zusammenhang ist – für das Versicherungsunternehmen geradezu idealtypisch – auf die Anforderungen hinzuweisen, welche die für die Polizzierung zuständigen Mitarbeiter an die Absatzorgane stellen, welche die Kunden beim Ausfüllen der Antragsformulare unterstützten. Fehlende Unterschriften, fehlende Versicherungssummen, unleserliche Angaben, etc. erschweren und verzögern die Arbeit der Mitarbeiter der Polizzierung erheblich und führen zu Unzufriedenheit mit der eigenen Arbeit und zur Verschlechterung des Arbeitsklimas zwischen den am Prozeß beteiligten Mitarbeitern. Umgekehrt führen Verzögerungen bei der Polizzierung wiederum zu Spannungen zwischen den Absatzorganen und den Mitarbeitern der Polizzierung, da auch hier bestimmte Anforderungen vom internen Kunden (dem Absatzorgan) an die in der Prozeßkette vorgelagerten Mitarbeiter gestellt werden. Gerade die besondere Position der menschlichen Arbeitsleistung im Versicherungsunternehmen unterstreicht das Gewicht der von den internen Kunden vorausgesetzten Erfordernissen an die Leistungen der Kollegen, an die Gestaltung der Arbeitsabläufe und somit an das Versicherungsunternehmen insgesamt.

Unternehmensexterne Bezugsgruppen sind dagegen alle jene, welche nicht zum Versicherungsunternehmen gehören, jedoch in irgendeiner Weise mit den Produkten des Versicherungsunternehmens zu tun haben. Die unternehmensexternen Bezugsgruppen zeichnen sich durch große Heterogenität aus, umfassen sie doch nicht nur die Abnehmer der Produkte des Versicherungsunternehmens, sondern auch noch Kapitalgeber, Medien, Gebietskörperschaften, andere Versicherungsgesellschaften, unternehmensgebundene sowie unternehmensexterne Absatzorgane, Banken, Kapitalveranlagungsgesellschaften, Behörden, etc. Diese Heterogenität der exemplarisch genannten unternehmensexternen Bezugsgruppen drückt sich auch in der Heterogenität der jeweiligen Erfordernisse aus, welche von der Versicherungsunternehmung erfüllt werden müssen. Somit verfügt eine Versicherungsgesellschaft über eine Fülle von Teilqualitäten, je nachdem welche unternehmensexternen und auch unternehmensinternen Bezugsgruppen Erwartungen gegenüber der Versicherungsgesellschaft haben. Es ist durchaus denkbar, daß die Anforderungen, welche die Versicherungsaufsichtsbehörde an das Unternehmen stellt, vollständig erfüllt sind und daher die unternehmensexterne Bezugsgruppe „Versicherungsaufsichtsbehörde" von hoher Qualität des Versicherungsunternehmens hinsichtlich der von ihr überprüften Bereiche spricht, während gleichzeitig Mitglieder einer bestimmten Kundengruppe hinsichtlich der Leistungen des Versicherungsunternehmens davon sprechen, daß ihre Anforderungen nicht erfüllt worden sind und somit dem Versicherungsunternehmen eher minderwertige Qualität zusprechen.

4. Qualitätsrelevante Besonderheiten des Versicherungsproduktes

Das Produkt Versicherungsschutz weist eine Reihe von Besonderheiten auf, welche unmittelbare Konsequenzen auf die Qualitätsbeurteilung durch den Konsumenten im Massengeschäft haben. Diese Eigenheiten des Produktes Versicherungsschutz erschweren die Beurteilung der Qualität der Leistungen des Versicherungsunternehmens durch die Nachfrager erheblich und führen häufig zu Problemen in der Beziehung zwischen den Kunden und der Versicherungsgesellschaft. Die Gründe für das schwierige Verhältnis zwischen Assekuranz und Öffentlichkeit dürften nicht nur in Leistungsmängeln der Versicherungsgesellschaften liegen. „Pannen gibt es gewiß auch in der Assekuranz ... Aber im Verhältnis zu der Millionenzahl von Verträgen und Schäden, die reibungslos abgewickelt werden, ist die Zahl der Beschwerden und Prozesse minimal"[11]. Vielmehr dürften aufgrund der Besonderheiten des Gutes Versicherungsschutz ausgelöste Mißverständnisse und Unkenntnisse auf seiten der tatsächlichen bzw. potentiellen Versicherungsnehmer maßgeblichen Einfluß auf deren Qualitätsbeurteilung haben. Insbesondere folgende Eigenheiten des Gutes Versicherungsschutz wirken erschwerend für die Qualitätsbeurteilung durch den Konsumenten:

- Immaterialität des Gutes Versicherungsschutz
- Probleme des Nachfragers bei der Einschätzung des Produktnutzens
- Erklärungsbedürftigkeit des Versicherungsproduktes
- Gegenstand der Versicherung
- Integration des externen Faktors.

4.1 Immaterialität des Gutes Versicherungsschutz

„Versicherungsprodukte sind immaterieller Natur ohne physische Substanz. Sie werden rechtlich durch Versicherungsverträge und faktisch durch Informationen repräsentiert, die auf Trägermedien dargestellt bzw. gespeichert werden"[12]. Vielmehr stellt das Versicherungsprodukt eine unkörperliche, also unsichtbare und ungreifbare Leistung dar[13]. Wegen der

---

11 Schanz, G.: Assekuranz und Öffentlichkeit, in: Versicherungswirtschaft 6/1978, S. 358–366, hier: S. 358.
12 Farny, D.: Versicherungsbetriebslehre, Karlsruhe 1989, S. 422 (im Original zum Teil in Kursivdruck).
13 Vgl. dazu auch Maleri, R.: Grundzüge der Dienstleistungsproduktion, Berlin, Heidelberg, New York 1973, S. 34.

Immaterialität kann der Kunde nur einen geringen Teil der ihn interessierenden Qualitätsmerkmale vor dem Kauf des Produktes Versicherungsschutz überprüfen, so daß die Search Qualities, welche alle Eigenschaften des Produkts zusammenfassen, welche der Konsument bereits vor dem Kauf beurteilen kann, kaum von Bedeutung sind. Demgegenüber sind im Versicherungsgeschäft die Experience Qualities von größerer Bedeutung. Experience Qualities umfassen dabei sämtliche Produkteigenschaften, „die erst nach dem Kauf wahrgenommen und beurteilt werden"[14]. Ob der Versicherungskunde diese Experience Qualities des Versicherungsproduktes erlebt, ist überwiegend wiederum davon abhängig, ob das Schutzversprechen aufgrund des Eintritts eines Schadenfalles während der Laufzeit des Versicherungsvertrages überhaupt in Form einer Versicherungsleistung (z. B. einer Geldleistung) konkretisiert werden muß. Erst dann kann der Konsument letztendlich beurteilen, ob seine Erwartungen, welche er in das Versicherungsunternehmen, das Versicherungsprodukt, in die Mitarbeiter des Versicherungsunternehmens, etc. gesetzt hat, erfüllt worden sind. Natürlich kann der Konsument auch schon vor dem Eintritt eines Versicherungsfalles zum Beispiel die Freundlichkeit der Versicherungsmitarbeiter, die Farbe des Polizzenpapiers, etc. beurteilen. Jedoch handelt es sich dabei um jene Qualitätsmerkmale, welche eher als nebensächlich betrachtet werden können. Falls jedoch während der Laufzeit des Versicherungsvertrages kein Versicherungsfall eintritt, dann überwiegen zweifellos die sogenannten Credence Qualities. Diese stellen jene Kategorie von Qualitätseigenschaften dar, welche selbst nach dem Kauf des Produkts Versicherungsschutz vom Konsumenten nicht beurteilbar sind. In diesem Fall entziehen sich sogar die entscheidenden Sachverhalte wie die Leistungsfähigkeit, die Leistungswilligkeit oder die Art der Leistungserbringung im Schadenfall der Beurteilung des Konsumenten. Jedoch sind auch bei Eintritt des Schadenfalls zahlreiche Qualitätsdimensionen des Versicherungsunternehmens nicht einfach beurteilbar und einsehbar. Dazu zählt zum Beispiel die vom Versicherer gewählte Rückversicherungspolitik, die Zusammensetzung des Versicherungsbestandes und damit verbunden die Höhe des vom Versicherer zu tragenden versicherungstechnischen Risikos sowie die Kapitalveranlagung des Versicherers. Diese Bedeutung der Experience Qualities und der Credence Qualities im Versicherungsgeschäft manifestiert sich auch in der weitverbreiteten Kundenklage, daß man zwar laufend Prämienzahlungen leistet, „aber selten Gelegenheit hat, den Schutz vor Schaden auch zu erproben"[15]. Dieses Phänomen kann auch mit der Tatsache erklärt werden, daß Versicherungsprodukte auf der Basis der Bereitstellung von Leistungsfähigkeiten erstellt werden, über die sich der Kunde vor bzw. zum Zeitpunkt des Kaufes eine bestimmte Vorstellung bildet. Von dieser Vorstellung geht er auch

---

14 Büker, B.: Qualitätsbeurteilung investiver Dienstleistungen: Operationalisierungsansätze an einem empirischen Beispiel zentraler EDV-Dienste, Frankfurt am Main, Bern, New York, Paris 1991, S. 32.
15 Korte, F. H.: Gutes Image ist Kapital, Teil 2, in: Versicherungsrundschau 10/1977, S. 305 – 317, hier: S. 311.

bei der Beurteilung des Versicherungsschutzes aus, denn der Kunde kann lediglich „aus der Einschätzung der Qualität von Fähigkeiten und Potentialen des Anbieters lediglich auf eine bestimmte Qualität der Dienstleistung hoffen"[16]. Daraus folgt wiederum, daß der Kunde ein größeres Kaufrisiko empfindet[17], weil er sich beispielsweise keineswegs sicher ist, ob das gewünschte Leistungsergebnis vom Versicherer erbracht wird.

Die Immaterialität der Dienstleistung Versicherungsschutz und das als höher empfundene Kaufrisiko führen außerdem dazu, „daß die persönliche Kommunikation im Dienstleistungskontext eine große Bedeutung erlangt"[18]. Die intensive Verwendung von personalen Informationsquellen zur Beurteilung der Dienstleistungsqualität führt jedoch oftmals dazu, „daß die objektiven Informationen über die Qualität von Dienstleistungen verändert werden. Die aus Anbietersicht objektiven Qualitätsmerkmale werden durch die individuellen Erfahrungen der Kunden mit der Dienstleistung bzw. dem Dienstleistungsanbieter im Rahmen des Kommunikationsprozesses subjektiviert"[19]. Besonders ist dabei zu berücksichtigen, daß unzufriedene Kunden häufiger über ihre negativen Erfahrungen mit einem Anbieter berichten als Kunden, die zu ihrer Zufriedenheit vom Unternehmen betreut worden sind[20], und somit dieser Umstand zu einer überproportionalen Verbreitung von negativen Erlebnissen führt. Wird dabei auch noch berücksichtigt, daß „diese persönliche Kommunikation weit größere Glaubwürdigkeit besitzt als die Kommunikation des Anbieters"[21], kann auf große negative Effekte von mangelnder Qualität auf den Absatzerfolg des Versicherers geschlossen werden.

4.2 Probleme der Nachfrager bei der Einschätzung des Produktnutzens

Die überwiegende Zahl von Kunden im Massengeschäft ist nicht in der Lage, den Nutzen des Produktes Versicherungsschutz korrekt einzuschätzen. Zu den Eigentümlichkeiten der Dienstleistung Versicherungsschutz gehört es auch, daß die Kunden wesentlich leichter falsche Vorstellungen vom eher ungewohnten Vertragsinhalt haben als etwa beim Kauf von Sachgütern. Außerdem wirkt in diesem Zusammenhang die Zeitraumbezogenheit des Versicherungsvertrages verstärkend, denn es ist beobachtbar, daß sich die Vorstellungen des Versicherten vom Vertragsinhalt während der oft langen Laufzeit ändern. Der Versicherte kann „einfach vergessen, wogegen er versichert ist und wogegen nicht"[22]. Dies führt dann

---

16 Büker, B.: a.a.O., S. 30.
17 Vgl. Stauss, B.: a.a.O., S. 8.
18 Stauss, B.: a.a.O., S. 9.
19 Büker, B.: a.a.O., S. 32.
20 Vgl. Kohl, M.: Qualitätsmanagement im Tourismus, in: Schlüsselfaktor Qualität, Hrsg.: Dietzel, H. U. / Seitschek, V., Wien 1993, S. 145–156, hier: S. 149.
21 Stauss, B.: a.a.O., S. 9.
22 Schanz, G.: a.a.O., S. 365.

beim zeitraumbezogenen Produkt Versicherungsschutz dazu, daß im Schadenfall Ansprüche gestellt werden, welche von der Versicherungsunternehmung – vertragsgemäß – nicht erfüllt werden können. Diese Divergenz zwischen Kundenerwartungen und dem Inhalt des Versicherungsvertrages führt oft dazu, daß sich der Kunde vom Versicherer nicht korrekt behandelt fühlt. Diese Diskrepanz zwischen seinen Erfordernissen an den Versicherer und die Erfüllung dieser durch die Versicherungsgesellschaft führt dazu, daß der Kunde eine ihn nicht befriedigende Qualität wahrnimmt, obgleich die Leistung des Versicherers – objektiv gesehen – in Ordnung ist.

Diese Problematik wird noch dadurch verstärkt, daß der Versicherungsnehmer nicht weiß, welche Gegenleistung er vom Versicherer zu erwarten hat. Der Nutzen der Versicherungsleistung wird häufig aus der eventuellen Entschädigung des Versicherers abgeleitet, deren Höhe in den meisten Versicherungszweigen im vorhinein vom Kunden nicht abgeschätzt werden kann. Diese Auffassung vom Produktnutzen des Gutes Versicherungsschutz ist bei den Kunden häufig vertreten, denn diese vermuten zumeist, daß sich die Leistung des Versicherers darin erschöpft, eingetretene Versicherungsfälle zu regulieren und die fälligen Geldleistungen auszuzahlen. Dies widerspricht jedoch der Ansicht, daß die Leistung der Versicherungsunternehmen eine vom Versicherungsfall unabhängige Dauerleistung ist. Aus diesen zwischen Versicherungsnehmer und Versicherer bestehenden Unterschieden in der produktbezogenen Erwartungshaltung ergibt sich ein wesentlicher Einfluß auf die Qualitätsbeurteilung: Während der Versicherer meint, auch in einer schadenfrei verlaufenden Vertragsbeziehung durchaus erwartungskonforme Leistungen für den Kunden zu erbringen, ist dieser ob seiner – oft nicht der Realität entsprechenden – Erwartungshaltung überzeugt, ein Produkt „minderer" Qualität erhalten zu haben.

Eng im Zusammenhang mit diesem Aspekt ist auch jenes Kundenverhalten zu sehen, bei dem der Nachfrager nach Versicherungsschutz beim Vertragsabschluß bewußt auf bestimmte Risikoeinschlüsse verzichtet, oder im Falle einiger Versicherungsformen der Interessenversicherung bewußt die Intensität des Versicherungsschutzes kleiner als 1 wählt, um Versicherungsprämien zu sparen. Im Schadenfall jedoch insistiert der Kunde dann häufig auf die – ihm aufgrund der gewählten Vertragsgestaltung nicht zustehende – volle Deckung der Schadensumme[23]. Erhält er diese nicht, so ist der Kunde mit der Leistung des Versicherers unzufrieden und ist überzeugt, daß die Versicherungsgesellschaft ihren Verpflichtungen nicht nachgekommen ist. Aus diesem problematischen Verständnis des Produktes in weiten Bereichen der Nachfrager ergibt sich die Forderung nach

---

23 Vgl. dazu die Ausführungen von Hefti, F. T.: Qualitäts-Management in der Versicherungswirtschaft – eine neue Perspektive?, in: Qualitäts-Management im Versicherungsunternehmen, Hrsg.: Ackermann, W. / Lehmann, A., St. Gallen 1990, S. 7 – 12, hier: S. 10.

einer umfassenden Aufklärung der Konsumenten über die Grundlagen des Versicherungswesens, um eine objektivere Grundlage für die Beurteilung der Leistung des Versicherers durch den Versicherungsnehmer zu schaffen. Weiters lassen es derartige Rahmenbedingungen als erforderlich erscheinen, daß nach Abschluß des Versicherungsvertrages durch den Kunden der Nachkaufphase im Rahmen der Bestandspflege große Aufmerksamkeit geschenkt wird. Die verstärkte Suche und Verarbeitung von Nachkaufinformationen durch den Konsumenten der Dienstleistung dient einerseits der Verminderung von kognitiven Dissonanzen, sie kann aber andererseits auch zur Bildung dieser beitragen. Beim Abbau der kognitiven Dissonanzen kommt dabei zur Beeinflussung des Qualitätsempfindens des Konsumenten besonders der Betreuung des Kunden durch die Absatzorgane des Versicherers sowie dem gesamten Bereich der Kommunikationspolitik des Versicherungsunternehmens große Bedeutung zu[24].

4.3 Erklärungsbedürftigkeit des Versicherungsprodukts

Eng verbunden mit der Abstraktheit des Versicherungsproduktes und mit dem Problembereich der schweren Einschätzbarkeit des Produktnutzens ist auch die Erklärungsbedürftigkeit des Versicherungsproduktes. Von den Konsumenten wird insbesondere über das mangelnde Verständnis des Produkts Versicherungsschutz geklagt. Einerseits wird wegen der verwirrenden Vielfalt von zum Teil wenig einsehbaren Risikoausschlüssen und andererseits wegen der Kompliziertheit der Allgemeinen und Besonderen Versicherungsbedingungen, welche „eher für das Gericht letzter Instanz als für den Versicherungsnehmer abgefaßt scheinen"[25], geklagt[26]. Diese Probleme resultieren dann in Unklarheiten beim Abschluß eines Versicherungsvertrages, Erwartungen werden vom Versicherungsnehmer an das Produkt gestellt, welche aufgrund der Versicherungsbedingungen von der Versicherungsgesellschaft nicht erfüllt werden können. Die nachträgliche Erfahrung bei einem Teil der Versicherungsnehmer, daß sie zum Beispiel wegen mangelnder risiko- und versicherungstechnischer Kenntnisse entweder nicht das gewünschte Produkt erworben haben oder dieses nicht im erwarteten Sinn nutzen können, ist ein wichtiger Grund für die Unzufriedenheit mit der Versicherungswirtschaft[27] und führt zu einer negativen Einschätzung der Qualität der Leistungen, welche von den Versicherungsunternehmen erbracht werden, indem Behauptungen über die relative Zahlungsunwilligkeit der Versicherungsgesellschaften aufgestellt werden. Dabei wird jedoch kaum berücksichtigt, daß die Rechte und Pflichten der

---

24 Vgl. Büker, B.: a.a.O., S. 33.
25 Henry, K.: Versicherungs-Kundendienst heute und morgen (Teil 2), in: Versicherungswirtschaft 6/1977, S. 385–392, hier: S. 385.
26 Vgl. Müller, W.: Das Image der Versicherung in der Öffentlichkeit, in: Versicherungsrundschau 6/1978, S. 180–189, hier: S. 187; vgl. auch Glöckner, W. H.: Verbraucherverbände und Versicherungswirtschaft, in: Versicherungswirtschaft 6/1977, S. 378–381, hier: S. 380.
27 Vgl. Müller, W.: a.a.O., S. 187.

Vertragspartner in den Versicherungsverträgen genau dargelegt sind. Die Leistung des Versicherers ist der Höhe nach mit der vertraglich vereinbarten Versicherungssumme begrenzt. Im Fall der Unterversicherung oder für den Fall, daß der Schaden durch Risiken verursacht wird, welche vom Versicherungsschutz ausgenommen sind, kann dem Versicherer – objektiv gesehen – kein Vorwurf gemacht werden, daß er keine oder nur eine unzureichende Leistung erbringt. Vom Standpunkt der Versicherungsnehmer her betrachtet, ist es verständlich, daß diese in derartigen Fällen zumeist Unzufriedenheit mit der Leistung des Versicherers äußern. Der nicht eingelöste Vertrauensvorschuß belastet in weiterer Folge natürlich die vom Kunden wahrgenommene Qualität, so daß – auch vom Gesichtspunkt der Qualitätsdiskussion – eine Vereinfachung der Versicherungsprodukte zu fordern ist.

Aus der Erklärungsbedürftigkeit resultiert auch die besondere Bedeutung der persönlichen Beratung des Kunden vor Vertragsabschluß, während der Laufzeit des Versicherungsvertrages und im Schadenfall. Das Erfordernis der Beratung führt bei verschiedenen Kundengruppen dazu, daß üblicherweise der Versicherer den potentiellen Kunden aufsucht und nicht umgekehrt. Aufgrund des mangelnden Wissens über risiko- und versicherungstechnische Sachverhalte ist der Bedarf nach Versicherungsschutz oftmals nur latent beim Nachfrager vorhanden. Der Bedarf nach Versicherungsschutz wird vom Versicherungsvermittler im Zuge des Beratungsgespräches erst geweckt, wobei dadurch vom Versicherungsvermittler auch Erwartungshaltungen beim Nachfrager erzeugt werden, welche anschließend wiederum wesentlichen Einfluß auf die Qualitätsbeurteilung der Leistungen des Versicherers ausüben. Somit kann die Hypothese aufgestellt werden, daß im Zuge des Beratungsgespräches – insbesondere vor Vertragsabschluß – im Versicherungsgeschäft erst eine Vielzahl von Erwartungen des Versicherungsnehmers geweckt werden, welche dann wiederum als Maßstab für die Qualitätsbeurteilung durch den Versicherungsnehmer herangezogen werden.

Die Komplexität der vom Konsumenten zu beurteilenden Leistungen des Versicherers führt dazu, daß sich der Kunde bei der Bewertung insbesondere an erkennbaren Merkmalen des Umfeldes, in dem die Dienstleistung angeboten wird, orientiert. Diese leicht einsehbaren Merkmale verwendet er „im Sinne von Schlüsselinformationen als Indikatoren der Qualität"[28]. Dazu zählen zum Beispiel die Ausstattung des Versicherungsgebäudes, falls der Kunde den Versicherungsvertrag in den Räumlichkeiten des Versicherers abschließt, die Ausstattung des Vermittlers, die persönlichen Präferenzen des Kunden zum Vermittler, die Kleidung der Mitarbeiter des Versicherers, welche mit dem Kunden in direkten Kontakt gelangen, etc. Ein besonders wesentliches Orientierungsmerkmal in diesem Zusammenhang ist die Art, „wie sich der Anbieter, hier die Versicherungsunterneh-

---

[28] Stauss, B.: a.a.O., S. 9.

mung, dem Kunden darstellt"[29]. Das Image eines Versicherers kann die Qualitätswahrnehmung des Versicherungsnehmers stark beeinflussen, denn zahlreiche Kunden orientieren sich ja nicht nur an objektiv nachvollziebaren Faktoren, „sondern vermehrt am Dienstleistungsbild einer Marke oder Organisation"[30]. Jedoch ist es den meisten Unternehmen der Privatversicherungswirtschaft noch nicht gelungen, prägnante, profilierte und sich von konkurrierenden Versicherungsunternehmen abhebende Firmenimages zu schaffen[31], welche als konkurrenzabschirmender Orientierungsrahmen bei der Qualitätsbeurteilung durch die Nachfrager dienen könnten.

Zum Umfeld der Leistungserbringung genügt es im Rahmen der Versicherungsdienstleistung jedoch nicht, nur die soeben erwähnten Aspekte anzuführen. Vielmehr ist noch ein Umstand in diesem Zusammenhang erwähnenswert, der hinsichtlich des Qualitätsempfindens der Konsumenten eine Rolle spielen könnte: Der Gegenstand der Versicherung an sich.

4.4 Der Gegenstand der Versicherung

Der Abschluß eines Versicherungsvertrages setzt eine bewußte Auseinandersetzung des Kunden mit negativen Ereignissen voraus, welche von vielen gerne verdrängt werden. Diese Abneigung des Verbrauchers, sich mit den eventuell eintretenden Schadenfällen im Zuge der Vorbereitungen auf den Abschluß des Versicherungsvertrages beschäftigen zu müssen kann – aufgrund des geringen Zugangs zur objektiven Beschaffenheit der Versicherungsleistung – unangemessen stark auf die Qualitätsvorstellungen des Nachfragers der Versicherungsdienstleistung ausstrahlen. Je geringer der Zugang des Kunden zur objektiven Qualität eines bestimmten Produktes ist, desto mehr wird die Qualitätsvorstellung von einem Detailaspekt der Leistung bzw. des Leistungsumfeldes beeinflußt. Dieses Irradiationsphänomen[32] wirkt auch in den Vorstellungsbildern über Versicherungsleistungen maßgebend. Die Vorstellungsbilder von Versicherungsprodukten werden stark von subjektiven Faktoren geprägt[33], wonach auch ein Einfluß des Gegenstands der Versicherung auf die Qualitätsvorstellung des Nachfragers vermutet werden kann. Dieser Aspekt wird noch dadurch verstärkt, daß zahlreiche Versicherungsnehmer meinen, der Abschluß eines Versicherungsvertrages würde sie sogar vor dem Eintritt des Schadenfalles

---

29 Kromschröder, B.: a.a.O., S. 21.
30 Kromschröder, B.: a.a.O., S. 21; vgl. dazu auch Buss, E.: Die neue Servicementalität des Kunden – eine empirische Untersuchung, in: Qualität und Effizienz im Außendienst, Hrsg.: Lehmann, A. / Ruf, S., St. Gallen 1991, S. 15–25, hier: S. 21.
31 Vgl. Ennsfellner, K. C.: Das Image in der Versicherungswirtschaft unter besonderer Berücksichtigung der Firmenimagegestaltung, in: Zeitschrift für die gesamte Versicherungswissenschaft 1/2/1989, S. 207–226, hier: S. 215.
32 Vgl. Spiegel, B.: Die Struktur der Meinungsverteilung im sozialen Feld. Das psychologische Marktmodell, Bern, Stuttgart 1961, S. 38.
33 Vgl. Ennsfellner, K. C.: a.a.O., S. 217.

bewahren. Wird dann das Risiko, für welches Versicherungsschutz eingekauft worden ist, trotzdem schlagend, so herrscht häufig Enttäuschung. Auch dieser Aspekt ist bei der Diskussion der Qualität von Versicherungsdienstleistungen zu berücksichtigen.

4.5 Einbeziehung des externen Faktors

Die Dienstleistungsproduktion ist dadurch gekennzeichnet, daß der Dienstleistungsabnehmer an der Erstellung des Produkts mitwirkt[34]. Diese Mitwirkung, welche eine zwingende Voraussetzung dafür ist, daß der Produktionsprozeß begonnen oder abgeschlossen werden kann, umfaßt bei der Versicherungsproduktion zwei Elemente: „Die Einbringung von Informationen durch den Versicherungsnehmer und seine Beteiligung an den Abwicklungsleistungen im Dienstleistungsteil des Versicherungsgeschäfts"[35]. Dabei beziehen sich diese Informationen auf den Versicherungsnehmer selbst, auf die Merkmale des zu versichernden Risikos, dessen Änderungen im Zeitablauf sowie auf die Merkmale des Versicherungsfalles. Das bedeutet, daß die Qualität der Versicherungsdienstleistung von einem Interaktionsprozeß zwischen dem Personal des Versicherers und dem Nachfrager bestimmt wird und somit auch Faktoren auf die Qualität einwirken, „die zumindest nicht der ausschließlichen Beeinflußbarkeit des Dienstleistungsanbieters unterliegen"[36]. Damit wird der Versicherungsnehmer zu einem zusätzlichen Unsicherheitsfaktor im Prozeß der Leistungserstellung. „Dies kann im Extremfall sogar bedeuten, daß der Nachfrager dafür verantwortlich ist, ob der Produktionsprozeß erfolgreich abgeschlossen werden kann oder nicht ... Deshalb kann es bei Dienstleistungen keine von den externen Faktoren isolierbare, objektivierbare Dienstleistungsqualität geben"[37]. In diesem Zusammenhang ist insbesondere die Möglichkeit der Verletzung von Obliegenheiten des Versicherten vor Vertragsabschluß, während der Vertragslaufzeit bzw. im Schadenfall hervorzuheben, welche zur partiellen Leistungsfreiheit des Versicherers führt. Somit ist dieser aufgrund gesetzlicher oder vertraglicher Regelungen objektiv gesehen nicht in der Lage, die Erwartungen des Versicherungsnehmers – beispielsweise im Schadenfall – zu erfüllen. Der Konsument – häufig versicherungsunkundig – ist meist nicht in der Lage bzw. gewillt, seinen Verstoß einzusehen, und schließt auf mangelnde Qualität der Versicherungsleistung, obgleich er selbst – als externer Faktor – diese Diskrepanz zwischen seinen Erwartungen und den tatsächlichen Leistungen des Versicherers verschuldet hat.

---

34 Vgl. dazu auch Meffert, H.: Marketing, 7., überarbeitete und erweiterte Auflage, Nachdruck, Wiesbaden 1991, S. 44.
35 Farny, D.: a.a.O., S. 444.
36 Büker, B.: a.a.O., S. 31; vgl. dazu auch Maleri, R.: a.a.O., S. 76.
37 Schneider, M.: Qualität von Versicherungsschutz, Diss., Wien 1994, S. 47.

5. Ansätze zur Messung der kundenorientierten Versicherungsqualität

Die herkömmlichen standardisierten Maßnahmen der Qualitätskontrolle lassen sich auf den Problembereich der Messung der Qualität von Versicherungsdienstleistungen nur bedingt anwenden. Die oben angeführten Ausführungen haben gezeigt, daß vielmehr Erhebungsmethoden benötigt werden, welche nicht nur die dem Versicherungsunternehmen bekannten Merkmale der Versicherungsdienstleistung berücksichtigen, „sondern alle Aspekte des Leistungsangebotes, die die Kunden im gesamten Prozeß der Dienstleistungsnutzung als Indikatoren für die Qualität verwenden"[38]. Für die Messung der subjektiven, kundenorientierten Qualität stehen grundsätzlich die Kundenbefragungen mit Hilfe der Multiattributverfahren und die Auswertungsverfahren von Kundenerlebnissen zur Verfügung[39].

Die Multiattributverfahren gehen von der Annahme aus, daß die Beurteilung der Qualität einer Leistung durch den Kunden das Ergebnis der Einschätzung der einzelnen vom Kunden realisierten Qualitätsmerkmale ist. Dabei können wiederum einstellungs- und zufriedenheitsorientierte Verfahren unterschieden werden[40]. Bei den Verfahren der einstellungsorientierten Qualitätsmessung wird von der Annahme ausgegangen, daß die Einschätzung der Qualität durch den Kunden „als gelernte, relativ dauerhafte positive oder negative innere Haltung gegenüber einem Beurteilungsobjekt aufzufassen ist"[41]. Dabei werden bei der Ermittlung relevanter Einstellungen „die einzelnen Qualitätsmerkmale vorgegeben und die Kunden gebeten, diese Merkmale zu bewerten, z. B. indem sie Schulnoten vergeben"[42]. Diese Einstellungen können einerseits auf Erfahrungen basieren, welche der Kunde mit dem Versicherungsunternehmen zum Beispiel im Rahmen der Vertragsbeziehung unmittelbar gemacht hat, oder aber auch auf Erfahrungen, welche dem Probanden „durch direkte oder indirekte Kommunikation mit dem Dienstleister oder seinen Kunden vermittelt werden"[43]. Während bei der einstellungsorientierten Qualitätsmessung der Befragte nicht notwendigerweise direkt mit dem zu beurteilenden Objekt in Verbindung getreten sein muß, ist dies bei den zufriedenheitsorientierten Meßansätzen erforderlich. Bei diesen wird die Qualitätseinschätzung als Reaktion auf die vom Kunden wahrgenommene Diskrepanz zwischen erwarteter und erlebter Leistung definiert. Die Dienstleistungsqualität wird dabei beispielsweise im Rahmen der Divergenzmessung dadurch erfaßt, „daß neben der Qualitätsbeurteilung auch Qualitätserwartungen auf

---

38 Stauss, B.: a.a.O., S. 11.
39 Vgl. Stauss, B. / Hentschel, B.: Dienstleistungsqualität, in: WiSt 5/1991, S. 238–244, hier: S. 240 (in der Folge zit. als Stauss, B. / Hentschel, B.: [Dienstleistungsqualität]).
40 Vgl. dazu beispielsweise Hentschel, B.: Dienstleistungsqualität aus Kundensicht: Vom merkmals- zum ereignisorientierten Ansatz, Wiesbaden 1992, S. 119 ff.
41 Schneider, M.: a.a.O., S. 59.
42 Stauss, B.: a.a.O., S. 12.
43 Benkenstein, M.: Dienstleistungsqualität, in: Zeitschrift für Betriebswirtschaft 11/1993, S. 1095–1116, hier: S. 1101.

Ratingskalen erhoben und die Divergenzen als Maßstab für die Qualitätsbeurteilung herangezogen werden"[44].

Bezogen auf die qualitätsrelevanten Besonderheiten des Versicherungsgeschäfts erhebt sich die Frage, ob Multiattributverfahren bei der Messung der Qualität von Versicherungsdienstleistungen zu Ergebnissen gelangen, welche die Realität abzubilden vermögen. Dieser Zweifel erhebt sich insbesondere aus der bereits dargestellten Tatsache, daß die Erwartungen, welche der Kunde gegenüber dem Versicherungsunternehmen hat, vom Unternehmen aufgrund des Inhaltes des Versicherungsvertrages häufig nicht erfüllbar sind. Weiters ist zu bedenken, daß die Versicherungsvertragsbeziehung eine zeitraumbezogene Dimension aufweist. Während der Vertragslaufzeiten ist häufig zu beobachten, daß sich die Erwartungen des Versicherungsnehmers an die Versicherungsgesellschaft, an das Produkt, etc. ändern. Da die Erfassung der Dienstleistungsqualität im Rahmen der zufriedenheitsorientierten Meßansätze „typischerweise direkt im Anschluß an die Inanspruchnahme der Dienstleistung erfolgt"[45], müßte genaugenommen erst nach Ablauf der Laufzeit des Versicherungsvertrages der Versicherungsnehmer einer Befragung unterzogen werden. Dies ist bei der Nicht-Personenversicherung zwar grundsätzlich denkbar. Jedoch stellt sich dabei die Frage, ob sich der Versicherungsnehmer noch an die Erwartungen erinnert, welche er – in vielen Fällen – vor Jahren vor dem Vertragsabschluß gehabt hat. Auch wenn während der Laufzeit des Versicherungsvertrages laufend zufriedenheitsorientierte Qualitätsmessungen durchgeführt werden, bleibt die Relevanz der Ergebnisse fraglich, da zumeist beobachtbar ist, daß – aufgrund der Probleme beim Einschätzen des Produktnutzens – die Unzufriedenheit von Versicherungsnehmern mit dem abgeschlossenen Versicherungsvertrag um so mehr zunimmt, je länger kein Schadenfall eingetreten ist. Der schadenfreie Versicherungsnehmer zweifelt, ob er einen reellen Gegenwert für seine laufenden Prämienzahlungen erhält. „Man glaubt nicht daran, und der Verdacht, ausgebeutet zu werden, wächst in dem Maße, in dem man tatsächlich von Schadenfällen verschont bleibt"[46]. Weiters werden die Qualitätsmessungen anhand von zufriedenheitsorientierten Verfahren auch durch den Umstand berührt, ob während der Vertragslaufzeit überhaupt ein Schadenfall eingetreten ist oder nicht. Schon allein diese Tatsache, welche nicht im Gestaltungsbereich des Versicherungsunternehmens liegt, könnte die Zufriedenheit des Kunden mit seinem Versicherungsvertrag unangemessen stark beeinflussen.

Sind zufriedenheitsorientierte Qualitätsmessungsansätze in den Sparten der Nicht-Personenversicherung zumindest vorstellbar, so ist deren Anwendbarkeit in den meisten Zweigen der Personenversicherung am Ende

---

44 Benkenstein, M.: a.a.O., S. 1103.
45 Benkenstein, M.: a.a.O., S. 1102.
46 Korte, F. H.: a.a.O., S. 312.

der Versicherungsdienstleistung zumindest dann nicht möglich, wenn die Versicherungsleistung aufgrund des Todesfalls des Versicherten erbracht wird und der Versicherungsvertrag – bei Identität des Versicherten und des Versicherungsnehmers – dadurch beendet wird. Alleine derartige Problembereiche lassen die Anwendbarkeit der zufriedenheitsorientierten Meßansätze im Versicherungsgeschäft als zweifelhaft erscheinen.

Somit dürften im Rahmen der Multiattributverfahren eher die einstellungsorientierten Meßansätze im Rahmen der Qualitätsbeurteilung von Versicherungsdienstleistungen vorzuziehen sein, wobei es bei ihrer Anwendung auch zu wirklichkeitsverzerrenden Abbildungen der Qualität schon allein aufgrund von Ausstrahlungseffekten des Gegenstands der Versicherung auf die Einstellung der Probanden gegenüber der Versicherungsbranche insgesamt und dem einzelnen Versicherer kommen könnte.

Die ereignisorientierten Verfahren versuchen, „das Qualitätserleben der Kunden konkret zu erfassen, indem man deren Schilderungen über ihre Erlebnisse mit dem Dienstleister und dem Dienstleistungsangebot auswertet"[47]. „Ziel dieses Verfahrens ist es, kritische Ereignisse im Sinne von besonders negativ und teilweise auch positiv empfundenen Vorfällen während des Dienstleistungserstellungsprozesses zu erfassen, um Anregungsinformationen für den Einsatz qualitätssteuernder Maßnahmen zu erhalten"[48]. Ausgangspunkt dieser Verfahren ist die Annahme, daß Kundenerlebnisse dann qualitätsrelevant sind, wenn diese als besonders negativ oder positiv wahrgenommen und beurteilt werden. Diese außergewöhnlichen Ereignisse sind für den Dienstleistungsanbieter insbesondere aus folgenden Gründen von Bedeutung[49]:

- Sie determinieren das Folgeverhalten der Kunden

- Sie sind zentraler Inhalt der persönlichen Kommunikation zwischen den Nachfragern und beeinflussen dadurch auch das Verhalten anderer – eventuell potentieller – Kunden

- Sie zeigen Schwachpunkte der Dienstleistungserstellung auf und liefern Anhaltspunkte für Qualitätsinnovationen.

Zu diesen Verfahren zählen insbesondere die Beschwerdeanalyse und die Methode der kritischen Ereignisse („Critical Incident"-Technik)[50]. Die Erfassung der kritischen Ereignisse erfolgt im Rahmen der Beschwerdeana-

---

47 Stauss, B.: a.a.O., S. 14.
48 Benkenstein, M.: a.a.O., S. 1104.
49 Vgl. Stauss, B. / Hentschel, B.: (Dienstleistungsqualität), S. 238.
50 Vgl. zum Beispiel Stauss, B. / Hentschel, B.: Verfahren der Problemdeckung und -analyse im Qualitätsmanagement von Dienstleistungsunternehmen, in: Jahrbuch für Absatz- und Verbrauchsforschung 3/1990, S. 232–259, hier: S. 235 ff.

lyse durch die inhaltsanalytische Auswertung von direkt an das Unternehmen gerichteten mündlichen oder schriftlichen Kundenbeschwerden. „Da es sich bei Beschwerden um kundeninitiierte Berichte handelt, gibt es keine spezifische Form der Datenerhebung"[51]. Jedenfalls enthalten Beschwerden Informationen, welche Hinweise auf Schwächen in der Dienstleistungserstellung, auf Veränderungen der Verbrauchereinstellungen und des Verbraucherverhaltens sowie auf eventuelle neue Marktchancen liefern. Seit Jahren bereits belegen empirische Forschungen übereinstimmend den hohen Nutzen der systematischen Beschwerdeanalyse für marketing- und qualitätsrelevante Maßnahmen[52]. Dabei ist zu fordern, daß auch Versicherungsunternehmen vermehrt konsequente und systematische Analysen von Kundenbeschwerden durchführen und darüber hinaus eine Reihe von beschwerdestimulierenden Maßnahmen, wie beispielsweise die Einrichtung von gebührenfreien Beschwerdetelefonen[53], setzen. Die alleinige Durchführung von Beschwerdeanalysen zur Messung der kundenorientierten Qualität ist jedoch zu wenig, besteht doch die Problematik des Verfahrens darin, daß die Informationen weder in bezug auf die Beschwerdeführer noch hinsichtlich der vorgebrachten Beschwerden repräsentativ sind. Weiters kann davon ausgegangen werden, daß sich nur ca. 4 %[54] der unzufriedenen Kunden beim Unternehmen beschweren. Da die Beschwerdeanalyse des weiteren nur qualitative Schwächen, nicht aber auch qualitative Stärken mißt, „liegt es nahe, die Beschwerdeanalyse durch weitere ereignisgestützte Verfahren zu ergänzen, zu denen an allererster Stelle die Methode der kritischen Ereignisse zu zählen ist"[55]. Dabei erfolgt die Erfassung der als besonders erfreulich oder ärgerlich empfundenen Vorfälle im Rahmen des Konsums der Dienstleistung durch eine mündliche Befragung der Konsumenten. Die Informationen über die Ereignisse werden in typische Erlebniskategorien zusammengefaßt, und anschließend erfolgt die kategoriebezogene Auswertung der positiven und negativen Erlebnisse[56]. Wichtig ist in diesem Zusammenhang, daß durch die Methode der kritischen Ereignisse jene Kundenerlebnisse erfaßt werden, welche die Kunden auch im persönlichen Umfeld berichten und die dadurch kaufverhaltensbeeinflussend wirken. Hervorzuheben ist jedoch, daß diese Methode, welche konkrete Ausatzpunkte für praktische Maßnahmen der Qualitätsverbesserung und -innovation liefert[57], zeitaufwendiger ist „und die Kosten der Datenauswertung mangels Standardisierung sehr hoch anzusetzen sind"[58]. Gerade dadurch aber, daß diese Methode in der Lage ist, jene Erfahrungen mit dem Dienstleister zu erheben, welche

---

51 Stauss, B. / Hentschel, B.: a.a.O., (Dienstleistungsqualität), S. 241.
52 Vgl. Stauss, B.: a.a.O., S. 14.
53 Vgl. Stauss, B. / Hentschel, B.: a.a.O., (Dienstleistungsqualität), S. 241.
54 Vgl. Zeithaml, V. A. / Parasuraman, A. / Berry, L. L.: Qualitätsservice, Frankfurt, New York 1992, S. 70; vgl. dazu auch Schneider, M.: a.a.O., S. 56.
55 Stauss, B.: a.a.O., S. 14 (im Original zum Teil in Kursivdruck).
56 Vgl. Stauss, B. / Hentschel, B.: a.a.O., (Dienstleistungsqualität), S. 241.
57 Vgl. Stauss, B.: a.a.O., S. 15.
58 Schneider, M.: a.a.O., S. 57.

der Kunde in seinem persönlichen Umfeld weitervermittelt, ist sie auch für Versicherungsunternehmen von Interesse, zumal Versicherungskunden aufgrund der Komplexität des Entscheidungsproblems vor Abschluß eines Versicherungsvertrages sich häufig Rat aus ihrem persönlichen Umfeld einholen und diesem sogar mehr Gewicht zumessen als der Beratung durch die Versicherungsunternehmung selbst. Mit den Informationen über kritische Erlebnisse des Kunden im Rahmen des Abschlusses des Versicherungsvertrages, während der Bestandspflege, der Schadenregulierung, etc. können aufgrund der Häufigkeitsanalyse gezielt Schwerpunktmaßnahmen gesetzt werden, die von den Kunden auch als Qualitätsverbesserung erlebt werden und durch Mitteilungen im persönlichen Umfeld des Kunden kaufbeeinflussende Multiplikatoreffekte erwirken können.

6. Ansätze zur Steuerung der Qualität von Versicherungsdienstleistungen

Ausgehend von der Messung der Versicherungsdienstleistungsqualität stellt sich für das Versicherungsunternehmen das Problem, Qualitätsverbesserungen durchzuführen. Dafür stehen dem Unternehmen unterschiedliche Ansätze zur Verfügung, welche von Benkenstein[59] in Anlehnung an die Organisationstheorie in technokratische, strukturorientierte und in kulturorientierte Steuerungsansätze differenziert werden.

Der technokratische Steuerungsansatz hat seinen Ausgangspunkt in der Identifikation und Vergabe von bestimmten Qualitätsstandards. Jedoch hemmt die Überführung aller vom Kunden wahrgenommenen Qualitätsmerkmale in Qualitätsstandards die Flexibilität des Anbieters, insbesondere wenn die Leistungen, welche der Anbieter erbringt, vom Mitwirken des externen Faktors abhängig ist, wie dies auch beim Versicherungsprodukt der Fall ist, wo Mitwirkungspflichten in den Obliegenheiten gesetzlich oder vertraglich geregelt sind.

Strukturorientierte Steuerungsansätze, bei denen die Einsetzung einer Qualitätsorganisation im Unternehmen vorgesehen ist, welche mit qualitätsbezogenen Messungs-, Steuerungs- und Kontrollaufgaben betraut ist, fördern zwar die sachliche Flexibilität der Entscheidungsfindung, wodurch die Fähigkeit des Anbieters steigt, auf individuelle Kundenbedürfnisse einzugehen. „Gleichzeitig beeinträchtigen strukturorientierte Steuerungsansätze aufgrund der Dauer von Abstimmungsprozessen die zeitliche Flexibilität und führen darüber hinaus häufig zu Kompromissen auf der Basis des ‚kleinsten gemeinsamen Nenners'. Diese dysfunktionale Wirkung resultiert aus einem häufig beobachtbaren Konkurrenzdenken unter den am Steuerungsprozeß beteiligten Funktionsabteilungen"[60].

---

59 Vgl. Benkenstein, M.: a.a.O., S. 1108 ff.
60 Benkenstein, M.: a.a.O., S. 1110.

Derartige Probleme werden durch kulturorientierte Steuerungsansätze vermieden, indem versucht wird, durch ein gemeinsames Werte- und Normensystem Qualität als Orientierungspunkt für das unternehmerische Handeln anzusehen. Als besonderer Vorteil der unternehmenskulturorientierten Steuerungsansätze kann angesehen werden, daß aufgrund einer ausgeprägten Qualitätskultur der Abstimmungsbedarf zwischen den Unternehmensbereichen sinkt, weshalb die operative Flexibilität des Unternehmens steigt. „Gleichzeitig fördert eine kulturorientierte Steuerung die zeitliche Flexibilität sowie die Motivation der Mitarbeiter und reduziert das Konfliktniveau zwischen den Funktionsbereichen des Diensteanbieters"[61], wodurch die kundenorientierte Qualität weniger durch dysfunktionale Wirkungen interner „Reibungsverluste" beeinträchtigt wird.

7. Schlußbemerkungen

Zielsetzung dieses Beitrages war es, versicherungsspezifische Aspekte in die Qualitätsdiskussion einfließen zu lassen. Um diese Zielsetzung zu erreichen, wurde zunächst versucht, für den Begriff der Qualität eine allgemeingültige Definition zu finden, welche auf alle Bezugsgruppen des Versicherungsunternehmens anwendbar ist. Diese Bezugsgruppen sind anschließend einer Analyse unterzogen worden. Interne Bezugsgruppen (Mitarbeiter) und externe Bezugsgruppen (z. B. Kapitalgeber, Medien, Gebietskörperschaften, andere Versicherungsgesellschaften, Absatzorgane, Kunden, etc.) wurden identifiziert. Die Betrachtung wurde anschließend auf die Kunden im Massengeschäft konzentriert, um qualitätsrelevante Aspekte aus der Sicht dieser Bezugsgruppe des Versicherungsunternehmens zu diskutieren. Besonders wurde dabei auf die Besonderheiten des Versicherungsprodukts eingegangen, welche zweifellos Einfluß auf die Qualitätsbeurteilung durch die Kunden im Massengeschäft haben. Dabei wurde auf die Immaterialität des Versicherungsproduktes, die Erklärungsbedürftigkeit des Versicherungsproduktes, auf den Gegenstand der Versicherung und auf die Integration des externen Faktors eingegangen. Ausgehend von diesen Besonderheiten sind qualitätsbeeinflussende Auswirkungen abgeleitet worden, welche auch bei der Qualitätsmessung zu berücksichtigen sind. Insbesondere scheinen dabei Multiattributverfahren für die Messung der Versicherungsqualität weniger geeignet, wohingegen die ereignisorientierten Verfahren unmittelbaren Aufschluß über die Verbesserung der Versicherungsqualität liefern dürften. Abschließend wurden Ansätze zur Verbesserung der Qualität angeführt, wobei aufgrund der Komplexität der Versicherungsleistung und aufgrund kaum vorliegender versicherungsinterner „Reibungsverluste" der kulturorientierte Steuerungsansatz als besonders geeignet erscheint, bestimmte Qualitätsvorstellungen zu verwirklichen. Welcher dieser Steuerungsansätze für Versicherungsgesellschaften besonders erfolgversprechend ist, in welcher Kombination diese

---

61 Benkenstein, M.: a.a.O., S. 1110.

Steuerungsansätze angewendet werden sollen, und ähnliche Fragestellungen sind in der einschlägigen Literatur – wie auch sonstige Fragen der versicherungsbetrieblichen Qualität – noch kaum thematisiert. Somit bietet der Problembereich der Qualität von Versicherungsdienstleistungen noch ein weites Feld für versicherungsbetriebliche Forschungsarbeiten.

VII. Versicherung und Finanzmärkte

Staatsfinanzen und Versicherungswirtschaft

Robert Schwebler

1.

In Österreich ist man uns seit jeher in manchen Dingen voraus. So hat die Ankündigung des österreichischen Finanzministers, die Versicherungsteuer auf Lebensversicherungen von 1994 an von 3 auf 5 % zu erhöhen, in der dortigen Versicherungswirtschaft heftige Reaktionen ausgelöst. Da es in Deutschland keine Versicherungsteuer auf Lebensversicherungen gibt, fürchtet man in der österreichischen Versicherungsbranche gar die Abwanderung des Neugeschäfts zu deutschen Gesellschaften. Deshalb drohten die österreichischen Lebensversicherer, ihren Anteil an der Finanzierung des Bundeshaushalts (derzeit zwischen 7 und 8 %) zu kürzen, wenn es zu dieser Anhebung der Versicherungsteuer kommt.

In Deutschland sind wir noch lange nicht so weit, der Protest hält sich bei uns noch in Grenzen, obwohl die Verdreifachung der Versicherungsteuer von 5 auf 15 % in sieben Jahren die steuerliche Belastung des Neugeschäfts (bislang freilich ohne Einschluß der Lebensversicherung) über den bescheidenen Rang einer Bagatellsteuer weit hinauskatapultiert hat.

Von rein fiskalischen Erwägungen abgesehen, sind Versicherungsteuern – wenn überhaupt – nur bei niedrigen Sätzen ökonomisch zu rechtfertigen. Da Versicherungsprämien zur Deckung künftiger Schäden dienen, haben sie nämlich volkswirtschaftlich gesehen die Funktion der Rücklagenbildung. Tritt der Schaden ein, so unterliegen die notwendig werdenden Reparaturen, Ersatzbeschaffungen oder die Wiedererrichtung von Gebäuden und Anlagen ohnehin der Mehrwertsteuer. Die Besteuerung von Versicherungsprämien wirkt daher wie eine Strafsteuer für die private Risikovorsorge. Erst recht gilt dies bei völlig überhöhten Steuersätzen.

Die fünfprozentige Versicherungsteuer, die 1988 noch 2,9 Mrd. DM erbrachte, stellte sich nach Anhebung auf 7 % in 1989 bereits mit einem Aufkommen von 4,2 Mrd. DM ein, nach der Steigerung auf 10 % in 1991 auf 5,9 Mrd. DM, für 1993 sind nach Anhebung des Steuersatzes ab 1. Juli auf 12 % etwa 9 Mrd. DM und 1994 10,75 Mrd. DM zu erwarten. Wenn die Steuer beginnend mit dem 1. Januar 1995 auf 15 % angehoben wird, fließen aus dieser Quelle von diesem Jahr an immerhin 12 bis

13 Mrd. DM in die öffentlichen Kassen[1]. Angesichts des enormen Anstiegs der Staatsausgaben in den letzten Jahren ist dies aber nur ein Tropfen auf den heißen Stein.

Die Gesamtverschuldung der öffentlichen Haushalte betrug Ende 1993 1 507 769 Mio. DM, wobei Bund, Länder und Gemeinden gleichermaßen hoch verschuldet sind[2]. Und die Situation bei den öffentlichen Haushalten ist weiterhin sehr angespannt. Zudem hat sich die Finanzlage trotz Anhebung von Steuern und Sozialabgaben zur Finanzierung der deutschen Einheit weiter verschlechtert. Dabei ist die gegenwärtig hochdefizitäre Haushaltslage nicht nur in den Transferleistungen aus dem Westen in die neuen Bundesländer begründet, auch in den alten Bundesländern nahmen die Ausgaben kräftig zu, wobei hier die Ausweitung des Personalaufwandes besonders ins Gewicht fiel.

Die Perspektiven sind dabei alles andere als günstig. Die insgesamt stark abgeschwächte Wirtschaftstätigkeit bei bescheidenen Leistungszuwächsen strapaziert die Einnahmenseite, dagegen sind 1994 progressive Lasten zu erwarten. So sind erhebliche Mehrleistungen aus der 1992 erfolgten Einführung des westdeutschen Rentenrechts in den neuen Bundesländern im öffentlichen Haushalt bisher noch nicht in vollem Umfang zu Buche geschlagen[3]. Besonders ins Gewicht fallen dabei auch die erwähnten von West nach Ost erbrachten Transferleistungen. Sie sind 1992 netto, also nach Abzug der Einnahmen des Bundes im Osten auf 130 Mrd. DM (VJ 110 Mrd. DM) angestiegen.

Im Gesamtergebnis war das Haushaltsdefizit mit fast 115 Mrd. DM zwar etwas größer als im Jahr davor, gemessen am Sozialprodukt blieb es aber mit 4 % gleich. Für 1993 war zwar eine Verlangsamung des Ausgabenanstiegs geplant, aber auch dies ist von konjunkturbedingten Einnahmeausfällen begleitet, so daß das gesteckte Ziel auch in diesem Jahr kaum zu realisieren ist.

Die Finanzplanung von Bund und Ländern 1992 bis 1996 markiert einen weiteren Anstieg der Haushaltsbelastungen und involviert beträchtliche Risiken[4]. Nach dem Gesetz zur Förderung der Stabilität und des Wachstums in Verbindung mit dem Haushaltsgrundsätzegesetz sind Bund und Länder zur Erstellung einer Fünfjahresplanung für ihre Haushaltswirtschaft verpflichtet. Dabei bringen vor allem die Risiken der Konjunkturentwicklung große Unsicherheiten in die Planung. Der Bund wie auch die Länder erwarten zwar rückläufige Finanzierungssalden, dennoch wird die Staatsverschuldung weiter ansteigen.

---

1 Vgl. Statistisches Jahrbuch 1993 für die BRD und Finanzbericht 1994.
2 Vgl. Tabellen 1 und 2 im Anhang.
3 Deutsche Bundesbank, Geschäftsbericht 1992, S. 37 ff.
4 Wirtschaft und Statistik 1/1993, S. 68 ff.

Der aus den politischen Veränderungen in Deutschland und Europa erwachsene Anstieg der öffentlichen Ausgaben hat – in Verbindung mit rezessionsbedingten Einnahmeausfällen – bis Mitte der 90er Jahre die staatlichen Finanzierungsdefizite[5] wieder deutlich in die Höhe getrieben. Eine glaubwürdige Konsolidierungspolitik ist daher dringend geboten. Die Zukunftssicherung des Standortes Deutschland, die Wahrung einer nach innen und außen stabilen D-Mark und die Teilnahme Deutschlands an der Europäischen Wirtschafts- und Währungsunion machen entschlossene Sparmaßnahmen der öffentlichen Hand erforderlich. Angesetzt werden muß dabei primär auf der Ausgabenseite des Staates. Eine Staatsquote, die – wie gegenwärtig in Deutschland – deutlich über 50 % liegt, ist auf die Dauer nicht mit einer marktwirtschaftlichen Ordnung vereinbar.

2.

Tatsächlich ist der Berg der Staatsschuld in den letzten Jahren exponentiell angestiegen.

Wählt man als Basis für einen Index der öffentlichen Verschuldung das Jahr 1970 (= 100 %), so zeigt sich folgende Entwicklung

1950	1960	1970	1975	1980	1985	1990	1991	1992	1993
14,6	42,1	100,0	205,6	401,1	615,6	853,4	948,3	1094,6	1226,9

Das Gemeinwesen hatte sich in diesen Jahren zweifellos zahlreichen neuen Herausforderungen zu stellen und große Aufgaben zu bewältigen. Dies erfordert natürlich auch in besonderem Maße den Einsatz finanzieller Ressourcen. Dabei ist nicht zu verkennen, daß eine unzureichende Professionalität seitens der Politik bei der Bewältigung des politischen Programms, insbesondere der wirtschaftlichen und sozialen Zusammenführung beider Teile Deutschlands, sogar einen beträchtlichen Mehraufwand an Finanzmitteln erfordert. Dazu kommen Ansprüche aus der EG, Deutschland ist der größte Nettozahler der Gemeinschaft, sowie die Erfüllung beträchtlicher Verpflichtungen gegenüber der ehemaligen Sowjetunion, gewissermaßen als ein zusätzlicher Preis für Konzessionen bei der Wiederherstellung der deutschen staatlichen Einheit und den Truppenabzug.

Natürlich ist es unmöglich, den gegenwärtig enormen Finanzierungsbedarf der öffentlichen Hände aus den laufenden Steuereinnahmen zu decken. Es ist sehr lange her, daß man sich vorstellen konnte, in Zeiten der Hochkonjunktur sei ein surplus saving möglich, das dann in Zeiten der

---

5 Vgl. Tabelle 4 im Anhang.

Rezession durch ein deficit spending und eventuelle Schuldenaufnahme abgelöst wird.

Nun haben die Staaten zu allen Zeiten Schulden gemacht, das ist auch vernünftig, und es ist auch legitim und gerecht. Denn warum soll die aktive Generation alle Lasten der Gegenwart tragen, auch etwa die der Finanzierung großer Infrastrukturprojekte, die auch nachfolgenden Generationen zugute kommen? Das Ausmaß der staatlichen Verschuldung braucht auch nicht zwingend zu unzumutbaren Belastungen für die Wirtschaftsunternehmen und die Bürger führen, freilich, wenn die Neuaufnahme von Schulden fast nur noch zur Abdeckung des Zinsendienstes führt, dann sind die Limite nicht nur erreicht, sondern überschritten.

Die Anforderungen an die öffentlichen Haushalte zwingen in erster Linie zur Sparsamkeit mit knappen Ressourcen, aber auch zur Mobilisierung aller erreichbaren Quellen. Dazu gehört natürlich auch die Schuldenaufnahme der öffentlichen Hand. Verständlicherweise fällt den Banken bei der Bereitstellung der Mittel die quantitativ größte Bedeutung zu. Sofern der beanspruchte Kapitalmarkt ausreichend ergiebig ist, kommt es auch nicht zu dem gefürchteten sogenannten Crowding-out-Effekt, der die gewerbliche Schuldenaufnahme extrem erschwert. Das natürliche Regulativ ist der Kapitalmarktzins, er steuert die Kapitalströme, Aufkommen wie Abflüsse.

Neben den Banken hat auch die Versicherungswirtschaft als Finanzier des Staates Gewicht. Dies ist nicht nur durch das Volumen der zur Verfügung gestellten Mittel determiniert, auch die Qualität dieser Mittel ist bedeutsam. Diese liegt vor allem darin, daß die über die Versicherung, vor allem durch die Lebensversicherungswirtschaft angesammelten Mittel aus teilweise langfristigen, sogar sehr langfristigen Verträgen fließen, daher das erreichbare Aufkommen gut prognostizierbar und für die Nachfrager nach Krediten gut kalkulierbar ist. So sind die Vermögensanlagen der Assekuranz eine feste Größe auch bei der Schließung staatlicher Haushaltsdefizite. Dabei finden sich in den Portefeuilles der Versicherer alle marktgängigen Formen der langfristigen Kreditfinanzierung, vom Schuldschein bis zur Staatsanleihe.

So ist festzuhalten: Will oder kann sich die öffentliche Hand nicht in den Ausgaben einschränken, muß sie die Steuerbelastung erhöhen, will oder kann sie das nicht tun, dann muß sie Schulden aufnehmen.

Welche Bonität hat nun der Schuldner Staat? Der Staat ist und bleibt eine erste Adresse, private Schuldner können bekanntlich in Konkurs gehen, der kreditfähige und kreditwürdige Staat hingegen nicht, pleite gehen aber des öfteren die Gläubiger des Staates.

3.

Über die Nutzen und die Grenzen staatlicher Verschuldung bestehen häufig Unklarheiten. Diese erschweren die politische und ökonomische Einschätzung der Konsequenzen des Schuldenstandes wie auch die Bestimmung des Volumens der verkraftbaren Neuverschuldung. Noch weniger sind freilich die Spätfolgen einer extensiven Verschuldungspolitik einzuschätzen. Im Zweifel belasten sie über Gebühr nachfolgende Generationen[6].

Dabei sind auch einige Mißverständnisse festzustellen. Ein schwerwiegender Fehler der Kritiker staatlicher Verschuldung liegt zum einen darin, daß manch einer die Grundsätze einer soliden privaten Haushaltsführung meint ohne jede Einschränkung auf den Staat übertragen zu können. Andererseits denken Finanzpolitiker sehr häufig, daß sie auf alle Regeln privater Verschuldungspraxis verzichten können, weil sie in Generationen disponieren. Das ganze Problem wird noch dadurch verschärft, daß die Ansprüche einer modernen Gesellschaft an die öffentliche Leistungserstellung ein Ausmaß angenommen haben, das die folgende, schwer zu beantwortende Frage aufwirft: In welchem Ausmaß sind öffentliche Kreditaufnahmen zur Leistungserstellung notwendig und finanzwirtschaftlich, gesamtwirtschaftlich und belastungspolitisch möglich[7].

Damit konzentriert sich die Analyse der Staatsverschuldung besonders auf ihre ökonomischen und politischen Fernwirkungen. Die frühere Kontroverse zwischen „Keynesianern", die aufgrund temporär unausgeglichener Wirtschaftslagen den Staat in die Verantwortung für Wirtschaftsentwicklung und Beschäftigung eingebunden haben, und den strengen „Monetaristen", die allenfalls gewisse Methoden der Geld- und Kapitalmarktpolitik zulassen wollten, ist abgeklungen. Heute gibt es praktisch nur noch „Marktwirtschaftler", darunter viele, die der Vorstellung anhängen, der Markt löse jedes Allokationsproblem – und trotzdem steigen die Staatsschulden rascher als je zuvor.

Das bedeutet, der Nutzen dieses exponentiellen Schuldenanstiegs ist fast nur noch an der Wohlfahrtsskala der Bürger unseres Landes abzulesen, die ursprüngliche, eigentliche Nutzanwendung, nämlich die Beseitigung struktureller Verwerfungen, spielt als Zielsetzung staatlicher Kreditaufnahme heute leider kaum noch eine Rolle. Allerdings beschneidet diese zunehmende „Fremdfinanzierung" des Staates seine Fähigkeit zur aktiven Strukturpolitik immer mehr. Da drastische Etatkürzungen überhaupt nicht, Konsolidierungsbemühungen in der Ausgabenpolitik nur in geringem Umfang zu erwarten sind, die wirtschaftliche Entwicklung außerdem stagniert, gibt es auch keinen Spielraum mehr für ein weiterhin ungebrem-

---

6 Vgl. hierzu Rawls, John: Eine Theorie der Gerechtigkeit, Frankfurt a. M. 1975, S. 74 ff.
7 Vgl. hierzu Möller, Alex und Schwebler, Robert: Schuld durch Schulden, München 1981.

stes Wachstum der Sozialleistungen. Dieses Limit wird leider nicht genügend gewürdigt: Die Pflegeversicherung als „Konjunkturmotor" in der Rezession, das scheint das aktuelle Programm zu sein.

In der Tat: Die Ursachen der staatlichen Verschuldung haben sich sehr verändert, der enorme Rüstungsaufwand wurde durch einen explodierenden Subventionsaufwand und einen progressiv anwachsenden Sozialaufwand abgelöst. Neuerdings schieben sich die Kosten der deutschen Einheit stark in den Vordergrund.

Es ist gewiß richtig, die Sicherungsbedürfnisse der Volkswirtschaft, ihrer Unternehmen und der einzelnen Bürger als ebenso wichtig einzustufen, wie jene Sicherheit, die der Staat zu seiner Entfaltung benötigt. Der Sicherungsbedarf von Unternehmen und Bürgern kann aber auch weitgehend privatwirtschaftlich gedeckt werden, er ist nicht minder Kostenbestandteil und Kalkulationselement wie Gebühren, Abgaben und Zinsen für aufgenommene Kredite.

Tatsächlich fördert der Staat nichts, was mit der Versicherung der Industrieproduktion und der Herstellung von Gütern und Dienstleistungen zusammenhängt. Anders ist es in der Kranken- und Lebensversicherung. Der Staat tut dies freilich nur, um die private Daseinsvorsorge anzuregen und damit die gesetzlichen Sozialsysteme zu entlasten.

Die Möglichkeiten zur Entlastung des Staates und der gesetzlichen Sozialsysteme durch eine Gewichtsverlagerung zur eigenverantwortlichen Vorsorge sind in Deutschland noch vielfach ungenutzt. Dem Umbau des Sozialstaates kommt daher mittelfristig hohe politische Priorität zu. Andernfalls käme es entweder zu einem nicht zu verantwortenden Anstieg der Sozialversicherungsbeiträge oder zu einem massiven Abbau des Vorsorgeniveaus. Im übrigen käme eine Stärkung der eigenverantwortlichen Vorsorge auch der notwendigen volkswirtschaftlichen Kapitalbildung zugute.

4.

Ein wesentlicher Teil des Produktionsprozesses bei der Herstellung von Versicherungsschutz ist die Bereitstellung von Reserven für den in der Regel ungewissen Leistungsfall[8]. So entstehen die Vermögensbestände der Versicherer[9].

Die Kapitalanlagen der Versicherer spiegeln im Zeitablauf das Geschehen in Wirtschaft, Staat und Gesellschaft wider, wobei seit langem der Staats-

---

8 Vgl. Schwebler, Robert u. a. (Hrsg.): Vermögensanlagepraxis in der Versicherungswirtschaft, Karlsruhe 1991, S. 19 ff.
9 Vgl. Tabelle 3 im Anhang.

aufwand gemessen am Bruttosozialprodukt ständig steigt, während sich das Wirtschaftswachstum abschwächt, Investitionen, gemessen an der wirtschaftlichen Wertschöpfung, sich abschwächen, der Anteil der in den Unternehmen reinvestierten Mittel gewiß nicht zuletzt wegen des starken Drucks auf die Investitionsrenditen geringer wird[10].

Wie kann man das Maß der Belastung des Gemeinwesens durch Schulden einigermaßen neutral beziffern? Wählt man als Belastungsindikator die Schuldenquote, d. h. die Staatsschuld gemessen am Bruttosozialprodukt, so ergibt sich in den Jahren 1950 bis 1970 ein Anteil von 17 bis 18 %, der dann bis 1993 auf 53,5 % ansteigt[11].

Aus der Sicht der Versicherungswirtschaft ergeben sich im Kontext mit dem „Standing" der öffentlichen Hand und den Vermögensanlagen der Branche einige Fragen, deren Beantwortung für die Branche von Bedeutung ist. Sie beziehen sich

– auf die Höhe der Staatsschuld und ihre Struktur,

– auf die mittel- und längerfristigen Auswirkungen dieser Schuldenstruktur auf den Kapitalmarkt und die Portefeuilles der Versicherungswirtschaft,

– auf die Frage, ob der Grundsatz der Mischung und Streuung von Vermögensanlagen angesichts gewisser Konzentrationstendenzen in Richtung auf Staatstitel langfristig eingehalten werden kann,

– des weiteren auf die Frage, wie sich die allmähliche Verkürzung der Laufzeiten der Staatstitel und die damit einhergehende ständige Umschichtung der Bestände auf die Branche auswirkt.

Bei den Zahlenangaben in Tabelle 3 im Anhang handelt es sich zwar um Untersuchungen zur sektoralen Gliederung der Kapitalanlagen der Lebensversicherungswirtschaft, aber fortlaufende Analysen der Neuanlagen bei den anderen Versicherungszweigen haben im allgemeinen keine nennenswerten Abweichungen zur Anlagenstruktur der Lebensversicherer ergeben. Man wird also feststellen können, daß die Quote der Direktausleihungen an die öffentliche Hand in der Versicherungswirtschaft insgesamt derzeit bei 22 bis 25 % liegen dürfte, also etwa bei einem Viertel der Neuanlagen. Zu Beginn der 80er Jahre war diese Quote deutlich höher, in der zweiten Hälfte der 80er Jahre spürbar niedriger. Diese Veränderung ist aber weniger auf das Nachfrageverhalten der öffentlichen Hand zurückzuführen, deren Bedarf ja kontinuierlich wächst, mehr noch ist maßgebend gewesen, welche Alternativen für die Versicherer bei der Neuanlage am Markt verfügbar waren.

---

10 Vgl. Tabelle 4 im Anhang.
11 Vgl. Tabelle 1 im Anhang.

Zu diesen direkt zurechenbaren Ausleihungen an die öffentliche Hand bzw. Investitionen in den öffentlichen Sektor, kommen die indirekt dem Gemeinwesen zufließenden Mittel. Ihr Volumen ist nicht exakt zu berechnen, aber doch einigermaßen zuverlässig zu schätzen. Man kann sich dabei u. a. auf Untersuchungen stützen, die früher im Zusammenhang mit jenen Kapital-Neuanlagen angestellt wurden, die über die Refinanzierung etwa der Kreditwirtschaft der öffentlichen Hand zufließen[12]. Dabei dürfte es sich unverändert um ein Volumen von etwa 40 % der gesamten Neuanlagen handeln.

Diese Zahlen markieren, daß es sich bei der Assekuranz auf jeden Fall um einen der großen Gläubiger des Staates handelt. Das Maß der Staatsfinanzierung ist freilich auch Ausdruck der Qualität der Rahmenbedingungen für Vermögensanlagen der Versicherer, auch der Bereitschaft der Branche, die rechtlich vorhandenen Spielräume für andere Anlagen als Staatstitel zu nutzen. Das in die öffentlichen Hände investierte Volumen ist freilich auch Ausfluß der Kapitalmarktverhältnisse, nicht zuletzt auch der Zinsrobustheit der verschiedenen Schuldnergruppen.

Seit der Novellierung der Kapitalanlagevorschriften des Versicherungsaufsichtsgesetzes (VAG) in 1974, die eine Gleichstellung von öffentlichen und privaten Schuldnern brachte, hat es eine Fülle weiterer Liberalisierungen sowohl im Katalog für den Deckungsstock zulässiger Anlagen als auch in den höchst zulässigen Limiten für die einzelnen Anlagen gegeben. Wenn die Versicherungswirtschaft heute immer mehr die Rolle eines „Hoffinanziers" des Staates einnimmt, so hängt dies nicht mehr an dem ihr gewährten rechtlichen Rahmen.

Daß sich die Versicherer heute intensiver als je zuvor mit den finanzwirtschaftlichen Auswirkungen und kapitalmarktpolitischen Implikationen einer massiven Defizitfinanzierung des Staates auseinanderzusetzen haben, liegt auf der Hand, da dem Staat andere Finanzierungsquellen, wie etwa die Sozialversicherung, für lange, ja für unabsehbare Zeit ausfallen werden.

Zum Schluß: Ein Staat, der nicht nur die Lehren aus den Fehlern in der Vergangenheit zieht, sondern sich auch um die Konsolidierung seiner Schuldensituation bemüht, liefert der Versicherungswirtschaft keinen Grund, sich seinen Kreditwünschen zu verweigern. Indes wird sich die Versicherungsbranche aus ihrem Verständnis von Ausgewogenheit im Anlageportefeuille heraus selbst gewisse Limite in der Finanzierung der öffentlichen Hand auferlegen. Dies hat dann nicht den Zweifel an der Bonität eines großen Schuldners zur Ursache, sondern die Realisierung des gesetzlich festgeschriebenen Anlagegrundsatzes „Mischung und Streuung".

---

12 Vgl. hierzu Schwebler, Robert: Versicherungswirtschaft und öffentliche Verschuldung, in Versicherungswirtschaft 1/1979; Schwebler, Robert u. a. (Hrsg.): Vermögensanlagepraxis in der Versicherungswirtschaft, Karlsruhe 1991, S. 56 ff.

Tabelle 1: Schulden der öffentlichen Haushalte
(Entwicklung 1950 – 1992)

Jahr	insgesamt Mrd. DM	BSP +) Mrd. DM	Schuldenquote %
1950	17,9	98,6	18,1
1960	51,8	303,0	17,1
1970	122,9	675,7	18,2
1980	463,0	1 477,4	31,3
1985	756,6	1 834,5	41,2
1990	1 048,8	2 439,1*)	43,0
1991	1 165,5	2 631,2*)	43,8
1992++)	1 345,2	2 774,9*)	48,5
1993	1 507,8	2 820,0*)	53,5

+) in jeweiligen Preisen
*) vorläufig

Quelle: Stat. Jahrbuch 1993 und ab ++) Monatsbericht Deutsche Bundesbank August 1994

Tabelle 2: Verschuldung der öffentlichen Haushalte (Mio. DM)

	1985	1990	1991	1992*)	1993
insgesamt	756 589	1 048 761	1 165 521	1 345 224	1 507 769
Bund	392 355	542 189	585 983	611 099	685 283
Länder	246 234	326 439	348 253+)	389 130+)	434 018
Gemeinden	103 701	114 426	127 247+)	154 594+)	171 300
Fonds Deutsche Einheit		19 793	50 482	74 371	87 676
Kreditabwicklungsfonds		27 634	27 472	91 747	101 230
ERP-Sondervermögen	6 287	9 285	16 319	24 283	28 086

+) West und Ost

Quelle: Statistisches Jahrbuch 1993 und ab *) Monatsbericht Deutsche Bundesbank August 1994

Tabelle 3: Neuanlage 1980 bis 1992 nach volkswirtschaftlichen Bereichen

Jahr	Neuanlage insgesamt Lebensversicherung[4] Mio. DM	Direktfinanzierung der öffentlichen Hand[1] Mio. DM	%	Direktfinanzierung des Wohnungssektors[2] Mio. DM	%	Refinanzierung der Kreditwirtschaft Mio. DM	%	Finanzierung der Wirtschaftsunternehmen[3] Mio. DM	%	Neuanlage gesamte Versicherungswirtschaft Mio. DM
1980	29 133,8	8 404,4	28,8	8 183,5	28,1	7 166,9	24,6	3 304,0	11,3	54 532
1986	57 113,3	6 304,3	11,0	8 490,0	14,9	28 613,8	50,1	7 264,3	12,7	111 749
1987	65 732,6	8 690,4	13,2	7 479,5	11,4	34 246,7	52,1	8 111,3	12,3	129 572
1988	67 659,2	11 411,5	16,9	7 521,5	11,1	32 950,0	48,7	9 437,9	14,0	130 382
1989	71 507,0	10 860,7	15,2	10 879,4	15,2	31 963,6	44,7	10 064,7	14,1	136 854
1990	72 953,9	12 583,8	17,3	10 292,5	14,1	28 379,1	38,9	13 376,5	18,3	153 745
1991	80 685,3	19 267,8	23,9	11 319,8	14,0	24 851,1	30,8	13 377,4	16,6	176 644
1992	94 132,8	20 437,1	21,7	15 091,5	16,0	29 934,2	31,8	17 237,5	18,3	193 091
1993	113 451,7	15 815,3	13,9	13 852,4	12,2	47 922,5	42,2	20 452,9	18,0	267 134*)

*) vgl. VerBAV 7/94
1) ohne die an die Kreditwirtschaft über Namens-Kommunalobligationen und Darlehen ausgereichten und von dieser an die öffentliche Hand weitergeleiteten Mittel
2) ohne die der Kreditwirtschaft vor allem über Namens-Pfandbriefe zugeflossenen und von dieser in den Wohnungsbau geleiteten Mittel
3) ohne die an die Kreditwirtschaft über Schuldscheindarlehen ausgereichten und von dieser an Wirtschaftsunternehmen weitergeleiteten Mittel
4) die Differenz zwischen der Neuanlage insgesamt und den hier ausgeführten Positionen sind Anlagemittel, die sich nicht eindeutig einem der vorgenannten Bereiche zuordnen lassen

Quelle: Die deutsche Lebensversicherung. Kennzahlenmappe verschiedene Jahrgänge, herausgegeben vom Verband der Lebensversicherungs-Unternehmen

Tabelle 4: Daten zur wirtschaftlichen Entwicklung

Jahr	Finanzierungs-saldo der öffentl. Hand Mrd. DM	Staatsquote (Staats-ausgaben in % BSP)	Investitions-quote (Brutto-investition in % BSP)	Wirtschafts-wachstum (Veränderung BSP %)
1950	− 1,7	28,5	18,8	−
1960	+ 0,9	21,3	27,3	+ 18,9
1970	− 8,0	29,1	27,6	+ 13,0
1975	− 66,5	51,3	17,5	+ 4,5
1980	− 51,6	50,2	23,3	+ 6,0
1985	− 37,2	49,4	19,6	+ 4,0
1990	− 53,3	46,9	20,7	+ 8,4
1991	− 115,6	55,3	21,2	+ 7,9
1992	− 127,6	58,1	21,3	+ 5,5
1993*)	− 130,0	59,9	20,1	+ 0,8

*) teilweise geschätzt
Quelle: Stat. Jahrbuch verschiedene Jahrgänge
   1993: Monatsbericht Buba August 1994

Hedging: Simultane Kontrolle von Versicherungsrisiko und Kapitalanlagerisiko

Christian Hipp

Einleitung

Versicherungsunternehmen sind zwei Arten von Risiken ausgesetzt, dem Versicherungsschadenrisiko und dem Kapitalanlagerisiko. Das Anlagerisiko gewinnt in letzter Zeit an Bedeutung, weil die Märkte (Renten und Aktien) volatiler werden und weil Anlageerträge benötigt werden, um negative technische Ergebnisse auszugleichen sowie hohe vom Markt geforderte Renditen zu finanzieren. Hohe Renditeansprüche können bei steigendem Wettbewerbsdruck mit Verwirklichung des europäischen Binnenmarktes entstehen.

Die beiden eben genannten Risiken sind grundsätzlich verschieden. Das Schadenrisiko kann in vielen Branchen praktisch völlig wegdiversifiziert werden (Ausgleich im Kollektiv); beim Anlagerisiko ist das nicht der Fall (Marktrisiko). Im Anlagebereich gibt es derivative Instrumente, mit denen der Anlageerfolg gesteuert werden kann; für das Schadenrisiko gibt es derartiges noch nicht[1]. Auf dem Kapitalmarkt sind Anlagen praktisch unbeschränkt handelbar, also zu jeder Zeit und in jeder Menge; Versicherungsverträge sind das nicht[2]. Schließlich steht Versicherungen ein eigenes Instrumentarium zur Risikosteuerung für das Schadenrisiko (Prämienanpassung, Gewinnbeteiligung) zur Verfügung; für Kapitalanlagen ist dies nicht der Fall.

Naturgemäß haben Banken bei der Kontrolle des Anlagerisikos einen Vorsprung im Know-how. Dies bedeutet jedoch nicht, daß Versicherungsunternehmen die Methoden der Banken einfach übernehmen und damit ihre Kapitalanlagen steuern müssen. Dies würde die Möglichkeiten des Risikomanagements nicht ausschöpfen. Bessere Resultate sind zu erzielen, wenn Schadenrisiko und Anlagerisiko simultan kontrolliert und optimiert werden.

---

1 Abgesehen von National and Eastern Catastrophe Insurance Futures and Options des Chicago Board of Trade.
2 Hier wird der Rückversicherungsmarkt nicht als Markt für das unbeschränkte Handeln mit Versicherungsverträgen aufgefaßt.

In diesem Beitrag soll ein Verfahren beschrieben werden, welches aus dem Bereich der Optionspreisbildung stammt und von Schweizer [10] eingehend untersucht wurde: das Hedgen allgemeiner Verbindlichkeiten. Bei diesem Verfahren geht es um eine Form des Asset Liability Management, bei dem gewisse Teilbestände eines Unternehmens durch Kapitalanlage abgesichert werden. Hierbei werden die Verbindlichkeiten aus diesen Teilbeständen als gegeben angesehen, sie werden nicht der Schadenerfahrung oder dem Kapitalanlageerfolg angepaßt. Bei der Festlegung der Prämie für das Folgegeschäft kennt man die Anpassung an die Schadenentwicklung unter dem Begriff Erfahrungstarifierung, die Anpassung der Prämie an den Kapitalanlageerfolg unter dem Schlagwort Cash-Flow-Underwriting. Bei manchen Unternehmen im englischsprachigen Raum führte diese Art der Tarifierung durch zu optimistische Einschätzung der Kapitalrendite zu einem „Cash-Flow-Underrating".

Das Modell

Das Modell wird hier für diskrete Zeit vorgestellt; stetige Zeit wird in Schweizer [9] und Hipp [5] untersucht. Betrachtet wird ein Planungsraum $t = 0, \ldots, T$ und eine zufällige Verbindlichkeit L, die zum Zeitpunkt T fällig wird. Dazu betrachtet man k Anlagen mit Preisen $S_i(t)$, $t = 0, \ldots, T$, $i = 1, \ldots, k$. Die Verbindlichkeit kann

i) die Erlebensfalleistung in der Kapitallebensversicherung eines Bestandes mit Fälligkeit T sein (die Todesfalleistung bleibt hierbei unberücksichtigt);

ii) der Barwert der Renten eines Bestandes von Rentenversicherungen mit Rentenbeginndatum T sein.

Als Anlagen kann man sich Aktien, festverzinsliche Papiere oder Devisen vorstellen.

Durch Kauf und Verkauf dieser Anlagen soll nun ein Gewinn (im folgenden Portefeuillewert genannt)

$$G_\theta(t) = \sum_{s=0}^{t-1} \theta(s)^T (S(t+1) - S(t))$$

erwirtschaftet werden, der möglichst nahe an L ist in dem Sinne, daß zum Ende des Planungszeitraums

$$E(L - G_\theta(T))^2 = \min$$

minimal wird. Hierbei ist

$$\theta(t)^T(S(t+1) - S(t)) = \sum_{i=1}^{k} \theta_i(t)(S_i(t+1) - S_i(t))$$

und $\theta_i(t)$ die Anzahl der Anlagen i, die zur Zeit t gehalten werden; diese Anzahl darf nur von Größen, die zur Zeit t beobachtbar sind, abhängen. Der Ansatz enthält keine Nebenbedingung: es wird angenommen, daß beliebige Beträge jederzeit zu festem Zins geliehen oder verliehen werden können, und daß alle Anlagenpreise mit diesem Zins auf den Zeitpunkt t = 0 diskontiert sind. Ferner werden Leerverkäufe von Anlagen zugelassen.

Um die Darstellung zu vereinfachen, soll hier nur der Fall betrachtet werden, daß die stochastische Struktur der Anlagenpreise gegeben ist durch

$S_i(t+1) = S_i(t)(1 + Y_i(t+1))$, t = 0, ..., T - 1, i = 1, ..., k,

wobei Y(1), Y(2), ... stochastisch unabhängig und identisch verteilt sind. Der Startwert S(0) wird als konstant und positiv angenommen. Damit ist S(t) als Markov-Prozeß ein stochastischer Prozeß, dessen Entwicklung pfadunabhängig ist.

Sei $\mathcal{F}(t)$ die Sigma-Algebra aller Ereignisse, die bis zum Zeitpunkt t stattfinden und von Y(1), Y(2), ..., Y(t) abhängen. Eine Strategie θ = ($\theta(0)$, ..., $\theta(T-1)$) heißt *zulässig*, wenn für t = 0, ..., T - 1 der akkumulierte Gewinn quadratintegrierbar ist, und wenn für t = 0, ..., T - 1 die Stückzahl $\theta(t)$ $\mathcal{F}(t)$-meßbar ist.

Die Verbindlichkeit L ist eine beliebige quadratintegrierbare Größe. Wir betrachten hier nur den Fall, daß L nicht beeinflußbar ist, daß also die Steuerung des Gesamtrisikos nur über die Handelsstrategie erfolgt. Dies entspricht nicht ganz den Möglichkeiten der Versicherungswirtschaft: dort sind die Verbindlichkeiten für gewisse Teilbestände durch Prämienanpassung steuerbar, zumindest innerhalb eines längeren Zeitraumes. Für die oben erwähnten Verbindlichkeiten ist allerdings eine Prämienanpassung unerwünscht. Für diesen Fall sowie für den Fall eines nahen Planungshorizonts kann man also die Annahme einer nicht beeinflußbaren Verbindlichkeit akzeptieren.

In der Theorie der Optionspreisbildung ist L der *Wertzuwachs* der europäischen Option am Ende der Laufzeit. Im vollständigen Falle (d. h. wenn die Zufallsvariablen Y nur k + 1 Werte annehmen) ist Duplizierung möglich, es entsteht ein risikoloses Portefeuille, und θ ist die duplizierende Strategie. Schon kleine Änderungen der Ausgangssituation führen zu positivem Restrisiko, z. B. wenn die Zufallsvariablen Y mehr als k + 1 Werte annehmen oder wenn L der Wert der Option ist.

Optimale Handelsstrategien, Berechnung und Eigenschaften

Eine zulässige Handelsstrategie θ heißt optimal, wenn sie das Risiko

$$(E(L - G_\theta(T))^2$$

minimiert. Im folgenden werden optimale Strategien konstruiert sowie die Eigenschaften dieser Strategien dargestellt.

Eine zulässige Handelsstrategie ist optimal genau dann, wenn für alle zulässigen Handelsstrategien ρ(t)

(1) $\quad E(L - G_\theta(T))G\rho(T) = 0$.

Mit dieser Beziehung lassen sich optimale Handelsstrategien explizit angeben. Die klassische Berechnungsmethode hierfür ist jedoch die Rückwärts-Kalkulation, die auch hier angewandt werden soll. Hierbei wird, ausgehend vom Endzeitpunkt T, erst θ(T – 1), dann θ(T – 2), usw., berechnet. Zunächst wird L geeignet dargestellt. Es gilt der

Satz 1: (Kunita-Watanabe-Zerlegung)

Es gibt eine Darstellung

$$L = L_0 + \sum_{t=1}^{T} g(t-1)^T Y(t) + M$$

mit ℱ(t)-meßbaren quadratintegrierbaren Zufallsvektoren g(t), konstantem L_0, und einer Zufallsvariablen M, welche

$\quad EM = 0$

und

$\quad E_t M(Y(t+1) - EY(t+1)) = 0, \quad t = 0, \ldots, T - 1$

erfüllt. Im vollständigen Markt, d. h. wenn Y(t) genau k + 1 Werte annimmt, gilt M = 0, sofern L ℱ(T)-meßbar ist. Hier ist E_t der bedingte Erwartungswert, gegeben ℱ(t).

Der Beweis dieses und der weiter unten aufgeführten Sätze ist im Anhang angegeben.

Bemerkungen:

1) Die Zufallsgröße $U = L - E_T L$ läßt sich durch Handeln in Anlagen nicht kontrollieren: für beliebige zulässige Handelsstrategie ρ(t) gilt

$$E\left(U - \sum_{t=0}^{T-1} \rho(t)(S(t+1) - S(t))\right)^2 \geq E(U)^2.$$

Wir können uns also bei der Suche nach optimalen Strategien auf den Fall $U = 0$ beschränken.

2) Die Zufallsvektoren $g(t)$ ergeben eine zulässige Strategie. Diese ist jedoch nicht optimal; mit dem Drift a des Anlagenprozesses kann man sich der Konstanten L_0 nähern.

Die optimale Handelsstrategie ergibt sich nun folgendermaßen: Für $t = 0, \ldots, T - 1$ sei

$$L_t = L_0 + \sum_{s=1}^{t} g(s-1)^T Y(s).$$

Satz 2: (Optimale Hedging-Strategie)

Sei angenommen $M = 0$, und seien $L(t)$ und $g(t)$ wie oben definiert. Dann ist die optimale zulässige Strategie gegeben durch

$$\theta(t) = (L(t) - G_\theta(t))a^T b^{-1} S^{-1}(t) + g(t)^T S^{-1}(t).$$

Hierbei ist $S^{-1}(t)$ die Diagonalmatrix mit Diagonalelementen $1/S_i(t)$, $a = EY(t)$, und $b = EY^T(t) Y(t)$.

Bemerkungen:

1) Die Definition der optimalen Strategie ist rekursiv gegeben; die zu definierende Größe steht auch auf der rechten Seite, jedoch ist $G_\theta(0) = 0$, und für $t > 0$ ist $G_\theta(t)$ nur abhängig von $\theta(0), \ldots, \theta(t-1)$. Eine explizite Beschreibung der Strategie wird weiter unten gegeben.

2) Die Existenz einer optimalen Strategie bei allgemeinen Modellen für die Entwicklung der Anlagenkurse ist nicht immer gegeben. Ein Beispiel hierfür hat Schachermayer gegeben (siehe [10]). In unserer Situation entstehen jedoch keine Probleme, weil

$$E_t(S(t+1) - S(t))^T \left(E_t(S(t+1) - S(t))^T(S(t+1) - S(t))\right)^{-1} E_t(S(t+1) - S(t))$$

beschränkt ist. In unserem Fall ist – wobei $S^*(t)$ die Diagonalmatrix mit Einträgen $S_i(t)$, $i = 1, \ldots, k$ ist – diese Größe wegen

$$E_t(S(t+1) - S(t)) = S^*(t)a \text{ und } E_t(S(t+1) - S(t))^T(S(t+1) - S(t)) = S^*(t)bS^*(t)$$

konstant, und zwar gleich $a^T b^{-1} a$.

3) Die Verallgemeinerung des Satzes ist nicht ganz so einfach, wenn der bedingte Variationskoeffizient nicht konstant ist:

$$E_t(S(t+1) - S(t))^T E_t(S(t+1) - S(t))^T(S(t+1)) - S(t)E_t(S(t+1) - S(t))$$

kann nicht konstant sein. Eine Darstellung der optimalen Handelsstrategie hat Schweizer in diesem Fall für k = 1 in [10] angegeben.

Um die Eigenschaften der optimalen Handelsstrategie (Pfadunabhängigkeit, zyklisches Handeln etc.) studieren zu können, benötigen wir eine explizite Darstellung dieser Strategie. Hierzu verwenden wir die Beziehung (1). Ist

$$Z = \prod_{t=1}^{T} \left(1 - a^T b^{-1} Y(t)\right) \Big/ \left(1 - a^T b^{-1} a\right),$$

so gilt für alle zulässigen Handelsstrategien $\rho(t)$:

$$EZG_\rho(T) = 0.$$

Es liegt also nahe, daß eine Konstante α existiert, so daß unsere optimale Handelsstrategie $\theta(t)$ die Beziehung

$$L(T) - G_\theta(T) = \alpha Z.$$

erfüllt. Dies läßt sich tatsächlich nachweisen mit $\alpha = L(0) / EZ^2 = ELZ / EZ^2$:

Satz 3: Ist M = 0 und $\theta(t)$ die optimale Handelsstrategie, so gilt für $\alpha = ELZ / EZ^2$

$$L(T) - G_\theta(T) = \alpha Z.$$

Insbesondere gilt

$$E(L(T) - G_\theta(T))^2 = \alpha^2 EZ^2 = E^2 L(T)Z / EZ^2 = L_0^2 (1 - a^T b^{-1} a)^T.$$

Bemerkungen:

1) Für $T \to \infty$ verhält sich das Risiko somit im Falle konstanter Zielgröße L und $a \neq 0$ exponentiell fallend:

$$E(L - G_\theta(T))^2 = L^2 EZ^2 = (1 - a^T b^{-1} a)^T$$

Hierbei ist das letzte T ein Exponent. Die Zahl $(1 - a^T b^{-1} a)$ ist für $a \neq 0$ positiv und kleiner als 1, sofern Y nicht singulär ist, d. h. gesamte Masse auf einer Ebene der Dimension < k hat. Dies hatten wir stillschweigend vorausgesetzt.

2) Ist L positiv und M = 0, so ist der akkumulierte Gewinn nie größer als die angepaßte Verbindlichkeit L(t):

$$L(t) - G_\theta(t) = \alpha E_t Z^2 / E_t Z > 0.$$

Dies bedeutet, daß bei konstantem L das Ziel nie übertroffen wird, daß also der Prozeß nie in einen Bereich gelangt, in dem mit der quadratischen Verlustfunktion zu hohe Erträge bestraft würden.

3) Im hier behandelten Fall ergibt sich L(t) und g(t) sehr einfach: mit der Lösung p der Gleichung $p/10 - (1-p)/11 = 0$ berechnet man ausgehend von den Werten L(T) rekursiv L(t)

$$L(t) = pL^{up}(t+1) + (1-p)L^{down}(t+1)$$

als gewichtetes Mittel der beiden Werte für L(t + 1), die im Binomialbaum auf den Wert L(t) folgen. Die Größen g(t) ergeben sich als Hedge-Delta:

$$g(t) = \left(L^{up}(t+1) - L^{down}(t+1)\right) S(t)/(S^{up}(t+1) - S^{down}(t+1)).$$

Technische Probleme bei Berücksichtigung von Transaktionskosten

Bei der Anwendung der optimalen Strategie entstehen im allgemeinen sehr hohe Transaktionskosten. Dies liegt daran, daß bei der Optimierung keine Strafkosten für aktives Handeln eingebaut sind. Glattere Strategien erhält man, wenn man proportionale Transaktionskosten berücksichtigt, und zwar in folgender Form: Für den Kostenfaktor γ minimieren wir

$$E\left(L - \sum_{t=0}^{T-1} \theta(t)^T(S(t+1) - S(t)) - \Gamma(\theta)\right)^2;$$

hier ist

$$\Gamma(\theta) = \gamma \sum_{t=1}^{T-1} \sum_{i=1}^{k} |\theta_i(t) - \theta_i(t-1)| S_i(t)$$

die Summe aller Transaktionskosten, welche die Handelsstrategie verursacht. Dieses Optimierungsproblem ist deutlich schwieriger als das Problem ohne Transaktionskosten. Lösungen mit Einbeziehung von proportionalen Transaktionskosten liegen vor für die Bewertung Europäischer Optionen in diskreter Zeit und diskretem Zustandsraum (siehe [1]) sowie bei stetiger Zeit (siehe [6] und [7]). Explizite Lösungen des Hedging-Problems mit Transaktionskosten sind selbst bei einfachen Situationen unbekannt, es gibt nicht einmal effiziente Algorithmen, welche die Berechnung für T > 5 in vertretbarer Zeit ermöglichen.

Die Einbeziehung von Transaktionskosten ist für Anwendungsprobleme von eminenter Bedeutung. Mit Transaktionskosten kann man u. a. unterschiedliche Haben- und Sollzinsen modellieren (siehe [4]). Sie stellen zudem neuartige Probleme: Duplikation einer Option ist in manchen Fällen nicht mehr optimal, Superreplikation kann besser sein (siehe [3]).

Hier soll auf die besonderen Rechenprobleme eingegangen werden, die bei der Berücksichtigung von Transaktionskosten auftreten. Hier wird keine Lösung vorgeschlagen, die Darstellung des Problems ist als Lösungsaufruf gedacht. Die übliche Rückwärts-Kalkulation führt hier nicht zum Ziel. Um dies zu verdeutlichen, betrachten wir die Situation zur Zeit T − 1, zu der man folgendes Lemma benutzen kann, welches hier für den Fall k = 1 formuliert ist.

Lemma 2: Seien U,V Zufallsvariable und $\lambda > 0$, θ_0 reell. Dann wird

$$E(U - \theta V - \lambda |\theta - \theta_0|)^2$$

minimal für folgendes θ: Sei $U_0 = U - \theta_0 V$, $V_1 = V + \lambda$, $V_2 = V - \lambda$. Die optimale Handelsstrategie ergibt sich zu

(C) $\quad \theta = \theta_0 + EU_0V_2$ falls $EU_0V_2 > 0$ und $EU_0V_1 \geq 0$,

(D) $\quad \theta = \theta_0 + EU_0V_1$ falls $EU_0V_1 > 0$ und $EU_0V_2 \geq 0$,

$\quad \theta = \theta_0$ falls $EU_0V_1 \geq 0$ und $EU_0V_2 \leq 0$,

und im Falle $EU_0V_2 > 0$ und $EU_0V_1 < 0$ ist θ gegeben durch (C) oder (D), je nachdem welcher Fall zu einer kleineren Zielfunktion führt: also nach (C) wenn

$$EU_0^2 - E^2U_0V_2 / EV_2^2 > EU_0^2 - E^2U_0V_1 / EV_1^2$$

und nach (D) sonst.

Wenn man die optimale Handelsstrategie im Fall mit Transaktionskosten berechnen will, so wird man zunächst $\theta(T - 1)$ berechnen bei bekannten Werten für $\theta(1), \ldots, \theta(T - 2)$. Hierzu kann man das Lemma 2 benutzen mit E_{T-1} statt E, $\theta_0 = \theta(T - 2)$, $V = S(T) - S(T - 1)$, $U = L - G_\theta(T - 1)$, und mit $\lambda = \gamma S(T - 1)$. Dies führt jedoch nicht weiter, da die Lösung vom aktuellen Wert des Portefeuilles $G_\theta(T - 1)$ abhängt, welcher durch die noch unbekannten Kosten der verwendeten Strategie abhängt, und diese Kosten sind pfadabhängig. Es ergibt sich somit durch das Lemma 2 eine Vereinfachung nur für den letzten Schritt zur Zeit T − 1, ein Update der Zielfunktion wie im Fall ohne Transaktionskosten scheint nicht möglich zu sein.

Beispielrechnungen

Im folgenden soll an Beispielrechnungen das Verhalten der optimalen Handelsstrategie aufgezeigt werden. In allen drei Beispielen ist $k = 1$, $T = 5$, $S(0) = 1$, und der Markt ist vollständig, es gilt

$P(Y(t) = 1/10) = 1 - P(Y(t) = -1/11) = 3/5$.

Damit wird $a = 0.0236$ und $b = 0.0093$. Die Beispiele unterscheiden sich nur durch die Art der Verbindlichkeit:

in Beispiel 1
ist die Verbindlichkeit konstant gleich 1, $L \equiv 1$

in Beispiel 2
ist sie eine Funktion von $S(T)$, $L = \max(S(T),1)$

und in Beispiel 3
ist L pfadabhängig definiert: $L = \max(S(0), \ldots, S(T))$.

Beispiel 2 kommt in der Anwendung vor als Verbindlichkeit einer fondsgebundenen Lebensversicherung mit Fälligkeit T, Wert des Fondsanteiles zur Fälligkeit $S(T)$, und mit garantierter Leistung 1.

Die folgende Grafik stellt die Entwicklung des Anlagenkurses in der Zeit dar. Die eingetragenen Wahrscheinlichkeiten an den Verbindungslinien sind die unbedingten Wahrscheinlichkeiten für das Erreichen des jeweils links stehenden Knotens.

Bild 1: Entwicklung des Anlagenkurses und zugehörige Wahrscheinlichkeiten

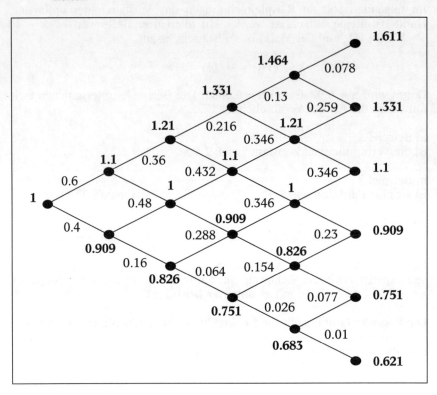

Beispiel 1:

Für L = 1 ergibt sich g(t) = 0. Die optimale Handelsstrategie ist in folgendem Bild 2 an den Knoten dünn aufgetragen, die aktuellen Werte des Portefeuilles sind fett angegeben. Hier ergibt sich ein Gesamtrisiko von 0.73376536. Man kann erkennen, daß bei fallendem Portefeuillewert, also bei fallenden Anlagenkursen, Anlagen hinzugekauft werden, und daß bei steigenden Kursen weniger Anlagen gehalten werden. Die optimale Strategie ist also antizyklisch.

Bild 2: Strategie und Portefeuillewerte im Beispiel 1

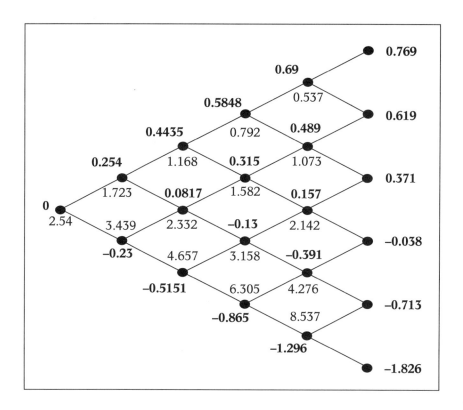

Beispiel 2:

Hier ist $L = \max(S(T),1)$. Zunächst ist $g(t)$ zu berechnen. Dies geschieht am einfachsten wie in der letzten Bemerkung, Punkt 3) angegeben. Die Wahrscheinlichkeit p ist gerade so gewählt, daß damit $E^p Y(t) = 0$ gilt. Im folgenden Bild 3 sind die Werte von $g(t)$ (als magere Zahlen) und $L(t)$ (fett) aufgezeigt. Bild 4 enthält die optimale Strategie für diesen Fall, das Gesamtrisiko ist hier 0.8704288.

Bild 3: Berechnung von g(t) und L(t) im Beispiel 2. Die fetten Zahlen sind die Werte L(t)

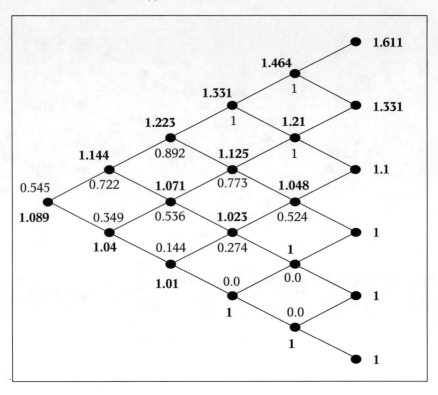

Beispiel 3:

Hier ist die Verbindlichkeit pfadabhängig, und entsprechend sind das aktuelle Portefeuille sowie die optimale Strategie pfadabhängig. Die Verbindlichkeiten sind mit den dazugehörigen Wahrscheinlichkeiten in Bild 5, letzte Spalte, dargestellt. Die zugehörigen Funktionen g(t) und L(t) sind in Bild 5, Spalten 0 bis 4, angegeben, und zwar g(t) mager, L(t) fett; die optimale Strategie findet man in Bild 6. Hier ist das Gesamtrisiko 0.94705485. Es fällt auf, daß die optimale Strategie pfadabhängig ist (schon bei Zeitpunkt 2 sind die optimalen Stückzahlen bei Anlagenwert 1 jeweils 3.0678 [up-down] und 3.47286 [down-up]) und nicht zyklisch oder antizyklisch ist (war der Anlagenpreis zum Zeitpunkt 3 1.331, so werden zum Zeitpunkt 4 Anlagen verkauft, gleichgültig ob der Preis der Anlage steigt oder fällt).

Bild 4: Die optimale Strategie (magere Zahlen) im Beispiel 2, mit den Portefeuillewerten

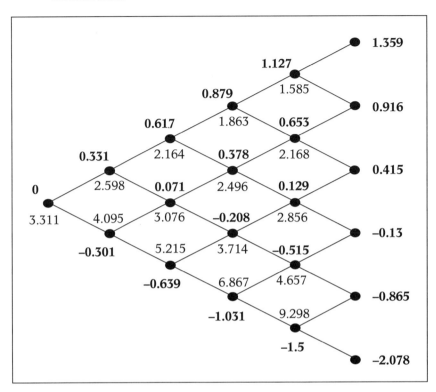

Wegen des kurzen Planungshorizontes ist das Gesamtrisiko recht hoch. Bessere Resultate erhält man im Falle T = 10: in der Situation des Beispiels 1 0.53841, für Beispiel 2 0.67157, und für Beispiel 3 0.7907669. Dies ist um so erstaunlicher, als die Verbindlichkeit in den Beispielen 2 und 3 auch mit T wächst.

Die optimalen Strategien θ(t) der drei Beispiele hängen folgendermaßen zusammen: Sind $g_i(t)$, $\theta_i(t)$, $L_i(t)$ die entsprechenden Größen aus Beispiel i, so gilt

$\theta_i(t) = L_i(0)\theta_1(t) + g_i(t)$, i = 2,3.

Bild 5: Verbindlichkeit (fett) mit Wahrscheinlichkeiten, letzte Spalte, und g(t) mit L(t)

0	1	2	3	4	5
				0.523810	0.07776 / **1.61051**
			0.798186	**1.533819**	0.05184 / **1.4641**
			1.427580	0.0	0.05184 / **1.331**
		0.995986		**1.331**	0.03456 / **1.331**
		1.327982		0.523810	0.05184 / **1.331**
			0.274376	**1.267619**	0.03456 / **1.21**
			1.237438	0.0	0.03456 / **1.21**
	0.995097			**1.21**	0.02304 / **1.21**
	1.228472			0.523810	0.05184 / **1.331**
			0.798186	**1.267619**	0.03456 / **1.21**
			1.179819	0.0	0.03456 / **1.1**
		0.418097		**1.1**	0.02304 / **1.1**
		1.138009		0.0	0.03456 / **1.1**
			0.0	**1.1**	0.02304 / **1.1**
			1.1	0.0	0.02304 / **1.1**
0.923921				**1.1**	0.01536 / **1.1**
1.136080				0.523810	0.05184 / **1.331**
			0.798186	**1.267619**	0.03456 / **1.21**
			1.179819	0.0	0.03456 / **1.1**
		0.823129		**1.1**	0.02304 / **1.1**
		1.097506		0.523810	0.03456 / **1.1**
			0.274376	**1.047619**	0.02304 / **1.0**
			1.022676	0.0	0.02304 / **1.0**
	0.454183			**1.0**	0.01536 / **1.0**
	1.052087			0.523810	0.03456 / **1.1**
			0.274376	**1.047619**	0.02304 / **1.0**
			1.022676	0.0	0.02304 / **1.0**
		0.118778		**1.0**	0.01536 / **1.0**
		1.010798		0.0	0.02304 / **1.0**
			0.0	**1.0**	0.01536 / **1.0**
			1.0	0.0	0.01536 / **1.0**
				1.0	0.01024 / **1.0**

Bild 6: Die optimale Strategie im Beispiel 3 mit den Portefeuillewerten

0	1	2	3	4	5
				1.134230	**1.3480196**
			1.698266	**1.181957**	**1.0309908**
		0.955918		1.218705	**0.8978908**
		2.150319		**0.750427**	**0.6163699**
		0.695729		1.742515	**0.8978908**
			2.071387	**0.687047**	**0.4953699**
			0.459194	2.433145	**0.4953699**
	·2.861606			**0.252055**	**0.0308603**
	0.380952			1.742515	**0.8978908**
			2.595196	**0.687047**	**0.4953699**
			0.401575	2.433145	**0.3853699**
		3.067832		**0.142055**	**−0.0791397**
		0.094792		2.433145	**0.3853699**
			3.587731	**0.142055**	**−0.0791397**
			−0.184102	4.857775	**−0.0791397**
3.809524				**−0.480609**	**−0.8455806**
0.0				1.742515	**0.8978908**
			2.595196	**0.687047**	**0.4953699**
			0.401575	2.433145	**0.3853699**
		3.472864		**0.142055**	**−0.0791397**
		0.054289		2.956955	**0.3853699**
			3.862107	**0.089674**	**−0.1791397**
			−0.261426	4.857775	**−0.1791397**
	4.406698			**−0.580609**	**−0.9455806**
	−0.346320			2.956955	**0.3853699**
			3.862107	**0.089674**	**−0.1791397**
			−0.261426	4.857775	**−0.1791397**
		5.433916		**−0.580609**	**−0.9455806**
		−0.710510		4.857775	**−0.1791397**
			7.162905	**−0.580609**	**−0.9455806**
			−1.118768	9.698548	**−0.9455806**
				−1.608004	**−2.2102079**

Anhang

Beweis des Satzes 1:

Mit $a = EY(t)$ und $b = EY^T(t)Y(t)$ definieren wir für $t = 0, \ldots, T-1$

$$B(t) = \prod_{s=t+1}^{T} \left(1 - a^T b^{-1} Y(s)\right) / \left(1 - a^T b^{-1} a\right).$$

Sei $L(t) = E_t\, LB(t)$. Wir erhalten die gewünschte Darstellung mit

$L_0 = L(0)$ und $g(t) = b^{-1} E_t (L(t+1) - L(t))Y(t+1)$.

Für $t = 0, \ldots, T-1$ ergibt sich zunächst mit obiger Definition von $g(t)$ und L_0

(A) $\quad E_t(L(t+1) - L(t) - g(t)^T Y(t+1))Y(t+1) = E_t(L(t+1) - L(t))$
$\quad Y(t+1) - g(t)^T b = 0$

(B) $\quad E_t(L(t+1) - L(t) - g(t)^T Y(t+1)) = E_t(L(t+1) - L(t))$
$\quad (1 - a^T b^{-1} Y(t+1)) = 0$

Damit erhalten wir für $t = 1, \ldots, T$

$$E_t\left(L - L_0 - \sum_{s=1}^{T} g(s-1)^T Y(s)\right)(Y(t) - a) =$$
$$\sum_{s=1}^{T} E_t(L(s) - L(s-1) - g(s-1)^T Y(s))(Y(t) - a) = 0.$$

Hierbei benutzen wir (A) für $s = t$ und (B) für $s > t$. Die Ausdrücke für $s < t$ fallen weg, weil $Y(t) - a$ zentriert ist. Wir setzen nun

$$M = L - L_0 - \sum_{t=1}^{T} g(t-1)^T Y(t)$$ und haben erreicht, was wir wollten. Im vollständigen Markt ist M eine Konstante, die wegen $EM = 0$ Null sein muß.

Beweis des Satzes 2:

Zum Beweis des Satzes 2 notieren wir als Vorbereitung das folgende

Lemma 1: Sind U, V Zufallsgrößen, U reell und V k-dimensional, so wird $E(U - \theta^T V)^2$ minimal für

$\theta = (EV^T V)^{-1} EUV,$

und mit diesem θ gilt

$$E(U - \theta^T V)^2 = EU^2 - (EUV)^T (EV^T V)^{-1} EUV.$$

Beweis: Die Normalengleichung für das Minimum lauten $EUV = \theta^T E V^T V$. Daraus erhalten wir die Form des optimalen θ, und damit gilt

$$E(U - \theta^T V)^2 = EU^2 - \theta^T E V^T V \theta = EU^2 - (EUV)^T (EV^T V)^{-1} EUV.$$

Nun zum Beweis des Satzes 2:

Man kann die optimalen Stückzahlen sukzessive für $T - 1, T - 2, \ldots$ berechnen, wobei jeweils angenommen wird, daß alle früheren Werte für θ schon festgelegt sind. Für $T - 1$ ergibt sich mit $V = S(T) - S(T - 1)$

$$\theta_{T-1} E_{T-1} V^T V = E_{T-1}(L - G_\theta(T - 1))V$$

oder

$$\theta(T - 1)S^*(t)bS^*(t) = (L(T - 1) - G_\theta(T - 1))aS^*(t) + E_{T-1}(L(T) - L(T - 1))V,$$

und dies ergibt die behauptete Form von $\theta(T - 1)$. Man beachte hierbei, daß

$$E_{T-1}(L(T) - L(T - 1))V = E_{T-1}(g(T - 1)^T V)V = g(T - 1)^T b S^*(T - 1).$$

Obiges Lemma ergibt weiter, daß für dieses $\theta(T - 1)$

$$E_{T-1}(L - G_\theta(T))^2 = E_{T-1}(L - G_\theta(T - 1))^2$$
$$- E_{T-1}(L - G_\theta(T - 1))V^T (E_{T-1} V^T V)^{-1} E_{T-1}(L - G_\theta(T - 1)).$$

Wir benötigen nur die Terme, die durch anschließende Wahl von $\theta(T - 2)$, $\ldots, \theta(0)$ beeinflußt werden. Diese Terme sind

$$G_\theta^2(T - 1)(1 - a^T b^{-1} a) - 2 G_\theta(T - 1) E_{T-1} L(1 - a^T b^{-1} Y(T))$$
$$= (1 - a^T b^{-1} a)(G_\theta^2(T - 1)) - 2 G_\theta(T - 1) L(T - 1).$$

Nach Wahl von $\theta(T - 1)$ wird somit das Risiko minimiert, wenn $\theta(T - 2)$ gewählt wird, so daß

$$E_{T-2}(L(T - 1) - G_\theta(T - 1))^2 (1 - a^T b^{-1} a)$$

minimiert wird. Nun ist der Faktor $(1 - a^T b^{-1} a)$ konstant und positiv, es ist demnach

$$E_{T-2}(L(T - 1) - G_\theta(T - 1))^2$$

zu minimieren. Dies führt zur angegebenen Form von $\theta(T-2)$. Das Verfahren kann so bis $\theta(0)$ fortgesetzt werden. Man beachte hierbei die Beziehung

$$E_{t-1}L(t)(1 - a^Tb^{-1}Y(t)) / (1 - a^Tb^{-1}a) = L(t-1).$$

Beweis des Satzes 3:

Für $t = 0, \ldots, T$ gilt $E_t(L(T) - G_\theta(T))Z / E_t Z = L(t) - G_\theta(t)$, was sich aus der Definition von $L(t)$ und aus

$$E_t Y(t+1)Z = 0, t = 0, \ldots, T-1$$

ergibt. Mit der Beziehung

$$L(T) = L_0 + \sum_{t=1}^{T} g(t-1)^T Y(t)$$

erhalten wir

$$L(T) - G_\theta(T) = L_0 - \sum_{t=1}^{T}(L(t-1) - G_\theta(t-1))a^T b^{-1} Y(t-1)$$

und damit für $t = 1, \ldots, T$

$$L(t) - G_\theta(t) = (L(t-1) - G_\theta(t-1))(1 - a^T b^{-1} Y(t)).$$

Da das Produkt Z auf derselben Rekursion basiert, sind Z und $L(T) - G_\theta(T)$ proportional. Den Proportionalitätsfaktor α erhält man aus der Beziehung

$$L(t) - G_\theta(t) = E_t(L(T) - G_\theta(T))Z / E_t Z = \alpha E_t Z^2 / E_t Z$$

für $t = 0$:

$$L(0) = L_0 = ELZ = \alpha EZ^2$$

was $G_\theta(0) = 0$ und $EZ = 1$ ausnutzt. Für die letzte Beziehung beachte man

$$E(1 - a^T b^{-1} Y(t))^2 = 1 - a^T b^{-1} a.$$

Zusammenfassung

Der Ansatz des Hedgens allgemeiner Verbindlichkeiten von Duffie und Richardson [2] und von Schweizer [9] und [10] wird vorgestellt für die simultane Kontrolle von Kapitalanlagerisiko und Versicherungsschadenrisiko. Berechnet wird die optimale Portefeuille-Steuerung sowie das Risiko dieser optimalen Steuerung in Form der quadratischen mittleren Abweichung zwischen dem Gewinn und einer vorgegebenen Verbindlichkeit. Nur in bestimmten Situationen ist die optimale Steuerung pfadunabhängig und antizyklisch. Besondere Probleme treten auf bei der Einbeziehung von Transaktionskosten.

Literatur

[1] Boyle, Ph., Vorst, T. (1992): Option replication in discrete time with transaction costs. The Journal of Finance 47, S. 271–293.

[2] Duffie, D., Richardson, H. R. (1991): Mean-variance hedging in continuous time. Ann. Applied Probab. 1, S. 1–15.

[3] Edirisinghe, C., Naik, V., Uppal, R. (1993): Optimal replication of options with transaction costs and trading restrictions. Journal of Finance and Quantitative Analysis, S. 117–138.

[4] Gilster, J. E., Lee, W. (1984): The effects of transaction costs and different borrowing and lending rates on the option pricing model: a note. The Journal of Finance 39, S. 1215–1221.

[5] Hipp, C. (1993): Hedging general claims. Proceedings of the 3rd AFIR Colloquium, Rome, Vol. 2, S. 603–613.

[6] Hipp, C. (1994): Portfolio management and transaction costs. Proceedings of the 4th AFIR Colloquium, Orlando, Vol. 1, S. 261–280.

[7] Leland, H. (1985): Option pricing and replication with transaction costs. Journal of Finance 40, S. 1283–1301.

[8] Schweizer, M. (1991): Option hedging for semimartingales. Stochastic Processes and Their Applications 37, S. 339–363.

[9] Schweizer, M. (1992): Hedging general claims. The Annals of Applied Probability 2, S. 171–187.

[10] Schweizer, M. (1993): Approxing random variables by stochastic integrals, and applications in financial mathematics. Habilitationsschrift, Universität Göttingen.

Prozeßorientiertes Risikomanagement in einem Finanzdienstleistungsunternehmen

Frank Stenner

1. Problemstellung

Der Nutzen eines gezielten Risikomanagements wird besonders in einer konjunkturell schwachen Phase der Volkswirtschaft deutlich: Gerade in der Finanzdienstleistungs-Branche steigen die Forderungsausfälle jetzt signifikant an, und die betroffenen Unternehmen fragen sich, ob denn die Entscheidungen über die Finanzmittelausreichungen unter hinreichender Würdigung aller zum Entscheidungszeitpunkt bekannten Tatbestände im Sinne der Unternehmensziele getroffen wurden und welche Maßnahmen zur Bekämpfung von Forderungsausfällen ergriffen werden müssen.

2. Risikosituation

2.1 Grundmodell

Die Einschätzung des Risikos aus einem Kredit- oder Leasingengagement zum Zeitpunkt der Vertragsannahme manifestiert sich in der sog. Bonitätsentscheidung. Der Entscheidungsträger beschafft sich möglichst umfangreiche Informationen über die persönliche und wirtschaftliche Situation des Antragstellers und formuliert Wahrscheinlichkeiten über die Erfüllung der im Vertrag vereinbarten Verpflichtungen des Antragstellers. Dabei wird die Intensität der Informationsbeschaffung und -aufbereitung in der Praxis durch den Wettbewerbsdruck begrenzt: es kommt darauf an, daß der Finanzdienstleister eine eventuelle Zusage schnell abgibt, um den potentiellen Kunden zu gewinnen.

Diese Risikosituation läßt sich grundsätzlich auch als statisches Grundmodell der Entscheidungstheorie bei Risiko formulieren[1]. Der Entscheidungsträger wählt danach den Kredit oder Leasingvertrag aus, der seine Zielfunktion (Risikonutzenfunktion) optimiert. Diese Risikonutzenfunktion wird dabei von der persönlichen Risikoneigung des Entscheidungsträgers geprägt.

---

1 Vgl. Bamberg, Günter, Coenenberg, Adolf Gerhard: Betriebswirtschaftliche Enscheidungslehre, 4. Auflage, München 1985, S. 60 ff.

Je nach der hierarchischen Position des Entscheidungsträgers im Unternehmen wird die Risikoneigung durch betriebswirtschaftliche Vorgaben wie z. B. Eigenkapital des Unternehmens, Deckungsbeitrag pro Vertrag, Gemeinkostenstruktur und vertriebspolitische Zielsetzungen ergänzt bzw. ersetzt.

Als Alternative hat der Entscheidungsträger regelmäßig „Antragsannahme" oder „Antragsablehnung" bzw. „Annahme unter Sicherheitsauflagen", wie z. B. Bürgschaft oder Kaution, zur Verfügung.

Ein neuer Vertrag wird nach dem Bernoulli-Prinzip[2] nur dann akzeptiert, wenn der Risikonutzen, d. h. die mit der Risikoeinstellung bewertete (unsichere) Ertragsaussicht des gesamten Vertragsbestandes einschließlich des neuen Vertrages größer oder gleich ist dem Risikonutzen des Vertragsbestandes ohne den neuen Vertrag.

Die Zusage bindet das Unternehmen prinzipiell für die gesamte Laufzeit der vertraglichen Vereinbarung. Daher werden Veränderungen der Risikosituation im persönlichen oder wirtschaftlichen Umfeld des Darlehens- oder Leasingnehmers häufig nicht wahrgenommen. Erst bei Auftreten von Leistungsstörungen werden Aktivitäten durch die Mahnabteilung des Finanzdienstleisters ausgelöst.

Häufig kommen jedoch derartige Aktivitäten zu spät und greifen ins Leere: die Forderung an den Kunden muß zu Lasten der Ergebnisrechnung des Unternehmens ausgebucht werden.

Im folgenden sollen am Beispiel eines Finanzdienstleistungsunternehmens mit standardisiertem Kredit- und Leasinggeschäft Maßnahmen aufgezeigt werden, die frühzeitig Veränderungen im Forderungsbestand begegnen, um die individuelle Risikosituation des Kunden und auch das Risiko des gesamten Vertragsportfolios im Sinne der unternehmerischen Ziel-(Risikonutzen-)Funktion günstig zu beeinflussen.

Die neben den Risiken aus dem Aktivgeschäft bestehenden Risiken aus der Refinanzierung werden dabei nicht untersucht, d. h. gemäß dem Prinzip des „matched funding" wird eine entsprechende Fälligkeits- und Zinsbindungskongruenz unterstellt[3].

2.2 Stufen der Risikoentwicklung

Der Kredit- oder Leasingvertrag, der zwischen Finanzdienstleister und Kunden geschlossen wird, durchläuft unter Risikoaspekten typische, im

---

2 Vgl. z. B. ebenda, S. 64 ff. oder Bitz, Michael: Entscheidungstheorie, München 1981, S. 153 ff.
3 Honeck, Gerhard: Zinsänderungsrisiko und Zinsrisikobilanz, in: Die Bank 1992, S. 656–661.

Mengengeschäft besonders ausgeprägte Stufen: Bonitätsprüfung, störungsfreier Bestand, Mahnbestand, Kündigungsbestand. Mit diesen Phasen der Entwicklung eines Vertragsrisikos gehen in der Praxis i. d. R. unterschiedliche Bearbeitungsprozesse einher, die häufig auch verschiedenen Verantwortungsbereichen zugeordnet sind.

Entscheidenden Einfluß auf die zeitliche und betragsmäßige Entwicklung eines Vertragsrisikos haben dabei die Qualität der Bearbeitung durch den Mitarbeiter, der Einsatz von EDV-Systemen, die Schnelligkeit der Reaktion des Finanzdienstleisters auf neue Gegebenheiten beim Kunden sowie die Analyse und Auswertung der im eigenen Bestand vorhandenen Informationen.

– Bonitätsprüfung:

Das Vertragsrisiko wird beurteilt und je nach Zielvorstellung des Entscheidungsträgers angenommen oder abgelehnt. Aus Sicht des Risikomanagements kommt es hier bereits zu Fehlbeurteilungen, wenn die Risikonutzen-Funktion des unmittelbar Verantwortlichen nicht deckungsgleich ist mit der des Topmanagements. Moderne Scoring-Methoden erhöhen in dieser Phase die Treffsicherheit und Konsistenz bei der Vielzahl von täglich zu treffenden Entscheidungen[4].

Erreicht ein Vertragsrisiko nicht die erforderliche Mindestzahl an Scoring-Punkten, verlangt der Entscheidungsträger die Stellung zusätzlicher Sicherheiten (Kaution, Bürgschaft, Abtretung von Lebensversicherungen). Sie mindern zwar bei Zahlungsunfähigkeit des Vertragspartners das Ausmaß des Schadens für den Finanzdienstleister, beeinflussen aber nicht die Eintrittswahrscheinlichkeit dieses Ereignisses.

– Störungsfreier Bestand:

In der sich anschließenden „weißen" Phase im Risikozyklus des Vertrages werden regelmäßige, meist monatliche Zins- und Tilgungszahlungen geleistet, die der sog. „Gutzahler" bis zum vertraglich vereinbarten Fälligkeitstermin leistet. Die Bedeutung dieses sog. „Normalzustandes" für das Risikomanagement wird dabei in der Praxis oft unterschätzt .

---

[4] Hub, Peter: Credit Scoring in Deutschland, aktuelle Situation und Zukunftsperspektiven, in: bank und markt 1992, S. 16–21; Buchmann, Peter: Kredit-Scoring, in: Finanzierung Leasing Factoring 1992, S. 134–136.

– Mahnbestand:

Erst wenn die tatsächliche Leistung des Kunden in der Höhe und/oder Terminierung von den vertraglichen Vereinbarungen abweicht, versucht das Unternehmen der eingetretenen Leistungsstörung im sog. Graubereich des Forderungsbestandes zu begegnen.

– Kündigungsbestand:

Zeigen die Maßnahmen des Mahnwesens keine Wirkung, wird der Vertrag unter Berücksichtigung der gesetzlichen Vorschriften gekündigt. Er wandert in den sog. Schwarzbereich des Bestandes und der eingetretene Schaden geht zu Lasten des Finanzdienstleisters.

3. *Risikopolitik*

Maßnahmen zur günstigen Beeinflussung einer Risikosituation werden als Risikopolitik oder Risikomanagement bezeichnet[5]. Im folgenden sollen Aktionen untersucht werden, die auf den Stationen des Risiko-Entwicklungsprozesses eines Kredit-/Leasingvertrages die jeweilige Risikosituation verändern können.

Da der Vertragsankauf bereits entschieden ist, entfallen die Alternativen der Risikomeidung, wie Verzicht auf bestimmte Geschäftsarten, oder der Risikostreuung, etwa Gestaltung des Portfolios mit sich gegenläufig entwickelnden Risikogruppen (z. B. Branchen). Im Vordergrund der Betrachtung stehen also die Maßnahmen der Schadenverhütung, die die Wahrscheinlichkeit des Eintretens eines Schadensereignisses und/oder dessen Ausmaß verringern.

3.1 Bestandsüberwachung

Die vor Vertragsankauf ausgewerteten und bewerteten kundenspezifischen Merkmale sowie die gegebenenfalls hereingenommenen Sicherheiten unterliegen im Zeitablauf Veränderungen. Diese können hervorgerufen sein durch Veränderungen im persönlichen Umfeld, z. B. Einkommenseinbußen durch Scheidung oder Krankheit, oder im wirtschaftlichen Umfeld, wie etwa Konkurs oder Arbeitslosigkeit.

---

5 Karten, Walter: Aspekte des Risk Managements, in: Betriebswirtschaftliche Forschung und Praxis, 30. Jg. 1978, S. 308 f.

Es gilt daher, das Zahlungsverhalten aller Verträge im Weißbereich des Bestandes laufend zu beobachten und ein Frühwarnsystem zu installieren, das frühzeitig signifikante negative Entwicklungen aufzeigt.

Vorstellbar ist die laufende Verifizierung der Kundenstammdaten, etwa im Zuge von kundenbezogenen Marketing- bzw. Verkaufsmaßnahmen: der Kunde schickt einen von ihm selbst ausgefüllten Vordruck zurück, aus dem aktuelle Informationen zu Adresse, Bankverbindung und Telefonnummer entnommen werden können.

Über wiederholte Auskünfte, z. B. bei der Schutzgemeinschaft für allgemeine Kreditsicherung GmbH und Auskunfteien, sowie durch Überprüfung der Einkommensnachweise, lassen sich Veränderungen in der wirtschaftlichen Situation des Privatkunden erkennen. Bei gewerblichen Kunden sollte die wiederholte Einholung von aktuellen Bilanzen bzw. Vermögensaufstellungen selbstverständlich sein. Führt ein Kunde im Hause mehrere Verträge, so sind diese als Gesamtheit zu betrachten. Nur eine saldierte Betrachtung läßt durch das Umschichten zwischen verschiedenen Konten hindurchblicken. Auch plötzliche Veränderungen bei den Verfügungsberechtigten können Signale für eine Verschlechterung des Risikos sein.

Wurden für einen Kredit-/Leasingvertrag Sicherheiten gestellt, so ist deren Werthaltigkeit laufend zu überwachen. Vorstellbar sind die Anforderung neuester Wertgutachten und die Überprüfung der finanziellen Potenz von Bürgen bzw. Mitdarlehensnehmern.

Neben diesen auf das einzelne Vertragsrisiko einwirkenden Maßnahmen sind Aktionen zur Überprüfung des Portfoliorisikos sinnvoll: aus externen Informationsquellen – Bundesbankbericht, Prognosen von Wirtschaftsinstituten – sind konjunkturelle Entwicklungen einzelner Branchen und/oder der Gesamtwirtschaft in ihrer Wirkung auf das Bestandsrisiko abzuschätzen.

Erkenntnisse aus Veränderungen von Einzelrisiken oder des Gesamtrisikos sind umgehend an die Entscheidungsträger im Ankauf zu melden. Nur durch ein laufendes Monitoring des Vertragsbestandes gelingt es, im Wege des sog. dynamischen Scoring Schadenverhütung auch mit Erkenntnissen aus der eigenen Bestandsentwicklung zu betreiben.

Weiter sollte der Verkauf (Factoring) von Verträgen erwogen werden, die eine mögliche Entwicklung in Richtung Leistungsstörung aufweisen.

Maßnahmen bei kritischen Kunden sind im standardisierten Mengengeschäft häufig schwierig zu implementieren, da notwendige individuelle Ansprachen aus Kapazitätsgründen schnell an ihre Grenzen stoßen. Allerdings kann die Erhöhung eines Kundenengagements abgelehnt bzw. nur mit weiteren Sicherheiten akzeptiert werden. Außerdem können Vertragsvariationen wie etwa Zwischentilgungen, Ratenplanänderungen mit dem Ziel der Risikoreduzierung präventiv angeboten werden.

Neben der frühzeitigen Erkennung kritischer Kundengruppen erlaubt die laufende Bestandsüberwachung die Selektion von Kunden, die bisher keine Leistungsstörungen zeigten, und deren Profile auch nicht im Widerspruch zu antizipierten künftigen negativen wirtschaftlichen Entwicklungen stehen.

Diese auch voraussichtlich in Zukunft guten Kunden gilt es mit gezielten Maßnahmen an das eigene Haus zu binden, um die Qualität des Vertragsbestandes von innen heraus günstig zu beeinflussen. Denkbare Kundenbindungsmaßnahmen sind: Prämien, Stundungsangebote oder spezielle Anschluß- und Zusatzprodukte zu Sonderkonditionen. Hier ist ein weites Feld für Aktivitäten mit denen der gute Kunde umworben werden muß, damit er nicht zum Wettbewerber wechselt.

Alle präventiven risikopolitischen Maßnahmen im Bestand des Finanzdienstleisters – bei kritischen sowie unkritischen Zahlern – bedeuten einen Mehraufwand, der dem erwarteten Nutzen aus der Risikoverbesserung gegenüberzustellen ist – eine klassische Optimierungsaufgabe.

3.2 Mahnverfahren

Sobald im Leistungsstrom zwischen Kunde und Finanzdienstleister eine Störung eingetreten ist, gilt es rasch und konsequent den eingetretenen Schaden zu begrenzen. In diesem Zusammenhang soll dabei von rein formalen Störungen, wie etwa verspäteten Zahlungseingängen aus Rücklastschriften wegen geänderter Bankverbindungen, abgesehen werden.

Hier interessieren lediglich die Störungen, die als frühe Signale für einen späteren, endgültigen Forderungsausfall zu werten sind. Denn die Erfahrungen in der Praxis zeigen, daß ohne Eingriffe seitens des Gläubigers ein Vertrag häufig aus dem Weißbereich über den Grau- in den Schwarzbereich wandert. Die Dauer dieser Wanderbewegung hängt dabei entscheidend von der Länge der Mahnzyklen ab. Regelmäßige Mahnläufe in kurzen, z. B. wöchentlichen Abständen sind die Voraussetzung für ein effektives und effizientes Mahnwesen.

Nach Eintritt einer Leistungsstörung gilt es, möglichst rasch einen persönlichen Kontakt zum Kunden herzustellen. Auf der Basis aktueller und umfassender Informationen über die Kundenbeziehung, wie Kontenstand und letzte Korrespondenz, empfiehlt es sich, eine telefonische bzw. briefliche Verbindung zum Kunden herzustellen. Die Art und Weise der Kontaktaufnahme ist dabei der jeweiligen Situation anzupassen: so sollte etwa nach Alter, Beruf, Ausbildung unterschieden werden. Vorzuziehen ist in der praktischen Erfahrung der telefonische Kontakt.

Ist der Mahnkunde zahlungswillig, aber z. Zt. zahlungsunfähig, hat der Entscheidungsträger zu prüfen, inwieweit individuelle Änderungen des Basisvertrages der Situation angemessen sind: Hier kommen Ratenplanänderungen wie Stundung, Sondertilgung, Laufzeitanpassungen, bzw. die Stellung zusätzlicher Sicherheiten in Betracht[6].

Ist der Mahnkunde zahlungsunwillig, aber prinzipiell zahlungsfähig – diese Situation kann bei produktbezogenen Absatzfinanzierungen auftreten, wenn der Kunde etwa technische Mängel am Produkt zum Anlaß nimmt, seinen Verpflichtungen aus dem Finanzierungs-/Leasingvertrag nicht nachzukommen – so kommen Kulanzregelungen und/oder rechtliche Schritte in Betracht, um den Mahnkunden in den Weißbereich zurückzuführen.

Die Erfahrungen der Praxis zeigen, daß gerade hier das persönliche Telefonat in die Privatsphäre und/oder berufliche Sphäre des Kunden sehr effektiv sein kann – ein Kunde, dem in kritischer Situation geholfen wird, die Leistungsstörung zu heilen, honoriert diese Hilfe oft mit einer dauerhaften Verbindung zum Finanzdienstleistungsunternehmen – im Wettbewerb am Markt ein nicht zu unterschätzender Faktor.

Nur eine schnelle Ursachenforschung kann Hinweise auf die angemessene Mahnaktion geben. Ist der Mahnkunde zahlungsunwillig und zahlungsunfähig, so sollte konsequent die Kündigung des Vertrages betrieben werden, da hier ein Heilen der Leistungsstörung nicht absehbar ist.

3.3 Inkassomaßnahmen

Unter Maßnahmen des Inkasso werden die außergerichtliche und gerichtliche Beitreibung von offenen Forderungen nach Kündigung des Vertrages und damit der Kundenbeziehung verstanden.

Dies ist die „ultima ratio" und wird von keinem Finanzdienstleister leichtfertig vollzogen, denn ein gekündigter Kunde bleibt in der Regel ein verlorener Kunde. Es ist der konsequente Abschluß aller Versuche, die offenen Forderungen mit Hilfe einer neuen Vereinbarung aufzufangen.

In einer solchen Situation gilt es, unter allen Umständen den Verlust für das Unternehmen zu begrenzen – Sicherheiten sind schnellstmöglich zu verwerten, Bürgschaften sind rasch in Anspruch zu nehmen, um den gesetzlichen Verjährungsfristen zuvorzukommen.

Gerade im Bereich des produktgebundenen Konsumentenkredites läßt sich aber auch beobachten, daß erst die Kündigung den Vertragspartner

---

6 Vgl. Schmoll, Anton: Praxis der Kreditüberwachung, Wien 1992.

auf die Brisanz der Situation aufmerksam macht. Im Moment der Sicherstellung des finanzierten Produktes ergeben sich dann plötzlich neue Möglichkeiten, die Leistungsstörungen zu beheben. Hier hat der Entscheidungsträger die Chancen, auf einen sofortigen Ausgleich der offenen Forderungen gegen die Wahrscheinlichkeit einer erneuten Leistungsstörung und der zusätzlich anfallenden Bearbeitungskosten abzuwägen.

Da Inkassomaßnahmen nicht zum Kerngeschäft des Finanzdienstleisters gehören, ist unter Effizienzgesichtspunkten zu prüfen, sie als Dienstleistung komplett von professionellen Spezialisten, wie Inkassobüros oder Anwaltskanzleien einzukaufen. Durch eine entsprechende vertragliche Vereinbarung mit dem „service provider" ist sicherzustellen, daß in kritischen Inkassosituationen stets die geschäftspolitischen Interessen des Finanzdienstleisters Vorrang haben.

4. Überlegungen zum Qualitätsmanagement

4.1 Organisatorische Aspekte

Arbeitsteiliges Wirtschaften im Finanzdienstleistungsunternehmen führt zu Schnittstellen zwischen den einzelnen Arbeitsschritten einer Prozeßkette. Spezialisierungsbemühungen auf den einzelnen Bearbeitungsstufen in der Risikoentwicklung eines Vertrages können zu Verbesserungen in der Reaktionsgeschwindigkeit und Arbeitsqualität führen, doch sind sie bezogen auf den Gesamtprozeß häufig nicht optimal, weil unkoordiniert. Beispielsweise führt eine fehlerhafte Erfassung von Kundendaten zu Beginn des Prozesses zu Verzögerungen in den nachgelagerten Stufen, etwa der Mahnbearbeitung.

Es muß daher das Ziel der betrieblichen Ablauforganisation sein, die ganzheitliche Bearbeitung des Vertragszyklus auf ein Team von Mitarbeitern zu übertragen, die gemeinsam die Verantwortung für die Durchführung aller notwendigen Aktionen übernehmen: umfassende Einhandbearbeitung im Team statt einseitiger Stapelverarbeitung. Ermüdende Monotonie führt zu Arbeitsfehlern, kundennahe Verantwortung dagegen erhöht die Arbeitsqualität und Erfolgsorientierung.

Ist das Mitarbeiterteam ergebnismäßig für die Prozeßkette aus Akquisition, Bestandsmanagement, Kündigung und Inkasso verantwortlich, wird es ohne zeitlichen Verzug den Ressourceneinsatz schwerpunktmäßig und zielgerichtet verlagern.

In wirtschaftlich schwierigen Zeiten wird so der Mahnbearbeitung automatisch ein höherer Stellenwert zukommen. Zusätzlich empfiehlt es sich, in der Mitarbeitervergütung Erfolge bei der Mahnbearbeitung ebenso zu honorieren wie Erfolge bei der Akquisition von Neugeschäften. Dadurch wird die häufig unterschätzte Bedeutung des Mahnwesens für den Erfolg des gesamten Unternehmens deutlich und die Aktivitäten des Mitarbeiters werden auf die risikopolitischen Notwendigkeiten focussiert.

4.2 Verhaltensorientierte Aspekte

Sicherlich sind die qualitativen Anforderungen an den Mitarbeiter einer prozeßorientierten Gruppe höher als an Spezialisten einer einzigen Prozeßstufe und die Bearbeitungsschritte der ganzen Prozeßkette sind für alle Teammitglieder zu schulen. Dennoch: nur ein ganzheitlich denkender und handelnder Mitarbeiter gewährleistet ein kundenorientiertes und fehlerfreies Arbeiten. Nur wenn sich der Mitarbeiter gerade in Fragen des Risikomanagements um den Kunden kümmert, sich seiner Probleme annimmt und sie ihm lösen hilft, können die Erwartungen des Kunden an die Servicequalität eines Finanzdienstleisters erfüllt werden.

Hier bedarf es einer Unternehmenskultur, die Eigenschaften wie Kundenorientierung, risikobewußtes Handeln, Teamfähigkeit und Eigeninitiative fördert. Neben einer entsprechenden Personalentwicklung und erfolgs- und qualitätsbezogenen Entgeltsystemen gelingt die Vermittlung dieser Verhaltenswerte vor allem durch das Vorleben der Führungskräfte.

5. Schlußbemerkung

Die möglichen Ergebnisse aus dem Mengengeschäft eines Finanzdienstleistungsunternehmens lassen sich in ihrer Struktur auf das statische Grundmodell der Entscheidungstheorie zurückführen. Nach Annahme eines Darlehens- oder Leasingvertrages hat das Unternehmen allenfalls noch die Möglichkeit, durch geeignete Maßnahmen des Risikomanagements die Wahrscheinlichkeitsverteilung der vereinbarten Leistungen zu beeinflussen und damit den Risikonutzen aus der Annahmeentscheidung zu bewahren bzw. zu verbessern; dies sprengt jedoch den Rahmen statischer Modellformulierung.

Bei der praktischen Umsetzung ist auf den typischen Bearbeitungsprozeß abzustellen, den ein Vertrag von der Akquisition bis zur Kündigung durchläuft. Die klassischen Verfahren zur Schadenverhütung und -begrenzung sind vor allem um eine laufende Bestandsüberwachung zu ergänzen, die ein frühzeitiges Erkennen möglicher Störfälle im eigenen Vertragsbestand erlaubt. Eine präventive Ansprache von „kritischen" Vertragspartnern ermöglicht es, den Eintritt von Leistungsstörungen zu verhindern. Ein direkter, persönlicher Kontakt mit dem Kunden bei Vorliegen einer Leistungsstörung trägt wesentlich zur Schadenbegrenzung bei.

Voraussetzung für ein effizientes Risikomanagement ist eine ganzheitliche und kundenorientierte Vertragsbearbeitung sowie ein Management-Informations-System mit aktuellen Angaben über Kunden- und Vertragsdaten.

Das Risikobewußtsein von Mitarbeitern kann dabei nur geweckt und gestärkt werden, wenn das Risikomanagement als Führungsaufgabe verstanden und praktiziert wird.

Literatur

Bamberg, Günter, Coenenberg, Adolf Gerhard, Betriebswirtschaftliche Entscheidungslehre, 4. Auflage, München 1985

Bitz, Michael, Entscheidungstheorie, München 1981

Brunner, Wolfgang, Beratungsqualität ist Schlüsselfaktor im Total Quality Management, in: Die Bank 1993, S. 447–452

Buchmann, Peter, Kredit-Scoring, in: Finanzierung Leasing Factoring 1992, S. 134–136

Bühler, Wilhelm, Kundenzufriedenheit im Privatgeschäft, in: Die Bank 1993, S. 511–519

Disman, Steven, Vorteile des Kundenscoring im Kreditentscheidungsprozeß, in: Finanzierung Leasing Factoring 1991, S. 151–155

Honeck, Gerhard, Zinsänderungsrisiko und Zinsrisikobilanz, in: Die Bank 1992, S. 656–661

Hub, Peter, Credit Scoring in Deutschland, aktuelle Situation und Zukunftsperspektiven, in: bank und markt 1992, S. 16–21

Karten, Walter, Die Unsicherheit des Risikobegriffes, in: Braeß Paul u. a., (Hrsg.), Praxis und Theorie der Versicherungsbetriebslehre, Festgabe für H. L. Müller-Lutz zum 60. Geburtstag, Karlsruhe 1972, S. 147–169

Karten, Walter, Aspekte des Risk Managements, in: Betriebswirtschaftliche Forschung und Praxis, 30. Jg. 1978, S. 308–323

Karten, Walter, Zum Problem der Versicherbarkeit und zur Risikopolitik des Versicherungsunternehmens – betriebswirtschaftliche Aspekte, in: Zeitschrift für die gesamte Versicherungswissenschaft, 61. Bd. 1972, S. 279–299

Karten, Walter, Instrumente der Risikopolitik, in: Handwörterbuch der Betriebswirtschaft, 4. Aufl., Bd. 3, Stuttgart 1976, Sp. 4246–4255

Krüger, Thomas, Optimierungskonflikte in der Risikopolitik von Finanzierungsinstituten, in: Finanzierung Leasing Factoring 1990, S. 239–242

Pähler, Ulrich, Risikopolitik von Leasinggesellschaften, Frankfurt/Main 1989

Rehkugler, Heinz, Poddig, Thorsten, Neuronale Netze im Bankbetrieb, in: Die Bank 1992, S. 413–419

Schmoll, Anton, Praxis der Kreditüberwachung, Wien 1992

Schmoll, Anton, Risiko-Kredite betreuen, in: Bank Magazin 1993, S. 8–12

Steinecke, Norbert, Bonitäts- und Objektrisiken bei Kredit- und Leasinggeschäften in den neuen Bundesländern, in: Finanzierung Leasing Factoring 1991, S. 198–201

Tacke, Helmut, Risikopotential und Risikobewältigung im Leasing, in: Finanzierung Leasing Factoring 1991, S. 23–27

Financial Conglomerates: Opportunity or Threat?

Lutgart A. A. Van den Berghe

I. What is it all about?

1. It is certainly not a "conglomerate"

The term "financial conglomerate" is at the heart of many new business ventures in the financial sector and the economic literature is getting more and more interested into this topic. Nevertheless the term "conglomerate" creates potential misunderstanding and misinterpretation since its meaning is quite different from the notion of "industrial conglomerates". Here again the pure translation of industrial principles to the financial business proves to be (partly) incorrect.

Industrial conglomerates, which were established decennia ago, all had the main characteristic of combining completely different activities within one holding structure. The management literature (see e.g. P. Kotler) used this "diversification" to make the distinction between:

- "concentric" diversification: which is a diversification into related products or services so that parallel technology and marketing can be used;

- "horizontal" diversification: is a diversification into complementary products so that parallel technology but a different marketing has to be used;

- "conglomerate diversification": is a diversification into completely different activities.

The aim of financial conglomerates is mainly to exploit the synergies which exist between banking, insurance and investment. Consequently it is not a "conglomerate diversification" and the basic literature on industrial conglomerates is better to be ignored because it could be more than misleading.

Since the term "financial conglomerate" is already used in so many circles we will stick to this term but with the clear warning that it does not relate to the concept of an industrial conglomerate.

2. What differentiates a financial conglomerate from other financial institutions?

We can learn a lot from a thorough analysis of the documents of the European Commission, responsible for the regulation of the financial institutions.

In her first working paper, the European Commission gave the following definition[1]:

"Financial Conglomerate is a body made up of one company or several companies which offer to the public (private individuals as well as commercial or industrial customers) a range of services either entirely financial or financial and non-financial together. The financial products sold in this way are of different kinds, or represent activities supervised by more than one authority, or both. When they are supplied by a group of several companies those companies are linked to one another by majority holdings or effective control so that joint marketing and mutual responsibilities go together (Financial Conglomerate in the strict sense). Where this is not the case, but where financial products are nevertheless marketed jointly (same trade mark; agency arrangements, etc.) one can speak of a Financial Conglomerate in a wider sense if the risks assumed by one component of the conglomerate indirectly involve the others. The range of conglomerate services as a whole displays complementary products, techniques, or the interests of the component companies are complementary; this range can be homogeneous (all services concern the credit industries) or mixed (the services stem from various financial sectors) or heterogeneous (the range includes non-financial services or goods). The Financial Conglomerate idea can be disregarded where the financial activity is only marginal inside a wider concern."

The essential elements of this definition are:

- different types of *complementary* financial services are combined within one group; the financial activities must form the most important part of the business of this group; if otherwise, the group is not seen as a financial conglomerate but merely as a "mixed" conglomerate[2];

- the different financial services are produced by financial institutions that are subjected to different types of supervision; this criterion proves to be one of the key elements in all further documents published by the European Commission and the national supervisory authorities;

---

1 E.C. – D.G.XV – 110/85.
2 P. Clarotti, (1992), P. 2.

- the degree of financial integration makes it possible to make a distinction between

  - financial conglomerates in the strict sense: the members of the group are linked through majority holdings (majority of stocks, majority of control) which leads to a common strategy and mutual responsibilities;
  - financial conglomerates in the broadest sense: the partners are linked through marketing joint ventures with common trade names or distribution agreements so that the entrepreneurial risks are combined in an indirect manner.

The great diversity in the degree of integration, from a financial as well as from a marketing, a functional and/or a structural perspective leads to a scattered landscape of financial conglomerates.

II. What is the reasoning behind the formation of a financial conglomerate?

According to a recent study for the OECD, Koguchi (1993) concluded that "financial conglomeration can be viewed as *an inevitable adaptation* to the changing financial environment".

All enterprises involved in the establishment of a financial conglomerate state that their decisions have been based on the potential synergies between their respective core businesses. Exploiting these synergies could enhance their competitive position and procure them the necessary competitive edge in the tough competitive battle.

The synergies can potentially be found into two directions:

- economies of scale: through an increase in the turnover without a proportional increase in the costs, the average costs decrease (to a considerable extent); the higher the fixed costs a company is working with, the better the perspectives for economies of scale; in a mature market environment it is not always possible to reach the most optimal volume of business; in this case economies of scope can become the substitute[3];

---

3 For more details see Dickinson & Dinensis (1993).

- economies of scope: in our opinion it is possible to distinguish between three potential sources of economies of scope:

  - the most common source of economies of scope lies in the "cost"-effect ; such a cost-effect arises if two or more products can be jointly produced at a lower cost than if produced separately;

    this sharing of inputs will only be possible if factors of production are not fully employed because otherwise "congestion" would be occurring;

  - besides this "cost"-effect of economies of scope, also "value"-effects can be observed: complementarities between products or services demanded can lower the information cost for the consumer and can (eventually) increase the value (better co-ordination, more tailored, etc.);

  - a third source of economies of scope can be found in a better risk spreading: in case of (partially) offsetting risks, diversification can lead to a reduction of the business risk and a reduction of the variability of cash flows (e.g. fee income decreases the dependence of banks upon interest rate fluctuations);

    so, through the combined use of funds, technology, know how, distribution outlets, etc. it is possible to arrive at lower costs, to perform better or/and to deliver a better service; the better the complementarity between activities, products, service systems, etc., the higher the chances for economies of scope.

Since both types of "economies" will interfere in practice, it is better to look more closely at the potential types of synergies between banks, insurance companies and investment services. Potentials for synergies can be found in the manufacturing of the services, in the back-office, the administration as well as in the front office and from the client's perspective. Some examples in this respect:

- transfer of know how, combined staff and R & D

- combined Asset Liability Management

- combination of expertise on the level of investment advice

- new distribution outlets for cross selling and for "all round financial planning"-advice

- combination of the marketing efforts (e.g. communication expenses such as advertising, client relations)

- diversification of risk, more stable income and dividends

- pooling of investments in and use of technology.

III. What are the potential risks in relation to financial conglomerates?

The economic literature, but above all the supervisory authorities point to a number of dangers and risks connected to the operation of financial conglomerates. What are their main concerns?

1. The risks of instability and insolvency

The supervisory authorities are especially afraid of the following risks:

- double gearing: in the optimisation of their funding, holdings can be inclined to use their funds different times so that their "net" or "consolidated" solvency is much lower than the sum of the own funds of the members of the conglomerate; cross shareholdings, investments in daughter or sister-companies are all forms which can endanger double gearing;

- increasing the total business risk: this can be the case if the respective risks are not offsetting one another but on the contrary if risks are of an incremental nature (e.g. lending to a company in which the lender already participates; insuring the credit risks of a banking sister, etc.); the BCCI scandal has alarmed the supervisory authorities of the danger of excessive risk concentration and intra-group transactions;

- risk of contagion which relates to the risk that an insolvency or problems of one member of the group will deteriorate the position of all other members. The risk of contagion is also referred to as the risk of large financial exposures[4].

In an official speech, the director general of the Financial Services Directorate of the European Commission (Mogg – 1993) stated that supervisors are unanimous that double gearing of capital should be prevented in any group (insurance, banking or financial conglomerate). Nevertheless there is a divergence of view on how to cope with this double gearing and with the monitoring of financial risks in general.

These dangers may however not be overestimated. Based on recent research by Hesberg & Karten (1993) it has become clear that it is only in

---

4   See C.E.A. (1993) pp. 12 – 13.

the case of "considerable positively correlated risk"[5] or with a "high rate of reciprocal shareholding" that it may be justified to reduce balance sheet equity for solvency control. Aside from the "puffing effect" of cross-shareholdings, there is also a risk-spreading effect that increases the solvency because potential losses will be carried (partially) by the other enterprises involved. Moreover they state that shares in (other) financial institutions should not be treated differently from e.g. shares in a brewery or a cotton mill.

2. Non-transparency

Complex relations within a holding and between the members of the group creates the fear that the supervision will be hampered to a considerable extent. Supervisors mainly point at the following potential risks:

- regulatory arbitrage: as any rational economic being, a financial conglomerate can be inclined to search for the most efficient way in establishing the legal structures, the head office, etc.; as long as important differences will prevail in the supervisory systems, companies can be tempted to look for the way of the least resistance; this can lead to circumventing the necessary rules, a risk which supervisors want to eliminate;

- the metamorphose effect: through complex financial links member companies can transform foreign funds into "participations" and make it very difficult for lenders and supervisors to detect the final use of funds;

- the risk of opaque structures: the larger conglomerates, the more enterprises involved, the more complex their relationships, the more difficult it becomes for supervisors to have a clear view on the right cost calculations, on the localisation of business risks and the lines of control.

3. Infringing the free competition and the protection of the consumer

Different potential risks that could hamper the optimal market operations can be mentioned:

---

[5] They conclude that:
- a complete reduction of the equity capital by shares should only be considered in the totally unrealistic case of a complete dependence or correlation of all risks;
- a partial reduction of the free assets by the (partial) value of the shares is justified if and only if a reciprocal interrelation or any other feed-back exists or if positively correlated risks threaten the companies in the group.

They state that in general the parallelisms seem to be less frequent than the supervisory authority is afraid of.

- the risk of decreasing competition and abuse of power: the more concentrated a market is, the more the free competition can be hampered; the fear of a great number of supervisors of banks and insurance companies go further beyond this market risk in pointing to the danger of "abuse of power" through interlocking directorship, mutual forbearance and concentration of power;

  in this respect one may not neglect the fact that concentration – as a relative concept – is not only influenced by the number of players, but also by the market volume and the type of players; the enlargement of the market to the Common Market and even to the "global village" is decreasing the concentration; the same can be said from the perspective of the all finance revolution and the blurring of the boundaries between banks, saving institutions, insurance companies, investment firms etc.; through this blurring of the boundaries the number of suppliers has been multiplied to a large extent;

- conflicts of interest: such conflicts can exist if a supplier has the choice between two or more options, and this choice is not neutral for himself or for his enterprise; in this case the interests of the client and of the supplier can be opposite;

  another example of conflicts of interest can be found in the potential opposition between the best choice for one client and the repercussions on others;

  research of the European Commission revealed that the risk of conflicts of interest increases with the number of activities or products offered[6];

  nevertheless we want to stress that the risk of conflicts of interest is not only relevant for financial conglomerates, but does exist in all types of enterprises that offer substitutable products or services; a regulation of financial conglomerates will not solve these latter risks.

IV. The supervision of financial conglomerates

The supervision of financial conglomerates is a heavy debated subject for the moment. As long as an agreement has not been reached on the international level, any detailed analysis can be outdated rather soon. Therefore we will limit the overview to the most important aspects under discussion.

Before entering into this analysis we want to stress the fact that most national supervisory systems as well as the European ones were all struc-

---

6   See also R. M. Goode (1986).

tured in view of the traditional boundaries between banks, insurance companies and investment firms (the so-called vertical division of activities). The market evolution in the direction of financial conglomerates, all finance, package solutions, integrated product development etc. leads to the blurring of the traditional boundaries (the so-called horizontal integration and product clustering). This raises the question whether the actual legal solutions and structures are still adapted to the new wave in the financial sector.

Due to the fact that the European (and most of the national) supervisory authorities established different directives for banks, insurance companies and investment services, the phenomenon of "integrated" financial services and of financial conglomerates has not been recognised as a separate topic until recently.

The new BCCI-directive[7] is the first official step in the direction of co-ordinating between those three "sectors".

The most relevant elements of this directive are the following:

- the structure of a financial group must be transparent; opaque structures and relationships are forbidden; supervisors have the right to refuse or revoke licences if they feel that the structure of a group is too opaque to allow effective supervision;

  detailed information must be forwarded to the respective supervisory authorities at the start of a concern as well as at any point in time when important changes take place;

- major shareholders and managers of financial conglomerates have to be "suitable" persons; therefore the supervisors have the authority to apply "fit and proper" criteria and eventually oppose against certain "non-qualifying" persons; since financial conglomerates are not directly under supervision the EC warns that these measures have to be applied in a flexible way (Mogg – 1993);

- the head office of a financial institution must be in the country of registration in order to circumvent the risk of arbitrage;

- detailed guidelines are prescribed for the exchange of information between the different types of supervisory authorities and the external accountants have strict tasks in signalising potential problems to the relevant authorities.

---

7 COM (93) – 363 – 28. 7. 1993.

The regulation of financial conglomerates themselves is under preparation. The most important questions under study are the following:

- *rules in relation to the prevention of double gearing*[8]: different solutions are under discussion, such as complete consolidation (as is the case for the banking sector), partial consolidation (of the solvency fund), the deduction method (elimination of intra-group loans and participations), etc.;

  most banking supervisors opt for a supervision of the financial conglomerates on a consolidated basis (as it is already the case for the banking sector); according to the European Commission (Mogg – 1993) this implies that the financial position of all banks and non-banks financial institutions is consolidated (netting out all intra-group participations) and that one single minimum solvency is required;

  in our opinion, a complete consolidation is not realistic for the moment, not in the least because of the following differences between banking and insurance:

  - the calculation of the necessary solvency capital and the determination of the "free assets" differs to a considerable extent; for banks risks are mainly situated on the asset side of the balance sheet; for life insurance companies the risks are mainly measured through liability-positions (the mathematical reserves are a proxy for the investment risk as well as for the capital insured (retrospective calculation); the capital under risk measures the outstanding liability of clients (prospective calculation)); for the non-life branches either the premiums or the claims due (profit and loss accounts) are used as measures of the underwriting risk, while the investment and other business risks are not included (separately);

  - in the banking business the balance sheet is the main reference point for estimating the "core business", while for insurance it is especially the technical part of the profit and loss account that measures the "underwriting activity"; in Europe the GAAP-measures are not followed for life insurance, so that even the "saving products" that resemble to a large extent to banking products are all booked as turnover, while the parallel banking product is not integrated in the profit and loss account; only the "net" intermediation margin is integrated as banking income[9];

  we would therefore suggest that the solo-plus supervisory approach is a far better solution for the moment (see next point);

---

8   An inventory of national rules and techniques to prevent the multiple use of own funds can be found in C.E.A. (1993) pp. 10–11.
9   For more details see Ernst & Young (1993).

- *rules in relation to the responsibility for the supervision of financial conglomerates;* different options are feasible: a new type of supervisory authority, a joint or college solution, the solo-plus system, etc.; especially the last approach, developed in the Netherlands has a good chance to arrive at a consensus; it means that every supervisory authority sticks to his own business sector and supervisory rules and adds to this some extra measures to control the relations with and within the concern or holding; although insurance groups would also be controlled on a group basis (extension of the home country control principle) no full consolidation of the solvency requirements and asset reglementations – even within the insurance sector – would be obliged;

- *rules in relation to the establishment of "Chinese walls" in order to prevent potential conflicts of interest;* Chinese walls can best be defined as follows: "A Chinese Wall means an established arrangement whereby information known to persons in one part of a business is not available (directly or indirectly) to those involved in another part of the business and it is accepted that in each of the parts of the business so divided decisions will be taken without reference to any interest which any other such part or person in any such part of the business may have in the matter"[10]. Also "ethical codes" as well as "free competition" can decrease the danger that the interests of the clients are not the prime driver in the production of financial services.

V. Financial conglomerates: new wave strategic thinking?

We want to develop the thesis that the formation of certain types of financial conglomerates can be seen as an application of the new strategic thinking of "stretch and leverage".

Before establishing this thesis in greater detail a short summary of the classical and modern view on strategic thinking is necessary.

1. Strategy at the limits of the possible: the management recipe of the nineties

For decennia, the management literature stressed the need to have a business strategy. The rapid changing economic environment with the European unification, the liberalisation of the world trade, the globalisation of the financial world, etc. were all factors that convinced most of the enterprises of the need of such a strategy. The raplex environment with the heavy competition does not allow any more to live upon past market success and historical experiences.

---

10 Maycock, J. (1986) p. 79.

The traditional recipe to set up a business strategy can be summarised as follows[11]:

- step 1: state the mission of your company and the goals you want to achieve in the long and short term;
- step 2: analyse thoroughly the external environment and try to detect opportunities and threats (O & T)
- step 3: analyse thoroughly your internal environment and try to detect the strengths and weaknesses (S & W);
- step 4: confront your ambitions (step 1) with your possibilities (step 3) and with the specific external threats and opportunities (step 2) in order to make a choice between the alternative strategies you could follow.

This choice will be dictated by your own strengths and weaknesses and by the boundaries set through the external threats and opportunities. The classical recipe[12] is that the best strategies look for an optimal fit between ambitions and the SWOT-analysis (steps 3 and 2).

This classical view has been under attack recently by Hamel & Prahalad (1993). These new management goeros proclaim that enterprises, who want to excel and to build a lasting competitive advantage, must be very ambitious in their strategic choices and must not restrict their choice by *internal* limitations. It is not the optimal fit between possibilities and goals that counts. On the contrary, ambitious strategic intentions stimulate creativity and invention. It is not the strategic fit but the strategic gap that leads to a less stifled environment and to "outward bounding" of hindrances.

In fact the Schumpeterian entrepreneur is back in the picture as the central force to build upon "core competencies".

In our opinion it is wrong to believe that these new ideas make the classic recipe useless. On the contrary both ideas are complementary to a large extent. The classical strategic prescriptions focus more on analysis and implementation techniques, while the new ideas are more concentrated on the strategic thinking process and the entrepreneurial philosophy that directs the strategic intentions and choices.

This new wave of management thinking can be used perfectly to explain the formation of financial conglomerates. Nevertheless it needs to be broadened first to incorporate also the *external* boundaries.

---

11 For more details see Van den Berghe & De Waal (1988).
12 The godfathers of these views are Ansoff (1965), Chandler (1962), and Porter (1991).

2. Strategy at the limits of the possible goes further than internal creativity

The hypothesis that managers should not limit their ambition and creativity too much by internal restrictions applies also to the external restrictions. Strategic ambitions can lead to a blurring of the boundaries set by external rules, consumer attitudes etc.

Although external boundaries can be tough to overcome in the short term, they are certainly more flexible and adaptable in the long run. Two examples to prove this statement:

- The regulatory environment can be restrictive and even prohibitive. Nevertheless regulation and deregulation are phenomena that show a certain pendulum movement. The forces behind that pendulum live in the society: the politicians, their voters, the consumers, the interest groups etc. Also enterprises are participants in this process.

- The consumers play a key role in the success of marketing strategies. Nevertheless market research[13] shows clearly that attitudes and behaviour of consumers are the product of individual as well as social forces. The suppliers can exercise quite a great influence on these attitudes and behaviour.

    Daily, this is proven by some concrete examples.

    The mere existence of advertising shows that consumers can be "educated".

    Also the market behaviour of free riders can influence the consumers demand in such a respect that the market equilibrium can even be under attack. Illustrative in this respect is the penetration strategy of foreign banks and insurance companies that changed the market landscape in several European countries to a considerable degree.

Consequently we do believe that ambitious entrepreneurs with inventive and creative strategies, that go beyond the classical solutions, can be at the origin of important changes in the economic environment. If these strategies add value to their stakeholders (internal value, external economies, higher quality, etc.) it becomes clear that, in a free market economy and a democratic system, they will also stimulate important changes in the external environment (demand structures, market regulation, supervisory rules, etc.).

---

[13] This has been proved clearly in a market research done by the Vlerick School of Management of the University of Ghent (see Van den Berghe – 1989 – and 1993 & Verweire – 1993 –).

3. The formation of financial conglomerates can be a strategy at the limits of the possible

This statement will be supported by two concrete examples of financial conglomerations. One is more oriented towards the internal restrictions, the other to the external limitations.

a. Internal creativity at the limits of the possible

The FORTIS case is a good proof of the accelerator and multiplication-effect of the strategic gap between ambitions and internal possibilities.

This financial conglomerate has been built up in 1990 through an alliance between the Belgian AG-group and the Dutch AMEV-VSB group. This last group was itself the product of a merger between an insurer (AMEV) and a saving bank (VSB). The AG-group was mainly an insurer, who had acquired through the years two smaller banks (Metropolitan Bank and Tiense Bank).

Before their alliance, both groups were pictured as potential acquisition candidates, because they would become too small to play a true international role, and too large to stick to a pure local niche strategy. Their "stuck in the middle" position made them vulnerable, but at the same time it was at the origin of their ambitious plans. Their alliance not only decreased their vulnerability but at the same time it was the engine that started an incredible process of internationalisation and diversification. The managers of the Fortis concern gave evidence of an ambitious strategic intention that was far greater than their original internal possibilities ever would have suggested. Some concrete examples in this respect:

– before their alliance, the consolidated own funds of AG were estimated at 24 billion BEF; those of the AMEV/VSB group at some 78 billion BEF;

– in 1991 they acquired the group division of the American insurer "Mutual Benefit Life" for the price of around 15 billion BEF;

– in 1992 they agreed upon an alliance with the Spanish bank "la Caixa" and got a 40 % stake in Spain's largest life insurer VidaCaixa, a 60 % stake in the non-life insurer SegurCaixa and a 50 % stake in the sales organization AgenCaixa, for a price of some BEF 7 billion;

– in the meantime the Dutch bank branch acquired leasing company TOPLease and extended its banking network by the addition of a number of savings banks. The insurance arm bought several insurance portfolio's, reached a commercial agreement with one of the largest Dutch health insurers (VGZ) and recently bought the Dutch subsidiary of Eagle Star;

- in 1993 the Fortis group achieved a major step forwards by acquiring control of the largest Belgian savings bank and its sister insurance company; although the final price for their actual 49,9 % is not yet defined, it will be close to 35 billion BEF;

- at the end of 1993 their consolidated own funds are estimated at more than 160 billion BEF.

b. External (and internal) creativity at the limits of the possible

As pointed out before, financial conglomerates are mainly established to realise the potential synergies between banking, insurance and investment services. Those potential economies are even the arguments used by supervisory authorities to deregulate their strict limitations and to allow this type of conglomerations.

The economic literature has not yet been able to clearly prove the existence of important economies of scale and economies of scope in the financial sector (Forestieri – 1993). The enterprises involved in the formation of financial conglomerates are built too recently to have already sufficient quantitative evidence of important economies.

Recent research of Coopers & Lybrand (1993) shows clearly that the advantages will be far higher and the possibilities far greater if the cooperation leads to further integration. Recent market research of ours[14] has also shown that an integrated client approach in the direction of "all finance" can be a competitive advantage for certain types of clients.

The problem with the integration between banks, insurance companies and investment services is that the regulatory environment does not allow this and that moreover the traditional marketing approaches are different and to some extent even incompatible with each other.

Confronted with this gap between opportunities and possibilities an entrepreneur needs ambitious creativity to develop a real integration strategy. A good case in this respect is ING-Group.

The ING-Group has been formed through the merger of an insurance group (Nationale-Nederlanden) and a banking group (NMB-Postbank group, itself a merger between the NMB bank and the state-owned Postbank). The top management was convinced that the full rewards of this merger could only be achieved through a structure that facilitates the maximum cooperation between banking, insurance and investment activities. They did not want to orient this new structure towards the regu-

---

14 See e.g. Van den Berghe, L. (1989) & (1993) and Verweire, K. (1993).

latory prescriptions or the historical boundaries between the economic sectors. Nor did they agree to base their operational strategy upon the legal structure of the group-enterprises. Their main ambition was to structure the group in accordance with the strategy to form an "all finance group" and to base this structure fundamentally upon the market forces and the new management ideas of being "mean & lean" (Holsboer – 1993).

The new structure will be implemented from the beginning of 1994 and will for the Dutch market primarily be based on the market segmentation prevailing at the "distribution"-level. The group will reorganise all activities around the different types of distribution channels they use to reach their clients (banking branches, agency systems, independent insurance intermediaries and direct selling through the Postbank). Within those distribution pillars an integration will be aimed at between banking, insurance and investment services. For each type of distribution a corresponding marketing mix will be developed (products, communication, prices).

This integration can be rewarding but is not without risks. All market segments can not be served through the same type of distribution approach. A mature market is characterised by diversification on the level of client needs and products offered, as well as on the level of distribution approaches. Therefore, a "multi-channel" approach offers the advantage of a broader market coverage. Nevertheless hybrid marketing systems can also induce the risk of cannibalisation. It is therefore of the utmost importance to optimise the value added of each distribution system and to reach an equilibrium between those different types of distribution.

Due to the existing legal "specialisation requirements" set by the supervisory authorities, this operational integration will have to be backed by the traditional different legal entities for banking, life insurance, non-life insurance, investment services, etc.

In our opinion, the steps taken by the ING-management not only prove to be innovative and market driven, but moreover they show a good dose of ambition to develop a strategy that goes further than the strategic fit into the direction of "stretch and leverage". If this strategic gap will prove to have the boomerang-effect that is predicted in the literature remains to be seen; one must not forget to mention some of the potential risks involved in the new management recipe.

4. No roses without thorns

The formation of a financial conglomerate may be perfectly in accordance with the new management ideas on inventive and ambitious strategic thinking. Nevertheless this line of thinking is not without danger. Conscious risk taking is at the very heart of every enterpreneurship, but it is clear that an underestimation of risks involved or an insufficient attention towards risk evaluation can be fatal for any economic initiative.

The more innovative and creative a manager is, the higher will be the risks involved. This is not only true for R & D, the entrance of a new market or the marketing of a complete new product, but holds also for the establishment of a joint venture or the integration of activities or enterprises.

The Schumpeterian enterpreneurship is crucial for any economic progress. Nevertheless, the recipe of ambition and invention can lead to quite a number of defensive and even aggressive reactions. The resistance against changes, the fear for one's own position, etc. are well-known but at the same time dangerous phenomena.

Stressing the central role of the top management for the creative and ambitious use of the core competencies may not lead to ignoring the importance of the total support and cooperation of every-one within the organisation. This is certainly the case in a "people's business" such as the financial service sector. It is important in this respect to remember that the chain is as strong as it's weakest link.

The new management recipe is an important upgrading of the classical strategic thinking but is not the sole solution to the successful implementation of a business strategy. The classical "tools" will still play an important role in the implementation of the strategic intentions developed on the base of the new insights.

VI. Conclusions

In our opinion, the formation of financial conglomerates is not a temporary fashion but more a structural phenomenon. The underlying diversification strategy is supported by supply as well as market driven forces. The most ambitious strategies answer to the most modern management recipes.

Nevertheless the potential risks involved alarm the supervisory authorities. It can be foreseen that new regulations will come up to cope with these potential risks. It will therefore be necessary that objective and detailed examinations are made of the underlying economies of financial conglomerates, not only for the enterprises involved, but for the society at large. If these hard facts will not be forwarded in the future, it could be that even with innovative and ambitious management the strategic gap will prove to be far too large to be bridged.

Bibliographic references

Ansoff, H. I.: "Corporate Strategy", New York, 1965.

Ansoff, H. I.: "Corporate Strategy: An analytic approach to business policy for growth and expansion", Harmondsworth, Pinguin Books, 1968.

Berghe, Van den, L. & de Waal, L.: "Strategische Beleidsvorming" in Economie van het Verzekeringsbedrijf, pp. 23 – 32, Kluwer, 1987.

Berghe, Van den, L.: "All-Round Financiële Dienstverlening: een troef of een handicap", onderzoeksrapporten Vlerick School voor Management, Universiteit Gent, 1989.

Berghe, Van den, L.: "Uitbouw van een klantgerichte marketingsstrategie voor verzekeringen en financiële produkten – Onderzoek naar de optimale assen voor een innovatieve marktsegmentering", Strategisch verslag, pp. 88, Vlerick School voor Management, Universiteit Gent, 1993.

Berghe, Van den, L.: "Financiële Conglomeraten" in De Wit, G. W. (Ed.), Kluwer, 1994 (ter perse).

Chandler, A.: "Strategy and Structure: Chapters in the History of American Industrial Enterprise", Cambridge, 1962.

C.E.A.: "Financial Conglomerates – Conglomerats financiers", Comité Européen des Assurances, Special Issue, n° 2, July, 1993.

Clarotti, P.: "The EC Commission view on the supervision of financial conglomerates", CEPS-seminar, Brussels, December, 1992.

Coopers & Lybrand: "Making Bancassurance Work: Survey of European Financial Institutions' Policies and Practice", pp. 31, Coopers & Lybrand, European Financial Services Group, Amsterdam, 1993.

Fitchew, G. E.: "A global approach to financial services – The EC Commission's point of view", CEA, London, October 15th, 1992.

Forestieri, G.: "Economies of scale and scope in the financial services industry: A review of recent literature" in Financial Market Trends, n° 4 pp. 63 – 123, October, 1993.

Gardener, E. P. M.: "Structural and strategic consequences of Financial Conglomeration" in Bank- & Financiewezen/Revue de la Banque, n° 9 pp. 5 – 15, Brussels, 1987.

Gardener, E. P. M.: "Strategic challenges for Banks in Europe" in European Management Journal, Volume 5 n° 4, 1987 b.

Goldfinger, C.: "La géofinance – Pour comprendre la mutation financière", Collection Odysée – Editions du Seuil, Paris, 1986.

Goode, R. M. (Ed.): "Conflicts of Interest in the changing financial world", Institute of Bankers, London, 1986.

Hamel, G. & Prahalad, C. K.: "Strategy as stretch and leverage" in Harvard Business Review, March – April, 1993.

Holsboer, J. H.: "Specialization and diversification in Financial Services" in "Papers of the 20th Seminar of the Group of Risk and Insurance Economists", Geneva Associations, pp. 15, Rotterdam, September, 1993.

Kazuya Mizushima: "Allfinanzstreben gefährdet Identität der Versicherung" in Versicherungswirtschaft, n° 17 pp. 1156 – 1161, Japan, 1989.

Kessler, D.: "L'Evolution des Relations entre Banques et Assurances" in Etudes et Dossiers, n° 141 pp. 3 – 15, Geneva Association, General Assembly, Paris, June 5th, 1989.

Koguchi, K.: "Financial Conglomeration" in Financial Market Trends, n° 4 pp. 7 – 62, October, 1993.

Maycock, J.: "Financial Conglomerates", Gower Studies in Finance and Investment, University Press Cambridge, 1986.

Mogg, J. F.: "Financial Conglomerates", Presentation to the CEA Annual Common Market Committee Meeting Brussels, September 30th, 1993.

OECD: "Special Features – Financial Conglomerates", OECD Financial Affairs Division, 1993.

Pearson, P.: "Legal Aspects of change", Insurance Division, European Community Commission, Brussels, 1992.

Porter, M. E. (Ed.): "Competition in Global Industries" in Harvard Business School Press, Boston, 1986.

Porter, M. E.: "From competitive advantage to corporate strategy" in Harvard Business Review, pp. 43 – 59, May – June, 1988.

Porter, M. E.: "Towards a Dynamic Theory of Strategy" in Strategic Management Journal, pp. 115, 1991.

Robens, H.: "Ursachen und Folgen des Wandels der Wachstumsstrategie bei den Anbietern finanzieller Dienstleistungen" in Versicherungswirtschaft, n° 2 pp. 106 – 112, 1987.

Verweire, K.: "Market research and statistical tools to segment the consumer markets for financial services: the case of the Belgian market" in Proceedings of the 20th Seminar of the Group of Risk and Insurance Economists, Geneva Association, pp. 21, Rotterdam, 1993.

VIII. Solvabilität und Rechnungslegung der Versicherungsunternehmen

Vom theoretischen Konzept des Risikoreserveprozesses zur praktischen Messung und Steuerung des Risikokapitals (Risk-Based Capital)

Eberhard Müller und Michael Reischel

1. Einleitung

Auch wenn es hinreichend viele Ansätze gibt, von der rein deskriptiven Darstellung der Entwicklung des Risikoreserveprozesses im Zeitablauf präskriptive Elemente abzuleiten, so muß doch deren ausbleibende Umsetzung für praktische Problemlösungen konstatiert werden. Zum einen hängt dies sicherlich damit zusammen, daß es keine allgemein verbindlichen Entscheidungskriterien gibt, zum anderen aber damit, daß zur rationalen Bewertung von Risikoreserveprozessen die Existenz von Risikonutzenfunktionen vorausgesetzt wird. Dieser Umstand, nämlich, daß für alle risikonutzenorientierten Lösungen eine ganzheitliche Ermittlung von Risikopräferenzfunktional und Nutzenfunktion des (oder der) Entscheidungsträger(s), und dies bei mehrperiodischen Betrachtungen auch noch auf Risikoreserveprozessen, vorausgesetzt wird, stößt in der Praxis auf nahezu unüberwindbare Hürden.

Zunehmend sind daher Versuche zu beobachten, ohne ein einheitliches und konsistentes Risikopräferenzfunktional zu spezifizieren, dennoch einen quantitativen Zugang durch die Kombination bewerteter Teilaspekte zu erzielen, bei denen weniger die theoretische Richtigkeit der Problemlösung für den einzelnen Aspekt im Vordergrund steht als die Zusammenführung der bewerteten Teilaspekte zu einer Gesamtbewertung mit entsprechender praktischer Umsetzungsfähigkeit. In diesem Kontext sind die Bemühungen der amerikanischen „National Association of Insurance Commissioners" (NAIC) zu sehen, ein Modell zu schaffen, das einen Soll-Ist-Vergleich zwischen vorhandenem Kapital („Total Adjusted Capital", TAC) und notwendigem Kapital („Risk-Based Capital", RBC) zur Abdeckung *aller* versicherungstechnischen *und* nichtversicherungstechnischen Risiken von Versicherungsunternehmen erlauben soll.

Auch hier handelt es sich um einen Versuch, eine *praktikable* Lösung zu finden. Es muß klar sein, daß dies nicht zu einer theoretisch „richtigen" Lösung führt und auch gar nicht führen kann.

2. Der erweiterte Risikoreserveprozeß

Es ist in der versicherungswissenschaftlichen Literatur üblich, das Risikogeschäft eines Versicherungsunternehmens durch den sogenannten Risikoreserveprozeß darzustellen. Hier geht es im einfachsten Fall um den Prozeß der Veränderung einer Anfangsreserve eines Versicherungsunternehmens, wobei diese Veränderung durch den Zufluß von Prämien sowie den Abfluß von Versicherungsleistungen herbeigeführt wird.

Formalisiert stellt sich dies in der „klassischen Form" wie folgt dar, wobei die Variablen mit Ausnahme der Anfangsreserve Zufallsvariablen seien:

Risikoreserve = Anfangsreserve + Prämienvariable − Schadenvariable

(2.1) $R(t) = R(0) + P(t) - X(t)$

Den Ausgangspunkt unserer weiteren Überlegungen soll zunächst die Beschreibung der Risikosituation eines Versicherungsunternehmens durch den *erweiterten* Risikoreserveprozeß bilden. Neben der Anfangsreserve und dem versicherungstechnischen Risiko im engeren Sinne sind maßgebliche Einflußfaktoren für die Höhe der zu einem Zeitpunkt $t \in [0,\infty)$ zur Verfügung stehenden Risikoreserve:

- Kapitalanlageerträge (mit Ausnahme des technischen Zinses in der Lebensversicherung und der kalkulatorischen Zinserträge bei finanzorientierten Deckungskonzepten in der Nichtlebensversicherung),

- das Ergebnis aus Veräußerungen und Wertveränderungen (z. B. Auflösung stiller Reserven),

- Kosten (Verwaltungskosten),

- Dividenden (Ausschüttungen an Kapitalgeber),

- Residualgrößen (z. B. Auflösung von Schwankungsrückstellungen, Kapitalzuführungen von außen).

Wird für jede einzelne dieser Komponenten eine eigene Zufallsvariable angenommen, so läßt sich der nachfolgende Formalisierungsansatz finden[1]:

(2.2) $R(t) = R(0) + P(t) - X(t) + Y(t) - K(t) + V(t) - W(t) + \Delta(t)$

---

[1] Vgl. z. B. Hesberg, D.: Solvabilität als Gegenstand der Risikopolitik, ZVersWiss, 1983, S. 255 ff.

Hierbei bedeuten:

R(0) = Anfangsreserve des Prozesses (Grundkapital)
P(t) = Prämien bis zum Zeitpunkt t
X(t) = Schäden bis zum Zeitpunkt t
Y(t) = Kapitalanlageerträge bis zum Zeitpunkt t
K(t) = (Verwaltungs-)Kosten bis zum Zeitpunkt t
V(t) = Außerordentliche Veräußerungserlöse/Wertveränderungen bis zum Zeitpunkt t
W(t) = Ausschüttungen (Dividenden) bis zum Zeitpunkt t
Δ(t) = Residualgröße (z. B. Kapitalaufstockungen) bis zum Zeitpunkt t

Für jede einzelne Zufallsvariable wird die Existenz eines Erwartungswertes und der Varianz sowie ggf. der jeweiligen höheren Momente unterstellt. Auf die Abhängigkeiten der Zufallsvariablen im Zeitablauf (z. B. Markoff-Eigenschaft) und untereinander (Korrelationen, stochastische Abhängigkeiten) wird im Rahmen der jeweiligen Fragestellung gesondert eingegangen.

Der „klassische" Risikoreserveprozeß[2] ergibt sich in diesem Ansatz bei der Setzung

$$Y(t) = K(t) = V(t) = W(t) = \Delta(t) \equiv 0$$

und dem Übergang zur „Operational Time" $\hat{t}$, die die folgende Darstellung ermöglicht:

(2.3) $\quad R(\hat{t}) = R(0) + P \cdot \hat{t} - X(\hat{t})$

Die Schadenabflüsse $X(\hat{t})$ werden hier als Funktion der Prämienzuflüsse verstanden, wobei P die „Prämienrate pro Zeiteinheit" darstellt und $[0,\hat{t})$ das „Zeit"-Intervall, in dem aufgrund des gewählten Prämienprinzips genau die Prämie $P \cdot \hat{t} = \hat{t} + \lambda\hat{t}$ (mit $\lambda > 0 \triangleq$ Sicherheitszuschlagsfaktor) erzielt wird. Die Prämie fließt innerhalb dieses Intervalls gleichmäßig zu.

Für den Prozeß (2.3) existieren zahlreiche Analysen zu „Ruinwahrscheinlichkeiten", wobei in der Regel eine vierfache Abstufung von der stetigen Ruinwahrscheinlichkeit mit unendlichem Horizont bis herab zur einjährigen Verlustjahrwahrscheinlichkeit vorgenommen wird. Eine übersichtliche Darstellung findet sich z. B. bei Heilmann[3]: Zur Bestimmung der ver-

---

2 Vgl. Karten, W.: Grundlagen eines risikogerechten Schwankungsfonds für Versicherungsunternehmen, Berlin 1966, S. 67 ff., Heilmann, W.-R.: Grundbegriffe der Risikotheorie, Karlsruhe 1987, S. 77 f., 182 ff.
3 Heilmann, W.-R., a.a.O., S. 183. In der Grundform ist dieser Ansatz aber bereits ebenso beschrieben in Karten, a.a.O., S. 68 f.

schiedenen „Ruinwahrscheinlichkeiten" kann der Zeitparameter $\hat{t}$ entsprechende Bereiche $T \subset (0,\infty)$ durchlaufen, z. B.:

$T_1 := [0,\infty)$ (stetiger Zeitparameter, unendlicher Horizont)

$T_2 := [0,\tau)$, wobei $\tau \in (0,\infty)$ (stetiger Zeitparameter, endlicher Horizont τ)

$T_3 := \{k \cdot d: k = 0,1, \ldots\}$, wobei $d \in (0,\infty)$ (diskreter Zeitparameter, unendlicher Horizont)

$T_4 := \{k \cdot d: k = 1,2, \ldots, n\}$, wobei $d \in (0,\infty)$, $n \in \mathbb{N}$ (diskreter Zeitparameter, endlicher Horizont $n \cdot d$)

Als Spezialfall von T_4 wird eine Einpunktmenge mit dem Element $m \in \mathbb{N}$, gewählt und der „Prozeß" der Realisationen von $R(m)|R(m-1)$ betrachtet, der sich ergibt, wenn unter der Bedingung einer zum Zeitpunkt $m-1$ bekannten Realisation $R(m-1)$ die Wahrscheinlichkeiten der Realisationen $R(m)$ zum Zeitpunkt m untersucht werden.

Für Zwecke der Beurteilung und Steuerung von Versicherungsunternehmen kann die Betrachtung dieser einjährigen Verlustwahrscheinlichkeit ein erster sinnvoller Ansatz sein und fließt in der Tat (z. T. implizit) auch in die Entwicklung des „Risk-Based Capitals" in den USA ein.

3. Der diskrete Prozeß des verfügbaren Kapitals (TAC) als Teilprozeß des erweiterten Risikoreserveprozesses

Eine der wesentlichen Schwierigkeiten bei der Beurteilung eines realen Risikoreserveprozesses in der Praxis stellt bereits seine Messung dar. Allein schon aufgrund der Reservierungsproblematik[4] ist es so gut wie unmöglich, zu jedem beliebigen Zeitpunkt den genauen Zustand eines laufenden Risikoreserveprozesses festzustellen. Zur Vereinfachung erfolgt in der Regel eine Einschränkung der Messung auf die jeweiligen Rechnungslegungszeitpunkte (z. B. Jahresenden, in den USA auch Quartalsenden). Jede Beurteilung des Prozesses erfolgt demnach auf Basis einer Menge von Zeitpunkten, die dem Typ T_3 aus dem vorhergehenden Abschnitt entspricht. Im folgenden wird jedoch anstelle der „Operational Time" in der Regel die Echtzeit verwendet.

Das „verfügbare Kapital" (Total Adjusted Capital, TAC) zu einem jeden solchen Rechnungslegungszeitpunkt besteht in den USA im wesentlichen aus dem festgestellten „Surplus" in der Bilanz eines Versicherungsunternehmens, d. h. dem Überschuß der Aktiva über die Passi-

---

[4] Man verläßt also die reine Zahlungsebene.

va[5]. Mit den Daten des Jahresabschlusses hat dieser „Surplusprozeß" somit das Aussehen:

(3.1) $\overbrace{S(t_n) = S(t_{n-1})}^{\text{Bilanz-Werte}} + \overbrace{Z(t_n) - E(t_n)}^{\text{GuV-Werte}}$

mit den folgenden Komponenten:

$S(t_n)$ = „Surplus" zum Bilanzzeitpunkt t_n

$S(t_{n-1})$ = „Surplus" zum vorhergehenden Bilanzzeitpunkt

$Z(t_n)$ = Zuführungen zum Surplusprozeß im Intervall $[t_{n-1}, t_n)$ aus Prämien, Zinsen, Veräußerungsgewinnen, Kapitalzuführungen und ähnlichem

$E(t_n)$ = Entnahmen aus dem Surplusprozeß im Intervall $[t_{n-1}, t_n)$ z. B. aufgrund von Schäden, Kosten, Abschreibungen, Ausschüttungen

Für praktische Aspekte empfiehlt sich nunmehr die Gleichsetzung[6] des erweiterten Risikoreserveprozesses mit dem Surplusprozeß zu den Zeitpunkten $t_n \in T_3$:

(3.2) $S(t_n) := R(t_n) \qquad t_n \in T_3$

Mit (3.2) wird nun zwar nicht mehr der vollständige Risikoreserveprozeß beschrieben, dafür rücken aber pragmatische Ansätze zur Beurteilung und ggf. Steuerung des diskreten Prozesses $S(t_n)$, n = 1,2, ... aufgrund festgestellter Daten des Jahresabschlusses in greifbare Nähe.

Zu unterscheiden sind grundsätzlich zwei ganz verschiedene Motive der Beurteilung und Steuerung dieses Prozesses:

a) Motive unternehmenseigener Organe (wie Vorstand, Aufsichtsrat) im Rahmen der Nutzung des unternehmerischen Spielraums zur Verwirklichung der Unternehmensziele

b) Motive von (staatlichen) Aufsichtsorganen im Rahmen ihrer Aufsichtsverantwortung zur Wahrung der Interessen von Versicherungs-

---

5   Anders als in Deutschland spielen in den USA „stille Reserven" nur eine untergeordnete Rolle, da sowohl der Marktwertansatz (anstelle des Niederstwertprinzips) auf der Aktivseite als auch die Zulässigkeit der Reservediskontierung auf der Passivseite einen Aufbau stiller Reserven nur sehr eingeschränkt zulassen.
6   Eine solche „Gleichsetzung" zu bestimmten Zeitpunkten soll nichts anderes ausdrücken, als die Praxis, daß der Istzustand des Risikoreserveprozesses zu diesen Zeitpunkten nach Berücksichtigung aller Zuführungen und Entnahmen festgestellt wird.

nehmern, geschädigten Dritten und ggf. Anteilseignern (z. B. Kleinaktionären)

Während die Mehrzahl der Ausarbeitungen zur Steuerung des Risikoreserveprozesses aus der betriebswirtschaftlichen Sichtweise vorgenommen wurde[7], wird in den folgenden Ausführungen die aufsichtsbehördliche Sichtweise im Vordergrund stehen, vor allem die weit vorangeschrittene Bemühung in den USA, einen konkreten „Surplusprozeß" daraufhin zu beurteilen, ob er einem bestimmten Sicherheitsstandard entspricht und welche Maßnahmen ggf. einzuleiten sind[8], um diesen Standard zu erreichen.

4. Der RBC-Ansatz in den USA

4.1 Zielsetzung und Vorgehensweise zur Bestimmung eines risikobasierten Mindestkapitals für US-Versicherer

4.1.1 Erste Schritte und RBC-Regelung für US-Lebensversicherer

In der Folge wachsender Bedenken über die finanzielle Stabilität von Versicherungsunternehmen in den USA am Ende der 80er Jahre beschloß die „National Association of Insurance Commissioners" (NAIC) im Jahre 1990 die Verbesserung der US-weiten Aufsichtsstandards und die Erarbeitung von Mindestanforderungen für die Aufsichtsregelungen der einzelnen Bundesstaaten. Eine der sechs hierbei zu lösenden Aufgaben bestand in der Erarbeitung von US-weit gültigen Standards zur risikobasierten Mindestkapitalausstattung („Risk-Based Capital", RBC) von Versicherungsunternehmen.

Im Dezember 1990 bildete die NAIC zwei Arbeitsgruppen: eine für Lebens- und Krankenversicherer und die andere für Sach- und Haftpflicht-(Property/Casualty)-Versicherer. Die nachfolgenden Diskussionen zeigten, daß es sich hierbei um eine der anspruchsvollsten Aufgaben handelte, die im Rahmen der Versicherungsaufsicht bisher zu lösen gewesen waren. Obwohl der Banksektor schon seit einigen Jahren das Konzept des risikobasierten Kapitals kannte und auch in Teilbereichen des Versicherungsmarktes RBC-Modelle existierten (z. B. bei Rating-Agenturen), stellte sich die Entwicklung einer einheitlichen, konsistenten und für alle Unternehmen in gleicher Weise gültigen RBC-Formel als kaum machbar heraus.

---

7 Vgl. zu Einzelheiten Reischel, M.: Dynamische Rückversicherungs- und Ausschüttungspolitik beim Risikogeschäft, Karlsruhe 1981, und die dort angegebene Literatur.

8 Eine umfangreiche und übersichtliche Darstellung der englischsprachigen Literatur zur Thematik der risikogerechten Kapitalausstattung wird gegeben in: Brender, A., Brown, R., Panjer, H.: A Synopsis and Analysis of Research on Surplus Requirements for Property and Casualty Insurance Companies, Casualty Actuarial Society Forum, Summer 1993 Edition, S. 1 ff.

Um so erstaunlicher muß es erscheinen, daß im Dezember 1992 die Standards für Lebens-/Krankenversicherer[9] und im Dezember 1993[10] die Standards für Property/Casualty-Versicherer verabschiedet werden konnten. Dies konnte allerdings nur auf Kosten einiger gravierender qualitativer Abstriche[11] und einiger sehr „heroischer" Vereinfachungen[12] bewerkstelligt werden.

Abgesehen von den nachfolgend näher zu erläuternden Risikokomponenten und ihrer Bewertung ist dabei eine einheitliche Struktur der Regelungen festzustellen, die sich sehr verkürzt wie folgt darstellen läßt (vgl. Abbildung 1):

Zu den Bilanzstichpunkten wird das tatsächlich vorhandene Kapital (TAC) ermittelt. Aus der Bewertung der Gesamtrisikosituation des Unternehmens wird sodann (analog zu den EG-Regelungen) als notwendiges Mindestkapital das RBC festgestellt und mit dem TAC verglichen. Solange das TAC über dem RBC liegt, besteht für die Aufsichtsbehörden in der Regel keine Notwendigkeit zu einem Eingriff. Mit zunehmendem Absinken des TAC stehen den Aufsichtsbehörden aber vier Eingriffsstufen zur Verfügung:

1. Company Action Level (CAL): Bei Unterschreitung dieses Wertes kann die Aufsichtsbehörde von dem Unternehmen eine Erklärung verlangen, woher die Unterschreitung resultiert und wie eine ausreichende Kapitalisierung wiederhergestellt werden soll.

2. Regulatory Action Level (RAL): Unterhalb dieses Wertes kann die Aufsichtsbehörde neben der rein passiven Einforderung eines Korrekturplanes auch selbst Maßnahmen zur Wiederherstellung der Mindestkapitalisierung anordnen.

3. Authorized Control Level (ACL): Dieser Wert stellt einen „harten" Interventionspunkt dar, bei dessen Unterschreiten bereits Maßnahmen

---

9 Zu unterscheiden ist in die „RBC-Formula" und das „RBC Model Act". Beide wurden zunächst für den Bereich der Lebens- und Krankenversicherer formuliert und während des „December 1992 meetings" der NAIC zur Umsetzung für den Jahresabschluß 1993 verabschiedet. Für die „RBC-Formula" liegt mittlerweile eine veröffentlichte Fassung vor (NAIC Life Risk-Based Capital Report, Overview and Instructions for Companies, May 1st, 1993). Das „RBC-Model-Act" wurde dagegen im Dezember 1993 um die Ausführungen für den Property/Casualty-Bereich erweitert und wird mit diesen zusammen einen gemeinsamen Text bilden.
10 Risk-Based Capital (RBC) for Insurers Model Act, Draft: 23. Nov. 1993; NAIC Property/Casualty Worksheet, Date: November 1993.
11 So taucht das überaus wichtige „Katastrophenrisiko" in der gegenwärtigen Regelung (noch) nicht auf, da bislang kein Konsens zu dessen qualitativer und quantitativer Berücksichtigung gefunden werden konnte, vgl. Abschnitt 6.
12 Die große Diskussion zur Bewertung der Rückversicherungsforderungen wurde zunächst mit einer Art „Einheitsbewertung" beendet, die keinerlei Rücksicht auf die unterschiedliche finanzielle Stabilität der einzelnen Rückversicherer nimmt; vgl. Abschnitte 4.2.6 und 6.

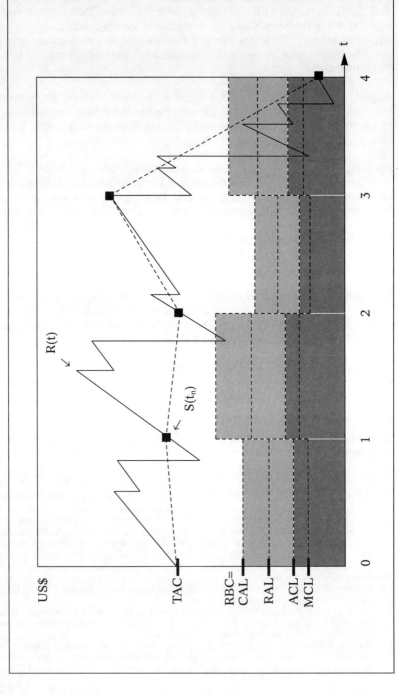

Abbildung 1: Zulässige und kritische Bereiche für Risikoreserve und Surplus (TAC)

zur Rehabilitation/Liquidation des Unternehmens von der Aufsicht eingeleitet werden können.

4. Mandatory Control Level (MCL): Ab diesem Wert ist die Aufsichtsbehörde verpflichtet, die Geschicke des Unternehmens zu übernehmen und es einem Rehabilitations- bzw. Liquidationsprozeß zuzuführen.

Die auf dieser Basis zunächst für Lebens-/Krankenversicherer für jeden Jahresabschluß ab Bilanzjahr 1993 zu durchlaufende Prüfung ist in Abbildung 2 als Ablaufschema dargestellt. In die Berechnung des RBC fließen risikobewertete Kapitalteile für Investmentrisiken, Bestandsrisiken, Zinsrisiken sowie allgemeine Unternehmensrisiken ein, auf die an dieser Stelle nicht näher eingegangen werden soll (siehe hierzu aber Abschnitt 4.2 für Property/Casualty-Versicherer). Als Besonderheit ist bei den Lebens- und Krankenversicherern noch ein Trendtest vorgesehen, falls das TAC „nur" um 25 % über dem RBC liegen sollte. Fällt dieser Trendtest aus den Daten der letzten 3 Jahre unbefriedigend aus, so qualifiziert dies bereits für die erste Eingriffsstufe.

4.1.2 Verfeinerungen und RBC-Regelung für US-Property/Casualty-Versicherer

Weitaus schwieriger als im Lebensbereich stellte sich die Schaffung von RBC-Berechnungsstandards im Property/Casualty-Bereich dar[13]. Dies ist zum einen in der weitaus komplexeren Risikostruktur der verschiedensten Branchen mit ihrem unterschiedlichen Abwicklungsverhalten und ihrer unterschiedlichen Anfälligkeit gegenüber allgemeinen gesellschaftlichen Entwicklungen (z. B. Rechtsprechung) begründet, zum anderen aber auch in der nahezu unlösbaren Aufgabe, für *alle* Property/Casualty-Unternehmen gültige *einheitliche* Standards zu schaffen.

So konnte es auch kaum verwundern, daß als Reaktion auf die ersten Vorschläge heftige Diskussionen, u. a. über die Berücksichtigung der Rückversicherung, entbrannten, die durch den nun zur verbindlichen Vorschrift erhobenen Standard keineswegs zurückgegangen sind[14].

---

13 Einen guten Überblick über Historie und Stand der Diskussion geben Simpson, E. M., Kellogg, P. B.: NAIC's RBC: A Virtual Reality, Best's Review Property/Casualty, Feb. 1994, S. 49 ff.
14 Vgl. z. B. Greenwald, J.: Fallout from formula, Business Insurance, 14. Feb. 1994, S. 1 und 25 ff.; o. V.: RAA unhappy with capital formula, The Re Report, 6. Dec. 1993, S. 4; Covaleski, J. M.: Regulators Soften Their October Surprise, Best's Review, Jan. 1994, S. 42 ff. Die Diskussion gipfelt in der Frage, ob das derzeitige Vorgehen der NAIC überhaupt verfassungsmäßig sei, vgl. hierzu Liskov, R. und R. Park: Are the NAIC's Risk-Based Capital Model Acts Constitutional? Insurance and Reinsurance Law (hrsg. von Chadbourne & Parke), Winter 1994, S. 3 f.

Abbildung 2: Risk-Based Capital –
Berechnungsschema für US Lebensversicherer

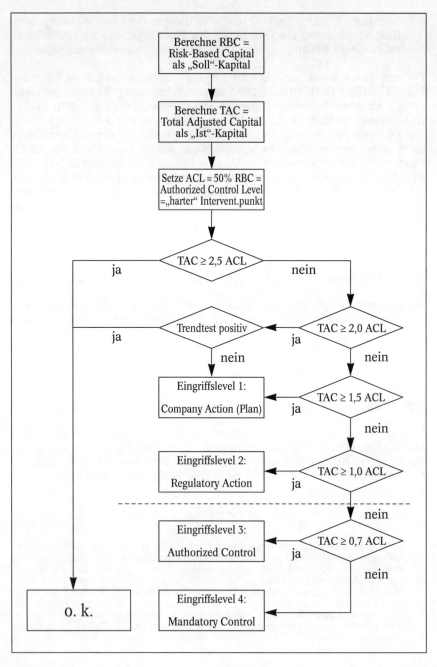

Von der rein formalen Vorgehensweise lehnte sich die Vorschrift für Property/Casualty-Versicherer eng an die ein Jahr zuvor erlassene Regelung für die Lebensversicherer an (vgl. Abbildung 3) mit der Ausnahme, daß bei nur marginalem Überschreiten des (in den kommenden 3 Jahren in 2 Stufen ohnehin um insgesamt 25 % ansteigenden) Mindestniveaus zur Vermeidung der ersten Eingriffsstufe kein Trendtest mehr nötig ist.

Wie auch im Lebensbereich wird das RBC zwar offen errechnet und ausgewiesen, jedwede Werbung mit dem RBC bzw. mit der RBC-Quote ($\stackrel{\wedge}{=} \frac{TAC}{RBC}$), sowie jede Benutzung der RBC-Quote zu Zwecken des Rankings ist aber untersagt[15]. Auch für diese – etwas weltfremd wirkende – Vorschrift wird erst die Zukunft zeigen, wie die Praxis mit ihr umgeht. Nicht verboten scheint es zu sein, der aufsichtsbehördlichen Anordnung nahezu entsprechende Berechnungsvorschriften in eigene Bewertungssysteme einfließen zu lassen, so daß es möglicherweise mit nur geringen Modifikationen doch zu einer Art RBC-Ranking unter anderem Namen kommt.

Der Gültigkeitsbereich der neuen Regelung umfaßt zunächst *alle* größeren oder in mehr als einem US-Bundesstaat tätigen Unternehmen, von einigen Ausnahmen, wie z. B. reinen Finanz-/Hypothekengarantieversicherern, abgesehen. Natürlich unterliegen auch in Liquidation befindliche bzw. ruhende Unternehmen (ca. 7,6 % aller Unternehmen) nicht der Regelung. Nach Abzug der 13,2 % ausschließlich in einem Bundesstaat tätigen kleineren Unternehmen[16] und aller 7,5 % Sonderausnahmen verbleiben schließlich 71,7 % aller Versicherer und Rückversicherer, für die die nachfolgend näher beschriebenen Vorschriften vom Bilanzjahr 1994 an Gültigkeit haben.

In unserer Beschreibung der Regelung wird der Versuch einer durchgängigen Formalisierung unternommen, die in engem Zusammenhang mit den eingangs erwähnten Komponenten des erweiterten Risikoreserveprozesses steht und sich insofern deutlich von den Originalvorschriften und ihrer bisherigen Diskussion unterscheidet. Andererseits wird hierdurch die Möglichkeit einer analytischen Bewertung verbessert und in einigen Fällen sogar erst eröffnet, ohne daß damit bereits eine präzise wahrscheinlichkeitstheoretische Analyse intendiert wäre.

Ein weiterer nicht unwesentlicher Aspekt ist die relative „Kürze" und Transparenz, in der komplex beschriebene aufsichtsrechtliche Anordnungen formal darstellbar sind[17].

---

15 Vgl. Section 8 des „Risk-Based Capital (RBC) for Insurers Model Act" mit der Überschrift „Confidentiality, Prohibition on Announcements, Prohibition on Use in Rate Making".
16 Als „klein" wird derzeit eine Prämieneinnahme von weniger als 2 Mio. US$ im Jahr angesehen.
17 Erinnert sei in diesem Zusammenhang an die Verdienste unseres Lehrers Walter Karten bei der formalen Darstellung einer anderen komplex beschriebenen aufsichtsrechtlichen Vorschrift: der deutschen Schwankungsrückstellung, vgl. Karten, W.: The New „Schwankungsrückstellung" in Annual Statements of German Insurers – An Application of the Theory of Risks? Geneva Papers of Risk and Insurance, No. 17, 1980, S. 54 ff.

Abbildung 3: Risk-Based Capital für US Property/Casualty-Versicherer – Berechnungs- und Eingriffsschema (Endstufe)

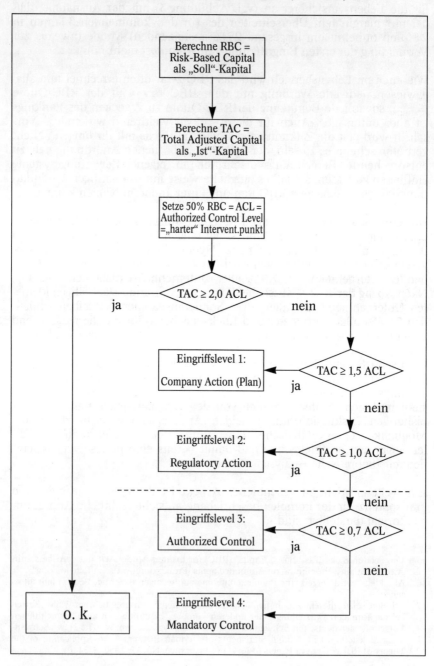

4.2 Die Risk-Based Capital-Formel für US Property/Casualty-Versicherer

4.2.1 Die Risikokategorien in der Übersicht

Die Berechnungen erfolgen für die 4 (bzw. 5) Risikokategorien

$R_K(t)$ = RBC für Kapitalanlagerisiken
$R_A(t)$ = RBC für außerbilanzielle Risiken (inkl. Wachstum)
$R_F(t)$ = RBC für Forderungsrisiken (inkl. RV)
$R_V(t)$ = RBC für versicherungstechnische Risiken, wobei gilt

$$R_V(t) = R_Q(t) + R_P(t)$$

$\uparrow$ Prämienrisiko – RBC
Schadenreserverisiko – RBC

Grundidee ist, jede einzelne Risikokategorie $X \in \{K, A, F, Q, P\}$ in n_x Unterkategorien zu unterteilen und sodann für die monetären Basisgrößen dieser Unterkategorien (z. B. Wiederverkaufswerte von Kapitalanlagen, Reservebestände oder gezeichnete Beiträge) Gewichtungsfaktoren zu bestimmen, die mit den Basisgrößen multipliziert genau das notwendige Risikokapital ergeben, das einen gewünschten Sicherheitsstandard gewährleistet.

Von dem ansonsten durchgängigen Berechnungsmuster

(4.1) $\qquad R_X(t) = \sum_{i=1}^{n_x} f_{Xi}(t) \cdot B_{Xi}(t) \qquad X \in \{K, A, F, Q, P\}$

mit $f_{Xi}(t)$ = i-ter Faktor der Kategorie X, $i = 1, \ldots, n_x$
und $B_{Xi}(t)$ = i-te Basisgröße der Kategorie X, $i = 1, \ldots, n_x$

wird immer dann abgewichen, wenn neben dem reinen Vektorprodukt zur RBC-Bemessung Adjustierungen für notwendig erachtet werden.

Adjustierungsgründe können sein (siehe hierzu 4.2.3.1 bis 4.2.3.4):

- Berücksichtigung von Risiken aufgrund erhöhter Konzentration oder herausragender einzelner Elemente innerhalb der betrachteten Kategorie (z. B. Wertpapierkonzentration beim Kapitalanlagerisiko oder herausragende Sparten beim versicherungstechnischen Risiko),

- Berücksichtigung von Risiken aufgrund stark abweichender Entwicklung eines Unternehmens von der Marktentwicklung (z. B. bei Schadenquoten, Abwicklung und Wachstum),

- Berücksichtigung einer Risikoreduktion durch Teilabwälzung des versicherungstechnischen Risikos auf die Versicherungsnehmer (z. B. schadenabhängige Zusatzprämien),

- Berücksichtigung einer Risikoreduktion durch Anwendung bestimmter Vertragsformen (Claims Made Policen).

4.2.2 Die Kovarianzformel

Schließlich wird eine weitere Adjustierung durchgeführt, die der weitgehenden Unkorreliertheit einzelner Segmente aus den Risikokategorien Rechnung tragen soll (Kovarianzbereinigung)[18], wobei die Zusammenfassung dieser Segmente z. T. quer über die Risikokategorien erfolgt (vgl. Abbildung 4)[19]:

(4.2) $$RBC(t) = R_0(t) + \sqrt{\sum_{i=1}^{5} R_i^2(t)}$$

$R_0(t)$ = RBC-Anteil aus Investitionen in verbundene Unternehmen zzgl. RBC-Anteil für Depotforderungen und Eventualverbindlichkeiten zum Zeitpunkt t

$R_1(t)$ = RBC-Summe für Kapitalanlagerisiken zum Zeitpunkt t für festverzinsliche Wertpapiere und kurzfristige Kapitalanlagen, inkl. Adjustierung für Größeneffekte und Wertpapierkonzentrationen

$R_2(t)$ = RBC-Summe für Kapitalanlagerisiken zum Zeitpunkt t für Aktien und Immobilien, inkl. Adjustierung für Aktienkonzentrationen

$R_3(t)$ = 50 % der RBC-Summe für Forderungen aus Rückversicherungs-Abgaben und sonstigen Forderungen

$R_4(t)$ = $R_3(t)$ + RBC-Anteil für das Reservierungsrisiko

$R_5(t)$ = RBC-Anteil für das Ratierungsrisiko

---

18 In dem ersten Ansatz der Arbeitsgruppe aus dem Jahr 1991 war noch vorgesehen, die anteilig ermittelten RBC-Teile schlicht zum gesamten RBC zu addieren. Es setzte sich jedoch schnell die Erkenntnis durch, daß zur Erhaltung des gewünschten Sicherheitsniveaus ein unterproportionales Anwachsen des Risikokapitals bei Vorliegen partieller Unkorreliertheit ausreichend ist. Vgl. hierzu Actuarial Advisory Committee to the NAIC P/C Risk-Based Capital Working Group: Report on Covariance Method for Property/Casualty Risk-Based Capital, Casualty Actuarial Society Forum, Summer 1993 Edition, S. 173 ff.
19 Die Bezeichnungen R_0 bis R_5 entsprechen hierbei den Bezeichnungen der Originalvorschrift. Insbesondere R_0 unterscheidet sich damit von der oft benutzten Bedeutung als Anfangsreserve.

Abbildung 4: RBC-Formel für US Property/Casualty-Versicherer – Einteilung der Risikokategorien

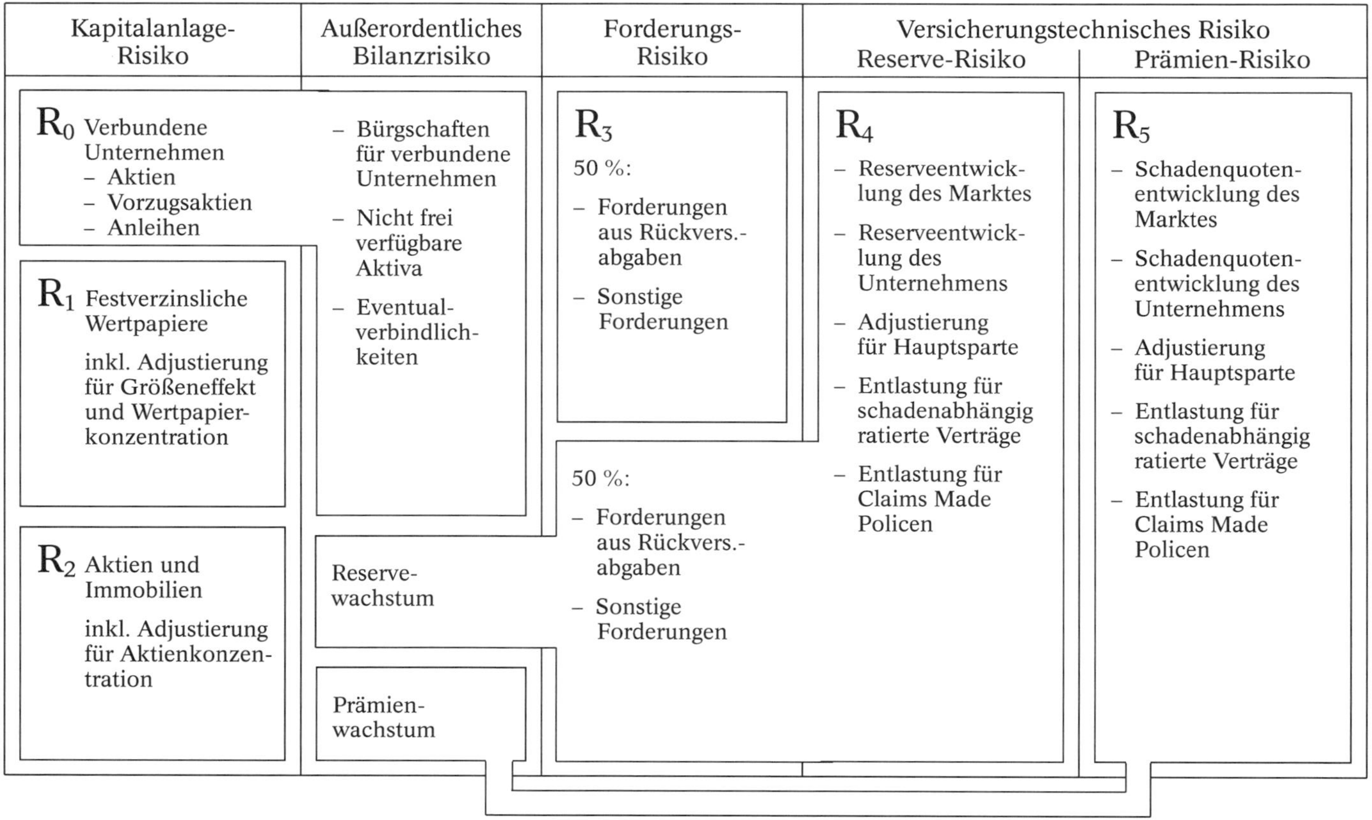

Kapitalanlage-Risiko	Außerordentliches Bilanzrisiko	Forderungs-Risiko	Versicherungstechnisches Risiko	
			Reserve-Risiko	Prämien-Risiko
R_0 Verbundene Unternehmen – Aktien – Vorzugsaktien – Anleihen	– Bürgschaften für verbundene Unternehmen – Nicht frei verfügbare Aktiva – Eventualverbindlichkeiten	R_3 50 %: – Forderungen aus Rückvers.abgaben – Sonstige Forderungen	R_4 – Reserveentwicklung des Marktes – Reserveentwicklung des Unternehmens – Adjustierung für Hauptsparte – Entlastung für schadenabhängig ratierte Verträge – Entlastung für Claims Made Policen	R_5 – Schadenquotenentwicklung des Marktes – Schadenquotenentwicklung des Unternehmens – Adjustierung für Hauptsparte – Entlastung für schadenabhängig ratierte Verträge – Entlastung für Claims Made Policen
R_1 Festverzinsliche Wertpapiere inkl. Adjustierung für Größeneffekt und Wertpapierkonzentration	Reservewachstum	50 %: – Forderungen aus Rückvers.abgaben – Sonstige Forderungen		
R_2 Aktien und Immobilien inkl. Adjustierung für Aktienkonzentration	Prämienwachstum			

In praxi bewirkt diese Kovarianzbereinigung in der Regel eine spürbare Senkung des RBC um ca. $^1\!/_3$ gegenüber der einfachen Summierung der Teilkomponenten (vgl. Abschnitt 5).

Die erste Eingriffsstufe, der „Company Action Level", wird ab 1996 ausgelöst, wenn dieses so errechnete RBC durch das tatsächlich vorhandene Kapital TAC nicht erreicht wird. In den Jahren 1994 und 1995 gilt noch ein etwas abgemildertes Eingriffsniveau gemäß folgender Formel[20]:

(4.3) $\quad \text{CAL}(t) = 2 \cdot \text{ACL}(t) = 2 \cdot c_t \cdot \text{RBC}(t) \text{ mit } c_t = \begin{cases} 0{,}4 \, , \, t = 1994 \\ 0{,}45 \, , \, t = 1995 \\ 0{,}5 \, , \, t \geq 1996 \end{cases}$

      ↑   ↑
            „Authorized Control Level"
  „Company Action Level"

Mit der Substitution:

$R_3(t) = 0{,}5 R_F(t)$ ($R_F(t) \hat{=}$ „vollständiges Forderungsrisiko") und

$\overline{R_4}(t) := R_4(t) - R_3(t)$ („forderungsbereinigtes Reservierungsrisiko")

lautet die Kovarianzformel

(4.4) $\quad \text{RBC}(t) = R_0(t) + \sqrt{R_1^2(t) + R_2^2(t) + (0{,}5 R_F(t))^2 + (0{,}5 R_F(t) + \overline{R_4}(t))^2 + R_5^2(t)}$

Das Forderungsrisiko (vorwiegend das Risiko aus Rückversicherungsabgaben) wird hierdurch explizit sichtbar, so daß eine hierauf aufbauende Differentialanalyse im Hinblick auf das Forderungsrisiko sinnvolle Ergebnisse liefert.

So wird u. a. eine explizite Untersuchung der Auswirkung von Rückversicherungsabgaben auf den RBC-Bedarf ermöglicht.

Die wichtigste anteilige Komponente stellt in den USA das Risiko der Unterreservierung dar. Eine auf Basis des Jahresabschlusses 1991 durchgeführte Analyse der NAIC[21] hat ergeben, daß für US-Erstversicherer 43,5 % und für US-Rückversicherer 48,6 %, also nahezu die Hälfte (!) des RBC (vor Kovarianzbereinigung) auf das Reserve-Risiko entfällt (vgl. Abbildung 5). Danach folgen mit Abstand das Prämienrisiko mit 23,2 % RBC-Anteil bei Erstversicherern bzw. 19,3 % bei Rückversicherern und das Kapitalanlagerisiko (22,6 % bei Erst-, 20,0 % bei Rückversicherern). Weniger

---

20 Einziges Ziel der Faktoren c_t ist hierbei die Adjustierung der Gesamtanzahl aller Gesellschaften, die den RBC-Test bestehen. Eine theoretische Begründung für die Faktoren c_t gibt es nicht.
21 NAIC: Property/Casualty Risk-Based Capital Formula, Exposure Draft – June 1993.

Abbildung 5: RBC-Kategorien für US Property/Casualty-Versicherer – As-If-Aufteilung im Markt 1991 (vor Kovarianzbereinigung)

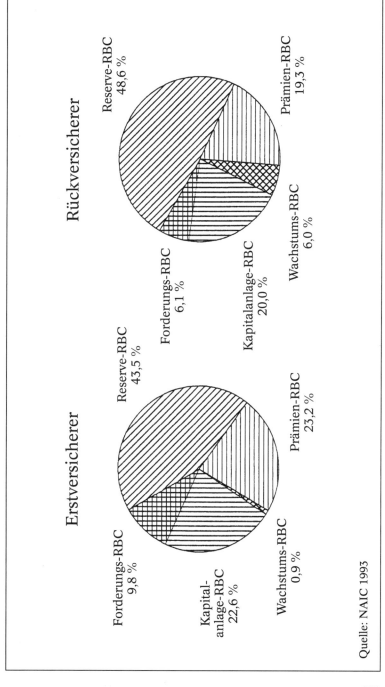

Quelle: NAIC 1993

Bedeutung haben das Forderungsrisiko (9,8 % bei Erst-, 6,1 % bei Rückversicherern) und das Wachstumsrisiko, das bei Erstversicherern mit 0,9 % so gut wie keinen Einfluß hat, bei Rückversicherern aber immerhin noch mit 6,0 % zur RBC-Summe beiträgt. Eine Aktualisierung dieser Werte[22] auf Basis des Jahresabschlusses 1992 hat die Relationen (bei einer leichten Verschiebung von Reserve- und Kapitalanlagerisiko zu Prämien- und Forderungsrisiko) im wesentlichen bestätigt.

4.2.3 Die wichtigsten Risikokategorien im einzelnen

4.2.3.1 Das Reservierungsrisiko

Gemäß der Bedeutung wird die detaillierte Darstellung der Berechnungsvorschrift mit dem Reserverisiko begonnen. Zunächst gilt auch hier der generelle Ansatz gemäß (4.1):

$$(4.5) \qquad R_Q(t) = \sum_{i=1}^{n_v} f_{Qi}(t) \cdot B_{Qi}(t)$$

wobei $f_{Qi}(t)$ diejenigen zum Zeitpunkt t gültigen Prozentsätze darstellen, die angewendet auf die absoluten Schadenreservebeträge $B_{Qi}(t)$ der Sparte i (i = 1, ..., n_v) zum Zeitpunkt t das Kapital beziffern, das notwendig ist, um zukünftige Schadenreserveabwicklungsverluste mit „hinreichend großer Wahrscheinlichkeit" abdecken zu können.

Die „hinreichend große Wahrscheinlichkeit" wurde von Beratern der NAIC ursprünglich mit 98,25 % angesetzt, so daß eine zulässige Verlustwahrscheinlichkeit[23] von 1,75 % für jede separat betrachtete Risikokategorie als den Versicherungsnehmern zumutbar angesehen wurde.

Da die „wahre" Abwicklungsverteilung nicht bekannt und mit einfachen Mitteln auch nicht zu schätzen ist, wurde als Näherungswert auf das Reserveabwicklungsverhalten in den 18 rechnungslegungsmäßig erfaßten Sparten (inkl. der 4 Rückversicherungssparten) der US-Property/Casualty-Versicherer in den vergangenen 10 Jahren zurückgegriffen. Unter Mitwirkung der American Academy of Actuaries wurden von einer Task Force Faktoren entwickelt, die dem oben genannten Sicherheitslevel nahekommen sollten. Der im Mittel notwendige (diskontierte) RBC-Bedarf sollte demnach z. B. 9 % der Reserven für das Arbeiterunfall-Geschäft (Workers

---

22 NAIC: Property/Casualty Risk-Based Capital Formula, Exposure Draft – October 1993.
23 Der Name dieser Verlustwahrscheinlichkeit lautet im amerikanischen Konzept des NAIC Actuarial Advisory Committee: „Expected Policyholder Deficit (EPD)", vgl. American Academy of Actuaries, Property/Casualty Risk-Based Capital Task Force, Report on Reserve and Underwriting Risk Factors, Casualty Actuarial Society Forum, Summer 1993 Edition, S. 105 ff.

Compensation) bis hin zu 28 % der Reserven für Sachrückversicherung (Property Reinsurance) betragen[24]. Für Haftpflichtrückversicherung wurden 10 % in Ansatz gebracht.

Demgegenüber präferierte die NAIC lange einen Ansatz, der sich nicht an den *Wahrscheinlichkeiten* negativer Abweichungen, sondern an beobachteten *Extremwerten* orientierte und zu Faktoren von 0,5 % der Reserven für Arbeiterunfallversicherung bis 34,8 % der Reserven für Haftpflichtrückversicherung führte. Der Haftpflicht*extremwert* (vor Diskontierung) lag um nahezu das Doppelte über dem Wert für das 98,25%ige Konfidenzniveau, so daß sich nach Diskontierung diese gravierende Abweichung ergeben mußte.

In der endgültig verabschiedeten Fassung, die auf Basis aktualisierter Statistiken noch einmal überarbeitet wurde, hat sich leider weitgehend der NAIC-Ansatz durchgesetzt[25], so daß ein wesentlicher Kritikpunkt damit bereits feststeht: Mit dem Schadenreserve-RBC werden die in der Vergangenheit beobachteten Abweichungen abgedeckt, nicht die gegenwärtig vorhandenen Abweichungspotentiale.

Im einzelnen basiert die für jede Sparte i (i = 1, ..., n_v) durchzuführende Errechnungsvorschrift für die Faktoren f_{Qi} auf einem je hälftig aus Unternehmenserfahrung und Markterfahrung gewichteten Markt-RBC-Faktor, der um die Entlastung aus zukünftigen Investmenterträgen bereinigt wird (Barwertansatz)[26]:

$$(4.6) \qquad f_{Qi} = \max\left\{0, \left[\left(\tilde{f}_{Qi} \cdot \left(0,5 \cdot \frac{CD_i}{ID_i} + 0,5\right) + 1\right) \cdot PV_{Qi} - 1\right]\right\}$$

Hierin bedeuten die Variablen:

$\tilde{f}_{Qi}$ = RBC-Faktor, der notwendig wäre, um die höchste in den vergangenen 10 Jahren beobachtete Abwicklungsverschlechterung des Marktes in der Sparte i auszugleichen (wird von der NAIC vorgegeben)

CD_i = Individueller Abwicklungsfaktor (Company Development) gemäß Rechnungslegung (Schedule P) des betrachteten Unternehmens in der Sparte i aus den letzten 9 Jahren (sofern vorhanden), maximal aber 400 %. Für eine bestimmte Kategorie der Rückversicherung

---

24 Ebenda, S. 8.
25 Der diskontierte RBC-Bedarf für Haftpflichtrückversicherung liegt jetzt sogar bei 37,8 %.
26 Neben f_{Qi} selbst sind grundsätzlich alle weiteren Variablen vom Zeitpunkt abhängig. Zur Vereinfachung der Schreibweise wird in (4.6) und den folgenden Formeln auf die explizite Erwähnung dieser Zeitabhängigkeit verzichtet. In der Praxis wird der Wert dieser Variablen voraussichtlich für jedes Bilanzjahr bestimmt werden.

(Reinsurance D) werden nur die ersten 5 der letzten 9 Jahre herangezogen.

ID_i = Abwicklungsfaktor des Marktes (Industry Development) in der Sparte i aus den letzten 10 Jahren (wird von der NAIC vorgegeben)

PV_{Qi} = Barwertfaktor, der die im Mittel mögliche Diskontierung (bei 5 % Zins) der im Markt vorhandenen Reserven repräsentiert (wird von der NAIC vorgegeben)

Sofern die Abwicklungsentwicklung des betrachteten Unternehmens identisch ist mit der Marktentwicklung, reduziert sich die Faktorenbestimmung zu

(4.7) $\quad f_{Qi} = \max\left[0, \left(1 + \tilde{f}_{Qi}\right) \cdot PV_{Qi} - 1\right]$

Bei korrekter diskontierter Reservierung, also im Fall $PV_{Qi} = \frac{1}{1+\tilde{f}_{Qi}}$, ist eine vollständige Abdeckung zukünftiger Abwicklungsverluste durch Investmenterträge möglich, so daß eine Bedeckung durch Risikokapital somit entbehrlich wird. Eine Anrechnung tatsächlich vorhandener „stiller Reserven" im Fall $PV_{Qi} < \frac{1}{1+\tilde{f}_{Qi}}$ ist dagegen nicht vorgesehen, obwohl prinzipiell eine Entnahme aus den Reserven der Branche i bis zur Höhe $\frac{1}{1+\tilde{f}_{Qi}} - PV_{Qi}$ ohne Gefährdung des Sicherheitsniveaus der Sparte i möglich wäre, um z. B. negative Abwicklungen in anderen Sparten auszugleichen. Hieraus folgt ein weiterer wesentlicher Kritikpunkt an dem gesamten RBC-Konzept: Bei scheinbarer „Überreservierung" ist eher ein Abbau vorhandener Reserven bis zum Anrechnungspunkt zu erwarten. Da überdies allgemein von einer nach wie vor unzureichenden Reservierung im US-Markt ausgegangen wird, kann das RBC-Konzept folglich dazu führen, daß sich diese Situation eher noch verschärft.

Hieran ändern auch die Adjustierungen an der Formel (4.5) nichts, die noch durchzuführen sind, bevor das Reservierungs-RBC Eingang in die Komponente R_4 der Kovarianzformel findet.

Im einzelnen handelt es sich um folgende, z. T. substantielle Adjustierungen:

1. Bestimmung einer Abzugsposition von (4.5) für „Loss-Sensitive-Contracts". Für jede Sparte i (i = 1, ..., n_v) wird der prozentuale Anteil β_{Qi} der Reserven für schadenabhängig ratierte Verträge an den Gesamtreserven B_{Qi} ermittelt. Entsprechend diesem Anteil wird das ursprünglich mit den Faktoren f_{Qi} bestimmte RBC um 30 % für Erstversicherungs-

verträge und um 15 % für Rückversicherungsverträge reduziert, um
dem verringerten Abwicklungsrisiko Rechnung zu tragen[27].

Die Formel (4.5) lautet damit

$$R_Q = \sum_{i=1}^{n_V} \hat{f}_{Qi} \cdot B_{Qi}$$

mit $\hat{f}_{Qi} = \begin{cases} (1 - 0,30 \cdot \beta_{Qi}) \cdot f_{Qi} \text{ für Erstversicherungsverträge} \\ (1 - 0,15 \cdot \beta_{Qi}) \cdot f_{Qi} \text{ für Rückversicherungsverträge} \end{cases}$

Nicht einfach ist allerdings eine *eindeutige* Definition dessen, was unter einem „Loss-Sensitive-Contract" zu verstehen ist[28].

2. Bestimmung einer zusätzlichen Abzugsgröße für die Sparte „Medical Malpractice"[29]. Für den Anteil $\tilde{\beta}_{Qj}$ an den Reserven B_{Qj}, der auf sogenannte Claims-Made-Policen[30] entfällt, wird ein zusätzlicher Abschlag von 20 % eingeräumt, so daß sich der Faktor $\hat{f}_{Qj}$ für die Sparte j $\hat{=}$ Medical Malpractice wie folgt darstellen läßt:

$$\hat{f}_{Qi} = \begin{cases} (1 - 0,30 \cdot \beta_{Qj} - 0,2 \cdot \tilde{\beta}_{Qj}) \cdot f_{Qj} \text{ für Erstversicherungsverträge} \\ (1 - 0,15 \cdot \beta_{Qj} - 0,2 \cdot \tilde{\beta}_{Qj}) \cdot f_{Qj} \text{ für Rückversicherungsverträge} \end{cases}$$

Ein vollständig aus schadenabhängig ratierten Claims-Made-Policen bestehendes Medical-Malpractice-Portefeuille eines Erstversicherers reduziert das Ausgangs-RBC für alle weiteren Berechnungen somit auf die Hälfte des ursprünglichen Betrages. Dies kann für viele Spezialversicherer in diesem Bereich eine große Bedeutung erlangen.

3. Adjustierung für Hauptsparte

Für ein breit gestreutes Portefeuille mit etwa gleichstarken Branchen wird unterstellt, daß der hieraus resultierende Ausgleichseffekt einen gewissen Abschlag von (4.5) bereits vor Anwendung der Kovarianzformel rechtfertigt. Im einzelnen lautet die Vorschrift:

---

27 Die Festlegung dieser Prozentsätze erfolgte willkürlich, d. h. ohne nachvollziehbare Begründung. Auffällig ist allerdings der große, die Rückversicherung nahezu schon diskriminierende Unterschied zwischen den beiden Prozentsätzen.
28 Vgl. hierzu die nur scheinbar recht präzisen „Instructions", Attachment 5 to the P & C Risk-Based Capital Working Group Minutes of 11/22/93 and 11/23/93, S. 7 f.
29 Hierunter fällt im wesentlichen das Berufshaftpflichtrisiko von Ärzten und medizinischen Institutionen wie z. B. Hospitälern.
30 Da Claims-Made-Policen nur für Schäden haften, die in der Policenperiode *gemeldet* werden, entfällt das typische Nachhaftungsrisiko der sogenannten Occurrence-Policen.

$$(4.8) \quad R_Q = \left[0{,}7 + 0{,}3 \cdot \max_k \left(\frac{B_{Q_k}}{\sum_{i=1}^{n_v} B_{Q_i}}\right)\right] \cdot \sum_{i=1}^{n_v} \hat{f}_{Q_i} \cdot B_{Q_i}$$

Der Gewichtungsfaktor für 30 % des RBC wird hiernach aus dem maximalen Anteil einer Sparte an den Gesamtreserven bestimmt. Falls also 15 Sparten völlig gleiche Anteile besitzen, so reduziert sich dieser Gewichtungsfaktor auf $\frac{1}{15}$, so daß von den 30 % nur noch 2 % übrig bleiben, R_Q somit nur noch 72 % der reinen Produktsumme beträgt.

Für einen „Monoline-Insurer" ist dagegen das Maximum gleich 1, es gibt keinen Abschlag von der Produktsumme.

4. Zuschlag bei überproportionalem Prämienwachstum[31]

Als „normal" wird ein durchschnittliches Wachstum von 10 % der „Group Gross Written Premium" aus den letzten 4 Jahren angesehen[32]. Darüber hinausgehendes Wachstum wird mit einem 45%igen RBC-Zuschlag belegt, wobei maximal 40 % Wachstum in die Formel eingehen.

Wird mit GPI(t) das Prämienvolumen des zuletzt abgeschlossenen Bilanzjahres bezeichnet, so errechnet sich der Wachstumsfaktor g(t) als arithmetisches Mittel der zurückliegenden 3 Einzelfaktoren zu

$$(4.9) \quad g(t) = \frac{1}{3} \cdot \left(\frac{GPI(t)}{GPI(t-1)} + \frac{GPI(t-1)}{GPI(t-2)} + \frac{GPI(t-2)}{GPI(t-3)}\right)$$

Die endgültige Formel der reinen Reservierungs-Komponente des RBC in der Kovarianzformel, d. h. *vor* Berücksichtigung des anteiligen Forderungsrisikos, lautet damit:

$$(4.10) \quad \overline{R}_4(t) = R_Q(t) + \max\left\{0, \left[0{,}45 \cdot \left(\min(0{,}4; g(t)) - 0{,}1\right)\right]\right\} \cdot \sum_{i=1}^{n_v} B_{Q_i}(t)$$

Es muß an dieser Stelle festgehalten werden, daß der Risikozuschlag für überdurchschnittliches Wachstum allein anhand des Prämienwachstums berechnet wird, nicht etwa unter Einbeziehung des Reservewachstums. Dies erscheint insofern vernünftig, als Reservewachstum auch ohne Ausweitung der Geschäftsbasis allein aufgrund von realisierten Abwicklungsverlusten auftreten kann, so daß hierdurch – als

---

[31] Rein formal werden die wachstumsbedingten RBC-Zuschläge unter den außerordentlichen Bilanzrisiken erfaßt, vgl. Abbildung 4.
[32] „Group Gross Written Premium" im Sinne der Anordnung ist die Summe der gezeichneten *Brutto*prämien *aller* Gruppenunternehmen.

indirekte Folge – eher eine Reservestabilisierung bewirkt wird, die einen *Abschlag* vom RBC rechtfertigen würde.

4.2.3.2 Das Prämienrisiko

In völliger Analogie zum Reserverisiko wird das Prämienrisiko behandelt. Ausgehend von den gleichen Sparten i (i = 1, ..., n_v) werden pro Sparte zunächst Prozentsätze $f_{P_i}(t)$ ermittelt, die mit den im Zeitraum (t – 1,t) gezeichneten Nettoprämien $B_{P_i}(t)$ multipliziert das „rohe" Prämien-RBC ergeben:

(4.11) $$R_P(t) = \sum_{i=1}^{n_v} f_{P_i}(t) \cdot B_{P_i}(t)$$

Ausgangspunkt für die Faktorenermittlung sind die Schadenquoten der einzelnen Sparten. Die Berechnungsvorschrift lautet[33]:

(4.12) $$f_{P_i} = \max\left\{0, \left[\tilde{f}_{P_i} \cdot \left(0,5 \cdot \frac{CL_i}{IL_i} + 0,5\right) \cdot PV_{P_i} + CE_i - 1\right]\right\}$$

In weitgehender Analogie zu (4.6) bedeuten die Variablen

$\tilde{f}_{P_i}$ = Maximalschadenquote des Marktes, die durch RBC abgedeckt werden soll (wird von der NAIC vorgegeben)

CL_i = Individuelle mittlere Schadenquote (Company Average Loss and Loss Adjustment Expense Ratio) des betrachteten Unternehmens in der Sparte i aus den letzten 10 Jahren (sofern vorhanden). Da das *ungewichtete* Mittel aus den einzelnen Schadenquoten gebildet wird, können Jahre mit einem geringeren Prämienvolumen als 20 % des Durchschnitts aus der Rechnung herausgenommen werden. Bei mehr als zwei solcher Jahre kann auf die Berücksichtigung der Unternehmenserfahrung gänzlich verzichtet werden[34]. In jedem Fall sind individuelle Schadenquoten auf 300 % zu begrenzen, bevor sie in die Mittelwertbildung eingehen.

IL_i = Mittlere Schadenquote des Marktes (Industry Average Loss and Loss Adjustment Expense Ratio) in der Sparte i aus den letzten 10 Jahren (wird von der NAIC vorgegeben)

---

[33] Auch hier wird aus Vereinfachungsgründen vorübergehend auf den Zeitparameter verzichtet.
[34] Dieser Ansatz wird in der Vorschrift als „De Minimis Test" bezeichnet, vgl. NAIC Property/Casualty RBC Worksheet, Clarifications to the 1992 Exposure Draft (dated October 21, 1993), abgedruckt in: o. V.: P & C Risk-Based Capital Working Group Minutes, 22./23. 11. 93, Attachment 4.

PV_{P_i} = Barwertfaktor, der die im Mittel mögliche Diskontierung (bei 5 % Zins) der nach Kosten verbleibenden Prämien repräsentiert (wird von der NAIC vorgegeben).

CE_i = Aktuelle versicherungstechnische Kostenquote (Company Underwriting Expense Ratio) des betrachteten Unternehmens in der Sparte i.

Sofern die mittlere Schadenquote des betrachteten Unternehmens mit der mittleren Schadenquote des Marktes identisch ist, reduziert sich (4.12) zu

$$(4.13) \qquad f_{P_i} = \max\left[0, \left(\tilde{f}_{P_i} \cdot PV_{P_i} + CE_i - 1\right)\right]$$

so daß bei „satter" diskontierter Prämienerhebung, also im Fall $PV_{P_i} \cdot \tilde{f}_{P_i} = 1 - CE_i$ eine vollständige Abdeckung versicherungstechnischer Verluste bis hin zur Maximalschadenquote $\tilde{f}_{P_i}$ durch die vereinnahmte Prämie und die hierauf erzielbaren Zinserträge erreicht werden kann, eine Abdeckung durch RBC folglich nicht notwendig ist. Hierbei bezeichnet $1 - CE_i$ den nach Kostenabzug verbleibenden Prämienanteil, der als Zinsträger vor Schadenzahlungen zur Verfügung steht.

Auch hier gilt ein ähnlicher Einwand wie beim Reserve-RBC: Eine mehr als ausreichende Prämie führt nicht zu einer RBC-Entlastung für andere RBC-Kategorien, da minimal der Wert 0 in die Berechnung einfließt. Hieraus folgt, daß ein zusätzlicher Sicherheitszuschlag in der Prämie unter RBC-Gesichtspunkten wenig lohnenswert erscheint. Verständlich erscheint dies allein unter dem Aspekt vordergründiger, auf die Erhaltung niedriger Prämien gerichteter „Verbraucherschutzbestrebungen" einiger Insurance Commissioner. Angesichts massiver Hürden vor notwendigen Prämienanpassungen muß gelegentlich selbst die Erzielung der nackten Nettorisikoprämie als Fortschritt angesehen werden[35]. Auch Quersubventionierungen der Sparten untereinander werden nicht gern gesehen.

Die Adjustierungen zu (4.11) werden weitgehend analog zum Reserve-RBC durchgeführt, so daß nur die wesentlichen Aspekte genannt werden sollen. Zunächst erfolgt wieder eine Entlastung bei schadenabhängig ratierten Verträgen durch die Substitution der Faktoren f_{P_i} durch $\hat{f}_{P_i}$ mit

$$\hat{f}_{P_i} = \begin{cases} (1 - 0,3 \cdot \beta_{P_i}) \cdot f_{P_i} \text{ für Erstversicherer} \\ (1 - 0,15 \cdot \beta_{P_i}) \cdot f_{P_i} \text{ für Rückversicherer,} \end{cases}$$

wobei β_{P_i} den prozentualen Anteil schadenabhängig ratierter Verträge an der gesamten Nettoprämie der Sparte i darstellt.

---

[35] Dies zeigte sich z. B. in der Diskussion um das Prämienanhebungsverbot für die Kfz-Versicherung in Kalifornien, bekannt unter „Proposition 103".

Für den Anteil $\tilde{\beta}_{P_j}$ der auf Claims-Made-Verträge entfallenden Prämie in der Sparte j $\hat{=}$ Medical Malpractice wird ein separater Abschlag von 20 % eingeräumt.

Auch die Berücksichtigung der Ausgeglichenheit des Portefeuilles erfolgt in völliger Analogie zu (4.8), diesmal aber unter Berücksichtigung der Branchengewichte bei der *Prämien*verteilung:

$$(4.14) \qquad R_P = \left[0,7 + 0,3 \cdot \max_k \left(\frac{B_{P_k}}{\sum_{i=1}^{n_V} B_{P_i}} \right) \right] \cdot \sum_{i=1}^{n_V} \hat{f}_{P_i} \cdot B_{P_i}$$

Wiederum gilt, daß bei völlig homogener Prämienverteilung über 15 Sparten ein Abschlag von 28 % zum Tragen kommt, während Versicherer, die ausschließlich in einer Sparte tätig sind, keinerlei Abschlag erhalten.

Schließlich wird das unter (4.9) ermittelte Prämienwachstum g(t) benutzt, um einen Zuschlag aufgrund überdurchschnittlichen Wachstums auch für das Prämien-RBC zu ermitteln, wobei der auf die Prämien anzusetzende Faktor von 22,5 % exakt der Hälfte des Reservefaktors entspricht. Zusammengefaßt lautet die zu (4.10) analoge Formel für das gesamte, das Ratierungsrisiko abdeckende RBC:

$$(4.15) \qquad R_5(t) = R_P(t) + \max\left\{0, \left[0,225 \cdot \left(\min(0,4; g(t)) - 0,1\right)\right]\right\} \cdot \sum_{i=1}^{n_V} B_{P_i}(t)$$

Verwundern mag allenfalls, daß ein zum Reservierungs-RBC völlig identisches Wachstum von 10 % als „normal" angesehen wird, obwohl – insbesondere im Casualty Bereich – das Reservewachstum auch bei ganz normaler Entwicklung deutlich über dem Prämienwachstum liegen kann.

Durch die bislang berücksichtigten Aspekte des Reservierungs- und Ratierungsrisikos sollen die durch den Prämienprozeß P(t) und den Schadenprozeß X(t) in (2.2) zum Ausdruck kommenden Risikokomponenten umfassend abgedeckt werden. Daß dies neben den bereits angedeuteten Schwachstellen derzeit nur unzureichend gelingt, wird in Abschnitt 6 näher erläutert. Dennoch erscheint der Ansatz als solcher bemerkenswert. Es bedarf allerdings noch einiger Verfeinerungen, um der Grundidee einer risikogerechten Kapitalbestimmung zur Abdeckung des versicherungstechnischen Risikos gerecht zu werden.

4.2.3.3 Das Kapitalanlagerisiko

Das in (2.2) durch Y(t) ausgedrückte Risiko volatiler Kapitalanlageerträge rangiert zwar im Gesamtkontext deutlich hinter dem Reservierungs- und dem Ratierungsrisiko für Property/Casualty-Versicherer in den USA, erfreut sich aber aufgrund der ein Jahr zuvor angestellten RBC-Überlegungen zum Lebens- und Kranken-Bereich einer intensiven Durchleuchtung. Vermutlich hierauf ist die Tatsache zurückzuführen, daß einige der folgenden Ausführungen einen scheinbar ungerechtfertigten Detaillierungsgrad erkennen lassen.

Berechnet wird die unadjustierte Basisgröße für das Kapitalanlage-RBC wieder analog zu der Formel (4.5):

$$(4.16) \quad R_K(t) = \sum_{i=1}^{n_K} f_{K_i}(t) \cdot B_{K_i}(t)$$

Allerdings zerfällt diese Summe in die drei Teilsummen für Anlagen in verbundene Unternehmen, Anlagen in festverzinsliche Wertpapiere (einschließlich kurzfristige Anlagen) und Anlagen in Aktien (sowie Immobilien und übrige Anlagen), die ihrerseits zu den drei Komponenten $R_0(t)$, $R_1(t)$ und $R_2(t)$ in der Kovarianzformel führen (vgl. Abbildung 4)[36]:

$$(4.17) \quad R_K = \underbrace{\sum_{i=1}^{n_0} f_{K_i} B_{K_i}}_{\substack{\text{verbundene} \\ \text{Unternehmen} \\ \Rightarrow R_0}} + \underbrace{\sum_{i=n_0+1}^{n_1} f_{K_i} B_{K_i}}_{\substack{\text{festverzinsliche} \\ \text{Wertpapiere} \\ \Rightarrow R_1}} + \underbrace{\sum_{i=n_1+1}^{n_K} f_{K_i} B_{K_i}}_{\substack{\text{Aktien, Immobilien} \\ \text{und übrige Investitionen} \\ \Rightarrow R_2}} \quad \text{(Kovarianzgruppe)}$$

Die Basisgrößen B_{K_i} sind in der Regel die Bilanzwerte der jeweiligen Anlagekategorie[37]. Die Faktoren f_{K_i} spiegeln direkt die Sicherheit der entsprechenden Anlageform wider. Sehr klar kommt dies für den zweiten Summanden, die festverzinslichen Wertpapiere, zum Ausdruck (vgl. Abbildung 6): Staatsanleihen werden als absolut sicher angesehen und erhalten den Faktor 0. Danach steigen die Prozentsätze von 0,3 % über 1 %, 2 % und 4,5 % bis auf 10 % für „Lower Quality"-Anleihen und 30 % für notleidend gewordene Anleihen.

Für den ersten Summanden in (4.17), der das notwendige RBC für verbundene Unternehmen beschreibt, wird der Faktor soweit wie möglich an deren RBC ausgerichtet[38]. Hierbei gilt für Stammaktien die einfache Gleichsetzung $f_{K_i} \cdot B_{K_i} = \beta_{K_i} \cdot RBC_{K_i}$, wobei β_{K_i} den Beteiligungsprozentsatz

---

36 Wieder wird die Zeitabhängigkeit aus Vereinfachungsgründen vorübergehend nicht explizit erwähnt.
37 Anders als in Deutschland handelt es sich in den USA hierbei um die jeweiligen Marktwerte.
38 Dies gilt nicht nur für verbundene US-Versicherungsunternehmen, die der RBC-Vorschrift unterliegen, sondern auch für Kapitalanlageunternehmen, deren Investmentkategorien gemäß der RBC-Formel bewertet werden.

Abbildung 6: RBC-Faktoren für festverzinsliche Wertpapiere

Kategorie B_{K_i}	Faktor f_{K_i}
Federal Government Bonds	0,0 %
#1 Highest Quality	0,3 %
#2 High Quality	1,0 %
#3 Medium Quality	2,0 %
#4 Low Quality	4,5 %
#5 Lower Quality	10,0 %
#6 In/Near Default	30,0 %

beschreibt und RBC_{K_i} das gemäß Bewertungsvorschrift errechnete RBC des verbundenen Unternehmens K_i darstellt. Für Vorzugsaktien und Anleihen wird anstelle von RBC_{K_i} das „Excess-RBC" eingesetzt, das ggf. über dem Marktwert der Stammaktien liegende RBC-Teile umfaßt[39].

In jedem Fall stellt der Bilanzwert der entsprechenden Beteiligungen eine obere Schranke für den anzusetzenden RBC-Wert dar, da dies dem höchstmöglichen Abschreibungspotential entspricht.

Für ausländische Versicherungsunternehmen wird ein Einheitsfaktor von 50 % des Bilanzwertes angesetzt, für übrige Beteiligungen ein Faktor von 22,5 %. Zu der dritten Gruppe in (4.17) zählende Aktieninvestitionen mit Stimmrecht, die ursprünglich ähnlich den festverzinslichen Wertpapieren anhand der Zugehörigkeit zu bestimmten Sicherheitsniveaus mit Faktoren zwischen 0,3 % und 30 % bewertet werden sollten[40], werden in der gegenwärtigen Anordnung mit einem Einheitsfaktor von 5 % belegt[41].

Für stimmrechtslose „Money Market Funds" werden 0,3 % angesetzt, für alle übrigen stimmrechtslosen Aktien 15 %.

---

[39] Die genaue Definition des „Excess RBC" wird auf Seite 2 des NAIC Property/Casualty RBC Worksheet gegeben.
[40] Vgl. NAIC: Property/Casualty Risk-Based Capital Formula, Exposure Draft June 1993, Attachment I, S. 1.
[41] Einen Grund hierfür stellt sicherlich die nicht ohne weiteres erkennbare Zuordnung zu bestimmten Risikokategorien dar, wie sie sich nicht – wie bei den festverzinslichen Wertpapieren – direkt aus dem Jahresabschluß ablesen läßt.

Schließlich erfolgt eine Bewertung der bisher nicht erfaßten Kapitalanlagen mit Faktoren zwischen 0,3 % (für „Cash" und „Short Term Investments" als Bestandteile der Kovarianzgruppe R_1), 5 % für Hypothekendarlehen und dinglich besicherte Darlehen (ebenfalls Gruppe R_1) und 10 % für Immobilien (Gruppe R_2).

Auch für die verschiedenen Kapitalanlagekategorien werden Adjustierungen vorgenommen, die analog zu (4.8) und (4.14) bereits vor Anwendung der Kovarianzformel dem Grad der Ausgeglichenheit des betrachteten Portefeuilles Rechnung tragen sollen.

Zunächst wird für die 10 größten „hinreichend risikoreichen" Kapitalanlagen eine Verdoppelung des RBC vorgenommen bis hin zu einem Maximalfaktor von 30 %. Als „hinreichend risikoreich" wird eine Anlage K_i angesehen, wenn

$$f_{K_i} \geq 0,01$$

gilt[42]. Anlagen in verbundenen Unternehmen bleiben generell unberücksichtigt.

Für alle Einzelanlagen K_i, $i \in \{n_0+1, \ldots, n_K\}$, die einem der 10 größten Anlagekomplexe angehören[43], wird f_{K_i} ersetzt durch

(4.18) $\quad \hat{f}_{K_i} = \min(0,3; 2 \cdot f_{K_i})$

Eine weitere Adjustierung erfolgt für festverzinsliche Wertpapiere anhand der Anzahl der Emittenten im Portefeuille. Für die Festlegung eines gewichteten Zuschlagsfaktors h werden die ersten 50 Emittenten[44] mit einem Zuschlag von 150 % belegt, die nächsten 50 Emittenten mit 30 %. Für die folgenden 300 Emittenten entfällt ein Zuschlag. Ab dem 401. Emittenten wird ein Abschlag von 10 % gewährt, so daß für n_E Emittenten im Falle $n_E > 400$ die folgende Errechnungsvorschrift gilt:

(4.19) $\quad h = \dfrac{50 \cdot 2,5 + 50 \cdot 1,3 + 300 + (n_E - 400) \cdot 0,9}{n_E}$

$\quad = \dfrac{490 + (n_E - 400) \cdot 0,9}{n_E} = 0,9 + \dfrac{130}{n_E}$

---

42 Hierzu zählen folglich *nicht* die „Federal Government"- und die „#1 Highest Quality"-Bonds. Eine konzentrierte Kapitalanlage in einer dieser Kategorien wird nicht als zusätzliches Risiko angesehen.
43 Einen Anlagekomplex bilden alle Einzelanlagen, die dem gleichen Risiko unterworfen sind, wie z. B. verschiedene Anleihen desselben Emittenten oder verschiedene Hypotheken desselben Schuldners.
44 Auch in dieser Rechnung bleiben „Federal Government"- und „#1 Highest Quality"-Bonds ausgeschlossen.

Besteht das relevante Portefeuille also aus weniger als 1 300 Emittenten, fungiert h als echter Zuschlagsfaktor. Jenseits von 1 300 Emittenten kommt es dagegen zu einem Abschlag. Bei genau $n_E = 1\,300$ Emittenten wird keine Adjustierung vorgenommen.

Durch die vorstehend erläuterten Bestimmungsfaktoren für das Kapitalanlagerisiko werden im wesentlichen die Komponenten Y(t) und V(t) in (2.2) erfaßt, die die Kapitalanlageerträge und die außerordentlichen Veräußerungserlöse bzw. Wertänderungen bis zum Zeitpunkt t beschreiben. Dabei stellt Y(t) auf das Zinsrisiko ab, während V(t) dem Kursrisiko Rechnung trägt. Mit den Faktoren der RBC-Vorschrift wird versucht, diesen beiden Risikokomponenten simultan Rechnung zu tragen. Dies mag im Rahmen US-amerikanischer Rechnungslegungsverhältnisse gerechtfertigt sein, da das Tageswertprinzip die Abhängigkeit der beiden Risikokomponenten hinreichend korrekt widerspiegelt. Problematischer wäre ein solcher Ansatz dagegen bei Gültigkeit eines Niederstwertprinzips, da bei fallenden Zinsen nicht automatisch steigende Kurse als bilanzielle Ausgleichskomponente zur Verfügung stünden. Das Kursrisiko müßte hier in der Tat eigenständig modelliert werden.

4.2.3.4 Das Forderungsrisiko

Zu den am vehementesten geführten Diskussionen hat bis kurz vor Verabschiedung der nun gültigen Regelung die Behandlung des Forderungsrisikos geführt, das im wesentlichen aus dem Risiko der Forderungen gegenüber Rückversicherern besteht. Dieses spielt auf dem Berechnungsbogen für das „Credit Risk" die herausragende Rolle.

Reichlich Anlaß zur weiteren Diskussion bieten hierbei sowohl der 10%ige Einheitsfaktor des ersten Bewertungsschritts als auch die Weiterbehandlung des Forderungs-RBCs in der Kovarianzformel.

Gemessen an dem in 4.2.5 beschriebenen Aufwand zur Differenzierung des Kapitalanlagerisikos muß es mehr als befremdlich erscheinen, daß in der Formel

$$(4.20) \qquad R_F(t) = \sum_{i=1}^{n_F} f_{Fi}(t) \cdot B_{Fi}(t)$$

ein Einheitsfaktor $f_{F_1} = 0{,}1$ auf die Summe B_{F_1} *aller* Rückversicherungsforderungen angewendet wird. Die gerade im Rückversicherungsbereich so überaus wichtige Differenzierung nach der Solvabilität der verschiedenen Rückversicherer entfällt hierbei ebenso wie eine Differenzierung nach Abwicklungsdauer, Vertragsarten, Besicherungssystem (wie z. B. Bardepot, Letter of Credit) oder anderen signifikanten Einflußfaktoren auf die Realisierbarkeit von Rückversicherungsforderungen.

Noch gravierender erscheint dieser Mangel an Differenzierung vor dem Hintergrund der Weiterbehandlung des Forderungsrisikos in der Kovarianzformel. Durch den nunmehr gefundenen Kompromiß der hälftigen Anbindung des Forderungsrisikos an das Reservierungsrisiko (vgl. (4.4)) bewirken Änderungen des Forderungsrisikos eine weitaus höhere Beeinflussung des Gesamt-RBCs, als dies bei einer eigenständigen Behandlung des Forderungsrisikos innerhalb der Kovarianzformel der Fall gewesen wäre[45].

Es darf an dieser Stelle prognostiziert werden, daß man nach dem Vorliegen erster Erfahrungen mit Errechnung und Wirkungsweise von $R_F(t)$ sehr schnell Modifikationen vornehmen wird, die $R_F(t)$ wieder an das eigentliche Risiko heranführen. Ziel sollte schließlich sein, durch eine hinreichend korrekte Bestimmung von $R_F(t)$ dem Saldo aus Prämienprozeß $P(t)$ und Schadenprozeß $X(t)$ für eigene Rechnung in (2.2) so Rechnung zu tragen, daß die „echte" Nettosituation des Unternehmens unter kompletter Berücksichtigung des Kredibilitätsrisikos von ausstehenden Rückversicherungsforderungen abgesichert wird.

5. Sensitivitätsbetrachtungen zum RBC-Prozeß

Zunächst soll aus Vereinfachungsgründen der Wurzelausdruck in der Kovarianzformel (4.4) unter einem Term wie folgt zusammengefaßt werden:

$$(5.1) \quad R_{1\ldots5}(t) := \sqrt{\sum_{i=1}^{5} R_i^2(t)} = \sqrt{R_1^2(t) + R_2^2(t) + (0{,}5R_F(t))^2 + (0{,}5R_F(t) + \overline{R}_4(t))^2 + R_5^2(t)}$$

$$= \sqrt{R_1^2(t) + R_2^2(t) + 0{,}5R_F^2(t) + R_F(t) \cdot \overline{R}_4(t) + \overline{R}_4^2(t) + R_5^2(t)}$$

Im nächsten Schritt läßt sich nach Rücksubstitution von R_F und $\overline{R}_4$ für jeden einzelnen einfließenden RBC-Bestandteil eine partielle Ableitung wie folgt bestimmen:

$$(5.2) \quad \frac{\partial RBC(t)}{\partial R_0(t)} = 1$$

$$\frac{\partial RBC(t)}{\partial R_i(t)} = \frac{R_i(t)}{R_{1\ldots5}(t)}, i = 1\ldots5$$

Durch diese Marginalanalyse wird ermittelt, welchen Beitrag ein erhöhter RBC-Anteil in einer Teilkategorie für den gesamten RBC-Bedarf bewirkt.

---

[45] In dem im Juni 1993 vorgelegten Entwurf bestand R_3 noch zu 100 % aus dem Forderungsrisiko. Ein revidierter Entwurf aus dem Oktober 1993 sah eine komplette Zusammenfassung und gemeinsame Quadrierung mit dem Reservierungsrisiko unter dem Wurzelzeichen vor. Die im Dezember 1993 letztlich verabschiedete Fassung bedeutet somit einen „in der Mitte" liegenden Kompromiß.

Offensichtlich bedeutet das Anwachsen des RBCs im Bereich R_0, d. h. der verbundenen Unternehmen, immer auch ein Anwachsen des insgesamt nachzuweisenden RBCs um den gleichen Betrag.

Anders verhält es sich in den Kategorien R_1 bis R_5: Jeder zusätzliche RBC-Dollar einer Teilkategorie verursacht nur in dem Umfang ein Anwachsen des insgesamt erforderlichen RBCs, in dem diese Kategorie zum Gesamtbetrag des Wurzelausdrucks $R_{1\ldots5}(t)$ beiträgt. Mit anderen Worten: Gewichtige RBC-Kategorien schlagen voll durch, während vom Betrag (und nicht notwendig vom Risiko!) her unbedeutende RBC-Kategorien zunächst fast ohne Auswirkung auf den Gesamtbedarf bleiben.

Eine besondere Schwierigkeit bereitet hierbei die Einschätzung des Forderungsrisikos, da dieses nur zur Hälfte eigenständig erfaßt wird und die andere Hälfte in dem Reservierungsrisiko aufgeht. Es ist daher sinnvoll, die folgenden partiellen Ableitungen zu betrachten:

(5.3) $\quad \dfrac{\partial RBC(t)}{\partial R_F(t)} = \dfrac{R_F(t) + \overline{R}_4(t)}{2 \cdot R_{1\ldots5}(t)} = \dfrac{R_3(t) + R_4(t)}{2 \cdot R_{1\ldots5}(t)}$

(5.4) $\quad \dfrac{\partial RBC(t)}{\partial \overline{R}_4(t)} = \dfrac{\overline{R}_4(t) + 0,5 R_F(t)}{R_{1\ldots5}(t)} = \dfrac{R_4(t)}{R_{1\ldots5}(t)}$

Durch diese beiden Ausdrücke wird der Einfluß einer eigenständigen RBC-Änderung aus dem Forderungsrisiko, (z. B. durch erhöhte Rückversicherungsabgaben) ebenso klar dargestellt wie bei einer eigenständigen Änderung aus dem Reservierungsrisiko *allein*. Während es für das Reservierungsrisiko *keine* Rolle spielt, ob und in welcher Höhe das Forderungsrisiko mit einfließt, wird das Forderungsrisiko einem erheblichen Einfluß des Reservierungsrisikos ausgesetzt.

Bei der in Abbildung 7 dargestellten Beispielrechnung eines „typischen" US-Unternehmens[46] wird deutlich, daß eine Zunahme des RBC-Betrages aus der Komponente R_3 um einen Dollar nur eine Zunahme des Gesamt-RBCs um 8,63 Cent bewirkt, während eine Analyse gemäß Formel (5.3) für einen Dollar Zusatz-RBC aus Rückversicherungsforderungen eine RBC-Zunahme um deutliche 47,39 Cent ausweist. Da für Rückversicherungsforderungen ein Einheitsfaktor von 10 % gilt, bewirkt jeder

---

46 Die Zusammensetzung der RBC-Komponenten direkt vor der Kovarianzbereinigung entspricht im wesentlichen der in Abbildung 5 dargestellten Verteilung bei Erstversicherern, wobei das Wachstums-RBC anteilig den beiden Komponenten R_4 und R_5 zugeschlagen wurde. Die (nachrichtlich erwähnten) Adjustierungen sind in den jeweiligen Risikokategorien bereits enthalten. Die Reduktion beim Übergang von den Risikokategorien zu den RBC-Bestandteilen wird durch die in (4.8) und (4.14) beschriebene Berücksichtigung der Ausgeglichenheit des Portefeuilles bewirkt, die sich für ein einzelnes Unternehmen natürlich anders darstellt als für den Markt.

Abbildung 7: RBC-Praxisbeispiel

Risikokategorie:	Kapitalanlage	A.o. Bilanz	Forderungen	Reservierung	Tarifierung	**Summe**
Einzel-RBC:	9.780	389	4.240	20.050	10.648	45.107
Proz. Anteil:	21,7 %	0,9 %	9,4 %	44,4 %	23,6 %	100,0 %
Adjustierung:	Wertp.-konz.	Größeneffekt	Res.-wachst.	Präm.-wachst.	Claims Made	Schad.-abh.	**Summe**
Einzelbetrag:	680	303	216	173	0	0	1.372
RBC-Bestandteil:	R_0	R_1	R_2	R_3	R_4	R_5	**Summe**
Einzelbetrag:	1.125	2.164	6.491	2.120	21.159	10.212	43.270
Proz. Anteil:	2,6 %	5,0 %	15,0 %	4,9 %	48,9 %	23,6 %	100,0 %

RBC nach „Kovarianzbereinigung":   25.687   entsprechend: 59,36 % von Summe

davon $R_{1...5} = \sqrt{\sum_{i=1}^{5} R_i^2}$:   24.562   entsprechend: 58,28 % von $\sum_{i=1}^{5} R_i$

Sensitivitätsanalyse 1:

1 $ Veränderung in:	R_0	R_1	R_2	R_3	R_4	R_5
verändert RBC um:	100	8,81	26,43	8,63	86,15	41,58 Cent

Sensitivitätsanalyse 2:

1 $ Veränderung in:	R_0	R_1	R_2	R_F	$\overline{R_4}$	R_5
verändert RBC um:	100	8,81	26,43	47,39	86,15	41,58 Cent

Dollar an zusätzlicher Rückversicherungsforderung folglich eine RBC-Zunahme um 4,739 Cent. Dies ist unter RBC-Aspekten also der Mindestbetrag, der durch die entsprechende Rückversicherungsabgabe im Bereich des Reserverisikos und/oder Prämienrisikos als Entlastung erscheinen muß.

6. Zusammenfassung und Ausblick

6.1 Kritik zum Forderungsrisiko

Es erscheint wenig verständlich, eine bis ins Detail gehende RBC-Allokation beim Kapitalanlagerisiko durchzuführen und bei dem durch die Kovarianzformel in erheblich größerem Umfang durchschlagenden Forderungsrisiko einen geradezu simplen Ansatz beizubehalten.

Diese Kritik steht und fällt natürlich mit der Kovarianzformel. Erst durch die „in letzter Minute" erfolgte Anbindung an das Reservierungsrisiko kommt dem Forderungsrisiko nunmehr ein überproportionaler Einfluß auf das Gesamt-RBC zu, der sicherlich in dieser Form noch nicht analysiert wurde.

So bleibt abzuwarten, in welcher Richtung die unausweichliche Reaktion erfolgt: Durch erneute Änderung der Kovarianzformel oder durch eine in jedem Fall begrüßenswerte Differenzierung des Risikos aus Rückversicherungsforderungen. Hierbei ist neben einer reinen Differenzierung der Faktoren f_{Fi}, z. B. in Abhängigkeit von dem „Rating" der Rückversicherer, auch daran zu denken, analog zu den übrigen Risikokategorien einen Ausgleichseffekt zu berücksichtigen, der sich z. B. in einem von der Anzahl der Rückversicherer abhängigen Gewichtungsfaktor niederschlagen könnte.

6.2 Unberücksichtigte Risikokomponenten

Noch weit gravierender als die unterschiedlich feine Differenzierung bei den erfaßten Komponenten erscheint die Auswirkung bislang nicht explizit berücksichtigter Risikokomponenten. Hierzu zählt vor allen Dingen das Kumulrisiko, das insbesondere für US-Sachversicherer einen wesentlichen Bestandteil der Zufallsvariable $P(t) - X(t)$ in (2.2) darstellt. Das Kumulrisiko manifestiert sich in der Tatsache, daß durch ein Ereignis eine Vielzahl von Risiken betroffen werden kann, diese Risiken also positiv miteinander korreliert sind.

So bilden lokale Konzentrationen versicherter Werte in besonders von Naturgefahren bedrohten Gebieten eine eigene Risikokomponente erheblichen Ausmaßes, was durch zahlreiche Insolvenzen nach großen Naturkatastrophen in den USA immer wieder eindrucksvoll unter Beweis gestellt wird[47]. Es ist daher nahezu unverständlich, daß es keine RBC-Komponente für das Naturkatastrophen-Risiko gibt. Eine solche Komponente müßte mit einem geographischen Konzentrationsmaß ausgestattet werden, das in ähnlicher Form wie beim Kapitalanlagebereich konzipiert werden sollte.

Eine weitere nicht explizit erfaßte Risikokomponente ist das durch K(t) in (2.2) beschriebene Kostenrisiko, das sicherlich auch eine gewisse Eigenkapitalbindung mit sich bringt und somit eines eigenen RBC-Faktors bedürfte, in dem sich das Potential schwankender Betriebskosten widerspiegelt.

Ebenso fehlen über 4.2.3.1 und 4.2.3.2 hinausgehende Berücksichtigungen des Haftpflichtrisikos, welches besonders in den USA durch eine schwer vorhersagbare Rechtsprechung stark beeinflußt wird. Ob dies überhaupt sinnvoll abschätzbar ist, kann hier nicht durchleuchtet werden, daß dies aber ein sehr wichtiger Faktor zur Beurteilung eines haftpflichtzeichnenden Versicherungsunternehmens ist, mag der Special Report aus Best's Review vom Mai 1994[48] zeigen, in dem eine auf das Umwelt- und Asbestoserisiko zurückführende Unterreservierung von bis zu 260 Mrd. US$ konstatiert wird. Der Barwert dieser Unterreservierung wird mit 132 Mrd. US$ beziffert und entspricht damit fast $3/4$ des insgesamt vorhandenen Surplus der Property/Casualty-Versicherer in Höhe von 183 Mrd. US$.

Schließlich zählt zu dem allgemeinen Unternehmensrisiko noch das „Management-Risiko", dessen Messung und Bewertung naturgemäß äußerst problematisch ist. Allerdings muß klar sein, daß ein noch so ausgeklügeltes RBC-Konzept des aktuellen Zuschnitts keinen Schutz vor gravierenden Management-Fehlern bietet, die sofort zum „Mandatory Control Level" führen würden, wenn sie bei einer Prozeßbewertung erkannt und entsprechend gewichtet werden könnten.

6.3 Auswirkungen auf das Verhalten der Marktteilnehmer

Trotz aller Kritikpunkte erscheint der verabschiedete RBC-Ansatz geeignet, allein schon durch die Intensivierung der Diskussion zur Bedeutung adäquaten Risikokapitals und seiner Bestimmungskomponenten eine wünschenswerte Entwicklung zu unterstützen. Es wird in Zukunft verstärkt darauf geachtet werden, in welchem Umfang unternehmenspolitische Entscheidungen Auswirkungen auf das Soll-RBC haben. Dies kann sowohl dem Ratenniveau zuträglich sein als auch dem bewußten Umgang mit einzelnen gewichtigen Risikokomponenten, die z. B. im Wege der

---

47 Nach dem Hurricane Andrew im Jahre 1992 kam es zu 7 Insolvenzen lokaler Versicherer, vgl. o. V.: Impact of Catastrophes on US Property Insurance, Catastrophe Reinsurance Newsletter, Nr. 12, Februar 1994, S. 30.
48 Snyder, H., Smith, D. W.: Environmental/Asbestos: The Industry's Black Hole, Best's Review Property/Casualty, Mai 1994, S. 33 ff.

Rückversicherung günstig beeinflußt werden könnten. Viele der gegenwärtigen „Aufgeregtheiten" werden sich andererseits spätestens dann legen, wenn die ihnen zugrundeliegenden gedanklichen Ansätze sich nach den ersten praktischen Erfahrungen als nachrangig herausstellen. Nach den vielen verbalen Argumenten wird nun in Zukunft wohl erst einmal einige Jahre intensiv gerechnet werden müssen, bevor sich bei den Marktteilnehmern ein Gefühl für „ihren" Risikoreserveprozeß und dessen Bestimmungskomponenten herauskristallisiert.

Literatur

Actuarial Advisory Committee to the NAIC P/C Risk-Based Capital Working Group: Report on Covariance Method for Property/Casualty Risk-Based Capital, Casualty Actuarial Society Forum, Summer 1993 Edition, S. 173 ff.

American Academy of Actuaries Property/Casualty Risk-Based Capital Task Force: Report on Reserve and Underwriting Risk Factors, Casualty Actuarial Society Forum, Summer 1993 Edition, S. 105 ff.

American Academy of Actuaries Property/Casualty Risk-Based Capital Task Force: Proposed Risk-Based Capital Interest Rate Risk Charge, April 1994

Balling, J., Levin, A.: Risk-Based Capital: A Property/Casualty Perspective, Focus, hrsg. von Standard & Poor's Insurance Rating Services, August 1993, S. 35 f.

Banham, R.: Risk-Based Capital Standards point the Way, Focus, hrsg. von Standard & Poor's Insurance Rating Services, Juni 1993, S. 37 ff.

Brender, A., Brown, R., Panjer, H.: A Synopsis and Analysis of Research on Surplus Requirements for Property and Casualty Insurance Companies, Casualty Actuarial Society Forum, Summer 1993 Edition, S. 1 ff.

Covaleski, J. M.: Regulators Soften Their October Surprise, Best's Review, Januar 1994, S. 42 ff.

Finnis, D.: Risk-Based Capital – A Report on Progress, General Insurance Update, hrsg. von Tillinghast, 10. August 1993

Finnis, D.: Risk-Based Capital – An Aid to Internal Financial Planning?, General Insurance Update, hrsg. von Tillinghast, 29. Oktober 1993

Greenwald, J.: Fallout from formula, Business Insurance, 14. Februar 1994, S. 1 und S. 25 ff.

Heilmann, W.-R.: Grundbegriffe der Risikotheorie, Karlsruhe 1987

Hesberg, D.: Solvabilität als Gegenstand der Risikopolitik, Zeitschrift für die gesamte Versicherungswissenschaft, 1983, S. 255 ff.

Karten, W.: Grundlagen eines risikogerechten Schwankungsfonds für Versicherungsunternehmen, Berlin 1966

Karten, W.: The New „Schwankungsrückstellung" in Annual Statements of German Insurers – An Application of the Theory of Risks?, Geneva Papers of Risk and Insurance, Nr. 17, 1980, S. 54 ff.

Liskov, R., Park, R.: Are the NAIC's Risk Based Capital Model Acts Constitutional?, Insurance and Reinsurance Law, hrsg. von Chadbourne & Parke, Winter 1994, S. 3 f.

NAIC: NAIC Life Risk Based Capital Report, Overview and Instructions for Companies, May 1st, 1993

NAIC: Property/Casualty Risk-Based Capital Formula, Exposure Draft – June 1993

NAIC: Property/Casualty Risk-Based Capital Formula, Exposure Draft – October 1993

NAIC: Risk-Based Capital (RBC) for Insurers Model Act, Draft, Nov. 23rd, 1993

o. V.: Impact of Catastrophes on US Property Insurance, Catastrophe Reinsurance Newsletter, Nr. 12, Februar 1994, S. 30

o. V.: NAIC unveils Property/Casualty Capital Standards, DYP Insurance & Reinsurance Solvency Report, Nr. 104, 6. Juli 1993, S. 286 ff.

o. V.: P & C Risk-Based Capital Working Group Minutes, 22./23. 11. 93

o. V.: RAA unhappy with capital formula, The Re Report, 6. Dezember 1993

o. V.: Risk-Based Capital Standards for Property/Casualty Insurers: Potential Impact on Creditworthiness, Moody's Special Comment, hrsg. von Moody's Investors Service, Mai 1994

Puccia, M.: Building a better Mouse-Trap: S & P's revised Risk-Based Capital Model, Focus, hrsg. von Standard & Poor's Insurance Ratings, September 1993, S. 1 + S. 5 ff.

Reischel, M.: Dynamische Rückversicherungs- und Ausschüttungspolitik beim Risikogeschäft, Karlsruhe 1981

Simpson, E. M., Kellogg, P. B.: NAIC's RBC: A virtual Reality, Best's Review Property/Casualty, Februar 1994, S. 49 ff.

Snyder, H., Smith, D. W.: Environmental/Asbestos: The Industry's Black Hole, Best's Review Property/Casualty, Mai 1994, S. 33 ff.

Das Vorsichtsmotiv
im EG-Versicherungsbilanzrecht

Hans-Joachim Welzel

1 Vorbemerkung

Das wissenschaftliche Werk des Jubilars wird in besonderem Maße durch risikotheoretische und -politische Überlegungen mit Bezug auf das Versicherungswesen bestimmt.

Der Vorsicht als Gegenstück zum unternehmerischen Wagemut kommt dabei als Handlungsmaxime eine ebenso zentrale Stellung zu wie in der mit Ungewißheiten belasteten kaufmännischen Rechnungslegung. Sich nicht reich zu rechnen, ist von alters her ein Gebot für den ordentlichen Kaufmann.[1] Die vorsichtige Ermittlung von Vermögen und Erfolg soll zudem den Abfluß unrealisierter Gewinne verhindern und steht somit im Dienst des Strebens nach Kapitalerhaltung der Unternehmen.

Das Vorsichtsmotiv hat in zahlreichen Vorschriften über die Rechnungslegung seinen Niederschlag gefunden, vorzugsweise in den Ansatz- und Bewertungsvorschriften, klingt jedoch selbst in den Ausweisvorschriften an. Angesichts der Komplexität des Themas kann hier nur auf einige aus der Sicht der Versicherungswirtschaft besonders bedeutsam erscheinende Zusammenhänge eingegangen werden.

In Deutschland hatte sich das Vorsichtsprinzip bereits vor der durch EG-Vorschriften bedingten Novellierung des Handelsgesetzbuchs (HGB) durch das Bilanzrichtlinien-Gesetz im Jahr 1985 als tragender Bewertungsgrundsatz des Handelsrechts und – soweit keine steuerrechtlichen Bewertungsregeln entgegenstehen – über den Grundsatz der Maßgeblichkeit der Handelsbilanz für die Steuerbilanz auch des Steuerrechts etabliert.

---

1 Vgl. Konrad Mellerowicz: § 149 AktG Anm. 79. In: Aktiengesetz. Großkommentar, 3. Aufl., Bd. 2, Berlin 1970; vgl. auch Begründung des Vorschlags einer Vierten Richtlinie der EG-Kommission vom 16. 11. 1971 (ABl. EG Nr. C 7 vom 28. 1. 1972) zu Art. 28, in der das Prinzip der Vorsicht als „Grundsatz guter kaufmännischer Übung" bezeichnet wird.

2 Vorsichtsorientierte Gewinnermittlungsbestimmungen der Vierten EG-Richtlinie (Bilanzrichtlinie)

2.1 Das Vorsichtsprinzip im Rahmen der allgemeinen Bilanzierungsgrundsätze

Der Vertrag zur Gründung der Europäischen Gemeinschaft (EG)[2] erteilte den zuständigen Organen der EG in Art. 54 Abs. 3 Buchstabe g den Auftrag, die Schutzvorschriften, die in den Mitgliedstaaten für Gesellschaften im Sinne des Art. 58 Abs. 2 – zu diesen gehören außer den Kapitalgesellschaften unter anderem auch die Gegenseitigkeitsvereine und die öffentlich-rechtlichen Versicherungsunternehmen (VU) – im Interesse der Gesellschafter sowie Dritter bestehen, soweit erforderlich gleichwertig zu gestalten. Aufgrund dieser Vorschrift wurde eine Anzahl gesellschaftsrechtlicher EG-Richtlinien erlassen, darunter die für dieses Thema besonders bedeutsame Vierte Richtlinie[3], die sogenannte Bilanzrichtlinie, und die Siebente Richtlinie[4], die sogenannte Konzernbilanzrichtlinie.

Art. 31 Abs. 1 der Vierten EG-Richtlinie verpflichtet die Mitgliedstaaten sicherzustellen, daß für die Bewertung der Posten im Jahresabschluß folgende allgemeine Grundsätze gelten:

a) Eine Fortsetzung der Unternehmenstätigkeit wird unterstellt.

b) In der Anwendung der Bewertungsmethoden soll Stetigkeit bestehen.

c) Der Grundsatz der Vorsicht muß in jedem Fall beachtet werden. Das bedeutet insbesondere:

    aa) Nur die am Bilanzstichtag realisierten Gewinne werden ausgewiesen.

    bb) Es müssen alle voraussehbaren Risiken und zu vermutenden Verluste berücksichtigt werden, die in dem Geschäftsjahr oder einem früheren Geschäftsjahr entstanden sind, selbst wenn diese Risiken oder Verluste erst zwischen dem Bilanzstichtag und dem Tag der Aufstellung der Bilanz bekanntgeworden sind.

---

2 Vertrag zur Gründung der Europäischen Gemeinschaft (EG-Vertrag) vom 25. März 1957. BGBl. II S. 766, 1678 und BGBl. 1958 II S. 64, zuletzt geändert durch den Vertrag über die Europäische Union vom 7. Februar 1992 (BGBl. II S. 1253).

3 Vierte Richtlinie des Rates vom 25. Juli 1978 aufgrund von Artikel 54 Absatz 3 Buchstabe g) des Vertrages über den Jahresabschluß von Gesellschaften bestimmter Rechtsformen (78/660/EWG). ABl. EG Nr. L 222 vom 14. 8. 1978, S. 11 – 31.

4 Siebente Richtlinie des Rates vom 13. Juni 1983 aufgrund von Artikel 54 Absatz 3 Buchstabe g) des Vertrages über den konsolidierten Abschluß (83/349/EWG). ABl. EG Nr. L 193 vom 18. 7. 1983, S. 1 – 17. Auf Besonderheiten des Konzernabschlusses wird in diesem Beitrag nicht eingegangen.

cc) Wertminderungen sind unabhängig davon zu berücksichtigen, ob das Geschäftsjahr mit einem Gewinn oder einem Verlust abschließt.

d) Aufwendungen und Erträge für das Geschäftsjahr, auf das sich der Jahresabschluß bezieht, müssen berücksichtigt werden, ohne Rücksicht auf den Zeitpunkt der Ausgabe oder Einnahme dieser Aufwendungen oder Erträge.

e) Die in den Aktiv- und Passivposten enthaltenen Vermögensgegenstände sind einzeln zu bewerten.

f) Die Eröffnungsbilanz eines Geschäftsjahres muß mit der Schlußbilanz des vorhergehenden Geschäftsjahres übereinstimmen.

Nach Absatz 2 sind Abweichungen von diesen allgemeinen Grundsätzen in Ausnahmefällen zulässig. Die damit eröffnete Ermessensentscheidung ist allerdings bei abweichender Bilanzierung im Interesse der Bewertungstransparenz an bestimmte Berichtspflichten gekoppelt. Die Abweichungen sind im Anhang anzugeben und hinreichend zu begründen; ihr Einfluß auf die Vermögens-, Finanz- und Ertragslage ist gesondert anzugeben.

Diese allgemeinen Bewertungsgrundsätze waren – mit Ausnahme des Grundsatzes der Bewertungsstetigkeit[5] – schon vor der Transformierung der EG-Bilanzrichtlinie in Deutschland geltendes Recht in Gestalt von Grundsätzen ordnungsmäßiger Buchführung[6], so daß von daher das Bewertungssystem des deutschen Bilanzrechts keine grundlegende Änderung erfahren hat.

Transformiert wurden diese allgemeinen Bewertungsgrundsätze der Vierten EG-Richtlinie durch § 252 HGB. Dabei wurde auf die ausdrückliche Umsetzung von Art. 31 Abs. 1 Buchst. c Doppelbuchstabe cc, wonach Wertminderungen unabhängig davon zu berücksichtigen sind, ob das Geschäftsjahr mit einem Gewinn oder Verlust abschließt (Abschreibungsprinzip[7]), verzichtet, weil sich nach dem Verständnis des deutschen Gesetzgebers der darin zum Ausdruck kommende Grundsatz „von selbst versteht"[8].

---

5 Vgl. Begründung des Regierungsentwurfs eines Bilanzrichtlinien-Gesetzes. BT-Drucks. 10/317 vom 26. 8. 1983, S. 87.
6 Vgl. Adler/Düring/Schmaltz (ADS): Rechnungslegung und Prüfung der Unternehmen. 5. Aufl. 1987 ff., § 252 HGB Tz. 1.
7 Vgl. Lothar Schruff: Rechnungslegung und Prüfung der AG und GmbH nach neuem Recht (4. EG-Richtlinie). Düsseldorf 1978, S. 79.
8 Bericht der Abgeordneten Helmrich, Kleinert (Hannover) und Stiegler. BT-Drucks. 10/4268 vom 18. 11. 1985, S. 99 (zu § 252 HGB).

Die allgemeinen Bewertungsgrundsätze des § 252 HGB werden durch besondere Bewertungsvorschriften als lex specialis konkretisiert, wie beispielsweise die Bewertung nach dem Anschaffungskosten- oder dem Niederstwertprinzip, aber auch relativiert durch Wahlrechte im Ansatz- und Bewertungsbereich, auf die im weiteren noch einzugehen sein wird.

2.1.1 Systematische Einordnung des Vorsichtsprinzips

Die aufgeführten Bewertungsgrundsätze werden wegen Fehlens einer ausdrücklichen Rangordnung im Schrifttum als *„gleichrangig* und grundsätzlich unabhängig voneinander"[9] erklärt.

Alle in Art. 31 Vierte Richtlinie aufgeführten Bilanzierungsgrundsätze können als vom Vorsichtsmotiv beeinflußt angesehen werden.[10]

Nach herrschender Auffassung wird zudem – auch mit Blick auf die speziellen Bewertungsvorschriften – dem gem. Art. 31 Abs. 1 Buchstabe c bzw. § 252 Abs. 1 Nr. 4 HGB anzuwendenden Grundsatz der Vorsicht die Rolle einer „Generalmaxime" eingeräumt, aus der sich eine Reihe weiterer Bewertungsprinzipien ableitet.[11] Außerdem hatte das Vorsichtsmotiv Einfluß auch auf eine Reihe ganz konkreter Vorschriften der EG-Bilanzrichtlinie, wie z. B. die Vorschrift über den gesonderten Ausweis von Forderungen und Verbindlichkeiten gegenüber verbundenen Unternehmen oder Unternehmen, mit denen ein Beteiligungsverhältnis besteht (Art. 9 Vierte Richtlinie), oder die Vorschrift über die Angabe von Haftungsverhältnissen unter der Bilanz oder im Anhang (Art. 14 Vierte Richtlinie).

2.1.2 Ausprägungen des Vorsichtsprinzips

Hier sind zunächst Imparitäts- und Realisationsprinzip[12] zu nennen. Sie haben als Bestandteile des Gebots vorsichtiger Bewertung in § 252 HGB folgende Umschreibung erfahren:

– alle vorhersehbaren Risiken und Verluste, die bis zum Abschlußstichtag entstanden sind, sind zu berücksichtigen, selbst wenn diese erst zwi-

---

9   Wolfgang Dieter Budde und Horst Geißler: § 252 HGB Anm. 2. In: Beck'scher Bilanz-Kommentar. 2. Aufl., München 1990.
10 So dient z. B. der Grundsatz der Bewertungsstetigkeit (Art. 31 Abs. 1 Buchst. b bzw. § 252 Abs. 1 Nr. 6 HGB) dem Zweck, trotz der im Interesse einer vorsichtigen Bilanzierung gewährten Wahlrechte eine Vergleichbarkeit der Jahresabschlüsse im Zeitvergleich sicherzustellen.
11 Zur Entstehungsgeschichte der Vorschriften über das Vorsichtsprinzip in der Vierten Richtlinie vgl. Dieter Rückle: Vorsicht. In: Handwörterbuch unbestimmter Rechtsbegriffe im Bilanzrecht des HGB. Köln 1986, S. 404 f.
12 Vgl. ADS. § 252 HGB Tz. 65.

schen Abschlußstichtag und Aufstellung des Jahresabschlusses bekanntgeworden sind;

– Gewinne sind nur zu berücksichtigen, wenn sie am Abschlußstichtag realisiert sind.

Nach herrschender Hierarchievorstellung über die allgemeinen Bewertungsgrundsätze folgt aus dem Realisationsprinzip das Anschaffungskostenprinzip, wonach Vermögensgegenstände höchstens zu Anschaffungs- oder Herstellungskosten bilanziert werden dürfen, da bei höheren Wertansätzen zwangsläufig unrealisierte Gewinne anfielen.

Im Unterschied zum Realisationsprinzip beinhaltet das Imparitätsprinzip als „Schwesterprinzip" ein Antizipationsgebot für am Bilanzstichtag vorhersehbare Risiken und Verluste. Daraus wiederum lassen sich das Niederstwertprinzip – und für die Passiva das Höchstwertprinzip – sowie das Institut der Rückstellungen für drohende Verluste aus schwebenden Geschäften ableiten.

In engem sachlichem Zusammenhang mit dem Vorsichtsprinzip und dem daraus abgeleiteten Realisationsprinzip und Imparitätsprinzip steht der *Grundsatz der Einzelbewertung* von Vermögensgegenständen und Schulden, zu denen auch Rückstellungen zu rechnen sind.[13] Dieser in § 252 Abs. 1 Nr. 3 HGB implantierte Grundsatz besagt, daß die Objekte einer Objektgesamtheit einzeln zu ermitteln und zu bewerten sind und der Wert der Objektgesamtheit aus der Addition der so bemessenen Einzelobjektwerte zu ermitteln ist.

Nach Perlet liegt die Bedeutung des Einzelbewertungsgrundsatzes vor allem darin, „die Auszehrung der Haftungsmasse zu verhindern. Das Imparitätsprinzip soll nicht dadurch ausgehöhlt werden, daß nicht verwirklichte Werterhöhungen am ruhenden Vermögen über den Umweg einer (der Gesamtbewertung entsprechenden) Saldierung mit nicht verwirklichten Wertminderungen doch ausgewiesen werden"[14, 15].

Der Grundsatz der Vorsicht findet ferner in Ansatzvorschriften seinen Niederschlag, „die der Beschränkung des Bilanzinhaltes auf der Aktivseite dienen und so verhindern, daß ‚Nonvaleurs' ausgewiesen werden"[16]. Auf

---

13 Vgl. Helmut Perlet: Rückstellungen für noch nicht abgewickelte Versicherungsfälle in Handels- und Steuerbilanz (Rückstellungen). Karlsruhe 1986, S. 55 und die dort angegebene Literatur.
14 Helmut Perlet: Rückstellungen. S. 56; vgl. auch Peter Glanegger: § 6 EStG Anm. 10 Buchstabe b. In: Ludwig Schmidt (Hrsg.): Einkommensteuergesetz. 12. Aufl., München 1993.
15 Zur Pauschalbewertung als vorsichtsbestimmter Ergänzung zum Grundsatz der Einzelbewertung s. Abschnitt 3.2.3.2.
16 ADS. § 252 HGB Tz. 64.

versicherungsspezifische Ableitungen für die Passivseite wird noch später einzugehen sein.

Auch das Postulat der Unterstellung der Fortführung der Unternehmenstätigkeit (Going-Concern-Prinzip) hat, sofern seiner Anwendung keine tatsächlichen oder rechtlichen Gegebenheiten entgegenstehen, insoweit einen Bezug zum Vorsichtsprinzip, als es sicherstellt, daß eine dem Vorsichtsprinzip entsprechende Bilanzierung erfolgt und somit keine die Anschaffungswerte übersteigenden Liquidationswerte angesetzt werden.

Auch der Grundsatz der Wertaufhellung ist durch das Vorsichtsmotiv bestimmt, da auch die zwischen Abschlußstichtag und der Aufstellung des Jahresabschlusses erlangten Informationen zu einer vorsichtigen Bilanzierung genutzt werden müssen.

Das Vorsichtsmotiv hat aber nicht nur die Auswahl der anzuwendenden Bilanzierungsgrundsätze bestimmt, sondern auch bei der Bewertung selbst hat es Bedeutung. Vorsichtige Bewertung im engeren Sinne ist „als eine Bewertungsregel aufzufassen, die überall dort zum Zuge kommt, wo aufgrund unvollständiger Information oder der Ungewißheit künftiger Ereignisse zwangsläufig Ermessensspielräume bestehen"[17].

2.2 Das Vorsichtsprinzip im Rahmen der Ansatz- und Bewertungsvorschriften

2.2.1 Aktivierungsverbote und Wahlrechte

Nicht zuletzt aufgrund des deutschen Einflusses auf die Vierte Richtlinie enthält das durch die EG-Bilanzrichtlinie harmonisierte Bilanzrecht zahlreiche vorsichtsbestimmte Aktivierungsverbote sowie Ansatz- und Bewertungswahlrechte. Adler/Düring/Schmaltz führen – mit Bezug auf das geltende deutsche Handelsrecht – an: Bilanzierungsverbote (§ 248), Aktivierungswahlrechte (§ 250 Abs. 1 Satz 2 und Abs. 3, § 255 Abs. 4, §§ 269, 274 Abs. 2), Passivierungswahlrechte (§ 249 Abs. 1 Satz 3 und Abs. 2), Abschreibungswahlrechte (§ 253 Abs. 2 Satz 3, Abs. 3 Satz 3 und Abs. 4), Beibehaltungswahlrechte (§ 253 Abs. 5), Wahlrechte bei der Einbeziehung von Gemeinkosten in die Herstellungskosten (§ 255 Abs. 2 Satz 3 und 4) sowie Einbeziehungsverbote (§ 255 Abs. 2 Satz 6 und Abs. 3 Satz 1)[18]. Auch die Wahlrechte sind Ausfluß des Vorsichtsmotivs, da sie einen an Vorsichtsüberlegungen orientierten niedrigeren Vermögens- und Erfolgsausweis zulassen sollen.

---

[17] ADS. § 252 HGB Tz. 63; ebenso Helmut Perlet: Rückstellungen. S. 84.
[18] Vgl. ADS. § 252 HGB Tz. 74. Die angegebenen Paragraphen sind solche des HGB.

2.2.2 Gemildertes und strenges Niederstwertprinzip im Rahmen der Anschaffungskostenbewertung

Mit dem Anschaffungswertprinzip und seinen im deutschen Bilanzrecht traditionellen Modifikationen gemildertes Niederstwertprinzip (Art. 35 EG-Bilanzrichtlinie) und strenges Niederstwertprinzip (Art. 39 EG-Bilanzrichtlinie) hat das Vorsichtsprinzip im europäischen Bilanzrecht seinen wohl bedeutendsten Niederschlag gefunden. Dabei werden entsprechend dem Realisationsprinzip über die Anschaffungs- oder Herstellungskosten hinausgehende Wertsteigerungen am ruhenden Vermögen bei der Gewinnermittlung nicht berücksichtigt, noch nicht realisierte Wertminderungen jedoch entsprechend dem Imparitätsprinzip bereits in Ansatz gebracht.

Das für das Anlagevermögen (das dauernd dem Betrieb zu dienen bestimmt ist) geltende gemilderte Niederstwertprinzip verlangt die dem Imparitätsprinzip entsprechende Berücksichtigung von Wertminderungen nur dann, wenn die Wertminderungen voraussichtlich dauernd sind, während die Umlaufvermögensgegenstände nach dem strengen Niederstwertprinzip mit einem niedrigeren Wert, der sich aus dem Börsen- oder Marktpreis am Bilanzstichtag oder als beizulegender Wert ergibt, auch dann anzusetzen sind, wenn die Wertminderungen möglicherweise nur vorübergehender Natur sind.

Das unbedingte *Beibehaltungswahlrecht* des früheren deutschen Aktienrechts, wonach die solchermaßen bestimmten niedrigeren Wertansätze auch im Fall späterer Werterholung beibehalten werden durften (vgl. § 154 Abs. 2 Satz 2 und § 155 Abs. 4 AktG '65), wird zur Vermeidung bewußter Bildung stiller Reserven durch Art. 35 Abs. 1 Buchst. c Doppelbuchst. dd für das Anlagevermögen und Art. 39 Abs. 1 Buchst. d der Vierten Richtlinie für das Umlaufvermögen grundsätzlich ausgeschlossen. Über das Institut der umgekehrten Maßgeblichkeit der Handelsbilanz für die Steuerbilanz bleibt diese zusätzliche Sicherungsmöglichkeit auch für deutsche Kapitalgesellschaften jedoch praktisch erhalten (vgl. § 280 Abs. 2 HGB).

Die unterschiedliche Strenge des Abwertungsgebots des gemilderten und des strengen Niederstwertprinzips rechtfertigt sich aus der funktionalen Verschiedenheit der beiden betroffenen Vermögenskategorien Anlagevermögen und Umlaufvermögen: Während bei den dauernd dem Betrieb zu dienen bestimmten Gegenständen des Anlagevermögens eine als vorübergehend einzustufende Wertminderung unter dem Aspekt vorsichtiger Gewinnermittlung vernachlässigbar erscheint, gilt dies nach dem kaufmännischen Rechenschaftslegungskodex nicht auch für das nach vernünftiger kaufmännischer Beurteilung einer kurzfristigen Wertrealisierung am Markt ausgesetzte Umlaufvermögen.

2.2.3 Art. 33 Vierte Richtlinie – Ausnahme vom Anschaffungswertprinzip mit Äquivalent

Die wohl umstrittenste Regelung der Vierten Richtlinie ist die in Art. 33 vorgesehene Ausnahme vom Anschaffungskostenprinzip, deren Aufnahme in die Richtlinie insbesondere vom Vereinigten Königreich betrieben wurde und die in Widerstreit insbesondere mit der Bundesrepublik Deutschland schließlich als Kompromißformel Eingang in die Richtlinie gefunden hat, um die Vierte Richtlinie seinerzeit nicht scheitern zu lassen[19].

Man schien sich allerdings der Problematik eines Abweichens von dem dem Vorsichtsprinzip verhafteten Anschaffungskostenprinzip durchaus bewußt zu sein, denn

- die Regelung steht unter allgemeinem Revisionsvorbehalt („bis zu einer späteren Koordinierung"),

- Art. 33 Abs. 5 Vierte Richtlinie sieht eine spezielle Prüfung und gegebenenfalls Änderung von Art. 33 unter Berücksichtigung der Wirtschafts- und Währungsentwicklung in der Gemeinschaft vor,

- die zugelassenen Abweichungen von der Anschaffungskostenbewertung sind beschränkt hinsichtlich der Bewertungsmethoden und teilweise der Vermögensgegenstände,

- das Prinzip der Einzelbewertung und das Niederstwertprinzip gelten auch bei Anwendung eines Bewertungsverfahrens des Art. 33 Vierte Richtlinie entsprechend

und – dies ist besonders hervorzuheben –

- die sich aus der Anwendung dieser Bewertungsverfahren gegenüber einer Bewertung zu Anschaffungskosten ergebenden unrealisierten Gewinne sind einer speziellen Rücklage (Neubewertungsrücklage) zuzuführen und der Ausschüttung bis zu einer eventuellen Realisierung grundsätzlich entzogen.

Hierin mag in bezug auf die Kapitalerhaltung ein Äquivalent zu der vorsichtsbestimmten Anschaffungswertbewertung gesehen werden.

---

[19] Näheres dazu und zur Protokollerklärung der Bundesrepublik Deutschland, nach der sie Bewertungsmethoden zur Berücksichtigung inflationärer Entwicklungen nicht zulassen wird, s. Herbert Biener: AG KGaA GmbH Konzerne (AG). Köln 1979, S. 115 ff. u. 184.

3 Vorsichtsorientierte Gewinnermittlungsvorschriften der EG-Versicherungsbilanzrichtlinie (EG-VBR)

3.1 Zum Grundsätzlichen

3.1.1 Das System der EG-Bilanzrichtlinien

Wie die EG-Bankbilanzrichtlinie[20] stellt auch die Versicherungsbilanzrichtlinie (VBR)[21] kein von der Vierten und Siebenten EG-Richtlinie unabhängiges Normenwerk dar, sondern beide Richtlinien vollenden entsprechend der in Art. 1 Abs. 2 der Vierten Richtlinie und in Art. 40 Abs. 1 der Siebenten Richtlinie bereits vorgesehenen Koordinierung die Regelungen zur Rechnungslegung und tragen grundsätzlich nur den branchenspezifischen Besonderheiten der Banken und anderen Finanzinstitute sowie der VU Rechnung. Sie regeln daher lediglich Abweichungen von der 4. und 7. EG-Richtlinie. (Vgl. die Erwägungsgründe zur Bankbilanzrichtlinie und zur VBR.)

Im Unterschied zur Vierten und Siebenten gesellschaftsrechtlichen Richtlinie beschränken sich die Vorschriften der VBR jedoch nicht auf Regelungen für Kapitalgesellschaften, sondern die Richtlinie erfaßt im Interesse der Wettbewerbsgleichheit in einem europäischen Binnenmarkt Unternehmen aller zulässigen Rechtsformen, also auch Gegenseitigkeitsvereine und öffentlich-rechtliche VU.

3.1.2 Bewertungspluralismus – die Abkehr vom Primat des Anschaffungswertprinzips

In der Abkehr vom Primat des Anschaffungswertprinzips bei der Bewertung der Kapitalanlagen liegt die wohl spektakulärste Besonderheit dieser EG-Richtlinie; von Anbeginn der zwölfjährigen Vorgeschichte war diese Gleichstellung von *Anschaffungskosten-* und *Zeitwertbewertung* (Art. 46 Abs. 1) vorgesehen. Die Bewertung zum Zeitwert kann von den Mitgliedstaaten für die Gesamtheit der Kapitalanlagen, aber auch für einzelne Unterposten unter dem Bilanzposten C „Kapitalanlagen" zugelassen oder *vorgeschrieben* werden[22].

---

20 Richtlinie des Rates vom 8. Dezember 1986 über den Jahresabschluß und den konsolidierten Abschluß von Banken und anderen Finanzinstituten (86/635/EWG). ABl. EG Nr. L 372 vom 31. 12. 1986, S. 1 – 17 u. ABl. EG Nr. L 316 vom 23. 11. 1988, S. 51 – 52.

21 Richtlinie des Rates vom 19. Dezember 1991 über den Jahresabschluß und den konsolidierten Abschluß von Versicherungsunternehmen (91/674/EWG). ABl. EG Nr. L 374 vom 31. 12. 1991, S. 7 – 31.

22 Für die Bundesrepublik Deutschland sind die grundlegenden Vorschriften der EG-Versicherungsbilanzrichtlinie durch das „Gesetz zur Durchführung der Richtlinie des Rates der Europäischen Gemeinschaften über den Jahresabschluß und den konsolidierten Abschluß von Versicherungsunternehmen (Versicherungsbilanzrichtlinien-Gesetz – VersRiLiG)" vom 24. Juni 1994 (BGBl. I S. 1377 – 1386) in deutsches Recht transformiert worden. Nach dessen Vorschriften ist auch zukünftig – das Gesetz ist erstmals auf den Jahresab-

Das gilt indes nicht für „Kapitalanlagen für Rechnung und Risiko von Inhabern von Lebensversicherungspolicen" (Aktiva D), das heißt für Kapitalanlagen insbesondere der „fondsgebundenen Lebensversicherung", wie sie vergleichsweise in größerem Umfang im Vereinigten Königreich betrieben wird; für sie ist die Zeitwertbewertung der Kapitalanlagen nach Art. 46 Abs. 2 VBR zwingend.

Für Schuldverschreibungen und andere festverzinsliche Wertpapiere ermöglicht Art. 55 eine besondere Bewertung:

Die Mitgliedstaaten können zulassen oder verlangen, daß diese Wertpapiere mit ihrem *Rückzahlungsbetrag* bilanziert werden und die Unterschiedsbeträge zum jeweiligen Anschaffungswert zeitanteilig auf die Laufzeit verteilt werden.[23]

Diese – auch in der Bankbilanzrichtlinie zu findende – Regelung soll offenbar im Interesse der Periodenvergleichbarkeit eine kontinuierlichere Darstellung der Investmenterträge ermöglichen, indem sie eine vorgezogene aber gleichmäßige Ertragsrealisierung zuläßt. Die gleichen Überlegungen gelten auch für andere festverzinsliche Kapitalanlagen mit Agio/Disagio wie Hypotheken und Schuldscheindarlehen.

Als weitere systematisch bedeutsame Ausnahme neben der Zeitwertbewertung können die Mitgliedstaaten zulassen oder vorschreiben die *Neubewertung* im Sinne von Art. 33 Abs. 1 Satz 1 Buchst. c der Vierten Richtlinie (vgl. Art. 44 u. 50 VBR), die mit der dahinterstehenden Methodenvielfalt das Bewertungsspektrum der Kapitalanlagen erheblich erweitert – ohne daß hier die Vergleichbarkeit mit den beiden anderen grundlegenden Bewertungsmethoden per Anhangangaben verlangt wird.[24]

Auf die Behandlung der bei Anwendung dieser vom Anschaffungswertprinzip abweichenden Bewertungsmethoden auftretenden unrealisierten Gewinne wird noch eingegangen.

---

schluß für das 1995 beginnende Geschäftsjahr anzuwenden – grundsätzlich nur eine Bewertung auf der Grundlage des Anschaffungswertprinzips zulässig (§ 341 b und 341 e HGB), wie dies derzeit auch für alle anderen Wirtschaftszweige in Deutschland der Fall ist. Ausnahmen gibt es nur für bestimmte Vermögensgegenstände, die zum Nennwert angesetzt werden dürfen bzw. mit dem Zeitwert bilanziert werden müssen (vgl. Fußnote 23).

23 Nach § 341 d HGB müssen die Kapitalanlagen für Rechnung und Risiko von Inhabern von Lebensversicherungspolicen zukünftig auch in Deutschland mit dem Zeitwert aktiviert werden. Für Namensschuldverschreibungen, Hypothekendarlehen und andere Forderungen gibt § 341 c HGB zukünftig ein Wahlrecht zur Bilanzierung mit dem Nennbetrag.

24 Bei Anwendung der Anschaffungswertbewertung und der Zeitwertbewertung auf Kapitalanlagen ist im Anhang jeweils der Zeitwert bzw. der Anschaffungswert der Kapitalanlagen anzugeben (Art. 46 Abs. 2 u. 4 VBR). Zur Bewertung nach einer der in Art. 33 Abs. 1 Vierte Richtlinie zugelassenen Verfahren gibt es dagegen nur die Protokollerklärung zu Art. 46 Abs. 3, in der Rat und Kommission erklären, daß der Richtlinientext dahingehend auszulegen ist, daß auch der Zeitwert im Anhang anzugeben ist, wenn die Kapitalanlagen in der Bilanz nach einem Verfahren des Artikels 33 Absatz 1 der Vierten Richtlinie ausgewiesen werden.

3.1.3 Besondere bewertungsrechtliche Wahlrechte

Die materiellrechtliche Struktur ist mit dieser grundsätzlichen Abweichung vom Bewertungssystem der Vierten Richtlinie indes noch nicht hinreichend gekennzeichnet; die nachstehend aufgeführten Mitgliedstaatenwahlrechte bezüglich Bilanzierung und Bewertung eröffnen beträchtliche Spielräume bei der Gewinnermittlung der VU. Je nach Wahl können daraus erhebliche Periodenverschiebungen in der Höhe des ausgewiesenen Gewinns resultieren. Die bewertungsmethodische Heterogenität, ja Inkonsistenz der VBR wird vollends deutlich, wenn man bedenkt, daß die eingangs dargestellten, dem Vorsichtsprinzip verhafteten allgemeinen Bewertungsgrundsätze der Vierten Richtlinie auch für VU gelten. Besondere Berichtsauflagen sollen über die unterschiedliche Beachtung des Vorsichtsprinzips hinweghelfen.

Das betrifft folgende Mitgliedstaatenwahlrechte:

– *Art. 18:* Abgrenzung von Abschlußkosten durch Aktivierung beziehungsweise Kürzung von versicherungstechnischen Rückstellungen (Beitragsüberträgen, Deckungsrückstellungen) oder ihre sofortige Verrechnung als Aufwand;[25]

– *Art. 51:* Strenges Niederstwertprinzip für Wertpapiere[26];

– *Art. 60:* Abzinsung der Schadenrückstellungen bei Rückstellungen mit durchschnittlich über vierjähriger Abwicklungsdauer[27];

– *Art. 62:* „Bis zu einer späteren Koordinierung gelten in den Mitgliedstaaten, die die Bildung einer Schwankungsrückstellung verlangen, die einzelstaatlichen Bestimmungen für deren Berechnung".[28]

Als Extremmodelle lassen sich gegenüberstellen:

– einerseits Zeitwertbewertung mit abgegrenzten Abschlußkosten und diskontierter Schadenrückstellung und

---

25 Durch § 248 Abs. 3 HGB wird das Verbot der Abschlußkostenaktivierung, das derzeit noch aufgrund von § 56 Abs. 2 VAG zu beachten ist, in Deutschland auch zukünftig Geltung haben.
26 Das strenge Niederstwertprinzip behält im deutschen Recht seine Geltung; es wird statt derzeit nach § 56 Abs. 1 VAG zukünftig nach § 341 b Abs. 2 Satz 1 HGB anzuwenden sein.
27 Durch das Versicherungsbilanzrichtlinie-Gesetz ist in § 253 Abs. 1 Satz 2 des Handelsgesetzbuchs die für alle Kaufleute geltende Vorschrift aufgenommen worden: „Rückstellungen dürfen nur abgezinst werden, soweit die ihnen zugrundeliegenden Verbindlichkeiten einen Zinsanteil enthalten". Damit ist die nach der Versicherungsbilanzrichtlinie mögliche Zulassung einer Abzinsung der Schadenrückstellungen bei Erfüllung bestimmter Bedingungen vom deutschen Gesetzgeber also abgelehnt worden.
28 Die Bildung von Schwankungsrückstellungen und von den Schwankungsrückstellungen ähnlichen Rückstellungen, die nach Art. 30 Abs. 1 VBR den Schwankungsrückstellungen gleichgestellt sind, wird zukünftig durch § 341 h HGB vorgeschrieben sein.

– andererseits Anschaffungskostenbewertung *ohne* abgegrenzte Abschlußkosten und ohne diskontierte Schadenrückstellung.

In der *Praxis* der EG-Mitgliedstaaten werden aber wahrscheinlich diese extremen Beispiele, die indessen noch nicht die ganze Bandbreite der materiellen Unterschiede repräsentieren, weniger häufig anzutreffen sein als Mischformen.

Der entscheidende Unterschied zwischen diesen unterschiedlich „optimistischen/pessimistischen" Modellvarianten besteht in einer Phasenverschiebung der Ergebnisbelastung bzw. des Gewinnausweises. Abgesehen von dem Zins-/Steuereffekt sind sie im Endergebnis jedoch gleich.

3.2 Vorsicht im Spiegel der Bilanzierungs- und Bewertungsvorschriften der VBR

3.2.1 Die Behandlung immaterieller Aktiva

Es geht hierbei um drei Geschäftsvorgänge, die bei VU von beträchtlichem Gewicht sein können:

– Aufwendungen für die Errichtung und Erweiterung des Unternehmens
– Entgelt für Geschäfts- oder Firmenwert
– Aufwendungen für den Abschluß von Versicherungsverträgen.

In diesem thematischen Zusammenhang ist von Bedeutung, daß in allen drei Fällen Mitgliedstaatenwahlrechte bestehen. Damit ist die Möglichkeit gegeben, im Rahmen der Anpassung des nationalen Rechts an die VBR den Status quo aufrechtzuerhalten. Diese Möglichkeit hat der deutsche Gesetzgeber wahrgenommen, indem er in § 341 a Abs. 1 HGB die weitere Geltung der §§ 269 und 255 Abs. 4 HGB auch für Versicherungsunternehmen ausgesprochen und in den § 248 Abs. 3 HGB die derzeitige Regelung des § 56 Abs. 2 VAG übernommen hat. Gleichzeitig ist im Hinblick auf das von der Versicherungsbilanzrichtlinie verfolgte Ziel einer rechtsformunabhängigen Rechnungslegung eine Gleichstellung der Versicherungsvereine auf Gegenseitigkeit mit den Unternehmen anderer Rechtsformen bezüglich der Behandlung der Aufwendungen für die Ingangsetzung und Erweiterung des Geschäftsbetriebs erfolgt (Geltung der §§ 269 und 282 HGB sowie Aufhebung des § 36 a VAG).

Materiell besonders gewichtig ist die Frage der Abschlußkostenaktivierung, zumal in Deutschland im Unterschied zu den meisten EG-Mitgliedstaaten mehrjährige Verträge weit verbreitet sind. Der deutsche Gesetzgeber hat sich entschieden, das Verbot der Abschlußkostenaktivierung des § 56 Abs. 2 VAG auch zukünftig beizubehalten, indem er die Regelung des Versicherungsaufsichtsgesetzes in den § 248 Abs. 3 HGB übernommen hat. Es ist signifikant für die vergleichsweise „lockereren" Bilanzierungsvorstellungen der VBR, daß sie im Grundsatz von einem *Aktivierungsgebot* für Abschlußkosten ausgeht, wobei auf die Regeln der Rechnungsabgrenzung in Art. 18 der Vierten Richtlinie verwiesen wird.

Die Frage der Zillmerung bleibt davon unberührt; hierbei handelt es sich nach geltendem deutschen Recht nicht um eine Ausgabenabgrenzung, sondern um die bilanzielle Berücksichtigung eines geschäftsplanmäßig begründeten Anspruchs des VU auf Tilgung von Abschlußkosten.

Dem Ausfallrisiko wird dabei durch eine Pauschalwertberichtigung bzw. eine sog. Stornorückstellung Rechnung getragen.

3.2.2 Die Bewertung der Kapitalanlagen

3.2.2.1 Die Bewertungsmethoden

Mit Ausnahme der Bewertung der „Kapitalanlagen für Rechnung und Risiko von Inhabern von Lebensversicherungspolicen", d. h. der Kapitalanlagen insbesondere der sog. fondsgebundenen Lebensversicherung, für die künftig allein die Bewertung zum Zeitwert vorgeschrieben ist[29], stehen für die Bewertung der Kapitalanlagen drei grundlegende Bewertungssysteme, zu denen mehrere Bewertungsverfahren gehören können, den Mitgliedstaaten zur Wahl

– Bewertung nach dem Anschaffungswertprinzip i. S. von Art. 32 der Vierten Richtlinie (Art. 45)

– Bewertung nach dem Zeitwertprinzip i. S. von Art. 48, 49 der VBR (Art. 46)

– Neubewertung i. S. von Art. 33 Abs. 1 Satz 1 Buchst. c der Vierten Richtlinie (Art. 50).

Bei Wahl des *Anschaffungswertprinzips* gilt nach Art. 51 im Grundsatz das gemilderte Niederstwertprinzip. Für die unter den Kapitalanlagen ausgewiesenen Wertpapiere können die Mitgliedstaaten jedoch auch die Anwendung des *strengen* Niederstwertprinzips vorschreiben. Da der deutsche Gesetzgeber von dieser Möglichkeit in § 341 b Abs. 2 Satz 1 HGB Gebrauch gemacht hat, bleibt im Bereich der Kapitalanlagen insoweit der Status quo im deutschen Recht aufrechterhalten. Denn derzeit werden die Kapitalanlagen der VU – mit Ausnahme der nach § 56 Abs. 1 des Versicherungsaufsichtsgesetzes (VAG) nach dem strengen Niederstwertprinzip

---

[29] Die Zeitwertbewertung dieses Sondervermögens ist unter dem Aspekt der Vorsicht insofern irrelevant, als hier das Anlagerisiko von den Versicherungsnehmern getragen wird.

zu bewertenden fungiblen Inhaberpapiere – nach dem gemilderten Niederstwertprinzip bewertet. Insoweit beläßt es das Bilanzrichtlinie-Gesetz auch bezüglich des laut gesetzlicher Definition dauernd dem Geschäftsbetrieb zu dienen bestimmten Anlagevermögens bzw. wie Anlagevermögen zu bewertenden Vermögens beim alten Recht.

Für Schuldverschreibungen und andere festverzinsliche Wertpapiere (die nicht als Liquiditätsreserve anzusehen und somit auch nicht nach dem strengen Niederstwertprinzip zu bewerten sind) können die Mitgliedstaaten eine *Nominalbewertung* mit zeitanteiliger Auflösung von Agien bzw. Disagien zulassen. Als Daueranlage wird die Schuldendeckungseigenschaft dieser Wertpapiere zum angesetzten Wert nicht in Frage gestellt.

Es darf indes nicht übersehen werden, daß es bei der Bewertung nach dem gemilderten Niederstwertprinzip je nach Zinsentwicklung zu *höheren* Wertansätzen in der Bilanz kommen kann, als sie nach dem Zeitwertprinzip zulässig wären. Allerdings wird künftig im Anhang diese Wertdifferenz im Rahmen der Zeitwertangabe der Kapitalanlagen ersichtlich, so daß sich der Bilanzleser eine quantitative Vorstellung von dem materiellen Effekt der beiden unterschiedlichen Bewertungsmethoden machen kann.

Bei der für die als Liquiditätsreserve dienenden fungiblen Wertpapiere zugelassenen und hierzulande weiterhin vorgeschriebenen strengen Niederstwertbewertung kann es dagegen aus systematischen Gründen niemals höhere Wertansätze gegenüber der Zeitwertbewertung geben, wohl aber niedrigere, zum einen wegen der anschaffungswertbezogenen Wertobergrenze des Niederstwertprinzips, zum anderen wegen des – künftig bei in Deutschland nur noch über die umgekehrte Maßgeblichkeit wirksamen – *Beibehaltungswahlrechts.*

Zeitwertbewertung und *Neubewertung* i. S. von Art. 33 der Vierten Richtlinie als weitere Bewertungsalternativen der EG-Versicherungsbilanzrichtlinie sind definiert in den Artikeln 48 und 49 der EG-VBR bzw. Art. 33 der Vierten EG-Richtlinie.

Dabei ist anzumerken, daß die Zeitwertdefinition der EG-VBR vergleichsweise differenziert und „artgerecht" nach Anlagekategorien gestaltet ist, wobei mit Ausnahme der Grundstücke und Bauten sowie der nach der Equity-Methode zu bewertenden Beteiligungen nach Art. 48 Abs. 5 auf einer Basis zu bewerten ist, „die dem voraussichtlich realisierbaren Wert und dem *Grundsatz der Vorsicht* Rechnung trägt".

Demgegenüber läßt Art. 33 der Vierten Richtlinie offen, was unter Neubewertung zu verstehen ist; allerdings dürften hier inzwischen praktische Erfahrungen vorliegen[30]. Begrifflich müssen beide Verfahren unterschied-

---

30 Vgl. dazu Gerhard Kloos: Die Transformation der 4. EG-Richtlinie (Bilanzrichtlinie) in den Mitgliedstaaten der Europäischen Gemeinschaft. Berlin 1993, S. 381 ff.

liche Bewertungen beinhalten, wobei die Neubewertung i. S. von Art. 33 der Vierten Richtlinie darauf gerichtet sein dürfte „tendenziell dauerhafte Wertsteigerungen"[31] zu erfassen und durch eine Neubewertungsrücklage zu neutralisieren.

3.2.2.2 Die Behandlung unrealisierter Gewinne

Gemeinsam ist beiden Bewertungsverfahren, daß sie durch den Ansatz auch über den Anschaffungskosten liegender Werte unrealisierte Gewinne zeigen – ein Widerspruch zu Vorsichts- und Realisationsprinzip, weswegen auch beide Bewertungsoptionen für eine Umsetzung in das deutsche Handelsbilanzrecht nicht in Betracht kamen.

Eine Neutralisierung dieser Buchgewinne durch ihre obligatorische Zuführung zu einer speziellen Rücklage, die nur entsprechend der Gewinnrealisierung zur Ausschüttung gelangen darf, wie sie nach Art. 33 der Vierten Richtlinie vorgesehen ist, würde hier ein Äquivalent darstellen. Die diesbezüglichen Bestimmungen der VBR, denen unter Vorsichtsaspekten entscheidende Bedeutung zukommt, sind m. E. jedoch kompliziert und fragwürdig.

Für die unrealisierten Gewinne und Verluste aus der Zeitwertbewertung bestimmt Art. 44 der VBR:

(1) Die Mitgliedstaaten können *zulassen,* daß bei der *Lebensversicherung* die Veränderungen des Unterschieds zwischen

– der Bewertung von Kapitalanlagen nach dem Zeitwert oder nach einer der Methoden gemäß Artikel 33 Absatz 1 (!) der Vierten Richtlinie und

– ihrer Bewertung nach dem Anschaffungswert

unter den Posten II 3 und 10 (Nicht realisierte Gewinne aus Kapitalanlagen/Nicht realisierte Verluste aus Kapitalanlagen) der Gewinn- und Verlustrechnung (GVR) *ganz* oder *teilweise* ausgewiesen werden.

Die Mitgliedstaaten verlangen auf jeden Fall, daß die Beträge nach Absatz 1 unter den vorgenannten Posten ausgewiesen werden, wenn sie sich auf die unter dem Aktivposten D genannten Anlagen beziehen, d. h. auf Kapitalanlagen für Rechnung und Risiko von Inhabern von Lebensversicherungspolicen.

(2) Im *Allgemeinen* Versicherungsgeschäft können die Mitgliedstaaten, die eine Bewertung der unter dem Aktivposten C genannten Kapitalanla-

---

31 Herbert Biener: AG, S. 118.

gen nach dem Zeitwert verlangen oder zulassen, *gestatten,* daß die Veränderungen des Unterschieds zwischen der Bewertung der Anlagen nach dem Zeitwert und ihrer Bewertung nach ihrem Anschaffungswert ganz oder teilweise unter einem (besonderen) Posten III 3 a) bzw. 5 a) der GVR als unrealisierte Gewinne/Verluste ausgewiesen werden.

Obligatorisch ist demnach der Ausweis unter den Posten „Nicht realisierte Gewinne aus Kapitalanlagen" bzw. „Nicht realisierte Verluste aus Kapitalanlagen" lediglich für solche Gewinne und Verluste aus Kapitalanlagen für Rechnung und Risiko von Inhabern von Lebensversicherungspolicen; *im übrigen* ist er von der Ausübung eines *Unternehmenswahlrechts* abhängig, das von den Mitgliedstaaten gewährt werden kann.

Was hat zu geschehen, wenn ein Mitgliedstaat den Ausweis in der GVR *nicht* zuläßt? Dann gilt das System „Art. 33 Vierte Richtlinie", d. h. Bildung einer Neubewertungsrücklage mit entsprechenden Möglichkeiten bzw. Auflagen (Art. 47 VBR), möglicherweise ohne Berührung der GVR.

Findet eine *Neubewertung* der Kapitalanlagen gem. Art. 33 Abs. 1 Buchst. c Vierte Richtlinie statt, so gilt zunächst das Recht der Vierten Richtlinie; ein Ausweis der Zuschreibungen in der GVR wird dort aber nicht verlangt. In Betracht kommt auch eine Neutralisierung *außerhalb* der GVR via Neubewertungsrücklage, die wiederum in gezeichnetes Kapital, d. h. Eigenkapital (!) umgewandelt werden darf.

Eine Ausnahme von der nach Art. 33 der Vierten Richtlinie verlangten Neutralisierung von Zuschreibungsgewinnen läßt Art. 44 VBR für die Lebensversicherung zu. Danach können die Mitgliedstaaten zulassen, daß die bei Anwendung einer der Bewertungsmethoden von Art. 33 Abs. 1 der Vierten Richtlinie auftretenden Wertdifferenzen als unrealisierte Gewinne bzw. Verluste erfolgswirksam ausgewiesen werden.

Die Ausdehnung der Neutralisierungsregelung des Art. 33 Abs. 2 der Vierten Richtlinie auf Neubewertungsgewinne bei allen Kapitalanlagen – nach Art. 33 Abs. 1 Satz 1 Buchst. c der Vierten Richtlinie ist die Neubewertung nur bei Sach- und Finanzanlagen zulässig – und die Übertragung dieses Verfahrens auf die ebenfalls auf alle Kapitalanlagen anwendbare Zeitwertbewertung ist wegen der dabei möglichen Umwandlung volatiler Werte in gezeichnetes Kapital bedenklich[32].

Noch bedenklicher erscheint mir jedoch die in diesem System offenbar bestehende Möglichkeit, zeitwertbezogene unrealisierte Gewinne auch *auszuschütten,* mit Aufschub in dem Fall, daß gem. Art. 22 VBR eine Einstellung in den *„Fonds für spätere Zuweisungen"* vorgenommen wird,

---

[32] Vgl. Hans-Joachim Welzel und Johannes Oos: Zur Problematik der Bewertung von Kapitalanlagen. In: WPg 1981, S. 472.

„falls ein Mitgliedstaat zuläßt, daß die Bilanz eines Unternehmens Vermögensgegenstände umfaßt, deren Aufteilung auf die Versicherungsnehmer und auf die Aktionäre zum Zeitpunkt des Bilanzstichtags noch nicht festgelegt war"; das aber scheint praktisch nur die *Lebensversicherung* zu betreffen.

3.2.3 Ansatz und Bemessung versicherungstechnischer Rückstellungen

3.2.3.1 Zum Grundsätzlichen

Neben den eingangs erläuterten Bewertungsprinzipien des Art. 31 der Vierten Richtlinie gilt für versicherungstechnische Rückstellungen die Generalnorm des Art. 56 der VBR, wonach die versicherungstechnischen Rückstellungen jederzeit gewährleisten müssen, daß das VU alle seine aus Versicherungsverträgen resultierenden Verpflichtungen im Rahmen dessen, was bei vernünftiger Betrachtung vorhersehbar ist, erfüllen kann.

Laut Erklärung von Rat und EG-Kommission zum Ratsprotokoll muß die nach Art. 56 verlangte Höhe der Rückstellungen dem Betrag entsprechen, der in Deutschland als der Betrag gilt, der es einem Unternehmen entsprechend einer vernünftigen kaufmännischen Beurteilung ermöglicht, den Verpflichtungen aus Versicherungsverträgen auf Dauer nachzukommen.

Welche Bandbreite der Bewertung die VBR unter diesem geltenden deutschen Recht und dem Gedanken vorsichtiger, dem Realisationsprinzip verhafteter Gewinnermittlung entsprechenden Grundsatzbestimmungen durch Mitgliedstaatenoptionen und Bemessungsspielräume einräumt, soll am Beispiel der Bestimmungen über die

- Schadenrückstellungen
- Rückstellung für drohende Verluste (RdV)
- Schwankungs- und Großrisikenrückstellungen

dargelegt werden.

Die sich dabei, je nach Wahlrechtsausübung, ergebenden unterschiedlichen Auswirkungen auf die Passivseite der Bilanz können beträchtlich sein. Im Unterschied zu den Bewertungsdifferenzen aufgrund der verschiedenen zulässigen Methoden der Kapitalanlagenbewertung fehlen hier allerdings Neutralisierungsmechanismen, die eine Gewinnausschüttung im Sinne des Realisationsprinzips verhindern und somit die Auswirkungen der Bewertungsvielfalt auf die Erfolgssituation der VU im Gemeinsamen europäischen Markt dämpfen. Ein notdürftiges Äquivalent mag in zusätzlichen Informationspflichten gesehen werden, die die VBR im Interesse der Vergleichbarkeit der verschiedenen Bemessungsverfahren vorsieht.

3.2.3.2 Sicherungen und Lockerungen für Schadenrückstellungen

Die Bestimmungen über die Rückstellungen für noch nicht abgewickelte Versicherungsfälle in Art. 60 für das Allgemeine Versicherungsgeschäft enthalten eine Reihe „klassischer" *Sicherungen* i. S. der Vorsichtsgrundsätze der Vierten Richtlinie:

- Der Grundsatz der *Einzelbewertung* wird ausdrücklich betont; statistische Methoden sind zulässig, wenn sie unter Berücksichtigung der Art der Risiken eine ausreichende Rückstellung ergeben.

- Die Rückstellung ist „in Höhe der voraussichtlich noch entstehenden Aufwendungen zu bilden", also in Höhe des geschätzten *Erfüllungsbetrags*.

- Für bis zum Bilanzstichtag eingetretene, aber noch nicht gemeldete Versicherungsfälle ist eine Spätschadenrückstellung zu bilden; damit wird ein unzulänglicher Verpflichtungsstand in der Bilanz und der Ausweis unrealisierter Gewinne vermieden.

- In die Berechnung der Schadenrückstellung sind die Schadenregulierungsaufwendungen „gleich welchen Ursprungs" einzubeziehen; von daher erscheint eine Ausklammerung der Schadenbearbeitungskosten bei den Rückstellungsüberlegungen nicht gerechtfertigt.

- Die von den Schadenrückstellungen absetzbaren beitreibbaren Regreßforderungen und Provenüs sind nach dem Grundsatz der Vorsicht zu bemessen.

- Verdeckte Diskontabschläge etwa dergestalt, daß Versicherungsleistungen zu einem geringeren Wert angesetzt werden als für die endgültige Schadenabwicklung zu erwarten ist, sind unzulässig.

Diesen Sicherungen im Dienste von Vorsichts- und Realisationsprinzip steht als *Lockerung* das (Mitgliedstaaten-)Wahlrecht einer offenen Abzinsung gegenüber, eine Sünde wider den Geist des Realisationsprinzips[33,34], auch wenn diese Abzinsung bestimmten Beschränkungen unterliegt und in ihren Ergebnisauswirkungen im Anhang offengelegt werden muß. Die VBR läßt insoweit bei VU eine Rückstellungsbemessung zu, die unterhalb

---

33 Vgl. Helmut Perlet: Rückstellungen, S. 148.
34 Zur grundsätzlichen Problematik der Abzinsung von Schadenrückstellungen vgl. Helmut Perlet: Rückstellungen, S. 143 ff.

des für andere Wirtschaftsbereiche geltenden Sicherheitsstandards der Vierten Richtlinie liegt.

3.2.3.3 Bemessungskomponenten und -parameter der RdV

Im Unterschied zum geltenden deutschen Recht enthält die VBR versicherungsspezifische Bestimmungen über die RdV im Versicherungsgeschäft (Art. 26, 58). Als Rückstellung der in Art. 20 der Vierten Richtlinie bestimmten Art umfaßt die RdV nach Art. 26 der VBR „den Betrag, der zusätzlich zu den Beitragsüberträgen für nach dem Ende des Geschäftsjahres von dem Versicherungsunternehmen zu tragende Risiken zurückgestellt wurde, um allen über die entsprechenden Beitragsüberträge und etwaige Beitragsforderungen aus diesen Verträgen hinausgehenden Aufwendungen für Versicherungsfälle und Verwaltungsaufwendungen[35] Rechnung zu tragen".

„Der Verlust aus dem schwebenden Geschäft ergibt sich in Höhe des Verpflichtungsüberhangs aus dem Wert der vom VU noch zu erbringenden Leistung und der noch zu erwartenden Gegenleistung."[36]

Hinsichtlich der Ergebniskomponenten werden Abschlußkosten – ohne Rücksicht auf ihre bilanzielle Abgrenzung (!) – ausgeschlossen (Art. 26, 58 VBR). Die Frage der Einbeziehung von Zinserträgen in die Ermittlung der drohenden Verluste bleibt offen, ebenso die Einbeziehung der Veränderungen etwaiger Schwankungsrückstellungen.[37]

In der Frage der Abzinsung der Komponenten der RdV, die unter grundsätzlichen, an Realisations- und Imparitätsprinzip orientierten Überlegungen ebenso abzulehnen wäre wie bezüglich der Schadenrückstellung[38], enthält die VBR ebenso wie bei so bedeutenden Bemessungsparametern wie des *Zeitraums der Verlustantizipation* und des der Verlustbestimmung zugrunde zu legenden *Kollektivs* keine Vorschriften.

Während Laaß[39] aus dem Wortlaut schließen zu können glaubt, daß die bei der Rückstellungsbemessung anzusetzende Restlaufzeit bis zum näch-

---

35 Zum Begriff der Aufwendungen für Versicherungsfälle und der Verwaltungsaufwendungen s. Art. 38 bzw. 41 VBR.
36 Gerd Geib, Frank Ellenbürger und Joachim Kölschbach: Ausgewählte Fragen zur EG-Versicherungsbilanzrichtlinie (VersRiLiG). In: WPg 1992, S. 226.
37 Vgl. hierzu Gerd Geib, Frank Ellenbürger und Joachim Kölschbach: VersRiLiG, S. 226 mit Hinweis auf diesbezügliche deutsche Literatur.
38 Vgl. Gerd Geib und Lothar Horbach: Besonderheiten der Rechnungslegung der Schaden- und Unfall- sowie der Rückversicherungsunternehmen (Besonderheiten). In: KoRVU-Kommentar. Karlsruhe 1991, Beitrag J, Tz. 273. Die Frage der Berücksichtigung von Kapitalerträgen bei der Ermittlung der drohenden Verluste ist in der Literatur umstritten. Vgl. dazu Gerd Geib und Lothar Horbach: Besonderheiten. Beitrag J, Tz. 289 ff. und die dort angeführte Literatur.
39 Vgl. Wolfgang Laaß: Die Publizitätsvorschriften für inländische Versicherungsunternehmen (VU). In: WPg 1991, S. 585.

sten Jahresbeitragsfälligkeitszeitpunkt reicht, stellen Geib/Ellenbürger/ Kölschbach[40] entsprechend herrschender Auffassung bei der Beurteilung der Ausgeglichenheit von Dauerschuldverhältnissen auf die wirtschaftliche Restlaufzeit ab.

Zur Frage des Bezugskollektivs: Grundsätzlich gilt auch für die RdV das Prinzip der Einzelbewertung. Die Kollektivbezogenheit von Kalkulation und Risikoausgleich im Versicherungsgeschäft erfordert hier eine sachgerechte Interpretation dieses dem Vorsichtsprinzip verhafteten Grundsatzes; eine einzelvertragliche Betrachtung ohne Kollektivbezug würde dem ebensowenig gerecht wie eine globale, den Gesamtbestand umfassende Betrachtung.

Karten operiert in seinem Vorschlag zwar mit konsequenterweise vertragsbezogenen Erwartungswerten für Schäden und Kosten, bestimmt diese aber ebenfalls aus Kollektiven.[41]

Die Bestimmung des sachgerechten Kollektivs dürfte in diesem Zusammenhang die entscheidende Frage sein.

Geht man dabei mit Geib/Horbach[42] und Ziegler[43] davon aus, daß Bedingung hierbei gleiche Kalkulation der Verträge ist, so kommt man zu vergleichsweise differenzierten *Kalkulationskollektiven*. Praktische Überlegungen lassen auch die *Ausgleichskollektive* nach der Schwankungsrückstellungsanordnung[44] in Betracht kommen, was auch die Berücksichtigung der Schwankungsrückstellung in diesem Kalkül erleichtern würde.

Ein Abstellen auf den Gesamtbestand scheint mir indessen nicht im Einklang mit den vorsichtsbezogenen Maximen Realisations- und Imparitätsprinzip zu stehen, da hierbei – über den kollektivimmanenten Ausgleich – künftige Gewinne zum Ausgleich von zu erwartenden Verlusten herangezogen würden. Es bleibt zu hoffen, daß sich hier akzeptable Standards auf europäischer Ebene entwickeln.

3.2.3.4 Ansatzwahlrechte für Schwankungs- und Großrisikenrückstellungen

Die VBR sieht keine eigenständige Verpflichtung für die Bildung von Schwankungs- und Großrisikenrückstellungen vor. Allerdings schreibt die

---

40 Vgl. Gerd Geib, Frank Ellenbürger und Joachim Kölschbach: VersRiLiG, S. 226.
41 Vgl. Walter Karten: Zu Inhalt und Abgrenzung der Rückstellung für drohende Verluste aus schwebenden Geschäften in Versicherungsbilanzen. In: VW 1973, S. 1428.
42 Vgl. Gerd Geib und Lothar Horbach: Besonderheiten. Beitrag J, Tz. 279.
43 Vgl. Günter Ziegler: Rückstellungen für drohende Verluste (RdV) im Versicherungsgeschäft. In: Erich R. Prölss, Ernst von der Thüsen und Günter Ziegler: Die versicherungstechnischen Rückstellungen im Steuerrecht. Karlsruhe 1973, S. 90.
44 Anordnung über die Schwankungsrückstellung. Rundschreiben R 7/91 des BAV vom 31. Oktober 1991. In: VerBAV 1991, S. 420 ff.

Erste Richtlinie Schadenversicherung für die Kreditversicherung EG-weit die Bildung einer Schwankungsrückstellung vor.[45] Art. 30 der VBR bestimmt lediglich, daß aufgrund (nationaler) Gesetzes- oder Verwaltungsvorschriften zurückzustellende Beträge als versicherungstechnische Rückstellungen *auszuweisen* sind, und auf Rücklagen, die Schwankungen im Schadenverlauf ausgleichen sollen, obwohl keine diesbezügliche (nationale) Rechtsvorschrift besteht, im Anhang hinzuweisen ist.[46]

Nicht nur, daß also mit Ausnahme der Kreditversicherung ein Mitgliedstaatenwahlrecht für die Verpflichtung zur Bildung einer Schwankungsrückstellung und der ihr „ähnlichen" Großrisikenrückstellungen besteht, auch für die Kreditversicherung selbst läßt das EG-Recht die Option auf zwei verschiedene Grundmodelle. Neben zwei dem „deutschen Modell", das auf einen Ausgleich der Schadenquoten abzielt, entsprechenden Varianten werden auch zwei auf den Ausgleich versicherungstechnischer Verluste abzielende Varianten als gleichwertig zur Wahl gestellt, obwohl deren Gleichwertigkeit im Hinblick auf ihre Sicherheits- und Ausgleichsfunktion füglich in Zweifel gezogen werden kann[47].

Zur Rolle der Schwankungsrückstellung im Rahmen einer vorsichtsbestimmten Rechnungslegung der VU hat der Jubilar mit Bezug auf die geltende deutsche Regelung eindrucksvoll ausgeführt:

„Aus dem *Vorsichtsprinzip* (Hervorhebung durch den Verfasser) als Grundsatz ordnungsgemäßer Bilanzierung folgt in statischer Betrachtung eine Bewertung der *künftigen Verpflichtungen* aus einem gegebenen Bestand – möglich als positive oder negative Differenz –, die nach dem Imparitätsprinzip zu einer Rückstellung führt. Ihre Höhe wäre so zu bestimmen, daß sie mit einer vorsichtig bemessenen Wahrscheinlichkeit von den kumulierten Über-/Unterschäden nicht überschritten wird. Eine derart statisch begründete Rückstellung für ungewisse Verbindlichkeiten, auch interpretierbar als erweiterte

---

45 Vgl. Art. 15 a Erste Richtlinie des Rates vom 24. Juli 1973 zur Koordinierung der Rechts- und Verwaltungsvorschriften betreffend die Aufnahme und Ausübung der Tätigkeit der Direktversicherung (mit Ausnahme der Lebensversicherung) (73/239/EWG). In: ABl. EG Nr. L 228 vom 16. 8. 1973, S. 3–19. Art. 15 a wurde eingefügt durch Art. 1 Nr. 3 Richtlinie des Rates vom 22. Juni 1987 zur Änderung hinsichtlich der Kreditversicherung und der Kautionsversicherung der Ersten Richtlinie 73/239/EWG zur Koordinierung der Rechts- und Verwaltungsvorschriften betreffend die Aufnahme und Ausübung der Tätigkeit der Direktversicherung (mit Ausnahme der Lebensversicherung) (87/343/EWG). In: ABl. EG Nr. L 185 vom 4. 7. 1987, S. 72–76.
46 Das gilt ebenso für die Schwankungsrückstellung ähnliche Rückstellungen, zu denen die Großrisikenrückstellungen zu rechnen sind.
47 Vgl. dazu Walter Karten: Grundsätzliche Bemerkungen zur neuen Schwankungsrückstellung. In: VW 1966, S. 1040 f.; Walter Karten: Grundlagen eines risikogerechten Schwankungsfonds für Versicherungsunternehmen. Berlin 1966, S. 213; Walter Karten: The New „Schwankungsrückstellung" in Annual Statements of German Insurers. An Application of the Theory of Risks? In: The Geneva Papers on Risk and Insurance. No. 17, 1980, S. 55 ff.

Drohverlustrückstellung, wäre aber starr und zur Erfüllung der Ausgleichsfunktion nicht geeignet.

Eine Übertragung des *Realisationsprinzips* auf den Prozeß des Risikogeschäftes bietet dagegen eine stichhaltige, dynamisch orientierte Begründung für eine bewegliche Rückstellung eigener Art. Erst wenn eine solche Schwankungsrückstellung, die im Prinzip dem Reserveprozeß des Modells entspricht, eine Obergrenze als hinreichend deklarierter Sicherheit erreicht hat, sind die darüber hinaus entstehenden Überschüsse realisierte und ausschüttungsfähige Gewinne. In wesentlichen Punkten entspricht dem im Ergebnis die Schwankungsrückstellung nach 1978."[48]

Es bleibt zu hoffen, daß dieses Verständnis der Anforderungen des Vorsichtsprinzips im Versicherungsgeschäft im Interesse der Sicherheit der Unternehmen und der dauernden Erfüllbarkeit der Versicherungsverträge bald europäisches Gemeingut wird.

4 Fazit

Zusammenfassend läßt sich feststellen, daß die VBR zwar auf den vorsichtsbestimmten allgemeinen Bilanzierungsgrundsätzen der Vierten EG-Richtlinie fußt, durch eine Reihe von Mitgliedstaatenwahlrechten bezüglich Ansatz und Bewertung jedoch erhebliche Spielräume eröffnet, wobei auch Ansätze zulässig sind, die den Sicherheitsanforderungen der Vierten EG-Richtlinie nicht genügen.
Das betrifft insbesondere die Neubewertung nach Art. 33 der Vierten Richtlinie und die Zeitwertbewertung der Kapitalanlagen ohne Ausschüttungssperre sowie Ansatz- und Bewertungswahlrechte bei versicherungstechnischen Rückstellungen.
Daß dabei qua Mitgliedstaatenoption der Vorsichtsstandard der Vierten EG-Richtlinie *unterschritten* werden kann, ist um so weniger verständlich, als der einem vergleichbar hohen Vertrauensanspruch wie die Versicherungswirtschaft ausgesetzten Kreditwirtschaft qua Mitgliedstaatenoption Abweichungen von dem Vorsichtsniveau der Vierten EG-Richtlinie nur in Richtung auf eine *vorsichtigere* Bilanzierung gestattet wurden[49].

Es bleibt im Interesse der Vertrauenswürdigkeit der Versicherungswirtschaft im europäischen Binnenmarkt zu hoffen, daß die Mitgliedstaaten bei der Ausübung der ihnen eingeräumten Wahlrechte Vorsicht walten lassen.

48 Walter Karten: Schwankungsrückstellung. In: Handwörterbuch der Versicherung HdV. Karlsruhe 1988, S. 765. Vgl. dazu auch Walter Karten: Zur Begründung einer sachgerechten Schwankungsrückstellung. In: Sorgen Vorsorgen Versichern. Festschrift für Heinz Gehrhardt zum 70. Geburtstag. Hrsg.: Hans Kalwar. Karlsruhe 1975, S. 220 ff.
49 Vgl. Norbert Konrath: Wettbewerbsaspekte der Rechnungslegungsharmonisierung in der EG. In: Versicherungen in Europa heute und morgen. Geburtstags-Schrift für Georg Büchner 1991. Hrsg.: Franz Wilhelm Hopp und Georg Mehl. Karlsruhe 1991, S. 263.

Ist die Externe Rechnungslegung der Versicherungsunternehmen überflüssig?
Zur Gestaltung der Rechnungslegung von Versicherungsunternehmen auf deregulierten Versicherungsmärkten aus der Sicht der Versicherungsnehmer

Dieter Hesberg

I. Vorbemerkung

Zu Rechnungslegungsfragen hat sich *Walter Karten* nach seinen grundlegenden Untersuchungen zur Schwankungsrückstellung[1] in Artikeln[2], Lehrveranstaltungen und Diskussionen (auch mit dem Verfasser dieses Beitrags) weitaus öfter geäußert, als es seiner zuweilen von ihm bekundeten Abneigung gegen dieses nicht eben eingängliche Gebiet entsprochen hätte. Oder einfacher ausgedrückt: Rechnungslegungsfragen waren ihm nicht unwichtig genug, als daß man sie hätte vernachlässigen dürfen.

Dieser Bezug zum Tätigkeitsfeld des Jubilars sowie die derzeit zu registrierenden europäisch bedingten Entwicklungen sowohl der Versicherungsmärkte[3] als auch der Rechnungslegung lassen die Beschäftigung mit einer Fragestellung angemessen erscheinen, die die Entwicklung der Rechnungslegung im Hinblick auf die im Entstehen begriffene neue Marktordnung für Versicherungen fokussiert.

---

1 W. Karten, Grundlagen eines risikogerechten Schwankungsfonds für Versicherungsunternehmen, Berlin 1966.
2 Derselbe, Grundsätzliche Bemerkungen zur neuen Schwankungsrückstellung, VW 1966, S. 1038 ff., S. 1089 ff.; Die Rechnungslegung in den Niederlanden, in: P. Braeß (Hrsg.), Rechnungslegung von Versicherungsunternehmen im Ausland, Berlin 1967, S. 151 ff.; Zu Inhalt und Abgrenzung der Rückstellung für drohende Verluste aus schwebenden Geschäften in Versicherungsbilanzen, VW 1973, S. 1425 ff.; Zur Begründung einer sachgerechten Schwankungsrückstellung, in: H. Kalwar (Hrsg.), Sorgen, Vorsorgen, Versichern, Festschrift für H. Gehrhardt, Karlsruhe 1975, S. 215 ff.; The New Schwankungsrückstellung in Annual Statements of German Insurers – An Application of the Theory of Risks?, The Geneva Papers on Risk and Insurance, No. 17 1980, S. 54 ff.; Schwankungsrückstellung, in: D. Farny, E. Helten, P. Koch, R. Schmidt (Hrsg.), Handwörterbuch der Versicherung (HdV), Karlsruhe 1988, S. 901 ff.
3 Derselbe, Die Öffnung der Versicherungsmärkte in der Europäischen Gemeinschaft und mögliche Marktschranken, in: Die Entwicklung der modernen Versicherungslehre, Festschrift für Kazuya Mizushima, Tokyo 1990, S. 433 ff.

II. Das Problem

Das Landgericht Hamburg hat am 19. 6. 1992 ein Urteil verkündet, mit dem einem Print-Medium unter anderem

- untersagt wird zu behaupten, ein – klagendes – Lebensversicherungsunternehmen habe 1990 einen Verlust von 20,7 Mio. DM erlitten;
- *nicht* untersagt wird zu äußern, das Risiko sei groß, daß die Gesellschaft ihre prognostizierten Überschußbeteiligungen werde zurücknehmen müssen, da die Rückstellung für Beitragsrückerstattung (am 31. 12. 1990) um 18 % niedriger gewesen sei als die deklarierten Überschußanteile.

Daß über einen scheinbar so einfachen Sachverhalt wie Gewinne bzw. Verluste gestritten wird, ist leicht aufgeklärt: Der vom Presseorgan verwendete Begriff *Verlust* war sprachlich unsauber benutzt worden. Gemeint war nicht ein ausgewiesener (Bilanz-)Verlust oder Jahresfehlbetrag, sondern die in der Erfolgsrechnung[4] auszuweisende, in diesem Falle negative *Zwischensumme 3* vor Ausgleich durch Erträge aus Verlustübernahme seitens des Großaktionärs: Dieses Ergebnis kann man wohl als Fehlbetrag aus ordentlicher Geschäftätigkeit auffassen, aber eben nicht als Verlust (im bilanzrechtlichen Sinne) bezeichnen.

Ein solcher Fehler wird einfach nur teuer.

Bei der Interpretation effektiv unzweifelhafter Veränderungen der Rückstellung für Beitragsrückerstattung im Zusammenhang mit der Überschußdeklaration hingegen existieren Freiheitsgrade, die Aussagen wie die umstrittene zur Ansichtssache machen; sie sind kaum justitiabel.

Die presserechtliche Differenzierung in überprüfbare Tatsachenbehauptung einerseits und – zwar tatsachengestützte, aber grundsätzlich nicht widerlegbare – Meinungsäußerung andererseits ist hier nicht zu diskutieren. Sie weist aber wie der angedeutete Fall auf ein grundlegendes Problem hin, das mit der Auswertung von Rechnungslegungsinformationen praktisch immer verbunden ist[5].

Wenn Informationen aus Jahresabschlüssen zu Unternehmensvergleichen aufbereitet und wie im angeführten Beispiel in der Lebensversicherung zu Aussagen über Produkteigenschaften (Gewinnbeteiligung, Bonität) herangezogen werden, zielt dies unzweifelhaft auch – und im vorliegenden Fall

---

4 Gemäß Formblatt II für die Personenversicherung, Externe VUReV 1987.
5 Vgl. besonders anschaulich V. Wolff, Probleme des Vergleichs von Versicherungsprodukten aus journalistischer Sicht, in: H.-P. Mehring, V. Wolff (Hrsg.), Festschrift für Dieter Farny, Karlsruhe 1994, S. 319 ff., S. 322 ff.

vor allem – auf die Leistungs- bzw. Absatzmärkte der Versicherungsunternehmen.

Zu fragen ist deshalb, welchen Informationsbedarf Versicherungskunden (aus dem Bestand ebenso wie Nachfrager) haben und inwieweit dieser Bedarf tatsächlich durch Rechnungslegung, also aus Jahresabschluß und Lagebericht, abgedeckt werden muß bzw. kann; tangiert ist damit auch der Komplex spezieller Informationspflichten.

III. Informationsvermittlung durch Rechnungslegung im bisherigen Aufsichtssystem

Das Problem ist nicht grundsätzlich neu. Implizit setzt jedes zweckmäßig ausgestaltete Konvolut von Rechnungslegungsvorschriften für Versicherungsunternehmen eine Klärung dieser Frage voraus. Da die bekannte Vorschrift, daß jeder Versicherungsnehmer ein Exemplar von Jahresabschluß und Lagebericht (≈ Geschäftsbericht) anfordern kann, bisher alle im Laufe der Zeit durchgeführten Rechnungslegungsreformen überdauert hat[6], darf man annehmen, daß der Gesetzgeber von der Nützlichkeit eines solchen Rechts für die Versicherungsnehmer überzeugt ist.

Tatsächlich ist diese spezielle Fragestellung jedoch bisher eher dilatorisch behandelt worden.

Die besondere Sensibilität der Rechnungslegungspublizität von Versicherungsunternehmen beruhte bislang vor allem auf zwei Hypothesen. Zum einen ist es die besondere Stellung der in Versicherungsdingen (für) unkundig gehaltenen Versicherungsnehmer als Gläubiger und als Prämienschuldner, zum anderen die Annahme, daß diese Position sowohl durch zusätzliche Informationspflichten in der Rechnungslegung als auch durch staatliche Aufsicht zu schützen sei.

Die speziellen Informationsinteressen der Versicherungsnehmer als Gläubiger betreffen vorrangig die Bonität des Versicherungsschutzes, im Kern also der Versicherungsunternehmen selbst, sowie Ertragsgesichtspunkte, soweit Beitragsrückgewähr bzw. Gewinnbeteiligungen vertraglich vereinbart bzw. möglich sind. Damit ist dieser Informationsbedarf kaum anders ausgeprägt als der von Aktionären eines Versicherungsunternehmens.

Grundsätzlich dürften sich die Informationsinteressen von Versicherungsaktionären nicht wesentlich von denen anderer Aktionäre unterscheiden[7]. In bezug auf Zweckmäßigkeit und Sinnhaftigkeit von Rechnungslegungs-

---

6 § 55 (7) S. 1 VAG a. F. bzw. § 55 (3) VAG n. F.
7 § 175 (2) S. 2 AktG sichert das Recht, die Rechnungslegung als Vorlage zur Hauptversammlung anzufordern.

informationen für Kapitalmarktteilnehmer kann insoweit verwiesen werden auf die grundlegende Diskussion im Schrifttum[8]; diese Fragestellung darf hier außer acht bleiben. Im vorliegenden Zusammenhang erscheint es hinreichend plausibel, der Konvention zu folgen und auszugehen vom üblichen Interesse der Kapitalmarktteilnehmer an Informationen über künftige Einkommenschancen sowie von einem Rechenschaftsinteresse der Anteilseigner bzw. VVaG-Mitglieder.

Mit dem Ansatz eines weitgehend standardisierten Informationsinteresses läßt sich auch das Postulat begründen, daß die Rechnungslegungspublizität von Versicherungsunternehmen derjenigen anderer Branchen *gleichwertig* sein solle. Wodurch *Vermögens-, Finanz- und Ertragslage*[9] im einzelnen bei Versicherungsunternehmen bestimmt sind, wäre demzufolge aus den sachlichen Gegebenheiten abzuleiten. Analogien zu industriellen Verhältnissen, die dabei sowohl zur Begründung als auch zur Abwehr herangezogen werden, bleiben allerdings sowohl interpretations- als auch strapazierfähig.

Die kapitalmarktorientierte Argumentation eignet sich jedoch nicht ohne weiteres zur Begründung des Informationsbedarfs von Versicherungsnehmern als Prämienschuldner bzw. allgemein als Teilnehmer auf Versicherungsmärkten.

Zwar ist die formale Parallele zur kapitalmarkttheoretischen Betrachtung offensichtlich: Werden Versicherungsmärkte als Finanzdienstleistungsmärkte gesehen und die Ansprüche der Versicherungsnehmer als contingent claims – bedingte Ansprüche – aufgefaßt, ist die an den Kapitalmarkt adressierte öffentliche Rechnungslegung auch an die Versicherungsnehmer als Agierende auf diesem Markt gerichtet.

Um aber realitätsnahe Nachfragerverhaltensweisen (auf unvollkommenen Märkten) unterstellen zu können, werden die Versicherungsmärkte von den institutionalisierten Kapitalmärkten üblicherweise – auch in der wissenschaftlichen Diskussion – abgetrennt. Dieses primär pragmatische Vorgehen führt zu einer weitgehend eigenständigen Argumentation.

Danach interessieren sich aktuelle und potentielle Versicherungsnehmer als Partner auf Versicherungsmärkten vor Abschluß und während der Laufzeit von Versicherungsverträgen für die Preiswürdigkeit bzw. Kosten-

---

8 Vgl. z. B. R. H. Schmidt, Rechnungslegung als Informationsproduktion auf nahezu effizienten Kapitalmärkten, ZfbF 1982, S. 728 ff., S. 739 ff.; F. W. Wagner, Zur Informations- und Ausschüttungsbemessungsfunktion des Jahresabschlusses auf einem organisierten Kapitalmarkt, ZfbF 1982, S. 758 ff.; W. Ballwieser, Zur Begründbarkeit informationsorientierter Jahresabschlußverbesserungen, ZfbF 1982, S. 772 ff.; derselbe, Informationsökonomie, Rechnungslegungstheorie und Bilanzrichtlinie-Gesetz, ZfbF 1985, S. 47 ff.; Th. Schildbach, Jahresabschluß und Markt, Berlin, Heidelberg, New York, London, Paris, Tokyo 1986.
9 So die Formel in § 264 (2) S. 1 HGB.

günstigkeit von Versicherungsschutzprodukten, um über Beginn bzw. Fortsetzung von Leistungsbeziehungen mit Versicherungsunternehmen zu entscheiden. Zweifellos handelt es sich dabei um marktrelevante Produktinformationen, die – wenn überhaupt – derzeit üblicherweise primär von Absatzorganen geliefert bzw. als Mitteilung des Versicherungsunternehmens zugesandt, aber nicht aus dem Jahresabschluß selbst bezogen werden.

Dennoch ist die Rechnungslegung betroffen. Zumindest, wenn es sich bei der Akquisition um firmengebundene Absatzorgane handelt, darf man Informationsrisiken wie bei jeder *agency*-Beziehung vermuten, so daß gilt: Vertrauen ist gut, Kontrolle ist besser. Genauer formuliert bedeutet das: Die Rechenschaftsfunktion der Rechnungslegung im Sinne einer präventiv wirkenden Kontrolle ist prinzipiell auch hier gefordert, insbesondere soweit es Kosten- oder Gewinnprognosen betrifft, z. B. in der Lebensversicherung oder bei Anpassungstarifen in der Kranken-, Haftpflicht- oder Hausratversicherung.

Tatsächlich war der Umfang der von Versicherungsunternehmen im Anhang zu machenden Angaben nach den alten Vorschriften[10] größer als für Unternehmen anderer Wirtschaftszweige. Ob dies auf das Verlangen nach gleichwertiger Aussagefähigkeit oder wirklich auf das unterstellte Rechnungslegungsinteresse der Versicherungsnehmer zurückzuführen ist, mag dahingestellt bleiben, denn gerade im Hinblick auf die skizzierten Informations- und Kontrollzwecke enthalten die Jahresabschlüsse der Versicherungsunternehmen bedeutsame Schlupflöcher; sie müssen hier nicht erneut aufgeführt werden[11].

Die Mängel der zu publizierenden Rechnungslegung wurden jedoch häufig gar nicht als Manko empfunden, da es noch die Interne Rechnungslegung gegenüber dem Bundesaufsichtsamt gibt. Sie ist bekanntlich weitaus umfänglicher und detaillierter angelegt. Nicht nur die Informationslücken, die einem gnädigen Schleier gleich die Externe Rechnungslegung noch zuläßt, sind dort konsequent geschlossen; in die Berichterstattung sind teilweise auch Informationen aus dem unternehmensinternen Rechnungswesen einbezogen – die beileibe nicht alle in eine veröffentlichte Rechnung hineingehören.

Bedingt durch die Existenz der sehr weitreichenden Berichterstattung gegenüber der Aufsichtsbehörde und die hohe Regulierungsdichte auf Versi-

---

10 Sie stammen im Kern (als seinerzeitige Anpassung an das Aktiengesetz 1965) von 1973 und sind letztmalig anzuwenden auf Geschäftsjahre, die vor dem 1. 1. 1995 beginnen.
11 Vgl. A. Angerer, Die Rechnungslegung der Versicherungsunternehmen – Wunsch und Wirklichkeit, ZfV 1972, S. 734 ff.; J. Wälder, Die Abwicklung der versicherungstechnischen Posten im Jahresabschluß der Versicherungsunternehmen, ZfV 1972, S. 452 ff., S. 514 ff.; D. Hesberg, Externe Rechnungslegung der Versicherungsunternehmen, ZfV 1976, S. 168 ff.

cherungsmärkten konnte also unter dem Regime der materiellen Versicherungsaufsicht (bis zum 1. Juli 1994) jeder Versicherungskunde beruhigt davon ausgehen, keinen signifikanten zusätzlichen Nutzen aus der nicht gerade einfachen Lektüre von Versicherungsbilanzen ziehen zu können.

Das Wissen um behördliche Kontrolle und eventuelle Sanktionen ist also geeignet, jede Eigeninitiative der Versicherungsnehmer zur Informationsbeschaffung aus der Rechnungslegung zu verschütten. Die Interne Rechnungslegung gegenüber dem BAV als die tatsächliche Basis der laufenden behördlichen Kontrolle macht damit eine besondere, mit den Informationsinteressen der Versicherungsnehmer begründete Externe Rechnungslegung überflüssig.

Vor diesem Hintergrund wirkt die Hypothese, die Versicherungsnehmer seien in Versicherungs- wie in Rechnungslegungsdingen unkundig und müßten durch die Kontrolltätigkeit der Aufsicht geschützt werden, wie eine self-fulfilling-prophecy: Weil man doch nicht viel erkennen kann und es ja auch nicht muß, kümmert man sich gar nicht erst darum und bleibt schutzbedürftig!

Im Ergebnis wird die Informationsbegrenzung der veröffentlichten Rechnungslegung offenbar durch das Aufsichtssystem erleichtert, wenn nicht gar ermöglicht. Damit entpuppt sich der im Gesetz verankerte Anspruch der Versicherten auf Zusendung von Jahresabschluß und Lagebericht als Placebo; er ist entbehrlich.

Zwar richtet eine Scheintablette im allgemeinen – von der fehlenden Wirkung abgesehen – keinen direkten Schaden an. Kostenlos ist eine solche Verabreichung aber nicht zu haben. Also wäre es konsequent, auf einen besonderen Rechnungslegungsanspruch der Versicherungsnehmer zu verzichten!

So lange eine weitreichende Rechnungslegungsaufsicht die Rechenschafts- bzw. Kontrollfunktionen der öffentlichen Rechnungslegung wahrnimmt, ist eine besonders umfangreiche Rechnungslegungspublizität für Versicherungsnehmer nicht zu begründen.

IV. Informationsordnung auf deregulierten Versicherungsmärkten

Mit der Umsetzung der 3. EG-Versicherungsrichtlinien in deutsches Recht[12] wird sich die Verfassung der Versicherungsmärkte infolge der europäisch gewollten Deregulierung deutlich ändern. Eine marktregulierende Produktkontrolle wie bisher findet nicht mehr statt. Die Überwachung der

---

12 Geschehen durch das Dritte Durchführungsgesetz/EWG zum VAG vom 21. 7. 1994, BGBl. I vom 28. 7. 1994, S. 1630 ff.

Versicherungsunternehmen durch eine staatliche Behörde reduziert sich im wesentlichen auf eine Solvenz- und Rechnungslegungsaufsicht.

Als Folge entsteht für Versicherungsnachfrager ein Informationsbedarf von anderer Art als bisher, u. a. über die durch Differenzierung breiter werdende Produktpalette und deren Preis-Leistungsverhältnisse, aber auch über die Bonität der Anbieter. Letztere ist als eine mit Zeitversatz wirkende Produkteigenschaft des Versicherungsschutzes aufzufassen, die vor allem für längerfristige Vertragsbeziehungen von Bedeutung ist.

Mit Aufheben der Regulierung ist auch die Fiktion der – bisher tatsächlich nur bedingt vorhandenen – Homogenität des jeweils relevanten Produktes Versicherungsschutz nicht länger aufrechtzuerhalten. Die kostenlose, mehr unterstellte als effektiv wahrgenommene Information über die Produkthomogenität entfällt; sie ist nicht mehr zwangsläufig ein (originär) öffentliches Gut.

Die damit einhergehenden, zunehmenden Unvollkommenheiten der Versicherungsmärkte sind nach dem herrschenden Leitbild eines „Wettbewerb(s) als Entdeckungsverfahren"[13] gewollt. Steigende individuelle Suchkosten, also Transaktionskosten, sind insoweit Folge der geänderten Informationsordnung auf den Märkten. Deren Bedeutung ist kaum zu unterschätzen, denn ohne Informationsbeschaffung und -auswertung über die relevanten Produkte und entsprechende Anreize zu individuellen (!) Anpassungsentscheidungen sind effiziente Wahlhandlungen der Marktpartner bekanntlich nicht möglich. Der damit verbundene marktwirtschaftliche Druck ist als Auswirkung des von bisheriger Regulierung freigelegten Wettbewerbs intendiert: Die erwarteten Vorteile aus der ermöglichten Vielfalt des Preis- und Produktwettbewerbs werden größer eingeschätzt als die Nachteile aus zwangsläufig höheren Transaktionskosten[14].

Der skizzierte grundsätzliche Zusammenhang gilt für zeitraumbezogene Finanzdienstleistungen in besonderer Weise. Es handelt sich bei ihnen um *experience goods,* sogenannte Erfahrungsgüter, bzw. um Vertrauensgüter, soweit ein Versicherungsfall (noch) nicht eingetreten ist. Das Wissen um relevante Produkt- (und hier auch z. T. Preis-)Eigenschaften vermittelt sich dem Kunden erst im Laufe der Zeit, nicht vor dem Erwerb, wie es bei den *research goods,* den sogenannten Besichtigungs- oder Inspektionsgütern, der Fall ist.

---

13 F. A. v. Hayek, Der Wettbewerb als Entdeckungsverfahren, Tübingen 1968; wiederabgedruckt in: derselbe, Freiburger Studien, Tübingen 1969, S. 249 ff.
14 Die Ermessensentscheidung zwischen Produktkontrolle mit externen Effekten (d. h. Vereinheitlichung der Produkte, Nivellierung der Produktqualität sowie genereller Verteilung der Regulierungskosten) einerseits und Regulierung des Informationsflusses und gegebenenfalls des Vertriebs mit möglicher, aber nicht zwangsläufiger Internalisierung der Informationskosten andererseits ist hier nicht erneut zu diskutieren, vgl. z. B. R. Eisen, Regulierung und Deregulierung in der deutschen Versicherungswirtschaft, ZVersWiss 1989, S. 164.

Sowohl aufgrund dieses Qualitäts-Spezifikums als auch infolge der zunehmenden Produktvielfalt wird es für Versicherungsnachfrager a priori stets schwierig bleiben, die erforderliche Markttransparenz (über Preise und zwecks Vergleichbarkeit homogen abgegrenzte Güter) zu erlangen. Möglich erscheinen in solchen Fällen für Erfahrungsgüter – unter der Voraussetzung vorhandener Informationsmöglichkeiten über relevante Produktdaten – lediglich Erfahrungsprozesse mit diskontinuierlichen Lernerfolgen. Dies setzt allerdings Wiederholbarkeit der Entscheidungssituation voraus.

Damit indessen wandelt sich die Bedeutung der Markttransparenz: Markttransparenz ist nun zu übersetzen mit der Fähigkeit, Informationen über Marktmöglichkeiten und -veränderungen infolge der volatilen Marktungleichgewichte ständig neu zu beschaffen. Marktwirtschaftliches Agieren auf Finanzdienstleistungsmärkten ist insoweit zwangsläufig mit Informationsanreizen, aber auch mit Informationsrisiken verbunden.

Anstelle staatlicher Fürsorge sieht die künftige Marktordnung eine individuelle Informationsbeschaffung durch die Marktteilnehmer selbst vor. Es ist also folgerichtig, zwecks Meidung von Informationsasymmetrien den Versicherungskunden bestimmte Informationsrechte einzuräumen bzw. den Versicherungsunternehmen als Informationspflichten[15] aufzuerlegen.

Die gesetzliche Informationspflicht umfaßt jedoch nur „Angaben über die für die Überschußermittlung und Überschußbeteiligung geltenden Berechnungsgrundsätze und Maßstäbe"[16]. Sie bezieht sich also nur auf die Methoden, nicht auf – gesetzlich kaum zu normierende – materielle Aussagen über Überschußentwicklungen, wie sie für die Beispielrechnungen typisch sind.

Solche Prognosen sind letztlich nur aus dem Rechnungswesen der Versicherungsunternehmen zu gewinnen, entweder direkt aus entsprechenden unternehmensinternen Daten oder aus Jahresabschluß und Anhang. Es ist deshalb ebenfalls konsequent, daß in den Begründungen für die 3. EG-Richtlinien als (eine) Voraussetzung die Verabschiedung der Versicherungsbilanz-Richtlinie genannt wird; gleiche Überschußbeteiligungsrechte und Informationsgehalte erfordern harmonisierte – im Idealfall eindeutige – Rückstellungsdefinitionen und Methoden der Erfolgsermittlung.

Der Bezug der Rechnungslegungsvorschriften zur Wettbewerbsordnung auf Versicherungsmärkten ist also gesehen worden. Der Gedanke liegt daher nahe, daß sich die Aufgabenstellung der Externen Rechnungslegung von Versicherungsunternehmen im Rahmen der gewandelten Informa-

---

15 Art. 43 (2) und (3) 3. Richtlinie Schaden, Art. 31 in Verbindung mit Anhang II der 3. Richtlinie Leben, zusammen umgesetzt in § 10 a und Anlage D VAG n. F.
16 Anlage D Abschn. I Ziff. 2 a) zum VAG n. F.

tionsordnung auf Versicherungsmärkten auch im Verhältnis von Externer zu Interner Rechnungslegung niederschlägt.

V. Grundzüge eines aus der Versicherungsmarkt-Ordnung abgeleiteten Rechnungslegungssystems

Die neue Marktordnung für Versicherungsschutz setzt die Fähigkeit zur Marktinformation für beide Marktpartner voraus. Wie dargelegt ist ein Teil der notwendigen Informationen nur aus der Rechnungslegung zu entnehmen. Für ein marktkonformes, d. h. durch Anreize und Transaktionskosten gesteuertes Entscheidungsverhalten der Nachfrager ist deshalb ein entsprechender Zugang zur Rechnungslegungspublizität grundsätzlich erforderlich.

Im wesentlichen stellt sich damit die Frage, wie der Zugang zur Rechnungslegung für Versicherungskunden zweckmäßig und kostengünstig ausgestaltet wird. Zweckmäßig bedeutet in diesem Falle, daß die überzubringenden Informationen autonome, rationale Entscheidungen ermöglichen bzw. verbessern sollen.

Im Sinne des Leitbildes für deregulierte Märkte wäre es konsequent, für einen dynamischen Wettbewerb auf Finanzdienstleistungsmärkten auch die Informationsbeschaffung dem Wettbewerb auszusetzen und die Kosten für die Beschaffung und Verarbeitung notwendiger Informationen zur Sache der Marktteilnehmer zu machen, also zu internalisieren:

Mit der Produktvielfalt wird nach vielen Vorhersagen auch die Bedeutung der unabhängigen Vermittler auf den Versicherungsmärkten deutlich zunehmen[17]. Der notwendigerweise wachsende Bedarf der Nachfrager an Marktinformationen geht also einher mit einem zunehmenden Angebot von Informationsintermediären (Informationsbrokern), als die insbesondere die unabhängigen Vermittler fungieren können. Der good will eines Maklers hängt wesentlich von seinen Beratungsleistungen (und den daraus für den Kunden ableitbaren Folgen) ab. Sowohl aufgrund der (auch aus diesem Grund erwünschten) Kurzfristigkeit von Verträgen als auch infolge von Empfehlungen zufriedener Kunden ergeben sich in der Wirkung Wiederholungen der Entscheidungssituation für Versicherungsnachfrager, so daß diese auf gute und schlechte Vermittlerleistungen reagieren können. Für unabhängige Vermittler sind also ausreichend Anreize zur Informationsvermittlung vorhanden.

Nach dem auch in Deutschland vielzitierten Leitsatz des *best advice* und der damit verbundenen Maklerhaftung ist der Vermittler praktisch ge-

---

17 Kritisch zu übertriebenen Erwartungen aber W. Karten, Über die Wettbewerbsfähigkeit des Versicherungsvertreters, in: R. Schwebler u. a. (Hrsg.), Dieter Farny und die Versicherungswissenschaft, Karlsruhe 1994, S. 259 ff.

zwungen, sich – nach Versicherungsprodukten differenziert – auch zu kümmern um zu erwartende Prämien- und/oder Kostenentwicklungen (in der Krankenversicherung und bei anderen Anpassungstarifen), um Überschußprognosen (in der Lebensversicherung) sowie um die Bonität der Anbieter. Für diese Tätigkeit wird der Vermittler ein Entgelt erwarten dürfen, entweder indirekt wie bisher üblich mit der Courtage bzw. Abschlußprovision oder separat.

Bei einem selbständigen Honorar hätte indessen jeder Versicherungsnachfrager selbst zu entscheiden, welchen Betrag er seiner Nutzeneinschätzung entsprechend für Information und Beratung aufwendet. Marktwirtschaftlich gedacht wäre es also folgerichtig, die Beratungsleistungen der Vermittler separat statt implizit zu honorieren: Für Markttransparenz und die Prüfung der Produkteignung für den jeweiligen Bedarf zahlt, wer den individuellen Nutzen davon hat. Sofern Versicherungsnachfrager über den Umfang der zu erwerbenden Informationen rational im Sinne von bewußt entscheiden können, wird der Wettbewerb auf diese Transaktionskosten für Versicherungsschutz Druck ausüben. Können oder wollen die Nachfrager dies nicht, wird der Preis für Information entweder direkt oder in Form von Nutzenentgang (Opportunitätskosten) steigen[18].

Gerade wenn – wovon häufig ausgegangen wird – Rechnungslegungsinformationen aufgrund der notwendigen Qualifikation nicht von jedermann unmittelbar verwertet werden können, sind ihre Verarbeitung bzw. Aufbereitung durch Informationsintermediäre sowie darauf bezogene explizite Honorarforderungen plausibel. Diese schlagen sich direkt in den sogenannten Suchkosten der Nachfrager nieder, werden also deren Disposition unterworfen und somit internalisiert.

Dieses Konzept würde eine entsprechend ausgeweitete, aussagefähige Externe Rechnungslegung verlangen. Insbesondere Wahlrechte, Saldierungen und Ermessensspielräume müßten durch Offenlegung nachprüfbar gemacht werden. Die Angaben wären darüber hinaus soweit zu differenzieren, daß zumindest für Produktgruppen wie z. B. Versicherungszweige bzw. -sparten die wichtigsten Aspekte wie Kostenstruktur, Kosten- oder Überschußentwicklung usw. zu erkennen sind; auf Einzelheiten ist hier nicht einzugehen.

Auf die Entwicklung separater, u. a. auch Rechnungslegungsdaten verarbeitender Informationsmärkte zielen bereits die sich mehrenden Veröffentlichungen mit Vergleichen zwischen identischen oder ähnlichen Versi-

---

18 Vgl. D. Hesberg, Versicherungs-Sparen – up ewig ungedeelt?, VW 1986, S. 673; derselbe, Europa nach 1992 – Binnenmarkt-Visionen für Lebensversicherungen?, Allfinanz-Akademie, Hamburg Unternehmer-Gespräche 1992, S. 16 f.; M. Nell, W. Karten, Das Provisionsabgabeverbot für Versicherungsvermittler, in: U. Hübner, E. Helten, P. Albrecht (Hrsg.), Recht und Ökonomie der Versicherung, Festschrift für E. Lorenz zum 60. Geburtstag, Karlsruhe 1994, S. 396 ff.

cherungsprodukten verschiedener Anbieter. Soweit dabei einfache Standarddeckungen und Festpreise, d. h. Prämien ohne jede Rückvergütungs- bzw. Überschußvereinbarung, verglichen werden, war dies schon bisher unproblematisch. Anders verhält es sich jedoch, wenn sich infolge von Überschußbeteiligungen der effektive Preis – bzw. je nach Betrachtungsweise die Qualität in Form einer „Rendite" – tatsächlich erst im nachhinein ermitteln läßt. In diesen Fällen sind für einen rationalen Vertragsabschluß Gewinn- bzw. Überschußprognosen der in Frage kommenden Anbieter unerläßlich. Dafür bot die öffentliche Rechnungslegung bisher zwar Anhaltspunkte, aber leider zu viele bilanzpolitische Ausweichmöglichkeiten. Letztere sind im übrigen auch *ein* Grund dafür, daß sich das professionelle Rating von Versicherungsanbietern und -produkten in Deutschland bis heute kaum etablieren konnte[19].

Eine behördliche Rechnungslegungskontrolle, die über Wirtschaftsprüferfunktionen hinausgeht, wäre in diesem System der Rechenschaft durch öffentliche Rechnungslegung kontraproduktiv.

Allerdings ist mit öffentlicher Rechnungslegung bekanntlich die Problematik öffentlicher Güter verbunden. Die Kosten dafür fallen weitgehend bei den bilanzierenden Unternehmen an, um so mehr, je genauer und umfänglicher die Publizitätspflichten reguliert sind. Wenn also wirklicher Nutzen für den Adressaten sich nur mit vorgeschriebener weitreichender Detaillierung erreichen läßt, sind – grundsätzlich unerwünschte – zunehmende externe Effekte zwangsläufig[20].

Externe Effekte ergeben sich indessen – wie angedeutet – grundsätzlich auch aus einer laufenden (materiellen) Rechnungslegungskontrolle der Aufsichtsbehörde und den damit verbundenen Berichtspflichten. Das Wissen darum, verknüpft mit der Erwartung eventueller Sanktionen, verkürzt die Einschätzung der Sicherheit von Versicherungsunternehmen (von einem zumindest binären Wert) zu einer leeren, nicht entscheidungsrelevanten Information über die Anbieter: Solange ein Versicherungsunternehmen mit amtlicher Lizenz existiert, gilt seine Sicherheit als ausreichend.

Um zwischen beiden Systemen (und anderen Lösungen) überprüfbar abwägen zu können, müssen zwei miteinander verbundene Fragen gelöst werden: Sind die externen Effekte quantifizierbar, und welche Form der Rechnungslegungskontrolle ist insgesamt kostengünstiger?

Auf der Basis konkreten, empirischen Wissens erscheinen derzeit zwingende Antworten nicht möglich:

---

19 Vgl. eher allgemein C. Sönnichsen, Rating-Systeme am Beispiel der Versicherungswirtschaft, Berlin 1992.
20 Vgl. z. B. Th. Hartmann-Wendels, Rechnungslegung der Unternehmen und Kapitalmarkt aus informationsökonomischer Sicht, Habilitationsschrift Köln 1989, S. 342 ff.

Plausibilitätsüberlegungen knüpfen entweder an Wunschbilder an vom künftigen funktionsfähigen Versicherungsmarkt mit entsprechenden Informationsmärkten, oder sie stützen sich auf Beobachtungen des Nachfragerverhaltens auf anders organisierten Märkten der Vergangenheit bzw. anderer Länder. Über die Nutzeneinschätzungen der alternativen Konzepte (unterschiedliche Wettbewerbswirkungen mit Kostensenkungen und Produktinnovationen), die im Kalkül ebenfalls zu berücksichtigen sind, kann es derzeit ebenfalls nur subjektive oder Rationalitäts-Annahmen geben. Diese entscheiden aber – wie in bereits vorliegenden Modellen zur Beurteilung von Rechnungslegungsnormen[21] – letztlich über das Ergebnis des Kalküls.

In bezug auf die Kostengünstigkeit der Alternativen wären die Kostenwirkungen der staatlichen Rechnungslegungsaufsicht – als externalisierte Transaktionskosten (für Verbraucherinformation) – mit den direkten und indirekten Kosten einer ausgeweiteten publizitätspflichtigen Rechnungslegung zu vergleichen und die Vorteilhaftigkeit festzustellen. Die empirische Quantifizierung aller Kosten bereitet allerdings naturgemäß Schwierigkeiten.

Im Ergebnis heißt das, daß über Zweckmäßigkeit und Kostengünstigkeit von Rechnungslegungssystemen – Kontrolle durch Marktmechanismen oder alternativ durch Aufsicht – tatsächlich aufgrund subjektiver Annahmen sowie anhand von Werturteilen über den Versicherungsmarkt entschieden wird. Diese Wahl kann letztlich nur mit Ermessen begründet werden.

VI. *Beurteilung des Rechnungslegungssystems nach neuem Recht*

Die EG-Richtlinien überlassen die Ausgestaltung des Rechnungslegungssystems den nationalen Gesetzgebern; sie geben keine klare Richtung vor. Die Versicherungsbilanzrichtlinie enthält für die Rechnungslegungspublizität nur Mindestangaben, die überwiegend (bzw. als Analogie) den Erläuterungspflichten der EG-Bilanzrichtlinie und damit der üblichen Kapitalmarktorientierung entsprechen. Jedoch sind einzelne Angaben tatsächlich auf Versicherungsnehmerinteressen gerichtet, auch wenn sie als Branchenbesonderheiten angesehen werden mögen.

Mindestanforderungen implizieren, daß zusätzliche Detaillierung durch die Mitgliedstaaten zugelassen ist. Es ist also in deren Ermessen gestellt, sich für zusätzliche Rechnungslegungspublizität zu entscheiden. Dies ist plausibel und keineswegs von vornherein mit Diskriminierung oder verschärften Anforderungen für inländische Versicherungsunternehmen verbunden, weil es auf den Gesamtkomplex der öffentlichen und aufsichtsbe-

---

21 Vgl. ebenda.

zogenen Berichtspflichten ankommt: Mehr Rechnungslegungspublizität und/oder stringentere Erfolgsermittlung (weniger Wahlrechte, weniger stille Reservenbildung) erlauben eine Reduktion der „Kontrollmitteilungen" an die Behörde. Diese Relation kann von Land zu Land durchaus verschieden sein.

Die 3. Richtlinien sehen zwar die regelmäßige Vorlage von Dokumenten für Aufsichtszwecke und statistische Unterlagen vor, verlangen aber eben nicht zwingend eine laufende Rechnungslegungskontrolle[22]. Es ist demnach die Aufgabe des nationalen Gesetzgebers, im Rahmen des EG-Rechts ein auf die neue Versicherungsmarktordnung abgestimmtes Rechnungslegungssystem zu konzipieren und die Rechnungslegungspflichten insgesamt, d. h. Publizität *und* Berichterstattung gegenüber der Aufsicht, abzuwägen und neu zu ordnen.

Die Umsetzung in deutsches Recht hat diese Möglichkeit offensichtlich nicht beachtet[23]. Sie leidet unter einem verdeckten, leicht zu instrumentalisierenden Zielkonflikt: Es war das Bemühen des Gesetzgebers, das bisherige deutsche Recht so wenig wie möglich, d. h. wie eben *nötig*, zu ändern[24]. Das läuft auf eine lediglich formale Anpassung bzw. auf eine inhaltliche Restauration des gewohnten Zustands mit formalen Argumenten hinaus:

Das Absenken der bisher umfangreicheren Rechnungslegungspublizität auf das EG-Mindestmaß[25] bei gleichzeitiger Intensivierung der staatlichen Rechnungslegungskontrolle[26] steht zwar im Widerspruch zur Maxime minimaler Änderungen. Es ermöglicht aber praktisch die Fortsetzung gewohnter Aufsichtsusancen in neuem Gewande. Sowohl die Konformität mit der neuen Versicherungsmarktordnung als auch die Konsistenz des neuen Rechnungslegungssystems sind dabei verlorengegangen.

---

22 Art. 11 3. Richtlinie Schaden, Art. 10 3. Richtlinie Leben; in der Versicherungsbilanzrichtlinie ist eine staatliche Rechnungslegungskontrolle nicht geregelt.
23 Zur Position des deutschen Gesetzgebers vgl. Begründung zum Entwurf des Dritten Durchführungsgesetzes/EWG zum VAG, Bundesratsdrucksache 23/94 vom 14. 1. 1994, Besonderer Teil, zu Nr. 23 (§ 55 a VAG), S. 236 ff.
24 Vgl. Begründung zum Entwurf des Versicherungsbilanzrichtlinie-Gesetzes, Bundesratsdrucksache 359/93 vom 28. 5. 1993, S. 40 f.; vgl. auch Begründung zum Entwurf der Verordnung über die Rechnungslegung von Versicherungsunternehmen (RechVersV), Stand 22. 7. 1994, A. Allgemeines, S. 2 f., B. Zu den einzelnen Vorschriften, zu § 51, S. 41 f.
25 Das Argument, den deutschen Versicherungsunternehmen sei eine umfangreichere Rechnungslegungspublizität als den ausländischen Wettbewerbern nicht zuzumuten – so die Begründung zum Entwurf der Verordnung über die Rechnungslegung von Versicherungsunternehmen, B. Zu den einzelnen Vorschriften, zu § 51, S. 42 –, verkennt nicht nur, daß es auf den Gesamtumfang der Rechenschaftseffekte im System ankommt, sondern auch, daß der Wettbewerb auf den Versicherungsmärkten weiterhin auf absehbare Zeit von den nationalen Anbietern vor Ort ausgetragen wird; international werden die Jahresabschlüsse auch in Zukunft nur für Experten vergleichbar sein.
26 § 55 a (1) Ziff. 1 a VAG n. F.

Dieses Verdikt ist zu belegen.

Aus Zwecksetzung und Anforderungen der neuen Marktordnung resultiert prinzipiell, daß nicht nur Informationen über die Anbieter, sondern auch die für Wahlhandlungen notwendigen Produktinformationen (Wirtschaftlichkeit bzw. Kostengünstigkeit, Überschußpotential usw.), die aus der Rechnungslegung herauszuziehen sind, den Nachfragern zugänglich gemacht werden müssen. Der neue gesetzliche Rahmen bietet dafür theoretisch zwei Möglichkeiten.

Zum einen soll die Interne Rechnungslegung um eine quartalsweise Berichterstattung gegenüber der Aufsichtsbehörde ergänzt werden[27]. Begründet wird dies mit der „zunehmenden Verantwortung der Finanzaufsicht" und der Notwendigkeit, „negative Unternehmensentwicklungen bereits frühzeitig erkennen zu können"[28]. Umfang und Auswahl der „aktuellen Buchhaltungs- und Bestandsdaten" sind per Verordnung zu präzisieren mit der Vorgabe „soweit dies zur Durchführung der Aufsicht ... erforderlich ist"[29]. Was auch immer darunter zu verstehen ist – der Tradition der deutschen Versicherungsaufsicht folgend eine ganze Menge –, gehören nach der Intention der Norm Produktinformationen, wie sie Versicherungsnachfrager benötigen, nicht dazu. Anderenfalls würde es im vorliegenden Zusammenhang bedeuten, daß Produktinformationen nach wie vor nicht direkt an die Nachfrager gingen, sondern nur implizit als Wissen um behördliche Kontrolle wirken würden. Ganz abgesehen von Bedenken hinsichtlich der EG-rechtlichen Zulässigkeit, gleichen die damit verbundenen externen Effekte denjenigen des bisherigen Systems. Falls überhaupt ernsthaft in Erwägung gezogen, ist diese Alternative daher abzulehnen.

Zum anderen sieht das neue Recht für Lebens- und Krankenversicherungsunternehmen sowie bei Haftpflicht- und Unfallversicherern für Renten-Deckungsrückstellungen und die Unfallversicherung mit Prämienrückgewähr einen Verantwortlichen Aktuar[30] und einen unabhängigen Treuhänder[31] vor. Sie übernehmen einen Teil der bisherigen Produktkontrollaufgaben der Behörde, z. B. der Aktuar in der Lebensversicherung die Kalkulationsüberprüfung mit entsprechender Bestätigungsmitteilung an die Aufsicht, aber auch die Vorlage von Vorschlägen für die Gestaltung der Überschußbeteiligung, der Treuhänder in der Krankenversicherung die Überwachung der Prämienanpassungen.

---

27 § 55 a (1) Ziff. 1 a VAG n. F.
28 Begründung zum Entwurf des Dritten Durchführungsgesetzes/EWG zum VAG, Bundesratsdrucksache 23/94 vom 14. 1. 1994, Besonderer Teil, zu Nr. 23 (§ 55 a VAG), S. 237.
29 § 55 a (1) Ziff. 1 a VAG n. F.
30 § 11 a, § 12 (2), (3), (5), § 11 e, § 11 d VAG n. F.
31 § 11 b, § 12 b, § 12 d, § 11 d VAG n. F.; der Treuhänder ist nicht eingebunden in die Berechnung der Renten-Deckungsrückstellung.

Im Prinzip sind diese neu eingeführten Figuren Stellvertreter für Versicherungsnehmerinteressen in den dafür besonders sensiblen Versicherungszweigen, die jedoch Informationspflichten – außerhalb des Versicherungsunternehmens – nur gegenüber der Aufsichtsbehörde haben[32]. In die Verbraucherinformationspflichten nach § 10 a VAG n. F. sind Aktuar und Treuhänder nur implizit einbezogen. Aufgrund des Freiraums könnte sich zwar in diesem Bereich evtl. eine Form des Wettbewerbs mit detaillierterer Verbraucherinformation, z. B. über die Kosten- bzw. Überschußentwicklung, herausbilden; derzeit ist dies jedoch nicht mehr als eine durch Einzelfälle gestützte Spekulation. Und auch dann würde der Einwand gelten, daß eine Überprüfung der Informationen durch eine andere Instanz als Aufsicht und/oder Abschlußprüfer nur möglich wäre, wenn Experten eine entsprechend informative Externe Rechnungslegung auswerten könnten.

Die vom deutschen Gesetzgeber gewählte Lösung – Intensivierung der laufenden Rechnungslegungskontrolle *und* Implementierung von Aktuar und Treuhänder – ist de facto der Versuch eines Mischsystems. Es werden unter Ausdehnung der Aufsicht über das Rechnungswesen der Unternehmen zwar bisherige (produktbezogene) Aufsichtsfunktionen privatisiert, aber nach wie vor unter Verantwortlichkeit der Behörde gehalten. In bezug auf die Rechnungslegungsdaten ist es wie das alte System durch eine lediglich implizite Informationsvermittlung an Versicherungsnehmer gekennzeichnet. Folglich werden die externen Effekte des bisherigen Systems konserviert. Die auf die externen Effekte zielende ökonomische Kritik trifft weiterhin zu.

Die Mischlösung ist konzeptionell mit der neuen Marktordnung nicht zu vereinbaren und inkonsequent. Gerechtfertigt werden kann sie allenfalls mit der Einschätzung, daß die zentrale Rechnungslegungskontrolle effektiver und kostengünstiger sei als individuelle (gegebenenfalls käufliche) Informationsbeschaffung. Darüber zu befinden bleibt wie dargelegt Spekulation.

Aufgrund der deutschen Vorliebe für staatliche Kontrolle würde sich die Externe Rechnungslegung hingegen auch im neuen (alten) System für Teilnehmer auf Versicherungsmärkten grundsätzlich als überflüssig erweisen, es sei denn, sie enthielte anders als bisher Informationen, die externe Rechenschaft ermöglichen und Marktdruck erzeugen können.

---

32 Insbesondere der Aktuar als Angehöriger des Versicherungsunternehmens kann aufgrund seiner dualen Aufgabenstellung – unabhängig vom Rang in der Unternehmenshierarchie – leicht in Interessen- bzw. Loyalitätskonflikte geraten. An der Funktionsfähigkeit dieser in den Unternehmen implementierten Aufsichtsinstanz sind Zweifel angebracht.

Hinsichtlich des Umfangs der Angaben ist die Rechnungslegung der Versicherungsunternehmen nach den neuen Vorschriften[33] wesentlich schlanker geworden. Im Aussagegehalt stehen sich Einschränkungen und Verbesserungen gegenüber. Soweit damit dem Grundsatz gleichwertiger Rechnungslegungspublizität für Unternehmen aller Branchen entsprochen werden soll, ist dies folgerichtig. Zwar ist die inhaltliche Prüfung dieser Gleichwertigkeit hier nicht vorzunehmen. Dennoch drängt sich die Frage auf, ob einige der künftig fortfallenden Erläuterungspflichten für den Anteilseigner nicht nach wie vor zur Vermittlung *eines den tatsächlichen Verhältnissen entsprechenden Bildes der Vermögens-, Finanz- und Ertragslage*[34] gehören und deshalb nicht gestrichen werden dürfen.

Zum Beispiel entfällt die bisherige systematische Angabe der Geschäftsjahresschadenquoten bzw. der Abwicklungsergebnisse für Schadenrückstellungen der Vorjahre im selbstabgeschlossenen Geschäft f. e. R. der Schaden- und Unfallversicherer; die selektive Erläuterung von „erheblichen" Abwicklungsergebnissen „nach Art und Höhe"[35] ist zu vage und infolge der dem bilanzierenden Unternehmen eingeräumten Beliebigkeit kein Ersatz. Die dahinterstehende formale Gleichbehandlung der Erläuterung von aperiodischen Erträgen und Aufwendungen in den verschiedenen Wirtschaftszweigen verkennt den materiellen Unterschied, daß die Ermessensspielräume bei der Bewertung von Schadenrückstellungen zwangsläufig größer sind[36] und daß die Einschätzung der Schadenentwicklung für Jahresabschlußleser durch den infolge Saldierung verstümmelten Ausweis der Aufwendungen für Versicherungsfälle erschwert wird. Öffentliche Rechenschaft verlangt nicht nur eine gewisse Transparenz, sie kann auch effizienter sein als wiederholte Abmahnungen der Aufsicht in ihren Geschäftsberichten, die Abwicklungsgewinne seien zu hoch[37]. Eine systematische Informationspflicht über Abwicklungsergebnisse und die zur Beurteilung wichtige Differenzierung in Schadenrückstellungen für das Geschäftsjahr und für Vorjahre – die ebenfalls entfallen soll[38] – wäre also inhaltlich angemessen.

Anstelle einer umfassenden Würdigung der Rechnungslegungsvorschriften aus allgemeiner Kapitalmarkt-Sicht ist im vorliegenden Zusammenhang jedoch vielmehr zu fragen, inwieweit in den neuen Vorschriften spezielle Ausweis- oder Erläuterungspflichten vorgesehen sind, die weniger auf den

---

33 Vgl. Entwurf zur Verordnung über die Rechnungslegung von Versicherungsunternehmen, Stand 22. 7. 1994.
34 § 264 (2) S. 1 HGB.
35 Art. 38 (2) Versicherungsbilanzrichtlinie, § 41 (5) Entwurf der Verordnung über die Rechnungslegung von Versicherungsunternehmen.
36 Im Ansatz richtig die Begründung zum Entwurf der Verordnung über die Rechnungslegung von Versicherungsunternehmen, B. Zu den einzelnen Vorschriften, zu § 41 (5), S. 36.
37 Vgl. Geschäftsberichte des BAV 1980 S. 48, 1981 S. 47, 1982 S. 50, 1983 S. 47.
38 § 51 (4) Ziff. 1 lit. h Entwurf der Verordnung über die Rechnungslegung von Versicherungsunternehmen.

Kapitalmarkt als auf die Versicherungsmärkte zielen. Exemplarisch seien zwei Beispiele genannt.

Zum einen trifft die Versicherungsmarkt-Adressierung vor allem auf die Angabe der Zeitwerte für die Kapitalanlagen im Anhang[39] zu. Das Ertragspotential für die Gewinnbeteiligung beispielsweise in der Lebensversicherung wird transparenter, so daß Druck auf Realisation von Kurspotentialen bzw. Stillen Reserven entstehen kann. Es wird also eindeutig Wettbewerbsdruck auf dem Versicherungsmarkt erzeugt, der zu Veränderungen in der Produktpolitik von Lebensversicherern führen kann, z. B. im Hinblick auf die gewählte Anlagestrategie (Übergang von hochverzinslichen bzw. langfristigen Anlagen auf kürzerfristige Performance-Strategien mit Realisierung von Kursgewinnen) und/oder auf die Überschußbeteiligung (zeitnähere, schwankende anstelle stabiler Gutschriften).

Zum anderen ist der Versicherungsmarkt auch Adressat für die Angabe des Abzugs von Abschlußkosten bei der Ermittlung der Beitragsüberträge sowie in der Lebensversicherung der gezillmerten Beträge, d. h. der versicherungsmathematisch mit der Deckungsrückstellung verrechneten Abschlußkosten[40]. Beide Informationen zielen auf Höhe und kalkulatorische Behandlung der Vertriebskosten. Die Provisionierung und die Zillmerung stehen ohnehin im Blickpunkt kritischer Marktanalysen; diese Entwicklung könnte durch die Offenlegung der Zillmereffekte verstärkt werden. Die bereits erkennbaren neuen Angebote mit geringerer, modifizierter Zillmerung sind Ausdruck des intendierten Marktdrucks.

Die präzisierenden Angaben scheinen also geeignet, die Rechenschaftsfunktion der öffentlichen Rechnungslegung zu verbessern und damit auch Transaktionskosten in Gestalt sog. Disincentive-Kosten zu verringern. Als solche sind die Effekte aufzufassen, die im vorliegenden Fall dadurch entstehen können, daß das Rechnungslegungssystem Anreize zu wirtschaftlichem (kostengünstigem) Verhalten verschüttet.

Die Publizitätspflicht für diese Informationen ist für sich genommen marktrelevant, effektiver als das entsprechende Wissen in der Aufsichtsbehörde und aus der Sicht der neuen Marktordnung keineswegs überflüssig, sondern notwendig und daher positiv zu werten. Die EG-Vorgabe zeigt

---

39 Art. 46 (3) S. 1 Versicherungsbilanzrichtlinie. Die in § 54 Entwurf der Verordnung über die Rechnungslegung von Versicherungsunternehmen vorgesehene Angabe des Zeitwerts aller relevanten Kapitalanlagen in nur einer Gesamtsumme widerspricht der Intention der Versicherungsbilanzrichtlinie. In Art. 46 (6), Art. 48 (6) und Art. 49 (7) wird jeweils die Angabe der angewandten Methode zur Zeitwertermittlung für verschiedene Posten, bei den Grundstücken wird darüber hinaus auch eine Zuordnung der Grundstücke zum Jahr der Bewertung verlangt. Der Sinn dieser Normen, einen differenzierten Einblick in die Wertentwicklung der Kapitalanlagen zu ermöglichen, würde durch die Zusammenfassung der u. U. sehr heterogenen Zeitwerte praktisch konterkariert werden.
40 Art. 18 (2) S. 2 Versicherungsbilanzrichtlinie; im Entwurf der Verordnung über die Rechnungslegung von Versicherungsunternehmen, Stand 22. 7. 1994, fehlt die Umsetzung.

damit an, daß Rechnungslegungsinformationen der Versicherungsunternehmen offenbar auch unabhängig von nationaler Rechnungslegungskontrolle Impulse für die Versicherungsmärkte aussenden sollen. Diese Ausrichtung ist jedoch in der Versicherungsbilanzrichtlinie nicht konsequent ausformuliert worden. Der deutsche Gesetzgeber hat diese Möglichkeit offensichtlich gar nicht in Erwägung gezogen und sich a priori für staatliche Kontrolle entschieden. Dann allerdings ist Rechnungslegungspublizität für Versicherungsnehmer im Prinzip überflüssig. Nur die Hoffnung auf Markteffekte der neu eingeführten Angabepflichten im Anhang kann die Existenz von § 55 (3) VAG noch rechtfertigen. Für Kosten-Nutzen-Kalküle, wie sie auch der Gesetzgebung zugrunde liegen sollten, ist dies eine zu schwache Basis.

Vor diesem Hintergrund ist die inkonsistente Kompromißhaftigkeit des deutschen dualen Rechnungslegungssystems kaum nachzuvollziehen. Die Chance zu einer marktkonformen Ausgestaltung der Rechnungslegungsvorschriften hat der deutsche Gesetzgeber vertan.

VII. Fazit

Wissenschaftler sind – wie *Walter Karten* einmal formuliert hat – von Berufs wegen neugierig. Forderungen nach Verbesserungen der Rechnungslegungspublizität sind daher scheinbar selbstverständlich[41].

Begründet werden können solche Postulate indessen nur mit darzulegenden Zielbezügen der zu veröffentlichenden Informationen. Das gleiche gilt jedoch angesichts der veränderten Marktordnung für Versicherungsschutz auch für staatliche Rechnungslegungskontrollen, mithin auch für das Verhältnis von Externer und Interner Rechnungslegung der Versicherungsunternehmen.

Auf der Basis des im Rahmen der Europäischen Union getroffenen Werturteils über die Versicherungsmarktordnung gehört eine individuelle Informationsbeschaffung und -bewertung zu dieser Konzeption. Dazu ist die Verfügbarkeit von Daten aus der öffentlichen Rechnungslegung über Bonität, Wirtschaftlichkeit und Preisgünstigkeit von Anbietern und Produkten erforderlich.

Eine amtliche Rechnungslegungskontrolle ist demgegenüber geeignet, die markttheoretisch erwünschten Informations- und Handlungsanreize zu

---

41 Vgl. zuletzt O. A. Altenburger, Vorschläge für eine aussagekräftige und willkürfreie Erfolgsrechnung der Versicherungsunternehmen, ZVersWiss 1993, S. 545 ff.; derselbe, Die deutschen Jahresabschlußformblätter für Versicherungsunternehmen – Detailmängel und Verbesserungsvorschläge, in: R. Schwebler u. a. (Hrsg.), Dieter Farny und die Versicherungswissenschaft, Karlsruhe 1994, S. 19 ff.

verschütten. Bei der erkennbaren Priorität des deutschen Gesetzgebers für eine solche Lösung ist die Externe Rechnungslegung bis auf wenige Informationen nach wie vor überflüssig.

Dieses Urteil darf verallgemeinert werden, weil der Aussagegehalt der Jahresabschlüsse nach dem neuen Recht auch für Kapitalmarktteilnehmer hinter dem erforderlichen Maß zurückbleibt. Zu viele Wahlrechte, Saldiereffekte und Ermessensspielräume ohne Offenlegung verhindern zuverlässig eine echte Rechenschaft der Unternehmensleitung ebenso wie echte Unternehmensvergleiche. Den Bilanzierenden als *agents* verbleibt erheblicher Spielraum für Ausweichhandlungen gegenüber effizienter Kontrolle.

Ein duales Rechnungslegungssystem ist inkonsequent. Deregulierter Versicherungsmarkt und aufsichtsbehördliche Rechnungslegungskontrolle passen nicht zusammen – wenn man davon absieht, daß Rechnungslegungskontrolle die Solvenzaufsicht erleichtern kann.

Diese Ergebnisse sprechen nicht nur für sich, sie stützen auch eine altbekannte Hypothese: Stößt man aus den Niederungen der Jahresabschlußdetails zu den grundsätzlichen Fragen der Rechnungslegung vor, entsteht zunehmend der Eindruck, daß die Materie elementarer und die Erörterungen spekulativer werden. Dies macht die Bearbeitung der Fragen zwar nicht unbedingt erbaulicher. Aber es verdeutlicht, wie wichtig es ist, die Implikationen gewünschter Regulierungen oder Deregulierungen aufzudecken.

Also werden sich Wissenschaftler infolge des Wandels auf den Versicherungsmärkten weiterhin um die Rechenschaft der Versicherungsunternehmen in Jahresabschluß und Lagebericht kümmern und mögliches Unbehagen überwinden müssen.

Autorenverzeichnis

Albrecht, Peter, Professor Dr.
Lehrstuhl für Allgemeine Betriebswirtschaftslehre und Versicherungsbetriebslehre der Universität Mannheim

Van den Berghe, Lutgart A. A., Professor Dr.
Erasmus Universiteit Rotterdam
Erasmus Insurance Center
De Vlerick School voor Management, Gent

Büchner, Georg, Dr.
Vorsitzender des Vorstands Württembergische Aktiengesellschaft Versicherungs-Beteiligungsgesellschaft, Stuttgart

Carter, Robert L., Professor Dr.
University of Nottingham

Doherty, Neil A., Professor Dr.
University of Pennsylvania, Philadelphia
Department of Insurance and Risk Management

Ébli, Éva, Professor Dr.
Geschäftsführerin der Risk Management GmbH, Budapest

Eisen, Roland, Professor Dr.
Johann Wolfgang Goethe-Universität Frankfurt/M.
Fachbereich Wirtschaftswissenschaften
Institut für Konjunktur, Wachstum und Verteilung

Ennsfellner, Karl Christian, Dr.
Universitätsassistent am Institut für Versicherungswirtschaft der Wirtschaftsuniversität Wien (derzeit karenziert), Qualitätsmanager bei der VJV, Volksfürsorge-Jupiter Allgemeine Versicherungs-AG, Wien

Farny, Dieter, Professor Dr.
Geschäftsführender Direktor des Instituts für Versicherungswissenschaft an der Universität zu Köln

Haller, Matthias, Professor Dr.
Präsident des Instituts für Versicherungswirtschaft
Europäisches Zentrum an der Hochschule St. Gallen

Hansen, Knud, Professor Dr.
Direktor a. D. des Instituts für Versicherungswirtschaft an der Handelshochschule Kopenhagen

Heilmann, Wolf-Rüdiger, Professor Dr.
Mitglied des Vorstands der Karlsruher Lebensversicherung AG

Helten, Elmar, Professor Dr.
Direktor des Instituts für betriebswirtschaftliche Risikoforschung und Versicherungswirtschaft der Universität München

Hesberg, Dieter, Dr.
Universität Hamburg
Seminar für Bank- und Versicherungsbetriebslehre

Hipp, Christian, Professor Dr.
Lehrstuhl für Versicherungswissenschaft, Universität Karlsruhe (TH)

Kromschröder, Bernhard, Professor Dr.
Lehrstuhl für Betriebswirtschaftslehre mit Schwerpunkt Versicherungswirtschaft und Risikotheorie an der Universität Passau

Loubergé, Henri, Professor Dr.
Professor of Economics, University of Geneva

Mizushima, Kazuya, Professor Dr.
University of Marketing and Distribution Sciences previously School of Business Administration, University Kobe

Müller, Eberhard, Dipl.-Math.
Abteilungsdirektor
Hannover Rückversicherungs-AG
Eisen und Stahl Rückversicherungs-AG

Nell, Martin, Dr.
Universität Hamburg
Seminar für Bank- und Versicherungsbetriebslehre

Outreville, Jean-François, Professor Dr.
Economic Officer, UNCTAD, Geneva. Previously Associate Professor of Finance and Insurance and Director of the Industry chair of Insurance at Laval University, Quebec

Petin, Jochen, Dr.
Direktor
DBV Versicherungen, Wiesbaden

Rautmann, Nicola, Dipl.-Wi.-Math.
Universität Hamburg
Seminar für Bank- und Versicherungsbetriebslehre

Reischel, Michael, Dr.
Vorsitzender der Vorstände
Hannover Rückversicherungs-AG
Eisen und Stahl Rückversicherungs-AG

Richter, Andreas, Dipl.-Wi.-Math.
Universität Hamburg
Seminar für Bank- und Versicherungsbetriebslehre

Schlesinger, Harris, Professor Dr.
University of Alabama, Tuscaloosa
Department of Finance

Schmidt, Günter, Dr.
Vorsitzender des Vorstandes Landschaftliche Brandkasse Hannover und Provinzial Lebensversicherung Hannover

Schmidt, Reimer, Professor Dr. jur. Dr.-Ing. E. h.
Honorarprofessor an der Rheinisch-Westfälischen Technischen Hochschule Aachen

Schott, Winfried, Dr.
Universität Hamburg
Seminar für Bank- und Versicherungsbetriebslehre

v. d. Schulenburg, J.-Matthias Graf, Professor Dr.
Direktor des Instituts für Versicherungsbetriebslehre an der Universität Hannover

Schwebler, Robert, Professor Dr. Dr. h. c.
Vorsitzer des Vorstands des Deutschen Vereins für Versicherungswissenschaft e.V., Berlin/Karlsruhe

Seifert, Werner, Dr.
Vorsitzender des Vorstandes der Deutsche Börse AG, Frankfurt am Main

Stenner, Frank, Dr.
Vorsitzender der Geschäftsführung BMW Bank GmbH, München

Stremitzer, Heinrich, Professor Dr.
Vorstand des Instituts für Versicherungswirtschaft an der Wirtschaftsuniversität Wien

Welzel, Hans-Joachim, Dr.
Stellvertretender Verbandsdirektor
Gesamtverband der Deutschen Versicherungswirtschaft e.V., Bonn

de Wit, G. Willem, Professor
Erasmus Universiteit Rotterdam
Erasmus Insurance Center